东营市河口年鉴

2017卷

HEKOU YEARBOOK

东 营 市 河 口 区 人 民 政 府 主办
东营市河口区地方史志办公室 承编

方志出版社
Publishing House of Local Records

河口区地方史志编纂委员会

（2017年7月）

名誉主任：苟增杰

主　　任：田兵兵

副 主 任：王晓勇　徐文棠　李　露

成员单位：区委办公室　区人大常委会办公室　区政府办公室　区政协办公室
区委组织部　区委宣传部　区委政法委　区档案局
区文联　区发展改革局　区经济信息化局　区教育局
区科技局　区财政局　区人力资源社会保障局　区农业局
区商务局　区文化广电新闻出版局　区统计局　区油工委
区史志办公室　委员会下设办公室

河口区地方史志办公室

主　　任：张振华

副 主 任：王景忠　张泽红

《河口年鉴》（2017卷）编审人员

主　　编：张振华

副 主 编：张泽红

执行主编：潘春芳

编　　辑：（以姓氏笔画为序）张泽红　韩学芝　潘春芳

编辑说明

BIANJISHUOMING

一、《河口年鉴》2017卷，以马克思列宁主义、毛泽东思想、邓小平理论和“三个代表”重要思想和科学发展观为指导，贯彻落实习近平总书记系列重要讲话精神和治国理政新理念新思想新战略，坚持辩证唯物主义和历史唯物主义的立场、观点和方法。

二、《河口年鉴》2017卷主要收录2016年度发生在河口行政区域内的大事要闻，有些资料适当上溯或下延。力求突出反映河口特色，客观记载各级、各部门、各镇（街道）深化改革、扩大开放的新举措、新进展。为增加信息量，增强实用性，各部类尽可能多地使用了相关的数据资料。多数栏目插入了代表该栏目特色，具有重要现实意义和存史价值的随文图片。

三、本卷年鉴分设31个栏目：特载、大事记、河口概况、中国共产党河口区委员会、河口区人民代表大会常务委员会、河口区人民政府、政协东营市河口区委员会、中国共产党河口区纪律检查委员会、人民团体、军事、法治、改革开放、经济管理与监督、财税金融、农业、水利与黄河河务、工业、交通邮政、信息化建设、城乡建设环保、国内贸易、科学、教育、文化体育、卫生计划生育、社会生活、镇（街道）概况、油田驻河口单位、人物、附录、索引。

四、卷内设反映全区重大事件和发展成就的彩色图片资料专辑。主体内容一般划分栏目、分目、条目三个层次。栏目为年鉴内容的最大单元，其下按行业或镇（街道）设置分目，分目设置一般照顾到现行管理体制。最小单元为条目，条目为年鉴的最基本的单元，其标题加【】。

五、本卷年鉴有关全区国民经济和社会发展的主要数据，均以区统计局公布的统计数字为准。

六、本卷年鉴稿件由河口区各镇（街道）、区直各部门、单位及辖区内的中直、省直、市直和油田驻河口单位供稿，并经各供稿单位领导审阅。稿件经区地方史志办公室总纂后，主要内容经区政府主管领导审定。

2017年8月

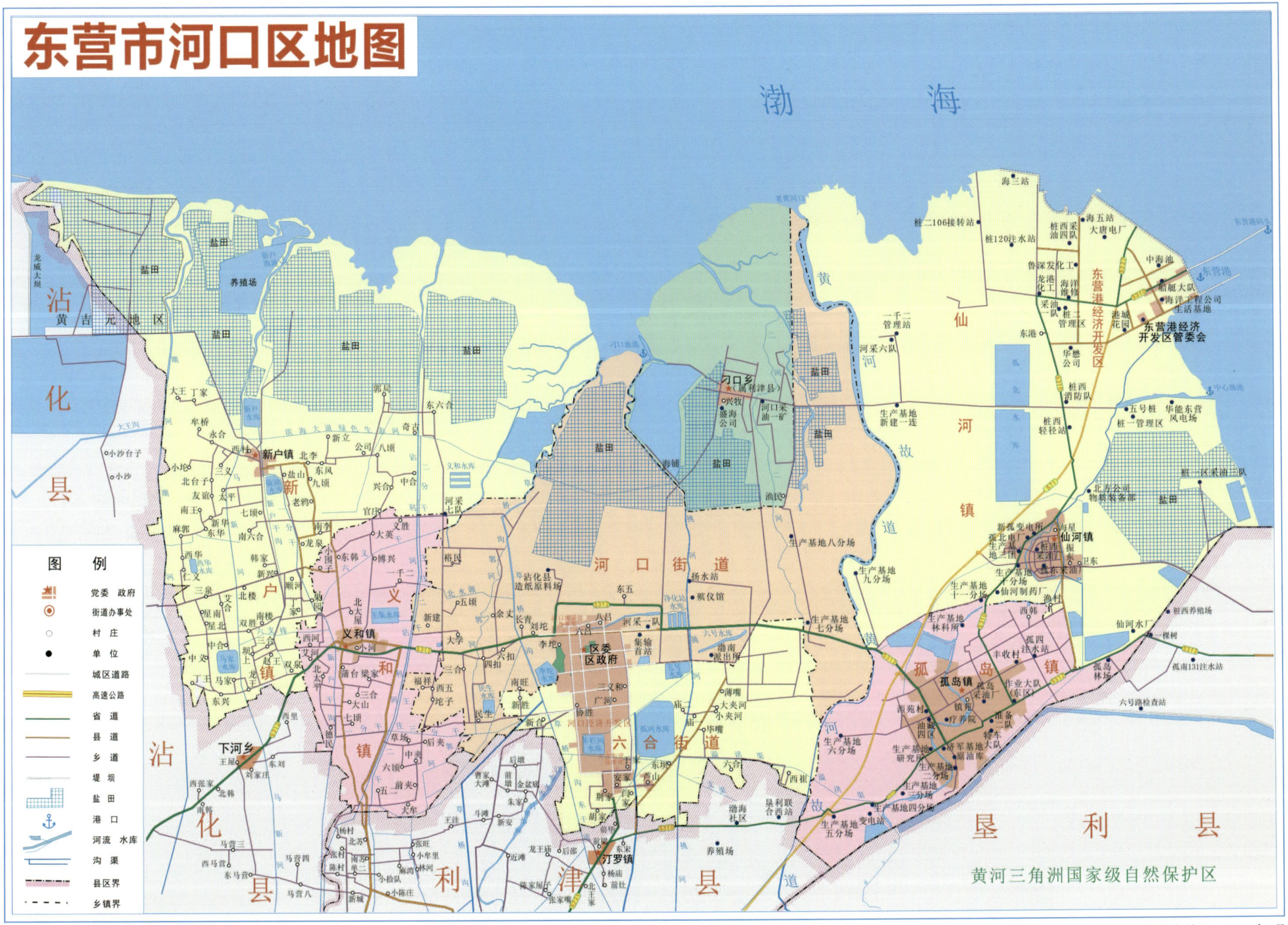
东营市河口区地图
渤海
仙河镇
孤岛镇
河口街道
六合街道
义和镇
新户镇
刁口乡
下河乡
汀罗镇
东营港经济开发区
东营港经济开发区管委会
区委
区政府
沾化县
利津县
垦利县
黄河三角洲国家级自然保护区
黄吉元地区
盐田
养殖场
图例
党委 政府
街道办事处
村庄
单位
城区道路
高速公路
省道
县道
乡道
堤坝
盐田
港口
河流 水库
沟渠
县区界
乡镇界

2016年7月19日，市委书记申长友（前排左二）考察河口区渔光互补光伏发电项目

2016年11月9日，市委副书记、市长赵豪志（前排右二）调研城北防护林

· 领导关怀 ·

2016年7月7日，区委书记苟增杰（前排左一）到河口经济开发区调研

2017年1月15日，区委副书记、区长田兵兵（右二）到河口经济开发区调研

·领导关怀·

2016年9月19日，区政协主席李积德（前排左三）视察精准扶贫项目

2016年7月14日，区人大常委会第一副主任张胜双（前排右一）视察重点工程和便民实事进展情况

·重要会议·

2017年1月20日，中国共产党东营市河口区第八次代表大会在区委礼堂开幕

中国共产党东营市河口区第八次代表大会投票现场

·重要会议·

2017年2月12日，中国人民政治协商会议第九届东营市河口区委员会第一次会议开幕

2017年2月13日，东营市河口区第十八届人民代表大会第一次会议开幕

·重要会议·

2016年2月23日，中共河口区纪委七届六次全体会议召开

2016年2月14日，全区经济工作会议召开

·重要会议·

2016年2月24日，全区农村、扶贫开发、乡村文明建设专项行动工作会议召开

2016年6月27日，全区庆祝中国共产党成立95周年座谈会召开

·河口风情·

河口区渔光互补光伏发电项目区，一期工程产地1500亩

河口区100万亩生态渔业区

2016年河口广场文化艺术节

2016年5月第五届黄河三角洲湿地槐花节

·河口风情·

2017年河口区新年晚会

鸣翠湖全景

·河口风情·

健康养生岛

· 河口风情 ·

湿地鸟岛

·河口风情·

鹊桥夜景

音乐喷泉

数字河口2016

◎总面积2267.44平方公里

◎年末户籍人口219767人

◎生产总值（GDP）261.48亿元

◎第一产业增加值13.46亿元

◎第二产业增加值126.83亿元

◎第三产业增加值121.19亿元

◎三次产业结构比例5.2:48.5:46.3

◎固定资产投资额332.19亿元

◎公共财政预算收入18.06亿元

◎农林牧渔及服务业总产值31.14亿元

◎粮食总产量8.2万吨

◎棉花总产量(皮棉) 0.69万吨

◎肉蛋奶总产量26.35万吨

◎水产品总产量15.43万吨

◎农业机械总动力20.52万千瓦

◎规模以上工业总产值1027.84亿元

◎建筑业总产值19.0亿元

◎社会消费品零售总额57.09亿元

◎对外贸易进出口总额24.16亿元

◎出口8.12亿元

◎进口16.04亿元

◎等级公路通车里程1511.7公里

◎邮政业务总量2116万元

◎固定电话用户3.6万户

◎移动电话用户30.6万户

◎互联网用户6.1万户

◎金融机构人民币各项存款余额228.77亿元

◎有线电视用户2.54万户（不含油田）

◎参加失业保险职工20019人

◎参加养老保险职工47779人

◎参加基本医疗保险职工37414人

◎工伤保险参保人数44219人

◎生育保险参保人数24303人

目　录

特　载

大　事　记

河口概况

目 录

目 录

目　录

东营市河口区人民代表大会及其常务委员会

河口区人民政府

政协东营市河口区委员会

中国共产党河口区纪律检查委员会

人民团体

目　录

改革开放

目　录

经济管理与监督

目　录

财税　金融

目 录

农 业

目 录

水利与黄河河务

工 业

交通 邮政

信息化建设

城乡建设 环保

目　录

国内贸易

科　学

目 录

教 育

文化 体育

卫生　计划生育

目　录

油田驻河口单位

目　录

人 物

附 录

索 引

Contents

Features

Chronicle of Major Events

General Situation of HeKou

CPC Hekou District Committee

People' s Congress Standing Committee of Hekou

Contents

Contents

Economic management and supervision

Fiscal and financial

Agriculture

Water Conservancy and Huanghe

Industry

Contents

Traffic and Post

Information industry

Urban construction and environmental protection

Domestic trade

Science and technology

Education

Culture and sports

Health and family planning

Contents

Social Life

A survey of towns and streets

Oilfield units in Hekou District

Figures

Appendix

Indexes

特　　载

全力打造“一极两区”决战决胜全面小康为加快建设美丽幸福新河口而奋斗

——2017 年 1 月 20 日在中国共产党东营市河口区第八次代表大会上的报告

中共河口区委书记　苟增杰

（摘要）

一、过去五年工作回顾与总结

五年来特别是党的十八大以来，在以习近平同志为核心的党中央正确领导下，我们认真贯彻落实中央和省委、市委决策部署，团结带领全区广大党员干部群众，积极适应经济新常态，自觉践行发展新理念，凝心聚力，砥砺前行，圆满完成了区第七次党代会确定的任务，各项事业取得新的重大成就。

这五年，我们坚定不移把发展作为第一要务，聚力产业转型升级，综合实力迈上新台阶。初步测算，2016 年地区生产总值达到 260 亿元，完成固定资产投资 332 亿元，实现工业总产值 1027 亿元，完成一般公共预算收入 18.06 亿元，分别是 2011 年的 1.78 倍、1.97 倍、2.41 倍、1.8 倍，年均增长 12.2%、14.6%、19.2%、12.5%，三次产业比优化为 5：50：45，荣获首批“中国经济转型发展示范区”称号。工业经济提质增效。以推进供给侧结构性改革为主线，扎实开展化工产业转型升级，累计实施中海石油 500 万吨大型炼化等亿元以上重大工业项目 77 个，完成投资 461.3 亿元，石油化工、精细化工、有色金属、装备制造四大产业集群初具规模，建成全省最大的航空燃料生产基地，富海集团入围中国企业 500 强；高标准规划建设了 50 平方公里的蓝色经济产业园，目前入园企业达到 49 家，2016 年实现工业总产值 280 亿元，已成为引领全区工业发展的强大引擎。现代农业快速崛起。以打造全国一流现代农业示范区为目标，引进实施了澳亚三大牧场、佳发肉牛养殖、正邦百万头生猪养殖、澳亚高端乳制品加工、北方超级稻产业化中心等总投资 89.3 亿元的 25 个农业龙头项目，建设了全省首家进口澳大利亚肉牛屠宰加工项目，建成了全国单片面积最大的百万亩高效生态渔业区，走出了富有河口特色的现代农业发展道路。现代服务业日益活跃。全力推进企业剥离非主营业务，限额以上服务业企业达到 162 家，服务业比重比 2011 年提升 6.7 个百分点。集中突破生态旅游、电子商务，打造了黄河口湿地槐花节、全国油品贸易洽谈会等特色节会，成功与阿里巴巴蚂蚁金服签订合作协议，黄河三角洲石油化工交易中心被评为国家级电子商务集成创新试点，服务业规模和质量大幅提升。

这五年，我们坚定不移推动城乡统筹发展，着力破解制约瓶颈，城乡环境呈现新变化。按照城乡一体、产城融合的思路，扎实开展老城区、城中村改造和中心城区油田工矿用地“退二进三”，精心打造15.6平方公里的湖滨新区，累计实施城市基础设施重点工程109项，完成投资114.7亿元，实现了集中供暖、24小时供气，开通了城市公交，休闲舒适、生态宜居的城市魅力日益彰显，成功创建为全国文明城市。扎实推进乡村文明提升行动，清脏治乱、农水会战、公路畅通、饮水安全、电网改造五大工程顺利实施，建设新型农村社区8处，新建改造农村公路596.5公里，疏浚治理河道91.6公里，发展节水灌溉7.4万亩，完成未利用地开发14万亩，农村安全饮用水、硬化道路村村通实现全覆盖，农村面貌和公共服务显著改善。高度重视交通基础设施建设，兴港路、西外环、河仙路、蓝埕路等骨干道路竣工通车，交通脉络逐步打通，对区域发展的支撑作用显著增强。

这五年，我们坚定不移深化改革扩大开放，动力活力明显增强，创新型城市建设开创新局面。全面深化改革扎实推进，财税金融、医疗卫生等重点领域改革取得突破，农村承包土地经营权抵押贷款、农田水利设施产权制度改革等改革试点工作成效显著。加快转变政府职能，建立网上审批、电子监察评议、行政权力阳光运行系统，编制出台政府权力清单和责任清单，173项行政审批事项、164项行政服务事项实现集中办理。创新活力充分释放，与52家高校院所建立全面合作关系，建设省级以上创新平台10家，引进袁隆平、张文海等高层次人才100余人，为经济发展提供了智力支撑。积极引导企业上市融资，全区挂牌上市本土企业达到11家、招商引资企业13家。对外开放水平不断提高，累计利用外资1.8亿美元，完成进出口总额13亿美元；五年引进过亿元项目68个，中海油、正邦集团、海螺集团、新加坡澳亚、印尼佳发等国内外知名企业纷纷落户，为区域经济发展注入了强劲动力。

这五年，我们坚定不移强化底线思维红线意识，狠抓安全环保工作，生态文明建设达到新高度。坚持党政同责、一岗双责、齐抓共管、失职追责，严格落实安全生产责任制，压紧压实区级领导干部联系督导责任、镇街属地管理责任、行业部门监管责任和企业主体责任，持续开展安全生产隐患“大快严”集中行动，确保了安全生产形势持续稳定。深入开展水气污染整治专项行动，投资40亿元实施了人工湿地、污水处理等77项环保重点工程，严格环境执法监管，河流综合治理成效显著，蓝繁天数连年位居全市前列。大力加强生态建设，孤岛刺槐林场、环城防护林、沿海防护林基干工程全面竣工，累计新增绿化面积12.1万亩，修复湿地1万亩，绿色生态屏障加快构筑。

这五年，我们坚定不移推进民生幸福，持续强化投入保障，群众幸福感和获得感实现新提升。城乡居民人均可支配收入分别达到39000元和15600元，年均增长8.6%和9.8%，群众生活水平显著提升。城乡教育布局进一步优化，投资6.8亿元实施了义务教育标准化建设、区一中新校建设、职业中专建设等重点工程，成功创建为全国义务教育发展基本均衡区。深入实施就业富民工程，获评“省级创业型示范城市”。深化医药卫生体制改革，城乡卫计服务网络全面铺开，区、镇、村分级诊疗体系日趋完善，被确定为第二批公立医院改革国家试点县。逐年提升城镇居民医疗保险、养老保险、老年人保障等政策标准，在全省率先实现五保老人区级集中供养、医疗保险和养老保险城乡并轨、残疾人残障补贴全覆盖。创新实施“1+5+X”精准扶贫模式，率先实现市定扶贫线和全区低保线“两线合一”，全区401户849名贫困人口全部脱贫、13个省定贫困村全部“摘帽”。扎实推进国家公共文化服务体系示范区创建，顺利通过省级公共文化服务体系示范区验收。社会治理全面加强，法治建设成效显著，荣获全国平安社区、全省平安家庭示范区、全省信访工作先进区、首批省级卫生监督示范区和药品安全先进区等荣誉称号。创新开通3612345民生热线，累计办理群众各类诉求37万余件，解决了大量群众关心关注的热点难点问题，近五年全市科学发展综合考核群众满意度调查四夺全市第一。

这五年，我们坚定不移强化政治担当，全面落实管党治党责任，执政能力和领导水平得到新加强。认真落实全面从严治党要求，压紧压实“两个责任”，推动管党治党从“宽松软”走向“严紧硬”。全区党的群众路线教育实践活动、“三严三实”专题教育和“两学一做”学习教育取得丰硕成果，党风政风和社会风气明显好转，干部作风评议连年高居全市第一。认真落实《干部选拔任用条例》，注重在发展一线和急难险重任务中培养、识别、重用干部，营造了干事创业的浓厚氛围。深入推进基层党组织标准化建设，扎实开展非公有制企业“区域党建联建”、软弱涣散基层党组织整顿转化、城市社区特色党支部创建等活动，进一步增强了基层组织的凝聚力战斗力。认真落实意识形态责任制，加强舆论宣传引导，凝聚了发展正能量。加强和改进对群团工作的领导，充分发挥群团组织的作用。切实抓好党管武装工作，开创了军民融合发展新局面。严明党的政治纪律和政治规矩，严格落实中央八项规定精神，驰而不息纠治“四风”，强力推进党风廉政建设和反腐败工作，加强对党员干部的教育管理监督，严肃查处违纪违法案件，营造了风清气正的政治生态。

各位代表、同志们，过去的五年极不平凡。五年来，我们有效应对了经济下行压力，经受住了一系列重大考验，开创了科学跨越的新局面。成绩来之不易，这是在党中央和省委、市委的正确领导下，全区各级党组织、广大党员干部群众团结一心、奋力拼搏的结果，是历届区委薪火相传、接力奋斗的结果，是各民主党派、工商联、无党派人士肝胆相照、携手共进的结果，是驻区各油田单位、驻区部队、武警官兵和离退休老同志鼎力支持、积极参与的结果。在此，我代表中共河口区委，向所有为河口发展做出贡献的同志们、朋友们，致以崇高的敬意和衷心的感谢！

明镜所以照形，往事所以知今。回顾五年奋斗历程，我们深深体会到：

——唯有坚持党的领导，才能把牢正确方向。我们坚持对标看齐，不断增强政治意识、大局意识、核心意识、看齐意识，在思想上政治上行动上同以习近平同志为核心的党中央保持高度一致，认真贯彻中央和省委、市委重大决策部署，切实扛起全面从严治党政治责任，确保了河口发展始终沿着正确的方向前进。

——唯有保持战略定力，才能推动行稳致远。我们积极适应经济发展新常态，坚持以创新、协调、绿色、开放、共享发展理念为引领，牢牢锁定“打造全市北部经济增长极，打造现代农业示范区和打造城乡统筹发展先行区”（以下简称“一极两区”）的目标定位，以“功成不必在我”的境界，一张蓝图绘到底，一任接着一任干，持续用力，久久为功，在建设美丽幸福新河口的伟大征程上迈出了坚实步伐。

——唯有弘扬担当精神，才能实现跨越赶超。我们坚持拼搏实干，树立高远境界，不断拉高标杆，奋力攻坚克难，广大党员干部在转型跨越主战场、项目建设第一线、民生改善最前沿，燃烧激情、干事创业，拼搏争先、奋力赶超，谱写了河口科学跨越的壮丽篇章。

——唯有坚守为民情怀，才能筑牢执政根基。我们始终满怀对人民群众的质朴感情，坚持“真心爱民、善待百姓，真心为民、造福百姓”的发展初心，持续加大民生投入力度，着力促进群众致富增收，把我们的工作实绩更多地转化为民生福祉，使河口改革发展的过程真正成为造福广大群众的过程。

——唯有深化团结共建，才能凝聚发展合力。我们始终高举油地军港“团结共建、共兴共荣”的大旗，积极整合各方资源力量，合力推动区域经济发展、创建文明城市、维护社会稳定、保障改善民生，在战略合作、共赢发展上进入了新的更高境界，凝聚起了无往不胜的强大合力。

这些经验，是全区人民智慧和汗水的结晶，也是我们战胜艰难险阻、不断奋勇前行的宝贵财富和强大动力，必须倍加珍惜，在今后的工作中继续坚持、不断创新、发扬光大。

肯定成绩的同时，也要清醒地看到，在前进的道路上，我们还面临着不少矛盾和问题：经济总量偏小，传统产业比重较大，自主创新能力不强，加快发展和转型升级任务艰巨；成本、资源、环境制约趋紧，生态建设和环境保护压力大；城乡发展不够平衡，民生社会领域还存在一些突出问题，群众生产生活条件有待进一步改善；改革的动力作用没有充分发挥，体制机制障碍仍然存在，发展环境需要优化；党的建设存在薄弱环节，一些干部素质能力还不能很好地适应新常态要求，消极腐败现象仍有发生。我们将以更加饱满的工作激情、更加务实的工作作风、更严更高的工作标准，努力克服困难、解决问题，以实际行动回应人民期待。

二、今后五年的奋斗目标

今后五年是全面建成小康社会的决胜阶段，也是打造“一极两区”、建设美丽幸福新河口的关键时期。综观大势，现实性机遇叠加，河口大有可为。世界经济曲折复苏，新一轮技术革命和产业革命蓄势待发，“一带一路”“黄蓝经济区”“环渤海地区合作发展”等国家战略深入实施，河口的土地、海洋、港口等资源优势更加凸显，在吸引投资、集聚要素等方面潜力更大、空间更广、后劲更足，这些都为我们谋求更高层次发展开辟了新空间、注入了新动力。分析现状，基础性优势显著，河口理应有为。经过近年来的不懈奋斗，我区综合实力和发展水平实现了大提升，新的增长动力加速形成，发展空间不断优化，产业基础更加厚实，发展路径更加清晰，特别是环渤海高等级公路、疏港铁路等重大交通基础设施的规划实施，将使河口的区位优势更加突出，这些都为我们谋求更高层次发展奠定了坚实基础、提供了现实可能。面对重任，内源性动力充足，河口必有作为。当前，尽管河口的发展面临产业转型、创新突破、资源环境等方面的困难和挑战，并且新的矛盾还将不断显现，但通过深入开展党的群众路线教育实践活动、“三严三实”专题教育和“两学一做”学习教育，持续深化作风建设，全区上下人心思进，党员干部奋发有为，油地军港团结一心，这些都为我们谋求更高层次发展积蓄了强大能量、提供了坚强保障。

今后五年工作的指导思想是：高举中国特色社会主义伟大旗帜，全面贯彻党的十八大和十八届历次全会精神，深入贯彻习近平总书记系列重要讲话精神，自觉践行“五大发展理念”，统筹推进经济建设、政治建设、文化建设、社会建设、生态文明建设和党的建设，全力打造全市北部重要经济增长极、建设现代农业示范区和统筹城乡发展先行区，努力在全面建成小康社会进程中走在前列，加快建设经济繁荣、城乡优美、人民幸福、社会和谐的美丽幸福新河口。

锁定“一极两区”目标定位，加快建设美丽幸福新河口，是全体河口人民的美好愿景，事关河口的前途命运，事关广大群众的根本利益。我们要建设的美丽幸福新河口，是符合发展规律、符合时代要求、符合人民意愿的新河口，是经济强、百姓富、环境美、社会文明程度高的新河口，是催生新产业、汇聚新人才、塑造新城市的新河口，是扬千年黄河文化之长、展诗画乡村湿地之美的新河口，让河口大地处处生机盎然、人人幸福安康。具体来讲，要奋力实现五大目标：

——努力打造产业高端、结构优化的实力河口。坚持以提高发展质量和效益为中心，以推进供给侧结构性改革为主线，推动生态化工、装备制造等主导产业高端高质高效发展，推动畜牧、渔业等优势产业向产业链、价值链高端延伸，推动生态旅游、电子商务等现代服务业发展提速、水平提升，努力实现结构更优、效益更好、后劲更足的发展，到2021年实现工业产值、财政收入“双倍增”，打造成为全市北部重要经济增长极。

——努力打造环境优美、休闲舒适的魅力河口。城乡统筹步伐加快，城市功能进一步完善，城市品质不断提升，特色小镇、美丽乡村建设稳步推进；生态环境进一步优化，单位GDP能耗、二氧化碳排放和主要污染物排放总量明显下降，林木覆盖率、湿地修复面积、空气质量优良天数比例进一步提高，充分彰显“天蓝地绿水清、宜居宜业宜游”的生态之城新形象。

——努力打造创新创业、开放竞争的活力河口。重点领域、关键环节改革取得决定性成果，一批制约经济社会发展的深层次问题得到有效解决；区域联动、合作共赢的开放格局基本形成，大众创业、万众创新的氛围更加浓厚，知名企业、高端人才、优质资源广泛集聚，自主创新能力显著提高，创新创造活力竞相迸发，打造成为环渤海地区开放新高地。

——努力打造生活富裕、保障健全的幸福河口。城乡居民收入稳步增长，社会就业更加充分，教育发展更加协调，保障体系更加完善，社会事业全面发展，基本公共服务均等化水平不断提升，社会主义核心价值观深入人心，努力创建民生幸福、群众充分认可的全面小康新生活。

——努力打造公平正义、安定团结的和谐河口。人民民主更加健全，法治观念深入人心，公平正义得到切实保障，油地军港团结共建实现深度融合，社会治理现代化水平逐步提高，公共安全基础更加牢固，社会安定有序、文明和谐、充满活力。

各位代表、同志们！幸福不会从天而降，努力奋斗才能梦想成真。率先全面建成小康社会，加快建设美丽幸福新河口，绝不会一路坦途。我们唯有披坚执锐、奋发图强，撸起袖子加油干，才能创造无愧于时代、无愧于党、无愧于人民的崭新业绩，描绘出河口波澜壮阔的美好明天！

三、抢抓机遇，乘势而上，加快建设美丽幸福新河口

建设美丽幸福新河口是一项宏大的系统工程。我们必须牢牢锁定“一极两区”的目标定位，抓住重点关键，奋力攻坚突破，努力在更高起点上实现更好更快发展。

（一）加快转调升级步伐，构建现代产业体系，努力打造实力河口。积极策应“中国制造2025”“互联网+”行动计划，深入推进供给侧结构性改革，以增量优化带动产业结构不断优化升级，努力开创做大增量与提高质量并重、资源开发有效利用与可持续发展并举、提升传统产业与壮大新兴产业并进的生动局面。

一是做大做强工业经济。坚持工业强区不动摇，加大运用新技术、新工艺、新装备改造提升传统产业力度，推进产业要素的集中化、规模化和专业化，逐步形成横向成群、纵向成链、区域大协调的工业集群。大力实施骨干企业培训计划，通过巩固发展一批、承接引进一批、整合扩张一批、成长壮大一批等多种方式，推动骨干企业快速做大做强，促进石油化工、精细化工、装备制造、有色金属四大主导产业向高新化、集约化、精细化和循环化方向迈进。发挥产业政策导向作用，培育发展新能源、新材料、生物医药、节能环保、高端装备等战略性新兴产业，形成新的发展支撑。认真落实“三去一降一补”五大任务，抓住处置“僵尸企业”这个牛鼻子，创造条件推动企业兼并重组。积极发展资本、技术、劳动力等要素市场，优化涉企服务，尽心竭力帮助企业解决困难，着力打造“零障碍、低成本、高效率”的营商环境。

二是做精做优现代农业。以推进农业供给侧结构性改革为主线，突出现代畜牧业、生态渔业、特色农业三大重点，积极构建陆海统筹、优质高效的现代农业体系，努力打造全国一流的现代农业示范区。畜牧业方面，依托澳亚三大牧场、高端乳制品加工、正邦百万头生猪养殖、澳源进口肉牛屠宰加工等龙头项目，积极发展关联产业，推动畜牧业全链条、高端化发展，努力打造现代畜牧业示范基地和畜产品质量安全基地。渔业方面，以渔盐一体、渔光互补、循环利用、高效生态为引领，深化“海生·河口”渔业科技精准对接，建设海洋生物研究中心，搭建渔业科技创新平台，推动百万亩生态渔业区和中心渔港开发建设提档升级、产业循环高效，构建更高端、更高效、更生态的“海上河口”。特色农业方面，以发挥特色优势、深化产学研结合为主攻方向，推动西部特色种植区加快发展，打造林更美、果更香、一二三产充

分融合的“锦绣河口·黄河故道”现代农业示范区。以延链补链、增创品牌为目标，依托三大重点产业，深度打造中部农副产品加工区，不断提高产品附加值和市场竞争力。认真落实强农惠农政策，不断改善农业生产条件，积极培育农业新型经营主体，加强农民教育培训和组织发动，为率先实现全方位、全内涵的农业现代化提供强力支撑。

三是做大做活现代服务业。坚持生产性服务业与制造业融合发展、生活性服务业与扩大居民消费相互促进，努力提高服务业的比重、水平和就业容纳能力。大力发展现代物流业，积极推进蓝色经济产业园物流中心、中心城区物流配送中心、各类畜牧水产冷链仓储物流及石化仓储物流等项目建设，打造区域性综合仓储物流配送中心。加快发展生态旅游业，依托黄河故道、神仙沟、万亩槐林、滨海长廊、鸣翠湖湿地风景区等旅游资源，大力发展乡村度假、休闲养生、湿地观光等旅游产品，不断提升景区吸引力和知名度。积极抢抓“互联网+”行动计划机遇，深化与蚂蚁金服的战略合作，扶持发展电子商务，培育一批特色“淘宝村”，努力打造成为全省重要的专业化电子商务服务中心。

产业是发展之要、强区之基。做大做强做优产业，实现高端高质高效发展，是打造北部重要经济增长极的关键所在。我们必须集中一切要素资源，调动一切积极力量，牢牢扭住发展不动摇，为加快建设美丽幸福新河口夯实根基！

（二）加快统筹城乡发展，持续优化区域环境，努力打造魅力河口。坚持城乡统筹，促进城乡一体化发展，进一步提高城乡规划建设管理水平，持之以恒加强生态文明建设，努力把河口打造成环境优美、生活舒适、魅力独特的现代化宜居城市。

一是坚持规划引领。充分发挥规划的战略引领作用，围绕“休闲舒适、宜居宜业”的功能定位，高标准搞好规划设计，留住湿地生态基因，彰显油城、军垦特色，形成河口独一无二的城市辨识度。按照全域规划的要求，对城区、小城镇、新型农村社区整体考虑、一体规划，做到衔接融合、互促并进，推动城乡基础设施和公共服务一体化发展。着力提升中心城区规划设计层次，积极推进综合交通、海绵城市、综合管网、地下空间等专项规划“多规合一”，突出抓好重点片区、重要街区、关键节点的规划设计，使城市更有特色、更有品位。牢固树立“规划即法”的理念，健全规划督察机制，强化规划刚性约束，确保建设按着规划走、项目按着规划落，做到一张蓝图绘到底。

二是提升城市品质。按照“中心提升、南融西进”的空间开发战略，每年论证实施一批重点城建项目，均衡发展老城区、开发区、湖滨新区三大片区，进一步拓展城市发展空间。高标准改造提升老城区，引导油田加强院落综合利用，加快老旧小区改造步伐，统筹推进骨干道路改造提升和地下综合管廊建设，着力完善市政基础设施和公共服务设施。规范提升湖滨新区，不断完善服务功能，加快重点区块开发，努力打造水绿相映、人城和谐的生态新城。因地制宜做好增绿、活水的文章，加强城区绿化和环城水系建设，做优做美城市公园，规划建设森林公园，让城市更加灵动润泽，积极争创国家生态园林城市。以“城市规划建设提升年”为抓手，着力推进城市精细化管理，稳妥做好油田“三供一业”移交工作，加快建立数字化城市管理平台，持续开展拆违治乱专项行动，推动城市管理精细化、规范化、常态化。

三是建设特色村镇。坚持工业反哺农业、城市支持农村，推动生产要素、公共资源和公共服务向农村倾斜，加快城乡一体化发展步伐。立足各镇实际，彰显个性特色，推动东部孤岛、仙河与西部新户、义和两翼齐飞、组团发展。在东部，立足油区小镇、临港小镇特色，做好油地、军地、港地结合文章，搞好节点景观打造，提升建设管理水平，当好全市小城镇建设的排头兵；在西部，立足滨海新镇、商贸重镇特色，进一步扩大驻地规模，完善基础设施配套，提升公共服务水平，打造统筹城乡发展的新载体。以美丽乡村建设为统领，稳步推进新型农村社区建设，科学确定社区数量规模，加快偏远村庄迁建合并，有序引导农民向中心村、镇街驻地和城区集中，因地制宜建设一批体现乡土韵味、承载乡愁记忆的特色乡村，打造农民幸福生活美好家园。

四是加强重大基础设施建设。坚持把交通基础设施建设放在首位，打通大动脉，完善微循环，提高通达性，积极构建布局合理、衔接畅通、智能快捷的综合交通运输体系。加快打通河口对外大通道，全力推进河广大道河口段、滨孤路拓宽、河辛路改线、济东高速连接线等重点工程，协助推动环渤海高速公路、环渤海城际铁路、疏港公路、疏港铁路建设，努力打造区域性综合交通枢纽。统筹推进能源、水利等重大基础设施建设，加快建设区港输油管廊，高度重视油地联手建设北部防潮堤工程，为区域发展筑牢安全保障。

五是加强生态文明建设。巩固提升山东省绿化模范区创建成果，大力推进三年增绿计划，打造城在林中、村在绿中、人在景中的生态城市。坚持上项目决不降低环保门槛，持续深化水气污染整治，全面落实节能减排任务，加大市控以上河流生态修复与保护力度，精心呵护好我们的美丽家园。实行最严格的耕地保护制度和节约用地制度，加强对区域土地利用的统筹，提高土地集约使用水平。大力倡导绿色生产生活，深入开展节约型机关、节约型家庭创建活动，让勤俭节约、绿色低碳成为社会新风尚。

城乡一体化是利在当代、惠及子孙的大事业，只要我们保持定力、精准发力、持续用力，一定会将这座年轻而文明的城市建设得更加美好，将休闲舒适、宜居宜业的城市名片打造得更加靓丽，让生态之城的魅力绽放在渤海之滨！

（三）深化改革扩大开放，实施创新驱动战略，努力打造活力河口。坚持以改革增动力，以开放增活力，以创新增优势，努力打造思想理念更加先进、体制机制更加灵活、各类要素资源充分集聚、创新创业源泉充分涌流的活力之城。

一是强化改革推动。坚持问题意识、目标导向，认真完成中央和省、市部署的各项改革任务，以全面深化改革破瓶颈、解难题、强动力，充分释放发展潜能。围绕转变政府职能，深入开展行政审批制度改革，狠治“庸懒散”，消除“中梗阻”，最大限度促进审批提速、服务提质、办事提效。深化财税、投融资体制改革，积极推进金融改革创新，引导信贷资金投向实体经济。坚持和完善农村基本经营制度，积极实施农村集体产权制度改革，深入推进农村土地承包经营权抵押贷款试点，释放农村发展活力。扎实推进新型城镇化综合试点，加快推进户籍、土地、住房制度改革，增强城市可持续发展能力。

二是坚持开放带动。积极对接“一带一路”“京津冀”协同发展战略，全面融入环渤海地区合作发展和黄河经济带建设，全力承接北京非首都功能疏解和京津产业转移，努力打造黄河中下游区域一体发展的桥头堡。坚持把招商引资作为经济发展的“头号工程”，突出产业“建链、补链、强链”的要求，集中力量引进一批行业龙头企业和产业链关键企业，为打造全市北部重要经济增长极注入不竭动力。强化园区载体建设，加快开放平台建设，突出抓好河口经济开发区、蓝色经济产业园的规划提升、配套完善和管理运营，充分发挥园区开放发展主体功能，努力打造产业高地。大力发展外向型经济，加快培植一批骨干企业，加快转变外贸增长方式，优化进出口产品结构，实现出口企业、产品、市场多元化，努力增强外贸竞争力。

三是实施创新驱动。大力推动大众创业万众创新，放宽政策、放开市场、放活主体，加快创新型城市和区域创新中心建设，充分激发全社会创业创新活力。发挥政府主导作用，加大科技创新投入力度和政策支持力度，优化区域创新体系和创新平台布局。强化企业创新能力建设，推动企业与高等院校、科研机构开展深度合作，围绕重点产业组建一批科技协同创新体，提升协同创新和技术攻关能力。深入实施质量强区和品牌战略，支持企业主导或参与制定行业标准、国家标准，提高研发设计和品牌创建能力。

注重人才工作与创新创业紧密结合、与产业培育深度对接，建立健全聚才用才体制机制，统筹抓好各类人才队伍建设；加强与油田“五院一中心”的对接合作，吸引油田人才创新创业，为区域经济发展提供智力支持。

30多年来，河口实现了从建区伊始百业待兴到建设美丽幸福新河口的大跨越，伴随着跨越的是永不停息的改革开放创新。这是河口发展的强大动力，也是时代赋予我们的历史责任。我们必须更加积极走出去、引进来，破旧立新、包容开放，鼓励创新、尊重创造，形成创业河口、扎根河口、圆梦河口的生动局面！

（四）持续增进民生福祉，统筹推进社会事业，努力打造幸福河口。牢固树立“民生所需就是发展之要、努力所向”的理念，始终把人民放在心中最高位置，把为民造福作为第一追求，努力让河口发展更有温度、群众幸福更有质感。

一是全面推进社会事业。实施教育优先发展战略，健全覆盖城乡的学前教育公共服务体系，推进义务教育均衡发展、普通高中教育优质发展、职业教育创新发展，不断满足人民群众对“更好的教育”的新期待。深化医药卫生体制改革，加大公立医院综合改革力度，加快推进医疗、医保、医药“三医”联动和医疗联合体建设，打造医疗服务中心和区域性“健康城”。坚持广覆盖、保基本、多层次、可持续的方针，持续提升基本养老、基本医疗、城乡低保等保障标准，扩大社会保障覆盖范围，编密织牢社会保障安全网。依法落实普遍二孩政策，强化优生优育服务，提高出生人口素质。创新养老服务模式，积极培育居家养老服务，健全完善农村养老服务网络，努力让所有老年人安享幸福晚年。积极推进残疾人和慈善事业发展，切实保障妇女和未成年人权益。深入实施全民健身设施覆盖计划，不断完善公共体育设施，广泛开展全民健身运动，促进体育事业繁荣发展。

二是全面提升文明程度。积极践行社会主义核心价值观，大力弘扬以爱国主义为核心的民族精神和以改革创新为核心的时代精神，不断增强全区广大党员和干部群众的精神力量。以创建国家公共文化服务体系示范区为抓手，深入实施文化惠民工程，积极培育新型文化业态，精心打造黄河口文化品牌，不断扩大黄河口文化影响力。进一步坚定文化自信，加大对生态、湿地、石油、军垦特色地域文化的保护、研究、宣扬力度，培育传承好河口海纳百川、兼容并蓄的包容精神，不畏艰险、勇闯新路的拓荒精神，坚忍不拔、润物不争的柽柳精神，凝聚起昂扬向上的能量，激发起奋勇争先的斗志。

三是全面深化脱贫攻坚。坚持把脱贫攻坚作为重大政治任务和最大民生工程，全面贯彻精准扶贫、精准脱贫基本方略，继续提高标准、加压奋进、巩固扩大扶贫攻坚成效，让贫困群众和全区人民一道率先奔小康。进一步探索建立稳定脱贫长效机制，持续加大对贫困人口和边缘贫困人口的扶持力度，做到脱帽不脱政策、脱贫不脱帮扶，不让一个贫困群众在全面小康路上掉队。坚持自力更生、艰苦奋斗、勤劳致富的理念，注重既要扶贫，又要扶智，更要扶志，依托新型农民学校等培训资源，切实增强低收入人口自我发展能力，鼓励他们用勤劳双手创造幸福生活。

人民对美好生活的向往，就是我们的奋斗目标。只要我们真情付出、真抓实干，持续加大民生事业投入，扎实办好各项民生实事，不断提升基本公共服务均等化水平，河口人民一定生活得更加幸福美好！

（五）积极创新社会治理，加强民主法治建设，努力打造和谐河口。坚持党的领导、人民当家作主、依法治国有机统一，发展更加广泛、更加充分、更加健全的人民民主，用法治规范秩序、协调关系、化解矛盾、保障权益，促进社会公平正义、和谐安定。

一是加强民主政治建设。坚持和完善人民代表大会制度，支持人大及其常委会依法履行职能，保障人大代表依法行使职权，发挥人大代表作用，积极推动人大工作创新。坚持和完善中国共产党领导的多党合作和政治协商制度，推动协商民主广泛多层制度化发展，更好地发挥汇聚力量、建言献策、服务大局的重要作用。加强同民主党派、无党派人士的团结合作，充分发挥统一战线重要法宝作用。加强和改进党对群团工作的领导，支持工会、共青团、妇联等群团组织依照法律和各自章程开展工作。坚持军民融合发展，落实党管武装制度，提高军政军民团结发展成效。积极发展基层民主，健全完善基层群众自治机制，着力打造管理有序、服务完善、文明祥和的社会生活共同体。

二是推进法治河口建设。坚持法治思维和法治方式，把经济社会发展纳入法治轨道，推动严格执法、公正司法、全民守法，努力建设法治经济和法治社会。深入推进依法行政，加快行政权力“一库四平台”建设，完善依法决策程序和机制，严格规范公正文明执法，加快建设法治政府。深化司法体制改革，坚决支持司法机关依法独立公正行使司法权，让人民群众在每一个司法案件中感受到公平正义。坚持依法管网治网，加强网络舆情监测管控，严厉打击电信网络诈骗，用法治撑起网络的蓝天。深入开展法治宣传教育，落实“七五”普法规划，增强全社会尊法、学法、守法、用法意识。

三是加强社会治理创新。加强社会信用体系建设，健全诚信建设工作机制和失信惩戒机制，加快建设信用河口。深入推进平安河口建设，加强社会治安综合治理，深化油地军港维稳联动机制，严厉打击各类违法犯罪，确保区域社会持续和谐稳定。加强和改进信访工作，健全社会矛盾纠纷源头预防化解机制，落实社会稳定风险评估责任，畅通群众诉求表达、利益协调、权益保障渠道，全力打造“阳光信访”。完善落实安全生产责任和管理制度，全面持续动态排查消除各类安全隐患，强化灾害监测预警和风险防范，着力提升依法监管能力和全社会整体安全水平，确保人民群众生命财产安全。深入推进“食安河口”建设，扎实开展“守护舌尖安全”行动，让人民群众吃得安全放心。以智慧交通、智慧城管、智慧医疗、智慧政务、智慧警务为重点，积极构建信息化管理服务体系，加快建设智慧城市。

四是不断深化团结共建。油地军港“同在一方热土，共处一片蓝天”，是建设美丽幸福新河口的优势和潜力所在。我们将始终高举“团结共建、共兴共荣”的旗帜，坚持油地携手、军民同心、区港联动，以更宽的视野谋划区域发展蓝图，以更实的举措推动区域发展，为加快建设美丽幸福新河口增添动力。积极探索创新区域经济社会一体化的有效机制，共同研究解决事关区域发展的重大问题，共同推进城市和基础设施建设，携手加快发展社会事业，齐心协力建设好我们的共同家园，让各方职工群众共享改革发展成果。

民主法治是建设美丽幸福新河口的重要保证，创新社会治理是率先全面建成小康社会的重要组成部分。只要我们坚持民主与法治互促互为，不断提高社会治理的现代化水平，我们的社会在深刻变革中一定会生机勃勃、井然有序！

四、不忘初心，继续前进，坚定不移推进全面从严治党

适应新形势，推动新发展，开创新局面，核心在党的领导，关键在党员干部。必须充分发挥党总揽全局、协调各方的领导核心作用，与时俱进加强党的自身建设，把全面从严治党责任扛在肩上、抓在手上、落在实处，引领广大党员干部不忘初心、继续前进，凝聚起建设美丽幸福新河口的强大合力。

（一）加强理论武装，筑牢团结奋进的思想基础。理论上清醒，政治上才能坚定。坚持把思想政治建设摆在首位，创新党内学习制度，认真学习中国特色社会主义理论体系和习近平总书记治国理政新理念新思想新战略，不断增强“四个意识”，切实坚定“四个自信”，自觉做到“四个服从”，始终在思想上政治上行动上同以习近平同志为核心的党中央保持高度一致。严守政治纪律和政治规矩，全面加强和规范党内政治生活，任何情况下都绝对忠诚于党、绝对忠诚于人民，为党分忧、为党担责、为党尽责。牢固树立党章意识，持续加强党性修养，筑牢信仰之基、补足精神之钙、把稳思想之舵，拧紧世界观、人生观、价值观“总开关”。全面落实党管意识形

态主体责任，加强和改进意识形态工作，牢牢把握领导权和话语权。

（二）坚持强基固本，增强基层党组织生机活力。基层党组织是党全部工作和战斗力的基础。把抓好党建作为最大的政绩，牢固树立大抓基层的鲜明导向，坚持政治功能与服务功能相统一，分类施策与整体推进相结合，统筹抓好各领域基层党建工作，不断增强党的组织覆盖、工作覆盖，使各级基层党组织真正成为落实党的任务的基础支撑、推动改革发展的工作支撑、联系服务群众的桥梁支撑。加强党员队伍建设，严把入口、畅通出口，加强教育、强化管理，使党员在平常时候看得出来、关键时刻站得出来、危急关头豁得出来。坚持重心下移、资源下沉，持续开展软弱涣散基层党组织整顿提升，选优配强基层党组织带头人，建立健全投入保障机制，着力增强基层党组织整体服务功能。

（三）树立正确导向，打造担当尽职的干部队伍。为政之要，重在用人；事业发展，关键在人。坚决贯彻党管干部原则，牢牢把握重基层、重一线、重实绩的用人导向，严把政治关、品行关、作风关、廉洁关，切实把那些以发展为己任、为发展尽其责、抓发展有作为的干部精心培养起来、及时发现出来、合理使用起来。加强精准培训和实践锻炼，提升干部队伍专业素养和工作能力，使干部成为做好工作的行家里手。注重培养使用优秀年轻干部，统筹女干部、党外干部培养选拔，做好离退休干部工作，充分调动各方面、各年龄段干部的积极性。改进干部监督管理，让干部置于有效监督之下，真正心有所畏、言有所戒、行有所止。完善干部考评体系和奖惩机制，加强日常考核、完善年度考核、改进任职考察，推进干部能上能下。建立完善容错纠错机制，宽容干部在工作中特别是改革创新中的失误，旗帜鲜明地为改革者鼓劲、为实干者撑腰、为担当者担当、为负责者负责。

（四）锤炼过硬作风，以优良党风政风引领社风民风。作风彰显党性，作风事关民心。要进一步明要求、严纪律、强约束，严格落实中央八项规定精神，既用铁的纪律整治各种顶风违纪行为，又严打“四风”问题的隐形变异，做到抓在日常、严在经常。认真落实党员干部直接联系服务群众和基层调研制度，健全完善改进工作作风的长效机制，推动作风建设常态化长效化。教育引导各级党员干部大力弘扬求真务实作风，讲实话、鼓实劲、出实招，不畏难、不避险、不旁观，专心谋事、用心干事、一心成事，真正顶起自己该顶的那片天。各级领导干部要身体力行、率先垂范，带头抵制不正之风，狠抓各项工作落实，带动广大党员干部群众见贤思齐，让作风优良成为河口党员干部的靓丽名片。

（五）狠抓反腐倡廉，切实营造风清气正的政治生态。反腐倡廉必须长抓不懈，拒腐防变必须警钟长鸣。各级党组织要切实担负主体责任，强化主责就是首责、守土必须尽责的政治担当，把“全面从严”的要求落实到党风廉政建设和反腐败工作全过程。纪检监察机关要强化监督执纪问责，把纪律和规矩挺在前面，充分发挥廉洁自律准则、纪律处分条例、党内问责条例、党内监督条例等制度利器的作用，用好监督执纪“四种形态”，切实把党的纪律和规矩立起来、紧起来、严起来。坚持无禁区、全覆盖、零容忍，深入推进惩治和预防腐败体系建设，始终保持反腐败的高压态势，让腐败分子在党内没有任何藏身之地。加强党风廉政教育，深化廉政文化建设，注重发挥典型案件警示教育作用，让广大党员干部坚持理想信念高线、守住纪律底线。各级领导干部要牢固树立正确权力观，模范遵守廉洁自律各项规定，始终做到廉洁从政、廉洁用权、廉洁修身、廉洁齐家，永葆共产党人清正廉洁的政治本色。

荀增杰同志在区委七届十二次全体会议上的讲话

（2016 年 12 月 22 日）

（摘要）

一、区委常委会今年以来的工作

今年以来，区委常委会团结带领全区广大党员干部，认真贯彻中央和省委、市委决策部署，以开展“两学一做”学习教育为动力，紧紧围绕“一极两区”的目标定位，全力抓好保运行稳增长、转方式调结构、促改革惠民生和党的建设等各项工作，实现了“十三五”时期发展的良好开局。

（一）坚持高标准加强对经济运行的精准调度，全力保运行稳增长。面对经济下行压力依然较大的严峻形势，区委常委会沉着应对、冷静掌控、科学调度，加强对经济形势的分析研判，每季度召开一次经济运行调度会，推出一系列科学务实举措，取得了明显成效。前三季度，全区实现生产总值 194.5 亿元，同比增长 7.8%；1~10 月份，实现规模以上工业总产值 819 亿元，增长 10.2%；规模以上工业增加值增长 7.4%；完成一般公共预算收入 15.3 亿元，增长 1.7%。16 项主要经济指标中，地区生产总值、固定资产投资等 7 项指标增幅位居全市第一，规模以上工业增加值等 3 项指标增幅位居全市第二，其余 6 项指标也都位居全市中游。一是全力扶持企业发展。高度关注企业生产经营态势，精心组织召开企业发展座谈会、园区企业家座谈会，面对面听取企业问题建议，现场研究解决问题措施。突出抓好骨干企业、石化企业、油田改制企业、新开工企业等重点群体的运行调度，指导企业用足用好各级扶持政策，保障企业健康运行。在保持平稳发展的基础上，更加关注工业经济运行的质量，特别是强化对规模以上工业利税总额和利润总额两大工业指标的分析调度，主动深入企业调研，帮助企业降低管理成本、开拓市场、减少库存、提高资金流动性，提升了企业综合效益水平和工业经济整体运行质量。二是狠抓项目建设和招商引资。紧紧扭住项目建设这一龙头，集中精力抓吸纳集聚、抓跟踪推进、抓有效投入，实施了总投资 169 亿元的 37 个重大产业项目。对中海石化 500 万吨升级改造、彩客化学、澳亚高端乳制品加工、澳源牛业、正邦百万头生猪养殖等龙头项目，严格落实领导包靠、重点调度、跟踪服务制度，确保项目顺利推进。坚定不移狠抓招商引资，大力推进产业链、精准化招商，洽谈推进了中车永济电机、天津万贝化工园区、美国 SES 煤制氢等计划总投资 207 亿元的 19 个重大项目，为产业转型升级、加快科学跨越注入了新动力。三是着力优化金融环境。把防范和化解风险摆在突出位置，对区内重点行业企业实行动态监测、定期调度，深入排查化解金融风险隐患，维护了全区良好的金融环境。不断深化政银企合作，组织实施贷款金额 115.82 亿元的银企对接项目 147 个，资金落实率达到 90%；重启应急转贷和“助保金”贷款业务，共办理应急转贷 24 笔 3.57 亿元，发放“助保金”贷款 52 笔 3.56 亿元，切实提升了金融保障能力。积极引导企业上市融资，建立了由 20 多家企业组成的上市挂牌后备资源库，今年 1 月 29 日华力石油成功实现新三板挂牌，目前全区挂牌上市本土企业达到 9 家、招商引资企业 13 家。

（二）加快转调升级步伐，着力提升经济发展质量效益。正确处理推进供给侧结构性改革与抓投资扩需求的关系，坚持以好项目大项目建设扩大有效高效投资，在优化增量中调整产业结构、提升发展质量、推动跨越发展。一是大力实施工业强区战略。围绕石油化工、精细化工、装备制造、有色金属四大支柱产业，大力实施产业链重点项目建设，重点实施了中海石化500万吨升级改造、彩客化学、普斐科特汽车用关键零部件精密铸造等总投资125亿元的11个重点项目，富海集团成功跻身2016年中国企业500强，工业实力和发展后劲显著增强。深入推进化工产业转型升级，“三评级一评价”顺利完成，15家“差”评企业全部停产整顿，扶持引导23家“优”评企业通过技术改造做大做强。加快企业规范化公司制改制，年底8家企业将完成改制工作。加快创新能力建设，全区41家企业获市级科技型企业认定，科技支撑能力明显增强。二是大力发展现代农业。紧紧围绕“率先全面实现农业现代化”这一目标，研究制定具体实施意见，委托农业部规划设计院编制了《河口区现代农业发展规划（2016—2020年）》，进一步调整优化农业发展布局，着力培育壮大畜牧和渔业两大主导产业。畜牧业方面，总投资29.98亿元的澳亚高端乳制品加工、澳源进口肉牛深加工、正邦百万头生猪养殖等畜牧业龙头项目进展顺利，今明两年将陆续投产。渔业方面，大力实施“海上河口”建设，高标准编制了河口区“海上粮仓”发展规划（2017~2020年），全面提升生态渔业区和中心渔港基础设施配套，与山东省海洋与渔业厅达成战略合作协议，高标准规划建设海洋渔业科技创新中心，开启了我区海上粮仓建设的新篇章。修订完善《西部黄河故道现代农业示范区规划》，努力打造全市现代农业发展样板区和试验区。积极培育新型农业经营主体，农业龙头企业发展到89家，家庭农场发展到69家，农民专业合作社发展到273家，农业产业化、规模化水平不断提高。三是加快发展现代服务业。前三季度，全区实现服务业增加值88.23亿元，同比增长9.8%，占GDP的比重达到45.36%，比去年同期提高2.3个百分点。积极整合物流、金融资源，规划建设电子商务集聚区，完善提升黄河三角洲石油化工交易中心等大宗商品交易平台，积极洽谈推进与蚂蚁金服的战略合作，油品贸易洽谈会的规模层次逐年提升，促进了电子商务与实体经济融合发展。依托滨海长廊、鸣翠湖、神仙沟、万亩槐林等旅游资源，集中突破生态旅游业，做大做强湿地槐花节、全国摄影大展等特色品牌，预计全年接待游客70万人次，旅游总消费额突破3亿元。

（三）深化改革创新，发展动力活力持续增强。围绕“最大限度激发发展活力，最大限度搞活微观主体”，集中力量抓好重点领域和关键环节改革，着力破解发展难题。加快转变政府职能，编制出台政府权力清单和责任清单，对区政府各部门单位行政审批事项进行全面清理规范，对照《县级行政许可事项通用目录》，共确定保留行政审批事项197项，精简行政审批事项4项。全面深化医药卫生体制改革，建立健全公立医院综合改革目标管理考核、分级诊疗、“三调解一保险”医患纠纷调解等机制，积极推进医疗联合体建设，全面实施“先诊疗后结算”等便民服务措施，有效缓解了群众“看病难、看病贵”难题。扎实推进全国农村承包土地经营权抵押贷款试点县区工作，研究出台《农村承包土地的经营权抵押贷款试点实施方案》等系列配套文件，持续加大对“三农”的金融支持力度，新增办理土地经营权抵押贷款14笔、贷款金额4060万元。积极开展省级农田水利设施产权制度改革和创新运行管护机制试点工作，按照“产权明晰、权责落实、经费保障、管用得当、持续发展”的目标要求，建立了“两证一书一台账”的工程管护模式，今年以来，累计完成投资1.15亿元的13个农水会战项目，恢复灌溉面积4.13万亩，改善除涝面积6.6万亩，农业生产条件持续改善。

（四）加强基础设施建设，城乡统筹步伐不断加快。坚持把新型城镇化建设作为河口跨越发展的重大机遇，统筹推进中心城区、小城镇和新农村建设，全区城镇化率达到75.97%，城乡环境面貌实现新的提升。在中心城区，加快老城区改造步伐，积极推进雨污分排改造、环城水系清淤净化治理，不断完善供水、供热、供气、环卫、垃圾处理等公用设施，改造老旧小区2万平方米、棚户区101户，新增城区绿化面积 8.6 万平方米，城市功能日趋完善。以国家卫生城市复审为抓手，大力开展城市生态环境建设年活动，启动实施了黄河路改造、友谊河海盛路节点改造、湖滨新区基础设施配套提升等总投资 40.34 亿元的 73 个城乡建设项目，计划利用 3~5 年时间将城区彻底改造提升一遍，必将为广大市民创造更加清新舒适的生活环境。在镇村，积极推进新型农村社区建设，突出抓好城中村、城郊村、镇驻地村及周边村的拆迁改造，推进偏远村庄迁建合并，二吕、四扣、协胜、镜湖、镇东等社区建设顺利实施，1396 户农民分配了回迁楼。深入推进美丽乡村建设，加强农业农村基础设施建设，集中开展农村环境综合整治、清脏治乱“集中行动月”和“三线一带”集中整治活动，全面实施农村旱厕改造、生活污水集中处理等工程，共硬化道路 23 公里，改造旱厕 2477 户，建成污水处理项目 15 处，极大改善了农村生活条件。同时，高度重视交通基础设施建设，总投资 6.5 亿元的河辛路改线和河民路、海防路等改造工程顺利实施，康宁路、邵太路、河庆路改造竣工通车，总投资 1500 万元的农村公路安全生命防护工程圆满完成，城乡路网结构日益优化，对区域发展的支撑能力进一步增强。

（五）坚守安全环保底线，区域发展环境不断优化。始终秉承发展经济和安全环保“情同手足”的理念，注重经济发展与安全环保协调推进，从生产和生活两头入手、治理和保护两手齐抓、约束和激励两端发力，为河口营造了良好的发展环境。安全生产方面，以城市公共安全提升行动为抓手，深化安全生产管理体制改革，实施安全生产风险抵押金制度，加强数字化监管平台建设，全面推进安全生产网格化、实名制管理，244 家企业完成了基础信息采集录入工作，有效夯实了公共安全基础。制定了《河口区安全生产约谈制度》等 9 个规范性文件，进一步细化了重大事故隐患挂牌督办、黑名单管理、企业主体责任量化考核等方面的管理，压紧压实了区级领导干部联系督导责任、镇街属地管理责任、行业部门监管责任和企业主体责任，建立起全覆盖、无缝隙的责任体系。全面开展安全生产隐患“大快严”集中行动，在危险化学品、交通安全等八大行业领域全面开展隐患排查治理工作，共排查隐患 9974 条，已整改 8962 条。环境保护方面，以水气污染整治专项行动为契机，先后实施了黄河路雨污排改造、中海尾水人工湿地工程、燃煤小锅炉淘汰、挥发性有机物治理等总投资 8.2 亿元的 29 项水气污染治理工程，污水直排全面消除，市控及以上河流稳定达到地表水五类水质标准，空气质量继续居全市首位。全面做好迎接中央环保督察工作，健全网格化环境监管体系，严肃查处环境违法行为，取缔土小企业 7 家，立案查处违法行为 56 起，集中解决了一批环保热点难点问题，切实维护了群众环境权益。生态建设方面，加强绿地、湿地建设，开展大规模生态修复，大力实施三年增绿计划，完成投资 1.87 亿元，新增造林 4.47 万亩，湿地修复 1145 亩，完成市委、市政府下达任务的 226%，为河口打造了绿色生态屏障。

（六）着力保障改善民生，群众幸福感和满意度逐年提升。始终致力于改善民生、造福百姓，主动顺应人民群众的所需所盼，构建了共建共享、安定祥和的生动局面。前三季度，城镇居民人均可支配收入达到 28573 元，农村居民人均可支配收入达到 12318 元，同比分别增长 7.1% 和 8.6%。脱贫攻坚取得阶段性成果，建档立卡贫困人口全部脱贫。创新实施“1+5+X”精准扶贫模式，整合油地军港各方资源力量，综合运用产业扶贫、政策救助、就业帮扶、孝德工程、雨露计划、易地搬迁等各项举措，做好扶贫攻坚借力土地开发整理、生态林建设、新型农村社区建设的结合文章，举全区之力、以务实之举，圆满完成市定任务，全区 401 户 849 名贫困人口全部脱贫、13 个省定贫困村全部“摘帽”。为民办实事工程进展顺利，事事有落实件件有回音。年初，我们按照“利民、惠民、便民”的思路，确定了总投资 7.8 亿元的 10 件民生实事，每一件直接关系百姓生活，社会各界十分关注。截至目前，10 个民生政策落实和 7 个货物采购项目已全部完成，工程类项目已竣工 12 项，特别是三年增绿计划、挑河人工湿地水质净化工程的顺利实施，极大改善了区域周边环境，提高了土地利用效益，带动了一批农民脱贫致富，取得了良好的经济效益、生态效益和社会效益。社会保障体系不断完善，保障水平继续走在全省前列。织密织牢民生保障网，累计发放各类救助金3121万元，形成了保基本、多层次、可持续的社会保障体系，率先实现医疗保险和养老保险城乡并轨、残疾人残障补贴全覆盖，开创了“阳光190”社会救助体系更加完善、困难群体兜底救助全面加强、社会养老服务体系建设扎实推进、福利慈善事业蓬勃发展的新局面。依法治理水平不断提高，社会大局持续和谐稳定。坚持油地军港联防联治，全面加强社会治安综合治理，深入开展打黑除恶、打霸治痞、打击打孔盗油等专项行动，营造了和谐稳定的社会环境。严格落实领导干部公开接访、带案下访、包靠重点信访案件等制度，加快信访工作法制化进程，加大信访积案化解力度，实现了信访案件存量明显减少、增量有效控制、信访秩序更加规范有序。全面启动智慧城市建设，高效快捷办理群众诉求，今年以来民生热线累计受理各类诉求7.9万件，群众的幸福感和满意度不断提升。

（七）全面加强党的建设，事业根基更加牢固。始终把推进全面从严治党作为最大的政治任务，把正风肃纪作为关键举措，打造了党建工作新亮点新品牌，推动了全面从严治党迈上新台阶。一是“两学一做”学习教育扎实推进。研究制定了全区“两学一做”学习教育实施方案，深入开展党员党组织关系排查工作，对全区党员完成了党组织关系排查，对3名失联党员予以除名，从源头上治理党员组织关系“空挂”“失联”等现象，确保了党员队伍的先进性和纯洁性。坚持抓在日常、严在经常，严格落实集中学习、上党课、问题整改等规定动作，把问题查摆和整改落实贯穿学习教育全过程，使广大党员干部的思想受到新洗礼、党性得到新加强。截至目前，全区各级党组织共开展集中学习1720余次，查摆问题2850余项。二是换届工作平稳有序推进。坚持教育在先、警示在先、预防在先，及时启动换届纪律宣传和换届风气监督工作，严格落实“四必看”“四必训”“四必谈”要求，认真组织学习《严肃换届纪律文件选编》《镜鉴》等内容，真正让政策规矩深入人心、欲违纪者心存敬畏、换届纪律落地生根。成立了换届工作领导小组及办公室，制定了区镇领导班子换届工作方案、配档表，保障了换届工作平稳健康有序进行。三是干部队伍建设不断加强。深化干部人事制度改革，扎实开展干部人事档案专项审核，对120余名科级干部档案问题进行调查核实，从严从实认定干部信息。加大干部教育培训力度，深入开展“优秀干部选育工程”，组织科级干部理论研讨班3期、科级干部高校培训班5期、部门单位各类专题培训班40期，累计培训2690余人次，干部队伍素质能力进一步提升。认真落实好干部标准，着眼事业发展和领导班子长远建设需要，选优配强领导班子和领导干部，进一步优化了领导班子结构，增强了整体功能。四是基层党组织建设全面强化。实施基层党建“三年提升计划”，持续整顿软弱涣散基层党组织，积极培育党建工作示范点，共培育党建工作示范点19个，转化软弱涣散党组织18个，56个党组织实现提档进位，进一步夯实了党的执政根基。扎实推进基层党组织标准化建设，健全完善农村基层党组织重大事项票决、四议两公开、三务公开等制度，有力保障了村级组织规范化运行。围绕社区特色党支部建设，精心组织“点亮微心愿、圆梦在社区”“社区环境大整治”“部门职能进社区”等特色活动，切实提升了社区党组织与驻社区单位共驻共建水平。五是反腐倡廉建设不断深入。全面落实党风廉政建设“两个责任”，持续深化纪委“三转”，在全市率先完成内设机构调整工作，执纪监督的力量更加坚实。突出抓好农村基层党风廉政建设，坚决整治和查处在农村“三资”管理、上级惠农补贴、油田对村补偿、包村扶持款项等方面侵害群众利益的不正之风和腐败问题。严格落实中央八项规定精神，驰而不息纠正“四风”，今年以来，共查处违反八项规定精神案件16起，处理27人，给予党政纪处分

16人，发挥了很好的教育警示作用，维护了风清气正的良好政治生态。

区委常委会高度重视自身建设，倍加珍视和维护班子团结，集中精力把方向、谋全局、抓大事、促发展，充分发挥了总揽全局、协调各方的领导核心作用。支持人大及其常委会依法行使职权，支持人民政协履行职能，不断深化与民主党派、工商联和无党派人士的团结合作，巩固了共同思想政治基础。加强和改进对工会、共青团、妇联等群团工作的领导，充分发挥联系群众的桥梁纽带作用。高度重视意识形态领域的工作，督促各级党组织强化政治担当，狠抓责任落实，牢牢把握工作主动权。坚持党管武装，深入开展双拥共建，巩固和加强了军政军民团结。认真贯彻民主集中制原则，不断完善民主决策议事机制，确保了决策科学化、民主化。常委同志带头遵守廉洁自律各项规定和中央八项规定精神，把纪律和规矩挺在前面，时时处处严格要求，坚持依法用权、秉公用权、廉洁用权，自觉接受组织、群众和社会监督，树立了为民务实清廉的良好形象。

在肯定成绩的同时，我们也清醒地看到，与上级要求和群众期待相比，区委常委会的工作还存在一些不适应和不到位的地方，主要是：宏观形势依然严峻，投资拉动后劲不足，保运行稳增长的难度加大；转方式调结构的成效不够明显，传统产业比重大、自主创新能力不强、对外开放层次不高的问题比较突出；资源环境约束日益趋紧，优化要素配置、促进集约集聚发展的任务艰巨；推进改革创新的力度还不够大，一些重点领域和关键环节的改革进展较慢；城乡居民收入差距较大，基层社会治理有待进一步加强；党风廉政建设还存在薄弱环节，个别领域消极腐败现象仍然存在，党员干部违规违纪问题时有发生，等等。对此，我们必须高度重视，采取有效措施认真解决。

二、全面准确把握十八届六中全会精神实质，坚决维护以习近平同志为核心的党中央权威

党的十八届六中全会，是在中国共产党成立95周年、红军长征胜利80周年的历史节点，在全面深化改革、决胜全面小康的关键时刻，召开的一次重要会议。全会站在新的历史起点，就新形势下加强党的建设做出了新的重大部署，审议通过了《关于新形势下党内政治生活的若干准则》和《中国共产党党内监督条例》，充分体现了党中央全面从严治党的坚强决心和历史担当。特别是全会明确习近平总书记的核心地位、正式提出“以习近平同志为核心的党中央”，对于进一步推进党的建设新的伟大工程，不断开创党和国家事业新局面，具有重大现实意义和深远历史意义。我们一定要把思想统一到六中全会精神上来，真正做到思想上认同、工作上落实、行动上看齐，更加坚定自觉地在以习近平同志为核心的党中央坚强领导下，牢牢把握河口工作的正确方向。

一要不断增强“四个意识”特别是核心意识、看齐意识，坚决维护习近平总书记的核心地位。对党忠诚是必须坚守的生命线和立身之本，在任何时候、任何情况下，都要保持清醒政治头脑和政治本色，严守政治纪律和政治规矩，坚定不移维护习近平总书记核心地位，做到思想上充分依赖、政治上坚决维护、组织上自觉服从、感情上深刻认同。要把深入学习贯彻习近平总书记系列重要讲话精神作为重大政治任务，深刻领会把握系列重要讲话的时代背景和重大意义、鲜明主题和科学体系，以及贯穿其中的治国理政新理念新思想新战略，坚持学而思、学而信、学而用，自觉用以改造主观世界，坚定理想信念，补足精神之钙，筑牢对党忠诚的思想基础。

二要保持政治定力，坚决维护党中央权威。保持全党的高度团结和集中统一，是我们党的光荣传统和独特优势。坚决维护党中央权威、保证全党令行禁止，是党和国家前途命运所系，是全国各族人民根本利益所在。全区各级党组织和广大党员干部要坚持把中央的集中统一领导作为根本政治规矩，自觉向党中央看齐，向党的理论和路线方针政策看齐，向党中央决策部署看齐，做到党中央提倡的坚决响应、党中央决定的坚决执行、党中央禁止的坚决不做。全区各级党组织要坚持守土有责、守土负责，在维护核心、维护党

中央权威上立场坚定、旗帜鲜明，坚决同一切损害党的集中统一领导、影响党的团结统一的现象作斗争，切实履行好党中央赋予的重大政治责任。

三要坚定不移贯彻党中央决策部署，以实际行动维护习近平总书记的核心地位。认认真真落实好党中央做出的各项决策部署，是对与党的领导核心保持高度一致的最好检验。要牢牢坚持、全面贯彻党的基本路线，始终站在党和国家大局上想问题、作决策、办事情，切实吃准悟透中央精神。全区各级各部门开展工作要以贯彻党中央决策部署为前提，做到令行禁止、不打折扣，确保中央政令畅通、决策落地生根。同时，要充分发挥积极性、主动性、创造性，奋发有为做好各项工作，把维护习近平总书记核心地位、维护党中央的权威，体现到推进全面从严治党、营造良好政治生态的具体行动上，落实到贯彻新发展理念、推动经济社会持续健康发展的实际成效上，贯穿到率先全面建成小康社会、加快建设美丽幸福新河口的生动实践中。

三、深入贯彻落实《准则》和《条例》，坚定不移推进全面从严治党

六中全会审议通过的《关于新形势下党内政治生活的若干准则》和《中国共产党党内监督条例》，实现了党内政治生活和党内监督的制度化、规范化和程序化，是我们党全面从严治党的新界碑，标志着全面从严治党进入了新阶段。各级党组织要按照中央和省委、市委的部署要求，推动加强和规范党内政治生活、加强党内监督各项要求落到实处，推动全面从严治党向纵深发展。

一要深化思想认识，高度重视党内政治生活和党内监督。习近平总书记深刻指出，严肃党内政治生活是全面从严治党的重要基础，党内监督是全面从严治党的重要保证。新形势下推进全面从严治党，营造良好政治生态，必须从加强和规范党内政治生活、加强党内监督入手。《准则》和《条例》以党章为根本遵循，坚持继承与创新的统一、思想建党和制度建党的统一，围绕严肃党内政治生活和加强党内监督，做出了更加系统、更加具体的规定，为新形势下加强和规范党内政治生活、加强党内监督提供了基本遵循。全区各级党组织和广大党员干部要深刻领会、用心把握党中央的重大部署，从全面从严治党、制度治党、依规治党的战略高度，深刻认识党内政治生活的严肃性，深刻认识党内监督理论和制度的新发展，自觉把加强和规范党内政治生活、加强党内监督摆在更加重要的位置来抓。

二要增强行动自觉，深入贯彻执行《准则》和《条例》。制度的生命力在于执行。各级党委和纪委要切实担负起主体责任和监督责任，把从严贯彻执行《准则》和《条例》的责任扛在肩上、落到实处，让铁纪发力、禁令得行、规矩生威，确保各项制度落地生根。各级党组织和广大党员干部要以严的精神和实的作风，抓好《准则》和《条例》的贯彻落实，推动党内政治生活和党内监督常态化、规范化、制度化，增强自我净化、自我完善、自我革新、自我提高能力，保持党的先进性和纯洁性。要坚持问题导向，深入分析本地本部门存在的薄弱环节和突出问题，列出问题清单，抓紧整改提高。要把学习贯彻《准则》和《条例》纳入党建工作责任制，纳入党组织书记抓基层党建工作述职评议，完善考核评价标准，加大督促检查力度，激励督促各级更加自觉地扛起责任，形成一级抓一级、一级带一级的工作格局。

三要抓好关键少数，充分发挥领导干部示范引领作用。正人必先正己，正己才能正人。《准则》和《条例》是面对全党提出的，每一个党员都必须坚决执行，领导干部特别是主要领导干部作为“关键少数”，更要带头执行、以上率下。全区各级党员领导干部要自觉按照党中央提出的标准要求自己、磨炼自己、提高自己，坚持先学一步、深学一层，原原本本研读《准则》和《条例》，掌握精神实质，真正学懂弄懂。要模范遵守《准则》和《条例》，凡是要求党员干部做到的自己首先做到，凡是要求党员干部不做的自己坚决不做，切实增强自律意识、标杆意识、表率意识。要增强对“一把手”教育的针对性、管理的经常性、监督的有效性，推动“一把手”在贯彻落实《准则》和《条例》上更好发挥示范表率作用，努力成为党和人民信赖的好干部。

四要坚持管党治党，推动全面从严治党取得新成效。近年来，全区各级党组织认真贯彻党中央关于全面从严治党的决策部署，认真履行管党治党重大政治责任，党的建设各项工作取得新的进展。但是对照中央和省委、市委的要求，我区管党治党工作仍然存在差距和不足，有的党员干部对全面从严治党认识上不到位、不清醒，思想上不适应、跟不上，行动上不坚决、不自觉。各级务必始终保持清醒头脑，直面新情况新问题新挑战，以强烈的紧迫感和责任感抓好全面从严治党工作。要把《准则》和《条例》作为新的制度利器，以永远在路上的战略定力，把严的要求贯彻到管党治党全过程、落实到党的建设各方面。各级党组织要科学把握新形势新任务对全面从严治党提出的新要求，做到抓思想从严、抓管党从严、抓执纪从严、抓治吏从严、抓作风从严、抓反腐从严，做到严字当头、真管真严、敢管敢严、长管长严，努力营造风清气正的政治生态。

四、以十八届六中全会精神为引领，奋力做好当前各项工作

学习贯彻六中全会精神成效如何，最终要体现到干事创业的实践中。全区上下要坚持知行合一、以知促行，把学习贯彻十八届六中全会精神成效体现到做好改革发展稳定各项工作上来。

一要集中精力稳增长保运行。在市委、市政府的正确领导和全区上下的共同努力下，目前积极因素正在不断增多，全区经济呈现出平稳增长、稳中向好的发展态势，但经济运行中的困难和问题依然较多，完成全年预期目标压力很大。各级各部门要认真梳理盘点今年以来的工作，找准不足差距，采取更加有针对性的措施，强化对经济运行的精准调度，既要重视发展比较好的经济指标，能快则快、能超则超，又要盯住落后的经济指标攻坚克难，全力查缺补漏，确保迎头赶上。要抓好企业生产运行，密切关注资金链安全，加强支持服务，促进企业健康发展。要全力抓好“三大专项行动”，周密部署拆违治乱和美丽乡村建设，加快重大基础设施建设，不断优化区域环境，增强发展支撑能力。

二要扎实推进区镇换届工作。区镇换届是我区政治生活中的大事，要把做好换届工作作为贯彻落实六中全会精神的重要检验，作为严肃党内政治生活、净化党内政治生态的重要实践，精心组织谋划，确保顺利推进、圆满成功。要坚持把纪律和规矩挺在前面，把正风肃纪贯穿换届工作全过程，加强监督检查，以铁的纪律确保换届风清气正。要牢牢把握正确的选人用人导向，大力选拔那些信念坚定、为民服务、勤政务实、敢于担当、清正廉洁的好干部，坚决防止干部“带病提拔”。要教育引导各级领导干部放平心态，切实把心思和精力用到干事创业上来，做到思想不散、秩序不乱、工作不断，通过换届选出忠诚干净担当的好干部、配出结构优功能强的好班子、换出心齐气顺劲足的好面貌。

三要切实保障和改善民生。人民立场是党的根本立场，增进人民福祉是一切工作的出发点和落脚点。虽然当前经济形势不容乐观，财政增长放缓，但是该给群众办的实事一件也不能少。要尽快完成今年的民生实事和民生工程，统筹抓好教育、就业、社会保障、医疗卫生等方面的工作，保障好困难群众的基本生活，坚决把惠民利民的实事办好。打赢脱贫攻坚战是我们必须完成的重大政治任务。各级各部门要持续用力、久久为功，不断巩固扩大扶贫工作成效，进一步把脱贫工作向深处、向细处延伸，既要让贫困人口脱贫不返贫，更要带领脱贫群众同步奔小康。

四要全力维护社会安全稳定。安全稳定是事关群众切身利益的基本民生，也是最基本的发展环境。当前正值年末岁首，是各类矛盾的频发期和高发期，加之各级党代会、人代会、政协会即将陆续召开，维护安全稳定的任务艰巨、责任重大。各级要把矛盾纠纷排查化解工作列入重要工作日程，与日常工作同谋划、同部署、同推进，积极发现问题、主动化解问题，切实把属地管理责任和行业监管责任扛起来。要完善矛盾纠纷排查化解机制，落实好领导干部公开接访、包案化解等制度，抓好重点信访积案化解以及重点人员和重点群体的稳控工作，积极主动解决群众反映的问题，有效防控各类风险。要加强社会治安综合治理，加强对社会面的控制，始终保持打击违法犯罪的高压态势，确保社会治安秩序持续稳定。要高度重视意识形态工作，加强宣传引导和舆情管控，营造健康向上的舆论环境。安全生产，人命关天，绝不能有丝毫麻痹和松懈，必须时刻保持高度警醒，持续不断开展安全隐患拉网式大排查、大整治，确保安全工作常抓常新、常抓常严，切实保障人民群众生命财产安全。

政府工作报告

——2017年2月13日在东营市河口区第十八届人民代表大会第一次会议上

东营市河口区代区长　田兵兵

（摘要）

一、过去五年政府工作回顾

十七届政府任期的五年，是全区经济社会发展历程中极不平凡的五年。五年来，在市委、市政府和区委的正确领导下，在区人大、区政协的监督支持下，区政府团结带领全区人民，主动适应新常态，积极应对新挑战，全力以赴稳增长、调结构、促改革、惠民生、防风险，圆满完成了区十七届人大一次会议确定的目标任务，为建设美丽幸福新河口奠定了坚实基础。

这五年，经济平稳较快增长，综合实力大幅跃升。初步统计，2016年实现生产总值261.48亿元，是2011年的1.8倍，年均增长12.2%。投资消费不断扩大，完成固定资产投资332.2亿元，年均增长14.6%；社会消费品零售总额57.09亿元，年均增长13.2%。财税金融运行稳健，一般公共预算收入完成18.06亿元，是2011年的1.8倍，年均增长12.5%；全区金融机构发展到37家，存贷款余额分别达到228.8亿元和143.5亿元，年均增长10.8%和14.9%。工业实力显著增强，全区规模以上工业企业发展到123家，实现工业总产值1027.8亿元，是2011年的2.4倍；富海集团主营业务收入达到211.4亿元、位列2016中国石油和化工百强民营企业第15名，中海集团主营业务收入达到169.5亿元、跻身全国民营企业500强。

这五年，转型升级深入推进，产业结构加速优化。三次产业比例调整到5.2：48.5：46.3。现代农业迅猛发展。成功引进实施了澳亚牧场、佳发、正邦、北方超级稻产业化中心等总投资301.8亿元的35个农业龙头项目，建设了全省首家进口澳大利亚肉牛屠宰加工项目，实现奶牛存栏4万头、肉牛存栏1万头、生猪年出栏40万头；规划建设百万亩生态渔业区，2016年全区水产养殖面积达到56万亩。工业转型步伐加快。石油化工、精细化工、装备制造、有色金属等四大主导产业实现产值967亿元，占全区工业总产值的94%；实施富海200万吨重油催化裂化等技改项目18个，累计投资达到46.2亿元。科技支撑能力持续增强，建成各类研发平台29个，高新技术产业产值占比达到48.4%，较2011年提高9.1个百分点。园区经济加速膨胀，河口开发区产值达到133.7亿元、实现财政收入9106万元，荣获“山东最佳投资环境园区”；蓝色产业园入园企业49家，落户了总投资401.2亿元的54个项目，产值达到279亿元，建成全省最大的航空燃料生产基地。服务业不断壮大。生态旅游、现代物流等新兴服务业快速成长，2016年实现服务业增加值121.19亿元，是2011年的1.6倍。全区物流企业发展到45家，总运量突破4000万吨。成功举办了五届湿地槐花节和全国摄影大展等活动，被评为中国优秀旅游城市。积极发展电子商务，与蚂蚁金服签订了战略合作协议；油品贸易洽谈会影响力不断提高，黄河三角洲石油化工交易中心交易额突破170亿元，成为国家级电子商务集成创新试点。

这五年，基础设施不断完善，城乡面貌焕然一新。健全城乡规划体系，编制了全区总体规划、小城镇总体规划及农村社区布局规划等各类规划50余项，城区详规覆盖率达到91.5%。以创建全国文明城市为契机，加快推进主城区建设，实施了总投资114.67亿元的109项工程，改造老旧小区25.8万平方米，新增绿地55万平方米，完成李坨、二吕等4个城中村改造，新建小区13个。建成区集中供热中心，城区供热面积达到135万平方米。油田工矿用地“退二进三”稳步推进。高标准实施了环城水系建设，鸣翠湖、友谊河、昌盛河等景观绿化工程全面完成。湖滨新区日新月异，“一纵三横”路网框架全面打开，市民广场、音乐喷泉、沙滩浴场等环湖景观建成投用；西湖印象、盛世豪庭、中海鸣翠园等商住项目相继实施，成为引领城市发展的新区。村镇建设不断加快，镜湖社区等8个农村社区建成投用，21个自然村4100户农民告别老旧乡村，搬入宽敞舒适、配套完善的新家园。深化乡村文明建设行动，新建改造农村道路596.5公里、供水管网231.4公里，疏浚治理河道91.6公里。重大基础设施建设实现新突破，东营港城建设扎实推进，兴港路、蓝埕路建成通车，新建500千伏变电站1座、铺设电网208.8公里。深入开展水气污染整治专项行动，实施了总投资40亿元的77个水气污染治理项目，建成3座污水处理厂，全面淘汰黄标车，取缔土小污染企业51家；生态建设成效明显，新增绿化面积12.1万亩，环境质量持续改善，空气优良天数连续5年全市最高，先后荣获全国文明城市、中国人居环境奖等称号。

这五年，改革开放持续深化，发展活力日益增强。规范政府权力运行，建立公布了政府部门责任清单、负面清单及中介服务收费项目清单。扎实推进事业单位、中小学、公立医院等重大改革。农村综合改革稳步实施，成为全国首批农村承包土地的经营权抵押贷款试点县区、全省首批农田水利设施产权制度改革试点县区。扎实开展未利用地开发试点，开发未利用土地14.64万亩，全区适度规模经营面积达到23.5万亩。财税金融改革深入推进，“营改增”试点顺利完成，旭业新材料、常青树胶业、华力石油等本土企业登陆新三板，股权交易场所挂牌企业达到11家；全面落实“三证合一、一照一码”登记制度，新增私营企业751家，各类市场主体达到1.46万户。对外开放水平不断提高，五年引进过亿元项目68个，到位固定资产投资176.43亿元；新增进出口资质企业35家，利用外资1.8亿美元。镇域经济加快发展，新户、仙河试点强镇建设迈上新台阶，镇街财政收入达到2.4亿元，是2011年的1.55倍。

这五年，社会事业全面进步，人民生活持续改善。民生累计支出52.1亿元，年均增长10%以上，占公共财政支出的55%。城乡居民人均可支配收入分别达到39198元、15596元，年均增长8.7%和9.8%。社会保障标准持续提高，城乡低保标准分别提高到6960元、4320元，城乡医保补助标准提高到430元，养老金提高到160元。教育事业全面发展，累计投资6.8亿元对15所学校实施了标准化改造，新建城乡幼儿园、中小学14所，创建为全国义务教育发展基本均衡区。公共卫生服务体系不断完善，投资1.42亿元实施了9项重点医疗卫生惠民工程，新建、改建村卫生室67处，顺利通过国家卫生城市复审。深入开展药品安全整治，创建成为省级药品安全先进区。加强人口和计划生育工作，创建为全国计划生育优质服务先进单位。文体事业繁荣发展，成功承办市第九届运动会、第六届残疾人运动会，文化馆、图书馆配套建设基本完成，在全省率先实现了有线数字电视户户通和农家书屋、健身设施全覆盖，创建为省级公共文化服务体系示范区。住房保障不断改善，建设各类保障性住房8639套，改造农村危房1645户。就业形势持续稳定，城镇新增就业2.29万人，实现农村劳动力转移就业1.92万人次。建成启用河口烈士陵园，被批准为省级革命烈士保护单位。开通城区公交，群众出行更加便捷。平安河口、食安河口建设扎实推进，荣获全国安全社区、全省信访工作先进区、全省出口农产品质量安全先进区等荣誉称号。统计基层基础、妇女儿童、社区矫正、对口援疆等工作取得显著成绩。

各位代表，过去的五年，我们倾力保障改善民生，集中财力为民办实事、办好事，是民生投入最大，群众得实惠最多的五年。我们坚持教育优先发展，投资4.5亿元建成了河口区一中新校，在全省率先实现了农村学前三年免费教育。我们全面提升保障水平，3次上调老年人生活救助金标准，4次上调城乡医保财政补助标准，5次上调城乡低保和农村五保供养标准，在全省率先实现了医疗保险城乡统筹和残障补贴全覆盖，综合保障水平位居全国前列。我们高度重视老年人事业，建成启用中心敬老幸福园，在全省率先实现了农村五保老人区级集中供养。民之所望，政之所向。我们将更加突出民生福祉，多谋民生之利，多解民生之忧，努力让民生成为河口更加靓丽的名片！

这五年，政府职能加快转变，作风建设持续深化。扎实开展群众路线教育实践活动、“三严三实”专题教育、“两学一做”学习教育，作风建设不断加强，行政效能全面提升。严格落实中央八项规定精神，集中开展“小金库”、公务用车等专项治理行动，严肃查处损害群众利益的腐败问题。认真开展办公用房专项清理整改，清退办公用房1.08万平方米。自觉接受人大、政协、群众和舆论监督，办理人大代表建议、政协委员提案1049件，满意率达100%。创新成立3612345民生热线，累计办理群众诉求37万余件，荣获山东省服务名牌。建成启用政务服务中心，建立网上审批、电子监察系统，精简行政审批事项，行政效能大幅提升。

各位代表，刚刚过去的2016年是全面实施“十三五”规划的开局之年，也是建设美丽幸福新河口的冲锋之年。一年来，我们抓运行、稳增长，经济平稳健康发展。面对宏观经济下行的严峻形势，把稳增长作为首要任务，综合施策、精准发力，着力帮助企业解决审批、融资、环保等制约难题，协调银行机构发放贷款100.5亿元，启用应急转贷资金1.79亿元；大力推进化工产业转型升级、企业规范化公司制改制等工作，企业生产管理水平进一步提升。支持企业扩大海外市场，深化经贸合作，全年实现外贸进出口24.2亿元，同比增长13.8%。一年来，我们抓项目、扩投入，发展后劲持续增强。突出抓好38个重点工程项目，累计完成投资48.1亿元；加速建设中海石油东营石化500万吨升级改造等总投资122亿元的10个重点工业项目，澳亚高端乳制品深加工、澳源进口肉牛深加工、正邦百万头生猪养殖等农业龙头项目加快推进，“海生·河口”项目、“锦绣河口·黄河故道”现代农业示范区项目全面启动，为全区经济发展注入强大活力。一年来，我们抓建设、强管理，城乡融合加快推进。扎实开展基础设施建设三年行动，投资15.14亿元实施重大城建项目11个。城区改造稳步推进，黄河路、河庆路改造竣工通车，友谊街、广场街等4条道路改造加快实施；新建城乡公厕3座、垃圾中转站3座，顺利通过全国文明城市复核。完善提升湖滨新区，沿湖景观照明系统、导游系统、安全系统建成启用。深化拆违治乱行动，消化存量，严控增量，拆除违法建筑1290处3.56万平方米。加强交通路网建设，河民路、海防路拓宽改造全面动工。扎实开展乡村文明建设行动，安装路灯792盏，完成农村旱厕改造2573户；实施农村道路畅通工程，新建、改建农村公路82.2公里。一年来，我们抓安全、保生态，发展环境不断优化。深入开展安全隐患“大快严”集中行动，扎实推进化工产业“三评级一评价”，取缔非法违法企业20家，企业安全水平进一步提升。深入开展水气污染整治专项行动，全力推进总投资8.2亿元的29个重点污染治理项目，工业污染、城市扬尘、土壤面源污染整治取得阶段性成果。加强生态建设，补植绿化城市裸露土地15.8万平方米，实施挑河人工湿地、环城水系清淤净化等工程，市控以上河流全部达到地表水V类水质标准。一年来，我们抓脱贫、惠民生，人民生活更加幸福。坚持将脱贫攻坚作为首要政治任务和民生工程，构建了区级领导联系帮扶、科级干部结对帮扶、区直部门定点帮扶、驻区油田单位和区内企业商会共建帮扶、下派干部驻村帮扶的全覆盖“1+5+X”精准扶贫模式，大力实施总投资6.9亿元的九大扶贫连片开发项目，创新建设精准扶贫关照中心，探索建立了低保、医疗、教育等六项民生保障体系，401户849名贫困人口全部脱贫，13个省定贫困村全部“摘帽”，在全市帮扶工作群众满意度调查中位居第一。

历史启迪未来，往事昭示前程。五年砥砺奋进，五年积极探索，我们付出了超乎寻常的努力，取得了超乎想象的成效，开创了跨越发展的新局面。回顾五年来的工作，我们深刻体会到，办好河口的事情，推进河口的发展，必须始终坚持党的领导，认真遵照执行党的路线方针政策，认真学习习近平总书记系列重要讲话、治国理政新理念新思想新战略，与党中央保持高度一致，全面贯彻落实区委的决策部署，在全局中定位，在大局下行动，把推动全区改革发展的各项举措落到实处。必须坚守科学跨越的发展理念，牢记发展第一要务，积极适应经济发展新常态，坚持以创新、协调、绿色、开放、共享发展理念为引领，一张蓝图绘到底，一棒接着一棒跑，推动科学发展、转型发展。必须大力弘扬务实担当的精神，面对困难和挑战，始终坚持科学务实的态度，拼搏实干，勇往直前，敢于担当、善于担当，推进工作落实，务求工作实效。必须秉持执政为民的质朴情怀，把保障和改善民生作为一切工作的出发点和落脚点，持续加大民生投入，每年坚持办一批民生实事、好事，下大气力解决群众关心关注的热点难点问题，让发展成果更好地惠及广大人民群众。必须不断深化团结共建，始终高举油地军港“团结发展、共兴共荣”的大旗，树立“大团结大发展，不团结误发展，善团结促发展”的理念，发挥各方才智，调动各方力量，上下同心、左右同力、目标同向，凝聚起干事创业的宏大正能量，共同建设美丽幸福新家园。

各位代表，回首五年，我们共同走过了难忘的奋斗历程，取得了科学发展的辉煌成就。这是区委坚强领导、科学决策的结果，是区人大、区政协和社会各界有效监督、大力支持的结果，是全区上下、油地军港、社会各界同心协力、拼搏进取的结果。在此，我代表区人民政府，向全区人民和社会各界，向所有为河口的建设和发展做出贡献的同志们、朋友们，致以崇高的敬意和衷心的感谢！

在肯定成绩的同时，我们也清醒地看到经济社会发展中还面临着不少困难和挑战：经济总量偏小，带动作用强的大企业、大项目较少；产业结构不优，传统产业偏重、服务业发展不快，产品层次较为低端；区域发展不平衡、不协调，城乡基础设施建设还有不少欠账，群众生产生活条件有待进一步改善；土地、资金等要素制约趋紧，安全生产、环境保护压力较大；部分政府工作人员执政为民的服务意识、依法行政的法治观念还需要强化，等等。发现问题是我们的职责，破解困难是我们的使命。我们将始终坚持问题导向，着力补齐短板，认真加以解决。

二、今后五年的目标任务和工作重点

各位代表，今后五年是河口率先全面建成小康社会的决胜阶段，也是打造“一极两区”、建设美丽幸福新河口的关键时期。区第八次党代会描绘了今后五年河口发展的宏伟蓝图，为河口的发展指明了方向。上下同欲者强，一以贯之者胜。我们一定要抢抓机遇，乘势而上，积极作为，奋力开创河口经济社会发展的新局面。根据党代会的战略部署，政府工作的总体指导思想是：全面贯彻党的十八大和十八届三中、四中、五中、六中全会精神，深入学习习近平总书记系列重要讲话精神，紧紧围绕“五位一体”总体布局和“四个全面”战略布局，落实“五大发展理念”，坚持稳中求进工作总基调，加快产业转型，推进城乡统筹，深化改革开放，加强生态建设，保障改善民生，全力打造全市北部经济增长极、现代农业示范区和统筹城乡发展先行区，努力谱写美丽幸福新河口建设的崭新篇章。

今后五年的预期目标是：牢牢把握区党代会提出的“双倍增”目标，努力实现全区生产总值年均增长7%左右，一般公共预算收入与经济保持同步增长，全社会固定资产投资年均增长11%左右，社会消费品零售总额年均增长10%左右，城镇登记失业率控制在3.5%以内。

围绕上述目标，今后五年，我们将突出抓好以下四个方面的工作：

——着力推进产业强区，提升经济发展质量效益。瞄准高端、高质、高效的发展方向，加速产业转型升级，构建特色鲜明、布局合理、节约集约的现代产业体系，努力建设全省有影响、全国有特色的绿色油化强区、生态食品名城、临港产业高地。坚定不移抓项目，每年论证实施一批重大项目、重点工程，以项目引领产业转型、城镇发展和民生改善。加强园区建设，创新规划建设管理模式，促进项目集中布局，产业集群发展，着力打造引领发展的强大引擎。深入推进质量强区和品牌战略，加强标准化建设，落实企业质量主体责任和品牌建设责任，培育一批影响面广、产业带动力强的知名品牌，积极争创中国质量奖、省长质量奖和市长质量奖。

——着力推进生态立区，建设宜居宜业魅力城市。坚持“生态宜居”定位，扎实推进城乡统筹、产城融合，全面提升城乡规划建设管理水平。依托优势，突出特色，加快建设生态城镇、美丽乡村，创建成为国家生态园林城市。加强重大基础设施建设，积极推进北部沿海防潮堤、环渤海高等级公路河口段、东子线拓宽改造等项目。持续推进生态文明建设，铁腕治理水域、土壤、大气污染，加快构建绿色低碳发展产业体系。积极发展循环经济，建设循环经济示范园区。实施生态保护和修复工程，加大绿化力度，不断提高林木覆盖率、湿地修复面积、空气质量优良天数比例，打造环境优美、休闲舒适的生态家园。

——着力推进富民兴区，厚植创新发展内生动力。坚持创新驱动战略，鼓励支持各类人员创新创业，营造大众创业、万众创新的浓厚氛围。发挥企业创新主体作用，加大研发投入，加快成果转化，提高企业核心竞争力。实施人才强区战略，积极培养和引进高层次领军人才。深化政府机构、财政金融、科技管理等体制机制改革，大力推进户籍制度、知识产权、农村集体产权等重点领域和关键环节改革，激发发展活力。坚持开放发展理念，主动融入京津冀协同发展和“一带一路”战略建设，全面参与国内外竞争合作。大力推进招商引资，着力引进一批高精尖大项目。

——着力建设幸福之区，提高普惠共享民生水平。强化民生为本理念，把更多资源、政策和公共服务持续向民生倾斜，提升群众幸福指数。努力实现社会就业更加充分，城乡居民收入稳步增长。不断完善社会保障体系，城乡低保标准和农村五保供养标准继续走在全省、全国前列。深入实施精准扶贫、精准脱贫，全面完成脱贫攻坚任务。进一步提升公共服务水平，实现教育、医疗、保障等基本公共服务均等化、全覆盖。持续发展老年人、残疾人和慈善事业。保障妇女和未成年人权益。加快发展体育事业，促进全民健身和竞技体育发展。深化平安河口建设，社会更加和谐稳定。

建设幸福之区是油地军港共同的愿望。我们将继续发扬油地军港和衷共济、相携共建的优良传统，油地携手、军民同心、区港联动，全力做好创新驱动、城市建设、民生事业、深化改革、维护稳定五篇文章，齐心协力建设幸福美好家园！

各位代表，经过五年奋斗拼搏，河口的经济发展将更加科学，产业迈向高端，结构优化升级，质量效益全面提升；经过五年奋斗拼搏，河口的生态环境将更加优美，天蓝地绿水清，老城焕发新颜，新区巍然崛起，宜居宜业宜游；经过五年奋斗拼搏，河口的社会发展将更加文明，人民幸福安康，社会祥和安定。我们坚信，一个经济发达、环境优美、生态宜居、百姓富足、社会和谐的美丽幸福之城必将矗立在渤海之滨，犹如一颗光彩夺目的明珠，熠熠生辉！

三、2017年政府工作总体安排

2017年，是全面贯彻落实区第八次党代会精神的开局之年，也是新一届政府任期的第一年，做好今年的工作意义重大。我们要牢牢把握稳中求进这个工作总基调，以提高发展质量效益为核心，以推进供给侧结构性改革为主线，努力推动全区经济社会实现新的发展。综合考虑各种因素，主要预期目标是：全区生产总值增长7%，一般公共预算收入增长6%，全社会固定资产投资增长10%，社会消费品零售总额增长10%，城乡居民人均可支配收入分别增长7.5%和9%，城镇登记失业率控制在3.5%以内，全面完成市下达的节能减排任务。工作中重点做好以下五个方面：

（一）加快产业转型升级，努力构建现代产业体系。深入推进供给侧结构性改革，加快转方式、调结构，努力促进三次产业融合均衡发展。推动工业内涵式发展。坚持工业强区不动摇，努力优化增量、调整存量、提升质量，推动工业经济提质增效。加快企业创新发展，大力开展企业对标提升行动，引导企业弘扬工匠精神，加强技术创新、管理创新、品牌创新。坚持分类施策，推动富海、富宇等大型骨干企业增资扩产，膨胀提升；引导金开石化设备、常青树胶业、海鑫石油装备等成长型企业“攀大附强”，快速成长，年内新增规模以上企业30家。加快推进规范化公司制改制，推动仙河药业、冠森绝缘制品等5家企业实现新三板上市挂牌。加强企业家队伍建设，组织开展企业家高端培训，着力提高企业家综合能力。坚定不移实施项目带动战略，重点抓好中海石油东营石化500万吨升级改造等总投资126.1亿元的15个工业项目。突出抓好招商引资，完善招商体制，创新招商方式，开展企业招商、产业招商、园区招商，切实提高招商成功率，确保全年引进投资过亿元项目15个以上，到位外来固定资产投资30亿元以上。发展壮大园区经济，盘活生产要素，完善公共设施，增强服务功能，提升经济实力，带动全区经济发展。推动现代农业高效发展。围绕生态畜牧、现代渔业、绿色种植三大产业，集中抓好总投资29.2亿元的14个农业重点工程项目，全力建设现代农业示范区。集中培育优势产业，发挥澳亚、佳发、正邦等龙头企业带动作用，抓好澳亚高端乳制品深加工、澳源进口肉牛深加工等重点项目，提升农产品精深加工水平，打造优质畜产品生产基地。深化“海生·河口”渔业科技精准对接，加快百万亩现代渔业区建设；完善中心渔港基础设施，增强渔港服务功能。发展绿色种植业，深入实施“渤海粮仓”科技示范工程，推广“粮经饲”三元种植模式，促进种植结构优化调整。强化与中粮集团、蓝海集团的合作，加快“锦绣河口·黄河故道”现代农业示范区建设。加强农业基础设施建设，实施东水源灌区节水改造等总投资1.15亿元的13个农田水利工程，推进义和、新户未利用地开发，改善农业生产条件。加强农产品品牌建设，积极推行标准化生产，加大“三品一标”认证和管理力度，建设一批“产品可查询、质量可追溯”的标准化生产基地，提升农产品质量安全水平。抓好品牌创建工作，编制河口区农产品品牌发展规划，着力打造“黄河故道”“渤海”“黄河口”等一批特色品牌，加大宣传推介力度，扩大河口绿色优质农产品的影响力。推动服务业做优做强。坚持提升传统服务业与发展现代服务业并举，进一步促进服务业结构优化、业态创新、比重提高。集中突破生态旅游业，树立全域旅游理念，加强景区景点建设，整合神仙沟、万亩槐林等旅游资源，加快推进温泉旅游度假区建设，实现餐饮住宿、休闲观光与温泉养生有机结合；围绕西黄河故道特色农业带，发展以果蔬采摘、休闲体验为主的乡村旅游，创建一批精品乡村旅游点。改造提升传统商贸业，围绕市民多元化消费需求，提升商场、超市、餐饮、住宿等业态层次，支持各类专业市场改造升级。积极推进鸣翠新天地项目建设，打造新的服务业发展集聚区。加快现代物流业发展，推进中心城区物流配送中心、蓝色产业园物流中心等项目建设。大力培育新兴服务业，积极发展电子商务、总部经济、服务外包等新兴业态，探索发展家政服务、健康养老等服务新模式。深化与蚂蚁金服的战略合作，尽快取得实质性突破，开创新的合作局面。

（二）加速推进城乡融合，努力打造秀美宜居家园。以争创国家生态园林城市为目标，深入开展城市建设管理提升年活动，完善基础设施，增强服务功能，全面提升城市发展质量和水平。高起点完善规划体系。启动2020—2030年城市规划战略研究和编制工作，加快完善控制性详细规划和专项规划，推动城乡基础设施和公共服务一体化发展。做精做优做细重点片区、重要街区、重要节点的城市设计，彰显城市特色，提升城市品位。高标准推进城市建设。加快实施黄河路、海盛路等城区主干道路综合改造，推进渤海路、河庆路绿化提升和湖滨路、滨四路景观改造；完善提升城市公园和道路绿化，规划建设森林公园和街头游园；继续实施环城水系贯通改造工程，实现渠通水畅；加快实施老旧小区、油田工矿用地和城中村改造，完成246户老旧住宅小区改造任务；规范提升湖滨新区，完成鸣翠塔、主题雕塑建设，启动实施地下综合管廊工程，加快重点区块开发建设，打造生态新城。加快培育特色城镇，东部挖掘石油文化、军垦文化、生态优势，建设石油小镇、旅游小镇；西部发挥集贸优势、滨海特色，建设商贸强镇、滨海新镇。着力推进重大基础设施建设。完善交通路网体系，全力推进S231河辛路改线、河民路改造、海防路建设等在建工程；配合推进东营港疏港铁路建设；加快建设区港输油管廊；积极推进济东高速连接线、黄河路东延、河广大道河口段等工程前期工作，争取早日开工，彻底打通河口发展的高速交通廊道。高水平加强城乡管理。完善城市管理体制，大力推行城市精细化管理，全面提升城市管理的标准化、网格化、智能化、机械化和市场化水平。深入开展拆违治乱提升行动，打造优美整洁城市环境。强化社区物业管理，提升城乡环卫一体化水平。稳妥做好“三供一业”移交工作。推进智慧城市建设，建设智慧河口综合指挥中心，着力打造智慧产业、智慧民生、智慧政务。加快美丽乡村标准化建设，大力推进“五化”改造提升工程，确保年内30个村庄通过达标验收。

（三）突出抓好安全环保，努力优化区域发展环境。牢固树立安全环保理念，坚守安全底线，划定生态红线，以更大力度、更高标准、更严举措筑牢生态和安全屏障。全力抓好安全生产。扎实推进安全生产分级管控与隐患排查治理“两个体系”建设，全面落实安全生产责任，严厉打击非法违法生产经营建设行为，提升企业安全水平。持续抓好化工产业转型升级，深入开展“四评级一评价”，推动落后产能退出，优化产业整体结构。全面深化环境治理。完善河道长效管理机制，严格落实“河长制”，突出抓好神仙沟、挑河、环城水系净化等项目建设，提升河湖水质，确保每条河都有人负责，每片水都有人爱护。加强饮用水源地保护，确保群众饮水安全。突出抓好大气污染治理，深入推进空气异味综合整治，完善重污染天气应对措施，确保空气质量持续好转。深入实施土壤污染防治行动计划，以耕地为重点，有序开展土壤污染治理与修复。扎实推进节能减排。引入倒逼机制，严把准入门槛，严控“两高”行业发展，逐步淘汰落后产能。开展煤炭清洁高效利用和散煤清洁化治理工作，推进地热资源科学有序开发利用，从源头上减少燃煤污染排放。加快发展循环经济，培育推广节能减排新技术，全面推行清洁生产。持续优化生态环境。加强空间规划，充分利用路域、水系、农田等增绿空间，实施造林绿化工程，率先完成三年增绿计划，新增造林3.11万亩，营造大空间绿化格局。加强林业资源管护，严防森林火灾，严查毁林行为，促进自然生态持续好转。

（四）深入推进改革开放，努力增强经济发展活力。坚持以深化改革统领体制机制建设，以创新驱动和对外开放推动转型升级，不断增强发展活力。加快重点领域改革。加大简政放权力度，深化行政审批制度改革，优化审批流程，推行网上审批、集中审批，提高服务效能。认真落实注册登记便利化、企业营业执照“五证合一”等措施，降低市场准入门槛。扎实开展农村承包土地的经营权抵押贷款试点，盘活农业资源，提升综合效益。深化财税改革，加强预算绩效管理，实行中期财政规划管理；牢固树立公共财政理念，调整优化财政支出结构。稳妥实施综合行政执法体制改革，探索设立区级综合执法机构。继续巩固公立医院综合改革成果，加快建立现代公立医院管理制度。扎实推进事业单位改革，优化职称评审制度。加大科技创新力度。强化企业创新主体地位，支持企业建设研发中心、开展技术合作、组建创新联盟，促进创新要素向企业集聚，为加快争创省级高新区、省级农业高新区创造条件。大力培育高新技术企业、创新型企业和科技型企业，不断提升企业发展的科技含量。继续实施人才强区战略，健全中青年专家、首席技师、金牌员工等重点人才选育机制，注重引进培养科技领军人才、高技能人才和高水平创新团队，为创新驱动提供强大智力支撑。努力扩大对外开放。加快推进富海、富宇进口原油使用资质申报，支持企业加大原油进口力度；加强对外贸企业指导，鼓励帮助企业拓展境外营销网络、开拓国际市场，力争全年进出口总值达到25亿元。进一步提高利用外资水平，力争年内利用外资达到1.67亿元。

（五）持续保障改善民生，努力提升人民幸福指数。不断加大民生投入，兜住民生底线，增进百姓福祉，让人民群众在共建共享中增强获得感。强力推进扶贫攻坚，实现市定标准贫困人口全部脱贫。全力做好就业再就业工作，加强就业指导帮扶和贷款扶持，年内促进创业带动就业1500人以上。实施全民参保计划，推动实现法定人员全面覆盖。完善居民大病保险制度，建立职工大病保险机制。加快保障性住房建设，推进公租房配租，改造农村危房。全面发展教育事业，推进基础教育综合改革，改善中小学、幼儿园办学条件，强化教师队伍建设，培训教师2380人次，招聘教师74人，提升教育教学质量。加强医疗设施建设，推行医疗行业服务标准化，提升公共卫生服务水平。完善计划生育优质服务管理，促进人口长期均衡发展。加快推进养老服务体系建设，重点发展医养结合型养老服务机构。完善区、镇、村三级文化设施网络建设，争创国家公共文化服务体系示范区。建立健全食品安全监督体系，持续开展食品安全整治行动，争创省级食品安全先进区。落实“七五”普法规划，搞好公共法律服务体系建设。全面加强社会治理，完善依法维权和化解纠纷机制，扎实推进法治河口建设。继续深化油地军港团结共建，统筹解决好就业、住房等民生问题。全面做好妇女儿童、双拥共建、广播电视、防震减灾、人民防空、民主法制、史志档案等各项工作。

各位代表，今年区政府将在全面推进民生事业发展的基础上，集中力量办好总投资11.4亿元的十大民生实事。1. 基础诊疗能力提升。实施区人民医院门（急）诊暨外科病房综合楼和感染性疾病科建设，为区中医院购置医疗设备，提高医疗卫生服务水平。2. 教育基础设施完善。加快推进区实验学校整体改造、河安小学扩建、仙河镇中心小学建设等项目，促进城乡教育均衡发展。3. 社会保障水平提标扩面。进一步提升城乡居民社会养老保险和医疗保险水平，提高农村低保标准，保障好群众生活。4. 平安河口建设。健全安全隐患排查体系，提升城乡道路监控水平，促进社会平安和谐。5. 困难群众住房保障。实施棚户区改造、农村危房改造和公租房货币化补贴，改善困难群众住房条件。6. 农村生活条件改善。实施燃气村村通、农村旱厕改造，改善农村生活质量。7. 公交便民行动。实施城乡公交一体化，方便群众出行，提升城际公交服务水平，从根本上解决河口群众到东营市区倒车换乘的老大难问题。8. 老旧小区改造。改善群众居住环境，提升城市形象。9. 城乡卫生环境改善。开展城区控蚊行动，提高城市环卫管理水平。10. 文化惠民活动。建设村级文化展览室，开展系列文艺演出活动，丰富城乡居民文化生活。我们一定要把这些民生实事办实办好，给群众更多看得见、摸得着、享受得到的实惠！

四、加强政府自身建设

各位代表，站在新起点，开创新未来。新形势、新任务对政府工作提出了新的更高要求，我们必须按照为民、务实、清廉的要求，进一步解放思想，干事创业，努力建设忠诚、专业、务实、担当、廉洁的人民满意政府。

（一）铸就忠诚品格，建设责任政府。始终在思想上政治上行动上同以习近平同志为核心的党中央保持高度一致，牢固树立“四个意识”特别是核心意识、看齐意识，自觉向党中央看齐。保持政治定力，自觉贯彻党的路线方针政策，自觉落实党中央的决策部署，在区委的统一领导下，忠诚于人民政府的职责使命，把对党、对事业、对人民的忠诚落实到为民服务干事创业上，努力创造一流业绩。

（二）恪守专业理念，建设法治政府。坚持勤奋学习，丰富专业知识，提高专业素养，增强专业能力，努力成为本职工作的行家里手。坚持依法行政，完善重大行政决策机制，遵守政府工作规则，自觉做到法无授权不可为，法定职责必须为。认真执行区人大及其常委会决议决定，做好人大代表建议和政协委员提案办理工作，自觉接受各方面监督。深入推进政务公开，充分发挥媒体作用，利用好网络平台，及时回应社会关切。

（三）锻造务实作风，建设实干政府。大力弘扬求真务实的工作作风，坚持一切从实际出发，说实话、办实事、求实效。注重调查研究，察民情、接地气、出实招。完善工作考核机制，建立惩戒制度，整治“庸懒散”。干工作、推项目、解难题，努力发扬“钉钉子”和“较真”精神，撸起袖子加油干，持续用力，久久为功，不达目的誓不罢休。

（四）弘扬担当精神，建设开拓政府。始终把敢于担当作为全体政府工作人员的自觉行动，切实强化使命担当、责任担当，勇于攻坚克难、敢作善成，创造出经得起历史和人民检验的业绩。牢固树立敢破敢立、敢为人先的理念，以“等不起、坐不住、慢不得”的责任感和紧迫感，奋勇争先，争创一流，勇当发展排头兵。健全完善激励约束制度和容错纠错机制，为改革创新者撑腰壮胆，为敢于担当者担当。

（五）倡树廉洁正气，建设清廉政府。坚持底线思维，时刻绷紧政治纪律和政治规矩这根弦，严格落实党风廉政建设主体责任，切实加强政府系统反腐倡廉建设。坚持用制度管人、管事、管权，加强权力运行监督制约，加大惩治腐败力度，严肃查处重点领域、重点行业侵害群众利益的不正之风和腐败行为，加大行政监察和审计监督力度，着力营造干部清正、政府清廉、政治清明的良好环境。

东营市河口区人民代表大会常务委员会工作报告

——2017年2月14日在东营市河口区第十八届人民代表大会第一次会议上

东营市河口区人大常委会第一副主任 张胜双

（摘要）

过去的五年，区人大常委会在区委的坚强领导下，高举中国特色社会主义伟大旗帜，以邓小平理论、“三个代表”重要思想、科学发展观为指导，全面贯彻落实党的十八大和十八届三中、四中、五中、六中全会精神，深入贯彻习近平总书记系列重要讲话精神，把握时代大势，回应社会关切，紧紧围绕“一极两区”总目标，认真履行法定职责，为推进改革发展和民主法治建设做出了积极贡献。五年来，听取审议“一府两院”专项工作报告75项，开展专题调查和执法检查110余次，开展专题询问1次，组织代表集中视察9次，提出意见建议300余条，做出决议决定52项。

一、服务工作大局，依法推动全区经济社会科学发展

区人大常委会准确把握经济发展新常态的内涵和要求，紧紧围绕统筹推进“五位一体”总体布局和协调推进“四个全面”战略布局，深入践行“五大发展理念”，把区委决策部署、政府着力推进、群众普遍关注、人大职权范围内的重大事项作为监督重点，依法推动全区经济社会健康持续发展。

一是立足稳定增长、优化结构加强监督，着力推动提高经济运行质量。常委会高度关注经济运行，始终把稳定经济增长摆在监督工作的首位，根据经济社会发展形势，加强调查分析，依法听取审议全区国民经济和社会发展计划执行情况的报告。特别是经济发展进入新常态以来，加大对全区经济运行情况的把脉问诊力度，按照新常态下速度切换、路径变换的新规律、新要求，认真做好“十二五”规划实施情况的评估监督，依法做好“十三五”规划纲要的审批工作，督促区政府攻坚克难、对症下药，力促全区经济稳中有进、稳中向好。

加快经济发展方式转变，促进产业转型升级，是关系国民经济全局的重大战略任务。常委会把它作为监督工作的重点，积极策应供给侧结构性改革，综合运用多种方式，对重大项目攻坚、招商引资、战略性新兴产业、富民产业等领域开展重点监督。听取审议了区政府关于科技工作情况的报告，对全区化工产业转型升级工作进行了专题调查，针对我区产业层次较低、创新能力较弱等问题，提出意见建议。要求区政府牢固树立和贯彻落实新发展理念，坚持问题导向，深化创新驱动，全面加强政策引导和平台建设，为产业转型升级提供保障、注入动力。听取审议了区政府关于农业科技创新和服务体系建设、农村土地经营权流转、畜牧业、林业、海洋与渔业、水利等项工作情况的报告，就畜禽养殖、新型农民合作组织建设、土地开发整理等进行了调查，督促区政府及其工作部门全面加强农业服务体系和基础设施保障能力建设，为加快发展现代农业、提高农业综合生产能力提供有效的资金、技术和智力支持，确保城乡经济同步推进、共同发展。

二是立足统筹发展和环境保护加强监督，着力推动生态文明建设。为推进城乡统筹发展，听取审议了区政府关于和谐城乡建设行动、新型城镇化建设情况的报告，组织人大代表对城乡建设重点项目进行了视

察。围绕完善决策机制、编制城乡发展规划、统筹农村社区建设、加快推进“城中村”改造、提高城乡一体化建设水平等提出了意见建议，起到了积极的推动作用。为完善城市服务功能，提升区域发展支撑能力，听取审议了区政府关于城市管理工作情况的报告，督促区政府进一步创新管理理念，明确管理标准，细化管理责任，确保市政设施、园林绿化、市容市貌等各项管理工作高效有序运转。做出了关于将区生活垃圾综合处理项目《特许经营协议》及区生活垃圾综合处理费纳入区财政综合预算管理的决议、关于新型城镇化项目建设和融资有关问题的决议、关于批准《河口区四个棚户区改造项目政府购买服务资金列入区级财政预算的报告》的决定，依法推动新型城镇化项目建设。

根据生态文明建设和绿色发展理念的要求，2015年，区人大常委会对全区大气污染防治工作进行了专题询问，提出专题询问意见12条；对新《环境保护法》实施情况进行了执法检查，对节能减排、造林绿化、高效生态农业建设、环境污染治理等项工作进行了视察调查，分主题深入开展了“油城环保世纪行”活动。要求有关方面正确处理经济发展与生态保护的关系，牢牢把握主题主线，加快推进企业节能减排，努力实现经济持续发展、污染持续下降、生态持续改善。区政府高度重视生态环境保护工作，结合水气污染整治专项行动，大力实施环保重点工程，狠抓环境执法监督，依法关停、取缔污染企业，取得了明显效果。

三是立足规范财政预决算加强监督，保障财政健康运行。常委会着力推动预算的科学编制，强化对预算草案的会前审查，认真听取和审议区政府关于预算执行、财政决算和审计工作报告，要求区政府及其职能部门进一步强化预算管理和监督，提高财政资金使用绩效，充分发挥财政的引导和保障作用。新《预算法》实施以来，做出了关于加强预算决算审查监督的决定，着力提高预算编制的完整性和执行的规范性，实现了政府“全口径”预算的完整编报与审查。制定了关于改进审计工作情况及审计查出问题整改情况向区人大常委会报告机制的意见，切实加强对审计整改落实情况的跟踪监督，逐步实现了审计监督从“程序性”向“实质性”的转变。为保证政府债券使用规范，多次就调整政府债务限额做出决议，有效保障了一批重大基础设施和民生项目建设，推动了相关工作的顺利开展。

二、坚持履职为民，切实维护人民群众根本利益

把保障和改善民生、维护群众合法权益摆在更加突出的位置，综合运用多种监督方式，督促支持政府回应群众期盼，多为群众办实事、解难事，努力推动改革发展成果更公平地惠及全区人民。

针对入学难、城乡教育发展不均衡等突出问题，深入镇街、农村、社区进行调研，了解实际情况，督促解决相关问题。听取审议了区政府关于学前教育、职业教育、基础教育标准化建设工作情况的报告。为解决全区医疗服务工作基础薄、能力弱、条件差等突出问题，对全区医疗服务工作进行了专题调查，听取审议了区政府关于医药卫生体制改革情况的报告。督促区政府要高度重视医疗服务工作，集中开展医疗服务能力提升行动，每年确定部分医疗服务项目列入全区重点工程和便民实事，力争通过2—3年的努力，彻底改变我区基层医疗服务工作相对落后的局面。

结合人民群众的新要求、新期盼，常委会听取审议了区政府关于民政、社会保障工作情况的报告，对养老服务体系建设情况进行了调查。突出强调，要把顺应民情民意、解决民忧民愿作为政府工作的“生命线”，完善政策措施，加大推进力度，强化服务体系建设，全面提升社会保障工作水平。听取审议了区政府关于交通运输、城乡公交一体化工作情况的报告，对全区城乡道路客运情况进行了专题调查。重点围绕做好城乡公交客运规划编制、合理配置城乡公交基础设施、积极推进城乡公交一体化等提出意见建议。2014年，区政府克服困难、积极运作，开通了城区公交客运，实现了由“无”到“有”的破题。听取审议了区政府关于文化建设工作、公共文化服务体系建设情况的报告，要求区政府及有关部门完善政策措

施，狠抓工作落实，全面提升文化建设的层次和水平，让人民群众共享发展成果。近年来，区政府深入实施文化惠民工程，积极推进油地文化融合，努力创建国家公共文化服务体系示范区，取得了积极效果。

把人大信访工作作为畅通民意、了解民情的重要渠道，按照“分级受理、综合分析、统一交办、定期反馈”的要求，不断健全人大信访工作机制，加大督办力度，切实提高信访工作水平。五年来，共接待群众来访259人次，受理群众来信81件。对群众反映的问题特别是带有普遍性的问题，认真研究分析，提出意见建议，按照法律和政策规定及时进行了办理，办结率100%。

三、加强法律监督，扎实推进民主法治建设

坚持普法宣传与视察调查、执法检查相结合，积极组织开展形式多样的宣传教育活动，努力营造学法用法、尊法守法的社会氛围。对《2011—2015年依法治区规划》实施情况进行了调查，做出了关于在全区公民中开展第七个五年法制宣传教育的决议，审议通过了《河口区2016—2020年依法治区规划》。先后对道路交通安全法、产品质量法、食品安全法、劳动合同法等10余部法律法规的贯彻实施情况进行了执法检查。积极配合省市人大常委会开展了一系列立法调研和执法检查活动，为推动法律法规在我区的贯彻实施发挥了保障作用。

强化对司法机关的监督，听取审议了区法院关于刑事审判、商事审判、审判管理、民事审判、行政审判等项工作情况的报告；听取审议了区检察院关于监所检察、反渎职侵权、侦查监督、公诉、规范化建设等项工作情况的报告；听取审议了区公安分局关于社会治安防控体系建设情况的报告、关于加强公安基层基础工作情况的报告，推动司法机关建立健全公正、高效、权威的工作体制和运行机制，切实维护社会公平正义。各司法机关虚心听取意见，自觉接受监督，在队伍建设、制度建设、作风建设等方面取得了积极成效。

坚持党管干部和依法任免干部的有机统一，不断完善干部任用监督机制，修订完善了《拟任命人员任前法律知识考试办法》，对提请任命人员继续坚持到会供职、颁发任命书等制度，并通过多种形式强化任后监督，增强了所任干部的法律意识、责任意识和公仆意识；弘扬宪法精神，履行宪法使命，严格实行任命人员向宪法宣誓制度。五年来，共任命国家机关工作人员194名，免职83名，接受辞职9名，保证了国家政权机关工作的有序运转。

四、完善工作机制，努力提高依法监督实效

正确把握监督与支持、继承与创新的关系，不断探索加强监督工作的新思路、新方法，在重点工作的监督推进方面，研究了一系列改进措施，许多工作走在了全市乃至全省前列。

本着“少而精、注重实效”的原则，紧紧围绕党委决策部署、政府着力推进、人民群众普遍关心的重大事项科学选择监督议题。每年印发《关于征集监督议题的公告》，广泛征求“一府两院”、人大代表和人民群众的意见，夯实监督基础，提高监督精度，确保监督工作与全区工作大局同步合拍，与群众所思所盼同频共振。

为进一步规范和深化监督工作，增强监督刚性，研究制定了《专项工作报告满意度测评办法》，对报告机关产生了积极的约束、激励作用。出台了《专题调查办法》和《专题询问办法》，每年利用2—3个月的时间集中开展一次专题调查或专题询问，着力解决人民群众普遍关注的突出问题。研究制定了《规范性文件备案审查办法》，理顺报备程序，明确审查职责，扎实做好规范性文件备案审查工作。制定出台了《组织区人大代表旁听区人民法院庭审办法》，先后组织44名人大代表进行了6次庭审旁听，提出意见建议21条。研究制定了《河口区人大常委会工作评议暂行办法》，对评议主体、评议对象、评议内容、评议的方法步骤和评议结果的运用等做出了明确规定。2013—2015年，分三批对45个区政府组成部门、事业单位和垂直管理部门进行了工作评议，参评人员3000余人，共提出意见建议600余条，对于改进

部门工作、推动经济社会发展起到了积极作用。

五、提高保障水平，充分发挥人大代表主体作用

常委会始终把代表工作作为基础性工作来抓，认真贯彻落实代表法，不断完善代表工作机制，创新代表工作方式，发挥代表主体作用，支持和引导代表为推动河口发展贡献力量。

一是着力提高代表素质和履职能力。把组织代表履职学习作为一项重要工作，通过订阅报纸杂志、举办辅导培训班、代表小组集中学习等方式，组织引导代表学习法律法规和有关业务知识，为代表提供智力支持和信息服务。创新代表培训模式，提高代表培训层次，2015、2016年，分别组织90多名人大代表赴浙江大学、全国人大培训基地开展素质提升培训，系统学习相关知识，取得了积极效果。

二是着力为代表执行职务创造条件。坚持邀请代表列席常委会会议，参加常委会组织的执法检查、视察调研等活动，扩大代表对常委会工作的参与。每年邀请约40名人大代表列席常委会会议，组织约100名人大代表分两批进行集中视察，组织约80名人大代表参加各类调研和执法检查活动。建立了区人大常委会组成人员分工联系人大代表制度，每名常委会组成人员固定联系5—8名基层人大代表，定期通报工作情况，征求意见建议。同时，积极推荐代表参加民主测评、行风评议等社会监督活动，让代表多渠道了解情况、知情知政。

三是密切人大代表与群众的联系。研究制定了《人大代表联系群众制度》《人大代表述职办法》，督促引导人大代表与群众保持经常性联系，听取选民的意见建议，接受选民的监督评议。先后有160名人大代表与920名群众保持经常性联系，及时听取意见和要求。组织151名人大代表进行了述职，参加评议的选民代表3000余人，选民对代表的评议满意率均在96%以上。

四是加强对人大代表的激励约束。为促进代表更好地履职，制定了《河口区第十七届人民代表大会代表考核办法》，每年年底进行集中考核，对连续两年考核不称职的人大代表，将按程序进行询问或责令辞职。不断加大对人大代表的宣传力度，每年推荐部分人大代表在电视台、省市级报刊、《河口人大》进行集中宣传，为代表履职营造了良好的社会氛围。印发了《关于规范区人大代表出席会议、参加活动组织工作的通知》，统一代表活动组织程序，提高代表活动组织成效，为人大代表依法履职创造了更加有利的环境。

五是提高代表建议办理质量。在认真总结实践经验的基础上，制定出台了《办理区人民代表大会代表建议办法》和《代表建议办理面对面答复暂行办法》。每年8月、12月分别组织承办部门主要负责同志对建议办理情况向人大代表进行面对面集中答复。建立了重点建议督办机制，每年选择部分质量高、代表性强、办理难度较大的代表建议，由各位副主任领衔督办，起到了很好的示范引领作用。五年来，共督办人大代表建议403件，办结率100%，满意率96.8%。

六是扎实做好区镇人大换届选举工作。从2016年9月开始，我区区镇两级人大换届选举工作正式启动。对县乡人大换届选举工作，中央和省市委高度重视，对代表结构比例、换届纪律风气、代表资格审查等提出了严格要求。区人大常委会坚持党的领导、充分发扬民主、严格依法办事，按照区委的统一部署，精心组织、周密安排，凝聚各方力量，扎实推进工作，保证了人大换届选举工作的依法顺利进行。2016年12月15日，顺利选出新一届区人大代表163名，镇人大代表185名，为坚持和完善人民代表大会制度提供了组织保障。

六、加强自身建设，不断提升依法履职能力

主动适应新形势新任务新要求，以“不忘初心、继续前进”为不竭动力，以聚集活力、提升能力为目标要求，不断深化思想建设、作风建设和机关党的建设，坚定理想信念，强化责任担当，为推动人大工作创新发展提供了有力保障。

一是加强组织机构建设。2015年，根据上级要求和工作需要，依法设立了区人大常委会预算工作委员会。2016年，认真落实中央、省委、市委关于加强县乡人大工作和建设的意见，按照法定程序设立了区十七届人大内务司法、财政经济、教育科学文化卫生、城乡建设环境保护、农业与农村等5个专门委员会；在河口经济开发区设置了人大工作委员会；将人事代表工作室更名为人事代表工作委员会；各镇人大主席、街道人大工委主任专职配备。

二是加强班子队伍建设。深入开展党的群众路线教育实践活动、“三严三实”专题教育、“两学一做”学习教育，系统学习党章党纪党规和习近平总书记系列重要讲话精神。牢固树立政治意识、大局意识、核心意识、看齐意识，严格遵守政治纪律和政治规矩，坚决维护党中央权威和党中央集中统一领导，努力营造风清气正的政治生态。认真贯彻落实区委决策部署，着力在坚定正确方向、积极依法履职、服务发展大局上求深化，维护了全区团结和谐、共谋发展的良好局面。严格落实中央八项规定精神，认真履行党风廉政建设责任制，自觉遵守廉洁自律的新规定、新要求，树立了为民务实清廉的良好形象。认真执行民主集中制原则，深入开展调查研究，重大问题集体研究决定，共召开主任会议101次，研究解决事项500余项。

三是加强机关建设。认真总结人大工作经验，不断修订完善各项规章制度，真正做到了用制度管权、管人、管事，提升了机关工作规范化水平。注重信息化建设，依托河口人大网站，建设代表履职服务平台，不断提高代表工作实效。为全面总结历届人大及其常委会的奋斗历程，组织编纂《河口区人民代表大会志（1995—2016）》，真实记录河口区人民代表大会22年的历史轨迹。为加强新闻宣传工作，研究制定了《区人大常委会机关和镇街人大宣传报道考核办法》，将镇街人大宣传工作与区人大机关宣传工作并轨管理，一同部署、一同考核、一同表彰，提高了人大宣传工作的积极性和主动性。

四是加强镇街人大建设。为加强基层人大建设，研究制定了《关于进一步加强镇、街道人大工作的意见》《镇街人大工作考核办法》，每年年底进行考核，对前2名的镇街人大进行表彰奖励，对后2名的镇街人大进行督促谈话。主动加强对镇街人大工作的指导，坚持每年组织一次人大工作座谈会，有针对性地解决共性问题。积极协调帮助各镇街人大加强基础设施建设，完善各项规章制度，为镇街人大工作顺利开展提供了保障。

各位代表。过去的五年，我们依法履行职责，积极创新实践，实现了河口区人大工作的新突破，开创了我区民主法治建设的新境界。区十七届人大常委会五年来所取得的成绩，是区委坚强领导、常委会组成人员和全体人大代表共同努力的结果，是“一府两院”和有关部门协同配合的结果，也是社会各界和广大人民群众大力支持的结果。在此，我代表区十七届人大常委会表示衷心的感谢！

各位代表，五年的实践与探索，使我们对民主法治建设有了更加坚定的信念，对人民代表大会制度有了更加深刻的理解，对新时期人大工作规律有了更加全面的认识。回顾过去，我们既欣喜地看到了成绩，同时，我们也深切地体会到，常委会工作中还存在一些不足和问题，主要是：有些职权的行使还不到位，跟踪问效机制不够完善，对执行落实不力问题缺乏惩戒措施，监督工作的实效性有待进一步增强；适应时代要求、回应群众关切、推进解决热点难点问题的力度有待进一步加大，对如何做好新形势下的人大工作需要深入探索；代表工作还有差距，代表的学习、培训机制不健全，闭会期间的活动比较少，代表依法履职的能力需要进一步提高。对于这些问题，应在今后的工作中认真加以整改。

各位代表，新一届区人民代表大会已经组成，新一届区人大常委会即将选举产生。区第八次党代会深刻分析了河口面临的形势和任务，科学谋划了河口发展的未来。我们坚信，在区委的坚强领导下，在全区人民的大力支持下，区十八届人大及其常委会一定能够担负起历史赋予的重任，与时俱进，求实创新，不断开创人大工作的新局面。对今后的工作提出如下建议：

一、坚持党的领导，树立正确政治方向。要自觉增强“四个意识”特别是核心意识、看齐意识，更加坚定地维护以习近平同志为核心的党中央的权威，在思想上政治上行动上同党中央和省市区委保持高度一致，自觉服从党委工作大局。要深刻理解把握中央和省市区委关于从严治党的部署要求，牢固树立党的观念、大局观念、群众观念和法治观念，加强对人大代表、常委会组成人员和机关党员干部的教育管理，不断改进作风，密切联系群众，努力使人大工作更加符合民情，体现民意，贴近民生，赢得民心。

二、围绕工作大局，依法履行职责。要全面贯彻区第八次党代会精神，紧紧围绕全区发展大局，对重大事项适时做出决议决定，确保区委决策部署有效落实。要准确把握监督与支持的关系，着力推动带有根本性、全局性和人民群众普遍关注问题的解决，不断增强监督工作的针对性和实效性。要坚持问题导向，发扬钉子精神，着力推动稳增长、促改革、调结构、惠民生、防风险各项工作，努力营造开放透明、规范有序的发展环境。

三、紧紧依靠人大代表和人民群众，努力增强工作实效。要围绕充分发挥代表作用这一主题，进一步加强代表服务工作，积极为代表联系群众、开展活动、执行职务搭建平台、提供保障。要深化代表建议意见办理机制，加大办理力度，提高建议意见办理质量。要充分发挥代表的“桥梁纽带”作用，通过代表工作进一步了解人民群众的要求和期盼，更好地解决人民群众关注的热点难点问题，密切党群干群关系。

四、切实加强自身建设，不断提高履职能力。要不断加强常委会自身建设，完善适合国家权力机关特点的、充满活力的运行机制，促进人大及其常委会工作的制度化、法制化。要加强专门委员会建设，完善专门委员会工作制度，推进专门委员会之间的协作与配合，提高专门委员会工作的规范化、专业化水平。要加强常委会机关建设，强化机关干部的教育、管理、交流和培养，全面提高机关工作质量和水平。要加强镇街人大建设，督促各镇街人大严格依法履职，强化代表服务管理，促进基层人大均衡发展。

第八届东营市河口区委员会常务委员会工作报告

（2017年2月12日在政协第九届东营市河口区委员会第一次会议上）

区政协副主席　张希臣

（摘要）

过去五年工作回顾

八届区政协的五年，是全区上下同心同德、克难奋进，经济、政治、文化、社会和生态文明建设取得新成就、迈上新台阶的五年，也是我区人民政协事业蓬勃发展，工作全面推进，取得显著成果的五年。五年来，在中共河口区委的坚强领导下，常委会坚持以邓小平理论、“三个代表”重要思想、科学发展观为指导，深入贯彻落实党的十八大、十八届三中、四中、五中、六中全会精神和习近平总书记系列重要讲话精神，牢牢把握团结和民主两大主题，紧紧围绕全区中心工作和群众关心的热点难点问题，认真履行政治协商、民主监督、参政议政职能，齐心协力谋发展，尽心竭力惠民生，凝心聚力促和谐，为率先全面建成小康社会、加快建设美丽幸福新河口做出了积极贡献。

一、紧扣党政中心，认真履行政协职能

围绕经济发展重大问题咨政建言。始终把关注经济发展作为履职重点，在推进我区创新、协调、绿色、开放、共享发展方面协商议政。围绕“十二五”规划实施、“十三五”规划编制建言献策，着重就制定产业发展规划、实施工业强区战略、加快现代农业示范区建设等问题深入调研，提出意见建议90余条。主动适应经济新常态，就加快蓝色经济产业园建设、港区一体化发展、助推石油化工产业优化升级、防范化解企业经营风险等问题，深入全区50余家规模以上工业企业实地调研，为促进我区化工产业转型升级出谋划策。始终关注高效生态农业发展，针对编制《河口区现代农业发展规划》、加快现代畜牧业和渔业发展、健全农业社会化服务体系、土地经营权抵押贷款制度等问题开展20余次调研视察活动，为推动农业发展方式转变献计出力。

围绕统筹城乡一体化发展协商议政。组织委员就加强城镇规划建设管理、实施乡村文明建设行动、健全城乡公共交通体系等问题，通过不同协商形式议政建言，提出的发挥规划引领作用、完善城镇基础设施、提升城市管理水平、推进新型农村社区建设等对策建议，区政府召开有关会议予以研究，部分内容列入部门工作计划，为统筹城乡一体化发展提供了重要依据。广大委员通过提案、社情民意信息等形式，就加强小城镇建设、城中村改造、推动城乡环卫一体化等工作，提出了许多有价值、有分量的建议。围绕创建文明城市，连续三年组织界别委员开展监督评议活动，为我区创建全国文明城市发挥了重要作用。

围绕促进社会事业发展出谋划策。高度关注教育事业，围绕促进城乡教育资源均衡发展、解决城镇中小学大班额问题、“全面二孩”政策落实后对我区的影响等课题，与教育等部门协商讨论，提出调整教育发展规划、优化配置教学资源、加快发展学前教育、提高教学质量等建议30余条。重视医药卫生事业和人口计划生育工作，围绕加强基本医疗服务、发展传统中医药事业、完善人口计划生育服务管理等问题，提出建议60余条，部分建议纳入《河口区医疗卫生服务体系建设三年规划》。助推公共文化服务体系建设，提出的加快文化基础设施建设、建立资金政策保障机制、培育壮大人才队伍等对策建议，有关部门认真研究，制定了公共文化服务体系发展的实施意见；针对全区文化产业发展较为缓慢的实际，引导委员就发展文化创意产业、文化旅游业等提出建议，为制定完善服务业政策提供了有效参考。

围绕服务全区中心工作献计出力。按照区委要求，认真做好区级领导联系重点企业和机关驻企联络服务工作，直接参与未利用土地开发、新型城镇化建设、区一中新校建设、农水会战等重大项目的组织领导。各位主席工作在一线，协调解决土地、融资等问题，承担的各项工作取得了明显成效。主动做好精准扶贫工作，协调资金700余万元，加强帮扶村基础设施建设，扶持发展特色养殖、蔬菜种植等产业项目，群众生产生活条件明显改善。广大政协委员主动参与公益慈善、扶贫帮困等活动，为基层群众办实事300余件。

二、关注民生民情，助推和谐社会建设

通过提案促进民生问题解决。每年筛选10余件民生类提案作为重点提案，通过主席领衔、与党政督查部门联合等方式进行督办，提案办理质量明显提高，提案落实率达到90%以上。2013年，部分委员反映我区西部镇街农村群众生活用水难问题，引起各级领导高度重视。区政府通过油地共建方式，投资900余万元实施西清水泵房改造、蓝色经济产业园专线铺设、新户末级管网改造等工程，解决了农村群众用水问题。五年来，共提出民生类提案200余件。其中，开通河口至东营公交线路、实行全区五保老人集中供养、提高农民医疗保障待遇、减免60岁以上老年人门诊挂号费等问题得到有效解决。

通过社情民意信息反映群众诉求。发挥社情民意

信息“直通车”作用，在引导委员报送信息的同时，从社会各界选聘40余名特邀信息员，扩大了信息来源渠道。围绕解决区域跨界污染、住宅小区外墙保温改造、乡村公路建设、残疾人救助等问题建言献策，引起各级高度关注。针对我区农村公路建管现状，部分委员通过社情民意信息积极反映，区政府确定2013年起实施农村公路畅通工程，解决了群众出行不便问题。五年来，共征集社情民意信息1116篇，上报全国政协125篇、省政协采用198篇、市政协采用269篇，实现了质和量的双提升，多次被评为全市政协反映社情民意信息工作先进单位。其中，进一步规范村规民约、外伤急救知识纳入机动车驾驶员考试内容等信息被全国政协采用，引起国家有关部门的高度重视。

通过调研视察知民情解民忧。坚持把群众关心的热点问题作为委员履职常态课题，围绕生态环境建设、水气污染整治、城乡居民社会保障、食品药品安全等内容进行调研视察、协商议政，促进了民生问题的解决。围绕群众关注的生态环境保护问题，深入60余家工业企业，重点对神州澳亚粪污沼气处理工程、挑河人工湿地水质净化工程、蓝色经济产业园污水处理厂等项目调研视察、建言献策，为改善生态环境打下了坚实基础。

通过民主评议促进部门改进工作转变作风。制定出台《关于实行委派民主监督员工作制度的意见》，委派75名政协委员担任40余个区直单位的民主监督员，盯住社会普遍关注的热点难点问题进行监督，提出意见建议195条，推动解决民生实事53件。每年组织委员开展民主评议活动，帮助部门查找问题，促进了部门作风转变和效率提高。每年向全区重点工程委派监督员，定期监督工程进展情况，确保了项目顺利实施。定期组织委员旁听区法院庭审活动，专项视察区检察院、公安分局重点工作，提出建议50余条。推荐5名政协委员担任人民陪审员，五年来共陪审案件210余次。组织委员参与区事业单位公开招聘、城区居民住宅供热定价、食品安全、金融服务等监督活动，促进了部门工作公开、公平、公正。

三、积极探索创新，努力提高履职成效

注重机制创新。认真贯彻落实区委《关于加强人民政协协商民主建设的实施意见》，制定出台《区政协协商工作规程》，完善协商工作机制，推进专题协商、对口协商、界别协商和提案办理协商，实现了协商民主制度多元化发展。规范协商议题建议机制，2016年协商计划首次经区委常委会专题研究，政协履职与党政中心结合更加紧密。规范协商成果转化机制，每季度联合党政督查部门进行督导，促进了协商成果有效转化。实行定期通报机制，每年九月份政协常委会议上，区委办公室、区政府办公室集中反馈咨政报告办理情况，确保了协商成果落到实处。

加强载体创新。探索履职新途径、新方法，不断丰富载体，提升了履职水平。成立委员企业家联谊会，定期召开联席会、银企座谈会，帮助企业解决实际困难，为助推企业发展发挥了重要作用。实行分类别全方位民主评议，评议范围扩大到全区86个区直部门，分为经济社会管理、行政执法、公共服务3个类别，评议主体由全体委员扩大到被评议部门服务对象，通过评议，区直有关部门特别是窗口单位，工作作风进一步转变，服务水平进一步提高。搭建“界别+区域”委员活动平台，按照区域就近、兼顾界别的原则，成立河口经济开发区和4个区直政协委员联络室，为委员经常化履职提供保障，有效解决了委员履职活动较少的局面，活动参与率提高到98%以上。建立提案办理评价机制，成立提案办理质量评价小组，对承办部门办理提案情况进行评价，评价结果作为部门目标考核、政协评先树优的重要依据，提案解决率达到70%以上。五年来，先后在市委政协工作会议、全省政协加强委员队伍建设工作座谈会上作典型发言，介绍经验做法，连续三年获得全市政协工作创新一等奖。

推动工作创新。丰富政治协商形式，在会议协商基础上增加书面协商、恳谈协商，协商渠道更加畅通、成效更加显著。拓宽民主监督渠道，通过聘任民主监

督员、行风政风评议员、人民陪审员，运用多种方式跟踪监督，促进了有关问题的解决。树立问题导向意识，改变过去只看脸面门面、不进旮旯角落，只听经验介绍、不触及实质的传统调研方式，带着问题去调研，广泛听取意见，吸纳群众智慧，提高了调研针对性、时效性。

四、着眼凝心聚力，做好团结联谊工作

加强同各民主党派、团体合作共事。坚持联系走访民主党派、工商联制度，主动征求意见建议，支持通过调研视察、撰写提案、反映社情民意等形式参政议政，营造了民主平等、团结和谐的共事氛围。定期举办座谈会，加强沟通协调，帮助解决实际困难。五年来，各民主党派、工商联、人民团体以及无党派人士提出意见建议 160 余条，反映社情民意信息 200 余条。

广泛开展联谊交流活动。认真贯彻党的民族宗教政策，主动走访民族宗教界人士，支持宗教活动场所和爱国宗教团体建设，加深了了解，增进了感情。联合民族宗教部门开展专题调研，为做好民族宗教工作献计献策。加强与兄弟县区政协交流，先后到张家口市崇礼区、济南市章丘区、泰安市岱岳区、荣成市、禹城市等地学习经验、交流工作，接待湖北省宜都市、内蒙古喀喇沁旗、河北省黄骅市等政协到我区参观考察，宣传了我区经济社会发展成果，扩大了社会影响力。

认真做好文史、宣传工作。坚持开门办文史，先后编辑出版《义和春秋》《新淤地·新农业》《河口风物》《村落记忆》等文史资料。从不同层面详细记载、真实反映了我区民情习俗、历史变迁、经济发展、社会进步，有效发挥了存史、资政、团结、育人的作用。不断加大宣传力度，与广播电视台联合制作播出“委员风采”栏目 25 期、“提案追踪”栏目 26 期，在《人民政协报》《联合日报》《东营日报》等媒体刊物发表稿件 210 余篇，连续五年被评为全省政协宣传工作先进单位。

五、强化自身建设，提高参政议政能力

加强委员管理服务。修订完善《委员管理办法》，加强动态管理，严格履职考核，增强了委员责任意识。围绕党政中心工作，每季度组织委员开展调研视察活动，每年定期举办委员培训班，拓宽了知情明政渠道。制定《主席联系常委、常委联系委员制度》，经常与委员谈心交流，征求意见建议。主动为委员提供服务，帮助 26 名委员解决了子女入学、就业等问题。建立表彰奖励制度，五年来，表彰优秀政协委员 95 名、宣传工作先进个人 51 名、文史工作先进个人 35 名、反映社情民意信息先进个人 45 名，充分激发了委员履职热情。

发挥界别独特作用。制定《关于进一步发挥界别作用的意见》，加强对界别小组工作的指导、服务和督促，推动了界别工作开展。通过讨论会、调研视察、界别提案等形式，积极反映界别群众愿望诉求。五年来，围绕现代农业、生态旅游、物业管理、民族宗教、教育均衡发展等协商议政 90 余次，开展送科技、送文化、送健康、送温暖活动 70 余次，界别工作富有成效。

加强专委会建设。主动争取区委支持，健全工作机构，在全市率先成立委员联络工作委员会，为委员有效履职提供了组织保障。完善专委会联系界别、委员制度，专委会与对口部门定期沟通协商，规范了专委会工作机制。五年来，紧扣经济发展、生态保护和民生重大问题，组织履职活动 110 余次，提出意见建议 200 余条，为党政科学决策提供了重要参考。

推动基层政协组织发展。制定《区政协基层组织建设管理考核办法》，严格管理考核，促进了基层政协工作的有效开展。各委员联络室围绕镇街中心工作，组织委员就现代农业发展、农村社区建设、传统文化教育等问题进行调研视察、监督评议，开展履职活动 100 余次。新户镇委员联络室组织委员围绕现代渔业发展进行专题调研，提出关于加快海参产业发展的建议，镇党委、政府高度重视，列入年度重点工作。义和镇委员联络室协助镇党委、政府，为百年义和历史文化展馆建设挖掘整理了许多有价值的历史资料，

该馆已成为我区革命传统教育基地之一。

不断提升机关服务水平。以党的群众路线教育实践活动、“三严三实”专题教育和“两学一做”学习教育为契机，深刻领会习近平总书记系列重要讲话精神，认真贯彻中央八项规定以及省委、市委、区委廉洁自律要求，深入开展反“四风”和“庸懒散”整治活动，完善各项规章制度，加强机关规范化管理，进一步转变作风，提高效率。加强理论知识学习，定期组织开展业务培训和工作交流活动，提高了机关干部综合素养。加强机关干部队伍建设，通过选拔任用优秀干部、加大交流力度、推荐年轻干部挂职锻炼等方式，调动了机关干部工作积极性和主动性。

主要经验和体会

回顾和总结八届区政协以来的工作实践，我们得到了许多有益的启示，积累了较为丰富的经验。主要是：

只有始终坚持党的领导，政协作用才能有效发挥。五年来，我们坚定不移贯彻执行中央和省委、市委、区委关于加强政协工作的方针政策，始终坚持在区委的正确领导下开展工作，主动请示报告重大事项、重要工作。区委对政协工作高度重视、大力支持，把政协工作纳入全局，统一研究部署，确保了政协工作始终朝着正确方向发展。实践证明，只有坚持党的领导，始终与区委保持政治上同向、思想上同心、工作上同步，政协作用才能发挥得更好。

只有始终围绕中心服务大局，政协发展才有广阔空间。五年来，我们牢固树立中心意识、大局意识、服务意识，围绕全区重大决策和重要任务谋事议政，把政治协商着重点放在事关全局发展的重大问题上，把民主监督着力点放在民生事业和发展环境上，把参政议政着眼点放在依法行政、创新管理、和谐公正上，努力当好区委、区政府的参谋助手。实践证明，只有紧扣“一极两区”目标定位，才能参政参到点子上，议政议到关键处。

只有始终关注民情民生，政协工作才能接地气有作为。五年来，我们秉持履职为民理念，围绕教育卫生、就业保障、环境保护等涉及群众切身利益的问题，深入调查研究，积极建言献策。建立完善专委会、界别和委员联系群众工作机制，深入基层倾听群众呼声，反映群众意愿，主动为群众办好事、解难事、做实事。实践证明，只有主动将政协工作触角向群众延伸，围绕保障和改善民生、促进社会和谐履职尽责，政协工作才有平台、有作为。

只有始终坚持工作创新，政协事业才能更有活力。五年来，我们不断探索履职方式，积极搭建履职平台，在完善政治协商机制、探索民主监督模式、改进调查研究方式、创新提案办理办法等方面，做了大量探索，取得明显成效。实践证明，只有继承历届政协形成的好经验好做法，创新工作思路，改进工作方式，才能为政协事业不断发展注入新动力、增加新活力。

各位委员，同志们，八届区政协工作成绩的取得，是中共河口区委坚强领导的结果，是区人大、区政府大力支持的结果，是历届区政协老领导、老同志关心支持的结果，是政协各参加单位、广大政协委员、政协工作者主动作为的结果，是社会各界人士和人民群众鼎力相助的结果。五年来，每一次调研视察，都饱含着委员们的责任和情感；每一条意见建议，都浸透着委员们的心血和汗水；每一轮协商议政，都凝结着委员们的奉献和担当；每一件阅办批示，都体现着党政领导的重视和关心。在此，我代表八届区政协常委会表示衷心的感谢和崇高的敬意！

在肯定成绩的同时，我们也清醒地看到，对照新形势、新要求，八届区政协在履职过程中还存在诸多不足。主要是：协商民主建设水平仍需提高，民主监督作用发挥不够深入，界别优势尚未得到充分体现，履职成果转化力度需进一步加大，机关服务能力有待提升，等等。这些问题，在今后工作中要不断完善和改进。

今后五年工作建议

各位委员，九届区政协任期的五年，是我区实施“十三五”规划，率先全面建成小康社会、加快建设美丽幸福新河口的五年。新一届政协常委会要紧扣中央和省委、市委、区委重大决策部署，围绕区第八次党代会提出的目标任务，在推进我区创新、协调、绿色、开放、共享发展方面，认真履职尽责，谋求新作为，展示新风采，努力谱写我区人民政协事业发展新篇章。

一、适应新常态，把牢政治方向

要深入学习贯彻党的十八大、十八届三中、四中、五中、六中全会精神以及习近平总书记系列重要讲话精神，认真落实党中央对政协工作的新要求新部署，牢牢把握正确的政治方向，保持坚定政治定力，增强政治意识、大局意识、核心意识、看齐意识，切实把思想和行动统一到中央和省委、市委、区委确定的目标任务上来，把智慧和力量凝聚到为全面深化改革作贡献上来。发扬人民政协内强素质、自觉实践的优良传统，真正把加强学习融入履职全过程，进一步提升履职能力，不断创新履职机制，推动人民政协事业向更高水平迈进。

二、聚焦新思路，助推改革发展

中共河口区委第八次党代会是在我区实现跨越发展的关键时期召开的一次非常重要的会议，为今后五年我区经济社会发展描绘了一幅宏伟的蓝图。要把学习贯彻区第八次党代会精神，作为当前和今后一段时期政协工作的重点。紧扣区第八次党代会提出的总目标，牢固树立五大发展理念，聚焦建成“一极两区”目标定位，围绕供给侧结构性改革、工业经济优化升级、现代农业发展、城乡规划建设管理提升、重大基础设施建设、社会管理服务等课题，深入调研视察、广泛协商议政、积极投身参与，多建真言、多献良策。

三、顺应新期待，服务民生改善

要始终坚持民生为先，围绕惠民政策落实、民生工程建设、社会事业发展和全面推进脱贫攻坚等问题，深入开展专题视察、民主监督活动，协助区委、区政府做好改善民生工作。积极推动政协工作向基层延伸，开展政协委员下基层、进社区活动，及时反映社情民意，着力推动解决涉及群众切身利益的教育、就业、社会保障、医疗卫生、住房等问题，努力促进社会更加公平正义。引导委员关注弱势群体，热心公益事业，积极服务家乡建设，服务全区经济社会发展。

四、开拓新境界，凝聚各方力量

要充分发挥人民政协最广泛爱国统一战线组织的作用，着眼于形成最大公约数，努力为实现区第八次党代会确定的奋斗目标，营造良好发展环境。加大对中央和省委、市委、区委重大决策部署的学习宣传和贯彻落实力度，使党的主张成为各党派团体、各族各界人士的广泛共识、共同意志，成为全区广大群众的自觉行动。协助区委、区政府做好凝聚人心、协调关系、化解矛盾的工作，为攻坚克难、深化改革、加快发展汇聚强大正能量。

五、树立新形象，提升履职水平

要充分发挥政协协商民主的重要作用，不断推进专题协商、对口协商、界别协商、提案办理协商，探索城市社区协商形式，健全协商成果反馈落实机制，增强协商民主实效。创新民主监督形式，探索新机制、新途径。进一步改进调研方式，增强建议针对性、时效性。加强专委会建设，确保各项工作开展更加科学合理、富有成效。注重发挥委员主体作用，加强履职培训和服务管理，完善履职档案，增强委员大局意识、责任意识和参与意识。认真做好文史资料征集出版工作，充分发挥存史、资政、团结、育人的作用。加强新闻宣传工作，营造政协事业发展的良好氛围。加大对机关干部教育、培训、选拔和交流力度，提高干部整体素质，充分调动工作积极性。大力弘扬勤奋学习、开拓创新、严谨求实、争先创优的工作作风，努力把政协机关建设成为政协委员之家、各界人士之家、基层政协之家和干部职工之家。

大 事 记

1月

4日 召开七届区委第100次常委（扩大）会议，传达学习中央政治局“三严三实”专题民主生活会精神，研究贯彻落实意见。

7日 省委综合考核组到河口区检查2015年度党风廉政建设责任制落实情况。

7日 全市科学发展现场观摩会议与会人员到河口区观摩。

8日 民进东营市总支部基层支部建设现场会在河口区召开。

11日 召开七届区委第101次常委（扩大）会议，传达学习全市信访维稳工作会议精神，研究全市信访维稳工作会议贯彻落实意见、全区2016年拟为民办实事和拟实施重点工程项目、2015年国民经济和社会发展计划执行情况与2016年国民经济和社会发展计划（草案）《河口区国民经济和社会发展第十三个五年规划纲要（草案）（讨论稿）》《政府工作报告（讨论稿）》、2015年财政预算执行情况和2016年财政预算（草案）、2016年财政收支计划等，并对重点工作进行安排部署。

12日 召开区政府安委会成员会议暨项目试生产联审会议。

13日 区委副书记、代区长刘斯杰到山东汉客电子商务有限公司、黄河口高新技术创业园调研，区委常委、办公室主任陈桂林，副区长赵明印等参加调研活动。

13日 区委副书记、代区长刘斯杰到东营港经济开发区走访慰问驻训部队，区委常委、办公室主任陈桂林，副区长赵明印，区人武部部长张河等参加走访慰问活动。

14日 省总工会副主席、女职工委员会主任魏丽到河口区督导“查保促”活动开展情况，并走访部分企业和职工。

16日 召开区委常委班子“三严三实”专题民主生活会，市委副书记、市长赵豪志到会指导。

16日 省政府督导组到河口区督导检查关于解决城镇普通中小学大班额问题等教育工作情况。

16日 召开七届区委第102次常委会议。

17～19日 举行区政协八届五次会议，听取并审议通过区政协常委会工作报告和区政协常委会提案工作报告；与会委员列席区十七届人大五次会议，听取并讨论区政府工作报告、区法院工作报告、区检察院工作报告及其他报告。

18日 召开七届区委第103次常委会议。

18～20日 举行区十七届人大五次会议，听取并审议通过区政府工作报告、区人大常委会工作报告、区法院工作报告、区检察院工作报告，审查通过河口区国民经济和社会发展第十三个五年规划纲要（草案）的报告、2015年国民经济和社会发展计划执行情况与2016年国民经济和社会发展计划（草案）的报告、2015年财政预算执行情况和2016年财政预算（草案）的报告；依法补选区人大常委会主任、区人民政府区长，表决通过区人大专门委员会副主任委员。

19日 市政府督导组到河口区督导检查提高安

全环保水平促进化工产业转型升级工作。

20 日　召开七届区委第 104 次常委（扩大）会议，传达全市经济工作会议精神，研究贯彻落实意见，并对重点工作进行安排部署。

20 日　区委书记、区人大常委会主任苟增杰，区委副书记、区长刘斯杰等区领导与济南军区黄河三角洲综合训练基地领导会谈。

21 日　市第五次党代会代表到河口区视察经济发展、社区建设、社区党建等工作情况。

22 日　召开全区领导干部会议。

22 日　召开七届区委第 105 次常委会议。

22 ~ 29 日　区委书记、区人大常委会主任苟增杰参加省十二届人大五次会议。

25 日　区委副书记、区长刘斯杰指导河口街道“三严三实”专题民主生活会。

27 日　召开区政府党组“三严三实”专题民主生活会。

27 日　区委副书记、区长刘斯杰会见俄罗斯食品集团中国区总裁张平一行，区委常委、副区长曹永湖，副区长刘茂和等参加座谈会。

28 日　市委常委、东营军分区政委何学民到新户镇立新村走访慰问结对帮扶贫困家庭。

28 日　副市长刘美华到河口区督导检查安全生产工作。

28 日　区委副书记、区长刘斯杰带队到义和镇走访慰问老党员和低保户，副区长赵明印，区政协副主席郭玉珍、杨芳等参加走访活动。

28 日　区委副书记、区长刘斯杰指导区财政局“三严三实”专题民主生活会。

30 日　组织开展全区乡村文明建设专项行动观摩评比活动。

2 月

1 日　区委书记、区人大常委会主任苟增杰，区委副书记、区长刘斯杰走访慰问东营军分区和济军综合训练基地官兵、部分退休老干部、区中心敬老幸福园老年人、部分优抚对象、低保户和困难党员。

1 日　市第八批援疆指挥部班子成员到河口区对接援疆工作。

2 日　市委副书记郑建军一行到河口区走访慰问驻军驻警、新中国成立前老党员、生活困难党员、困难职工和困难群众。

2 日　市委常委、统战部部长聂建军到河口区督导检查安全生产工作。

3 日　召开全区老干部暨各界人士情况通报会。

3 日　召开 2015 年度镇（街道）党（工）委书记抓基层党建工作述职评议会议。

4 日　市委常委、政法委书记张庆华到河口区督导安全生产工作。

4 日　区委书记、区人大常委会主任苟增杰分别指导义和镇领导班子、区卫计局领导班子“三严三实”专题民主生活会。

5 日　区委书记、区人大常委会主任苟增杰带队走访慰问春节期间部分坚守岗位人员。

5 日　召开七届区委第 106 次常委（扩大）会议，传达学习省“两会”精神，十八届中央纪委六次、省纪委十届七次、市纪委五届七次全会精神，全市农村、扶贫开发、乡村文明建设专项行动工作会议精神，市委民族工作会议精神，研究贯彻落实意见以及其他事项。

6 日　区委副书记、区长刘斯杰带队走访慰问春节期间部分坚守岗位人员。

14 日　召开全区经济工作会议，区委书记、区人大常委会主任苟增杰出席会议并讲话，区委副书记、区长刘斯杰主持会议并讲话。

15 日　召开全区春季农业生产动员会议。

16 ~ 20 日　区委书记、区人大常委会主任苟增杰，区委副书记、区长刘斯杰率团参加市七届人大五次会议和市政协七届五次会议。

21日 举行河口第十九届油地军港“闹元宵”大联欢活动。

23日 召开区纪委七届六次全体会议，区委书记、区人大常委会主任苟增杰出席会议并讲话，区委副书记、区长刘斯杰主持会议，区委常委、纪委书记侯永强作工作报告。

24日 召开全区农村、扶贫开发、乡村文明建设专项行动工作会议，区委书记、区人大常委会主任苟增杰出席会议并讲话，区委副书记、区长刘斯杰主持会议，区委副书记田兵兵传达省市农村、扶贫开发、乡村文明建设专项行动工作会议精神。

25日 区委书记、区人大常委会主任苟增杰到义和镇东韩村、寿光村、区扶贫办调研扶贫工作，区委副书记田兵兵，区委常委、办公室主任陈桂林，副区长刘茂和，河口采油厂党委书记国梁，河口采油厂副厂长王光卿等参加调研活动。

26日 省出入境检验检疫局副处长田富森一行到河口区调研肉牛进口工作。

26日 召开全区城镇空闲土地情况核查工作会议。

27～29日 区委副书记、区长刘斯杰带队赴南昌、上海推进正邦百万头生猪基地、澳亚高端乳制品深加工项目，区委常委、副区长曹永湖，副区长刘茂和等参加相关活动。

3月

1日 举行全区基层党组织书记培训班开班仪式，区委书记、区人大常委会主任苟增杰为全区基层党组织书记上党课。

3日 市政协副主席王景春到河口区调研山东澳源牛业发展有限公司进口肉牛屠宰加工项目建设情况。

5日 召开七届区委第108次常委（扩大）会议，传达市七届人大五次会议、市政协七届五次会议精神，传达全市城市生态环境建设年活动暨水气污染整治专项行动动员会议、全市迎接国家卫生城市复审工作动员会议、省市深化住房制度改革会议、全市扶贫开发工作推进会议精神，研究会议贯彻落实意见、《关于加强城乡规划建设管理的意见》等。

7日 召开全区生态环境建设年活动、水气污染整治专项行动暨迎接国家卫生城市复审工作动员会议，区委书记、区人大常委会主任苟增杰出席会议并讲话，区委副书记、区长刘斯杰主持会议并讲话，宣读《关于加强城乡规划建设管理的意见》《水气污染治理专项行动实施方案》《迎接国家卫生城市复审工作方案》，区住建局、环保分局、卫计局、河口街道、河口社区分别作表态发言。

8日 市政协主席陈泽浦到河口区调研经济社会发展情况。

9日 市委常委、组织部部长朱开国到河口区调研基层党建工作和县乡领导班子换届有关情况。

10日 区委副书记、区长刘斯杰带队到河口经济开发区调研，区委常委、副区长曹永湖，副区长赵明印参加调研活动。

11日 市委副书记、市长赵豪志到河口区调研。

11日 召开七届区委第109次常委会议。

12日 中央党校国际战略研究院课题组到河口区调研。

15日 召开全区打击打孔盗油违法犯罪净化油区治安环境专项行动动员部署会议。

16日 召开七届区委第110次常委会议。

16日 开展义务植树活动。

17日 召开七届区委第111次常委会议。

18日 召开鸣翠湖主题雕塑及标志性建筑设计座谈会。

21日 召开七届区委第112次常委会议。

22日 济军综合训练基地司令员宋波一行到河口区接洽工作。

23日 市委副书记、市长赵豪志到河口区调研三年增绿工作。

24 日　胜利石油管理局党委书记席秀海一行到河口区调研。

25 日　召开七届区委第 113 次常委（扩大）会议，学习《中共中央组织部关于学习贯彻习近平总书记重要批示精神加强党委（党组）领导班子建设的通知》和《党委会的工作方法》，传达全市组织部长会议、全市统战部长会议、全市宣传文化工作会议、全市党委（党组）意识形态工作责任制座谈会、市委对台工作会议精神并研究贯彻意见，听取关于全区经济运行情况、关于清理税收等优惠政策落实情况、关于招商引资考核办法有关情况等汇报，研究区委常委会 2016 年工作要点等。

25 日　区委副书记、区长刘斯杰就全区打击打孔盗油违法犯罪净化油区治安环境专项行动开展情况进行调研，区委常委、政法委书记王永跃参加调研活动。

25 日　东营市“乡音香土”大型书画作品展在河口区举办。

28 日　区委副书记田兵兵带队调研全区基层党建工作情况。

29 日　区委书记、区人大常委会主任荀增杰带队现场视察调研重点工程、重点项目建设情况，区委副书记、区长刘斯杰，区委常委、副区长曹永湖，副区长赵明印，河口采油厂党委书记国梁、河口社区党委书记吴金柱等参加调研活动。

29 日　市纪委副书记焦绪奎带领调研组到河口区调研指导工作。

30 日　市委党校第 49 期县处级领导干部进修班学员到河口区观摩。

30 日至 4 月 1 日　区委副书记、区长刘斯杰带队赴安徽、山西、淄博对接洽谈投资项目事宜。

31 日　召开全区 2015 年度优秀人才命名表彰暨人才工作新闻发布会。

31 日　市政府督导组到河口区督导调研消防安全工作。

4 月

1 日　召开全区拆违治乱工作调度会议。

5 日　市人大常委会副主任温晓杰到河口区调研统计法贯彻实施情况。

6 日　市委书记、市人大常委会主任申长友到河口区调研经济运行和基层党建工作。

6 日　市委党校优秀年轻科级干部进修班学员到河口区调研观摩。

7 日　由南澳基础产业部首席执行官斯科特・阿什比一行组成的代表团到河口区考察黄河三角洲地区畜牧业发展情况。

7 日　召开全区组织宣传统战工作会议。

8 日　区委副书记、区长刘斯杰带队就省控河流水污染治理工作进行现场办公。

11 日　省土地储备开发集团有限公司党委副书记蒋平华到河口区考察东营港城起步区拟合作开发项目。

11 ~ 13 日　举办区直机关党组织书记培训班。

12 日　召开区政府廉政工作会议暨区政府全体（扩大）会议。

13 日　市打击打孔盗油违法犯罪净化油区治安环境专项行动督导组到河口区督导检查专项行动开展情况。

15 日　市政协调研组到河口区调研区一中新校建设情况。

19 日　国家土地督察济南局副巡视员郭建业一行到河口区督导检查工作。

19 日　市人社局党组成员、市社会保险管理服务中心主任刘童带队到河口区督导检查被征地农民社保资金落实和建筑业“同舟计划”情况。

19 ~ 22 日　区委副书记田兵兵带队赴临沂市兰陵县、上海市松江区、青岛市胶州市、潍坊市诸城市考察学习农业产业、园区、规划等工作。

20日　区委书记、区人大常委会主任苟增杰，区委副书记、区长刘斯杰专题调研澳亚高端乳制品深加工项目。

20日　召开油地共建项目方案评审会。

21日　市委常委、市纪委书记岳德川到河口区调研党风廉政建设“两个责任”落实情况。

23日　开展“同一个世界、同一本书”世界读书日活动。

25日　召开全区“两学一做”学习教育工作座谈会、培训会。

25日　山东作家“槐香之约”采风活动在河口区举行。

26日　市委副书记、政法委书记郑建军，副市长杨同柱一行到河口区调研农业农村工作。

27日　市委副书记、市长赵豪志带领全市水气污染整治专项行动现场推进会议有关与会人员到河口区现场查看水气污染整治专项行动推进情况。

27日　召开全区庆“五一”暨表彰会议。

28日　省农发行党委书记、行长赵富洲一行到河口区调研。

28日　举行全区庆“五一”第三届职工运动会。

29日　区委书记、区人大常委会主任苟增杰现场调研第五届湿地槐花节暨全国摄影大展筹备情况，区委常委、宣传部部长高立燕，副区长刘茂和等参加调研活动。

29日　召开区政府党组“两学一做”学习教育工作座谈会。

29日　召开区十七届人大常委会第三十六次会议。

5月

1日　举行第五届黄河三角洲（中国·东营河口）湿地槐花节暨全国摄影大展开幕式。

1日　全区营改增试点工作全面推开。

3日　召开七届区委第115次常委（扩大）会议，传达学习市委副书记、政法委书记郑建军，副市长杨同柱调研河口区农业农村工作座谈会讲话精神、全市统一战线“同心扶贫攻坚行动”动员会议精神、全市党校工作会议精神，研究贯彻落实意见及中共河口区委全面深化改革领导小组2016年工作要点，听取当前全区经济运行情况、2015年度综合考核暨表彰奖励情况等。

4日　召开全区创建省级食品安全先进区动员会议。

5日　市委副秘书长、市扶贫办主任牛永昌一行到河口区省定贫困村调研精准扶贫工作。

5日　召开2016河口广场文化艺术节工作会议。

6日　中国科学院院士、中国科学院生态环境研究中心主任江桂斌，山东大学党委书记李守信一行到河口区专题调研采油污水人工湿地生态处理及资源化利用工作。

6日　市委组织部督导组到河口区调研“两学一做”学习教育和新型农民学校工作开展情况。

9日　举行全区党外代表人士暨统战干部培训班开班仪式。

10日　区委书记、区人大常委会主任苟增杰到区委办公室党支部讲“两学一做”专题党课。

11日　省关工委常务副主任张秉德一行到河口区调研基层关工委工作。

11日　召开中国化学品安全协会讲评暨安全培训会议。

12日　区委副书记田兵兵现场调度迎接国家卫生城市复审省级明查迎检准备工作。

13日　省畜牧兽医局副局长唐建俊一行到河口区调研畜牧业发展情况。

13日　区委副书记、区长刘斯杰到仙河镇调研重点工程、重点项目进展情况，副区长刘茂和，区政协副主席、水利局局长张兆栋等参加调研活动。

14日　2016“激情五月浪漫约定”孤岛槐林帐篷节全国露营大会开幕。

15 日 肯尼亚国家能源部首席总工程师、地热委员会主席约翰·欧门治一行到河口区考察海鑫石油装备有限公司承接肯尼亚国家级地热钻井项目情况。

16 日 市人大常委会副主任张传胜带队到河口区专题询问食品安全工作。

16 日 SES 公司董事长罗仁祖一行到河口区考察。

17 日 区党政领导班子开展“两学一做”学习教育第一次集中学习。

17 日 华锐风电副总裁朱斌、中车集团永济电机厂副总经理董春梅一行到河口区洽谈中车永济电机和华锐风电在河口合作发展事宜。

18 日 市委书记、市人大常委会主任申长友一行到河口区调研“两学一做”开展情况及投资运行情况。

18 日 省化工产业转型升级工作督查组到河口区督导检查工作。

19 日 召开区委理论学习中心组“安全发展战略与安全监管对策分析”专题报告会。

19 日 万贝集团董事长张刚福一行到河口区考察项目合作事宜。

20 日 副市长刘美华到河口区督导检查安全生产工作。

24 日 区委书记、区人大常委会主任苟增杰带队到新户镇调研“两学一做”学习教育工作开展情况，区委常委、政法委书记王永跃，区委常委、组织部部长、统战部部长王兴法，区委常委、办公室主任陈桂林参加调研活动。

25 日 区委书记、区人大常委会主任苟增杰带队到义和镇调研“两学一做”学习教育工作开展情况，区委常委、纪委书记侯永强，区委常委、组织部部长、统战部部长王兴法，区委常委、市直驻河口区下派工作队队长张新林，区委常委、办公室主任陈桂林参加调研活动。

26 日 国家规划评估工作调研组到河口区调研。

27 日 召开全区招生委员会会议。

30 日 区委书记、区人大常委会主任苟增杰带队到区实验幼儿园、枫林绿洲幼儿园开展庆“六一”国际儿童节走访慰问活动，区政协主席李积德，区人大常委会第一副主任张胜双，区委常委、办公室主任陈桂林，区政府党组成员徐文棠等参加走访活动。

30 日 举行 2016 年第一期全区科级干部高端培训班开班仪式。

31 日 省人大常委会委员、省人大农委主任委员战树毅一行到河口区就水法贯彻实施情况开展执法检查。

31 日 区委副书记田兵兵带队到六合街道三义和社区幼儿园、义和镇中心幼儿园、河安幼儿园开展庆“六一”国际儿童节走访慰问活动，区委常委、宣传部部长高立燕，区委常委、副区长曹永湖，区政府党组成员徐文棠等参加走访活动。

6 月

1 日 省发改委邀请联合国世界旅游组织规划专家团队就编制山东省旅游产业发展总体规划到河口区调研。

2 日 市委政法委副书记尚茂忠一行到河口区调研政法队伍建设工作。

6 日 区委书记、区人大常委会主任苟增杰对全区高考工作筹备情况进行视察，区委常委、政法委书记王永跃，区委常委、办公室主任陈桂林，区政府党组成员徐文棠参加活动。

6 日 召开 2016 年全国普通高等学校招生考试河口考区河口一中考点考务会。

7 日 副市长王吉能到河口区巡视高考工作并就解决城镇普通中小学大班额问题进行督导。

7 日 区委副书记、区长刘斯杰到区一中对 2016 年高考工作进行现场调研，区政府党组成员徐文棠参加调研活动。

8 日 市贸促会名誉会长周燕明一行到河口区

调研。

8日　召开全区迎接国家卫生城市复审推进会。

8日　召开七届区委第120次常委会议。

13日　区委书记、区人大常委会主任荀增杰到河口街道调研“两学一做”学习教育及经济社会发展情况，区人大常委会第一副主任张胜双，区委常委、人武部政委张增洲，区委常委、办公室主任陈桂林参加调研活动。

14日　区委书记、区人大常委会主任荀增杰到六合街道调研“两学一做”学习教育及经济社会发展情况，区政协主席李积德，区委常委、宣传部部长高立燕，区委常委、组织部部长、统战部部长王兴法参加调研活动。

14日　河口区与美国SES公司项目签约。

14日　市政府督导组到河口区督导检查2016年市重点项目、水气污染治理工程建设情况。

15日　省妇联副主席魏艳菊、副市长刘美华一行到河口区调研督导妇女儿童发展纲要中期评估工作。

15日　举行全区农村承包土地经营权抵押贷款试点工作推进会议暨签约仪式。

16日　中国作协副主席吉狄马加一行到河口区考察。

17日　市委常委、组织部部长朱开国到河口区调研“两学一做”学习教育开展情况。

17日　市人大常委会副主任李永元带领调研组就制定《东营市城镇容貌和环境卫生管理条例》到河口区调研。

17日　区委书记、区人大常委会主任荀增杰，区委副书记、区长刘斯杰等区领导参加东营市融入京津冀协同发展推介会暨重点项目签约仪式。

20日　召开西黄河故道现代农业示范区规划方案评审工作会议。

21日　国家发改委副主任胡祖才一行到河口区调研小城镇建设情况。

22日　召开全区党政机关公务用车制度改革动员工作会议。

23日　全国妇女儿童发展纲要中期评估督导组到河口区督导。

23日　召开七届区委第121次常委(扩大)会议，研究河口区关于中国共产党成立95周年纪念活动有关事宜，传达中央巡视组巡视“回头看”反馈意见整改任务落实部署会议精神、全市庆祝中国共产党成立95周年座谈会精神并研究河口区贯彻落实意见等。

25日　举行“永远跟党走”庆祝建党95周年合唱比赛。

27日　召开七届区委第122次常委（扩大）会议，传达全市“两学一做”学习教育工作会议精神，研究河口区贯彻落实意见等。

27日　全市民主党派基层组织建设现场观摩会在河口区召开。

28日　区委书记、区人大常委会主任荀增杰到新户镇走访慰问新中国成立前入党老党员和生活困难党员，区委常委、政法委书记王永跃，区委常委、副区长曹永湖参加走访活动。

28日　召开全区“两学一做”学习教育工作会议。

29日　市委常委、纪委书记岳德川，市委常委、统战部部长聂建军到新户镇走访慰问老党员。

30日　召开区十七届人大常委会第三十七次会议。

7月

1日　召开第二次全国地名补查暨加强地名文化保护清理整治不规范地名工作动员会议。

4日　国家人工影响天气督导组到河口区督导检查。

5日　全市城市生态环境建设年和水源大气污染整治专项行动现场调度会议与会领导到河口区现场观摩。

6日　区委书记、区人大常委会主任荀增杰带队调研迎接国家卫生城市复审工作，副区长徐文棠参加调研活动。

6日 全市精准扶贫现场观摩会在河口区召开。

7日 区委书记、区人大常委会主任苟增杰到中海石油东营石化有限公司进行调研，区委常委、副区长曹永湖，区委常委、办公室主任陈桂林，副区长赵明印参加调研活动。

8日 召开七届区委第124次常委（扩大）会议，传达全市迎接省委第六巡视组巡视“回头看”筹备工作会议、全市人才与科技奖励大会、省、市城市社区党建工作有关会议精神，研究贯彻落实意见以及河口区建购职工住房审计反馈问题整改、河口区党政机关公务用车制度改革工作。

13日 举行区政府与蚂蚁金服集团战略合作框架协议签约仪式。

13日 召开区党政班子成员向区纪委全委会述廉述责工作会议。

14日 召开七届区委第125次常委会议。

15日 区委书记、区人大常委会主任苟增杰，区委副书记、区长刘斯杰实地查看迎接全市科学发展现场观摩准备情况，区委副书记田兵兵，区委常委、副区长曹永湖，区委常委、办公室主任陈桂林参加活动。

16日 召开黄河三角洲第八届油品贸易洽谈会暨河口区招商投资说明会。

18日 召开区车改领导小组会议。

19日 全市科学发展现场观摩会与会领导到河口区进行现场观摩。

19日 省政府督查组就解决城镇普通中小学大小班额问题、基础教育综合改革、乡村教师支持计划、中小学教师“县管校聘”改革四项教育重点工作到河口区进行专项督查。

20日 省土地储备中心副主任俞正强带队到仙河东营港城调研土地储备工作。

21日 召开七届区委第126次常委会议。

22日 开展区党政班子成员“两学一做”学习教育第一次集中研讨交流。

25日 召开七届区委第127次常委（扩大）会议，听取当前全区经济运行情况、全区信访维稳工作情况汇报，研究部署当前工作。

26日 省督查组到河口区就上半年脱贫攻坚工作进展和落实情况进行集中督查。

26日 举行区政协八届二十三次常委会议。

27日 市人大常委会党组副书记、副主任李金昆到济南军区黄河三角洲综合训练基地、六合街道走访慰问。

28日 区委书记、区人大常委会主任苟增杰，区委副书记、区长刘斯杰带队到济南军区黄河三角洲综合训练基地、东营军分区走访慰问。

8月

1日 召开区政府第17—62次区政府常务会议．

2日 召开中共河口区委七届十次全体会议，深入学习贯彻习近平总书记系列重要讲话和省委十届十四次全体会议、市委五届九次全体会议精神，安排部署当前和今后一个时期科技创新工作和经济社会发展任务。

3日 区委副书记、区长刘斯杰带队到澳源牛业和超级稻中心项目现场进行调研，副区长刘茂和参加调研活动。

4日 市委常委、宣传部部长贾瑞霭一行到河口区就宣传文化工作创新年活动开展情况进行现场观摩。

4日 召开全区老干部暨社会各界人士情况通报会。

6日 中国工程院院士袁隆平到河口区调研北方超级杂交水稻产业化中心项目建设情况。

7日 区委副书记、区长刘斯杰到区气象局调研。

8日 副市长杨同柱到河口区视察灾情、指导抗灾救灾工作。

8日 区委副书记、区长刘斯杰到新户镇查看灾情，指导雨后农业生产、抗灾救灾和防汛等工作，副区长刘茂和，区政协副主席、水利局局长张兆栋参加活动。

10日 召开世界银行贷款山东生态造林项目实施情况讨论会。

10日 蚂蚁金服微翼聚智CFO首席战略官许英豪一行到河口区对接有关工作。

10日 召开全区油田改制企业座谈会。

11日 召开七届区委第130次常委（扩大）会议，听取全区重点工程和为民办实事进展情况、关于加快发展现代农业全面实现农业现代化的实施意见汇报，传达全市县区基层党建工作半年述职会议精神并研究河口区贯彻落实意见。

11日 召开国网东营供电公司与区政府“十三五”电网发展对接会议。

12日 全市“油地携手脱贫攻坚”行动启动仪式在河口区举行。

12日 召开区政府第17—63次常务会议。

15日 第八届鲁台青少年武术文化交流活动暨“海峡两岸情·魅力河口行”武术专场晚会在黄河广场举行。

16日 召开七届区委第131次常委会议。

17日 人民银行济南分行党委委员、副行长刘健带领省抵押贷款试点工作联合督导组，就农村承包土地经营权抵押贷款试点工作到河口区调研。

17日 市委政研室调研组到河口区专题调研城市拆迁工作。

18日 农发行总行贷款审批部副总马淑华一行就林业重点项目利用政策性贷款工作到河口区调研。

19日 省委改革办专职副主任杨占辉一行到河口区调研。

20日 《中共中央党校学报》副主编、教授刘学侠，中央党校《学习时报》编辑、教授龚克到河口区调研。

22日 区委副书记、区长刘斯杰会见华锐风电科技（集团）股份有限公司总裁徐东福、中车集团永济新时速电器有限公司财务总监董春梅一行。

23日 召开区政府第17—64次常务会议。

23～24日 江西正邦集团董事局主席、总裁林印孙一行到河口区考察。

25日 区委副书记、区长刘斯杰带队赴滨州市考察学习城市建设与管理、乡村旅游及景区建设等工作。

26日 召开区十七届人大常委会第三十九次会议。

29日 召开全区2016年度定兵会议。

30日 召开七届区委第133次常委（扩大）会议，研究关于做好区镇两级人民代表大会换届选举工作的意见，传达全市县乡领导班子换届工作和业务培训会议精神、全市“两学一做”学习教育工作推进会议精神，研究贯彻落实意见。

31日 市政协副主席王景春一行到河口区就贯彻落实省委、市委政协工作会议精神情况开展专项督查。

31日 区委副书记、区长刘斯杰调研刺槐林场和乡村旅游有关工作，副区长刘茂和参加调研活动。

9月

1日 省水文局党委书记隋家明一行到河口区洽谈成立河口区水文局相关事宜。

1日 市委常委、东营军分区政委何学民到河口区检查2016年预定新兵集训情况。

2日 召开全区政府部门“三定”规定修订暨事业单位改革配套政策制定工作会议。

5日 区委副书记、区长刘斯杰带队调研部分重点道路建设项目情况和河口经济开发区调研新上项目建设情况。

5～9日 在哈尔滨工业大学举办河口区—哈尔滨工业大学经济和金融高级研修班。

6日　举行全区科学发展现场观摩。

7日　市关工委常务副主任、市“五老”志愿者协会会长张秀香带领全市“五老”（老干部）志愿者培训班一行70余人到河口区视察。

7日　区委副书记、区长刘斯杰带队到区实验学校走访慰问一线教职员工，区人大常委会第一副主任张胜双、副区长徐文棠参加走访活动。

7～10日　区委副书记、区长刘斯杰带队赴黑龙江省哈尔滨市和大庆市，就产业转型升级和城市建设管理考察学习。

8日　区委书记、区人大常委会主任苟增杰带队到区一中等学校走访慰问一线教职员工，区政协主席李积德，区委常委、办公室主任陈桂林，副区长徐文棠参加走访活动。

8日　区委书记、区人大常委会主任苟增杰会见微翼聚智（杭州）营销策划有限公司董事长、蚂蚁金服服务商灵猫有数首席执行官胡保国一行，区委常委、副区长曹永湖，区委常委、办公室主任陈桂林参加会见。

13日　区委书记、区人大常委会主任苟增杰到仙河镇调研小城镇建设情况，区委副书记、区长刘斯杰，区委常委、政法委书记王永跃等领导参加调研活动。

14日　开展区党政班子成员“两学一做”学习教育集中研讨。

18日　区委副书记、区长刘斯杰到河口蓝色经济产业园调研。

18日　区委副书记田兵兵到新户镇调研精准扶贫、党建和社会稳定工作。

19日　省信访局副局长张宝清一行到河口区督查信访工作基层基础建设和部分重点工作开展情况。

20日　举行全市“两学一做”宣讲活动河口区专场辅导报告会。

21日　召开黄河路绿化、亮化、立面改造工程工作会议。

22日　市委常委、秘书长、东营港经济开发区党工委书记张庆华到河口区督导检查安全生产工作。

22日　召开区十七届人大常委会第四十次会议。

24日　中国楹联学会副会长郭省非一行到河口区考察楹联文化建设工作。

26日　东营市第八批援疆指挥部指挥张峰一行到河口区对接援疆工作。

26日　区委副书记、区长刘斯杰到新户镇调研，区委常委、市直驻河口下派工作队队长张新林，副区长刘茂和参加调研活动。

27日　区委书记、区人大常委会主任苟增杰带队到区中心敬老幸福园、河口街道刘坨村、河宁小区走访慰问老年人，区委常委、办公室主任陈桂林，副区长刘茂和，区政协副主席宋卫忠参加走访活动。

27日　召开七届区委第135次常委（扩大）会议，传达全省危险化学品重点县（市、区）主要负责人安全生产谈心对话会议、全市乡镇（街道）主要负责人谈心对话会议和全市安全生产专题会议、全市品牌建设暨加强企业家队伍建设工作会议、全市计划生育工作会议精神，研究会议贯彻落实意见以及2016年镇（街道）、开发区和区直部门单位综合考核办法，听取关于做好镇领导班子换届工作有关情况的汇报。

28日　副市长刘美华到河口区督导检查安全生产工作。

28日　全市民族团结进步创建活动经验交流会在河口区召开。

28日　国家环保部环境与经济政策研究中心考察组到河口区调研示范项目运行情况。

29日　市委副书记、政法委书记郑建军到河口区走访慰问老年人。

29日　召开全区镇领导班子换届工作会议。

30日　在河口烈士陵园举行烈士纪念日公祭活动。

10月

9日　组织部分老干部代表对全区经济社会发展

情况进行观摩指导。

10 日 市委党校第 50 期县级干部培训班学员到河口区观摩。

10 日 召开全区食品安全委员会全体（扩大）会议。

12 日 区委书记、区人大常委会主任苟增杰，区委副书记、区长刘斯杰等区领导会见孤东采油厂党委书记郝大山一行。

12 日 召开区选举委员会第一次会议。

13 日 市政府督查组对河口区农村改厕及旅游厕所建设工作进行督查。

13 日 召开《河口区现代农业发展规划（2016~2020 年）》评审会议。

18 日 省高检院党组第四巡视组副组长、省纪委驻省住房城乡建设厅纪检组副厅级检查员席思国一行到河口区调研。

18 日 召开全区区镇两级人大换届选举工作人员培训会议。

19 日 省总工会党组书记、常务副主席刘赞杰一行到河口区调研。

19 日 全市计生协会工作观摩组到河口区观摩。

20 日 农业部畜牧业司饲料行业指导处处长胡广东一行到河口区调研粮改饲工作。

21 日 召开七届区委第 138 次常委（扩大）会议，传达全市信访维稳工作调度会议精神，传达市纪委、市委组织部换届风气巡回督查组督查反馈情况，传达学习省委第六巡视组《关于对东营市巡视“回头看”情况的反馈意见》和马明生同志讲话、申长友同志表态发言，研究贯彻落实意见。

21 日 省海洋生物研究院院长郭文带队到河口区调研。

23 日 省住房和城乡建设厅副厅长周善东带领省维护稳定第八督导组到河口区督导维稳工作。

24 日 市人大常委会副主任张传胜一行到河口区调研县乡人大换届选举工作。

25 日 召开第 17~66 次政府常务会议。

26 日 组织开展油地军携手共建融合发展现场观摩活动。

26 日 区委副书记、区长刘斯杰现场调研孤河水库封闭管理工作，区委常委、政法委书记王永跃，区政协副主席、水利局局长张兆栋等参加调研活动。

27 日 召开七届区委第 139 次常委会议。

31 日 区委副书记、区长刘斯杰现场调研部分民生项目建设情况，区委常委、政法委书记王永跃，副区长徐文棠等参加调研活动。

11 月

1 日 区委书记、区人大常委会主任苟增杰，区委副书记、区长刘斯杰带队走访慰问济南军区黄河三角洲综合训练基地驻训官兵，区委常委、区人武部政委张增洲，区委常委、办公室主任陈桂林等参加慰问活动。

1 日 省总工会检查组对河口区工会组织建设情况进行检查指导。

1 日 召开东营港疏港铁路（河口段）征地拆迁工作动员会议。

2 日 召开七届区委第 140 次常委（扩大）会议，听取前三季度全区经济运行情况汇报，传达全市金融工作座谈会、全市省委巡视“回头看”反馈意见整改落实工作部署会议精神，传达学习党的十八届六中全会精神，研究贯彻落实意见。

2 日 召开全区学习宣传贯彻党的十八届六中全会精神工作会议。

3 日 市委政法委副书记、综治办主任张俊臣一行到河口区调研。

4 日 省食药监管局副局长王建政带队到河口区调研食品安全暨食品安全先进区创建工作。

4 日 黄骅市考察团到河口区考察海参养殖渔光互补项目。

5 日 区委副书记田兵兵带队到河口街道、新户镇和义和镇调研“三农”及扶贫开发工作。

7 日　区委副书记、区长刘斯杰带队调研部分民生工程项目建设情况，区委常委、政法委书记王永跃，区委常委、副区长曹永湖，副区长徐文棠参加调研活动。

8 日　召开政府工作务虚会。

9 日　市委副书记、市长赵豪志到河口区调研。

9 日　区委书记、区人大常委会主任苟增杰带队调研黄河路改造提升工程建设情况，区委常委、政法委书记王永跃，区人大常委会副主任、区总工会主席郭存三等参加调研活动。

9 日　新疆喀什地区疏勒县考察团到河口区考察。

10 日　区委副书记、区长刘斯杰带队到北京考察。

10 日　市委党校第 51 期县处级干部进修班学员到河口区考察。

11 日　国家土地督察济南局巡视员、副专员王春秋带队到河口区现场督察。

12 日　区委副书记田兵兵带队调研企业及建筑工地安全生产工作。

14 日　区委书记、区人大常委会主任苟增杰，区委副书记、区长刘斯杰到省交通运输厅、齐鲁交通发展集团联系工作。

14 日　区委副书记、区长刘斯杰带队调研部分民生工程项目建设情况，区委常委、政法委书记王永跃，区人大常委会副主任、区总工会主席郭存三，副区长徐文棠等参加调研活动。

15 日　市委常委、胜利石油管理局党委副书记、副局长，胜利石油工程有限公司党委书记许卫华到河口区调研。

16 日　副市长王吉能到河口区调研旅游厕所建设管理工作。

16 日　召开七届区委第 141 次常委（扩大）会议，传达全市城市违法建设治理（拆违治乱）行动现场会议、全市美丽乡村建设行动会议、全市第十五次普法依法治理工作会议精神并研究贯彻落实意见，听取关于出台《关于调整镇（街道）、开发区（产业园）财政体制的通知》有关情况的汇报，研究河口区离任村主职干部补贴发放标准方案以及关于在镇领导班子换届时从镇事业编制人员和镇街优秀村党支部书记、大学生村干部中选拔镇领导班子成员的实施方案。

17 日　市人大常委会副主任张传胜一行到河口区调研人大换届选举工作。

17 日　召开七届区委第 142 次常委（扩大）会议。

18 日　召开全区 2017 年度重点党报党刊发行暨报刊发行秩序专项整治工作会议。

21 日　举行万安药业与天津医科大学战略合作及“人造血”研发项目签约仪式暨校企合作座谈会。

22 日　省农业厅外经处副处长宋莲萍、省畜牧总站副站长翟桂玉陪同南澳代表团到河口区澳源牛业发展有限公司对接黄河三角洲草牧业合作事宜。

23 日　省委农工办副主任王宪一行到河口区督导检查美丽乡村建设暨生态文明乡村示范县创建工作。

23 日　市人大常委会调研组就《山东黄河三角洲国家级自然保护区条例（草案征求意见稿）》到河口区调研。

23 日　召开全区退役士兵安置工作会议。

24 日　召开全区“六五”普法总结暨“七五”普法启动工作会议。

25 日　省综治办副主任李平一行到河口区调研综治创新工作。

25 日　召开全区拆违治乱提升行动暨美丽乡村建设工作会议。

28 日　区委副书记、区长刘斯杰就黄河路、河庆路改造项目及孤河水库封闭管理工作进行现场调研，区委常委、政法委书记王永跃等参加调研活动。

29 日　区委副书记、区长刘斯杰现场调研锦绣河口・黄河故道项目情况，副区长刘茂和，区政协副主席、区水利局局长张兆栋参加调研活动。

29 日　省、市专家对河口区农村宅基地使用权、集体建设用地使用权确权登记发证成果进行检查验收。

30日 召开七届区委第145次常委会议，听取关于召开中国共产党东营市河口区第八次代表大会决议草案的说明、关于区政协换届人事安排工作的汇报，研究有关干部事项。

30日 召开中共河口区委七届十一次全体会议。

12月

1日 召开全区选派省第九批援疆干部工作会议。

2日 区委副书记、区长刘斯杰调研澳源肉牛加工项目建设情况，区委常委、副区长曹永湖，副区长刘茂和等参加调研活动。

5日 中央台办全国对台干部培训中心主任王杰一行到河口区调研社区、养老工作开展情况。

6日 新疆昌吉州考察团到河口区考察农业工作。

7日 中粮集团总裁助理朱福堂一行到河口区考察特色农业产业发展情况。

8日 省建设银行副行长朱治昌一行到河口区考察。

12日 市人大常委会副主任李永元到河口区调研人大换届选举工作。

12日 区委副书记田兵兵带队调研全区安全生产、民生热线工作。

13日 市安委会巡查组到河口区督查安全生产工作。

14日 市委常委、组织部部长朱开国带队到河口区开展换届风气监督工作督导调研。

14日 全区科级领导干部学习党的十八届六中全会精神集中轮训班开班。

14日 区委副书记田兵兵带队调研重点工程、重点项目建设情况。

15日 举行选举河口区第十八届人民代表大会代表黄河路选区选举大会。

15日 省出入境检验检疫局副局长唐光江带队到河口区考核验收省级出口农产品质量安全示范区创建工作。

19日 区委副书记田兵兵调研财税工作。

19日 副市长刘美华到河口区督导检查安全生产工作。

20日 区委书记、区人大常委会主任苟增杰参加东营市全国、省人大代表视察。

21日 召开区十七届人大常委会第四十四次会议。

21日 区委副书记、代区长田兵兵带队调研“三年增绿”工作，副区长徐文棠等参加调研活动。

21日 省农业厅考核组到河口区考核农业行业脱贫攻坚工作。

22日 召开中共河口区委七届十二次全体会议。

23日 召开区城乡规划委员会2016年第四次会议。

27日 市委常委、秘书长张庆华，市委常委、统战部部长聂建军到河口区督导安全生产工作。

27日 召开河口区纪念人民治理黄河70周年座谈会。

27日 区委副书记、代区长田兵兵调研河口污水处理厂运行情况，区委常委、统战部部长刘斌等参加调研活动。

27日 省卫计委科学发展考核组到河口区考核科学发展公共卫生服务改善率指标落实情况。

28日 省总工会副主席赵立群一行到河口区走访部分困难企业及困难劳模。

28日 新疆维吾尔自治区党委组织部考察组到河口区进行西部挂职干部期满考察。

29日 召开区第八次党代表大会筹备工作调度会议。

30日 全区县级领导干部会议暨“两学一做”学习教育集中学习。

30日 召开迎接市综合考核调度会议。

河口概况

建置区划

【位置面积】 河口区隶属于山东省东营市，位于山东省北部，渤海南岸，黄河入海口北侧。河口区地理位置为北纬 37° 45 ′ ~ 38° 10 ′，东经 118° 07 ′ ~ 119° 05 ′。东、北两面临海，西与沾化县为邻，南与利津县接壤，东南面与垦利县毗邻。南北长 43 公里，东西宽 79 公里，2016 年，河口区总面积 2267.44 平方公里，海岸线长 214.21 公里。

【行政区划】 河口区境域大部分为渤海退湾土地，自 1830 年始有人居住。清代属武定府沾化县忠信乡和利津县永和乡，新中国成立后至建区前，境域属沾化、利津、垦利县所辖。1982 年 11 月，根据国务院（82）国函字 249 号《关于山东省设立东营市的批复》设立河口区为东营市辖区。1984 年 1 月 12 日，河口区人民政府开始筹建。9 月，成立河口区人民政府，辖新户乡、太平乡、六合乡、四扣乡、义和镇、孤岛办事处、河口办事处 4 乡 1 镇 2 个办事处 163 个村民委员会，1992 年 6 月，山东省人民政府第（92）鲁政函字 50 号、51 号文件批复，撤销孤岛办事处，设立孤岛镇、仙河镇。2000 年，全区辖 3 镇、4 乡、1 个办事处，共有 178 个村民委员会 234 个自然村、36 个街道居委会。2001 年 2 月，撤销四扣乡建制，四扣乡与河口办事处合并组成河口街道。2009 年 4 月，仙河镇东港村整村划归东营港经济开发区管辖。更名为东营港经济开发区东港村。2009 年底，全区辖新户乡、太平乡、六合乡、义和镇、孤岛镇、仙河镇、河口街道 3 乡 3 镇 1 个街道、177 个村民委员会、44 个居民委员会（含油田）。2010 年 5 月 8 日，经省政府批准，对区行政区划进行调整。撤销六合乡，设置六合街道，撤销新户乡，成立新户镇，撤销太平乡，将其行政区域并入新户镇。至 2016 年底，河口区辖河口街道、六合街道、新户镇、义和镇、孤岛镇、仙河镇共 2 个街道 4 个镇。

【历史概况】 河口区境域，清道光十年（1830 年）始有人居住，属武定府。1931 年为区乡（镇）设置。1941 年东部属垦利县三区。1950 年属沾化县七、八、十区。1961 年属沾化、利津县。1972 年 7 月，胜利油田在河口境内设立河口指挥部、钻井指挥部、孤岛指挥部。1973 年，沾化县在河口设立河口办事处，1979 年，垦利在孤岛设立孤岛办事处。

人口　民族

【人口】 2016 年末，全区常住（户籍）人口 21.85 万人。全年出生人口 1884 人，人口出生率 8.64‰，死亡率 4.43‰，自然增长率 4.21‰。

【民族】 境内居民主体为汉族。至 2016 年底，全区共有 20 个少数民族成分。境内少数民族主要来自胜利油田的干部、职工及家属。人口较多的有蒙古族、回族、苗族、壮族、朝鲜族、满族、侗族、土家族。

自 然 环 境

【地质】 河口区所在的黄河三角洲属典型的黄河冲积平原，是中国沿海地区土地、石油、天然气、盐卤、地热、浅海资源最为富集的“金三角”，具有显著的资源优势和巨大的发展潜力。河口区属鲁北平原，为黄河淤积填海形成的陆地。由于黄河尾闾摆动的原因，古河滩高低起伏，地势变化较大，总的趋势是西南向高，北、东部至海平面，地面高程最高 6 米，最低 0 米 (黄海高程)。境内黄河故道纵横，主要有二河、三河、四河等，其他主要河流有挑河、沾利河、马新河、潮河、草桥沟等常年性河流，由南向北入海。

【地貌】 河口区地势南高北低，地面坡降平缓，比降为万分之一。地表浅层的土壤母质主要是黄河冲积物。由黄河淤积形成的主要地貌类型有：缓岗和河滩高地、浅平洼地、微斜平地、海滩地。

【土壤】 河口区土壤分潮土和盐土两个土类；有潮土、盐化潮土、滨海潮盐土三个亚类；有濒滨海潮土、滨海盐化潮土、滨海潮盐土、滨海滩地盐土四个土属。

【气候】 地处中纬度，属于暖温带，背陆面海，受欧亚大陆和太平洋的共同影响，大陆性季风影响甚于海洋，为暖温带季风型大陆性气候。冬寒夏热，四季分明，光照充足，雨热同季，境内气候差异不明显，属于暖温带落叶阔叶林区，自然植被以草本为主体，植被类型少，结构单一。

【气候影响评价】 **一、2016 年气候概况和特点。**

（一）2016 年河口区主要气候概况。2016 年（1 ~ 12 月）河口区主要气候特点是：年平均气温为 14.2℃，较历年平均值偏高 0.9℃；年极端最高气温 36.7℃，出现在 7 月 25 日和 30 日，较历年极端最高值偏低 3.4℃；年极端最低气温 –16.9℃，出现在 1 月 23 日，突破历史极值。全年总降水量 656.4 毫米，较历年平均降水量偏多 104.7 毫米，较历年最多降水量少 143.5 毫米，较历年最少降水量多 405.5 毫米。全年大雨（日降水量≥ 25 毫米）日数 8 天，日最大降水量 62.4 毫米（8 月 25 日）。全年日照总时数 2507.4 小时，较历年平均日照时数偏少 194.6 小时。2016 年，大部时段气象条件基本正常，6 月中旬的强降雨及 8 月份的暴雨造成部分乡镇内涝，给人民群众的生产生活带来不同程度的影响和损失。综合评价 2016 年度河口区气候条件对各行业的影响，属于一般年景。

（二）2016 年气候特点。1. 气温：2016 年，平均气温 14.2℃，较历年平均值偏高 0.9℃。年极端最低气温 –16.9℃，出现在 1 月 23 日；年极端最高气温 36.7℃，出现在 7 月 25 日和 30 日。终霜日出现在 3 月 26 日；初霜日出现在 11 月 1 日；无霜期 219 天，较历年偏少 15 天；全年气温除 1 月份偏低外，其他月份总体偏高。

表 1 河口区 2016 年四季与全年平均气温统计表

	冬季	春季	夏季	秋季	全年（1 ~ 12 月）
气温(℃)	–1.3	15.3	26.6	15.3	14.2
距平(℃)	–0.6	+1.8	+0.7	+0.9	+0.9

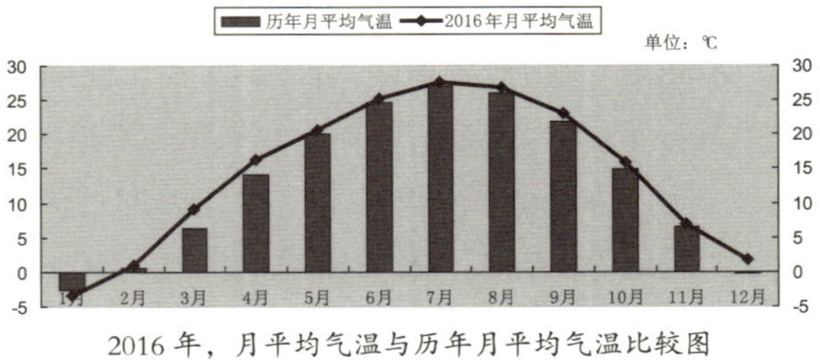

2016 年，月平均气温与历年月平均气温比较图

2. 降水：2016 年总降水量 656.4 毫米，较历年平均降水量偏多 104.7 毫米。全年大雨（日降水量≥ 25.0 毫米）日数 8 天；全年暴雨（日降水量≥ 50.0 毫米）日数 3 天；一日最大降水量 62.4 毫米（8 月 25 日）。冬季（2015 年 12 月 ~2016 年 2 月）降水量偏多 6.5 毫米，但期间除 1 月下旬、2 月中旬降水量偏多，其他各旬均较历年值偏少。春季降水量较历年值偏少 21.2 毫米，除 3 月上旬、4 月中旬和 5 月上旬降水量偏多外，其他各旬降水量均偏少。夏季降水量总体偏多 148.6 毫米，7 月份降水量偏少，6、8 月份降水量偏多。秋季降水量较历年值偏少 35.7 毫米，期间除 9 月中旬、10 月下旬和 11 月下旬偏多外，其他各旬均较历年偏少。

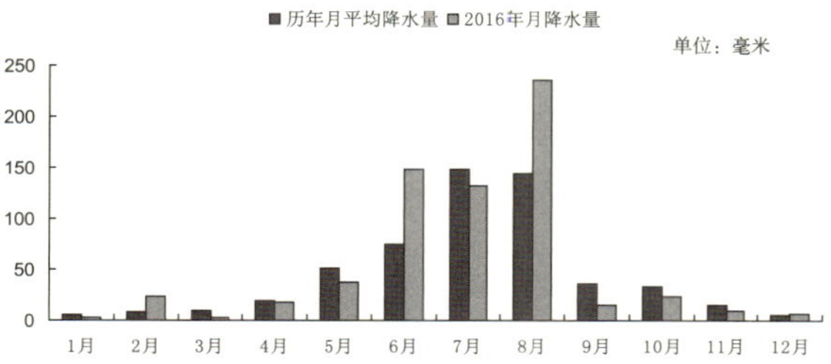

2016 年，月降水量与历年月平均降水量比较图

3. 日照：2016 年日照时数 2507.4 小时，较历年偏少 194.6 小时，其中年日照量别≥ 60% 的日数 220 天，年日照量别≤ 20% 的日数 62 天。冬季（2015 年 12 月 ~ 2016 年 2 月）日照时数 511.5 小时，较历年偏少 64.0 小时，期间除 2015 年 12 月份上旬和下旬偏多外，其余时间日照时数均偏少。春季日照时数 762.7 小时，较历年偏少 17.4 小时，期间 4 月中旬和 5 月份较历年值偏少，其他各旬均较历年值偏多。夏季日照时数 696.1 小时，较历年偏少 22.7 小时，期间 6、8 月份日照时数较历年值偏少，7 月份较历年值偏多。秋季日照时数 544.2 小时，较历年偏少 86.4 小时，期间除 9 月上、中旬日照时数偏多外，其余各旬日照时数均偏少，12 月份日照时数 131.1 小时，较历年偏少 49.4 小时。

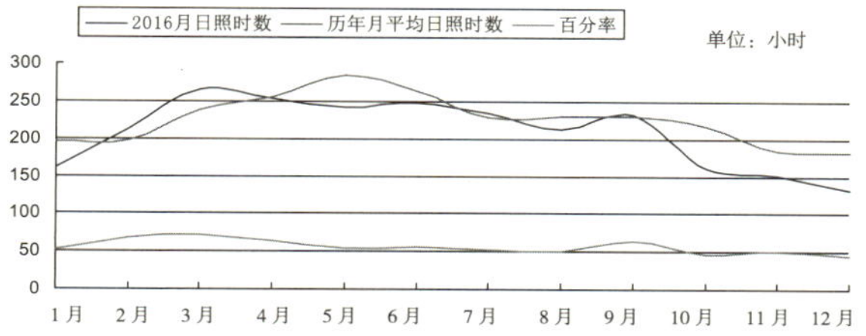

2016 年，月日照时数与历年平均比较

二、四季气候特点及影响评价。1. 冬季：（2015 年 12 月 ~ 2016 年 2 月）平均气温 -1.3℃，较历年偏低 0.6℃。2016 年冬季各旬平均气温除 1 月中、下旬、2 月下旬偏低外，其他各旬平均气温均较历年偏高。季降水量 25.0 毫米，较历年平均值偏多 6.5 毫米。季日照时数 511.5 小时，较历年平均值偏少 64.0 小时。冬季共出现大雾日数 14 天。冬季降水量偏多，日照偏少，气温偏低；大雾天气的出现对交通安全和出行带来不利的影响。

2. 春季：（3 ~ 5 月）平均气温 15.3℃，较历年偏高 1.8℃。期间除 5 月下旬气温略偏低外，其他时段气温持续偏高；季降水量 58.5 毫米，较历年偏少 21.2 毫米，各月降水量均较历年偏少。季日照时数 762.7 小时，较历年偏少 17.4 小时，期间 3 月份日照时数偏多 28.6 小时，4 月份与历年基本持平，5 月份日照时数偏少。

3. 夏季：（6 ~ 8 月）平均气温 26.6℃，较历年偏高 0.7℃，极端最高气温 36.7℃，出现在 7 月 25 日和 30 日，季内大部时段气温较历年略偏高。季降水量 518.3 毫米，较历年偏多 148.6 毫米。夏季日降水量≥ 50.0 毫米的降水日数（暴雨日数）有 3 天，一日最大降水量为 62.4 毫米，出现在 8 月 25 日。各镇街降水量为：2016 年，各镇街 6 ~ 8 月降雨量（毫米）：新户：490.2，义和：721.5，六合：456.6，孤岛：611.9，仙河 497.2。季日照时数 696.1 小时，较历年偏少 22.7 小时，较去年同期略偏多。

4. 秋季：（9 ~ 11 月）平均气温 15.3℃，较历年偏高 0.9℃。季降水量 48.1 毫米，较历年偏少 35.7 毫米。季日照时数 544.2 小时，较历年偏少 86.4 小时。

秋季降水偏少，气温偏高，不利于秋播，日照时数较历年偏少，对大棚蔬菜及秋收作物有不利影响。秋季共出现大雾日数7天。

三、主要天气气候事件。2016年，河口区出现的灾害性天气主要有雾霾、干旱、雷暴和大风降温等，对人民生活与各行业生产造成不同程度的影响。

1. 雾霾：全年出现大雾日数24天、出现霾天气70天，浓雾出现时最小能见度仅为29米，属于近三年来雾霾天气出现频率较多的一年，严重的雾霾天气造成空气污染及交通堵塞，高速公路封闭，给人们的出行安全构成较大威胁。

2016年，河口区冬季雾霾

2. 干旱：7月上、中旬，降水量较历年偏少45.2毫米，出现轻微干旱，但由于6月份降水偏多，土地墒情普遍较好，对夏播影响不大；9月、10月份降水偏少，期内降水量38.3毫米，较历年偏少44.7%，加之同期内大部时段气温偏高，部分灌溉条件较差地区有轻微干旱出现，墒情条件较差，但11月份降水偏多，旱情得到基本解除。

3. 冰雹：2016年，夏季全区共进行冰雹防御作业5次，每次强对流天气过程来临时，区人影办均密切监视天气变化并积极组织各炮点进行人工影响天气作业，有效防范冰雹袭击。6月19日，由于冰雹云势力过强和安全射界限制等原因，虽抢抓关键期在可射范围内实施多轮次炮击作业，但仍有部分地区出现冰雹灾害，新户镇、义和镇6503亩农田受灾，经济损失共607万元。

2016年6月，河口区农田遭受雹灾情况

4. 霜冻：2016年春季终霜冻日期（地面最低温度≤0.0℃的终日）出现在3月26日，较去年提前12天。秋季初霜冻日期（地面最低温度≤0.0℃的初日）出现在11月1日，较去年偏晚2天。2016年无霜期219天，较历年偏少15天。此期内各类农作物无冻害现象发生。

5. 暴雨：2016年夏季全区日降水量≥50.0毫米的暴雨日数为3天。出现在6、8月份，全区部分乡镇（街道）遭受不同程度的雨涝灾害。8月6日～8日受低涡切变影响，河口区部分镇街迎来2016年最强降水，城区过程降水59.1毫米，太平和孤岛站降水量都超过200毫米，其中太平降水量达285.0毫米，8日凌晨1~2时，每小时降水量均在70毫米以上。短时的强降雨，给农业生产造成较大损失。

2016年8月7日，河口区农田雨涝

6. 大风：全年大风日数为7天，极大风速为25.2米/秒，给当地农牧业及海洋渔业生产造成一定影响。

7. 高温：2016年夏季全区日最高气温≥35℃的高温日数共有7天，与历年持平，比去年偏多2天，日最高气温≥36℃的高温日数有4天，没有出现超过37℃的高温天气。

上述灾害性天气出现前，河口区气象局均发布重要天气预报和各类气象灾害预警信号，并通过区政府协同办公网、气象短信、全网发布平台、电视天气预报等方式提醒市民对各类灾害性天气引起注意，降低气象灾害的影响程度。

四、气候条件对各行业的影响。（一）气候与农业。1. 气候与小麦。冬季大部时段小麦处于越冬期，期内大部时段气温偏高，1月中下旬、2月下旬冷空气活动频繁，阶段性降温明显，对冬小麦安全越冬带来不利影响；期内降水量偏多，雨雪过程对有效改善麦田墒情和冬小麦越冬及后期返青发育均较为有利。春季是全区冬小麦返青至乳熟期，季内大部时段气温偏高，光照条件正常，总体降水偏少，但降水分布较为平均，对小麦生长发育有利。4月中旬和5月上中旬出现的较大范围降水过程，对期内冬小麦苗情转化升级和孕穗—灌浆发育较为有利；5月1日和30日分别出现轻干热风天气，对冬小麦乳熟期发育略显不利。夏初是小麦成熟收获期，期内大部时段多云间晴，光温条件充足，适宜夏粮成熟和收获晾晒，6月中旬少部时段出现的强降水使夏收进度有所放缓。秋季大部时段气温偏高，降水分布不均，11月份降水偏多，其他大部时段降水以偏少为主，部分地块受降水持续偏少等影响，冬小麦欠墒播种或推迟播种。

2. 气候与棉花。春季中后期是棉花播种出苗期，2016年，棉花播期自4月中旬后期开始，5月中旬结束，期内光温条件适宜，4月中旬和5月上中旬降水充沛，对改善播前墒情和棉花播种出苗较为有利，但部分地区受降雨影响播期略有推迟。夏季是棉花现蕾—花铃—裂铃吐絮期，6月部分地块出现的冰雹天气使棉花茎叶受损，7～8月出现的数次暴雨过程致部分农田积水，使处于旺盛生长期的棉花发生渍涝。秋季是棉花吐絮收获期，期内大部时段气温偏高，降水偏少，利于棉花采摘收获。

（二）气候与交通。冬季出现的雨雪天气使交通道路出现道路结冰，致出行车辆行驶受阻，给人们出行带来不便；受各季节大雾天气影响，部分路段能见度显著降低，多个时段高速公路被迫封闭、航班推迟，人们日常出行和交通运输安全受到威胁；夏季出现的暴雨天气，造成部分路段积水严重，城镇交通受到不同程度影响。

（三）气候与生活。受部分时段雾和霾天气影响，高、低空能见度降低，城区空气质量和生态环境受到影响，给人们安全出行和身体健康带来不利，部分学校因此停课，快递物流延误，呼吸道疾病患者增加等。部分时段出现的大风天气对各类室外设施稳固和海上运输安全等造成不同程度的影响，船舶被迫进港避风；春季部分时段冷暖不均，由于穿脱棉衣不及时造成的风寒感冒、心脑血管等疾病增多，对公民身体健康不利；夏季部分时段出现的强降雨天气使城镇居民生活受到一定干扰；多地出现的高温热浪天气也对市民外出活动和室外生产作业造成影响，同时空调、制冷等用电负荷急剧增加，西瓜、啤酒、冷饮等夏凉消暑产品出现热销。

五、气候预评估及对策建议。（一）2017年2月及春季气候预测。预计2017年2月全区平均降水量7～10毫米，大部地区较历年略偏多；平均气温-0.5℃～0.5℃，大部地区较历年略偏低。春季（3～5月）全区平均降水量80～110毫米，大部地区较历年偏多；季平均气温13.0℃～14.0℃，大部地区正常略偏高。

（二）对策建议。1. 冬季雾和霾天气较多，农业生产中需着重加强雾和霾天气下设施农业生产管理工作，适时采取通风透光等措施做好温室大棚内的增温降湿等工作，防范寡照条件下造成病害发生；日常生活中尽量减少出门频次，外出时注意佩戴口罩帽子等做好防护措施，同时加强体能锻炼提高免疫力，多食杀菌食物以增强抵抗细菌病毒能力等。2. 冬季冷空气活动频繁，需加强对雨雪冰冻、大雾、海上大风等灾害性天气的防范，海上养殖、石油生产和码头、堤坝建设、交通运输等部门需时刻关注天气变化动态，确保生产生活汛期安全；做好冬季麦田管理工作，适时追施冬肥，增温保墒，确保小麦安全越冬；冷空气到来前及时对设施作物覆盖防冻，采取增光保温降湿等措施保证设施作物正常发育；早春也是防治田间杂草和病虫害的关键时期，需加强病虫草害的及早防治工作。3.冬、春季节空气湿度小，火险等级高，需加强城镇及家庭等区域的防火特别是春节期间的用火安全等工作，保证生产生活安全。

【河流水系】 河口区主要防洪、排涝河道为潮河、马新河、沾利河、草桥沟、挑河、神仙沟、新卫东河等7条河流，控制流域面积1944平方公里，占到全区总面积的90.9%。其中，潮河为东营市与滨州市的界河，马新河、沾利河、草桥沟、挑河等皆为入境河。

（1）马新河。马新河发源于利津县坡庄村北，经沾化县进入河口区，在新户镇西入渤海，全长55.6公里，流域面积275平方公里。辖区内河道长度22公里，该河同时兼有防洪、排涝、防潮之任务。七十年代原惠民地区按鲁北滨海区“64年”雨型排涝、鲁北滨海区“61年”雨型防洪对该河进行治理。现状河道底宽为14～28米，河底高程1.9～-1.12米（1956黄海高程系，下同），排涝流量为18～60立方米每秒，防洪流量为30～105立方米每秒。

（2）沾利河。沾利河发源于利津县大李村北，在河口区新户镇郭局村北入渤海，全长60.7公里，流域面积343平方公里。辖区内河道长度25公里，该河同时兼有防洪、排涝、防潮之任务。七十年代原惠民地区曾对该河进行治理，治理标准排涝按鲁北滨海区“64年”雨型，防洪按鲁北滨海区“61年”雨型。现状区内河道底宽7为8～24米，河底高程为2.48～-1.29米，排涝流量为6.0～70立方米每秒，防洪流量为12～130立方米每秒。

（3）草桥沟。草桥沟发源于利津县北岭乡永阜村南黄河大堤下，在六合街道新合村北于东干流汇合，在河口街道劝学村北入渤海，全长46公里，流域面积472平方公里。辖区内河道长度24公里，该河为防洪、排涝河道。七十年代原惠民地区对该河进行治理，其设计标准为，排涝按鲁北滨海区“64年”雨型，防洪按鲁北滨海区“61年”雨型。区内现状河道底宽为15～30米，河底高程1.85～-1.58米，排涝流量为10～80立方米每秒，防洪流量为20～150立方米每秒。

（4）挑河。挑河发源于利津县付窝乡薄扣村，向北经渤海农场、河口区政府所在地，在刁口乡西北注入渤海，全长32.6公里，流域面积504平方公里。辖区内河道长度约24公里，该河排涝设计标准按徒骇河“64年”雨型。现状河道底宽为38～40米，河底高程1.58～-0.48米，排涝流量为10～60立方米每秒。

（5）神仙沟。神仙沟是六十年代末期，胜利油田利用原黄河故道进行开挖、疏浚而成，原河道全长38公里。胜利油田1996年于该河上游沿河筑堤，利用18公里河道建成神仙沟水库，原神仙沟支流红旗沟加上原神仙沟下游20公里剩余河道统称为神仙沟，全长50.3公里，流域面积243.5平方公里。该河主要承担孤岛镇、仙河镇、济军生产基地及滨海区油田的防洪排涝任务。该河支流新卫东河河长24.7公里，流域面积160平方公里，是孤岛镇、仙河镇的唯一排水河道。河道底宽20～40米，河道排涝流量为15～60立方米每秒。

【海域】 河口区位于渤海湾南岸，是东营市五县区最北面的一个区，东、北两面临海，海岸线长214.21公里。东部沿海是人工岸线55.37公里，是胜利油田在90年代修建的防潮坝，天然岸线13.08公里。从四河至挑河区间约77.40公里海岸线及海域归利津县管理使用（其中自然保护区占用一部分）。挑河至顺江沟68.36公里，全部为自然岸线。自潮河至顺江沟区间海域按照省政府文件自2009年划归滨州市沾化区管理使用。河口区地处黄河入海口，初级生产力高，海域营养丰富，适合鱼、虾、蟹、贝类生长繁殖。近海的渔业资源种类约有130余种，其中重要的经济鱼类和无脊椎动物50余种。近海滩涂尤其适合多种贝类生长栖息，分布于滩涂的贝类资源近40种，其中经济价值较高的贝类有10余种，蛤中上品——文蛤资源量1万多吨，是全国著名的贝类生产区。河口区还有丰富的其他海洋资源，是全国海上油气主要开发基地；宜盐面积和地下卤水分布广，为全国重要的海盐和盐化工生产基地。渔业、土地、油气、盐卤、港口等丰富的资源，为海洋经济的发展提供独特优势和巨大潜力。全区海域面积2000平方公里，到2016年底，共发展浅海贝类增养殖用海17763.65公顷，筏式养殖用海3883.19公斤，池塘养殖用海7400.83公顷。

自 然 资 源

【土地资源】 **（一）全区土地利用现状。**

2016年，河口区土地总面积为340.12万亩，其中，农用地151.28万亩，建设用地37.05万亩，未利用地151.8万亩。农用地中耕地62.44万亩，园地1.24万亩，林地4.69万亩，牧草地0.11万亩，其他农用地82.80万亩。建设用地中城镇村及工矿用地22.32万亩，公路用地2.30万亩，港口码头用地1.35万亩，水库水面7.30万亩，水工建筑用地3.38万亩，风景名胜及特殊用地0.40万亩；未利用地中其他草地6.69万亩，河流水面6.71万亩，沿海滩涂74.55万亩，内陆滩涂2.46万亩，盐碱地61.38万亩。

（二）全区未利用地现状。

全区未利用土地共151.8万亩，其中，国有未利用地122.0万亩，集体未利用地29.8万亩。国有未利用地122.0万亩中，其他草地1.6万亩，河流水面6.6万亩，沿海滩涂73.8万亩，内陆滩涂1.5万亩，盐碱地38.5万亩；集体未利用土地29.8万亩中，包括其他草地5.1万亩，河流水面0.1万亩，沿海滩涂0.8万亩，内陆滩涂1.0万亩，盐碱地22.9万亩。

（三）土地资源特点。

（1）土地利用程度低。由于土地成土年龄较晚，开发利用历史短，土地利用率较低，耕地面积59万亩，仅占全区土地面积17%。土地产出率较低，由于地下水位浅，矿化度高，土壤中氮、磷、有机质含量低，生态环境比较脆弱，涝、旱、雹、风暴潮等灾害比较频繁。

（2）未利用土地面积占比例大。全区未利用面积较大，占全区土地面积46%。建区以来，未利用地已经有很大的开发利用，但仍属粗放型，有待进一步开发利用。

（3）旅游资源别具特色。本区旅游景点主要有黄河入海口20万亩的自然保护区、以万亩刺槐林为主体的森林公园、桩西海堤等，都是很有特色的旅游资源。

【矿产资源】 河口区的主要矿产资源有石油、天然气、地热、煤、贝壳、卤水等6类。其中石油、天然气利用程度较高。

河口区的地热资源主要分布在新户、太平、义和、孤岛以及五号桩地区，埋深1300～2000米，水温在50℃～90℃。全区现有利用地热资源企业5家，现利用的地热井11口，井口水温80℃左右，随着技术进步，地热资源还可以用于工业、农业、旅游等方面，其替代能源的作用将会越来越明显。

河口区煤资源主要分布于孤岛镇、义和镇。其中孤岛——五号桩含煤区位于河口区孤岛镇—仙河镇—五号桩一带，呈北东向分布，长约28千米、宽9.5～12千米，面积约280平方千米，主要为烟煤，该区煤层埋藏深度为1800～2000米左右；义和含煤区位于河口区义和镇—新户镇大王北一带，呈北西向分布，长约23千米、宽6～14千米，煤层埋藏深度为1200～1800米左右。

河口区卤水属于中深层卤水，分布五号桩一带，分布面积40平方公里。矿体埋深60～200米。初步估算储量 2.34 亿立方米。

河口区发现的贝壳砂位于新户镇小坨村驻地，矿体东北—西南走向呈条带状不规则形，开采面积 29.67 亩，开采深度：自 1 ~ –1.5 米，估算资源量 8500 立方米。

2016 年 7 月 19 日，《山东省东营市河口区矿产资源调查及综合评价项目》及《东营市河口区仙河镇砖瓦用粘土矿地质环境治理项目》顺利通过验收。通过实施矿山地质环境治理工程，为河口区摸清矿产资源储量和分布、保护地质环境、促进经济社会的可待续发展提供地学依据。

【水资源】 河口区地处黄泛平原渤海之滨，淡水资源匮乏。由于区域内主要河道皆为季节性河流，汇流面积小，且径流量主要集中于汛期降水，加之河流源短流急，以及因盐碱土地的盐化，地表水的含盐量较高，故地表径流难以利用。同样，地下水矿化度高，多为苦咸水，也难以利用。黄河水是唯一可供利用的（客水）淡水资源。引用黄河水主要依托辖区内的王庄灌区和东水源灌区，多年平均引水量 8000 万立方米。根据多年实测降雨资料分析，河口区年平均降雨量为 554.6 毫米，年平均径流深 57.2 毫米，地表径流 1.22 亿立方米。

【生物资源】 （1）植物资源。据 2013 年种质资源调查结果显示，共登记木本植物（含禾本科淡竹、百合科凤尾兰）共计 44 科 7 亚科 82 属 180 种。在现有木本植物中，以蔷薇科和杨柳科的种类最多，蝶形花科和木樨科次之。常见的造林绿化树种主要有杨树、白蜡、刺槐、柳树等；经济树种主要有冬枣、苹果、梨、桃、杏、葡萄、石榴、香椿、桑等；灌木树种主要有柽柳、紫穗槐、枸杞、月季等；城区绿化栽植的主要有白蜡、国槐（含垂槐、龙爪槐）、苦楝、合欢、雪松、龙柏、垂柳（含龙爪柳、金丝柳）、石榴、木锦、月季、冬青、女贞、紫荆、紫薇等；藤本植物有爬山虎、凌霄、葡萄等。野生树种主要是以甘蒙柽柳为主，分布面积近百万亩，其他野生树种包括小果白刺、杞柳、馒头柳，分布范围小，仅有少量分布，并且生长环境恶化，生境堪忧。另有部分刺槐、白榆、绒毛白蜡、桑树、构树、紫穗槐、臭椿等树种在类似野生的环境下生长或与野生树种伴生。栽培树种有中绒毛白蜡、杨柳科、白榆、苦楝、国槐、合欢、桑树等。经济林树种有枣树、苹果、桃（毛桃）、杏、石榴等。

（2）野生动物资源。通过调查、考证，结合文献资料，认定河口区哺乳纲动物共有 25 种，分属 7 目，15 科。其中有 5 种海洋兽类为国家二级保护动物，即伪虎鲸、海豹、小须鲸、江豚、宽吻海豚；有 6 种为省级保护动物，即麝鼹、赤狐、黄鼬、艾鼬、狗獾、豹猫。河口区两栖纲动物有 6 种，分属 1 目 3 科 3 属，即无尾目蛙科的泽蛙、黑斑蛙、金线蛙，蟾蜍科的中华大蟾蜍、花背蟾蜍、姬蛙科的北方狭口蛙。爬行纲动物河口区有 10 种，分属 3 目 6 科 6 属。即龟鳖目有龟科的乌龟，鳖科的鳖和棱皮龟科的棱皮龟三种，其中棱皮龟属于国家重点保护二级动物，被列入《濒危动植物种国际贸易公约》；蜥蜴目有壁虎科的无蹼壁虎和蜥蜴科的丽斑麻蜥两种；蛇目游蛇科有黄脊游蛇、赤链蛇、白条锦蛇、红点绵蛇和虎斑游蛇 5 种。鸟纲动物河口区共有鸟类动物 265 种和 12 个亚种，占全国鸟类总种数的 22.3%。分属 17 目 47 科 132 属。属于国家重点保护一级动物的有 7 种，即白鹳、中华秋沙鸭、白尾海雕、金雕、丹顶鹤、白头鹤和大鸨，属于国家重点保护二级动物的有 33 种。被列入《濒危动植物种国际贸易公约》的有 40 种。在《中日保护候鸟及其栖息环境的协定》中，保护鸟类有 152 种，占全部种数（227 种）的 67.0%；在《中澳保护候鸟及其栖息环境的协定》中，属于保护的鸟类有 51 种，占总种数（81 种）的 63.0%。鸟类从季节居留型来看，有留鸟 32 种，夏候鸟 63 种，冬候鸟 28 种，旅鸟 142 种。按其生活习性及分布可分为游禽、涉禽、猛禽、陆禽、攀禽和鸣禽 6 种。

（3）海洋生物资源。河口区沿海浮游植物总量平均为 226×104 个每立方米，计 116 种。其中硅藻占88%，其次为甲藻，还有极少量的淡水绿藻。黄河口以北，浮游植物个体数量高峰出现于秋季（9月底，420×104个每立方米），以神仙沟入海口一带的密集度较高。河口区沿海浮游动物月平均生物量249毫克每立方米，其中以4、5月间生物量较高，6月达到最高峰，平均生物量达316毫克每立方米后即下降。7~11月稍有起伏，以9月生物量最低（174毫克每立方米）。高生物量区（500毫克每立方米）常分布于新老黄河口之间的臭水河口一带（5、6月），强壮箭虫外，还有墨氏胸刺水蚤（Centropages memurrichi）、刺尾歪水蚤（Tortanus spinicaudatus）、中华哲水蚤（Calanus sinicus）和蟹类的蚤状幼体等。8月水温上升为26℃左右，许多无脊椎动物都进入繁殖期，其浮游幼体大量出现于神仙沟入海口一带。9~10月上述水域的优势种虽无大变化，但其生物量都下降到100~250毫克每立方米（仍较其他水域略高）。河口区沿海底栖生物包括一些可作为鱼、虾类饵料的种类（如多毛类、小形双壳类、甲壳类等）外，另外还有许多种是可供采捕的对象（如贝、虾、蟹等），有直接的经济价值。共有底栖生物191种，其中以多毛类最多（77种），软体动物及甲壳动物次之（分别为57种和36种），另有腔肠动物9种，棘皮动物7种，鱼类5种和少数卤虫、纽形动物。底栖生物的生物量大致是从沿岸外海递增，高生物量区与高栖息密度区基本一致。

河口区沿海分布有潮间带生物195种，其中动物191种，占总数的97.95%；藻类4种，占2.05%。本区潮间带动物组成以甲壳类最多，其次为软体动物。甲壳类优势种主要有日本大眼蟹、三齿厚蟹、伍氏厚蟹和宽身大眼蟹等，习见种主要有日本关公蟹、豆形拳蟹、秉氏泥蟹和鼓虾、长臂虾、美人虾等。软体动物中双壳类优势种有四角蛤蜊、文蛤、毛蚶、青蛤、缢蛏、近江牡蛎和光滑河蓝蛤等，习见种有日本镜蛤、樱蛤类、绿螂和渤海鸭嘴蛤等；单壳类优势种有托氏鲳螺，习见种有织纹螺、纵肋织纹螺、光滑狭口螺、脉红螺等。

国民经济和社会发展

2016年，在区委、区政府的坚强领导下，全区上下认真贯彻党的十八大和十八届三中、四中、五中、六中全会精神，深入学习贯彻习近平总书记系列重要讲话精神，紧紧围绕“五位一体”总体布局和“四个全面”战略布局，落实“五大发展理念”，坚持稳中求进工作总基调，以提高发展质量和效益为中心，以推进供给侧结构性改革为主线，加快产业转型，推进城乡统筹，深化改革开放，加强生态建设，保障改善民生，全区经济呈现总体平稳、稳中有进、进中向好的运行态势，实现了“十三五”良好开局。

一、综合

经济运行总体平稳。初步核算，全区实现生产总值（GDP）261.48亿元，按可比价格计算，比上年增长7.7%。分产业看，第一产业增加值13.46亿元，增长5.6%；第二产业增加值126.83亿元，增长6.8%；第三产业增加值121.19亿元，增长9.1%。三次产业结构调整为5.2：48.5：46.3，第三产业增加值占GDP比重较2015年提高2.4个百分点。人均生产总值172816元，按可比价计算增长5.9%。

就业形势保持稳定。全区新增城镇就业5596人，其中，失业人员再就业1739人，困难群体再就业249人，农村劳动力转移就业3200人；高校毕业生初次就业率达100%，年末城镇登记失业人员578人，年末城镇登记失业率2.3%。

二、农业

农林牧渔业稳定向好。实现农林牧渔及服务业总产值31.14亿元，按可比价格计算，比上年增长6.5%。分行业看，农业总产值7.59亿元，下降2.9%；林业总产值0.67亿元，增长19.5%；牧业总产值7.44亿元，增长8.1%；渔业总产值13.18亿元，增长10.5%；农林牧渔服务业总产值2.26亿元，增长5.9%。

粮食生产有所下降。全区粮食种植面积23.7万亩，下降0.9%；总产量8.2万吨，下降6.3%。夏粮种植面积8.35万亩，下降6.9%，总产量2.98万吨，下降10.2%；秋粮种植面积15.36万亩，增长2.7%，总产量5.22万吨，下降3.9%。棉花种植面积达到10.32万亩，下降43.7%；棉花总产量（皮棉）0.69万吨，下降44.0%。

林业生产发展较快。完成湿地修复面积1144.7亩，造林面积30260亩，其中防护林面积28337亩，经济林面积1923亩。年末林地面积4万公顷，林木绿化率达到19.2%。

畜牧业生产发展提速。猪存栏16.43万头，牛存栏4.67万头，羊存栏4.25万只，家禽存栏256.05万只；猪、牛、羊和家禽出栏分别达到19.73万头、0.64万头、4.16万只和854.32万只。肉蛋奶总产量达到26.35万吨，增长29.5%。新增国家级标准化示范场1家、省级标准化示范场1家。

渔业生产进一步加强。水产品总产量达到15.43万吨，增长4.6%。其中，海水产品产量13.98万吨，增长5.7%；淡水产品产量1.45万吨，下降4.8%。水产养殖面积56万亩。水产品质量安全水平显著提高，无公害认证面积达到15万亩，认证无公害水产品19个。

农业生产机械化水平提升。农业机械总值38354.04万元，比上年下降12.7%；农业机械总动力20.52万千瓦，下降14.3%（按省市要求，统计口径改变，2016年剔除农用运输车及部分小型动力机械）；农作物耕种收综合机械化水平达到90%，比上年提高1.4个百分点。

三、工业

工业生产运行平稳。全区规模以上工业企业123家，年主营业务收入过10亿元的企业13家，过100亿元的企业3家。规模以上工业总产值1027.84亿元，增长9.4%；规模以上工业增加值增长7.3%。在规模以上工业企业中，轻工业总产值75亿元，增长135%；重工业总产值952.8亿元，下降2.2%；轻重工业结构比例为7.3：92.7。

工业效益低位运行。规模以上工业主营业务收入1023.83亿元，增长3.9%；规模以上工业企业利税总额67.78亿元，下降27.7%；利润总额50.81亿元，下降24.0%。石油加工、化学制品制造、有色金属冶炼、装备制造四大主导产业，累计实现主营业务收入964.2亿元、利税59.2亿元、利润44.1亿元，分别占全区规模以上工业的94.2%、87.3%和86.8%。

高新技术产业（新口径）实现产值261亿元，下降46.8%，占规模以上工业产值比重25.35%，比年初回落23.03个百分点。

四、固定资产投资和建筑业

固定资产投资稳中放缓。完成固定资产投资332.19亿元，下降7.1%。分产业看，第一产业投资24.88亿元，增长3.7%；第二产业投资192.52亿元，下降10.2%；第三产业投资114.79亿元，下降3.8%，三次产业投资比重由上年的6.7：59.9：33.4调整为7.5：57.9：34.6。

房地产市场稳定增长。房地产完成投资13.6亿元，增长4.0%。其中，住宅投资157.61亿元，增长1.6%；办公楼投资9.82亿元，下降25.2%；商业营业用房投资26.02亿元，增长75.6%；其他投资15.35亿元，增长41.3%。房屋施工面积155.6万平方米，增长15.3%。房屋竣工面积12.2万平方米，增长121.8%。商品房销售面积30.92万平方米，增长60.0%，其中住宅销售面积30.89万平方米，增长67.9%；房屋销售额11.1亿元，增长43.0%。

建筑业平稳发展。具有资质等级的总承包和专业承包建筑业企业25家，其中资质二级建筑企业10家。建筑业总产值19.0亿元，增长4.1%，其中建筑工程产值13.9亿元，增长13.9%。本年签订合同额22.1亿元，增长1.0%；完成竣工产值16.8亿元，增长2.8%；房屋建筑施工面积52.4万平方米，增长15.9%。

五、国内外贸易

消费品市场增长较快。实现社会消费品零售总额57.09亿元，增长12.1%，其中限额以上社会消费品零售额22.96亿元，增长6.4%。按经营单位所在地分，城镇消费品零售额 51.87 亿元，增长 11.5%；乡村消费品零售额 5.22 亿元，增长 18.3%。按行业分，批发零售业零售额 49.29 亿元，增长 10.3%；住宿餐饮业零售额 7.8 亿元，增长 25.0%。

主要商品销势良好。在限额以上单位商品零售中，粮油、食品类零售额 2.96 亿元，增长 21.5%；服装、鞋帽、针纺织品类零售额 3.31 亿元，增长 240.5%；建筑及装潢材料类零售额 341.5 万元，增长 15%。

对外贸易稳步增长。实现进出口 24.16 亿元，增长 13.8%，其中：出口 8.12 亿元，增长 13.2%；进口 16.04 亿元，增长 14.1%。实际到账外资 5000 万美元，完成全年任务的 208.3%。全区具有进出口资格的企业共 49 家。今年实现进出口业绩的企业有 27 家，其中有实现出口的有 21 家，有进口业绩的企业有 10 家。进口 1000 万元以上的企业有 4 家，分别是山东金信新材料有限公司、富海集团有限公司、东营神州澳亚牧场有限公司、仙河澳亚现代牧场有限公司。目前，与河口区发生贸易往来的国家（地区）有 30 多个。

六、交通、邮电和旅游

交通运输业平稳发展。完成道路货运量 2654.3 万吨，增长 9.5%；完成客运量 455.4 万人次，增长 5.3%；货运及客运周转量分别完成 293868.7 万吨公里和 27528.1 万人公里，分别增长 9.2% 和 5%。农村公路投资 1.546 亿元，新建农村公路 14.28 公里，改建农村公路 39.27 公里。年末，全区等级公路通车里程 1511.7 公里，按行政等级分，县道 75.7 公里，乡道 223.3 公里，村道 800.8 公里，专用公路 411.8 公里。国省干级公路 149.1 公里，按行政等级分，国道 63.8 公里，省道 85.3 公里；按技术等级分，高速路 40.6 公里，一级路 14.6，二级路 93.9 公里，无三级路、四级路和等外路。其中，河口局管养 108.5 公里（S7201 线 40.594 公里由山东齐鲁高速管养），其中河辛路 12.4 公里，孤阳路 32.3 公里，东子路 63.8 公里。

邮电通信业稳步增长。完成邮政业务总量 2116 万元，增长 38.1%；完成电信业务总量 4.68 亿元，增长 10.8%。年末，固定电话用户数 3.6 万户，下降 7.2%；移动电话用户数 30.6 万户，下降 2.1%。互联网用户数 6.1 万户，下降 0.6%。

旅游业发展态势良好。全区 2A 级以上旅游景区 5 家，其中 3A 级景区 2 家，2A 级景区 3 家。旅行社 11 家，出境组团社 3 家，其中 5A 级旅行社 2 家，3A 级旅行社 3 家。三星级饭店 2 家。2016 年，全区接待游客 74.8 万人次，增长 15.1%；实现旅游总消费额 3.2 亿元，增长 14.3%。

七、财政、金融和保险

财政收支稳步增长。完成公共财政预算收入 18.06 亿元，直比增长 4.1%，可比增长 4.5%；其中税收收入完成 11.04 亿元，可比下降 8.2%，税收占比为 61.1%。实现公共预算财政支出 19.99 亿元，增长 1.0%；其中一般公共支出 1.96 亿元，增长 7.9%；公共安全支出 0.62 亿元，增长 56.9%；社会保障和就业支出 1.29 亿元，下降 37.05%；城乡社区事务支出 4.67 亿元，增长 28.3%。

金融市场运行稳健。年末，全区金融机构人民币各项存款余额 228.77 亿元，比年初同口径增加 20.83 亿元，其中，居民储蓄存款余额 134.05 亿元，比年初同口径增加 6.62 亿元；金融机构贷款余额 143.45 亿元，比年初同口径增加 7.68 亿元，其中，涉农贷款余额 26.8 亿元，比年初减少 10.2 亿元。

保险业稳定发展。全区保险业实现保费收入 5.27 亿元，同比增长 16%，其中财产险公司实现保费收入 1.89 亿元，同比增长 5%；人身险公司实现保费收入 3.38 亿元，同比增长 22%；累计赔付 1.33 亿元。

八、教育、体育和科学技术

教育事业稳步发展。全区共有幼儿园 25 所、小学 8 处、初中 3 处、九年一贯制学校 3 处、普通高中 1 处、职业学校 1 处。在园幼儿 3449 人、小学在校生 6016 人、初中在校生 5019 人、高中在校生 2164 人，职业学校学生数 1085 人。教职工 1911 人，专任教师 1693 人。现有省级规范化学校 1 所，市级规范化学校 11 所，市级现代化学校 11 所，省十佳幼儿园 1 所，省示范幼儿园 7 所，市现代化幼儿园 17 所。全年普通小学适龄儿童入学率 100%，巩固率 100%。

体育事业广泛开展。全年共获得市级以上金牌 4 枚、银牌 5 枚、铜牌 4 枚，省级足球比赛第 7 名。辖区内的体彩站点销量达到 4850 万元。积极打造“10 分钟健身圈”，投资 25 万元，为 15 个农村社区购置了篮球架、乒乓球台、台球桌等室内外健身器材 138 件，争取上级扶持，为 10 个省级贫困村配置健身器材 150 件，实现了农村、社区公共体育设施全覆盖。

自主创新能力不断增强。鉴定科技成果 4 项。获得省科技进步奖 1 项，市科技进步奖 4 项。全区发明专利申请 58 件、授权 33 件，有效发明专利 91 件。山东省北方超级稻产业化中心院士工作站获得省科技厅批复，山东汇海医药省级院士工作站等 3 家省级院士工作站、8 家高新技术企业和 41 家市级科技型企业的创新积极性得到进一步发挥。

质量强区战略深入实施。全区共有山东名牌产品 12 个；山东省服务名牌 7 个。9 家企业通过标准化良好行为企业验收。全区企业参与制修订国家标准 1 项、行业标准 4 项、山东省地方标准 2 项、农业地方规范 12 项。指导 1 家企业申报 3A 标准化良好行为企业。

九、文化、广播和卫生

文化产业事业融合发展。年末，全区共有民间艺术团体 20 个，社会业余文艺团体 15 个，文化馆 1 个，公共图书馆 1 个，农村公益电影放映队 6 支，数字影院 2 家。农村电影放映工程在全区 177 个行政村放映数字电影 2796 场。廉政题材小品《不能砍的树》荣获“中华颂”第七届全国小戏小品曲艺大展银奖和优秀组织奖。歌曲《咱们的贴心人》荣获山东省群众文化学会颁发的创作二等奖。歌曲《初恋的故乡》荣获第六届“黄河口文艺奖”一等奖，小品《母亲》获二等奖，山东快书《美丽幸福新河口》及微电影《希望的田野》获三等奖。1 名同志荣获“山东省第三届吕剧艺术节”专业组表演一等奖。“杨氏面塑”传承人参加了第四届全国非物质文化遗产博览会传统工艺大赛，3 幅面塑作品荣获三等奖。

广播事业稳步发展。年末地方共有广播电台 1 座、广播电视台 1 座、调频转播发射台 1 座。广播人口混合覆盖率和电视人口混合覆盖率均为 100%，无线数字电视用户 0.48 万户；有线电视用户 2.54 万户（不含油田），其中数字电视用户 2.54 万户。

卫生服务水平稳步提升。全区共有各级各类医疗卫生机构 190 家，其中医院 12 家（其中政府办 2 家），镇（街道）卫生院 4 家（包括中心卫生院 1 家），诊所、医务室、卫生所 49 家，社区卫生服务中心 5 家、社区卫生服务站 19 家，村卫生室 98 家，疾病预防控制机构 1 家，卫生监督机构 1 家，妇幼保健服务中心 1 家；全区各级各类医疗卫生机构卫生技术人员 1652 人，其中医院 1233 人，镇（街道）卫生院 113 人，卫生室、卫生所等其他医疗机构 306 人；其中执业（助理）医师 573 人，注册护士 627 人，乡村医生 168 人，其他卫生专业人员 284 人。卫生机构床位设置 1414 张，其中医院 1326 张，镇（街道）卫生院 88 张。

十、城市建设、住房保障、环境保护和安全生产

城市建设步伐加快。明确“双城双轴、一带三镇、多社区”城乡发展布局，委托编制的《河口区新型城镇化发展规划》已完成并上报审批，《河口区城市近期建设规划（2016 ~ 2020）》已形成初步成果；《昌盛河东岸绿化景观规划》《河口区城市地下管网综合布局规划》等正在编制；《河口区地下综合管廊工程专项规划》已编制完成并批复；组织召开城乡规划委员会会议 4 次，审议并通过《河口区人民医院门（急）诊暨外科病房综合楼和感染性疾病科项目规划设计方案》等详细规划 8 项，城区详规覆盖率达 91.5%。黄河路改造提升工程，征收房屋 26000 平方米，一标钢板桩、双管雨排全部完成，土方回填已基本完成。二标雨污水主管线已完成；海昌路雨水节制闸完成，2 号泵站已完成主体施工，正在进行配套设备安装。

保障性安居工程建设顺利推进。新开工各类保障性安居工程 161 套，开工任务完成率为 100%；基本建成 362 套，任务完成率为 100%。棚户区改造开工 101 套（货币化安置），任务完成率为 100%。新增廉租住房货币补贴 55 户，新建公共租赁住房 60 套（长

期租赁油田住宅小区房屋作为公共租赁住房)。

生态环境继续改善。共实施水气污染治理项目29个，计划投资8.2亿元，截至2016年底已竣工项目27个。对3条地表河流(草桥沟、挑河、神仙沟)、2个入海河口(刁口桥、五号桩)、2个饮用水源地(孤河水库、孤东水库)以及6个点位功能区噪声、54个点位的区域环境噪声、12个点位的交通噪声进行例行监测。对重点化工行业、开发区等重点区域进行监督监测30余次。委托中介机构定期对12家重点工业企业外排污染物达标情况和2个饮用水源地(孤河水库、孤东水库)水质进行监测。

安全生产形势总体平稳。全年共发生各类事故2起、死亡0人，事故起数、死亡人数分别比去年下降60%、100%，杜绝了较大以上事故的发生。

十一、人口、居民生活和社会保障

人口出生率稳步提高。年末，全区户籍人口219767人，其中，0~17岁人口占总人口的15.97%，18~34岁人口占总人口的19.37%，35~59岁人口占总人口的42.63%，60岁以上人口占总人口的22.03%。全年共出生2502人，人口出生率11.42‰，死亡率3.70‰，自然增长率7.72‰。年末，城镇化率达到76.36%。

城乡居民生活持续改善。城镇居民人均可支配收入39198元，增长7.3%；城镇居民人均消费性支出24887元，增长7.5%；恩格尔系数为29.0%；年末，人均现住房建筑面积30.9平方米。农村居民人均可支配收入15596元，增长8.2%；农村居民人均消费性支出10874元，增长8.3%；恩格尔系数为27.6%；年末人均现住房建筑面积37.3平方米。

社会保障体系进一步健全。全区参加失业保险职工20019人；领取失业保险金2846人次；参加养老保险职工47779人，其中，参加养老保险的离退休人员3498人；参加基本医疗保险的职工37414人，其中，参加基本医疗保险的在职职工34512人，参加基本医疗保险的退休人员2902人；工伤保险参保人数44219人；生育保险参保人数24303人。企业职工养老保险月人均养老金和失业保险金分别上调到1804元和1000元。

注：

1、本公报中数据均为初步统计数。

2、生产总值、各产业增加值总量按现价计算，增长速度按不变价格计算。

3、从2011年开始，规模以上工业企业指年主营业务收入2000万元及以上的工业法人企业。

4、从2011年开始，固定资产投资(不含农户)包括城镇和农村各种登记注册类型的企业、事业、行政单位以及城镇个体户计划总投资500万元及以上的建设项目投资，全部房地产开发经营业法人单位开发项目投资。

5、房地产业投资包括房地产开发投资，还包括建设单位自建房屋以及物业管理、中介服务和其他房地产投资。

6、限额以上批发业企业指年主营业务收入2000万元及以上的批发业企业，限额以上零售业企业指年主营业务收入500万元及以上的零售业企业，限额以上住宿和餐饮业企业指年主营业务收入200万元及以上的住宿和餐饮业企业。

7、从2011年开始，规模以上工业高新技术产业统计采用新口径统计。

8、从2015年开始，城镇居民收支指标调整为城镇居民人均可支配收入和城镇居民人均消费支出，农村居民收支指标调整为农村居民人均可支配收入和农村居民人均消费支出。

机构与负责人
（时间截至2017年6月30日）

一、区级领导班子

中共河口区委员会
书　　记：荀增杰
副 书 记：田兵兵　王永跃
常　　委：曹永湖　赵明印　秦安忠
张　凌（女）　刘　斌　王晓勇
陈桂林　张作霞

河口区人民代表大会常务委员会
主　　任：张胜双
副 主 任：郭玉珍（女）　郭存三　闫长林
孙学诗　王端吉

河口区人民政府
区　　长：田兵兵
副 区 长：曹永湖　王晓勇　李广俊　徐文棠
侯丽霞（女）　胡　琳
党组成员：毕建军　杨立民

政协河口区委员会
主　　席：田兵兵
副 主 席：张兆栋　杨　芳（女）　宋卫忠
李寿年　岳桂杰（女）
党组成员：王志华　孙卫东
秘书长、党组成员：韩传华

中共河口区纪律检查委员会
书　　记：张作霞
副 书 记：张宝存　杨洪宾
常　　委：张秀峰　薛璐祯　孙守花（女）
王兆伦

二、东营市公安局河口分局、河口区人民法院、区人民检察院

东营市公安局河口分局
局　　长：李广俊

河口区人民法院
院　　长：曹志海

河口区人民检察院
检 察 长：宋继圣

三、区人大机关、政协机关

河口区人大常委会办公室
主　　任：黄润超

河口区人大常委会人事代表工作委员会
主　　任：王学军

河口区人大常委会预算工作委员会
主　　任：朱贵宝

河口区人大内务司法委员会
主任委员：宋学峰

河口区人大财政经济委员会
主任委员：李振江

河口区人大教育科学文化卫生委员会
主任委员：李　萍（女）

河口区人大城乡建设环境保护委员会
主任委员：马士文

河口区人大农业与农村委员会

主任委员：王明华

政协河口区委员会办公室

主　　任：韩传华

政协河口区委员会提案委员会

主　　任：刘　健

政协河口区委员会经济科技委员会

主　　任：陈晓棠

政协河口区委员会学习宣传文史资料委员会

主　　任：李同玉（女）

政协河口区委员会社会事业和民主法制委员会

主　　任：宋　冰（女）

政协河口区委员会政协委员联络工作委员会

主　　任：陈丙美（女）

四、区纪委（区监察局）派驻纪检组（监察室）、区委巡察办

河口区纪委（区监察局）派驻第一纪检组（监察室）

书记（主任）：赵　青

河口区纪委（区监察局）派驻第二纪检组（监察室）

书记（主任）：陈新国

河口区纪委（区监察局）派驻第三纪检组（监察室）

书记（主任）：聂　磊

河口区纪委（区监察局）派驻第四纪检组（监察室）

书记（主任）：李玉敏

河口区纪委（区监察局）派驻第五纪检组（监察室）

书记（主任）：史永学

区委巡察办公室

主　　任：薛璐祯

区委第一巡察组

组　　长：王　军

区委第二巡察组

组　　长：吴绍波

区委第三巡察组

组　　长：孙书科

区委第四巡察组

组　　长：付兆忠

区委第五巡察组

组　　长：綦跃文

五、区委工作机构及部门管理机构

中共河口区委办公室

主　　任：陈桂林

中共河口区委、河口区人民政府信访局

局　　长：张守增

中共河口区委组织部

部　　长：赵明印

常务副部长：陈锋之

中共河口区委老干部局

局　　长：刘士成

中共河口区委宣传部

部　　长：张　凌（女）

常务副部长：刘志国

中共河口区委统一战线工作部

部　　　长：刘　斌

常务副部长：王金河

中共河口区委台湾工作办公室（河口区人民政府台湾事务办公室）

主　　任：盖凤鸣

中共河口区委政法委员会、河口区社会治安综合治理委员会办公室

书　　记：秦安忠

河口区机构编制委员会办公室

主　　任：刘澎涛

中共河口区委区直机关工作委员会

书　　记：高玉志

河口区扶贫开发领导小组办公室

主　　任：宋国富

六、区直群团组织

河口区总工会

主　　　席：郭存三

常务副主席：周玉光

共青团河口区委员会

书　　记：刘　倩（女）

河口区妇女联合会

主　　席：刘凤霞（女）

河口区科学技术协会

主　　席：左志祥

河口区文学艺术界联合会

主　　席：姜瑞祯

河口区工商业联合会

主　　席：胡爱民

河口区残疾人联合会

理 事 长：王宗华

河口区红十字会

会　　长：胡　琳

七、区政府工作部门、部门管理机构、派出机构

河口区人民政府办公室

主　　任：李　露

河口区人民政府法制办公室

主　　任：李　露

河口区人民防空办公室

主　　任：李建柱

河口区发展和改革局

局　　长：缪金学

河口区物价管理办公室

主　　任：刘学东

河口区经济和信息化局

局　　长：高祥涛

河口区教育局

局　　长：王学成

河口区科学技术局

局　　长：崔延军

河口区监察局

局　　长：张宝存

河口区民政局

局　　长：周义村

河口区司法局

局　　长：卢俊霞（女）

河口区财政局

局　　长：牛培杰

河口区人力资源和社会保障局

局　　长：卢玉峰

河口区住房和城乡规划建设局

局　　长：陈朝霞（女）

河口区交通运输局

局　　长：盖本良

河口区水利局

局　　长：张学亮

河口区农业局

局　　长：高连欣

河口区商务局

局　　长：李绪军

河口区文化广电新闻出版局

局　　长：金建村

河口区卫生和计划生育局

局　　长：牟焕军

河口区审计局

局　　长：卢洪鹏

河口区统计局

局　　长：张仕琴（女）

河口区安全生产监督管理局

局　　长：吴红波

河口区城市管理和行政执法局

局　　长：杨希孝

河口区质量技术监督局

局　　长：宋卫华

河口区民族与宗教事务局

局　　长：王洪凤（女）

河口区政务服务中心管理办公室

主　　任：崔秀丽（女）

山东河口经济开发区管理委员会

主　　任：陈丰先

八、党委、政府事业单位

中共河口区委党校

校　　　长：苟增杰

常务副校长：孙守山

中共河口区委党史研究室

主　　任：綦崇河

河口区档案馆（河口区档案局）

馆（局）长：刘建峰

河口区民兵训练基地

主　　任：李海军

河口区林业局（柽柳林场）

局长（场长）：杨立民

河口区孤岛刺槐林场建设管理办公室

主　　任：孙卫东

河口区招商局

局　　长：薛传刚

河口区蓝色经济产业园服务中心

主　　任：闫　彬

河口区湖滨新区开发建设管理办公室

主　　任：殷爱民

河口区油区工作委员会

主　　任：王树村

河口区畜牧局

局　　长：韩　东

河口区海洋与渔业局

局　　长：高忠歧

河口区广播电视台

台　　长：陈凤和

河口区机关事务管理局

局　　长：孙同秋

河口区黄河三角洲建设办公室

主　　任：薄纯新

河口区金融工作办公室

主　　任：张会安

河口区老龄工作委员会办公室

主　　任：胡友文

河口区供销合作社联合社

主　　任：孟维芳

河口区检验检测中心

主　　任：郭启联

河口区民生热线综合服务中心

主　　任：刘庆华

河口区旅游局

局　　长：张吉胜

河口区国有资产运营管理中心

主　　任：孟维凤（女）

河口区黄河口高新技术企业创业园管理办公室

主　　任：李建军

河口区地方史志办公室

主　　任：张振华

河口区电子政务中心

主　　任：宋　刚

河口区人民医院

院　　长：李树刚

河口区疾控中心

主　　任：徐楠楠（女）

河口区职业中专

校　　长：黄汶民

河口区第一中学

校　　长：王志华

河口区实验学校

校　　长：李延春

国网山东省电力公司东营市河口区供电公司

总经理：崔文泉

九、垂直部门

河口区国税局

局　　长：马　健

东营市地方税务局河口分局

局　　长：王清华

东营市国土资源局河口分局

局　　长：赵广民

东营市环保局河口分局

局　　长：韩松青

河口区盐务局

局　　长:吴农中

河口区气象局

局　　长：林杰星

东营市公路管理局河口分局

局　　长：牟效明

河口区邮政公司

总经理：任忠跃

东营市粮食局河口区分局

局　　长：王在起

区烟草专卖局（营销部）

局长、经理：刘加军

十、镇、街道

新户镇

党委书记：苟军松

镇　　长：孙卫祥

义和镇

党委书记：王云涛

镇　　长：綦建成

孤岛镇

党委书记：王　峰

镇　　长：胡友成

仙河镇

党委书记：李建民

镇　　长：韩春亮

河口街道

党工委书记：牟焕民

办事处主任：陈万来

六合街道

党工委书记：张素霞（女）

办事处主任：李积海

（根据区委组织部提供资料整理）

中国共产党河口区委员会

综　述

2016年，区委常委会团结带领全区广大党员干部，认真贯彻中央和省委、市委决策部署，以开展“两学一做”学习教育为动力，紧紧围绕“一极两区”的目标定位，全力抓好保运行稳增长、转方式调结构、促改革惠民生和党的建设等各项工作，实现了“十三五”时期发展的良好开局。

（一）加强对经济运行的精准调度，全力保运行稳增长。面对经济下行压力依然较大的严峻形势，区委常委会沉着应对、冷静掌控、科学调度，加强对经济形势的分析研判，每季度召开一次经济运行调度会，推出一系列科学务实举措，取得明显成效。前三季度，全区实现生产总值194.5亿元，同比增长7.8%；1~10月份，实现规模以上工业总产值819亿元，增长10.2%；规模以上工业增加值增长7.4%；完成一般公共预算收入15.3亿元，增长1.7%。16项主要经济指标中，地区生产总值、固定资产投资等7项指标增幅位居全市第一，规模以上工业增加值等3项指标增幅位居全市第二，其余6项指标也都位居全市中游。一是全力扶持企业发展。高度关注企业生产经营态势，精心组织召开企业发展座谈会、园区企业家座谈会，面对面听取企业问题建议，现场研究解决问题措施。突出抓好骨干企业、石化企业、油田改制企业、新开工企业等重点群体的运行调度，指导企业用足用好各级扶持政策，保障企业健康运行。在保持平稳发展的基础上，更加关注工业经济运行的质量，特别是强化对规模以上工业利税总额和利润总额两大工业指标的分析调度，主动深入企业调研，帮助企业降低管理成本、开拓市场、减少库存、提高资金流动性，提升企业综合效益水平和工业经济整体运行质量。二是狠抓项目建设和招商引资。紧紧扭住项目建设这一龙头，集中精力抓吸纳集聚、抓跟踪推进、抓有效投入，实施总投资169亿元的37个重大产业项目。对中海石化500万吨升级改造、彩客化学、澳亚高端乳制品加工、澳源牛业、正邦百万头生猪养殖等龙头项目，严格落实领导包靠、重点调度、跟踪服务制度，确保项目顺利推进。坚定不移狠抓招商引资，大力推进产业链、精准化招商，洽谈推进中车永济电机、天津万贝化工园区、美国SES煤制氢等计划总投资207亿元的19个重大项目，为产业转型升级、加快科学跨越注入了新动力。三是着力优化金融环境。把防范和化解风险摆在突出位置，对区内重点行业企业实行动态监测、定期调度，深入排查化解金融风险隐患，维护全区良好的金融环境。不断深化政银企合作，组织实施贷款金额115.82亿元的银企对接项目147个，资金落实率达到90%；重启应急转贷和“助保金”贷款业务，共办理应急转贷24笔3.57亿元，发放“助保金”贷款52笔3.56亿元，切实提升金融保障能力。积极引导企业上市融资，建立由20多家企业组成的上市挂牌后备资源库，今年1月29日华力石油成功实现新三板挂牌，目前全区挂牌上市本土企业达到9家、招商引资企业13家。

（二）加快转调升级步伐，着力提升经济发展质量效益。正确处理推进供给侧结构性改革与抓投资扩需求的关系，坚持以好项目大项目建设扩大有效高效投资，在优化增量中调整产业结构、提升发展质量、推动跨越发展。一是大力实施工业强区战略。围绕石油化工、精细化工、装备制造、有色金属四大支柱产业，大力实施产业链重点项目建设，重点实施中海石化500万吨升级改造、彩客化学、普斐科特汽车用关键零部件精密铸造等总投资125亿元的11个重点项目，富海集团成功跻身2016年中国企业500强，工业实力和发展后劲显著增强。深入推进化工产业转型升级，“三评级一评价”顺利完成，15家“差”评企业全部停产整顿，扶持引导23家“优”评企业通过技术改造做大做强。加快企业规范化公司制改制，年底8家企业将完成改制工作。加快创新能力建设，全区41家企业获市级科技型企业认定，科技支撑能力明显增强。二是大力发展现代农业。紧紧围绕“率先全面实现农业现代化”这一目标，研究制定具体实施意见，委托农业部规划设计院编制《河口区现代农业发展规划（2016—2020年）》，进一步调整优化农业发展布局，着力培育壮大畜牧和渔业两大主导产业。畜牧业方面，总投资29.98亿元的澳亚高端乳制品加工、澳源进口肉牛深加工、正邦百万头生猪养殖等畜牧业龙头项目进展顺利，今明两年将陆续投产。渔业方面，大力实施“海上河口”建设，高标准编制《河口区“海上粮仓”发展规划（2017~2020年）》，全面提升生态渔业区和中心渔港基础设施配套，与山东省海洋与渔业厅达成战略合作协议，高标准规划建设海洋渔业科技创新中心，开启河口区海上粮仓建设的新篇章。修订完善《西部黄河故道现代农业示范区规划》，努力打造全市现代农业发展样板区和试验区。积极培育新型农业经营主体，农业龙头企业发展到89家，家庭农场发展到69家，农民专业合作社发展到273家，农业产业化、规模化水平不断提高。三是加快发展现代服务业。前三季度，全区实现服务业增加值88.23亿元，同比增长9.8%，占GDP的比重达到45.36%，比去年同期提高2.3个百分点。积极整合物流、金融资源，规划建设电子商务集聚区，完善提升黄河三角洲石油化工交易中心等大宗商品交易平台，积极洽谈推进与蚂蚁金服的战略合作，油品贸易洽谈会的规模层次逐年提升，促进电子商务与实体经济融合发展。依托滨海长廊、鸣翠湖、神仙沟、万亩槐林等旅游资源，集中突破生态旅游业，做大做强湿地槐花节、全国摄影大展等特色品牌，预计全年接待游客70万人次，旅游总消费额突破3亿元。

（三）深化改革创新，发展动力活力持续增强。围绕“最大限度激发发展活力，最大限度搞活微观主体”，集中力量抓好重点领域和关键环节改革，着力破解发展难题。加快转变政府职能，编制出台政府权力清单和责任清单，对区政府各部门单位行政审批事项进行全面清理规范，对照《县级行政许可事项通用目录》，共确定保留行政审批事项197项，精简行政审批事项4项。全面深化医药卫生体制改革，建立健全公立医院综合改革目标管理考核、分级诊疗、“三调解一保险”（院内调解、人民调解、司法调解，医疗责任保险）医患纠纷调解等机制，积极推进医疗联合体建设，全面实施“先诊疗后结算”等便民服务措施，有效缓解群众“看病难、看病贵”难题。扎实推进全国农村承包土地经营权抵押贷款试点县区工作，研究出台《农村承包土地的经营权抵押贷款试点实施方案》等系列配套文件，持续加大对“三农”的金融支持力度，新增办理土地经营权抵押贷款14笔、贷款金额4060万元。积极开展省级农田水利设施产权制度改革和创新运行管护机制试点工作，按照“产权明晰、权责落实、经费保障、管用得当、持续发展”的目标要求，建立“两证一书一台账”的工程管护模式，今年以来，累计完成投资1.15亿元的13个农水会战项目，恢复灌溉面积4.13万亩，改善除涝面积6.6万亩，农业生产条件持续改善。

（四）加强基础设施建设，城乡统筹步伐不断加快。坚持把新型城镇化建设作为河口跨越发展的重大机遇，统筹推进中心城区、小城镇和新农村建设，全区城镇化率达到75.97%，城乡环境面貌实现新的提升。在中心城区，加快老城区改造步伐，积极推进雨污分排改造、环城水系清淤净化治理，不断完善供水、供热、供气、环卫、垃圾处理等公用设施，改造老旧小区2万平方米、棚户区101户，新增城区绿化面积8.6万平方米，城市功能日趋完善。以国家卫生城市复审为抓手，大力开展城市生态环境建设年活动，启动实施黄河路改造、友谊河海盛路节点改造、湖滨新区基础设施配套提升等总投资40.34亿元的73个城乡建设项目，计划利用3~5年时间将城区彻底改造提升一遍，必将为广大市民创造更加清新舒适的生活环境。在镇村，积极推进新型农村社区建设，突出抓好城中村、城郊村、镇驻地村及周边村的拆迁改造，推进偏远村庄迁建合并，二吕、四扣、协胜、镜湖、镇东等社区建设顺利实施，1396户农民分配回迁楼。深入推进美丽乡村建设，加强农业农村基础设施建设，集中开展农村环境综合整治、清脏治乱“集中行动月”和“三线一带”集中整治活动，全面实施农村旱厕改造、生活污水集中处理等工程，共硬化道路23公里，改造旱厕2477户，建成污水处理项目15处，极大改善农村生活条件。同时，高度重视交通基础设施建设，总投资6.5亿元的河辛路改线和河民路、海防路等改造工程顺利实施，康宁路、邵太路、河庆路改造竣工通车，总投资1500万元的农村公路安全生命防护工程圆满完成，城乡路网结构日益优化，对区域发展的支撑能力进一步增强。

（五）坚守安全环保底线，区域发展环境不断优化。始终秉承发展经济和安全环保“情同手足”的理念，注重经济发展与安全环保协调推进，从生产和生活两头入手、治理和保护两手齐抓、约束和激励两端发力，为河口营造良好的发展环境。安全生产方面，以城市公共安全提升行动为抓手，深化安全生产管理体制改革，实施安全生产风险抵押金制度，加强数字化监管平台建设，全面推进安全生产网格化、实名制管理，244家企业完成基础信息采集录入工作，有效夯实公共安全基础。制定《河口区安全生产约谈制度》等9个规范性文件，进一步细化重大事故隐患挂牌督办、黑名单管理、企业主体责任量化考核等方面的管理，压紧压实区级领导干部联系督导责任、镇街属地管理责任、行业部门监管责任和企业主体责任，建立起全覆盖、无缝隙的责任体系。全面开展安全生产隐患“大快严”集中行动，在危险化学品、交通安全等八大行业领域全面开展隐患排查治理工作，共排查隐患9974条，已整改8962条。环境保护方面，以水气污染整治专项行动为契机，先后实施黄河路雨污排改造、中海尾水人工湿地工程、燃煤小锅炉淘汰、挥发性有机物治理等总投资8.2亿元的29项水气污染治理工程，污水直排全面消除，市控及以上河流稳定达到地表水五类水质标准，空气质量继续居全市首位。全面做好迎接中央环保督察工作，健全网格化环境监管体系，严肃查处环境违法行为，取缔土小企业7家，立案查处违法行为56起，集中解决一批环保热点难点问题，切实维护群众环境权益。生态建设方面，加强绿地、湿地建设，开展大规模生态修复，大力实施三年增绿计划，完成投资1.87亿元，新增造林4.47万亩，湿地修复1145亩，完成市委、市政府下达任务的226%，为河口打造绿色生态屏障。

（六）着力保障改善民生，群众幸福感和满意度逐年提升。始终致力于改善民生、造福百姓，主动顺应人民群众的所需所盼，构建共建共享、安定祥和的生动局面。前三季度，城镇居民人均可支配收入达到28573元，农村居民人均可支配收入达到12318元，同比分别增长7.1%和8.6%。脱贫攻坚取得阶段性成果，建档立卡贫困人口全部脱贫。创新实施“1+5+X”精准扶贫模式，整合油地军港各方资源力量，综合运用产业扶贫、政策救助、就业帮扶、孝德工程、雨露计划、易地搬迁等各项举措，做好扶贫攻坚借力土地开发整理、生态林建设、新型农村社区建设的结合文章，举全区之力、以务实之举，圆满完成市定任务，全区401户849名贫困人口全部脱贫、13个省定贫困村全部“摘帽”。为民办实事工程进展顺利，事事有落实件件有回音。年初，我们按照“利民、惠民、便民”的思路，确定总投资7.8亿元的10件民生实事，每一件直接关系百姓生活，社会各界十分关注。截至目前，10个民生政策落实和7个货物采购项目已全部完成，工程类项目已竣工12项，特别是三年增绿计划、挑河人工湿地水质净化工程的顺利实施，极大改善区域周边环境，提高土地利用效益，带动一批农民脱贫致富，取得良好的经济效益、生态效益和社会效益。社会保障体系不断完善，保障水平继续走在全省前列。织密织牢民生保障网，累计发放各类救助金3121万元，形成保基本、多层次、可持续的社会保障体系，率先实现医疗保险和养老保险城乡并轨、残疾人残障补贴全覆盖，开创“阳光190”社会救助体系更加完善、困难群体兜底救助全面加强、社会养老服务体系建设扎实推进、福利慈善事业蓬勃发展的新局面。依法治理水平不断提高，社会大局持续和谐稳定。坚持油地军港联防联治，全面加强社会治安综合治理，深入开展打黑除恶、打霸治痞、打击打孔盗油等专项行动，营造和谐稳定的社会环境。严格落实领导干部公开接访、带案下访、包靠重点信访案件等制度，加快信访工作法制化进程，加大信访积案化解力度，实现信访案件存量明显减少、增量有效控制、信访秩序更加规范有序。全面启动智慧城市建设，高效快捷办理群众诉求，今年以来民生热线累计受理各类诉求7.9万件，群众的幸福感和满意度不断提升。

（七）全面加强党的建设，事业根基更加牢固。始终把推进全面从严治党作为最大的政治任务，把正风肃纪作为关键举措，打造党建工作新亮点新品牌，推动全面从严治党迈上新台阶。一是“两学一做”学习教育扎实推进。研究制定全区“两学一做”学习教育实施方案，深入开展党员党组织关系排查工作，对全区党员完成党组织关系排查，对3名失联党员予以除名，从源头上治理党员组织关系“空挂”“失联”等现象，确保党员队伍的先进性和纯洁性。坚持抓在日常、严在经常，严格落实集中学习、上党课、问题整改等规定动作，把问题查摆和整改落实贯穿学习教育全过程，使广大党员干部的思想受到新洗礼、党性得到新加强。截至目前，全区各级党组织共开展集中学习1720余次，查摆问题2850余项。二是换届工作平稳有序推进。坚持教育在先、警示在先、预防在先，及时启动换届纪律宣传和换届风气监督工作，严格落实“四必看”“四必训”“四必谈”要求，认真组织学习《严肃换届纪律文件选编》《镜鉴》等内容，真正让政策规矩深入人心、欲违纪者心存敬畏、换届纪律落地生根。成立换届工作领导小组及办公室，制定区镇领导班子换届工作方案、配档表，保障换届工作平稳健康有序进行。三是干部队伍建设不断加强。深化干部人事制度改革，扎实开展干部人事档案专项审核，对120余名科级干部档案问题进行调查核实，从严从实认定干部信息。加大干部教育培训力度，深入开展“优秀干部选育工程”，组织科级干部理论研讨班3期、科级干部高校培训班5期、部门单位各类专题培训班40期，累计培训2690余人次，干部队伍素质能力进一步提升。认真落实好干部标准，着眼事业发展和领导班子长远建设需要，选优配强领导班子和领导干部，进一步优化领导班子结构，增强整体功能。四是基层党组织建设全面强化。实施基层党建“三年提升计划”，持续整顿软弱涣散基层党组织，积极培育党建工作示范点，共培育党建工作示范点19个，转化软弱涣散党组织18个，56个党组织实现提档进位，进一步夯实党的执政根基。扎实推进基层党组织标准化建设，健全完善农村基层党组织重大事项票决、四议两公开、三务公开等制度，有力保障村级组织规范化运行。围绕社区特色党支部建设，精心组织“点亮微心愿、圆梦在社区”“社区环境大整治”“部门职能进社区”等特色活动，切实提升社区党组织与驻社区单位共驻共建水平。五是反腐倡廉建设不断深入。全面落实党风廉政建设“两个责任”，持续深化纪委“三转”，在全市率先完成内设机构调整工作，执纪监督的力量更加坚实。突出抓好农村基层党风廉政建设，坚决整治和查处在农村“三资”管理、上级惠农补贴、油田对村补偿、包村扶持款项等方面侵害群众利益的不正之风和腐败问题。严格落实中央八项规定精神，驰而不息纠正“四风”，今年以来，共查处违反八项规定精神案件16起，处理27人，给予党政纪处分16人，发挥很好的教育警示作用，维护风清气正的良好政治生态。

区委常委会高度重视自身建设，倍加珍视和维护班子团结，集中精力把方向、谋全局、抓大事、促发展，充分发挥总揽全局、协调各方的领导核心作用。支持人大及其常委会依法行使职权，支持人民政协履行职能，不断深化与民主党派、工商联和无党派人士的团结合作，巩固共同思想政治基础。加强和改进对工会、共青团、妇联等群团工作的领导，充分发挥联系群众的桥梁纽带作用。高度重视意识形态领域的工作，督促各级党组织强化政治担当，狠抓责任落实，牢牢把握工作主动权。坚持党管武装，深入开展双拥共建，巩固和加强军政军民团结。认真贯彻民主集中制原则，不断完善民主决策议事机制，确保决策科学化、民主化。常委同志带头遵守廉洁自律各项规定和中央八项规定精神，把纪律和规矩挺在前面，时时处处严格要求，坚持依法用权、秉公用权、廉洁用权，自觉接受组织、群众和社会监督，树立为民务实清廉的良好形象。

重要会议

【全区经济工作会议】 2月14日下午，全区经济工作会议召开。区委书记、区人大常委会主任苟增杰，区委副书记、区长刘斯杰，区委副书记田兵兵，区政协主席李积德，区人大常委会第一副主任张胜双，区委常委侯永强、高立燕、王永跃、曹永湖、王兴法、张学锋、张增洲、张新林、陈桂林出席会议并在主席台就座，邀请济军综合训练基地、东营港经济开发区、胜利油田驻河口二级单位各1名分管领导参加会议，苟增杰主持会议并作重要讲话。

会议动员全区上下迅速打消年气，调整工作状态，以新作风、新面貌开好局、起好步，奋力开创全区经济社会发展新局面，为率先全面建成小康社会、加快建设美丽幸福新河口奠定坚实基础。

【全区农村、扶贫开发、乡村文明建设专项行动工作会议】 2月24日上午，全区农村、扶贫开发、乡村文明建设专项行动工作会议召开，区委书记、区人大常委会主任苟增杰，区委副书记、区长刘斯杰，区委副书记田兵兵，区政协主席李积德，区人大常委会第一副主任张胜双，区委常委侯永强、高立燕、王永跃、曹永湖、王兴法、张学锋、张增洲、张新林、陈桂林，副区长刘茂和出席会议并在主席台就坐。区委书记、区人大常委会主任苟增杰出席会议并作重要讲话；区委副书记、区长刘斯杰主持会议，区委副书记田兵兵传达了省市农村、扶贫开发、乡村文明建设专项行动工作会议精神。

会议深入贯彻落实中央和省、市部署要求，分析当前形势，安排部署当前和今后一个时期我区农业农村、扶贫开发和乡村文明建设专项行动工作任务，动员全区上下统一思想认识，创新思路举措，积极担当作为，坚决打赢脱贫攻坚战，奋力开创农业农村发展新局面。

【全区生态环境建设年活动、水气污染整治专项行动暨迎接国家卫生城市复审工作动员会议】 3月7日上午，全区生态环境建设年活动、水气污染整治专项行动暨迎接国家卫生城市复审工作动员会议召开。

会上，区委常委、副区长张学锋宣读了《关于加强城乡规划建设管理的意见》；副区长王秀凤宣读了《水气污染治理专项行动实施方案》和《迎接国家卫生城市复审工作方案》；区住建局、环保分局、卫计局、河口街道、河口社区分别作了表态发言。

区委书记、区人大常委会主任苟增杰在讲话时指出，近年来，区委、区政府高度重视生态文明建设，坚持走科学发展、绿色发展之路，以实施“三大专项行动”为抓手，采取有力有效措施，推动了生态环境质量持续改善，人民群众获得感明显增强。

济军黄河三角洲综合训练基地副司令员闫更国；区委副书记田兵兵，区政协主席李积德，区人大常委会第一副主任张胜双等区几大班子领导同志；各镇街党政主要领导，区直各部门单位主要负责同志，区纪委各派驻纪检组书记，区住建、城管、环保、卫计、市场监管等部门单位班子成员；济军黄河三角洲综合训练基地、胜利油田驻河口各二级单位分管领导、安全环保科科长、城建办主任等参加会议。

【全区组织宣传统战工作会议】 4月7日上午，全区组织宣传统战工作会议召开，深入贯彻落实中央和省市相关会议精神，对今年的组织、宣传、统战工作做出安排部署。

区委书记、区人大常委会主任荀增杰出席会议并作重要讲话，区委副书记田兵兵主持会议并就会议精神的贯彻落实讲了意见，区委常委、组织部部长、统战部部长王兴法，区委常委、宣传部部长高立燕分别作了组织、统战和宣传工作报告。

荀增杰在讲话时指出，过去的一年，全区组织、宣传、统战各条战线在区委的正确领导下，认真贯彻落实上级部署要求，围绕中心履职尽责，各项工作有创新、有突破、有亮点，为保障和服务全区经济社会发展做出了积极贡献。各级各部门要深入贯彻上级有关指示精神，充分认识做好组织、宣传、统战工作的重要意义，紧紧围绕“一极两区”目标定位，切实找准工作的结合点、着力点，不断研究新情况、解决新问题、推出新举措，努力推动各项工作再上新台阶，为率先全面建成小康社会、加快建设美丽幸福新河口提供坚强保障。

【全区庆“五一”暨表彰会议】 4月27日上午，全区庆“五一”暨表彰会议召开。

区人大常委会副主任、区总工会主席郭存三宣读了关于表彰河口区第三届“金牌员工”的决定，关于命名河口区“劳模(高技能人才)创新工作室”的决定，关于河口区“五小”竞赛创新成果获奖情况的通报；会议为“金牌员工”代表、“五小”竞赛创新成果带头人以及“劳模（高技能人才）创新工作室”负责人颁发了荣誉证书；金牌员工代表于海凤、富海集团有限公司高技能人才创新工作室负责人宋团光和“五小”竞赛活动企业代表山东金开实业集团有限公司工会主席韩付强分别作了交流发言。

【中国共产党东营市河口区第七届委员会第十次全体会议】 中国共产党东营市河口区第七届委员会第十次全体会议，于2016年8月2日举行，会议深入学习贯彻习近平总书记系列重要讲话和省委十届十四次全体会议、市委五届九次全体会议精神，安排部署当前和今后一个时期科技创新工作和经济社会发展任务，动员全区上下进一步提振精神、鼓足干劲，强化担当、廉洁勤政，全力以赴推进工作落实，力促经济社会平稳健康发展。

区委书记荀增杰，区委副书记、区长刘斯杰作重要讲话。出席会议的有区委委员21人、候补委员6人。

全委会审议并通过了《关于深化科技体制改革加快创新发展的实施意见》和《中共河口区委工作规则》。

全委会号召，全区各级党组织和广大党员干部要紧密团结在以习近平同志为总书记的党中央周围，认真贯彻落实省、市全委会议精神，积极扎实工作，奋力开拓进取，不断开创河口创新发展新局面，为率先全面建成小康社会、加快建设美丽幸福新河口做出新的更大贡献。

【全区“六五”普法总结暨“七五”普法启动工作会议】 11月24日上午，全区“六五”普法总结暨“七五”普法启动工作会议召开。

副区长徐文棠传达了第十五次省市普法依法治理工作会议精神，义和镇、区交通运输局、区职业中专做了典型发言，区政协副主席、区司法局局长杨芳报告了河口区“六五”普法工作开展情况，并对“七五”普法工作进行了安排部署。

区委副书记田兵兵出席会议并讲话，指出，“六五”普法期间，河口区以“法治河口”建设为主线，紧扣中心工作抓普法，突出重点对象抓学法，着眼依法治理抓用法，圆满完成了“六五”普法各项工作。

关于做好“七五”普法工作，田兵兵强调，要统一思想，提高认识，切实增强做好法制宣传教育工作的责任感和使命感，围绕中心，服务大局，全面实施“七五”普法规划，坚持从实际出发，积极服务和服从于全区经济发展大局，努力推动法治宣传教育持续深化；要加强领导，健全机制，为全面实施“七五”普法规划提供坚强保障，各镇街、区直各部门单位要高度重视，统筹安排，精心组织，确保“七五”普法各项任务圆满完成。

区委常委、政法委书记王永跃主持会议并就会议精神的贯彻落实讲了意见，区人大常委会副主任郭存三等出席会议。

【全区拆违治乱提升行动暨美丽乡村建设工作会议】 11月25日上午，全区拆违治乱提升行动暨美丽乡村建设工作会议召开。

会上，区委常委、政法委书记王永跃宣读了《关于印发河口区公路沿线环境综合治理工作方案的通知》；区委副书记田兵兵宣读了《关于推进美丽乡村标准化建设的实施意见》。

区委书记、区人大常委会主任荀增杰出席会议并讲话，荀增杰要求，要统一思想，深化认识，切实增强抓好拆违治乱和美丽乡村建设的责任感和紧迫感。要始终保持清醒头脑，进一步深化对拆违治乱工作长期性、复杂性、艰巨性的认识，抓住用好当前各级高度重视的难得机遇，借势而为，乘势而上，根治长期影响城市规划建设管理的顽疾，全面提升河口整体形象。要认真对照美丽乡村建设标准，进一步提升境界，坚定信心决心，全力以赴推进美丽乡村建设，尽快把河口区新农村建设提高到一个新水平。

区政协主席李积德，区人大常委会第一副主任张胜双；黄河三角洲综合训练基地副司令员闫更国；胜利石油管理局副总工程师、海洋采油厂厂长、党委副书记赵勇，河口采油厂党委书记、副厂长国梁，孤东采油厂党委书记郝大山，河口社区党委书记、副主任吴金柱，孤岛采油厂厂长、孤岛社区主任田波，桩西采油厂党委副书记、厂长冯斌，渤海钻井总公司党委常委、副经理江金汉等出席会议；黄河三角洲综合训练基地各团级单位主要领导，胜利油田驻河口各二级单位分管领导，全区其他在职副县级以上领导干部；各镇街道、区直各部门单位负责同志，区纪委各派驻纪检组书记，下派帮扶工作队队长及驻村帮扶干部、联系帮扶干部，区乡村文明建设专项行动领导小组办公室全体成员，各村党支部书记，有关社区党总支书记等参加会议。

【中国共产党东营市河口区第七届委员会第十二次全体会议】 12月22日上午，中国共产党东营市河口区第七届委员会第十二次全体会议举行。

出席会议的有区委委员21人、候补委员6人。区纪委委员、有关方面负责同志、区第七次党代会部分基层代表列席会议。

会议由区委常委会主持，区委书记荀增杰作重要讲话。

全会深入学习贯彻党的十八届六中全会和省委十届十五次全会、市委五届十次全会精神，听取了荀增杰同志受区委常委会委托作的工作报告，审议通过了《中共河口区委关于学习贯彻党的十八届六中全会精神深入推进全面从严治党的意见》。

区委办公室工作

【概况】 2016年，区委办公室在区委的正确领导下，围绕中心，服务大局，牢牢把握“一极两区”的奋斗目标，强化服务意识，积极主动作为，促使各项工作全面上水平，服务质量整体上台阶，努力在服务大局上作表率、当标兵，较好地发挥职能作用，为实现“一极两区”奋斗目标，加快建设美丽幸福新河口做出积极贡献。

【“两学一做”学习教育】 把开展“两学一做”学习教育作为2016年第一位的政治任务，高标准严要求，精心安排部署。在活动中办公室领导班子带头开展学习研讨，进一步完善经常性学习研讨制度，改由隔周周三学习为每周三集中学习，发挥模范带头作用。坚持把问题查摆和整改落实贯穿学习教育全过程，每个专题都要确定一批班子和干部的问题整改清单，并定期调度抓好整改落实。通过深入开展“两学一做”学习教育活动，真正掌握“两学一做”的核心要义、明白成为一名合格党员的标准和要求，增强发现自身问题、解决自身问题、自我净化的能力，进一步坚定理想信念和宗旨意识。尤为关键的是，办公室党员干部通过学习教育进一步把转变了的作风落脚到苦干实干上，把提升了的标准落脚到各项任务落实上，努力推动形成积极向上、干事创业、风清气正的工作氛围，凝聚起助推科学跨越的强大合力。

【各项工作】 围绕中心、服务大局是党委办公室工作的永恒主题、核心要义。办公室积极主动适应新形势新要求，以新状态适应新常态，认真履行参谋助手、综合协调、督促检查、后勤保障等各项职能，在围绕中心、服务大局中发挥更大更好的作用。

（一）坚持出精品、当高参，参谋助手作用得到充分发挥。一是高质量做好文字综合工作。坚持以领导满意、基层认同和对实际工作有实际意义性为目标，精确把握区委工作思路，准确领会领导意图，注重在平时多下功夫，注重思考，努力提高文稿质量。全年共组织起草领导讲话、汇报材料、工作总结等各类综合性材料300余篇，较好地履行以文辅政的职责。二是积极开展调研工作。精心组织开展全员大调研活动，围绕全区经济社会发展的全局性问题和领导关注的焦点、群众反映的热点问题深入开展调研，形成调研报告11篇，为区委领导科学决策提供重要参考。认真总结新经验、新思路、新做法，起草区委主要领导署名文章10余篇，在《山东通讯》《调查与研究》《山东国防报》等省级以上刊物发表，文章发表数量位列全省兄弟县区前茅，提升河口区的知名度和影响力，得到区委领导的充分肯定和社会各界的一致好评。三是认真做好信息服务。紧贴区委中心工作，充分发挥信息主渠道作用，及时反馈区委的亮点工作、重要工作动态、兄弟县区的好经验以及上级重大方针政策、决策部署的贯彻落实情况，反映各职能部门的典型经验、困难问题和工作动态，增强信息为区委领导决策服务的针对性和实效性。全年向省、市报送信息500余篇，采用90余篇，得到省委办公厅、市委办公室信息工作部门的充分肯定。

（二）坚持强服务、畅运转，综合服务作用得到有效强化。一是组织协调周密高效。注重发挥区委办公室牵头抓总、综合协调作用，加强同市委办公室的联系、衔接、沟通，增强工作预见性，为区委提供超前服务；积极做好与油田、济军综合训练基地和东营港的沟通协调工作，尽心尽力协助区委协调好各方面的关系，调动好各方面的积极性，促进区域融合、实现全面发展；进一步健全完善区各大班子办公室、常委部门办公室沟通协调机制，加大沟通协调力度，经常互通工作情况，定期开展工作交流，增强工作的协调性；加强与区直部门和镇街的沟通协调，完善机制，创新形式，加强工作指导，全面提升全区办公室系统的整体工作水平。二是办文办会规范有序。始终把规范作为公文处理工作的生命线，从制文、发文、收文、传文等环节入手，把好政治关、政策关、文字关和格式关。同时严格按照规范流程处理各类文件，认真做好文件的收发、登记、传阅、催办等工作，做到不积压、不拖延、不误事。2016年，共印发各类公文252份，处理和传阅各类文件465件，并精心做好各类文书档案的整理归档工作。认真做好会议、活动组织工作，加强会前、会中服务，做到全面细致、主动周到、规范有序。三是机要保密安全畅通。严格落实保密工作责任制，不断加强对计算机涉密、全区党政部门涉密人员、信息网络的保密指导管理力度，推动保密工作整体上水平。在全区范围内组织开展保密检查活动，重点针对各部门、单位上网终端、涉密设备进行全面检查，有效消除安全隐患。严格执行机要工作24小时值班制度，认真做好密码电报、紧急重要电报、内部明传电报、重要情报信息的收发、登记、分发、传阅、管理工作，保证电报的及时、准确、快速。2016年，共译传办理密码电报312份、明传电报205份，业务电报90份，未发生一起压误、错办、漏办事故，无任何失泄密事件发生。四是值班后勤工作保障有力。值班工作严格执行24小时值班制度，狠抓服务规范化，一点一滴抓落实，及时高效做工作，确保政令及时畅通，树立起良好的窗口形象。行政接待工作坚持在细节上做文章、在规范上求突破，做到热情周到、勤俭节约，全年，圆满完成重要行政接待29批次、460余人次。先后组织接待国家、省、市领导调研活动40余次，组织筹备迎接全市重大项目观摩活动等大型活动10余次，组织筹备各类会议100余次，组织筹备区领导调研活动100余次。同时，严格执行财经纪律，加强财务规范化管理，有效保障办公室日常工作的正常运转。不断强化安全保卫工作，实行24小时定人、定岗、定责，突出做好来人登记和晚上值班巡逻，确保党政办公楼、人大政协办公楼的安全。

（三）坚持抓执行、促落实，督查督办工作卓有成效。一是加强重点工作督查督办。将2016年确定实施的重点工程项目和10项民生实事列入年度重点督查考核内容，采取集中调度与日常调度相结合的方式，实行一月一调度，一月一通报，关键时期随时调度，及时了解项目进展情况，及时发现存在的问题，积极提出具体推进措施，确保各项重点工程、重大项目的有序有效推进。同时，针对迎接全市经济社会发展观摩活动、乡村文明行动等时间紧、任务重的状况，督查人员工作在现场一线，确保各项重点工作的顺利完成。二是强力推进重要文件、会议决策的贯彻落实。遵循轻重缓急的原则，对全区经济工作会议、区委常委会、各专题性会议和区委主要领导调研中确定的重要事项以及区委有关文件的贯彻落实情况积极开展跟踪督办，及时报告落实情况，确保区委、区政府的决策部署落到实处。共上报、编发督查通报、专报33期，办理区领导交办事项100余件，有效保证区委重要决策部署和领导交办事项落实。三是抓好请示报告、领导批示件的办理落实。对收到的部门请示，严格按照请示报告制度要求快速运转。对领导批示件，做到批必查、查必办、办必果、果必报，件件有落实，事事有回音。全年，共办理部门请示报告25件、区委领导批示件11件。四是做好人大代表建议政协委员提案办理工作。对涉及党委部门单位的政协委员提案工作进行督促落实，提案办理答复率100%，满意率100%。

【党风廉政建设】 办公室高度重视党风廉政建设，加强组织领导，严格落实责任，确保党风廉政建设各项任务落到实处。一是强化组织领导，全面落实党风廉政建设责任制。把落实党风廉政建设责任制列入重要议事日程，进一步明确责任，强化措施，认真组织实施。认真履行责任制牵头部门的各项职责，充分发挥组织协调作用，强化监督检查，对牵头工作采取定期调度、专题调研等多种形式，推动各项工作有效落实。二是发挥带头作用，树立领导干部廉洁勤政的良好形象。无论是在思想上、作风上、纪律上，还是平时的生活和言行上，办公室同志特别是领导干部都自觉做到从严要求，凡要求别人做到的，自己首先做到，要求别人不做的，自己坚决不做，真正做到自重、自省、自警、自励，发挥模范带头作用。三是严格遵守各项纪律，树立办公室良好社会形象。作为服务全区中心工作的最直接、最核心的机关，办公室带头深入贯彻落实中央八项规定、省委实施办法、市委实施意见和反对“四风”方面的各项规定，进一步规范文风会风、公务接待等工作，对信息、简报等进行清理，对午间饮酒、公车私用等进行整治，以实际行动树立和维护区委办公室的良好社会形象。

组织工作

【概况】 2016年，区委组织部在区委的坚强领导下，紧跟全面从严治党坚定步伐，在服务大局中明确定位，在聚焦主业中把握职责，在稳中求进中积极作为，各项工作取得新的进步。

【“两学一做”学习教育】 坚持把开展“两学一做”学习教育作为首要的政治任务来抓，牢牢把握经常性教育的特点，统筹谋划、持久用功、深入推进，学习教育工作取得明显成效。（1）持续督导指导，突出示范带动。坚持领导率先垂范，层层压实责任，确保学习教育不空不偏。区委带头落实主体责任，先后7次召开常委会议专题研究学习教育工作，区委主要负责同志带队先后2次对镇街逐一进行调研督导，区级层面先后召开2次推进会、3次座谈会和2次调度会，强化对工作的指导调度。充分发挥学习教育指导协调小组作用，定期对学习教育重点任务进行梳理分解，下发重点任务清单和“问题清单”，明确工作思路和目标。充分发挥督导组的日常督导作用，通过全面检查、随机抽查、督导组互查等方式，持续加大督导力度，分类、分单位建立工作“督导单”，把压力传导到位。（2）抓常学习研讨，突出学习效果。着力抓好常态化学习研讨，注重学习效果，打牢党员思想基础。区党政班子成员带头开展常态化学习，每周至少开展1次集中学习或研讨，并带头到分管领域和分管单位讲党课。各级党组织在落实规定动作的基础上，充分利用机关学习、工作例会、党组织活动开展学习研讨，并创新开展定期“送学上门”、举办“夜间课堂”、讲“微党课”、谈“微体会”等活动，采用设立党建微信公众号、信息推送、定时音频播放、一对一帮教等形式，把党章、党规、系列讲话和党的新政策迅速普及到全体党员。注重调动下派“第一书记”、包村干部、企业党建指导员力量，全程参与、指导所联系或包靠党组织的学习教育，切实把学习常态化的要求落到实处。（3）全程查摆整改，突出规范长效。坚持开门查摆，结合到联系点讲党课、开展基层体验活动、设置征求意见箱等方式，征求基层群众对党组织和党员的意见。深入开展“负面清单”大讨论，“合格党员怎么做，过硬支部怎么建”专题研讨，查摆党组织和党员存在的突出问题。截至年底，全区各级党组织查摆问题1850余项，党员领导干部查摆问题1120余项，制定“负面清单”32000余条。坚持区分情况、精准施策，督导各级各部门对领导班子和党员干部个人查摆出的问题，逐项梳理分析，分别制定整改措施，建立台账抓好整改。建立定期调度机制，对整改推进情况采取网上公开、督导组结果反馈等形式实行定期通报。（4）坚持以学促做，突出工作实效。坚持学做结合，将“做合格党员”落脚到提高觉悟、解决问题、岗位奉献上，实施农村党员设岗定责、机关党员岗位目标责任制、企业党员示范岗、责任区等一系列制度，组织动员党员干部苦干实干。深入开展党员组织关系集中排查、基层党组织按期换届情况专项检查、党费收缴工作专项检查等8项重点工作。突出抓细抓常，坚持以党支部为基本单位，以组织生活为基本形式，以落实党员日常教育管理制度为基本依托，认真落实“三会一课”、民主评议党员、定期党性分析、党员领导干部双重组织生活等制度，把严肃党的政治生活抓严抓实，实现常态长效。

【区镇领导班子换届工作】 坚持原则，严格程序，按照换届有关政策规定和领导班子职数、结构等要求配备干部。（1）把好干部选用标准关。牢固树立“重基层、重一线、重实绩”的用人导向，按照习总书记提出的20字“好干部”标准，结合干部实绩、阅历、个性、特点等各方面情况科学合理配班子、选干部，注重年轻干部、女干部的选配，加强分析研判，确保人选质量。本次镇领导班子换届共调整干部87人次，其中提拔正科级12人，副科级7人（含“三类人员”4人），重用23人。（2）把好换届工作程序关。结合实际制定《河口区镇领导班子换届考察工作方案》，采取先进行个别谈话推荐，后进行会议推荐的方式进行全额定向推荐、差额考察，不搞“海推海选”，充分发挥党组织的把关作用。改进考察方式方法，突出提高谈话质量、反复遴选聚焦、深入细致考察，从严落实“凡提四必”，努力把干部考准考实。牵头开展市、区人大代表、政协委员以及区委委员、候补委员和纪委委员的考察，为推进区党代会、人代会、政协委员会议做好积极准备。（3）把好换届工作风气关。将严肃换届纪律与整体换届工作一同谋划、一并落实，通过发放《严肃换届纪律文件选编》100余册，换届纪律提醒卡2370余张，组织换届纪律培训310余人次，观看《镜鉴》《警钟》等警示教育片1800余人次等方式，深入开展“九个严禁、九个一律”换届纪律宣传，派出换届风气督查组进行集中巡回督查，加强对换届风气的全程监督、全面监督，确保教育宣传、谈心谈话、督导检查的全覆盖，营造风清气正的换届环境。

【领导班子和干部队伍建设】 深入学习贯彻《干部任用条例》，提高干部工作科学化、规范化水平。（1）进一步规范干部选拔任用工作。严格执行《河口区科级干部选拔任用工作规程》，进一步修订干部推荐考察方案，比如落实党（工）委（党组）推荐提名责任，在动议环节启动干部任前档案审核，征求考察对象所在社区党组织意见，组织考察对象填报个人有关事项等，干部选拔任用工作得到进一步规范。2016年除换届外，全区共调整科级干部155人次，其中提拔56人、重用28人。（2）认真开展干部工作专题调研。围绕“十三五”规划和今后较长时期工作需要，从组织、编办、人社部门单位抽调同志组成1个镇街调研组、4个区直调研组，在全区6个镇、街道，80个区直部门、单位开展干部工作专题调研。通过查阅有关资料和干部档案、与领导班子成员和部分中层干部个别谈话、组织填写有关人选推荐表，深入了解掌握科级领导班子和领导干部情况，通过综合分析研判，提出副科级后备干部初步人选164名。（3）推动从严管理监督干部常态化。认真贯彻《推进领导干部能上能下若干规定（试行）》，文件实施以来，对精神状态不振、工作积极性不高、不能有效履行职责的3名领导干部采取转任非领导职务、免职处理。切实抓好干部人事档案专项审核收尾工作，继续清理干部在企业兼职，对市委组织部新反馈的13项公职人员出资办企业或在企业兼职信息进行注销或变更登记，完善“周调度、月报告、半年通报、年终考核”管理机制，进一步加强提前离岗返岗科级干部管理，落实“从严治党、从严管理干部”要求。（4）持续加强干部队伍素质提升。深入实施“优秀干部选育工程”，印发全年干部教育培训计划，加大干部教育培训力度，举办科级干部理论研讨班3期、十八届六中全会轮训班2期，培训科级干部730余人次。深化与高校联合办学培训模式，与中山大学联合举办公共管理高级研讨班2期、科级领导干部素质提升培训班3期，组织240余名科级干部赴高校学习培训。指导区直部门单位举办干部教育培训班次40期，培训领导干部2300余人次，干部队伍整体素质明显提升。

【基层党组织建设】 坚持分类研究、分类施策、分类推进，不断增强基层党建工作的精准性和实效性。（1）深入实施基层党建“三年提升”计划。持续加强软弱涣散基层党组织整顿，积极培育党建工作示范点，通过典型培育、后进转化、辐射带动等措施，着力实现三年内30%的基层党组织成为党建工作示范点、30%的软弱涣散基层党组织成为成功转化的示范点、中间状态基层党组织实现提档进位的目标。现已培育农村党建示范点19个，非公有制企业党建示范点7个，转化软弱涣散党组织18个，56个党组织实现提档进位。（2）统筹推进各领域基层党建。不断提高农村党建规范化水平，健全完善重大事项票决、四议两公开、三务公开等制度，实施基层党建工作巡查、村党支部书记述职评议等运行机制，建立镇（街道）党（工）委、镇（街道）党（工）委书记、村党支部书记责任清单，从多个层面保障基层党建任务的规范落实。持续深化社区特色党支部建设，坚持以特色党支部建设为统领，统筹志愿服务队、驻社区单位等多方资源，推行“特色党支部 +”模式，广泛开展“特色服务进万家”“五老”护教、认领微心愿等特色服务活动，社区党组织服务水平不断提升，该项工作在《山东组织工作》予以推广。对全区“两新”组织隶属关系重新理顺，开展“集中推进月”活动，全面推进“组织覆盖、活动覆盖”。深化非公企业区域化党建，组织开展“红岩魂”革命精神巡展、“双创双争”等特色活动 120 余次，实现各党建区域组织联设、队伍联建、场所联用、资源联筹。突出基本制度、基本活动落实，建立机关党组织固定活动日制度，从严抓好基层党组织活动纪实和党员活动考勤管理。深化机关党建品牌创建活动，继续抓好“五大基地”建设，提升机关党建工作面貌。（3）从严抓好党员队伍管理。深入开展党员党组织关系排查工作，对 8450 名党员进行登记，对 242 名党员进行党组织关系转出，查找到失联党员 22 名、未查找到 3 名。为有效发挥警示作用，对 3 名失联党员做出除名的组织处理。坚持以严的标准，严把党员入口，要求各党（工）委在发展党员中重点做到“四个明确”，即明确不能入党的具体情形、明确具体操作流程、明确发展党员的责任追究和明确党员档案的标准要求。及时更新全区入党积极分子信息库，不在信息库的一律不准发展为党员。结合“两学一做”学习教育，以党支部为基本单位，以组织生活为基本形式，严格落实党员日常教育管理，要求各党支部分领域建立组织生活工作台账，全面落实“三会一课”、组织生活会等制度，推行“党员学习日”“党员人人当教员”微型党课等活动形式，确保各领域党员每个月至少有 1 次集中活动，增强党内活动的吸引力。做好自 2008 年以来的党费核算收缴工作，起草《区管党费收缴、使用和管理办法（暂行）》，对党费申请、审批、使用、上缴等程序做出详细规定，切实规范党费核算收缴工作。（4）开展党员教育培训。围绕服务河口区特色产业和满足党性锻炼、特色种养技术、新兴经济业态等方面个性化培训需求，着力举办涉及果蔬渔禽畜种养培训示范班、以个体小微商户为对象的电商培训示范班、以基层党组织书记为重点的党性教育综合管理示范班、以培养新型职业农民为方向的系统培训示范班等一批高端特色精品班次。年内先后组织举办河口区农业产业致富带头人示范培训班 2 期、南京农业大学—河口区村干部素质提升培训班 3 期、电子商务、葡萄种植等外出观摩培训班 10 余期，全年共开展各类培训 686 期，培训 2.5 万余人次，基层党员素质能力得到全面提升。（5）发挥下派帮扶作用助推脱贫攻坚。从严加强下派干部管理，探索建立“第一书记”全程纪实制度，配套完善巡查、通报、约谈、反馈制度，提升下派干部管理科学化水平。有效整合下派帮扶资源，大力推进扶贫攻坚，牵头开展科级干部联系贫困户工作，组织 92 个帮扶部门单位 578 名科级干部采取“一帮一”形式与贫困户结成帮扶对子，实现贫困户全覆盖。实施精准帮扶工程，有针对性实施党建帮扶、产业帮扶、区域帮扶、基础设施帮扶项目，增强下派帮扶实效性。2016 年，全区累计投入帮扶资金 4600 余万元，实施帮扶项目 160 余个，走访慰问群众 3300 余人次。为企业协调办理手续 560 余项，帮助企业融资 4100 余万元。

【人才工作】 整合人才工作资源，加强人才队伍建设，为建设美丽幸福新河口提供人才支撑和智力保障。（1）夯实人才工作基础。牵头研究起草《关于完善创新人才工作体制机制，加快推进“人才强区”战略的实施意见》《河口区“十三五”人才发展规划》，确定“重点产业领军人才集聚工程”“新型企业家培养工程”等人才工程 14 项，全面布局，统筹推进，树立适应新常态的人才政策导向。严格落实镇（街道）党（工）委、区直部门单位党组（党委）书记履行党管人才职责述职制度和人才工作目标责任制考核制度，提高“一把手”抓“第一资源”的行动自觉。在确定22个区级党员领导干部联系专家“对子”的基础上，推动党委联系专家工作适当延展，确定“网格—企业1+1”联系“对子”33个，基本实现企业重点人才联系服务全覆盖。年初，组织开展区领导走访慰问优秀人才活动，由区委主要领导带头对全区20余名优秀人才进行“一对一”走访慰问。强化人才工作调研分析机制，组织开展“人才＋项目”调研活动，对全区137家规模以上企业进行集中摸底，全面掌握产业人才发展现状。（2）丰富人才引育形式载体。强化“高精尖缺”人才引进，推行柔性引才模式，先后引进泰山产业领军人才李成林、享受国务院特殊津贴专家郭文等多名行业领军人才。深入开展“项目引才”，同步推进招商引资与招才引智，年内重点开展“海生·河口”渔业科技精准对接活动，举办河口区—北京高校院所产学研合作暨高层次人才对接洽谈活动，达成科企精准对接协议11项、校企合作协议10项，引进科技创新人才40余名。加大优秀人才选拔培养力度，启动2016年度“百名英才”、有突出贡献的中青年专家、首席技师等优秀人才选拔培养工作，为12名优秀人才成功申报上级重点人才工程。（3）营造用才引才良好环境。召开全区人才载体平台申报培训会议，组织相关职能部门对全区50余家规模大、有载体申报建设意愿的企业进行专题培训，其中与袁隆平院士合作的北方超级稻产业化中心有限公司院士工作站、与张文海院士合作的山东汇海医药化工有限公司院士工作站在省科技厅成功备案。成立河口区高层次人才发展促进会，指导成立河口区科技企业联盟、河口区电子商务联盟，强化人才组织建设，加强人才之间联系交流。召开优秀人才命名表彰暨人才工作新闻发布会，对省市区级优秀人才共39人次进行表彰，对全区2015年度百名英才、第三届乡村之星等称号、荣誉获得者进行颁奖，落实资金待遇22.4万元，弘扬尊重人才、尊重创造的社会风尚，保障各级各类人才作用的发挥。

宣传工作

【概况】 2016年，在区委、区政府的坚强领导下，在上级宣传部门的正确指导下，全区宣传思想文化战线紧紧围绕学习宣传贯彻党的十八大和十八届三中、四中、五中、六中全会精神，以创建文明城市、公共文化服务体系示范区建设、深化实施“四德”工程为重点，扎实推进各项工作，在理论武装、新闻宣传、文明创建、文化建设等方面取得新的进展，为全区经济社会持续稳定健康发展提供强有力的思想文化支撑。

【理论武装】 把习近平总书记系列重要讲话精神、中国特色社会主义理论体系、中国梦和党的十八届六中全会精神作为理论武装工作的重点，精心组织区委理论中心组和全区干部理论学习，提高广大党员干部的思想政治水平和科学发展能力。

（1）精心组织党员干部理论学习。加强学习的系统化、制度化建设，制定下发《2016年全区干部理论学习安排意见》，对全年理论学习做出安排部署。结合“两学一做”学习教育，组织区委、区政府领导班子成员集中学习14次；组织开展党的十八届六中全会精神专题学习班，对全区科级以上干部及基层党组织负责人进行分批轮训。学习中，注重理论联系实际，与黄蓝经济区建设、“两学一做”学习教育等有机结合起来，做到学习教育与其他工作两不误、两促进。

（2）深入实施理论惠民工程。围绕党的中央全会精神及党的路线方针政策，广泛开展基层宣讲活动，成立十八届六中全会精神宣讲团，抽调区委党校优秀讲师8人分赴各镇街和区直有关部门单位完成宣讲工作。加强理论宣讲队伍建设。组织开展“中国梦·小康情”百姓宣讲活动，王玉红、殷鹏宵两名同志代表河口区参加全市“中国梦·小康情”百姓宣讲比赛，分别获一等奖和二等奖荣誉。积极培育基层宣讲骨干，组织人员参加全省基层理论宣讲骨干等培训班。按照上级要求，结合百姓需要，做好社会科学普及工作。充分利用电视、网站等媒体，开辟学习贯彻党的十八届六中全会精神、“中国梦·我们的价值观”等专题专栏，开展好理论宣传工作。

（3）做好理论阐释和调研研讨。坚持学习与研究相结合，健全领导干部联系点调研制度，各级干部紧紧围绕“两个率先”目标，深入调查研究，撰写一批有价值、有深度的理论文章。

【舆论引导】 坚持团结稳定鼓劲、正面宣传为主，切实强化新闻策划，内宣与外宣同步推进，较好地发挥统一思想、凝聚力量、营造氛围、树立形象的作用。

（1）精心组织区内宣传。围绕十八届五中、六中全会精神、“两学一做”学习教育、经济发展、社会民生等内容，开展主题宣传。推进区电台、电视台节目改版升级，扩版精办《关注发展》《快乐梦想》《河口印象》等群众喜闻乐见的节目，进一步丰富自办节目内容，两台收视率持续提升。推进广播电视节目无线数字化覆盖工程，做好“智慧河口”手机电视共享平台管理工作，实施油地新闻定期互换，突出重点工程、民生实事宣传，扩大新闻宣传覆盖面，为各项工作开展营造良好氛围。

（2）加大对外宣传力度。加大与上级媒体的联系沟通，积极向各级影响力大的主流媒体供稿。借助举办“第五届湿地槐花节”等节庆活动，邀请各级媒体参与报道，2016年，上级媒体来河口采访20余次，对河口区多项重点工作开展宣传。截至年底，共在市级以上各级媒体发表稿件640余篇，其中，《大众日报》48篇，《东营日报》462篇；在《大众日报》刊发专版2期，在《东营日报》刊发系列报道8期，对全年全区发展建设中的新思路、新举措、新成果进行有力宣传。

（3）做好网上舆论工作。加强网上正面宣传，运用百姓视角和百姓语言在新华网、人民网、齐鲁网等市级以上重点新闻网站、重点商业网站发稿1400余篇，做好“河口资讯”微信公众号的信息发布和日常管理工作，全年共编辑发布249期，形成网上正面舆论导向。规范“河口吧”等贴吧的吧规民约，主动设置“鸣翠湖，我们共同呵护”等话题贴，引导文明健康的贴吧氛围。加强网络舆情监控和研判，落实舆情周报和重大舆情专报制度，编发舆情专报11期，做出涉稳形势报告12期，向有关部门下达舆情通知60件。全年共妥善处置涉及河口网络舆情400余条，有效维护河口形象。

（4）强化新闻宣传队伍建设。规范新闻宣传队伍管理。重新调整扩充全区新闻通讯员队伍，构建起区、镇（街）一体的新闻宣传队伍网络，加强业务学习和工作调度，举办全区新闻通讯员培训班和网络评论员培训班，进一步提升全区新闻通讯员与网评员队伍的业务能力。规范新闻例会等相关制度，下发近期新闻宣传工作要点4期，开展主题宣传10期。

【文明创建】 坚持创建为民、创建惠民、创建靠民的原则，动员广大干部群众积极参与各类文明创建活动，城乡文明程度明显提升。

（1）巩固文明城市创建成果。强化网格化管理工作模式，深化市容环境、交通秩序等六项重点整治活动，加强对市民的宣传教育，分三次整理创城档案1500余册，组织卫生集中清扫活动10余次，城区环境面貌和公共秩序得到持续改善。8月、11月和12月相继迎接了2015年度省级文明区补测、2016年度全国文明城市复审测评和2016年度省级文明区复审测评，综合成绩均在全市名列前茅。

（2）推进农村精神文明创建。结合乡村文明建设专项行动，切实抓好乡村基础设施建设、城乡环卫一体化、“新农村新生活”培训、移风易俗等工作，农村环境面貌和文明程度显著提升。突出抓好乡村文明移风易俗工作，通过宣传材料、标语、展板等方式搞好宣传发动，在区电视台播放移风易俗公益广告，制作发放移风易俗宣传扇2万把、倡议书3万余份，全区177个行政村均成立红白理事会。推行移风易俗重大事务公示制度，全区177个行政村全部设立移风易俗公示牌，及时对婚丧事的办理流程、办理情况、奖惩情况等重大事项进行公示，促进群众自治组织的主体作用，积极培育婚事新办、丧事简办、文明理事的社会新风尚。广泛开展文明单位与农村牵手共建活动。

（3）加强对各级各类文明单位的动态管理。全区2016年新增省级文明单位3个，省级文明村镇2个，市级文明单位13个。扎实开展行风文明建设，打造文明示范窗口，进一步树立窗口行业的良好形象。

（4）全面深化志愿服务工作。规范提升区志愿服务协会管理运行机制，建设志愿者服务综合管理平台，发展注册志愿者3100余名、志愿服务团队13支、社区志愿服务队32支、志愿服务站点57个，公示区级志愿服务扶持项目30个，其中17个项目入选《东营市2016年度志愿服务项目名录》，社会反响良好。志愿服务制度化取得积极成效，2016年，开展志愿服务进社区活动110余场次，向社会提供志愿服务近6500小时，受益群众达1.2万人次，涌现出河口志愿者、河口义工、“七色花”“小火花”“五老护教岗”“爱心送考”等一批影响较大的志愿服务队伍和品牌。

【公民思想道德建设】 广泛开展社会主义核心价值观宣传教育，在大众化、具体化上下功夫，公民道德建设取得新成效。

（1）积极培育和践行社会主义核心价值观。充分运用电视、互联网、移动客户端和社会媒介等，大力宣传和弘扬社会主义核心价值观。在全区各中小学校深入开展“做一个有道德的人”“国学小名士”经典诵读、“童心向党”歌咏比赛等主题实践活动。积极筹备全省第二届乡村少年宫成果展示。河口区获得全市“十佳美德少年”及提名奖各1人。利用中国共产党成立九十五周年之机，在全区开展爱国主义教育，组织开展图片巡展、书画展、红歌演唱等系列宣传活动。

（2）深入实施四德工程。继续深入推进善行义举四德榜建设，通过开展“社会主义核心价值观进校园”等活动，推动四德榜向农村、社区、学校、企业、机关拓展。截至2016年，全区农村、社区四德榜已实现全覆盖，12所中小学、40余个机关单位、20家企业完成建榜，并按要求完成四德榜网上平台上传工作，上传率达到百分之百，河安社区获得全省“四德工程”建设示范点荣誉称号，形成强有力的社会舆论力量。

（3）积极选树先进典型。大力开展“河口好人”推荐评选，每月推荐“身边好人”线索150条以上，组织好人评选和宣传活动，广泛凝聚崇德向善的正能量。持续推进“我推荐、我评议身边好人”“学雷锋，做文明东营人”活动，积极向上推荐典型并做好网络投票工作，刘雯、祖强分别入选四月份、五月份山东好人候选名单。推荐先进典型参加省市开展的道德模范评选活动，河口区丁来成荣获第四届全市道德模范提名奖。

（4）未成年人思想道德建设。在所有学校增设德育课堂，充实道德教育图库，组织开展优秀童谣传唱、中华经典诵读等主题活动。河安小学学生齐艺轩参加全省“经典诵读”电视大赛，展示河口少年的良好风貌。探索建立家长委员会制度，加大联合执法力度，每个月的第一个星期三固定开展净化文化环境专项整治行动，为未成年人创造良好的成长空间。深化乡村少年宫建设，严格按照省市要求开展星级管理考核工作，提升河口区乡村少年宫建设、管理、使用水平，更好的服务农村未成年思想道德建设。

（5）加强企业思想政治工作。组织企业政工师评选工作，2016年，河口区6名同志通过全省企业政工师统一考试，正在进行后续审核工作。积极开展“厚道鲁商”公益广告和征文大赛等各项活动，引导企业诚信守法经营，其中两篇征文获得全市三等奖。开展企业思想政治工作先进单位、个人评选活动，其中河口农村商业银行、河口区供电公司获得东营市思想政治工作优秀企业表彰。

【推进公共文化服务体系示范区创建】 （1）推进公共文化服务体系建设。积极开展公共文化服务体系示范区创建工作，推进区文化馆、图书馆新馆内部配套设施建设。实施镇（街道）综合文化站及村（社区）综合文化服务中心提升工程，统一门牌及服务标示，设立专项奖补资金，现已有 2 个镇街综合文化站、31 个村（社区）升级达标。加快图书馆总分馆体系建设，在全区范围内实现“一馆办证、通借通还”。推进乡村剧场和乡村历史文化展馆（室）建设，10 个乡村剧场已全部完成规划设计。

（2）开展群众文化活动。组织开展河口第十九届油地军港闹元宵大联欢、河口电视春晚、广场文化艺术节、“黄河口”好声音等群众性文化活动，丰富群众文化生活。围绕庆祝中国共产党成立 95 周年，开展优秀电影展映展播、大合唱、“党史国史”教育、文学作品征集等活动。扎实推进文化下基层。2016 年，举办新春文艺巡演、“进千村乐万家”与乡村大舞台系列活动共 1200 余场次，农村公益电影放映和公益电影进福利机构共放映电影 2500 余场次。

（3）培育特色文化品牌。依托孤岛万亩槐林，继续打造湿地槐花节品牌，叫响“多彩新淤地，五月槐花香”口号，举办第五届湿地槐花节、全国摄影展和诗歌朗诵会，承办全省社会科学普及周活动，河海湿地文化影响力进一步扩大。

第五届黄河三角洲（中国·东营河口）湿地槐花节暨全国摄影大展开幕式

【文化体制改革】 按照省市要求，抓住重点领域和关键环节，落实文化体制改革各项任务。根据市委宣传部和区委改革办要求，共汇总河口区 14 项文化体制改革任务台账，对照台账目标和要点，推进各项改革任务落实到位。在河口区开展文化供给侧结构性改革调研，形成第一手资料。联合区发改局和区财政局推荐东营黄河古道芦苇画艺术设计有限公司申报 2016 年度东营市重点文化产业项目。组织优秀企业成功参与第五届山东省文博会，对河口区文化产业发展起到良好的推介和宣传效果。做好齐鲁文化之星和黄河口文化之星的名录宣传文稿整理和资费申请工作。

【干部队伍建设】 （1）开展“两学一做”学习教育。按照区委统一部署，开展“两学一做”学习教育，组织集中学习 20 次，专题讨论 3 次，党员领导干部讲专题党课 5 次，向有关部门单位征求意见建议 6 条，查摆支部班子和党员领导干部问题 18 个。

（2）做好扶贫开发工作。认真做好河口街道坨子村扶贫工作和科级干部结对帮扶工作，积极争取上级资金，实施经济林种植项目和土地开发整理项目，帮助村民脱贫增收。“六一”“七一”、扶贫日期间，开展贫困儿童、困难老党员、困难群众走访慰问活动，发放慰问金 6700 元。2016 年，科级干部入户帮扶达 57 人次，帮助困难群众解决医疗报销、大病救助等方面的问题，已帮助 2 户贫困户脱贫。

（3）推进工作创新。根据全市宣传文化工作创新年活动统一部署，结合河口区实际，确定农村文化基础提升工程、“三个五”公益大讲堂、“智慧河口”手机共享平台建设、社会主义核心价值观进校园等四个重点创新项目，分别细化工作方案，明确责任分工，其中公益大讲堂和社会主义核心价值观进校园两个项目被确定为全市重点创新项目。

统战工作

【概况】 河口区委统战部是贯彻执行党中央、国务院和省委、省政府以及市委、市政府关于统一战线的方针、政策，联系实际、调查研究，提出河口区统一战线工作的意见和建议，协调统战工作各方面的关系；拟订河口区统战工作的实施办法和工作计划，并组织实施，密切联系民主党派、无党派、非党知识分子干部、非公经济代表人士，听取他们的意见和建议，协调有关部门做好工作；负责外事侨务工作，贯彻执行党和政府的外事侨务政策的团体，具有“代表、服务、管理”职能，参照实行国家公务员管理制度。截至2016年底，区委统战部现有在编人员6人，其中部长1名、常务副部长1名、副部长2名、副主任科员1名。

2016年1月，河口区民主党派集中办公工作做法受到各级肯定，中央统战部秘书处领导到中心实地考察并给予高度评价，市委统战部专门在河口区召开全市民主党派基层组织建设现场会，推广河口区党派集中办公工作经验，民进东营市总支召开基层组织建设现场会，推广民进河口支部工作经验。河口区民主党派工作在全市的影响力不断提高。5月，组织开展“精准扶贫·统战成员在行动”活动，召开动员会议，向统战成员发出积极参与精准扶贫工作的倡议，组织各民主党派与贫困户对接，了解情况，明确帮扶对象、制定帮扶措施。3个民主党派支部、20余名党外人士与贫困户结成帮扶对子，为帮扶对象提供捐赠、就业等支持，一大批贫困群众成功脱贫。区委统战部、区台湾工作办公室联系台资企业收购所帮扶村玉米，解决村民卖粮难问题；区工商联当好贫困户与非公企业的红娘，有15家企业完成与河口区13个省定贫困村签订帮扶协议；15家商会完成55个贫困户的认领，确立帮扶关系。截至年底，共开展助学、助老、助残等各类救助活动12次，捐款捐物达10万余元，初步确立产业帮扶项目3个，共计划投资70万元。9月，在区电视台开设“一把手谈统战”栏目，该做法在《山东统一战线》简报推广。

【《条例》贯彻落实工作】 做好中央《中国共产党统一战线工作条例（试行）》（以下简称《条例》）贯彻落实工作。把贯彻落实中央和省、市、区委统战工作会议精神和《条例》作为统战工作的首要任务，细化指标，扎实推进，确保中央和省、市、区委各项要求落到实处。（1）建立工作载体。将2016年确定为“推进《条例》落实年”，制定工作方案，建立任务台账，将《条例》内容细化为132项工作任务，明确任务、时间、责任人。定期调度，召开各分管副部长、各统战部门参加的调度会议3次，听取贯彻落实工作进展情况汇报，了解存在的问题，提出指导意见。通过开展“推进《条例》落实年”活动，有力推动中央《条例》贯彻落实工作。（2）建立工作档案。以迎接省委统战部贯彻落实中央、省委统一战线系列重大决策部署调研为契机，将贯彻落实工作资料梳理汇总，立卷归档，装订统战工作档案52册，使统战工作更加系统化。（3）营造浓厚氛围。努力办好《河口统战》内部刊物，坚持高质量，突出时效性，编发《河口统战》5期；在区电视台开设“一把手谈统战”栏目，邀请镇街、科技、卫生、文化、工商联等部门和统战团体负责人分别结合各自实际谈体会、谈认识、表态度，已完成5个部门的节目录制工作，并于9月12~23日在河口综合新闻频道和党建频道滚动播出，该做法在《山东统一战线》简报推广。用好政府门户网站“学习贯彻中央统战工作会议精神”专栏，集中发布贯彻落实会议精神和《条例》的信息文章。开展宣讲活动，编辑落实中央《条例》教学课件，时长120分钟，列入区委党校培训内容，已为2个培训班上课，培训党员干部100余人次。

【民主党派和无党派人士工作】 （1）稳步推进政

党协商。着眼提高政治协商的制度化规范化水平，科学起草《中共河口区委2016年度同区各民主党派无党派人士政治协商计划》，确定5项协商事项，明确协商时间、参加范围、主要程序和责任单位。现已召开季度恳谈会3期，党外人士通报会1期。（2）提高民主党派和无党派人士参政议政积极性。将2015年完成的21篇调研报告汇编成册，邀请区纪委、区委组织部、区委宣传部、区委党校等单位领导组织评审小组，评出一、二、三等奖，并进行表彰，提高民主党派和无党派人士参政议政的积极性。精心安排2016年统战系统大调研活动，收集调研课题22个，现正在推进中。（3）支持民主党派加强自身建设。支持民主党派加强思想建设，将民主党派成员和无党派人士作为重要培训对象，科学选调，培训中国特色社会主义道路、多党合作和政治协商制度等内容，提高思想政治水平。2016年，党外代表人士暨统战干部培训班培训民主党派成员12人，无党派人士19人；支持民主党派加强组织建设，向民革市委推荐积极分子1名，协调做好农工党河口支部成立工作，近期召开成立大会；支持民主党派加强机关建设，指导各民主党派依托区民主党派活动中心，认真履职，开展创品牌、社会服务等活动，提升党派影响力。河口区民主党派集中办公做法受到各级肯定，中央统战部秘书处领导到活动中心实地考察并给予高度评价；市委统战部专门在河口区召开全市民主党派基层组织建设现场会，推广河口区党派集中办公工作经验；民进东营市总支召开基层组织建设现场会，推广民进河口支部工作经验。河口区民主党派工作在全市的影响力不断提高。

【民族宗教工作】（1）协调好民族关系。出台《关于加强和改进新形势下民族工作的实施意见》，指导做好民族工作。注意关心少数民族生产生活，发展少数民族经济，支持少数民族农民专业合作社发挥作用。建立少数民族纠纷应急处理机制，遇到突发纠纷，第一时间介入，确保将纠纷化解在萌芽状态。（2）协调好宗教关系。坚持“保护合法、制止非法、遏制极端、抵御渗透、打击犯罪”的基本原则，维护宗教领域和谐稳定。具体工作中，重视培养爱国宗教教职人员队伍，定期举办教职人员培训班；与各宗教活动场所签订安全责任状，不定期组织开展安全检查，确保各活动场所安全稳定。宗教界人士多年期盼的城区基督教活动场所选址问题取得重大进展，经过努力，区政府分管副区长牵头，国土、住建、民宗等部门积极推动，加快选址工作。

1月8日，民进东营市总支部基层支部建设现场会

【党外代表人士队伍建设工作】（1）完善党外代表人士数据库。结合《条例》要求，由原来的“六支队伍”，扩展为统战工作的12个方面，分管副部长负责，有关部门单位配合，多次深入基层进行调研，摸清民主党派、无党派、非公经济、出国和归国留学人员、海外侨胞和归侨侨眷等统战成员的基本情况，分类采集信息。注重做好网络意见人士、非公有制经济人士年轻一代等群体的统计工作，丰富统战资源。在后备干部推荐工作中，结合部门单位实际合理确定党外人士

比例，为党外人士脱颖而出创造条件。通过努力，分类建立民主党派、无党派、党外知识分子、港澳台海外代表人士、党外优秀干部等党外代表人士数据库，采取动态管理方式，定期更新，增强选人用人的针对性。（2）加强党外代表人士培养锻炼。保障培训经费，总额比2015年增加3万元。强化实践锻炼，区委组织部、区委统战部联合，在镇街、开发区设立3处党外人士实践锻炼基地。在区台湾工作办公室的大力协助下，在全国对台干部培训中心2016年共举办2期全区党外代表人士暨统战干部培训班，区委常委、组织部部长、统战部部长同志亲自出席开班仪式并讲话。聘请中央社会主义学院、中国人民大学等高层次、高水平专家担任培训班教师，培训党外人士和统战干部49人。（3）加大党外代表人士安排使用力度。认真贯彻党外代表人士安排使用的政策要求，健全工作机制，加大工作力度，2016年，提拔党外科级干部2名，重用2名，党外干部工作继续走在全市前列。向市海联会推荐5人担任理事，其中1名当选副会长。（4）加强与党外代表人士联系交友工作。制定区委常委联系党外代表人士制度，每名常委联系2名党外代表人士，带头开展联系交友活动。2016年春节，分管副书记和统战部长分别带队，走访慰问回族阿訇和基督教活动场所负责人，上门了解统战成员工作生活中的困难和问题，进一步增进共识。

5月5日，召开全区"精准扶贫·统战成员在行动"动员会议

【统战成员服务经济社会发展】 （1）促进经济发展。发挥工商联桥梁纽带作用，为非公企业提供维权、代言、融资、联谊等服务；发挥联系广泛的优势，帮助民营企业引进人才。（2）推进精准扶贫。组织开展"精准扶贫·统战成员在行动"活动，召开动员会议，向统战成员发出积极参与精准扶贫工作的倡议，组织各民主党派与贫困户对接，了解情况，明确帮扶对象、制定帮扶措施。3个民主党派支部、20余名党外人士与贫困户结成帮扶对子，为帮扶对象提供捐赠、就业等支持，一大批贫困群众成功脱贫。区委统战部、区台湾工作办公室联系台资企业收购所帮扶村玉米，解决村民卖粮难问题；区工商联当好贫困户与非公企业的红娘，已有15家企业完成与河口区13个省定贫困村签订帮扶协议；15家商会完成55个贫困户的认领，确立帮扶关系。截至年底，共开展助学、助老、助残等各类救助活动12次，捐款捐物达10万余元，已初步确立产业帮扶项目3个，共计划投资70万元。（3）开展社会服务。引导各民主党派围绕促发展、惠民生，开展一系列社会服务活动。各民主党派立足党派实际，开展志愿服务活动，走访慰问贫困学生和患病儿童、关爱敬老院老人、举办健康知识辅导班，累计投入款物约10万元，惠及群众200余人次。

【统一战线自身建设】 （1）构建大统战工作格局。调整区委统一战线工作领导小组，区委书记担任组长。有关群众团体明确统战工作机构和人员，其他区直部门单位明确分管领导和统战联络员，镇街配齐统战干事，村（社区）明确统战联络员，建立覆盖区、镇（街道）、村（社区）的三级统战工作网络，构建大统战工作格局。（2）加大统战干部队伍建设力度。协调区编办，在统战部拟增设党外代表人士服务中心，设2个编制，现已提交区编委会办公室。改变统战干部交流不畅局面，调出副部长一名，调入一名年轻科级干部，优化班子年龄结构。努力加强机关规范化建设。按照例会、考勤、请销假、卫生管理等制度要求，领导干部带头示范，同志们自觉遵守，一把手不定期检查，确保各项制度落实到位，提高机关规范化建设水平。举办全区统战系统职工运动会，丰富职工文体生活，提升统战干部队伍凝聚力和战斗力。（3）创建统战工作品牌。推进统战工作创品牌活动，以此为抓手，引领各统战部门、各镇街、各民主党派增强创新意识，打造工作亮点，扩大统战工作影响。按照一镇街一特色、一党派一品牌的创建要求，指导提炼品牌、创建品牌、宣传品牌。各副部长按分工定期调度指导、督促推进。将创品牌活动纳入镇街统战工作考核内容，纳入党派经费分配指标，增强创建动力。民革的“点亮微光”、民盟的“同心梦”、民建的“政企金桥”、民进的“启梦行动”、河口街道的“同心社区”等品牌创建成效进一步显现，在社会上引起良好反响。（4）严格统战工作考核。根据区考核办统一安排，建立统战工作考核制度，依据统战工作考核办法，成立考核组，通过查阅统战工作档案，实地调研等形式，对全区6个镇街、100多个区直部门单位进行考核，考核成绩向区考核办提报。在推动面上工作上水平的同时，强化统战部门的牵头地位，为开展统战工作提供抓手。（5）开展“两学一做”学习教育。创新学习形式，改变以往单打独斗、各自为战的学习形式，各统战部门合并、集中开展“两学一做“学习教育，规避单位小、人员少、学习氛围淡的不足。将每周五作为集中学习日，采取轮流领学、观看视频、专题讨论、现场教育、上党课等形式开展学习教育。现已开展集中学习40课时，集中研讨6次，领导干部上党课3次，外出参观学习2次，征求意见建议36条，整改问题36个。区委常委、组织部部长、统战部部长专门抽出时间，为统战部门党员上《严守党的纪律和规矩，争做合格的统战干部》的党课，进一步提升大家思想政治水平。坚持学做结合，组织党员干部做好联系村和联系企业工作，在所帮扶村新户镇仁义村举办健康教育培训班，组织村民代表到博兴考察草柳编项目，启动村庄亮化工程，统战部科级干部联系的3户贫困户全部脱贫。指导所联系企业加强党组织建设，指导企业开展安全环保隐患整治，落实安全生产主体责任和各项措施，提高企业的核心竞争力。

【中国民主促进会东营市河口支部概况】 中国民主促进会东营市河口支部成立于2014年1月17日，现有正式会员8人，积极分子3人，党内省级先进个人1名，市级先进个人2名，市政协委员1人，区政协委员2人。会员中2人被民进东营市总支部表彰为优秀会员，1人被区政协表彰为“社情民意信息工作先进个人”。

自民进东营市河口支部成立以后，在民进东营市总支部的直接领导下，在河口区委统战部的支持和帮助下，民进河口支部坚持以“建设具有凝聚力和战斗力的优秀支部”为工作目标，以坚持科学发展、参政议政和社会服务为工作主线，在“顺应形势、发挥特长、典型带动、持续发展”工作理念指导下，进行理论学习、参政议政和社会服务，履行好参政党的各项职能。

通过召开会议、参加培训班、听专题报告会等多种不同形式，增强广大会员对中国特色社会主义的道路自信、理论自信、制度自信，承担起作为中国特色社会主义事业亲历者、实践者、维护者、捍卫者的政治责任，全体会员的政治素养、政党意识有了大幅度提升。

民进河口支部打造“四三二一”（每位会员每年撰写4篇社情民意信息，参加3次社会调研，撰写2篇提案，完成1个调研报告）参政品牌活动。着眼社会热点、难点问题，利用各种渠道积极参政议政，建言献策。2年多来，民进河口支部向区政协报送社情民意信息36条，4条被省政协报送全国政协，6条被省政协采用，12条被市政协采用，2条列为市政府转送件。所有投稿均被区政协采用。2014年，在区政协26个社情民意信息提报单位中名列第一。2014年，民进河口支部被区政协表彰为“信息工作先进集体”。2015年，被东营市总支部表彰为“先进基层组织”。

社会服务是民主党派扩大社会影响，奉献爱心，践行社会主义核心价值观的重要渠道。民进河口支部强化品牌意识，广结社会资源，拓宽服务渠道，以“儿童启智梦”“少年成才梦”“老年幸福梦”启梦行动为主线，开展系列社会服务活动。依托尼山书院国学讲堂，开展“儿童启智梦”系列活动，使所有参与者对中国传统文化有进一步了解，为更好地传承国学精髓，起到积极的推动作用；以河安社区市民学校为平台，开展“少年成才梦”宣传教育活动，主题包括“不因贫困而失学贫困生资助活动；不因无知而误学家庭教育培训活动；不因无助而盲学假期才艺培训活动”三项大的主题活动。以河口区中心敬老幸福园为服务平台，在“老年幸福梦”行动的导引下，开展“老年健康行动”“老年关爱行动”“老年心灵行动”为主题的针对幸福园老人的服务活动。

编办工作

【概况】 区编委办公室是区机构编制委员会的常设办事机构，在区委、区政府和区机构编制委员会领导下，负责全区行政管理体制和机构改革以及机构编制的日常管理工作，既是区委的工作机构，又是区政府的工作机构，列区委序列。区编办原与区人事局合署办公，通过2010年3月政府机构改革，列为独立的党委序列部门。区编办全体工作人员13人，其中，主任1名，副主任2名；下设事业单位监督管理局、行政管理科学研究所。事业单位监督管理局为正科级事业单位，具体承担全区事业单位监督管理工作；行政管理科学研究所为副科级单位，于2011年3月成立，主要负责行政管理体制、机构改革及机构编制管理研究，为区委、区政府和区编委决策提供咨询服务；负责机构编制信息宣传、机构编制统计、编办机关电子政务和信息化建设相关工作；指导规范各级党政群机关、事业单位网上名称工作。2014年3月，根据《关于设立河口区人民政府行政审批制度改革办公室的通知》（东河编发〔2014〕3号）设立河口区人民政府行政审批制度改革办公室，副科级单位，主要负责指导、协调全区行政审批制度改革工作，组织拟订行政审批制度改革相关制度和实施意见、办法，协调落实国务院、省、市取消和下放的行政审批项目等事项，推进区级行政审批制度改革工作，审核区级行政审批项目等事项并提出取、下放和保留的意见。

【机构改革】 （1）推进政府工作部门“三定”修订工作。2016年，为进一步完善部门职责，优化机构设置，清晰划分事权，提高机构编制资源使用效益，推动政府决策、执行和监督机制更加完善，组织架构更加合理，印发《区政府部门“三定”规定修订工作实施方案》，全面部署区政府部门“三定”规定修订工作。

2016年9月2日，全区政府部门“三定”规定修订暨事业单位改革配套政策制定工作会议召开

为进一步转变政府职能，持续优化经济发展环境，提高行政效能，印发《关于在孤岛镇、仙河镇开展城市管理行政执法权力下放试点工作的通知》(东河编发〔2016〕4号)文件，为进一步转变政府职能，持续优化经济发展环境，提高行政效能，经区编委第2016–1次会议研究，决定在孤岛镇、仙河镇开展城市管理行政执法权力下放试点工作，根据孤岛镇、仙河镇镇域经济发展和社会管理需要，结合两镇的承接能力，将区城市管理和行政执法局涉及城镇容貌、环境卫生、绿化、生活垃圾、城乡规划方面的49项行政执法权限通过委托的形式下放到两镇实施，构建起“权责明确、行为规范、监督有效、保障有力”的基层行政执法体系和运行机制。

加快推进综合执法体制改革工作。一是认真学习省、市综合执法工作会议精神，积极向编委领导汇报。二是积极进行前期调研工作，深入执法一线，详细了解执法机构运行情况，掌握存在的问题。三是认真做好调查摸底和数据统计工作，摸清区直、镇街行政执法权力、执法队伍底数。四是制定工作方案，及时向市编办递交《河口区综合行政执法体制改革方案》请示文件，待市编办批复后推进实施。

（2）深化事业单位改革。为贯彻落实东营市编办《关于做好“僵尸”事业单位集中清理工作的通知》（东编办发〔2016〕83号），河口区编办积极行动，推进“僵尸”类事业单位集中清理工作，一是转发通知，及时转发市编办《关于做好“僵尸”事业单位集中清理工作的通知》。明确此次清理工作的目标任务、主要措施及有关要求，为集中清理“僵尸”事业单位工作提供明确指引，为下步工作顺利开展奠定基础。二是召开部署会议，确保清理工作有序开展。为更好地传达方案精神，突显集中清理“僵尸”事业单位工作的重要性，召开由相关部门单位参加的专题工作部署会议。会上对清理工作进行解读，对部门存疑问题做出解答，同时进一步明确工作时间节点和重要性、紧迫性，有效保证清理工作的平稳推进。三是组建工作组，确保清理工作人员力量到位。由于摸底核实阶段工作量大，时间紧，为保证工作按时保质完成，河口区编办抽调精干人员组成审核小组。对单位上报的“僵尸”事业单位自查报告和清理方案进行逐一审核、反馈和汇总，以保证清理工作有效开展。

继续深化事业单位分类工作，按照省编办《关于规范市县事业单位经费来源有关问题的通知》（鲁编办〔2016〕1号），认真做好调研摸底工作，并结合实际，对河口区部分事业单位经费来源向市编办作汇报说明。大力推进从事从生产经营事业单位转企改制。根据《关于河口区事业单位分类意见的批复》意见，区建筑设计院、区水利勘测设计所、区城发公司为生产经营类事业单位，现已经完成区水利勘测设计所的转企改制工作，对区建筑设计院、城发公司人员进行分流。

（3）继续推进乡镇机构改革。积极落实鲁政办发〔2016〕6号文件精神，一是安全生产监管和环境保护。各镇（街道）安监和环保工作站（综合执法中心），机构维持现状不变；二是建设工程质量安全监管。整合镇（街道）有关职责，设立乡村建设监督管理办公室，为各镇（街道）党政工作机构，主任由镇（街道）分管领导兼任，另配备副科级副主任1名；三是道路交通安全监管。各镇（街道）社会事务办公室负责协助道路交通安全主管部门做好区域内道路交通安全监管工作，协助做好道路交通安全宣传、有关信息采集、安全隐患排查等工作。

为做好镇（街道）卫生计生资源整合工作，进一步优化全区卫生计生资源配置，印发《关于调整河口区基层卫生计生相关机构事项的通知》(东河编办发〔2016〕55号)，镇街计划生育管理办公室更名为卫生计生管理办公室，将卫生监督所更名为卫生计生综合监督所，并对相关职责进行优化调整，实现基层卫生计生执法监督有机统一。另外，在镇街社会事务办公室增加计生协会相关工作职责，并明确1名工作人员负责计生协会相关工作。解决镇街计生协会权责不明确，人员无身份的问题，进一步推进基层计生协会建设。

（4）统筹推进重点领域体制改革。为进一步深化“三转”，根据上级关于推进纪检体制改革的有关要求，印发《关于区纪委、区监察局及所属事业单位机构编制事项调整的通知》（东河编发〔2016〕29号），对纪委（监察局）机关内设机构、领导职数、人员编制等进行调整规范，为区纪委机关核增行政编制17名，行政编制总额达到30名。另外，将6个区纪委派驻纪检组（监察室）调整为5个，重新核定领导职数。积极做好审计、法院、检察院机构编制上划工作，根据上级安排部署，认真对三个部门机构编制及人员情况进行认真梳理，整理上划资料，并编印成册，稳妥推进上划工作。为推进公立医院改革，印发《于河口区公立医院人员控制总量备案有关事项的通知》（东河编发〔2016〕28号），探索建立公立医院人员控制总量备案制，有效激发公立医院活力。为解决河口区城镇中小学大班额问题，结合全区中小学编制核定情况，设立小学临时周转编制专户编制，并对专户编制进行调整，由120名调整为170名。为进一步规范人大机构设置，印发《关于规范人大机关机构编制事项的通知》（东河编发〔2016〕5号），区人大常委会办事机构和工作机构设置为3个，区人民代表大会按照法定程序设立内务司法、财政经济、城乡建设环境保护、农业与农村、教育科学文化卫生等5个专门委员会，并对镇街、开发区人大机构设置进行调整。为贯彻落实全省扶贫开发工作会议精神，整合区直有关部门（单位）扶贫脱贫职责，重新组建区扶贫开发领导小组办公室，新户镇、义和镇、河口街道、六合街道设立扶贫开发工作办公室，孤岛镇、仙河镇扶贫开发相关工作由镇党政工作机构党政办公室承担。

【政府职能转变、简政放权】 （1）积极出台配套文件。为统筹指导和深入推进简政放权、放管结合，加快政府职能转变，研究重要领域和关键环节的重大改革措施，加大指导、协调、督促检查力度，确保各项改革取得预期成效，起草《关于成立河口区推进政府职能转变领导小组的通知》《河口区推进简政放权放管结合转变政府职能工作方案》《2016年推进简政放权放管结合优化服务转变政府职能工作方案》等配套文件，明确推进简政放权放管结合优化服务转变政府职能工作的总体要求、任务分工、主要任务、措施和进度安排，为做好全区推进政府职能转变相关工作提供规范和指导。

（2）清理行政审批事项。根据国务院、省、市文件精神，结合取消非行政许可审批事项、推行行政许可事项通用目录工作要求，对区政府各部门、单位行政审批事项的名称、类别、法定依据、审批条件等进行全面清理规范。清理规范后，将原有的121项行政审批事项，取消20项（其中，行政许可15项，非行政许可5项；另有5项子项、11项内容一并取消）；根据通用目录，将原8项行政审批事项合并为4项，将原13项行政审批事项细化为33项；新增行政审批事项84项。调整后，区政府部门、单位行政审批事项共计201项，全部为行政许可事项。同时，按照区级政务服务平台组建工作要求，配合区政务服务平台建设工作协调小组全面完成了行政许可事项信息录入工作。

（3）规范行政审批行为。为进一步完善行政审批中介服务收费项目清单，规范行政审批中介服务，根据省、市相关文件要求，结合行政审批事项目录最新调整情况，对《河口区区级部门单位行政审批中介服务收费项目清单》进行修订，修订后，区直部门单位保留行政审批中介服务收费项目12项。为逐步解决目前建设项目评估评审手续多、时间长等问题，进一步提高行政审批效率，降低企业制度性交易成本，加快建设项目落地，起草《开展建设项目区域化评估评审工作实施方案》，选定山东河口经济开发区、河口蓝色经济产业园、河口区湖滨新区开展建设项目区域化评估评审。

（4）加强事中事后监管。结合责任清单编制工作，监督指导各部门单位分类建立事中事后监管制度378项，明确本部门与下级部门、社会组织之间的职责分工，避免监管缺位。通过制定出台《关于加强行政审批事中事后监管的实施意见》，进一步明确事中事后监管的指导思想、监管主体、监管内容、监管措施。为规范与行政审批相关的中介服务，促进中介服务市场健康发展，印发《关于规范区直部门单位行政审批中介服务的通知》，为建立“市场主导、行业自律、政府监督”三位一体的运行机制和以信用体系、自律建设为重点的监管体制提供有效保障。为规范监管行为，创新管理方式，提高监管效能，制定出台《关于建立健全随机抽查工作机制规范事中事后监管的通知》，督促各部门单位加快建立健全“随机抽取检查对象、随机选派执法检查人员”的“双随机”抽查机制。现各相关部门单位都结合实际建立“双随机”抽查机制。

（5）清理行政权力事项。河口区区级权责清单公布实施后，区编办及时将权力清单的权力事项名称、权力类别、实施依据、实施主体、承办机构、公开范围、收费依据和标准、权力运行流程图、监督电话等内容以及责任清单的主要职责、具体责任事项、职责边界、事中事后监督管理制度、公共服务事项、责任追究机制等内容按要求在区政府、区编办网站上向社会进行公开，同时印制成册。同时，为贯彻落实省市相关文件要求，加强区级行政权力清单管理，规范行政权力运行，根据《山东省人民政府关于印发山东省行政权力清单动态管理办法的通知》（鲁政字〔2016〕76号），区编办组织对区级行政权力事项进行全面清理规范，确定取消和调整区级行政权力事项536项，其中，取消43项，合并3项，调整24项，更名4项，重新公布381项，新增81项。

（6）编制镇（街）权责清单。为贯彻落实《省委办公厅省政府办公厅关于印发<山东省简化优化公共服务流程方便基层群众办事创业实施方案>的通知》（鲁厅字〔2016〕39号）、《山东省人民政府关于在全省推行行政权力清单制度的通知》（鲁政字〔2014〕141号）、《东营市机构编制委员会办公室关于印发2016年工作要点的通知》（东编办发〔2016〕20号）等文件要求，规范镇（街道）行政权力运行，组织开展了镇（街道）行政权力清单和责任清单编制工作。经各镇(街道)梳理、区编办集中审核、区政府法制办合法性审查、区政府审定，确定镇（街道）行政权力事项78项，其中行政处罚8项、行政强制4项、行政征收1项、行政给付3项、行政裁决2项、行政确认1项、行政监督17项、其他行政权力42项；对应责任事项365项、追责情形417项。

【机构编制管理、监督检查】 （1）认真做好机关干部编制调整工作。2016年4月，全区机关事业单位科级干部调整，105名科级干部职务发生变动，区编办在对职务调整人员原单位及职务与新调入单位及职务认真分析讨论的基础上，形成科学严谨的调整方案，并在一周内对所有人员的编制手续进行集中办理，确保职务调整人员的工资福利待遇得到落实。

（2）积极协助市编办开展干部离任审计工作，认真提供相关机构编制资料。根据省审计厅、省编办《关于开展机构编制管理和执行情况审计工作的意见》精神和市审计局《关于配合经济责任审计提供有关编制情况的函》有关要求，河口区编办受市编办委托，对有关领导干部任职期间机构编制管理执行情况进行审计，经过一周努力，区编办认真完成对五位领导干部的机构编制审计工作，并向市编办上报审计报告，获得市编办肯定。2016年5月底，市审计组对聂建军同志任河口区委书记期间的相关情况进行审计，区编办积极认真向审计组提供2010年以来的机构编制统计资料，对审计工作起到重要的促进作用。

（3）积极开展政府工作部门履职评估和机构编制事项跟踪问效工作。自2016年5月中旬开始，河口区编办按照上级要求继续开展政府工作部门履职评估工作，对区农业局、区质监局、区卫生计生局、区政务服务中心管理办公室、河口经济开发区5个政府部门分4个阶段开展机构编制评估。同时根据市编办要求，积极开展机构编制事项跟踪问效工作，针对上年度机构编制发生调整的单位进行调研，查看各部门单位的落实情况，主要对区安监局、区畜牧局、区广播电视台、蓝色经济产业园服务中心、河口经济开发区五个部门单位开展机构编制事项跟踪问效工作，截至年底，两项工作均已完成实地评估及调研工作，为下一步工作开展打下坚实基础。

（4）认真开展政府工作部门机构编制评估和机构编制事项跟踪问效反馈工作。6月底，政府工作部门机构编制评估及机构编制事项跟踪问效工作全面完成之后，区编办认真总结在检查过程中发现的问题，经过研究分析之后反馈给部门单位，督促整改落实，保证政府部门机构编制评估和机构编制跟踪问效工作落到实处，为实现机构编制的动态管理、科学配置机构编制资源提供科学依据和数据参考。

（5）开展机构编制实名制专项检查工作，维护机构编制权威性和严肃性。8月初，区编办下发《关于开展机构编制实名制管理专项检查的通知》，以全区纳入机构编制实名制管理的部门单位为检查对象，对机构编制综合管理信息系统运用及维护情况、《机构编制管理证》使用情况、实名制公示情况等五个方面进行全面的监督检查。经过部门单位自查及区编办对个别部门的实地检查，及时掌握各部门单位的机构编制实名管理工作开展情况，对维护好机构编制实名制的权威性和准确性起到重要的促进作用。

（6）开展控编减编自查工作和迎检工作，做好控编减编工作。8月中旬，根据《中央编办关于开展2016年控编减编等工作专项督查的通知》和省编办2016年工作要点要求，河口区编办对河口区控编减编工作情况进行认真自查，通过自查，区编办对全区控编减编工作进行全面深入了解和分析，为下一步合理利用机构编制资源打下坚实基础。9月下旬，省编办控编减编检查组对河口区控编减编工作进行检查指导，指出河口区控编减编工作存在的不足，区编办积极进行整改落实。

（7）及时为2016年度新考录的公务员和新招聘的事业单位工作人员办理编制手续。9月初，各部门单位新考录公务员和新招聘事业单位工作人员陆续到岗，区编办在认真检查分析新进人员岗位安排与2016年度用编计划，确保一致之后，为新进人员办理编制手续，确保新进人员能够及时享有各项待遇，及时适应新岗位，投入到新工作中去。

（8）开展暖气补贴审核工作。9月中旬，全区开展暖气补贴发放审核工作，区编办主要负责人员编制审核，对全区四千余人的编制进行详细认真的核对，确保不出任何错误，保证每一位工作人员都能享受到应有的待遇。

【事业单位监督管理】 （1）事业单位日常监管工作。根据《事业单位登记管理暂行条例》规定，日常工作中加强对事业单位登记及年度报告公开等日常工作的监管。2016年设立登记7家，变更登记36家，注销登记8家。为确保年报公开质量，安排专门人员对年度报告公开内容进行认真审核，对应公开内容做到不缺项、不漏项，并对照各单位职责对其业务开展情况进行核对，对各单位财务报表进行把关，对上传的其他材料逐一查阅，审核无误后提交公开，截至2016年底，河口区未收到一起投诉举报案件。

（2）事业单位绩效考核工作。2016年1月，事考办组织开展2015年度事业单位绩效考核工作，并对区事业单位考核委员会办公室组织考核的128个法人事业单位考核结果予以通报，授予河口区廉政舆情监察中心等21个单位“2015年度事业单位绩效考核A级单位”称号，河口区城乡集中供水管理中心等107个单位“2015年度事业单位绩效考核B级单位”称号。

（3）事业单位法人档案整理工作。及时对2016年全区法人登记工作形成的档案资料进行整理归档。依据省事业单位法人档案整理标准，按照设立、变更、年检、注销等类别对档案进行整理，保障历史资料的延续性。

（4）统一社会信用代码赋码发证工作。根据中央、省、市统一安排部署，按照分级管理的原则，6月30日前完成为河口区党政群机关发放统一式样的《统一信用代码证书》工作。

【河口区机构设置表】

河口区机构设置一览表（一）

- 区委机构设置
  - 区纪律检查委员会机关（区监察局与其合署）
  - 区委办公室（区委台湾工作办公室与其合署，挂区人民政府台湾事务办公室牌子）
  - 区委组织部
  - 区委政法委员会（区社会治安综合治理委员会办公室、610办公室与其合署）
  - 区委宣传部
  - 区委统一战线工作部（区民族宗教事务局与其合署）
  - 区机构编制委员会办公室
  - 区委区直机关工作委员会
  - 区委区人民政府信访局
  - 区委老干部局
- 区政府机构设置
  - 区政府办公室（挂区政府法制办公室、区人民防空办公室牌子）
  - 区发展和改革局
  - 区经济和信息化局
  - 区教育局（挂区体育局牌子）
  - 区科学技术局
  - 区监察局（与区纪律检查委员会机关合署）
  - 区民政局
  - 区司法局（挂区社区矫正管理局牌子）
  - 区财政局
  - 区人力资源和社会保障局
  - 区住房和城乡规划建设局
  - 区交通运输局
  - 区水利局
  - 区农业局
  - 区商务局
  - 区文化广电新闻出版局
  - 区卫生计划生育局
  - 区审计局
  - 区统计局
  - 区安全生产监督管理局
  - 区市场监督管理局（挂区食品药品监督管理局牌子）
  - 区城市管理和行政执法局
  - 区质量技术监督局
  - 区民族与宗教事务局（与区委统一战线工作部合署）
- 区政府派出机构
  - 区政务服务中心管理办公室
  - 山东河口经济开发区管理委员会

河口区机构设置一览表（二）

- 人大机关
  - 区人大专委会
    - 教育科学文化卫生委员会（教育科学文化卫生办公室）
    - 农业与农村委员会（农业与农村办公室）
    - 城乡建设环境保护委员会（城乡建设环境保护办公室）
    - 财政经济委员会（财政经济办公室）
    - 内务司法委员会（内务司法办公室）
  - 区人大常委会
    - 预算工作委员会
    - 人事代表工作委员会
    - 办公室（信访科）
- 政协机关
  - 政协委员联络工作委员会
  - 社会事业和民主法制委员会
  - 学习宣传文史资料委员会
  - 经济科技委员会
  - 提案委员会
  - 政协委员会办公室
- 审判机关
  - 区人民法院
- 检察机关
  - 区人民检察院
- 人民团体机关
  - 区计划生育协会机关
  - 区文学艺术界联合会机关（挂区社会科学界联合会牌子，归口区委宣传部管理）
  - 区红十字会机关
  - 区工商业联合会机关
  - 区残疾人联合会机关
  - 区科学技术协会机关
  - 中国共产主义青年团河口区委员会机关
  - 区总工会机关
  - 区妇女联合会机关
- 镇、街道
  - 仙河镇党委、政府
  - 孤岛镇党委、政府
  - 义和镇党委、政府
  - 新户镇党委、政府
  - 六合街道党工委、办事处
  - 河口街道党工委、办事处

河口区机构设置一览表（三）

党委直属事业单位

- 区民兵训练基地（挂区民兵装备仓库牌子）
- 区委党校（挂区行政学校、区社会科学研究院牌子）
- 区档案馆（挂区档案局牌子，归口区委办公室管理）
- 区委党史研究室（归口区委办公室管理）

政府直属事业单位

- 区民生热线综合服务中心
- 区检验检测中心（挂区农产品质量检验检测中心山东省石油助剂产品及轻烃产品质量检验中心牌子）
- 区孤岛刺槐林场建设管理办公室
- 区湖滨新区开发建设管理办公室
- 区蓝色经济产业园服务中心
- 区黄河口高新技术企业创业园管理办公室（挂区科技成果转化中心牌子）
- 区老龄工作委员会办公室
- 区国有资产运营管理中心
- 区旅游局
- 区黄河三角洲建设办公室（挂区蓝色经济区建设办公室牌子）
- 区金融工作办公室（挂区地方金融监督管理局牌子）
- 区机关事务管理局
- 区海洋与渔业局
- 区油区工作委员会（区油地结合办公室与其合署）
- 区广播电视台
- 区林业局（区柽柳林场，直属区政府，归口区林业局管理）
- 区招商局
- 区地方史志办公室（挂区方志馆牌子，归口区政府办公室管理）

经济合作组织

- 区供销合作社联合社

注：原则上，人、财、物尚未独立的归口管理单位未列入此表。

政研工作

【综述】 2016年，全区政研工作在区委的正确领导下，深入贯彻落实党的十八大和十八届三中、四中、五中、六中全会精神，围绕全区中心工作，不断创新方式方法，积极开展调查研究，调研成果实现新突破，服务水平得到新提高，队伍建设呈现新面貌，圆满完成各项工作任务，为实现“一极两区”战略总目标、建设美丽幸福新河口做出积极贡献。

（一）健全运行机制，确保调研工作取得实效。建立健全调研领导机制，把调研工作列入区委、区政府的重要工作内容，下发《关于报送2016年度重点调研课题的通知》，定期召开调研工作会议，建立健全调研工作制度，确保调研工作顺利开展。充分发挥领导干部带头作用，印发《关于开展区委常委重大课题调查研究的通知》，为调研工作顺利开展创造良好的环境。建立督查考核机制，坚持把调研工作纳入全区党务政务督查考核，及时向区委进行反馈，制定督查考核办法，与其他各项工作同安排、同检查、同考核，促进调研工作经常化、制度化和规范化。

（二）抓住热点难点，精心组织重大专题调研。以做好前瞻性、战略性与对策性研究为宗旨，积极主动为区委、区政府重大战略决策和重要工作部署提供参考与建议。根据全区工作重点，精心组织开展调研活动，围绕产业转型升级、现代农业建设、扶贫开发、重要民生事项、基层党组织建设等重点课题，开展调研活动10余次，组织撰写一大批高质量调研文章，及时将基层出现的新问题、新情况反映给领导，为领导决策提供依据。以《河口工作》为载体，及时向区委领导推荐优秀调研成果，编发《河口工作》7期，为领导科学决策提供重要参考。同时，积极推动调研成果转化，促进经济社会又好又快发展。

（三）实行全员调研，充分发挥参谋助手作用。围绕区委中心工作，组织开展区委办公室“全员大调研”活动，筛选确定11项重大课题，认真组织开展调研。突出抓好事关全区经济社会发展全局的重点、难点问题和群众关心的焦点、热点问题的调查研究，形成《关于全区精准扶贫工作的调查与思考》《关于河口区统筹城乡发展的调查报告》《关于全区转方式调结构的调查思考》等一批高质量调研报告，较好地发挥服务领导决策、指导工作的作用。

对台工作

【概况】 2016年，区委台办以持续推进两岸关系和平发展为主题，以争取台湾民心为主线，以打造“情牵黄河口”对台工作品牌为抓手，以“海峡两岸情·魅力河口行”交流活动为平台，以扩大河台经贸文化交流合作为重点，立足区情，服务大局，开拓创新，积极作为，为深化两岸关系和平发展、推动经济文化强区建设做出积极贡献。黄河口全国摄影创作基地和山东省棋类培训基地宏远棋社被设为山东省海峡两

第八届鲁台青少年武术交流活动暨“海峡两岸情·魅力河口行”武术节

岸交流示范点，参加省委对台工作会议，并荣获全省对台工作先进单位。

【亮点工作】（一）靠上争取，国台办领导到河口区调研。12月3日~5日，国台办全国对台干部培训中心主任王杰、副主任马跃成到河口区调研社区、养老工作情况，对河口区涉台工作、社区营造和五保老人集中供养等方面工作给予充分肯定，走出一条全国可以借鉴的路子。

（二）协调联系，为统战干部“补钙蓄能”。积极与全国对台培训中心协调联系，全区2016年度党外代表人士暨统战干部两期培训班顺利开班，参训人数100余人。这是培训中心首次接待县一级干部培训班，开创全国先河。

（三）拓宽渠道，受邀参加湖北·武汉台湾周活动。接国务院台湾事务办公室通知，受邀参加2016年11月13日~17日在武汉举办第十三届“湖北·武汉台湾周”活动。活动期间参加招商经贸洽谈活动和两岸社区高峰论坛，共同推动两岸经贸、社区和文化交流与合作。促成2017年1月，台湾林家花园生态农业开发有限公司董事长林奇贤到河口区考察。

2016年11月13日~17日，参加武汉第十三届“湖北·武汉台湾周”活动

（四）加强交流，推进河台交流示范点建设。为推动鲁台基层交流合作，山东省首创设立海峡两岸交流示范点32个，在河口区就设立黄河口全国摄影创作基地和山东省棋类培训基地宏远棋社2个示范点，实现“开门红”。2016年5月，山东省台办副主任曹晓武亲临授牌。

（五）搭建平台，拓宽对台交流交往渠道。2016年8月中旬，联合举办第八届鲁台青少年武术文化交流活动暨“海峡两岸情·魅力河口行”武术专场晚会，来自海峡两岸的11支武术队、400余名武术界人士同台献艺。协助做好台湾黎明技术学院与东营职业学院100余人参加的“2016两岸青少年情牵黄河口交流活动”；协助做好2016鲁台青少年文化研习营活动，70多名台湾青少年参加交流活动。

（六）倾情帮扶，打造亮点普惠民生。积极与河口区台资企业力大王农畜产有限公司协调联系，以高于市场价格每斤接近两角的价格大量收购帮扶村新户镇北台子村囤积的大量玉米，用作猪饲料。2016年，帮助村民销售囤积玉米共计约10万余斤。这一做法被《中国台湾网》《东营日报》和《东营统战》等媒体先后报道，受到一致好评。

（七）创新方式，上门为赴台人员办理手续。2016年6月，河口区招商引资企业山东冠森绝缘制品有限公司负责人巴广芝一行赴台洽谈产品贸易事宜，台办主要负责人亲自上门，与企业负责人及经办人员进行交流互动，并进行行前教育。2016年12月，河口区经济技术开发区企业东营东钇石油化工有限公司总经理李聪一行赴台进行商务会议交流，台办主任到企业现场办公，为赴台人员提供便捷服务，减少办件的差错，减轻经办人员的奔波之劳，提高办件效率，得到企业好评。

（八）牵线引路，力促精准扶贫和助企工作完美结合。河口区台资企业力大王农畜产有限公司计划扩大养猪规模，新建猪舍，需大量土地和人力，可提供资金、政策、技术和防疫等各方面支持。现帮扶村北台子村正在与台资企业进行洽谈相关合作事宜，如果合作顺利，整村经济将会实现突破性进展，并直接影响辐射周边村落，同时，也可以解决目前产生的系列环保问题。

【基础工作】（一）发挥优势，河台经贸合作取得新突破。围绕“黄蓝”国家战略和河口区经济文化强区建设，积极吸引台湾领军企业到河口区投资兴业。2016年，懋华国际企业公司董事长吴淑华、两岸能量医学暨产业扶贫关怀交流协会理事长张清富、台湾中华两岸房车经贸协会理事长翁柏吉、台湾浩宇航空顾问有限公司董事长魏宾汉和台湾迪园农业科技股份有限公司董事长林渊熙等先后到河口区考察重点工业、农业项目。

（二）拓展渠道，河台交流交往取得新进展。一是河台交流活动日趋活跃。探索推进河口区重点产业与台湾相关产业建立合作平台，与台商密集区域的台资企业协会和知名台资企业建立起长效的交流合作机制。2016年5月，第七届中国·广饶国际橡胶轮胎暨汽车配件展览会期间，组织河口区台资企业及农业大户赴台湾展厅、展馆参展，与参会台商进行接触洽谈，发放河口区区情资料、宣传画册，积极宣传推介河口区，并邀请他们到河口区参观考察，投资兴业。二是打造河台交流工作品牌。以弘扬中华文化、增进民族认同为核心，以发挥河口区文化优势为切入点，重点围绕在河台都广具影响力和凝聚力的棋类文化、摄影文化等，精心打造“情牵黄河口”对台工作品牌，增进台湾同胞对中华文化、齐鲁文化、黄河口文化的认同。“海峡两岸情·魅力河口行”这个活动平台作为“情牵黄河口”品牌的一部分，已经成为沟通两岸的桥梁，成为具有一定影响力的两岸文化交流平台，现已形成长效机制，每两年一届，在河台交替举行，以发挥平台的最大效应。三是做好赴台审批管理工作。进一步规范应邀赴台审批管理，积极促进河台人员来往，简化赴台手续，规范报批程序。加强赴台人员行前教育座谈，增强赴台人员主动做台湾人民工作的意识，严肃赴台纪律，树立良好形象，交流活动有序健康进行。

（三）凝心聚力，争取台湾民心取得新成效。一是积极为台资企业服务，深入指导台企合理经营。区委台办积极为台资企业的投资扩建服务，为台企东营力大王农畜产有限公司协调土地1500亩，新投资1亿元在河口街道扩建新的养殖区，并解决老场区气味污染问题。联合环保、安监部门进台企宣传《中华人民共和国环境保护法》《中华人民共和国安全生产法》，排查安全生产隐患，将事故隐患消除在萌芽状态，防患未然。二是台企走访残疾托养中心获赠奖牌。春节前夕，组织河口区台资企业走进残疾人托养与康复训练中心开展走访慰问活动。河口区残联副理事长鲍世昌将题有“扶残助残好企业”的牌匾及荣誉证书送到力大王农畜产有限公司。三是积极为台属争取利益。围绕“亲情连线”活动，为20名台属向省台办申请电话卡补助。鼓励台属连线在台亲人，大打亲情牌，为争取台湾民心再助力。

（四）倾情服务，台属工作水平取得新提高。建立台办干部联系回乡探亲、定居台胞、台属制度。2016年春节期间，在区委副书记田兵兵、人大党委会副主任郭存三和副区长王秀凤的带领下，走访台胞台属16名，为其送去油、米、面以及慰问金，折合人民币约1.6万元；开展台胞、台属调查统计工作。为更加全面、准确掌握台胞、台属基本情况，2016年，对全区台胞台属等基本情况进行全面调查统计；河口区台属鲍德福因病去世，台办主任亲自带队专程前往其家中吊唁，送去花圈和慰问金，以实际行动送去党和政府对台胞台属的关怀。

（五）加强互动，涉台宣传工作实现新提升。一是加强涉台新闻宣传工作。以宣传党的对台方针政策和黄蓝两大国家战略开发建设为重点，做好两岸关系和平发展主题宣传、大陆惠及台湾同胞福祉政策宣传、河台交流合作成果宣传和重大涉台活动新闻宣传，提升河口区在台知名度，为黄蓝两大国家战略的实施提供更多的舆论支持。二是加强网络宣传工作。

建立完善网络信息报送、审核制度，加强信息员队伍建设，提高网络宣传稿件的数量和质量。加强与中国台湾网、华夏经纬网、山东省台湾网以及你好台湾网等主要网站的联系合作，逐步建立常态化供稿渠道，共撰写对台宣传和对内涉台宣传稿件70余篇，发表稿件47篇。三是提高对台调研工作水平。根据两岸关系发展面临的新形势，围绕河口区经济文化强区建设和河口区对台重点工作开展调研和台情研究，完成《浅谈做好新时期基层台胞台属工作的必要性》的调研报告。四是做好涉台教育工作。春节、仲秋期间，走访慰问探亲台胞、定居台胞和部分台属代表，召开“台属座谈会”，认真学习中央领导有关台湾问题的论述和国务院一系列对台工作政策规定，营造“两岸一家亲，共圆中国梦”的氛围。召开座谈会4次，编写并印发各类涉台宣传资料200余份。

（六）开拓创新，台办自身建设迈上新台阶。一是强化干部队伍建设。为提高全区台办干部队伍素质，适应新形势下对台工作的要求，先后选派1人参加河口区领导干部公共管理高级研讨班，2人参加科级领导干部素质提升培训班，1人参加全省台办干部培训班，2人参加全区2016年度第1期党外代表人士暨统战干部培训班，3人参加党政办公室系统工作人员素质提升培训班，为提高全区对台干部素质打下坚实的基础。二是强化党员教育管理。规范党员活动室建设，配备完善基础设施，使之成为党员同志的“培训学校”，成为提升思想、交流心得的“精品平台”。按照“两学一做”学习教育要求，制定学习计划，按照“小主题、高频率、常态化”的办法，把集中学习研讨与班子活动、党组织活动、机关活动结合起来，深入学习习近平系列讲话精神和两岸领导人会面精神等政治理论、业务知识以及区委区政府的重大决策部署，以此提高理论水平和决策修养。组织全体党员干部赴中共刘集党支部旧址纪念馆参观学习，进行“两学一做”现场教育，接受革命传统教育。2016年5月，完成党支部换届选举，盖凤鸣同志任党支部书记。6月，对全体党员干部2008年4月以来党费进行核查，确保党费足额缴纳。三是狠抓涉台保密工作。涉台工作无小事，具有高度的政治敏锐性，区委台办高度重视涉台保密工作的开展，专门对单位网站进行保密信息梳理，组织全办人员观看保密警示教育片，在思想上进一步提高对涉台保密工作的重视程度。积极做好台办保密数据申报工作，并安装配套保密系统，进一步提升保密工作能力，真正做到“上网不涉密、涉密不上网”。同时专门配备2台碎纸机，用于纸质文件的清理，确保涉台信息的保密安全工作。顺利通过市、区两级涉密单位的检查工作，得到领导们的一致好评。四是强化党风廉政建设。台办是窗口单位，政治性、政策性、敏锐性极强，并且经常与台胞接触，台办干部在守纪律、讲规矩方面必须觉悟更高、要求更严，以严的精神、实的作风、廉的品格树立个人干净、敢于担当的良好形象。为强化党章党规党纪学习，增强党员干部尊崇党章、遵守党规党纪意识，积极做好全体党员干部德廉和党风党纪知识学习测试工作。五是强化精神文明建设。在全办职工中倡导“爱国守法、明礼诚信，团结友善、勤俭自强、敬业奉献”的基本道德规范教育，激励广大干部职工树立良好的社会公德、职业道德、家庭美德和个人品德。为庆祝第26个“全国土地日”，6月24~28日，与区老龄办、区国土资源局、区文联联合举办“国土资源杯”2016河口区书画摄影展。积极参加区总工会组织的庆“五一”第三届职工运动会，荣获优秀组织奖。积极参加河口区统战系统职工运动会，并取得优异的成绩。六是帮扶工作成效显著，实现精准对接。与帮扶村北台子村委保持经常性联系，掌握帮扶村发展现状，协助帮扶村党员队伍建设；元旦和春节前夕，为北台子村贫困户送去油、米、面，总计折合人民币3000余元。在“六一”儿童节期间，区委台办走访慰问贫困儿童，为每名儿童送上书包、笔记本、水杯等学习生活用品，总计折合人民币1200余元，并鼓励他们好好学习，用知识改变命运。七一前夕走访慰问老党员，为他们送去米、面、油，总计折合人民币1600余元。中秋节前夕走访慰问贫困户，送去油、米、面，总计折合人民币1600余元。七是扶贫工作稳步推进，实现精准对接。因帮扶两户贫困户年事已高，无劳动能力，利用贫困户庭院宽敞、地充足的优势，为其发展庭院经济，增加困难群众经济收入，同时改善生活环境。入夏来临之际，为贫困户购买凉席、更换夏凉被等，改善其生活条件。为每户贫困户购买2只母猪仔进行喂养，增加其经济收入。“10·17”扶贫日期间，组织全体干部职工为贫困户捐献棉衣，帮其过冬。

党校工作

【概况】 2016年，河口区委党校坚持以党的十八大和十八届三中、四中、五中、六中全会精神为指导，认真贯彻落实区委关于党校工作的指示精神，积极打造“红色阵地、党性熔炉”的教学品牌，各项工作均取得新成效。全年荣获全市党校系统先进党校、2016年度市级无烟单位等多项荣誉称号。

【教学工作】 区委党校以大规模培训干部、大幅度提高干部素质能力为目标，不断拓展办学渠道，改进教学方法，创新培训方式，加强学员管理，教学培训工作取得新进步。（一）培训规模不断扩大。2016年，区委党校围绕区委的工作部署和全区干部队伍建设的需要，加大党员干部培训力度，班次不断增加、规模不断扩大、人数持续增长，培训大格局初步形成。全年共举办全区基层党组织书记培训班、村、城市社区“两委”成员集中轮训班、全区科级干部理论研讨班、入党积极分子培训班、十八届六中全会精神宣讲轮训班等各类班次12期，累计培训学员2300余人；承担河口区老年大学与河口区老年大学河口街道分校时政课程12节；选派骨干教师积极参与“两学一做”学习教育宣讲和十八届六中全会精神宣讲，面向各单位开展宣讲近20场次，受教育面达1000余人次。

（二）教学方式不断创新。一是创新办学模式。坚持“引进来”与“走出去”相结合，一方面邀请市委党校及社科联“黄河口大讲堂”名师来党校授课，另一方面积极探索与高校、外地党校和培训机构联合办学模式。2016年的科级干部理论研讨班，邀请市委党校3名教授前来讲座，联合临沂市委党校、高密市委党校、青岛海洋大学进行异地教学，学员反响普遍较好。二是创新教学形式。推广现场教学，先后设立12345民生热线、河口区幸福敬老院、澳亚牧场等多个教学点，每个主体班次至少安排一天现场教学；推广研讨式教学，2016年，首次在科级干部理论研讨班中开设研讨式教学，就全面二孩政策在河口的落地情况等内容开展讨论，教学效果良好。三是创新教学内容。为解决党校教学理论与实际脱节、教学“不接地气”问题，从2016年开始，把主体班次学员去区幸福敬老院、残障儿童救助中心做义工常态化，确定为必修课，提高学员的社会责任感。

（三）学员管理不断加强。一是严格考勤，提高培训时效性。由班主任、区委组织部跟班人员、分管校长和教务处主任形成教学管理小组，制定严格

2016年6月20日，河口区第二期科级干部理论研讨班开班仪式

的考勤制度和学分管理制度，保证主体班次出勤率达到99%以上。二是加强管理，充分发挥学员能动性。班级内部管理以“自我教育、自我管理、自我服务”为原则，在确定考察路线、组织班务活动等方面，都由班委与学员协商制定，形成以学员自我管理为主、班主任服务学员为辅的管理模式。积极鼓励学员发挥自身才能，形成独具班级特色的班级简报。三是丰富内容，着力提升培训吸引力。培训期间，除正常上课外，还安排学员讲堂、外出考察、班务活动等内容，例如2016年第一期科级干部理论研讨班，安排到义和救助中心照顾残障儿童活动，活动开展得非常有意义。

【调查研究工作】 区委党校实施科研兴校战略，组织全校教师深入全区各机关、工厂、农村开展专题调研，全年在市级以上刊物发表理论文章8篇，完成省校重点课题1项、市校课题2项、区级课题2项，完成调研报告10多篇，印发《校刊》3期。获市级以上科研奖励10项，参加省社科论坛和省委党校理论研讨会3次，有2篇理论文章参与大会交流。

（一）突出制度保障，营造优良的科研工作环境。一是建立会议制度。把科研工作列入重要议事议程，每半年组织召开一次科研调度会，针对调研活动的开展、科研项目及理论文章的撰写等内容，交流体会、拓宽思路、总结经验。二是健全激励机制。修订完善《河口区委党校课题管理制度》《河口区委党校科研成果奖励办法》等激励机制，在制度和奖励方面优先倾斜于科研，调动广大教研人员的积极性、主动性。三是强化问责机制。区委党校将科研成果纳入年度考核指标，每位教师全年调研时间不少于30天，撰写调研报告及课题不少于2篇，对逾期不能完成的予以问责，保障科研任务的顺利完成。

（二）强化交流合作，建立稳定的科研协作关系。一是强化与党校系统的沟通联系。区委党校在以往积极加强与上级党校间的沟通、联系的基础上，2016年更注重与省内同级党校和市内兄弟党校的交流。2016年，先后赴高密党校、莱州党校、垦利党校、利津党校考察学习，累计参加各类科研研讨会3次。二是加强和区直部门单位联系合作。区委党校与区委政研室、区政府综合室等部门，民政局、农业局、畜牧局等单位建立起参与研究、接受课题、挂职锻炼等方式的常态化协作关系，通过建立微信群、QQ群等方式强化联系沟通。三是积极吸纳学员参与并加强引导。优先遴选学员在实际工作中遇到的问题和困惑作为科研选题，在每一期班次中要求学员“带来一个问题，发表一条建议，提出一项措施”，各个学员结合各自工作岗位的实际撰写调查报告。

（三）发挥团队力量，提升科研成果的质量档次。在科研选题上，坚持集体研究。坚持集体确定研究方向，集体确定研究主题，集体确定研究层面，以保证科研的前瞻性、针对性和实效性。在完成课题上，坚持分组攻关。在2016年的科研专题中，组织科研骨干成立科研组，进行集体攻关。如《河口精神的时代价值与培育途径》《河口区农业规模经营问题研究》等课题均由3人以上共同完成。在课题提升上，坚持全校动员。以“周五固定学习日”活动为依托，对完成的科研成果进行集体讨论，征集修改意见，进行进一步完善，集合全校力量打造科研精品力作。2016年，开展科研文章通稿会3次，提升党校科研成果的质量。

【师资队伍建设】 依据当前区委党校的师资队伍状况，转变思想观念、调整教学思路、创新教学体制，打造出一支战斗力强的师资队伍，提高办学质量和教学服务水平。

（一）教师素质进一步提升。区委党校通过指定“一帮一”或“二帮一”形式，加大老中青教师传帮带的力度，实现对年轻教师从选题到结构设计到内容选择、试讲等全过程跟踪，年轻教师迅速成长。2016年，区委党校在全市党校系统教学竞赛中获得一等奖，年轻教师的授课得到主体班次学员的普遍好评。区委党校鼓励教师外出培训提升自身水平，2016年，先后选派5名教师参加在中山大学举办的领导干部公共管理高级研讨班、2名教师参加骨干教师教学与科研能力提升暨两学一做专题研讨班、7名教师参加四平党校举办的十八届六中全会备课会、4名教师参加中央党校举办的十八届六中全会师资培训班。通过培训学习，开阔教师视野，增长教师才干。

（二）教学专题进一步拓宽。年初教务处布置教学任务，每名教师至少提报一个新专题。2016年，通过集体备课、新专题试讲等方式对每名教师的专题进行集体评判与修改，通过反复试听与修改，达标后再搬上讲台。通过新专题提报，区委党校新专题不断涌现，专题覆盖面不断拓宽，现已基本上形成经济、政治、文化、社会、生态、党的建设、国际形势、军队国防建设等较为完善的教学布局，基本满足教学需求。

（三）教师队伍进一步壮大。为进一步充实师资力量，在先前印发《区委党校关于向社会聘任兼职教师实施办法》的基础上，制定出台《关于建立领导干部上讲台制度的意见》，将全区党政领导班子成员、区委和区政府工作部门主要负责人、有关企事业单位主要负责人全部纳入上讲台范围，优化师资结构，提升办学能力和水平，提升培训质量和效益。在2016举办的全区基层党组织书记培训班中，区委书记苟增杰、组织部长王兴法、纪委书记侯永强分别为党校2016年第一个主体班次上党课。

【“两学一做”教育】 自“两学一做”专题教育开展以来，党校上下高度重视，周密部署、精心组织，取得明显成效。（一）精心谋划组织，抓好组织领导。区委党校将“两学一做”学习教育作为重要政治任务纳入重要议事日程，主要负责同志主动承担起第一责任人的责任，率先垂范，带头参加教育、接受教育，站在一线，靠前指挥、靠上指导。同时成立“两学一做”学习教育领导小组，下设办公室，抽调相关处室主要负责同志和工作人员，具体负责活动的组织落实、督促检查、材料撰写和宣传报道等工作。发挥理论宣讲优势，组织骨干教师成立宣讲团，送课到基层，扩大全区学习教育的覆盖面。

（二）深化理论学习，坚定理想信念。区委党校把“两学一做”学习教育融入日常工作中去，与严肃党内政治生活、机关日常教育和干部学习培训结合起来。全年共组织集中学习30余次，深入学习《中国共产党廉洁自律准则》《中国共产党纪律处分条例》《习近平总书记系列重要讲话读本（2016版）》以及习近平总书记系列重要讲话精神等内容，收看《复兴之路》《榜样》《永远在路上》等电教片10余部，开展专题党课讲座17次，提升全校党员干部的思想认识和理论水平。

（三）深刻查摆问题，抓好整改落实。围绕“四讲四有”主题，先后开展“过硬支部怎么建、合格党员怎么做”大讨论、“负面清单”大讨论等专题讨论7次，全校17名党员严格对照合格党员的标准，结合学习内容和工作实际，深入查找自身学风、教风、工作作风等方面存在的问题，并列出整改问题清单和整改措施，在全校范围内形成积极、向上、和谐的良好工作氛围，推动全校作风持续好转。

区直机关党工委工作

【概况】 1985年5月，设立中共区直机关党委，1993年10月，成立中共河口区区直机关委员会，2002年4月，更名为中共河口区委区直机关工作委员会，为正科级行政单位，下设办公室、群团室2个股室，定编4人。2016年底，在职工作人员4名，其中主任科员1人，副书记2人，副主任科员1人，科员1人。2016年，下属业务指导党委2个，共有党总支8个，党支部116个。其中，新成立党支部3个，对已到届的5个党总支和95个支部进行换届，选举产生党总支书记5人，支部书记95人，支部副书记29人，支部委员174人。新发展党员32名，党员转正48名，民主评议党员1904名。培训入党积极分子80名，培训党务工作者98名。

【党建工作】 （1）认真做好述职评议，从严落实党要管党责任。2016年初，分四批召开党组织书记履行党建职责述职评议会议，共有90个单位党组织书记进行述职，区直机关党工委委员参加会议并进行评议打分。

（2）建立完善“八项规范”，使机关党建工作有章可循。制定印发《区直机关党组织党建工作八项规范》，即党组织工作机制、党员教育工作、党员管理工作、党员发展工作、党的制度建设、党员活动室建设、机关作风建设和党建资料管理工作等八个方面进行规范。

（3）从严加强党员管理，不断提高党员队伍素质。印发《关于从严加强党员管理的意见》。对2007年以来组织关系转出后尚未收到回执的党员逐一梳理，认真做好党费收缴自查自纠工作，全面推行党组织和党员公开承诺制，认真落实“三会一课”制度，扎实做好党员民主评议。

（4）认真做好党员发展工作。新发展党员32名，党员转正48名。

（5）举办入党积极分子培训班1期。10月，对区直机关及区直其他党工委80名入党积极分子进行集中培训，并对参加培训的入党积极分子详细资料进行备案。

（6）举办党务工作者培训班1期。5月，对100名党务工作者进行党的知识培训。

（7）抓好基层党组织建设，认真做好基层党支部换届工作。对已到届的5个党总支和95个支部进行换届，选举产生党总支书记5人，支部书记95人，支部副书记29人，支部委员174人。

【其他工作】 （1）做好关心下一代工作。“六一”期间，组织机关部门、单位开展走访贫困儿童活动。在区新华书店建立青少年阅读示范基地，阅读面积约500平方米，图书品种近5万种，为青少年健康成长营造良好环境。

（2）庆“七一”系列活动丰富多彩。“七一”前夕，各基层党组织书记普遍为全体党员上了一堂党课。组织开展“我是一名共产党员”为主题的庆“七一”演讲比赛活动。举办纪念建党95周年文学作品征文活动和书画摄影作品展。对获奖者颁发证书和奖品。组织开展走访慰问老党员活动，向党的95岁生日献礼。

（3）持续深化机关品牌创建。印发《关于进一步深化机关品牌建设的意见》。对已有的74个机关品牌不断充实完善，赋予新的有时代特色的内涵。

信访工作

【概况】 2016年，区信访局被省委、省政府评为全省信访工作先进单位、全省无进京非访县区，被区委、区政府评为年度目标管理考核二等奖等多项荣誉。全国“两会”和十八届六中全会期间继续保持进京登记访和非正常访“双零”的成绩，得到区委、区政府主要领导的表扬。2016年，共受理群众来信来访及网上信访1376起，其中人民来信71件，同比上升65%；网上信访258件，同比上升231%；人民来访1047起3342人次，同比分别上升32%、2%，其中，集体上访81起782人次，同比分别上升11%、12%；到市上访50起205人次，同比分别下降12%、61%；到省上访19起61人次，同比分别下降42%、79%；进京上访31起46人次，无进京非访。

【信访预防】 多措并举抓好源头预防工作。（1）进一步加大矛盾纠纷排查化解力度。组织各镇街、区直各部门单位，对可能诱发大规模进京集体上访、可能演变为大规模群体性事件、可能进京非访的矛盾纠纷进行拉网式排查。重点区域、重点行业、重点单位进行反复摸排，做到不留死角和盲点，对排查出来的问题全部建立台账，逐一落实防范化解责任，防止矛盾纠纷升级。2016年，共排查出各类新增矛盾纠纷171件，已有效化解143件，其他都在稳控或化解中；

（2）进一步拓宽畅通群众诉求渠道。在重大政治敏感期或信访高峰期，区信访局充分发挥联合接访中心的优势，及时安排区住建局、人社局、法院、司法局、公安局、国土分局、民政局等单位入驻区联合接访中心，真正做到及时、有效、就地处理各类信访问题，减少群众的信访成本。坚持区联合接访中心、各镇街双休日照常接待群众来访，每天都有党政领导干部公开接访，最大限度的方便群众反映诉求。2016年，全区各级领导共接待群众来访125起360余人次。同时，严格落实初信初访首办责任制，依法就地解决群众合理诉求，把问题解决在基层、把人员稳控在当地，防止正常访转为越级访和进京非访。

【疑难信访工作】 （1）坚持按照“三到位一处理”的要求化解积案。坚持依法按政策办事，对确实没有法律政策依据的加强教育疏导。针对个别上访老户生活困难的实际情况，主动协调民政局等有关部门给予临时救助，使其基本生活得到基本保障。同时，把握好分寸，防止形成花钱买平安、小闹小解决、大闹大解决的误区，防止引起新的攀比和问题。对一意孤行不听劝阻、滋事闹事的坚决依法处置，绝不迁就。（2）深入推进领导干部包案处理信访突出问题。对中央和省市排查交办的信访积案，特别是进京非访案件、侵害群众利益的重点案件，全部落实区级领导包案，对中央巡视组交办的王利沾案件由荀增杰书记亲自包案，对中央巡视组交办的单林元、单深花案件均由刘斯杰区长包案。坚持包案领导带案下访，与上访人面对面交流，组织有关部门现场研究解决办法，让上访人看到党委政府解决问题的诚意。

【信访稳控】 （1）强化教育稳控工作。结合矛盾纠纷排查化解，对民师、涉军人员、农电工等各类群体和人员进行集中调度，分级分层压实责任，严防失控，尤其是对重点群体的挑头人员更要看死盯牢，严防跨地区串联。对排查梳理出的可能进京非访的吕东洲、生寿珍等35个重点人员和群体，全部落实“五个一”工作措施。（2）强化情报搜集研判。坚持实行维稳信息日报告制度，特别是在重点敏感时期，各镇街、区直各部门单位严格落实领导带班、24小时值班和信息零报告制度，每天下午3：00前将矛盾纠纷排查和重点人员稳控情况，对可能发生的各类情况准确做出预测和预警，特别是重点人员失控和可能发生的到省进京上访与重大不稳定因素情况，在积极采取应对措施的同时，及时向区联席办报告，为做好防范工作争取时间和主动。

【信访维稳】 （1）治理进京非访仍然是信访维稳工作的一项重要政治任务。认真贯彻落实全国依法处置非正常上访工作电视电话会议精神，合力配合维稳部门搞好风险评估和重点群体防范，做好分流劝返和推动问题化解，在落实工作责任、加强源头预防、建立长效机制上下功夫，着力推动省四部门下发的《关于依法处置信访活动中违法犯罪行为指导意见》的贯彻实施，进一步明确非正常上访处置的体制机制。同时，努力推动信访问题的解决，将中央和省里交办的长期在京滞留人员、非访人员和其他重点人员落实化解稳控责任，从根本上减少进京非正常上访的发生。2016年，区公安机关已对非访人员依法拘留2人次。

（2）齐心协力抓好进京值班工作。进京值班是做好信访工作的最后一道防线，驻京工作组承担大量的劝返接回任务，工作的好坏在很大程度上决定处置进京非访的成效。一是日常值班。保持公安一名干警、镇街两名工作人员的值班小组。二是敏感时期值班。全国“两会”、十八届六中全会等敏感时期，河口区都由一位区领导带队，区公安分局、区信访局、河口街道、新户镇及区直单位共10余人组成驻京工作组，全力做好上访人员劝返接回、突发情况依法处置、信访维稳安全风险化解等工作，真正发挥最后一道防线的作用。2016年，河口区未发生信访人员进京滋事丢丑现象，维护河口区的良好形象。

【信访案件办理】 （1）加强中央巡视组转交案件

的办理。中央第三巡视组进驻山东省开展“回头看”活动期间，共转交河口区案件共6件。按照荀增杰书记批示意见，区联席办对6个案件都积极进行交办处理，责任单位全部按期办结并做出书面答复。6个中央巡视组交办案件全部按期办结，除1件涉法涉诉外，其余上访人对处理结果均表示满意。

（2）信访积案攻坚化解工作扎实开展。自4月以来，河口区开展“百名领导督百案”信访积案化解活动，在全力加快经济社会改革发展的同时，把信访积案化解工作摆上当前突出位置来抓，通过采取高位拉动领导资源上倾斜、综合施策从事要解决上下硬功、动态督导从息诉罢访上抓巩固三项措施，有效确保信访积案化解活动的扎实开展。河口区共确定积案27件，全部得到圆满化解。

【网上信访】 全区6个镇街、109个区直部门单位都实现与信访部门及上级业务部门的互联互通，并设立专门的办公场所、配备办公设备，指定专门的工作人员，设立专项经费，制定严格的工作规章制度，确保网上信访信息工作的正常开展。区级成立网络信息中心，专门受理和办理群众网上投诉和信访。2016年，共完成网上登记访73件、比去年上升251%，信访部门受理率、责任单位及时受理率、责任单位及时办理率、参评率、群众满意率均达到100%。

【信访基层基础建设】 按照“强基固本抓源头”的总体思路，认真贯彻落实《省委办公厅、省政府办公厅关于加强信访工作基层基础建设的意见》（鲁办发〔2015〕52号）文件精神，结合河口区实际，积极推动六合街道、孤岛镇两个镇街试点工作，各村和社区根据各自的实际，健全以村为基础的基层信访工作信息员和调解员队伍，把信访工作做到基层一线、做到群众家里。

党政楼前信访秩序明显好转。为及时劝返、清理和处置有过激行为信访人员，维护好党政大楼周围正常信访秩序，成立由区信访局、治安大队、特警大队、保卫科等单位组成的维护党政楼前信访秩序工作小组，加大对区党政大楼前信访秩序的依法综合整治，长时间滞留、围堵、打横幅等过激行为明显减少，有效规范信访秩序。11月21日，区公安机关依法拘留5人。

【“1+2+N”联合接访模式】 “1+2+N”的联合接访模式，即是以区联合接访中心为依托，将区委政法委牵头的涉法涉诉信访室、区纪委信访室一并纳入联合接访中心，区住建局、区人社局等多个相关职能部门单位动态进驻，及时有效受理群众各类诉求，提高信访部门处访的办理效率和质量，真正实现群众诉求“一站式受理、一条龙办理、一揽子解决”的目标。进一步制定完善联合接访中心《领导带班值班制度》《接访流程》《工作人员职责》《进驻单位人员管理办法》等各项规章制度，规范信访受理、登记、分流、接谈、交办、答复、网上办理等各个环节的工作程序。2016年初，区住建局、人社局、城管局、公安局、法院、国土局、交通局、海洋渔业局、湖滨新区等部门先后入驻联合接访中心，实行统一集中办公，及时化解农民工集体讨薪、社区居民物业供暖等信访事项80余件，有效维护群众切身利益。分设涉法涉诉信访室、区纪委信访室，加大各类信访案件分类流转，真正实现一站式接待、一条龙办理、一揽子解决的目标。截至年底，省信访局、省司法厅、市政法委、青岛平度市信访局、东营区信访局、垦利区信访局等单位先后到河口区检查指导、参观交流。

保密工作

【概况】 2016年，全区保密系统深入贯彻落实中央和省委、市委、区委关于加强保密工作的决策部署，围绕全区工作大局，推进保密宣传教育、自查自评、综合防范和队伍建设等工作，圆满完成各项工作任务。

【宣传教育】 （1）制定保密宣传工作计划。根据上级文件精神，结合河口实际，制定保密法制宣传教育规划和2016年度保密宣传教育实施方案，并组织全区各部门单位予以落实。（2）开展保密宣传教育培训。在培训对象上，在不断扩大覆盖面的基础上进一步突出以领导干部、保密干部和涉密人员为重点，加大培训力度。在培训内容上，结合案例警示教育，广泛开展保密形势、保密知识和技能培训，强化干部职工的保密意识，丰富保密知识，提高保密技能和本领。在培训手段上，充分运用领导班子中心组学习、党校教育培训、宣传图片展览、知识竞赛等方式，开展生动直观的保密宣传教育。（3）组织开展保密宣传教育材料征订工作。《保密工作》杂志是抓好“两识”教育和保密教育培训的有效载体，是展示保密工作者形象的重要窗口。《保密科学技术》是宣传保密科技方针政策、普及保密科学技术知识、指导保密科技工作的权威读物。区国家保密局积极组织全区各部门单位征订两类刊物，共征订《保密工作》163份、《保密科学技术》24份。

【自查自评和督导检查】 （一）全区保密自查自评基本情况。全市保密自查自评工作开展以来，区委保密委高度重视，要求抓好贯彻落实。按照上级工作部署和领导指示要求，区国家保密局于7月制定专项督查工作方案，明确时间安排、督查内容、工作程序等事项，督查全区104个单位。7~10月，区国家保密局现场督查54个单位，检查保密自查自评工作开展、保密制度、保密教育培训、定密管理、涉密人员管理、计算机网络管理、信息公开保密审查等情况，考评结果为优秀的15个，合格的28个，不合格的11个，未发现违规问题，没有依法登记保存的计算机或移动存储介质。未到现场督查向区国家保密局报送保密自查自评工作档案资料的单位共39个，考评结果为优秀的5个，合格的25个，不合格的9个。未到现场督查也未报送保密自查自评档案资料的单位共11个。从督查情况看，各级各部门高度重视保密自查自评工作，有效组织开展自查自评，成效比较明显，保密管理工作得到进一步加强。主要有以下几个特点：一是主要领导重视保密工作，召开会议安排部署；二是分管领导和保密干部牵头抓总，具体负责开展本机关、单位的自查自评工作；三是能从自查自评标准中确定实有项目并开展自查，并体现在材料上。

（二）督导检查中发现的主要问题。一是有的单位对开展保密自查自评工作的认识不到位，片面地认为本单位没有秘密，也没有收到秘密文件，致使落实自查自评工作标准不高、要求不严。二是有的单位对保密自查自评内容不理解，不能从自查自评标准所列条目里准确确定属于本单位的内容，致使打分分值不能反映出本单位保密工作实际水平。三是保密宣传教育不到位，有的同志对保密知识了解不多，分不清国家秘密、工作秘密及内部敏感信息，认识不到内部办公计算机连接互联网存在的泄密隐患。四是利用网络空间传输文件存在安全隐患。由于协同办公网在导出电子版文件时采取刻录光盘的方式，为方便有的单位报送内部及敏感信息时采用互联网邮箱，有失泄密隐患。五是存在未经审批接入政务内网、未安装或私自卸载安全防护设备等情况。有的单位在接入政务内网未安装安全防护软件的计算机和互联网计算机之间交叉使用U盘，威胁着网络安全。六是落实保密自查自评工作材料不够翔实，有些不合格的单位主要问题是材料不全面，没有其他违规问题。

（三）保密自查自评工作重点。一是加大保密宣传教育力度，使机关、单位保密干部提高思想认识，掌握保密知识和防范技能，发挥应有的作用。二是对保密制度（不涉密的制度）进行汇编整理，发各机关、单位作为参考，建立健全本单位的各项保密制度。三是对未经审批接入政务内网、未安装及私自卸载安全防护设备的单位出台措施，督促整改，确保政务内网网络安全。三是制作涉密计算机、非涉密计算机、涉密存储介质、非涉密存储介质标识样本，发各机关、单位。四是抓好督促整改，重点对未开展保密自查自评工作及不合格的单位组织进行检查，形成保密自查

自评工作长效机制，

【综合防范】（1）开展信息公开保密审查工作。在全区范围内对各级各部门互联网门户网站发布的文件资料进行拉网式清查，做到不漏一个单位，不漏一个网站，不漏一条信息，对发现属于国家秘密或敏感信息的立即进行清除，并采取整改补救措施，并要求各机关、单位按照“先审查、后公开”和“一事一审”的原则，做好信息公开保密审查工作。（2）开展互联网专项保密检查。区国家保密局按照上级要求对全区互联网门户网站、政务微博、微信公众号、互联网办公自动化系统和互联网政务邮箱等刊登、存储、处理和传输的信息进行检查，消除泄密隐患。全区共清理互联网门户网站62个，政务微博32个，微信公众号8个，互联网办公自动化平台3个，互联网政务邮箱56个。（3）开展重点骨干网络保密管理专项检查。区国家保密局严格对照检查内容对辖区内9个重点骨干网络进行全面检查，对检查中发现的问题，要求责任单位限期整改，加强骨干网络保密管理。

【队伍建设】（1）开展涉密人员分类确定和保密审查工作。在全区81个部门单位（6个镇、街道和75个区直部门、单位）中开展涉密人员分类确定和保密审查工作，确定涉密人员共计101人，其中重要涉密人员2人，一般涉密人员99人。（2）提高保密干部队伍素质。以典型泄密案例启示教育、保密法律法规和保密知识为内容，分批分次对全区保密工作人员进行集中培训。通过培训，进一步增强保密干部的保密意识和工作能力。（3）健全保密工作机构。区委、区政府高度重视，及时调整充实区委保密委员会，指导全区保密工作开展。各镇街、区直各部门单位全部成立相应的保密工作领导小组，指定人员具体负责保密工作，在全区上下形成“区委保密委员会—区委保密办（区国家保密局）—保密领导小组”三级保密网络。

党史研究

【党史著作编撰】（1）编纂出版《中共河口区委纪事（2016）》。该书分为特载、政治纲要、大事记、执政论坛、工作概况、社区党建、企业党建、农村党建、改革与创新、重要人事变动等18个部分，约80万字，全面客观记载2015年全区发生的大事、要事以及经济、社会、民生、党建等各个方面取得的重大成就和先进经验，为各级党组织总结执政经验、探寻执政规律积累宝贵资料。（2）编纂出版《中共河口区委大事记（2015）》。该书分5个部分，约30万字，以季记年编的格式翔实记录2015年全区发生的大事、要事，人事变动、组织变动，为区委、区政府及时留存宝贵的党史资料，也为今后科学执政、民主执政、依法执政提供积极的借鉴。（3）认真撰写《改革开放实录（东营卷）》（以下简称《实录》）河口专题。该工作是全市统一部署、专题安排的一项重要工作。为作好这项工作，2016年1月13日，召开《实录》河口专题征编工作动员部署会议，传达学习上级精神，安排部署工作。研究室成立《实录》河口专题编撰小组，专人负责各个专题的资料征集和撰写，先后完成“河口区改革开放的探索、发展与成就”和油地共建、政法工作、党建工作、农业工作、民生工作5篇专题，共计20余万字。

【党史宣传教育】（1）组织举办“学党史、知党情、感党恩、跟党走”暨“纪念建党95周年”书画展。2016年7月1~31日，研究室联合区文联、区老龄办、区老年人爱心互助志愿者协会等单位，在区养老服务中心一楼大厅组织开展纪念建党95周年书画展活动，征集展出书画作品100余幅，热情讴歌党的光辉业绩，弘扬党的优良传统。展览期间，每天都有近百名干部群众前来观展，效果良好。（2）组织举办“纪念建党95周年”党史知识竞赛。2016年6月15日至7

月15日，在全区各镇、街道，区直各部门单位的党员干部中，开展“纪念中国共产党成立95周年网上党史知识竞赛”活动，收回竞赛答案1000余份。通过竞赛给广大党员干部补了一堂很好的“党史课”，激发党员干部学习党史、了解党史的主动性、积极性。（3）组织举办“纪念建党95周年”党史进村专题讲座。2016年7月下旬，以“两学一做”教育为契机，安排2名宣讲能力强的党史干部，精心准备宣讲课程，深入河安社区、新户杏行村开展党史专题讲座，用党的历史教育人、感化人、启迪人，受到广大群众的欢迎。

【党史资源保护利用】 （1）组织开展河口区党史地情调查走访活动。该活动旨在通过调查走访老革命、老军人、老干部以及相关历史事件的亲历或知情者，挖掘、搜集和整理河口党史地情资料，编写出版《河口革命历史文化丛书》。为开展好这项工作，研究室聘用4名有文字功底的社会人员组成调查走访队伍，认真开展调查走访工作。自活动开展以来，调查走访人员已赴周边县区或邻市档案馆、博物馆、烈士陵园等处现场考察10余次，查阅相关历史资料100余册；完成170个行政村（居）的调查走访，采访有关人员300余名，收集、扫描具有代表意义的老照片200余张，整理、撰写文稿100余篇，约20万字。

（2）开展革命遗址保护利用工作。出资2万元对全区9处革命遗址进行修缮和维护。9处革命遗址全部被评为“东营市党史教育基地”。

【党史队伍建设】 （1)加强党史队伍理论武装建设。结合“两学一做”学习教育，完善各项学习制度，制定学习计划，重点学习习总书记关于新时期党史和党史工作的系列重要论述和党史业务知识，提高和增强干部职工的理论水平和业务能力。加强对干部职工的学习培训，5月、7月、9月，分三批组织人员赴青岛海洋大学、武汉大学、中山大学参加综合素质提升培训班，开阔眼界的同时，提升胜任工作的各种能力。

（2）建立党史工作联席会议制度。联席会议由分管党史工作的区委常委担任召集人，全区相关部门单位的党史分管领导担任成员，全体组成人员按规定召开联席会议，共同商议党史工作中的重要问题，研究解决党史工作中的困难，构建党史工作大格局。

（3）建立党史工作信息员、联络员机制。在各镇、街道，区直各部门单位设立党史工作联络员和信息员，由这些指定的同志负责本单位的党史工作和与区委党史研究室的沟通联络，有力地加强党史工作的责任落实。

（4）建立全区党史工作季记年编制度。以正式文件的形式明确哪些属于河口区的党史大事、重要资料，规定由各单位党史信息员负责按照期限对这些党史大事、重要资料进行收集整理并上报党史部门，由党史部门对收集上来的重要党史资料进行总体把握，按年度编撰出版《河口区党史纪事年编》。

老干部工作

【概况】 2016年，河口区委老干部局围绕中心、服务大局，认真贯彻落实《关于进一步加强和改进离退休干部工作的意见》和全国、省、市老干部工作会议精神，在离退休干部组织建设、落实离退休干部两项待遇、文化养老、关心下一代等方面取得一定的成绩，较好地完成各项工作任务。

【离退休干部组织工作】 （1）充分发挥离退休干部党工委指导协调作用。2016年确定为“离退休干部组织建设年”，进一步健全完善离退休干部党工委工作制度和运行机制，充分发挥党工委职能作用。在党工委的指导下，通过整合新建，成立离退休干部党支部32个，覆盖全区6个镇街和主要城市社区，进一步加强离退休干部的自我管理、自我服务、自我教育。（2）继续开展特色化离退休干部党支部建设。按照“一支部一特色一品牌”的创建思路，与老干部发挥作用相结合，为每个支部设计品牌服务方向、服务内容和口号，由党员根据兴趣爱好自愿选择党支部加入。同时，加强流动离退休干部党员管理，对流动党员登记造册，支部安排专人负责流动党员的学习、征缴党费等工作，并为长期不在家的党员定期寄送学习材料。（3）强化党组织政治和服务功能。针对离退休干部党员实际情况，创新组织活动和学习教育方式，6月底，在全区离退休干部党组织中开展“优秀活动日”评选活动，河安社区党支部组织退休干部党员开展的“爱心护学”活动，荣获全省离退休干部党组织优秀活动荣誉称号。（4）加强离退休干部社团组织建设。创新搭建展示老干部风采的活动载体，引导离退休干部社团与其他社会组织联动配合，实现良性发展。在区老年大学，结合课程设置，先后建立老年大学文艺社团、戏曲社团、手工艺术社团、书画摄影协会等4个社团组织，全校一半以上学员加入，进一步丰富教学活动，成为校园文化建设的重要载体。

【离退休干部政治待遇】 （1）在离退休干部群体深入开展“两学一做”学习教育活动。教育引导老同志牢记党员身份，保持公仆本色，坚定理想信念，严守政治纪律和政治规矩。3月，在老干部之家网站河口党建论坛开展“向党说句心里话”活动，引导离退休党员敢于发声，歌颂党和国家，唱响中国好声音。全区离退休干部党支部开展集中学习283次，召开专题研讨会议64次，集中上党课12次。（2）推进老干部党支部正规化、常态化建设。把思想政治教育作为首要任务，以党支部为单位，每月开展一次老干部集中政治理论学习，主要传达党和国家的大政方针、学习近期各级领导重要讲话精神、通报区委、区政府对重大事项的决定及重要会议精神等，不断提高离退休干部党员的思想政治素质和政策理论水平。（3）坚持、完善和创新阅读文件、参观考察、情况通报等制度。在年初和年中，举办全区老干部情况通报会2次，200多名退休干部代表参加，会上通报过去一年及2016年上半年全区经济社会发展情况并向老同志们征求意见建议。重阳节前夕，组织老干部代表观摩全区经济社会发展情况，感受全区各行各业、各条战线的发展变化。

【离退休干部生活待遇】 （1）健全完善“三个机制”。按时足额发放离休干部的离休费，医药费按规定实报实销，确保离休干部共享改革发展成果。（2）继续实行分片联系老干部责任制。通过上门走访、召开座谈会等方式，及时征求收集老干部的意见和建议，做到服务老干部零距离。在离退休干部生病住院、家庭出现重大变故时及时关心看望。2016年，共组织看望住院老干部20多人次。（3）重要节日进行走访慰问。在重要纪念日、春节期间，集中走访慰问老干部。在区委的统一安排部署下，把春节走访慰问老干部工作列入工作日程，精心组织，周密安排。1月25日至2月1日，集中对全区17名离休干部和34名处级退休干部及家属进行春节走访慰问，详细征求他们对区委、区政府工作的意见和建议，帮助他们解决实际困难和问题。

2016年8月4日，全区老干部暨社会各界人士情况通报会

【文化养老】 （1）推动老干部活动学习场所建设工作。协调有关部门，推动老干部学习活动场所建设纳入基本公共文化服务体系和城市建设规划，加大对文化养老的资金投入。在河宁社区、河安社区等两个主要城市社区建立老干部阅览室、活动室，并配齐图书、活动器材。（2）推进老年大学三级办学网络建设。加大对基层老年学校的帮扶支教和“市级示范校”创建力度，组织办学成果展示活动，加强师资队伍建设，提升各级老年大学办学水平。2016年，河口街道八吕村老年学校被评为“市级示范校”，提升老年教育的影响力。（3）拓展文化养老载体和形式。围绕建党95周年、红军长征胜利80周年等重大时间节点，组织老同志参加全市老干部书画摄影展、诗词创作、征文等活动，展示老干部良好精神风貌，拓展老干部精神文化生活空间；继续开展老年大学“进农村、进社区、进敬老院”文化下乡活动，组织参加全区广场艺术节和市老年电视风采大赛活动，老同志们的精彩演出博得现场阵阵掌声；继续发挥剪纸艺术社团传统文化引领作用，与区教育局联合，组织手工艺术班学员每周五下午到河安小学和河口街道中心小学开展义务剪纸教学，培训学生近200人。

【关心下一代工作】 （1）强化对营养厨房的监督管理。联合相关部门对河口区营养厨房管理、食品安全、环境卫生、从业人员健康状况等情况进行定期检查。同时，组织开展“全国学生营养日”“学校食堂开放日”等活动。（2）继续开展党史国史教育活动。结合各学校新学年“开学第一课”，组织“五老”志愿者、党校教师、一线优秀教师在全区中小学校开展党史国史教育宣讲活动。活动中，组织专题报告12场，受教育中小学生3000余人。（3）开展青少年普法教育活动。联合政法、教育等部门开展第三届“关爱明天，普法先行”青少年普法教育活动，通过法律进课堂、普法知识讲座、普法警示教育等活动，加大青少年普法宣传力度。定期召开青少年普法教育工作调度会，做好全国“零犯罪学校”创建活动。（4）继续帮扶青少年弱势群体。“六一”期间，区关工委协调各部门、单位开展走访贫困儿童活动，各区直单位从所包村或对接社区中选择3~5名贫困儿童进行帮扶。整个活动共帮扶救助青少年学生320余人，资助现金、学习用品等总价值18万余元。

东营市河口区人民代表大会及其常务委员会

综　述

2016年，区人大常委会在区委的坚强领导下，以“两学一做”学习教育为统领，深入学习贯彻党的十八届三中、四中、五中、六中全会和习近平总书记系列重要讲话精神，围绕全区工作大局，认真履行法定职责，为推动全区经济社会发展和民主法治建设做出积极贡献。先后听取审议“一府两院”专项工作报告11项，开展专题调查和执法检查12余次，提出意见建议40余条，做出决议决定12项。

服务工作大局，依法推动全区经济社会科学发展。把促进经济社会发展作为监督工作的重要内容，通过组织代表视察、听取专项工作报告、组织开展专题调查、参与重大项目建设等，监督支持政府解放思想、应对挑战，抢抓机遇、促进发展。6～7月份，对全区化工产业转型升级工作进行专题调查，针对全区化工产业层次较低、链条较短、聚集度不高、创新能力较弱等方面，提出意见建议，督促政府加快推进化工企业转型升级，提高产业质量和效益。做出了关于批准设立城市发展基金的决议，支持政府搭建融资平台、创新融资模式，解决政府投资项目建设资金和政策性融资资本金配套的问题。7月16日，组织部分市、区人大代表对2016年全区经济社会发展情况进行集中视察。督促政府坚定不移地推进大项目、好项目建设，持之以恒地抓好产业升级改造，努力实现更高层次、更高质量的发展。制定关于改进审计工作情况及审计查出问题整改情况向区人大常委会报告机制的意见，切实加强对审计整改落实情况的跟踪监督，逐步实现审计监督从“程序性”向“实质性”的转变。为保证政府债券使用规范，就调整政府债务限额做出决议，有效保障一批重大基础设施和民生项目建设，推动相关工作的顺利开展。

坚持履职为民，切实维护人民群众根本利益。坚持把增进民生福祉作为各项工作的出发点和落脚点，积极推动解决人民群众最关心最直接最现实的利益问题，努力实现发展成果更多更公平惠及全区人民。听取审议区政府关于城乡环卫一体化工作情况的报告，督促政府努力提高环卫工作的档次和水平。听取审议区政府关于物业管理工作情况的报告，要求区政府规范物业管理活动，加强源头管理，及时化解各类矛盾纠纷，促进物业管理工作健康有序发展。听取审议区政府关于城乡公交一体化工作情况的报告，重点围绕做好城乡公交客运规划编制、合理配置城乡公交基础设施、积极推进城乡公交一体化等提出意见建议。结合人民群众的新要求、新期盼，对养老服务体系建设情况进行调查。突出强调，要把顺应民情民意、解决民忧民愿作为政府工作的“生命线”，完善政策措施，加大推进力度，强化服务体系建设，全面提升社会保障工作水平。针对入学难、城乡教育发展不均衡等突出问题，深入镇街、农村、社区进行调研，了解实际情况，督促解决相关问题，听取审议区政府关于职业教育工作情况的报告。

加强法律监督，扎实推进民主法治建设。牢固树立社会主义法治理念，大力推进依法行政、公正司法，努力维护社会公平正义。听取审议了区法院关于行政审判工作情况的报告，建议区法院加强行政审判规范化建设，不断提高办案质量和效率，力促行政机关依法行政。听取审议区检察院关于规范司法行为工作情况的报告，建议区检察院增强规范司法行为的自觉性和主动性，健全完善各项规章制度，逐步形成一套程序严密、标准具体、责任明确、考评科学的检察业务规范体系，为推进司法工作规范化提供保障。扎实做好规范性文件备案审查工作，做到“有件必备，有备必审，有错必纠”，促进法治政府建设。按照《区人大常委会组织区人大代表旁听区人民法院庭审办法》，扎实组织开展人大代表旁听法院庭审活动。先后3次组织23名人大代表对法院庭审进行旁听。

加强自身建设，不断提升依法履职能力。主动适应新形势新任务新要求，以“不忘初心、继续前进”为不竭动力，以聚集活力、提升能力为目标要求，不断深化思想建设、作风建设和机关党的建设，坚定理想信念，强化责任担当，为推动人大工作创新发展提供有力保障。认真落实中央、省委、市委关于加强县乡人大工作和建设的意见，按照法定程序设立区十七届人大内务司法、财政经济、教育科学文化卫生、城乡建设环境保护、农业与农村等5个专门委员会；在河口经济开发区设置人大工作委员会；将人事代表工作室更名为人事代表工作委员会；各镇人大主席、街道人大工委主任专职配备。深入开展“两学一做”学习教育，系统学习党章党纪党规和习近平总书记系列重要讲话精神。牢固树立政治意识、大局意识、核心意识、看齐意识，严格遵守政治纪律和政治规矩，坚决维护党中央权威和党中央集中统一领导，努力营造风清气正的政治生态。认真贯彻落实区委决策部署，着力在坚定正确方向、积极依法履职、服务发展大局上求深化，维护全区团结和谐、共谋发展的良好局面。注重信息化建设，依托河口人大网站，建设代表履职服务平台，不断提高代表工作实效。为全面总结历届人大及其常委会的奋斗历程，组织编纂《河口区人民代表大会志（1995—2016）》，真实记录河口区人民代表大会22年的历史轨迹。为加强新闻宣传工作，研究制定《区人大常委会机关和镇街人大宣传报道考核办法》，将镇街人大宣传工作与区人大机关宣传工作并轨管理，一同部署、一同考核、一同表彰，提高人大宣传工作的积极性和主动性。

重要会议

【区十七届人大五次会议】 2016年1月18～20日，东营市河口区第十七届人民代表大会第五次会议在区礼堂召开。出席会议代表153名。会议听取审议区人大常委会、区人民政府、区人民法院、区人民检察院工作报告，书面审议计划、财政报告和“十三五”规划纲要（草案），并做出批准的决定。表决通过《东营市河口区第十七届人民代表大会第五次会议关于设立河口区第十七届人民代表大会专门委员会的决定》，决定设立河口区第十七届人民代表大会内务司法委员会、财政经济委员会、教育科学文化卫生委员会、城乡建设环境保护委员会、农业与农村委员会。大会补选苟增杰为区人大常委会主任，刘斯杰为区人民政府区长；表决通过区人大专门委员会副主任委员。大会上，新当选的区人大常委会主任苟增杰、区人民政府区长刘斯杰和表决通过的区人大专门委员会副主任委员进行宪法宣誓。

【区人大常委会会议】 2016年，区十七届人大常委会共举行12次全体会议。

区十七届人大常委会第33次会议。1月13日召开。会议通过了区人大常委会关于接受聂建军辞去河口区人大常委会主任职务的请求的决定、区人大常委会代表资格审查委员会关于补选代表的代表资格的审查报告。

区十七届人大常委会第34次会议。1月27日召开。会议补选刘斯杰、张树芹2名同志为市七届人大代表。

区十七届人大常委会第35次会议。2月26日召开。会议讨论通过了《河口区人大常委会2016年工作要点》；审议并通过人事任免事项。

区十七届人大常委会第36次会议。4月29日召开。会议听取审议议区政府关于城乡环卫一体化工作情况的报告，区法院关于行政审判工作情况的报告；对听取审议的专项工作报告进行满意度测评；审议并通过人事任免事项。

区十七届人大常委会第37次会议。6月30日召开。会议听取审议了区政府关于物业管理工作情况的报告，区检察院关于规范司法行为工作情况的报告；对听取审议的专项工作报告进行满意度测评；做出关于批准设立城市发展基金的决议；审议并通过人事任免事项。

区十七届人大常委会第38次会议。8月2日召开。做出关于接受朱林华辞去区人大代表职务的请求的决定。

区十七届人大常委会第39次会议。8月26日召开。会议听取审议了区政府关于2016年上半年国民经济和社会发展计划执行情况的报告，关于河口区2015年财政决算和2016年上半年预算执行情况的报告、关于2015年区级财政预算执行和其他财政收支情况的审计工作报告；对听取审议的专项工作报告进行满意度测评；做出关于批准河口区2015年区级财政决算的决议，关于批准2016年河口区地方政府债务限额及区级预算调整的决定，关于河口区2016—2020年依法治区规划的决议，关于在全区公民中深入开展第七个五年法治宣传教育的决议。

区十七届人大常委会第40次会议。9月22日召开。会议通过《东营市河口区人大常委会关于区镇两级人大换届选举工作的实施方案》，做出关于区镇两级人大换届选举的决定、关于任命河口区选举委员会组成人员的决定、关于任命各镇选举委员会和街道选举工作指导组组成人员的决定；审议并通过人事任免事项。

区十七届人大常委会第41次会议。10月14日召开。会议罢免张学锋的东营市第七届人民代表大会代表职务，免去张学锋的河口区人民政府副区长职务。

区十七届人大常委会第42次会议。10月28日召开。会议听取审议区政府关于城乡公交一体化工作情况的报告，关于养老服务体系建设情况的报告；对听取审议的专项工作报告进行满意度测评。

区十七届人大常委会第43次会议。11月30日召开。做出关于批准《河口区四个棚户区改造项目政府购买服务资金列入区级财政预算的报告》的决定。

区十七届人大常委会第44次会议。12月21日召开。会议听取审议区政府关于职业教育工作情况的报告，关于治安防控体系建设情况的报告；对听取审议的专项工作报告进行满意度测评；审议并通过人事任免事项。

人事任免

2016年，区人大及其常委会任命国家机关工作人员24名，接受辞职、免职16名。

区十七届人大常委会第三十三次会议于1月13日，根据地方组织法的有关规定和本人申请，决定接受聂建军辞去区十七届人大常委会主任职务的请求。

区十七届人大常委会第三十五次会议于2月26日，根据区人民政府刘斯杰区长提请，决定任命张学锋为河口区人民政府副区长。免去马保文的河口区人民政府副区长职务，王英明的河口区人民政府副区长职务，陈桂林的河口区人民政府办公室主任职务。根据区人民法院曹志海院长提请，任命薄一才、郑战杰、韩安民、徐秀红为河口区人民法院审判委员会委员，免去张光军的河口区人民法院人民陪审员职务。

区十七届人大常委会第三十六次会议于4月29日，根据区人大常委会主任会议提请，决定任命李希平为河口区人民代表大会农业与农村委员会副主任委员，王学军为河口区人大常委会人事代表工作委员会主任，颜廷涛为河口区人大常委会人事代表工作委员会副主任，刘鹏为河口经济开发区人大工作委员会副主任，张希亮为河口区河口街道人大工作委员会主任，李丙安为河口区河口街道人大工作委员会副主任，杨丰文为河口区六合街道人大工作委员会主任，郭延峰为河口区六合街道人大工作委员会副主任。免去牟焕民的河口区河口街道人大工作委员会主任职务，杨月明的河口区六合街道人大工作委员会主任职务，李希平的河口区六合街道人大工作委员会副主任职务。根据区人民政府刘斯杰区长提请，决定任命努尔艾力·帕塔尔为河口区人民政府副区长，杨立民为河口区人民政府办公室主任。

区十七届人大常委会第三十七次会议于6月30日，根据区人民政府刘斯杰区长提请，决定任命徐文棠为河口区人民政府副区长，免去王秀凤的河口区人民政府副区长职务。

区十七届人大常委会第四十次会议于9月22日，根据区人民政府刘斯杰区长提请，决定任命缪金学为河口区发展和改革局局长，盖本良为河口区交通运输局局长，杨希孝为河口区城市管理和行政执法局局长。免去赵明印的河口区人民政府副区长职务，杨立民的河口区发展和改革局局长职务，缪金学的河口区交通运输局局长职务，王明元的河口区城市管理和行政执法局局长职务。

区十七届人大常委会第四十一次会议于10月14日，根据区人民政府刘斯杰区长提请，决定免去张学锋的河口区人民政府副区长职务。

区十七届人大常委会第四十四次会议于12月21日，根据区人民政府刘斯杰区长提请，决定任命田兵兵为河口区人民政府副区长，王晓勇为河口区人民政府副区长，侯丽霞为河口区人民政府副区长，胡琳为河口区人民政府副区长。免去刘茂和的河口区人民政府副区长职务。根据主任会议提请，决定田兵兵为河口区人民政府代理区长。决定接受刘斯杰辞去河口区人民政府区长职务的请求。

代表工作

【代表变动】 区十七届人大代表名额164名，2016年3名代表因工作变动调离本行政区域，补选4名区人大代表。到12月15日区十八届人大代表换届前，实有区十七届人大代表159名。

【代表活动】 2016年，区人大常委会始终把代表工作作为基础性工作来抓，认真贯彻落实代表法，不断完善代表工作机制，创新代表工作方式，发挥代表主体作用，支持和引导代表为推动河口发展贡献力量。坚持邀请代表列席常委会会议，参加常委会组织的执法检查、视察调研等活动，扩大代表对常委会工作的参与。邀请约40名人大代表列席常委会会议，组织约100名人大代表分两批进行集中视察，组织约80名人大代表参加各类调研和执法检查活动。建立区人大常委会组成人员分工联系人大代表制度，每名常委会组成人员固定联系5～8名基层人大代表，定期通报工作情况，征求意见建议。积极推荐代表参加民主测评、行风评议等社会监督活动，让代表多渠道了解情况、知情知政。继续落实《人大代表联系群众制度》《人大代表述职办法》，督促引导人大代表与群众保持经常性联系，听取选民的意见建议，接受选民的监督评议。组织50余名人大代表进行述职，选民对代表的评议满意率均在96%以上。不断加大对人大代表的宣传力度，推荐部分人大代表在电视台、省市级报刊、《河口人大》进行集中宣传，为代表履职营造良好的社会氛围。

【代表培训】 着力提高代表素质和履职能力。把组织代表履职学习作为一项重要工作，通过订阅报纸杂志、举办辅导培训班、代表小组集中学习等方式，组织引导代表学习法律法规和有关业务知识，为代表提供智力支持和信息服务。创新代表培训模式，提高代表培训层次，2016年，组织90多名人大代表赴全国人大培训基地开展素质提升培训，系统学习相关知识，取得积极效果。深入开展“两学一做”学习教育，系统学习党章党纪党规和习近平总书记系列重要讲话精神。牢固树立政治意识、大局意识、核心意识、看齐意识，严格遵守政治纪律和政治规矩，坚决维护党中央权威和党中央集中统一领导，努力营造风清气正的政治生态。

【代表建议督办】 2016年，区人大常委会继续实施办理《区人民代表大会代表建议办法》和《代表建议办理面对面答复暂行办法》，着力抓好代表建议办理工作。8月份、12月份分别组织承办部门主要负责同志对建议办理情况向人大代表进行面对面集中答复。首次建立重点建议督办机制，选择15件质量高、代表性强、办理难度较大的代表建议，由区人大常委会各位副主任领衔督办。全年共督办区人大代表建议97件，办结率100%，满意率96.8%。

【服务代表履职】 加强组织机构建设，2016年，认真落实中央、省委、市委关于加强县乡人大工作和建设的意见，按照法定程序设立区十七届人大内务司法、财政经济、城乡建设环境保护、农业与农村、教育科学文化卫生等5个专门委员会；在河口经济开发区设置人大工作委员会；将人事代表工作室更名为人事代表工作委员会；各镇人大主席、街道人大工委主任专职配备。依托河口人大网站，建立代表履职管理服务平台。组织编纂《河口区人民代表大会志（1995—2016）》，真实记录河口区人民代表大会22年的历史轨迹。主动加强对镇街人大工作的指导，坚持每年组织一次人大工作座谈会，有针对性地解决共性问题。积极协调帮助各镇街人大加强基础设施建设，完善各项规章制度，为镇街人大工作顺利开展提供组织和制度保障。

【区镇人大换届选举工作】 按照省、市、区委的总体安排部署，从2016年10月底开始，区镇两级人大换届选举工作正式启动。区选举委员会坚持党的领导、充分发扬民主、严格依法办事的原则，精心组织，周密安排，依法实施，凝聚各方力量，扎实推进工作，保证人大换届选举工作的依法顺利进行。2016年12月15日，顺利选出新一届区人大代表163名，镇人大代表185名。区人大代表的各项结构比例为：中共党员104名，占63.8%；非中共党员59名，占36.2%；男性105名，占64.4%；女性58名，占35.6%。在人员结构中，干部57名，占35%；工人27名，占16.6%；农民38名，占23.3%；专业技术人员30名，占18.4%；军人2名，占1.2%；其他9名，占5.5%。所有结构比例，均符合上级及区委的规定要求。

视察调研

2月25日，区人大常委会第一副主任张胜双、副主任闫长林到六合街道小义和村调研包村帮扶工作。

4月7日，区人大常委会副主任丁水林一行到区人民医院进行调研。听取了关于项目建设和购置大型医疗器械工作进展情况的汇报，并进行实地查看。

4月20日，区人大常委会副主任丁水林调研全区旅游工作。先后查看鸣翠湖湿地风景区、草桥沟、义和镇黄河故道农业休闲区、新户镇百万亩渔业区、通和水产公司等，了解全区主要旅游项目建设和游客接待、安全、管理等情况。

7月14日，区人大常委会组织部分市、区人大代表对全区重点工程项目和为民办实事情况进行集中视察。在区委常委、副区长曹永湖等陪同下，区人大常委会党组书记、第一副主任张胜双、区人大常委会副主任丁水林、赵淑萍、郭存三、闫长林等带领部分市区人大代表先后实地视察澳亚高端乳制品加工项目、仙河镇中心小学建设项目、中海石化升级改造及配套项目、环城防护林建设工程、挑河人工湿地水质净化工程、河口蓝色经济产业园蒸汽热源集中供应项目、曙光汇泰渔光互补光伏发电项目、海宁路绿化提升工程、黄河路改造提升工程等。

8月30日至31日，区人大常委会副主任丁水林带领执法检查组对全区贯彻实施《中华人民共和国食品安全法》情况进行专项执法检查。

9月2日，区人大常委会副主任郭存三带队到河口公安分局对区镇两级人大换届选举工作进行调研。

10月20日，区人大常委会党组书记、第一副主任张胜双先后到新户镇、义和镇、仙河镇、孤岛镇调研区镇两级人大换届选举工作。

10月25日，区人大常委会党组书记、第一副主任张胜双到河口街道、六合街道调研区镇两级人大换届选举工作。

重大活动

3月18日，全区人大代表建议工作会议召开。区人大常委会副主任郭存三主持会议。宣读《河口区人大常委会关于表彰2015年度提出优秀建议的区人大代表和人大代表建议办理工作先进单位的决定》《河口区人大常委会关于表彰2015年度人大工作先进单位和优秀区人大代表的决定》《河口区人大常委会关于表彰2015年度全区人大宣传工作先进单位、先进个人的决定》，对区十七届人大五次会议上人大代表提出的建议进行交办。区委常委、副区长曹永湖就政府系统代表建议办理工作提出明确要求。

3月22日，平阴县人大常委会副主任付丽、刘广申等一行12人到河口区学习专题询问、工作评议和专项报告满意度测评等工作。区人大常委会副主任丁水林、郭存三及相关委室负责人等陪同。

3月22～24日，区人大常委会副主任闫长林带队赴江苏省宜兴市、江阴市就工业企业转型升级工作进行考察学习。考察学习组先后考察宜兴市、江阴市经济产业园，并分别进行座谈交流，详细了解两个地区在工业企业转型升级方面采取的办法和措施，学习人大常委会在监督政府转方式调结构方面的先进经验。

4月5日，市人大常委会副主任温晓杰一行到河口区调研统计法贯彻实施情况。在区委副书记、区长刘斯杰，区委常委、副区长曹永湖、区人大常委会副主任闫长林等陪同下，温晓杰一行先后到六合街道统计站、晨阳菌业、汇海医药等地进行实地查看。市统计局负责同志就全市贯彻实施统计法工作情况进行综合汇报，区统计局、六合街道就统计法贯彻实施情况作了发言。

5月16日，市人大常委会副主任张传胜来河口区调研食品安全工作。在区委书记、区人大常委会主任苟增杰，区委副书记、区长刘斯杰，区人大常委会第一副主任张胜双，区人大常委会副主任丁水林，副区长刘茂和等陪同下，张传胜一行先后到区一中食堂、胜大超市、刘坨芳馨餐具消毒中心、河口街道高效生态农业循环经济区进行实地调研。

5月24日，市人大常委会委员、财经委副主任委员、常委会预算工委主任张树芹到河口区走访联系部分市人大代表。

5月25～27日，区人大常委会副主任郭存三带队，先后到济南正宇软件公司、蓬莱市等地考察人大信息化平台建设情况。

7月21日，区人大常委会党组书记、第一副主任张胜双带领区人大常委会部分组成人员到河口街道走访联系区人大代表。

7月21日，区人大常委会副主任丁水林带领区人大常委会部分组成人员到六合街道走访联系区人大代表。

7月26日，区人大常委会副主任闫长林带领区人大常委会部分组成人员到孤岛镇、仙河镇走访联系区人大代表。

8月30日，区人大常委会党组书记、第一副主任张胜双同志主持召开区人大常委会党组会议。会议讨论通过《中共河口人大常委会党组关于做好区镇两级人民代表大会换届选举工作的意见》，决定提交区委常委会议讨论。

10月12日，河口区选举委员会第一次会议召开。会议研究讨论《区十八届人民代表名额分配方案》。

10月24日，市人大常委会党组成员、副主任张传胜来河口区调研区镇两级人大换届选举工作。在区委书记、区人大常委会主任苟增杰，区人大常委会党组书记、第一副主任张胜双，区委常委、区委办公室主任陈桂林，区人大常委会副主任郭存三等陪同下，张传胜一行到义和镇进行实地查看，听取区镇有关情况介绍。

10月26日，河口区举行仪式欢送区人大常委会机关干部牛俊昌赴济捐献造血干细胞。市红十字会常务副会长李英慧、区人大常委会副主任丁水林、副区长徐文棠等出席欢送仪式。

11月7日，河口区选举委员会第二次会议召开。会议研究讨论各镇街区人大代表选区划分和选民小组的建立等工作。会议原则通过，全区六个镇街共划分选举区人大代表选区67个，建立选民小组430个，涉及选民175070人。区人大常委会党组书记、第一副主任张胜双，区委常委、纪委书记侯永强，区委常委、宣传部部长高立燕，区委常委、组织部部长、统战部部长赵明印，区人大常委会副主任丁水林、郭存三、闫长林等出席会议。

11月8日，区人大常委会副主任郭存三主持召开区人大换届选举工作调度会议，听取各镇街工作汇报，安排部署下一步选民登记和提名推荐代表候选人工作。郭存三指出，各镇街要认真做好选民登记、候选人推荐工作，统筹谋划，压茬进行，严格程序，强化责任，确保将各项工作做到实处。各镇人大主席、副主席，街道人大常委会主任、副主任及区选举委员会办公室成员参加会议。

11月16日，区选举委员会第三次会议召开。会议研究讨论《关于区人大代表选举选民登记审核情况的报告》。会议原则通过该项报告。区人大常委会党组书记、第一副主任张胜双，区委常委、纪委书记侯永强，区委常委、政法委书记王永跃，区委常委、组织部部长、统战部部长赵明印，区人大常委会副主任丁水林、郭存三、闫长林等出席会议。

11月17日，市人大常委会副主任张传胜到河口区检查督导人大换届选举工作。区委书记、区人大常委会主任苟增杰、区委副书记、区长刘斯杰，区人大常委会第一副主任张胜双，区人大常委会副主任郭存三等陪同。

11月28日，河口区选举委员会第四次会议在区人大常委会四楼会议室召开。会议研究讨论《关于区人大代表选举提名推荐初步候选人情况的报告》，会议原则通过该项报告。区人大常委会党组书记、第一副主任张胜双，区委常委、纪委书记侯永强，区委常委、政法委书记王永跃，区委常委、组织部部长、统战部部长赵明印，区人大常委会副主任丁水林、闫长林等出席会议。

11月29日，区选举委员会办公室召开各镇人大主席、副主席，街道人大工委主任、副主任及工作人员会议。部署初步候选人张榜公示工作，并对下一步正式候选人确定、选举筹备等工作进行安排。

12月7日，河口区选举委员会第五次会议召开。会议研究讨论《关于酝酿确定区十八届人大代表正式候选人工作情况的报告》，会议原则通过该项报告。区人大常委会党组书记、第一副主任张胜双，区委常委、纪委书记侯永强，区委常委、政法委书记王永跃，区委常委、组织部部长、统战部部长赵明印，区人大常委会副主任丁水林、郭存三、闫长林等出席会议。

12月12日，市人大常委会副主任李永元到河口区调研人大换届选举工作。区委书记、区人大常委会主任苟增杰，区人大常委会党组书记、第一副主任张胜双，区人大常委会副主任郭存三及相关负责同志陪同调研。

12月15日，河口区区镇两级人大换届选举日。依法选举产生区十八届人大代表163名，镇新一届人大代表185名。

12月19日，河口区选举委员会召开第六次会议。听取区十八届人大代表选举结果的情况汇报，确认选举结果有效，并提交有关会议审查。会议由区人大常委会副主任丁水林主持。

12月19日，区第十七届人民代表大会常务委员会代表资格审查委员会召开会议，审查河口区第十八届人民代表大会代表资格审查报告，提交区十七届人大常委会第四十四次会议讨论研究。会议由区人大常委会副主任郭存三主持。

专门委员会工作

【区人大内务司法委员会】 加强工作监督，推进民主法治建设。4月，根据省、市人大内司委三级联动监督议题的安排，对区法院行政审判工作基本情况，行政机关参与诉讼的基本情况及法院在新形势下存在的困难问题进行调研。并就进一步做好行政审判工作，提出加大宣传，努力改善行政审判环境；以规范司法为重点，进一步提高行政审判工作的质量和效率等意见建议。5月，对区政府法治工作进行调研，调研侧重行政执法监督、规范性文件审查、行政复议、重大行政决策程序等重点内容。6月，通过听取工作汇报、实地查看、走访、座谈等方式，对区检察院依法开展规范司法行为工作情况进行专题调研，撰写调查报告。12月，对区政府社会防控体系建设情况进行了调研。实地查看六合派出所、开发区派出所，与区公安分局领导及相关队所负责人、财政局、城管局、发改局、经信局、河滨公安分局等部门单位进行座谈交流，针对调查情况，提出意见建议。认真做好常委会交办的规范性文件备案审查、走访联系代表、组织代表旁听庭审、拟任人员任前法律知识考试等工作。配合市人大常委会法工委搞好《山东黄河三角洲国家级自然保护区条例》立法调研工作。

【区人大财政经济委员会】 审查国民经济和社会发展计划计划制定，监督国民经济和社会发展计划执行情况，8月、12月，两次召开经济社会发展情况座谈会，广泛听取情况汇报，掌握发展现状，研究运行走势，提出助推产业结构升级，转变经济发展方式，尤其是大力推进农业产业化、打赢化工产业转型升级攻坚战、抓民生实事保障改善民生的建议。在预算审查监督方面，委员会承办区十七届五次会议审查2015年财政预算执行情况和2016年财政预算，人大常委会审查2015年区级决算草案、2016年预算调整方案草案、上半年财政预算执行情况报告的准备工作，分别提出审查报告或审议意见，为人民代表大会和人大常委会审查有关预决算报告打下基础。制定出台《关于改进审计工作情况及审计查出问题整改报告机制》，对依法推动审计查出问题整改，加强和改进人大预算决算审查监督提供制度保障。重点开展全区化工产业转型升级工作专题调查。通过外出学习、深入企业调研、召开座谈会、发放调查问卷等形式，了解情况，积极探讨。提出加强政策引导、加强平台建设、狠抓招商引资、加强科技创新等措施建议，深入推进化工产业转型升级。措施建议引起区委主要领导高度重视，并责成区政府制定措施、持续推进，加快化工产业转型升级步伐，促进工业经济快速健康发展。

【区人大教育科学文化卫生委员会】 注重对教育事业监督，通过外出学习考察、座谈交流、现场察看，指出问题，提出建议，推动产教融合、校企合作，加快推进现代职业教育体系建设。为保证人民群众的身体健康和生命安全，9月，对新《中华人民共和国食品安全法》实施情况进行执法检查，提出可行性意见和建议。为维护民族团结和宗教稳定，对民族宗教工作进行调研，充分发挥民族宗教工作在促进社会和谐发展中的积极作用。为推动旅游产业快速发展，对全区旅游工作进行调研，加快推进旅游资源的整合，提高旅游服务水平，助力打造“逍遥河口”升级版。加强文化建设，对全区无线数字电视信号全覆盖工作进行调研，促进惠民工程的落实，让广大人民群众充分享受到基本的文化权益。重视民生事业发展，围绕河口区人民医院病房综合楼建设、感染性疾病科建设和核磁共振设备购置，以及社区卫生服务中心建设、区疾控中心实验室装备配置等进行实地调研，监督促进民生实事落实到位。全力做好人大及其常委会交办的走访联系代表、代表建议督办和新闻宣传等工作。

【区人大城乡建设环境保护委员会】 立足本职，促进城环热点问题、民生问题的解决。对广大市民普遍关注的工业园区大气污染防治工作进行调研，提出意见建议。4月，委员会建议区人大常委会听取审议区政府关于城乡环卫一体化工作情况的报告，提出加大城乡环卫一体化资金投入，配套完善基础设施，健全长效机制，落实刚性责任等建议。6月，建议区人大常委会听取审议区政府关于全区物业管理工作情况的报告，对如何创新物业管理机制，引导物管行业健康发展等提出建议。配合市人大常委会开展《东营市城镇容貌和环境卫生管理条例》立法调研。10月，委员会建议区人大常委会听取审议区政府关于城乡公交一体化工作情况的报告，提出统筹推进城乡公交一体化发展，完善公交配套设施等建议。11月，制定《宣传贯彻＜东营市城镇容貌和环境卫生管理条例＞安排意见》，组织相关部门单位召开调度会议，全面动员部署。同时，针对条例实施组织全区执法人员开展专题培训，并采取多种措施开展一系列宣传活动。

【区人大农业与农村委员会】 做好人大常委会审议议题调查工作，4月，委员会调研全区春季农业生产工作情况，增进区人大常委会对农业生产安排和春耕生产情况的了解，全力助推春季农业生产，确保农业稳粮增收、提质增效，春耕生产开好局、起好步。5月，委员会对全区气象工作和防雹增雨情况进行调研，调查组深入一线作业点实地考察河口区作业队伍情况和武器装备情况，人工影响天气的作用明显，对缓解旱情起到一定的促进作用。10月，建议区人大常委会听取审议全区养老服务体系建设情况的报告，并提出审议意见，督促区政府及相关部门，全力提升社会养老服务新水平，形成关心关爱老年人的良好社会氛围。

河口区人民政府

综　述

十七届政府任期的五年，是全区经济社会发展历程中极不平凡的五年。五年来，在市委、市政府和区委的正确领导下，在区人大、区政协的监督支持下，区政府团结带领全区人民，主动适应新常态，积极应对新挑战，全力以赴稳增长、调结构、促改革、惠民生、防风险，圆满完成区十七届人大一次会议确定的目标任务，为建设美丽幸福新河口奠定坚实基础。

（一）经济平稳较快增长，综合实力大幅跃升。2016年，实现生产总值261.48亿元，是2011年的1.8倍，年均增长12.2%。完成固定资产投资332.2亿元，年均增长14.6%；社会消费品零售总额57.09亿元，年均增长13.2%。一般公共预算收入完成18.06亿元，是2011年的1.8倍，年均增长12.5%；全区金融机构发展到37家，存贷款余额分别达到228.8亿元和143.5亿元，年均增长10.8%和14.9%。全区规模以上工业企业发展到123家，实现工业总产值1027.8亿元，是2011年的2.4倍；富海集团主营业务收入达到211.4亿元、位列2016中国石油和化工百强民营企业第15名，中海集团主营业务收入达到169.5亿元、跻身全国民营企业500强。

（二）转型升级深入推进，产业结构加速优化。三次产业比例调整到5：50：45。现代农业迅猛发展。成功引进实施了澳亚牧场、佳发、正邦、北方超级稻产业化中心等总投资301.8亿元的35个农业龙头项目，建设全省首家进口澳大利亚肉牛屠宰加工项目，实现奶牛存栏4万头、肉牛存栏1万头、生猪年出栏40万头；规划建设百万亩生态渔业区，2016年全区水产养殖面积达到56万亩。工业转型步伐加快。石油化工、精细化工、装备制造、有色金属等四大主导产业实现产值967亿元，占全区工业总产值的94%；实施富海200万吨重油催化裂化等技改项目18个，累计投资达到46.2亿元。科技支撑能力持续增强，建成各类研发平台29个，高新技术产业产值占比达到48.4%，较2011年提高9.1个百分点。园区经济加速膨胀，河口开发区产值达到133.7亿元、实现财政收入9106万元，荣获“山东最佳投资环境园区”；蓝色产业园入园企业49家，落户总投资401.2亿元的54个项目，产值达到279亿元，建成全省最大的航空燃料生产基地。服务业不断壮大。生态旅游、现代物流等新兴服务业快速成长，2016年实现服务业增加值121.19亿元，是2011年的1.6倍。全区物流企业发展到45家，总运量突破4000万吨。成功举办五届湿地槐花节和全国摄影大展等活动，被评为中国优秀旅游城市。积极发展电子商务，与蚂蚁金服签订战略合作协议；油品贸易洽谈会影响力不断提高，黄河三角洲石油化工交易中心交易额突破170亿元，成为国家级电子商务集成创新试点。

（三）基础设施不断完善，城乡面貌焕然一新。健全城乡规划体系，编制全区总体规划、小城镇总体规划及农村社区布局规划等各类规划50余项，城区详规覆盖率达到91.5%。以创建全国文明城市为契机，加快推进主城区建设，实施总投资114.67亿元的109项工程，改造老旧小区25.8万平方米，新增绿地55

万平方米，完成李坨、二吕等4个城中村改造，新建小区13个。建成区集中供热中心，城区供热面积达到135万平方米。油田工矿用地"退二进三"稳步推进。高标准实施环城水系建设，鸣翠湖、友谊河、昌盛河等景观绿化工程全面完成。湖滨新区日新月异，"一纵三横"路网框架全面打开，市民广场、音乐喷泉、沙滩浴场等环湖景观建成投用；西湖印象、盛世豪庭、中海鸣翠园等商住项目相继实施，成为引领城市发展的新区。村镇建设不断加快，镜湖社区等8个农村社区建成投用，21个自然村4100户农民告别老旧乡村，搬入宽敞舒适、配套完善的新家园。深化乡村文明建设行动，新建改造农村道路596.5公里、供水管网231.4公里，疏浚治理河道91.6公里。重大基础设施建设实现新突破，东营港城建设扎实推进，兴港路、蓝埕路建成通车，新建500千伏变电站1座、铺设电网208.8公里。深入开展水气污染整治专项行动，实施总投资40亿元的77个水气污染治理项目，建成3座污水处理厂，全面淘汰黄标车，取缔土小污染企业51家；生态建设成效明显，新增绿化面积12.1万亩，环境质量持续改善，空气优良天数连续5年全市最高，先后荣获全国文明城市、中国人居环境奖等称号。

（四）改革开放持续深化，发展活力日益增强。规范政府权力运行，建立公布政府部门责任清单、负面清单及中介服务收费项目清单。扎实推进事业单位、中小学、公立医院等重大改革。农村综合改革稳步实施，成为全国首批农村承包土地的经营权抵押贷款试点县区、全省首批农田水利设施产权制度改革试点县区。扎实开展未利用地开发试点，开发未利用土地14.64万亩，全区适度规模经营面积达到23.5万亩。财税金融改革深入推进，"营改增"试点顺利完成，旭业新材料、常青树胶业、华力石油等本土企业登陆新三板，股权交易场所挂牌企业达到11家；全面落实"三证合一、一照一码"登记制度，新增私营企业751家，各类市场主体达到1.46万户。对外开放水平不断提高，五年引进过亿元项目68个，到位固定资产投资176.43亿元；新增进出口资质企业35家，利用外资1.8亿美元。镇域经济加快发展，新户、仙河试点强镇建设迈上新台阶，镇街财政收入达到2.4亿元，是2011年的1.55倍。

（五）社会事业全面进步，人民生活持续改善。民生累计支出52.1亿元，年均增长10%以上，占公共财政支出的55%。城乡居民人均可支配收入分别达到39198元、15596元，年均增长8.7%和9.8%。社会保障标准持续提高，城乡低保标准分别提高到6960元、4320元，城乡医保补助标准提高到430元，养老金提高到160元。教育事业全面发展，累计投资6.8亿元对15所学校实施标准化改造，新建城乡幼儿园、中小学14所，创建为全国义务教育发展基本均衡区。公共卫生服务体系不断完善，投资1.42亿元实施9项重点医疗卫生惠民工程，新建、改建村卫生室67处，顺利通过国家卫生城市复审。深入开展药品安全整治，创建成为省级药品安全先进区。加强人口和计划生育工作，创建为全国计划生育优质服务先进单位。文体事业繁荣发展，成功承办市第九届运动会、第六届残疾人运动会，文化馆、图书馆配套建设基本完成，在全省率先实现有线数字电视户户通和农家书屋、健身设施全覆盖，创建为省级公共文化服务体系示范区。住房保障不断改善，建设各类保障性住房8639套，改造农村危房1645户。就业形势持续稳定，城镇新增就业2.29万人，实现农村劳动力转移就业1.92万人次。建成启用河口烈士陵园，被批准为省级革命烈士保护单位。开通城区公交，群众出行更加便捷。平安河口、食安河口建设扎实推进，荣获全国安全社区、全省信访工作先进区、全省出口农产品质量安全先进区等荣誉称号。统计基层基础、妇女儿童、社区矫正、对口援疆等工作取得显著成绩。

倾力保障改善民生，集中财力为民办实事、办好事，是民生投入最大，群众得实惠最多的五年。坚持教育优先发展，投资4.5亿元建成河口区一中新校，在全省率先实现农村学前三年免费教育。全面提升保障水平，3次上调老年人生活救助金标准，4次上调城乡医保财政补助标准，5次上调城乡低保和农村五保供养标准，在全省率先实现医疗保险城乡统筹和残障补贴全覆盖，综合保障水平位居全国前列。高度重视老年人事业，建成启用中心敬老幸福园，在全省率先实现农村五保老人区级集中供养。

（六）政府职能加快转变，作风建设持续深化。扎实开展群众路线教育实践活动、“三严三实”专题教育、“两学一做”学习教育，作风建设不断加强，行政效能全面提升。严格落实中央八项规定精神，集中开展“小金库”、公务用车等专项治理行动，严肃查处损害群众利益的腐败问题。认真开展办公用房专项清理整改，清退办公用房1.08万平方米。自觉接受人大、政协、群众和舆论监督，办理人大代表建议、政协委员提案1049件，满意率达100%。创新成立3612345民生热线，累计办理群众诉求37万余件，荣获山东省服务名牌。建成启用政务服务中心，建立网上审批、电子监察系统，精简行政审批事项，行政效能大幅提升。

会议纪要与文件目录

【区政府常务会议纪要】 2016年，区政府共召开19次政府常务会议。

1. 第17—52次，1月4日召开。议题是区政府工作报告（讨论稿）、2015年国民经济和社会发展计划执行情况和2016年国民经济和社会发展计划（草案）、2015年财政预算执行情况和2016年财政预算（草案）、2016年财政收支计划。

2. 第17—53次，1月9日召开。议题是“十三五”规划纲要（草案）、“十三五”主要预期目标及2016年计划指标。

3. 第17—54次，1月22日召开。议题是三年增绿计划补贴方案、二吕社区棚户区改造、进口肉牛屠宰加工口岸建设、“三支一扶”大学生考核聘用。

4. 第17—55次，2月5日召开。议题是区政府领导分工事宜。

5. 第17—56次，3月14日召开。议题是清理税收等优惠政策、解决光电中心历史遗留问题、2016年招商引资任务分配及考核办法、个体工商户“两证合一”登记制度改革试点、收购商品住宅作为公共租赁住房。

6. 第17—57次，4月29日召开。议题是传达学习新型城镇化重点工作推进会议、全市外贸运行调度工作会议精神、创建山东省食品安全先进区、经济运行、事业单位及公益岗位工作人员招聘、成立河口区财金投资发展有限公司、修订区政府部门单位行政审批事项目录、推进简政放权放管结合转变政府职能。

7. 第17—58次，5月23日召开。议题是全省大气污染防治电视电话会议、全市化工产业转型升级调度会议精神、原供销社大院及周边地块（冷藏厂）建设改造及会签安置、城市地下管线普查和信息化建设、禁毒工作、招商引资办法及干部处分。

8. 第17—59次，6月15日召开。议题是全市水气污染整治工作推进会议精神、全市第三次农业普查领导小组全体（扩大）会议精神、党政机关公务用车制度改革、气象降雨、黄河路雨污排改造工程（一期）概算审核。

9. 第17—60次，6月22日召开。议题是研究河口经济开发区污水处理厂管理运行、工业园区规划管理。

10. 第17—61次，7月22日召开。议题是经济运行、全面实现农业现代化、水气污染治理、计划外拟实施政府投资项目、招聘临时工作人员、被征地农民养老保险、安全生产。

11. 第17—62次，8月1日召开。议题是深化科技体制改革加快创新发展。

12. 第17—63次，8月12日召开。议题是城市近期总体规划、区文化馆、图书馆配套改造项目年度计划变更、蓝色经济产业园挥发性有机物自动检测体系建设、全市安全生产扩大会议精神和全市金融工作座谈会议精神。

13. 第17—64次，8月23日召开。议题是锦绣河口现代农业示范区总体规划、《2016年推进简政放权放管结合优化服务转变政府职能工作方案》、行政审批中介服务收费项目清单修订、取消和调整区级行政权力事项、拟实施计划外政府投资项目、项目变更、概算审核。

14. 第17—65次，9月14日召开。议题是全市计划生育工作会议精神、全市食品安全委员会全体会议暨全市食品药品安全工作会议精神、全市综合考核、调整镇（街道）、开发区（产业园）财政体制、促进外贸进出口稳定增长、东营黄河口家具与亚通石化公司土地房产过户、依托河口区战时人口应急疏散基地建设智慧养老示范园项目可行性、区直机关差旅费。

15. 第17—66次，10月25日召开。议题是迎接中央环保督察、全区安全生产工作、国家土地督察济南局2016年土地例行督察整改、2017年部分拟实施政府投资项目、视频会议系统建设、今冬明春农水会战、干部处分。

16. 第17—67次，10月27日召开。议题是前三季度全区经济运行情况的汇报。

17. 第17—68次，11月18日召开。议题是《河口区法治政府建设实施方案（2016~2020年）》、2016年退役士兵安置、调整人民警察警衔津贴、对机关事业单位养老保险原统筹期间个人缴费部分返还。

18. 第17—69次，11月30日召开。议题是全国安全生产电视电话会议精神、全省环境保护工作电视会议精神、全省“两权”抵押贷款试点工作会议精神、全市建设与城市管理安全生产委员会暨建筑施工等领域安全生产专项整治检查工作会议精神，研究了区政府投资项目建设变更、计划外项目、概算审批项目情况、编制镇街权责清单、落实2014~2015年服务业政策、济南军区黄河三角洲综合训练基地老年乡村医生生活补助、济南军区黄河三角洲综合训练基地原民办代课教师资格认证、享受教龄补助发放人员变更、调整机关事业单位工作人员基本工资标准和增加离休人员离休费、“解决学校大班额工程”融资。

19. 第17—70次，12月22日召开。议题是全区安全生产、区政府领导分工。

【区政府文件目录】 1. 河口区人民政府政府关于印发河口区国民经济和社会发展第十三个五年规划纲要的通知（东河政发〔2016〕1号）。

2. 河口区人民政府关于印发河口区2016年国民经济和社会发展计划的通知（东河政发〔2016〕2号）。

3. 河口区人民政府关于印发河口区推进简政放权放管结合转变政府职能工作方案的通知（东河政发〔2016〕1号3号）。

4. 河口区人民政府关于进一步加强新时期爱国卫生工作的实施意见（东河政发〔2016〕4号）。

5. 河口区人民政府关于调整河口区区级行政权利清单等有关事项的通知（东河政发〔2016〕5号）。

6. 河口区人民政府关于进一步做好防范和处置非法集资工作的实施意见（东河政发〔2016〕6号）。

7. 河口区人民政府关于贯彻落实粮食安全责任制的实施意见（东河政发〔2016〕7号）。

8. 河口区人民政府关于印发河口区全民健身实施计划（2016~2020年的通知）（东河政发〔2016〕8号）。

9. 河口区人民政府关于调整镇（街道）、开发区（产业园）财政体制的通知（东河政发〔2016〕9号）。

【区政府办文件目录】 1. 河口区人民政府办公室关于印发河口区人民政府法律顾问工作规则的通知（东河政办发〔2016〕1号）。

2. 河口区人民政府办公室关于印发河口区地方史志事业发展规划纲要（2016~2020年）的通知（东河政办发〔2016〕2号）。

3. 河口区人民政府办公室关于印发河口区2016年富民工程实施方案的通知（东河政办发〔2016〕

3号）。

4.河口区人民政府办公室关于印发2016年度全区政府系统重点调研课题的通知（东河政办发〔2016〕4号）。

5.河口区人民政府办公室关于印发河口区创建山东省食品安全先进区实施方案的通知（东河政办发〔2016〕5号）

6.河口区人民政府办公室关于进一步加强政务信息报送工作的通知（东河政办发〔2016〕6号）。

7.河口区人民政府关于印发市控以上河流污染政治工作实施方案的通知(东河政办发〔2016〕7号)。

8.河口区人民政府办公室关于印发河口区防汛抗旱应急预案的通知（东河政办发〔2016〕8号）。

9.河口区人民政府办公室关于印发河口区城市地下管线普查和信息化建设工作实施方案的通知（东河政办发〔2016〕9号）。

10.河口区人民政府办公室关于实行土地征收补偿费预存制度的通知（东河政办发〔2016〕10号）。

11.河口区人民政府办公室关于印发河口区深化国库集中支付改革实施方案的通知（东河政办发〔2016〕11号）。

12.河口区人民政府办公室关于推进分级诊疗制度建设的实施意见（东河政办发〔2016〕12号）。

13.河口区人民政府办公室关于印发河口区2016年度农作物病虫害专业化统防统治实施意见的通知（东河政办发〔2016〕13号）。

14.河口区人民政府办公室关于印发河口区农民专业合作社信用互助业务试点工作方案的通知（东河政办发〔2016〕14号）。

15.河口区人民政府办公室关于印发河口区被征地农民养老保险工作实施方案的通知（东河政办发〔2016〕15号）。

16.河口区人民政府办公室关于认真做好2016年度河口区公共租赁住房申请报审核工作的通知（东河政办发〔2016〕16号）。

17.河口区人民政府办公室关于在全区实行公安非警务报警于3612345民生热线分流对接完善部门联动机制的实施意见（东河政办发〔2016〕17号）。

18.河口区人民政府办公室关于建立健全随机抽查工作机制规范事中事后监管的通知（东河政办发〔2016〕18号）。

19.河口区人民政府办公室关于推进村级卫生计生服务管理一体化工作的实施意见（东河政办发〔2016〕19号）。

20.河口区人民政府办公室关于印发河口区环境保护工作网络化监管实施意见的通知（东河政办发〔2016〕20号）。

21.河口区人民政府关办公室关于印发2016年政务公开重点工作及责任分工的通知（东河政办发〔2016〕21号）。

22.河口区人民政府办公室关于印发河口区加快推进煤炭清洁高效利用工作方案和河口区散煤清洁化治实施方案的通知（东河政办发〔2016〕22号）。

23.河口区人民政府办公室关于印发河口区农村承包土地的经营权抵押贷款财政贴息资金管理暂行办法等2个办法的通知(东河政办发〔2016〕23号)。

区政府办公室工作

【文秘工作】 把办文作为办公室服务工作基础，突出调查研究、文稿起草、公文制发、信息服务四项重点工作，树立精品意识和实效意识，参谋助手作用不断提高。一是深入开展调查研究。继续深化“调研先行，调研为决策服务”的思想，围绕年初筛选确定的事关全区经济社会长远发展以及与人民群众切身利益密切相关的48个重点调研课题，有针对性开展调查研究，深入分析思考，积极推进成果转化，写出一批针对性、实用性、指导性非常强的调研报告，为领导决策和工作推进提供有力参考。其中，在市级以上刊物发表调研文章20余篇，刊发《河口政务工作》16期，《关于现代畜牧业公共配套服务体系建设的思考》《关于全区石化产业转型升级的调研报告》《关于全区城乡居民医疗保险运行情况的调研报告》等3篇调研报告分获市政府系统优秀调研成果二、三等奖。二是精心组织文稿起草。坚持以“又好又快”为目标，注重全局研究，力求文稿立意高、思路清、指导性强。对于领导讲话材料，善于把握领导的工作思路和工作重点，努力做到与领导意图合拍共振；对于上级汇报材料，正确把握上级的方针政策，力求吃透上情、符合区情、反映实情；对于大型材料的撰写，成立专门秘书班子，采取“共同研究，分工起草，主笔汇总，分管主任把关”的办法，提高材料水平；同时，针对政府各路工作的亮点，认真分析，总结经验，积极在上级报刊上发表文章，宣传河口品牌，提升河口形象。全年，共形成各种报告、汇报等文字材料100余篇，向市政府等上级部门上报各类基础材料40余篇，成稿的文字量超过45万字。三是严格规范公文运转。按照“提高质量、控制数量、规范程序”的原则，严把公文制发政策关、程序关、文字关、体式关，确保政府各类公文的规范性和权威性。全年制发公文298件，公开133件，完成档案立卷归档1368件。认真执行公文运转限时制度和全程跟踪服务制度，急件急办，特件特办，运转各类来文1021件，全年未发生漏办、错办和延误情况。四是提高信息服务水平。充分发挥政务信息上情下达和下情上传的作用，坚持抓重点、抓难点和跟踪反馈的原则，深入挖掘有特色、有价值的经验类、问题类、建议类信息，及时、准确、全面向区领导和基层提供真实、可靠、适用、对路的高层次信息，为领导决策、指导工作发挥作用。共编辑《政务信息》36期、《政务要情》66期、情况及通报类文件22期、上报信息302条，多篇信息被区委、区政府领导签批，为服务领导决策发挥积极作用。

【政务督查】 坚持把政务督查作为确保政令畅通、推动工作开展的重要手段，通过健全督查工作机制，创新督查工作方法，加大督查工作力度，有力推动区委、区政府重大决策部署的贯彻落实。

一是突出工作重点。将市政府下达的考核任务、政府工作报告及区里确定的4大类38个重点工程及10件38项为民办实事作为督查重点，及时分解任务，落实责任，通过定期督查、随机抽查、跟踪督查等形式，及时反映情况、研究解决问题，有力保障黄河路、河庆路改造、正邦生态农业产业园、澳源牛业进口肉牛屠宰加工项目、水气污染治理等一系列工程项目的快速推进。对区长办公会、区长工作例会及领导交办、批示的事项，及时分解落实任务，实行全程跟踪督查。全年刊发《河口政务督查》、督查专报、督办通知80余期，有力地推动工作落实。二是改进工作机制。针对政府工作任务重的实际，健全完善“领导督查、督查领导”的工作机制，将区政府重大决策、任务逐项分解到各区级领导，实行领导负责制，盯靠具体项目、工程。同时，针对部分重点工作，建立督查联动机制，与区水气污染治理行动领导小组办公室、创城办等部门开展联合督查。实现由被动督查向主动督查、由常规督查向纵深督查、由文来话往向实地跟踪督查地转变，督查工作的工作导向作用更为明显，更加符合形势任务要求，更加科学规范。三是认真做好代表建议和政协提案办理工作。采取现场督查、联合督查、跟踪督查、办理工作“回头看”等方式，加大对办理事项的督办、催办力度，全年共办理区人大代表建议、政协提案234件，市政协委员提案19件，协助市直部门办理市人大代表建议7件，办结率、满意率均为100%。

【服务保障工作】 认真贯彻中央“八项规定”及各级有关规定，树立大行政、大后勤、大服务意识，积极主动地为领导、部门和群众搞好服务，保证各项工作协调、有序、高效运转。统筹协调重大工作安排。注重站在全区工作大局的高度来考虑问题、处理事情，加强与上级部门的联系，搞好与区政府领导的沟通，合理安排领导公务活动。主动加强与区几大班子办公室和部门、镇街的联系沟通，实现重要工作、重大问题的有效衔接。认真做好会务组织工作，统筹谋划，精心组织，完善形成一整套制度化、精细化的流程，保障区政府全体会议、常务会议、区长办公会以及市区经济社会发展观摩、拆违治乱和城市建设工作等重要会议、活动的有序组织，得到各级领导的充分肯定。提高后勤服务水平。本着“热情、周到，大方、得体，文明、节俭”的原则，超前思考、超前安排，提高公务接待的整体水平，全部做到热情周到、让客人满意，把握分寸、不铺张浪费。按照严、细、勤、紧的原则，加强后勤管理工作，规范财务报销和后勤用品购置，大宗办公用品实行集体研究、集中采购，小宗物品定点购置，有效节约办公经费。加强车辆管理，实行派修、定点维修等制度，定期开展驾驶员安全管理教育，确保安全、正常用车。法制、人防、外事侨务、打私等各项工作统筹推进，均按照要求高标准地完成各项任务。

【自身建设】 以打造适应形势发展的一流精英团队为目标，狠抓办公室自身建设，办公室工作效能和对外形象得到进一步提升。

（一）抓学习，提高综合素质。始终把创建学习型机关摆到突出位置，坚持抓好周二晚上集中学习，在以往学文件、学理论的基础上，注重缺什么补什么，侧重锻炼文秘人员的思维能力、总结能力、表达能力，通过开设“文秘人员讲堂”“政务礼仪讲堂”“书法讲堂”等，学习形式逐步灵活，学习内容更加丰富；并通过定期组织技术“比武”、理论考试等方法，加强实践锻炼，提升业务能力。同时，通过派出文秘人员到市直部门锻炼、外出高校培训等形式，尽可能多的为干部职工提供学习机会。结合“两学一做”学习教育，全面系统地学习党章党规、习近平总书记系列重要讲话等，通过采取手抄党章系列讲话、科室长例会前半小时集中学习、每天上午下午“半小时”自学、撰写微体会、开展微党课等措施，增强学习实效性，广大党员、干部职工的党性修养和综合素质得到进一步提升。

（二）抓规范，加强规范化管理。坚持以制度管人、按制度办事，本着实用、实效的原则，根据工作需要每年对制度、流程进行修订完善，先后编制完成《区政府办公室工作制度规程手册》《科室精细化管理规范》《会务接待工作手册》《综合性材料撰写制度》等，对科室及科室内部每个工作岗位的工作性质、职责权限、任务目标进行科学设定，使每名工作人员对所担负的每项工作目标明确，责任清晰，真正做到人人有责任、事事有人管、事事都干好。建立和完善流程管理体系，把办公室的文秘、督查、综合、信息、调研等每项工作进行科学分解、设置、整理、归类，建立起从始到终、环环紧扣、无缝衔接的工作流程，形成一整套科学、规范、可操作的管理运行模式，确保每项工作规范运作、高效运转。

（三）抓作风，深入开展党风廉政建设。年初，制定出台《区政府办公室2016年党风廉政建设工作实施意见》，进一步健全完善党风廉政建设的规章制度。实行党风廉政建设季调度制度，每季度召开一次办公室党风廉政建设专题会议，专门学习党风廉政建设规章制度及各地问题通报，对照查找问题，部署下一步工作。工作中，全面加强廉政教育和制度建设。通过上党课、听报告、学文件等方式，切实增强干部职工廉政意识、规矩意识，筑牢防腐思想防线。认真贯彻党风廉政建设责任制，严格执行民主集中制，做到大事要事集体研究，急事难事建言献策，小事琐事及时沟通，凡是涉及“三重一大”事项均邀请派驻纪检组领导参加，形成议事讲规则，决策讲民主，执行讲纪律的合力。

（四）抓基础，统筹抓好党建、综治、精神文明、下派帮扶等各项工作。坚持把党建、综治、精神文明、下派帮扶等工作作为基础来抓，与中心工作同安排、同检查、同落实。党建工作方面，认真落实“三会一课”、民主生活会、组织生活会、民主评议党员等组织生活制度，认真推行两推三公示和票决制，加强党员队伍建设，新发展党员、培养入党积极分子、党员转正各1名。以“两学一做”学习教育为抓手，完善各项党建工作制度，强化党员教育管理，党员队伍综合素质得到进一步提高。综合治理方面，严格执行24小时值班制度，全面做好上情下达、下情上传和组织协调工作，实行“领导带班、工作人员值班”的制度，对夜间和节假日、双休日值班工作，办公室有明确的规定和要求，并严格责任，落实到人，对财务室、机要室等重要部位，安装了防盗设备，加固门、窗，不定期地组织突击检查，发现安全隐患，及时整改，全年未发生任何治安灾害事故及被盗案件。认真做好应急预案修编及演练工作，建立气象、卫生等部门预警信息发布联动机制，围绕重点领域开展应急演练，切实增强政府处置突发事件的应急能力。精神文明方面，积极参加文明城市创建、志愿服务等活动，党员干部职工立足本职岗位，走进社区、基层，积极参加普及、援助、服务类志愿服务活动20余人次，提供服务110人次。同时，办公室从学习、工作纪律、着装、卫生等基本规范入手，加强日常管理，干部职工人人勇于担当、甘于奉献，积极创先争优，发挥表率作用。积极开展包村帮扶工作，2016年，为所帮扶村艾河村投入35万元，发展村集体经济、配套基础设施建设等，使村民文化生活日益丰富，村居环境得到切实改善。

经济研究

坚持适应新形势、新任务、新要求，围绕区政府工作思路，充分发挥调研工作以文辅政作用，深入开展调查研究，积极推进调研成果转化，为领导决策和工作推进提供有力参考。工作中，突出“三点”：一是突出重点，强化政策性调研。注重围绕全区重点工作，及时跟进调研，提出有针对性的政策建议，形成《关于全区转方式调结构的调查研究》《以东营澳亚现代牧场发展模式推动黄三角生态农业发展研究》等调研成果。二是突出热点，搞好对策性调研。针对群众最希望、最急需解决的热点、难点问题，主动加强调研，先后形成《关于进一步加强全区养老服务体系建设的思考》《关于以精准培训促进精准扶贫的调研》等调研报告，有效推动问题解决。三是突出亮点，搞好典型性调研。深入挖掘河口区改革发展稳定的经验作法，特别是在城市建设、民生改善、产业发展等方面的经验做法，通过领导署名文章、调研报告等形式上报，有效宣传河口工作。2016年，筛选确定事关全区经济社会长远发展及与人民群众切身利益密切相关的48个重点调研课题，明确调研任务、完成时限和质量标准，逐个落实牵头单位、协办单位以及责任领导和主办人员。各单位围绕自身工作实际，认真思考，深入调研，写出一批针对性、实用性、指导性非常强的调研报告，为区委、区政府领导科学决策提供重要依据。2016年，共编印《河口政务工作》16期。同时，修订完善《全区调研工作考核办法》，从责任落实、调研计划、任务完成、领导重视和调研成果等方面入手，明晰考核内容，确定考核标准，做到有布置、有检查、有考核，有效推动调研工作深入开展。

人事工作

【事业单位公开招聘】 4月中旬，根据上级统一部署，对全区事业单位公开招聘岗位计划进行摸底调查，根据区编办所批的109个招聘计划，完成岗位专业计划汇总，形成工作方案和招聘简章。经过笔试、面试、考核、体检和公示等工作程序，已完成聘任85人，其中普通全日制学历硕士研究生2人，大学本科63人，大学专科及其他学历20人。根据教育类和卫生类部分岗位工作人员紧缺的情况，组织一次合同制教师和公立医院公开招聘考试，完成聘任95人，其中合同制老师70人，公立医院工作人员25人。

【事业单位人事管理】 （1）做好岗位设置调整工作。分两次共提报20个管理部门60个事业单位的岗位设置方案，通过市局审定并重新调整设置岗位2166个，其中专业技术岗位2121个。（2）深入开展人员聘用工作。结合事业单位人员竞聘调整和细化的相关政策，做好本年度全区人员聘用工作，2016年，共聘任高级17人、中级91人、初级491人，整体工作平稳有序。（3）有序推进日常聘用工作。全年办理事业单位人员流动手续72人，其中辞聘8人，解聘3人，区内调整43人，区外调入5人，调至区外13人。

【职称考试报名】 根据省、市统一安排，认真做好计算机应用能力考试、职称英语考试、初中级卫生专业技术资格考试、翻译专业资格（水平）考试等专业技术资格考试和注册消防工程师、环境影响评价工程师、注册税务师等几十余种人事考试的网上报名、报名材料审核、发放等工作，全年共组织1520人报名。集中到市人社局办理考试通过的各系列人事考试合格证书及资格证书655份，其中计算机应用能力合格证书192份，职称英语合格证书323份，其他类资格证书140份，并认真及时地进行清退及整理归档工作。

【公务员管理】 顺利完成2015年度全区机关事业单位一般工作人员的年度考核工作，共考核3548人，其中优秀587人，称职（合格）2859人，不合格2人，不定等次73人（其中70人是2015年新录用人员），离岗超过6个月不参加考核27人。对2015年考录的12名公务员进行转正考核，经过考核全部予以转正任职。收集、整理、入档河口区科级以下工作人员2015年年度考核表、工资调整审批表、职称、学历、奖励表彰材料6000余份；事业单位工作人员聘任合同、聘任备案登记表1000余份。

【人才工作】 （1）做好高层次人才管理服务工作。积极做好高层次人才推荐工作，金岛实业有限责任公司高级工程师王耀东、实验学校高级教师丁来成2人荣获东营市有突出贡献的中青年专家称号，金岛实业有限责任公司爱尔兰人克瑞恩·杰曼荣获东营市政府评选的“第三届黄河口友谊奖”（河口区首次有外国专家获此殊荣）。圆满完成河口区第三届有突出贡献的中青年专家和首席技师推荐选拔工作，共有5人荣获河口区突贡专家称号、5人荣获河口区首席技师称号，2016年，河口区共有区级以上突贡专家22人、首席技师20人。

（2）加强高技能人才队伍建设。在富海集团、欣马酒业建立高技能人才选拔试点，全年共培养高级工194人，技师、高级技师17人。努力做好高技能人才推荐选拔和技能鉴定工作，截至年底，共选拔推荐山东省有突出贡献技师1人，获选齐鲁首席技师1人，东营市有突出贡献技师2人；组织技师、高级技师59人，高级工617人，组织初级工鉴定1325人，考取证书1140人，合格率为86%。成功举办河口区第四届职工职业技能大赛，全区28家企业96名选手参加大赛，18名技术能手脱颖而出，取得良好的效果。

外事侨务工作

【外事涉外管理】 （1）严格把关，做好因公出国管理。认真贯彻落实中央八项规定精神，坚持“出访任务具体明确、人员结构合理、出访时间紧凑、出访经费节俭、出访效益明显”的原则，按照全区年度出访需要实际情况，结合外事管理有关规定，确定并上报2016年全区因公出访计划为3批15人，做到计划控制到位。共办理因公临时出国（境）业务4件10人（均为随团）。（2）深挖资源，积极开展对外交流。春节期间，为与河口区建立友好联系的美中国际商会、韩国三陟市文化艺术总联合会、群山市摄影家协会、阿联酋酋长办公室、意大利总商会等12个国（境）外机构或团体发出电子邮件80余件。常年保持与韩国三陟市文化艺术总联合会、群山市摄影家协会联系的友好联系。（3）积极主动，为涉外企业搞好服务。在仙河澳亚牧场、澳润化工2家外资、侨资企业，探索涉外、涉侨服务实行电话预约服务、上门服务、专办员服务、全程跟踪服务的“四个服务”。帮助山东旭业新材料有限公司办理邀请外国人来华审批业务1件3人。（4）探索开展国（境）外预防性领事保护，积极建立境外领事保护工作体系。在国际反恐形势严峻和局部地区动荡不稳的现实情况下，区外侨办积极探索建立河口区公民境外保护咨询服务保障工作机制，积极为全区居民和企业海外投资提供信息咨询、风险提醒、联络协调服务，及时发布国别风险、地域风险，提高企业海外风险意识和安全防范意识。健全完善全区28名在国（境）外公务、商务、求学人员档案，保持定期联系和沟通，通过手机信息等形式，进行当地宗教信仰、风俗习惯、人身安全和企业安全自我保护常识等领事保护知识宣传和教育；依托省领事保护信息服务平台，向有关河口区在国（境）外人员和企业发送境外安全提醒信息42条；深入全区3家外资侨资企业提供效益型和预警性外经贸信息8条；为外资侨资企业与海外华人华侨牵线搭桥10人次。

【侨务工作】 区外侨办在“联侨谊、凝侨心、聚侨力”上狠下功夫，健全组织，创新形式，多措并举，在河安社区实现社区侨务工作“活动场所固定化、组织建设规范化、侨务工作制度化、为侨服务常态化、侨务活动经常化”。2016年，区外侨办把河安社区争创“全国社区侨务工作示范社区”为突破口，在求实效上做文章，推动全区侨务工作上台阶、提水平。现河安社区争创“全国社区侨务工作示范社区”的任务圆满完成，获得“全国社区侨务工作明星社区”荣誉称号。

机关事务

【概况】 2016年，河口区机关事务管理局以科学发展观为指导，以“两学一做”学习教育为统领，围绕区委、区政府中心工作，坚持把干部群众满意作为机关事务管理工作的出发点和落脚点，推进机关事务管理，开展保障服务工作，为各项目标任务的完成打下坚实基础。区机关事务管理局连续多年荣获“市级文明单位”荣誉称号，机关服务“111”热线在创建省级“青年文明号”展演中获三等奖佳绩。

【贯彻落实《厉行节约反对浪费条例》】 深化反腐倡廉建设，严格落实办公用房、公务用车等各项管理规定，取得较好成效。（1）加强办公用房监督管理工作。严格遵循《党政机关办公用房建设标准》（发改投资〔2014〕2674号），认真开展办公用房专项清理整改工作，使各级各部门单位人员办公室的使用面积标准、基本办公用房及附属用房面积指标达到文件规定要求。结合机构改革及单位业务需要，对区市场监管局与交通局、招商局与政务服务中心、残联与卫计局等6家单位办公用房进行调整整合，促进办公用房整体集约利用。为区林业局、统计局、审计局等单位调整办公用房100平方米。对人防指挥中心大楼进行合理分配，保证各单位顺利入驻。（2）全面做好公务用车管理工作。积极配合牵头单位做好公车台账梳理，提出河口区车改方案的合理化建议，起草制定《党政机关车改过渡期内机要通信和应急用车分配方案》《区级党政机关机要通信和应急用车使用范围（暂行）》《区级党政机关公务用车管理平台建设使用与管理办法》《区级党政机关出行社会化保障办法》等。及时与市直及兄弟县区沟通联系，掌握全市公车改革动态，于6月30日全面完成全区参改车辆停驶封存工作，河口区参改车辆389辆（含执法执勤、机要通信、应急值班、调研、实物保障等车辆），停驶封存231辆，区直部门单位保留139辆，公务用车管理平台留用19辆。所有停驶封存车辆全部移交国资办公开拍卖。开通区党政楼—市政府定制公交（每日往返4班），满足各单位公务出行。区级党政机关出行社会化保障招标工作已完成，择优确定大中型及小型车辆保障企业各2家。公车管理中心办公场所已修缮完毕，办公设施已全部到位，公车管理平台建设按照统一要求接入市级公车管理平台端口。（3）进一步规范全区公务接待工作，与区财政局、区招商局联合下发《河口区党政机关国内公务接待实施细则》（东河事管发〔2016〕10号），使公务接待管理更加细化，便于操作。参与机关餐厅管理，随时对餐厅卫生、菜品质量等进行抽查，定期征求就餐者的意见建议，保证饮食质量。在全区牵头开展“文明餐桌”行动，对全区78个部门单位的食堂采取不打招呼、不定时间、不定路线的形式进行明查暗访，确保专项行动取得实效。

【公共机构节能工作】 对2016年度工作进行统筹规划，下发《河口区2016年公共机构节能工作要点》，明确全区公共机构人均综合能耗、人均水耗同比下2%，单位建筑面积能耗同比下降2%以上的总体目标。建立科学、高效、统一的能耗监测管理平台，实现数据顺利上传；全国节能宣传周之际，围绕“节能领跑，绿色发展”主题，组织开展一系列形式多样、内容丰富的节能宣传活动。在充分利用传统的印发节能宣传品，电视、广播、报纸宣传等形式的基础上，又注重运用短信、微信等新兴媒体加大宣传力度。全面完成2016~2017年度全区机关事业单位职工取暖补贴审核工作，10月底前全部发放到位。

【机关运转保障】 （1）抓住有利时机，完善黄河广场景观设施。适时开展春季绿地浇水、施肥工作。投资30万元，补植棣棠、红叶石楠、黄金槐等花灌木和异色树种10余种500余棵，丰富广场景观。及时维修副雕塑及照明设施，维修更换大理石地砖730平方米、遮阳棚、凉亭等，实现维修及时率和完好率达到95%以上。积极配合相关部门做好20余场次广场文化艺术节保障工作，确保设施及用电安全。投资8.3万元，在黄河广场设置健康步道、健康健身区、健康宣传阵地，打造河口区首个健康主题公园，倡导居民养成“日行一万步，吃动两平衡，健康一辈子”的健康行为方式，成为居民实施健身计划、交流健康心得的新场所，也成为宣传健康知识、传递健康理念的又一新窗口。9月24日，迎接全国楹联协会副会长郭省非一行检查指导，对黄河广场楹联建设工作给予高度评价。

（2）加强党政办公大楼区块管理工作。加强会务服务人员管理，提高服务质量，全年保障各类大型会议220场次。强化办公楼的日常维护保障，利用周末、假期及八小时以外实施党政楼门厅大理石翻新、区委接待室装修改造、区人大政协楼外墙清洗、内外门更换、卫生间改造等工程；投资20万元，完成党政楼变压器迁址及备用电源配备工作。4月份，配合区委办公室安装党政办公楼门禁系统，将党政办公楼安保管理工作委托予专业安保公司管理，保证各部门单位安全、顺利办公。

（3）持续做好能源安全供给保障工作。针对春季干旱水压小的现状，积极协调油田供水公司，保证水质水压满足居民生活。根据东价发〔2016〕25号文件，城市供水价格上涨，根据实际情况，做好供水分类调整，及时解答居民咨询，圆满完成对全区56个单位和9500户居民按规定收费，收取水费330万元。不间断巡查各类管线，确保供水安全，全年排查维修管线50余次，近期协调油田供水公司针对个别小区水质问题进行实地勘查，尽全力保障居民用水安全。

【社会稳定及安全生产工作】 积极维护民利，重视民意诉求，对群众普遍关注的热点、难点问题提出有效的措施和对策，将拖欠十余年之久的原市政局860余万元陈欠全部还清，新近工程项目及时拨款，有效维护政府形象和社会稳定。高度重视安全生产工作，通过局长办公会抓好调度，坚持周巡检、月通报，做好安全生产应急预案，并定期进行辖区内水、电、气、暖安全大检查，安排专职安全员宣传安全知识，增强范围内部门单位及人员的安全意识。

【机关规范化建设】 （1）进一步健全学习、日常考勤、车辆管理等工作制度，细化内部工作职责。坚持每天早点名、周五下午集中学习，提高干部职工整体素质。推行“四牌”工作制度，统一制作工作去向告知牌、胸牌等，一律挂牌上岗，便于群众监督，促进全体干部职工文明、规范服务。（2）深化精神文明建设，巩固文明城市成果。依托黄河广场，深入开展中国特色社会主义和“中国梦”宣教活动，积极培育和践行社会主义核心价值观，“三个倡导”基本内容深入人心；建立健全黄河广场志愿者队伍，大力弘扬志愿者精神，在创建全国文明城市工作中发挥重要作用。（3）加强人才培养，提升干部职工素质。7月份，经区纪委、区委组织部批准，组织全体干部职工赴四川大学参加综合素质能力提升培训班，通过课堂教学和实践考察等方式，系统学习当前中国宏观经济走势与市场机会、法律思想在干部工作中的作用与价值、国学与修养、压力管理与情绪管理等课程，提高全体干部职工的理论水平和实践能力。加强对《机关事务管理条例》《山东省机关事务管理办法》的学习，完善行政执法听证及行政复议应诉证件管理工作，逐步推进依法管理保障服务，依法规范机关事务行政行为、依法履行机关事务管理职责。

2016年3月，油工委开展油气管道安全专项检查

油区工作、油地结合工作

【概况】 东营市河口区油区工作委员会与河口区油地结合办合署办公，为公益一类事业单位。内设办公室、油气开发管理办公室、综合管理股、工农股、财务股、管道监管股、协调股、调研股8个股室；下辖仙河、孤岛管理中心，区油田物资稽查大队3个直属副科级单位。主要工作职责：油地结合共建、工农关系协调、油区秩序治理、油气开发、石油天然气管道的监督管理，统一协调处理全区油地关系，统一组织协调办理全区涉及油田的行政审批、征地手续、工农纠纷事宜，统一严格按照政策、标准执行各类赔付、结算。独资经营东营中新石油技术开发有限责任公司（天然气生产销售）、东营河口光达运输有限责任公司（危化品运输）两个法人独资企业；创办民办非企业单位东营市河口油区人才交流中心（人员劳务派遣）。经区委、区政府研究同意，成立区属国有独资企业河口区油气技术开发有限责任公司，承担油工委相应服务业务。

【重点工作】 （1）油地结合持续深化。全年征集油地共建项目议题9项，协调促成油地共建项目5项。具体是：南经十路、桩205道路、义三路沾利河桥、新四路改造及中海石油东营石化升级改造项目。协调资金6800万元。深入开展油地共创生态文明和谐油区镇街工作，促成义和镇北大屋村、大英村80千瓦光伏太阳能发电站两处及仙河镇6千伏开发线改造工程，总投资415万元。在做好项目落地的同时，刊发《河口油地工作动态》4期，促进油地资源信息共享。

（2）工农协调服务升级。牢记服务油地宗旨，积极服务油地发展。做好区湿地工程项目、黄河路改造、油田在城区内勘探施工等项目的协调推进工作，规范专项资金账户流程管理，继续做好组建“油区事项一站式服务大厅”前期筹备工作，建立完善工农纠纷一事一档管理制度。全年累计办理施工备案书120份，钻井施工核准证15份，化解工农纠纷5起，青赔挂账2000余万元。

（3）油区稽查严格执法。以“打击打孔盗油违法犯罪净化油区治安环境专项行动”为契机，在做好油区法制宣传的基础上，对辖区内各重点区块的涉油隐患进行摸底排查，及时整治涉油突出治安问题。全年共组织参与集中宣传活动4次，出动检查车辆800余台次，出动检查人员2400余人次，查扣涉油车辆31台，收缴落地原油80余吨，有效净化油区秩序，打压涉油犯罪分子的嚣张气焰。

（4）管道监管扎实推进。积极整治管道占压。2016年，顺利完成全区剩余74处管道隐患的整治及验收销号工作。切实履行职责，积极开展管道现场执法，加强对第三方施工的管理，避免新的占压形成。完成16处因林网绿化、水产养殖等对管道运行存在安全隐患的执法工作，拆除危及管道安全的民房一栋。开展“大排查、快整治、严执法”集中行动，下发《自查自改指令书》13份，聘请省级专家对10家油田单位进行油气管道保护专项检查。认真做好应急管理工作，督促辖区内管道企业完成4次应急演练。

（5）油气生产卓有成效。充分发挥蓝区储油项目的重要作用，根据市场波动情况采取应对措施，有效缓冲低油价冲击。顺利交接新井2口，提高原油产量，尝试新的采油工艺，实现在老井开发实施作业上的新突破。多领域开展天然气业务营销，增厚油区收入。对河口经济开发区、义和镇经济开发区及居民小区已用及准备用气企业、居民用户的用气量、生产状况进行调查摸底，积极发展新用户。完成义和镇政府院内食堂、取暖锅炉、48户居民用气管线的铺设及2家生产企业的供气工作。

【履行社会责任】 2016年，安排资金10万元，完善对口帮扶大英村公共文化服务设施；投资50万元，修建1.8公里村内公路；帮扶建设80千瓦光伏发电项目；安排9名贫困群众实现就业增收，每人年增收6000元。充分发挥党建群团作用，积极参与社会公益活动，共投入资金2.5万余元，捐赠衣物82件。办理人大建议4件、政协提案1件，办结率100%，满意率100%。办理民生热线转办事项38件，满意率100%。积极落实各项双拥政策，走访慰问人武部、武警中队、消防大队等多家驻军驻警单位，累计安排慰问金9.9万元。

民生热线工作

【概况】 2016年，河口区3612345民生热线认真践行“两个任何”郑重承诺，坚持以群众呼声为第一指令、以群众要求为工作标准、以群众满意为目标追求，通过提升工作细节、强化监督督办、破解民生难题等工作措施，提高群众诉求满意率和群众生活幸福指数。截至年底，受理群众各类诉求8.2万余件，群众满意率99.26%。2016年被确定为“东营市委党校教学示范基地”。

【群众诉求受理】 （1）热点诉求定期专报。坚持每周梳理汇总群众诉求事项及办理情况，对本周内群众集中反映的热点诉求及诉求办理情况，分基本情况、一周热点、热点预测、重点督办、典型案例、一周点评等版块形成工作专报报请区领导审阅，将群众呼声、社会舆情直达区委区政府决策层。2016年，印发每周受理情况通报50期。（2）重点问题定期通报。实行舆情定期通报制度，每月从受理的群众诉求事项中，突出共性、重点、热点、敏感问题的分类梳理，从办理情况、问题原因、工作难点等方面进行汇总分析，撰写《群众诉求办理情况通报》，呈区领导审阅并在全区范围内印发。另外，每月梳理社会治安问题，形成社会治安呈阅件报请区领导审阅。共印发工作通报 12 期，社会治安呈阅件 12 期。（3）难点问题调研直报。组织人员深入基层一线对群众关心关注的热点民生诉求进行全方位、细致地摸底调查，拿出工作建议，撰写呈阅件，直报区有关领导。督促相关部门从细微处入手，集中时间、集中精力，尽最大努力减少社会难点问题的社会影响。截至年底，形成社会难点问题呈阅件 22 期，经督办，问题均得到妥善解决。

【整治办理】（1）实行重点治理，推动效能提速。针对年初承办单位办理群众诉求频繁出现的推脱应付、延期办理、谎报群众满意度等问题，区政府于 5 月 24 日组织各镇街、区直各部门单位主要负责人及油田相关单位分管领导，召开“全区民生热线工作会议”，会议重点通报民生热线运行情况，点出群众诉求办理中的突出问题，明确下一步整改措施。会后，区民生热线分部门单位梳理汇总诉求办理问题和不足，以此作为重点，强力推进问题整改。区民生热线实行待办诉求每日必催、规定时限内全部办结的工作制度。要求全体工作人员直接督办承办单位具体承办人员，由管理人员对难点诉求进行重点督办，着力提升群众诉求按时办结率和群众诉求满意率。（2）下移工作重心，实行重点整改。立足于镇街居民诉求量多、办理难度大的实际，重点提升镇街民生工作效能。实行镇街诉求每件必督、问题发现即改、热点苗头每个必除工作制度，只要 3 名以上镇街居民重复反映的问题，必须向镇街值班书记通报，由值班书记亲自协调、亲自调度，提升镇街诉求办理成效。短时间内，各镇街在沟通协调、工作效率、群众满意率等方面都有较大提升。（3）提升工作标准，加大督办力度。坚持每天梳理群众诉求事项及办理情况，加大督办频率和力度，尽全力防止出现相关问题。严肃督促整改部门单位办理群众诉求相互推诿扯皮、敷衍塞责、效率低下导致群众不满等方面的问题，严格做到发现一起、查处一起、通报一起、整改一起，提高办事效率，推动工作提速。

【队伍建设】创新实施“分组绩效自我管理”“每日晨会业务讲堂”“把握实情能力提升”等工作方法，修订完善《河口区民生热线受理大厅工作人员绩效考核管理办法》，着力引导全体工作人员带着对群众的深厚感情去工作，为群众提供更加优质高效的服务。（1）在受理上突出“快”。做到“四个第一”即第一时间接听，第一时间沟通，第一时间研究，第一时间转办，尽最大限能压缩办理时限，提高工作效率，用快捷的工作、高效的服务，争得主动，赢得认可。（2）在办理上突出“准”。认真审核承办单位回复工单，确保群众诉求真实有效解决。针对没有在规定的时限内办结的群众诉求，及时提醒承办单位分管领导及承办人员；针对群众满意率不高的情况，退办工单由承办单位重新办理，直至群众满意。（3）在结果反馈上突出“稳”，认真细致了解群众诉求办理情况，仔细研究承办单位工作依据，在回访来电群众之前，预想来电群众会怎样提问并拟定“问题对答方案”，尽可能准备来电群众需要的信息，真正将好事办实，实事办好。

2016 年 12 月 12 日，区委副书记田兵兵调研民生热线工作

【社会服务工作】（1）广泛汇集民智，实施标准管理。围绕服务规范、诉求办理、监督检查、群众满意率等方面，通过实行深入一线“找”、问卷调查“提”、召开座谈会“听”、主动走访“问”等措施，共征得社会各界意见建议69条。以此为基础，修订和完善原有工作机制制度，并以应用为先导，从受理、直办、转办、督办、反馈等工作环节入手，梳理优化业务流程，设计、细化标准化工作任务，逐步建立起服务标准体系，并根据工作中出现的新形势、新情况、新问题，不断改进完善相应工作标准，初步实现“岗位有标准规范，人人按标准履职”的工作格局，使得民生热线工作更加高效、服务更加温馨、督办更加有力、群众更加满意，“需要服务与求助，请拨3612345”的服务口号更加深入人心。（2）高效解决难点问题。针对社会管理空白点问题及部门职责划分不清事项，组织相关部门单位频繁召开协调会，划清职责分工，明确办理时限，强力推进解决。2016年，针对富海花园小区供暖管线破裂重新更换、枫林绿洲小区四期住房及三义和小区开通天然气、群众更改结婚证信息等事项召开专题协调会96次，会后相关部门积极作为，及时有效解决相关问题，强力推动社会矛盾化解。（3）积极回应社会关切。在民生热线的努力推动下，河安水系清淤工程已经完成，渤海路跨昌盛河桥现已经开始维修，丰和街胜大超市门口路段排水管道维修工程即将开工。工程结束后，将彻底解决困扰居民多年的民生问题。此外，区民生热线配合相关部门积极回应自来水有沉淀物、水压减小、住房拆迁、暖气供应、空气异味等方面问题1200余件次，强力维护社会和谐稳定。（4）用好宣传媒体。通过区广播电视台“民生热线视窗”栏目，积极宣传报道办理群众诉求中，承办单位主动承担、成效明显、群众满意的事项，让群众切实感受到民生热线“在行动”，提高热线社会知名度和美誉度。

政协东营市河口区委员会

综　述

2015年12月30日，依据东河编发〔2015〕51号《河口区机构编制委员会关于设立河口区政协委员联络机构的通知》，按照《关于加强人民政协协商民主建设的实施意见》（东河办发〔2015〕23号）文件和市编办有关要求，经研究决定，河口区政协机关设立政协委员联络工作委员会，为区政协机关内设机构，正科级，配备主任1名，具体负责河口区政协委员的联络工作，为区政协机构核增行政编制1名，区政协机关行政编制总额达到7名。

（一）紧贴中心工作，推动协商民主广泛多层制度化发展。认真贯彻落实区委办公室、区政府办公室印发的《关于加强人民政协协商民主建设的实施意见》和《政协年度协商工作计划制定办法（试行）》，建立健全协商议题提出、活动组织、成果采纳落实和反馈机制，制定《2016年协商工作计划》，推进专题协商、对口协商、界别协商、提案办理协商，形成多种形式相辅相成、相互促进的工作格局。一是重点推进专题协商。围绕党政中心工作，就建立企业经营风险防控机制、加强生态建设等课题进行专题协商，制定构建多方联动防范体系、拓宽企业融资渠道、加大环境综合整治力度等具体的工作措施。二是积极开展对口协商和界别协商。围绕城乡卫生资源均衡发展、村落文化保护、老年人保障、现代农业发展等课题，开展对口协商和界别协商，所涉及部门积极采纳协商意见，并落实到具体工作中。三是加强提案办理协商。严格落实提案答复机制，召开面对面答复会议，增强提案办理实效。联合区委、区政府“两办”督查，对承办部门办理情况进行督促，做到“件件有着落、事事有回音”。实行主席领衔督办重点提案，筛选15件提案作为重点提案进行督办，“关于保障农民生活用水的建议”等提案得到有效落实。截至年底，八届四次全会立案的138件提案，已全部办结，提案办理满意率达到95%以上，提案办复率、部门领导审阅把关率以及走访见面率均达到100%。

（二）强化工作措施，民主监督职能不断拓展。坚持把民主评议、听政议政、调研视察融入民主监督之中，使民主监督力度不断加大，监督实效不断增强。一是在民主评议中监督。坚持把民主评议与促进部门工作紧密结合起来，组织委员对区住建局等4个部门进行民主评议，促进部门提高效能转变作风。在部分政府组成部门和窗口单位实行委派民主监督员制度，拓展民主监督渠道，促进部门改进作风。二是在听政议政中监督。邀请区政府、区法院、区检察院领导同志，通报重大决策部署的制定实施以及主要工作开展情况。委员们就加快项目建设、规范司法行为等问题，提出意见建议11条。三是在调研视察中监督。围绕党政中心工作和群众关心的热点难点问题，年初确定2—4项重点调研课题，组织委员现场调研视察，提出意见建议，督促部门改进工作。7月份，组织部分政协委员围绕全区重点工作、重点工程项目进行专题调研，并召开部门座谈会，听取部门情况介绍，有效发挥政协民主监督作用。

（三）围绕科学发展，参政议政富有成效。一是搞好专题调研。按照“求精品、重实效”的要求，选择党政重视、群众关注、政协有条件做好的题目进行调查研究，提出有价值的意见建议。先后围绕全区工业转型升级、卫生资源均衡发展、乡村文明建设等课题开展专题调研，形成的调研报告引起区委、区政府高度关注。二是主动参与中心工作。高度重视下派帮扶工作，制定帮扶工作计划，拨付15万元资金为六顷村实施废弃蔬菜大棚土地整理工程，使其成为基本农田。现工程正在实施之中。积极参与文明城市创建活动，做好责任区的卫生清扫工作，牵头督促调度渤海路网格化管理，为全区文明城市创建贡献一分力量。三是及时反映社情民意。充分发挥政协联系面广、代表性强、智力密集的独特优势，广泛了解民情民生，畅通社情民意渠道，一批群众普遍反映的热点、难点问题得到解决。“国家劳动力调查程序和方案亟须完善”等10篇信息被转报全国政协，引起有关部门的高度重视。

（四）创新工作机制，委员主体作用得到充分发挥。一是加强委员管理。修订完善《区政协委员管理办法》等制度，明确委员行为规范和纪律约束，委员的参政议政意识明显增强。建立委员履职档案，实行动态管理，详细记录委员提交提案、参加调研视察、学习培训等情况，促进委员管理的制度化、规范化。二是主动搭建委员活动平台。紧贴党政中心工作，先后就工业经济转型升级、民生事业发展等课题，组织调研视察、协商讨论活动15次，提出意见建议57条。充分利用社情民意信息、提案等途径，及时反映社会各界人士的意见建议和利益诉求，在建设高标准环城林等方面发挥建言献策作用。开展“委员传递正能量”履职活动，组织委员参与各类社会公益事业活动120余人次，共为贫困户等弱势群体捐资10余万元。三是抓典型带动。建立表彰奖励制度，积极开展优秀政协委员、先进提案工作者评选活动，增强委员的责任心和荣誉感，激发了委员履职热情。

（五）加强自身建设，机关规范化管理水平进一步提高。一是深入开展“三严三实”专题教育，进一步转变工作作风。坚持把加强思想政治理论学习作为政协工作的首要政治任务，通过举办专题讲座、观看电教片、集中学习讨论等形式，组织党员干部深入学习《习近平谈治国理政》《习近平关于党风廉政建设和反腐败斗争论述选编》等理论著作，认真领会习近平总书记系列讲话精神，把牢思想和行动的“总开关”，政治理论水平得到进一步提高。认真查摆剖析，紧盯“不严不实”问题抓整改，改进作风，提高效率。加强党性锻炼，把对党忠诚放在重要位置，始终与区委保持高度一致，做到政治上坚定、思想上同心、行动上同向。二是加强党风廉政建设。认真落实党风廉政建设责任制，把党风廉政建设作为政协机关工作重点，列入重要议事日程。调整充实党风廉政建设领导小组，坚持把党风廉政建设和政协工作紧密结合，做到一起部署、一起落实、一起检查、一起考核。深入开展廉政警示教育活动，不断增强拒腐防变能力。按照区委要求，严格执行中央“八项规定”“六项禁令”，深入开展厉行勤俭节约反对铺张浪费活动，精简会议文件，节约高效办事，形成真抓实干、优质高效的良好作风。三是不断提高机关规范化管理水平。严格执行《关于加强区政协机关规范化管理的规定》《机关工作人员请休假制度》《厉行节约反对浪费办法》《机关差旅费报销制度》等规章制度，提升机关管理水平。严格机关财务管理，最大限度地压缩不必要支出。完善公务用车经费支出管理规定，严格控制运行成本。按照《区政协机关年度目标管理考核暂行办法》，分解责任目标，使每个岗位、每名同志都有工作任务、都有考核指标，推动政协工作制度化、规范化和程序化。四是不断深化机关党建工作。自觉推进学习型党组织建设，建立健全学习制度，对学习方式、学习时间及学习纪律等做明确规定和要求，并以正式文件的形式下发到每名党员。严格执行“三会一课”制度，组织党员开展各项活动，党的凝聚力、战斗力进一步增强。五是认真抓好精神文明建设。加强机关干部职工社会主义核心价值观教育，认真组织开展“道德讲堂”活动，强化自我道德修养，增强做好本职工作的责任感和使命感，促进机关精神文明建设深入推进。连续多年区政协机关被评为市级文明单位。六是高度重视人才工作。不断加强机关党员干部的思想政治建设，健全完善工作激励机制，大力培养、吸引和用好人才，充分激发机关党员干部的创新活力和创造智慧。2016年，有两名同志被提拔为正科级干部。社会稳定、调研信息、深化改革、民生热线、电子政务、保密、档案管理、计划生育等工作扎实推进，取得一定成效。

（六）强化宣传，拓宽对外联谊渠道。充分发挥统一战线组织的独特优势，以联谊交友为纽带，加强对外联系，以大团结和大联合宣传推介河口。经常与各级政协加强沟通交流，积极配合市政协开展现代农业发展等调研视察活动。发挥文史资料团结资政作用，出版河口文史资料第七辑《河口风物》，与区广播电视台联合制作播出“委员风采”栏目9期、“提案追踪”6期，编发《河口政协信息》17期，在《联合日报》等市级以上媒体刊物发表稿件200余篇。2016年，先后荣获全省政协宣传工作先进集体、全市政协工作创新奖一等奖、全市政协反映社情民意信息工作先进单位等称号。

重要会议

【政协第八届东营市河口区委员会第五次会议】 2016年1月17日在区礼堂召开。会议应出席委员147名，实到委员142名。

区委、区人大、区政府主要领导；区委各常委；区政府各副区长；区政协原主席、副主席；区法院、检察院等领导同志出席会议。住河口的市政协委员；区直有关部门主要负责同志；各镇、街道党委副书记列席会议。期间，会议听取并讨论中共河口区委书记讲话；听取并审议政协第八届东营市河口区委员会常务委员会工作报告；听取并审议政协第八届东营市河口区委员会常务委员会提案工作报告；列席区十七届人大五次会议，听取并讨论区政府工作报告及其他有关报告；审议通过政协第八届东营市河口区委员会2016年协商工作计划；审议通过政协第八届东营市河口区委员会提案委员会关于区政协八届五次会议提案审查情况的报告；审议通过政协第八届东营市河口区委员会第五次会议决议。

【区政协常务委员会会议】 2016年，政协第八届河口区委员会常务委员会共召开3次会议。

八届二十二次常委会议。3月2日在区政协五楼常委会议室召开。区政协副主席张兆栋主持会议，主席李积德出席会议并讲话。会议传达市政协七届五次会议精神；审议通过政协东营市河口区委员会2016年工作要点；区政协主席李积德讲话。他的讲话中，从两个方面对2016年的工作进行安排部署。

八届二十三次常委会议。7月26日在区政协五楼会议室召开。区政协副主席郭玉珍主持会议。主席李积德出席会议并讲话。会议听取并审议区政府2016年以来全区经济运行情况的通报以及全区重点工程、重点项目和为民办实事情况；听取并审议区法院2016年以来工作开展情况的通报；听取并审议区检察院2016年以来工作开展情况的通报；协商通过《政协东营市河口区委员会委员履职工作规则》；协商通过有关人事事项；区政协主席李积德讲话。

八届二十四次常委会议。10月27日在区政协五楼常委会议室召开。区政协副主席、党组副书记张希臣主持会议。主席李积德出席会议并讲话。会议听取区委办公室、区政府办公室2016年度政协提案及咨政类报告办理情况的通报；协商通过有关人事事项；区政协主席李积德讲话。

考察活动

（一）区政协主席李积德考察六合街道工作。2016年3月18日，区政协主席李积德，区委常委、宣传部部长高立燕到六合街道调研。

李积德主席带领考察组先后考察河安社区党建示范点、协胜村集中居住区建设、三年增绿工程等项目现场，并召开座谈会，详细听取六合街道工作情况汇报。

李积德主席充分肯定六合街道的工作，同时对今后工作提出了指导性意见。他要求，要大力发展工业经济，加快推进工业转型升级，提升工业整体水平。要集中培育优势产业，大力发展高效生态观光城郊型农业，提升农业产业化水平。要围绕服务城区居民，发展商贸物流和电子商务建设，提升服务业水平。要加大城市管理力度，大力实施拆违治乱专项行动，及时查处违法建设行为。要加大扶贫攻坚力度，按照精准扶贫要求，认真研究制定切实可行的帮扶措施，全面提升扶贫攻坚整体水平。要高度关注安全生产和社会稳定，加大安全隐患排查力度，畅通社会信息渠道，强化矛盾化解，为维护全区稳定发展环境做出积极贡献。要抓好党建示范点建设，高度重视基层党建工作，创新党建思路，积极推进党员星级化管理，提升党员整体素质。

（二）区政协开展城镇规划建设管理专题协商考察活动。2016年3月29日，由区政协办公室、经科委、学宣文史委牵头，组织部分区政协委员就全区加强城镇规划建设管理情况开展专题协商考察活动。

区政协主席李积德，副主席张兆栋、杨芳、张希臣、李寿年，秘书长、办公室主任韩传华及部分区政协常委、相关委室负责同志参加调研活动。区委常委、副区长张学锋等陪同调研。

考察组先后到义和镇义兴路、新户镇镜湖社区、蓝色经济产业园、富海西湖印象住宅小区、湖滨新区、中海鸣翠园住宅小区、友谊河、河口经济开发区、东营港城新区、孤岛镇西韩槐林温泉旅游景区、滨孤路防汛强排泵站、区垃圾综合处理厂等地实地察看，详细了解相关情况。

李积德主席在考察时指出，近年来河口区大力推进新型城镇建设，城市基础配套设施不断完善，城市建设管理步伐加快。要根据实际和发展需要，着力提升和持续抓好市容市貌、交通秩序、市场经营、环境卫生等重点工作；要依托规划、分步实施，在原有基础上，继续加大道路的绿化、美化、亮化建设，扎实、有序、稳步推进城镇建设；要创新管理举措，提高管理效能，加大对重点路段和区域的管理力度，积极创造良好的人居环境，推动城镇规划建设管理工作上台阶。

李积德主席要求，考察组成员要认真分析河口区当前城镇规划建设管理中存在的困难和问题，提出针对性较强的意见建议，为促进城镇有序建设、适度开发、高效运行，努力打造和谐宜居、富有活力、各具特色的现代化城镇，加快建设统筹城乡发展先行区献计出力。

（三）区政协开展解决城镇中小学大班额问题界别协商考察活动。2016年4月8日，由区政协学宣文史委牵头，组织部分文体教育新闻界政协委员就全区解决城镇中小学大班额问题开展界别协商考察活动。区政协副主席宋卫忠参加考察活动。

考察组先后到仙河镇中心小学、实验学校、区一中进行实地察看，认真听取了学校教学工作、硬件设施、班额配置、师资队伍等情况介绍。

宋卫忠副主席在考察时指出，大班额问题是影响学校正常教育教学秩序和师生身心健康的主要因素之一，河口区部分学校不同程度地存在大班额问题。要结合河口区教育实际情况，在加大教育投资力度、全面改善教育基础设施的同时，研究制定政策措施，合理增加教师编制，创新教师补充机制，有效保障师资力量充足，促成河口区城镇中小学大班额问题的解决。加强教师队伍建设，创新教师培训机制，加大教师培训力度，促进教师队伍素质整体提高，为河口地区学生创造良好学习环境，实现教育优质均衡发展。

宋卫忠副主席要求，参加界别协商的政协委员要按照协商方案要求，切实发挥好委员作用，认真履行职责，坚持问题导向，主动深入思考，通过对部分学校的实地考察活动，进一步了解掌握河口区教育工作现状，结合自身所思所想，积极建良言献实策，为改善河口区教育环境、提高教育教学质量做出贡献。

（四）区政协开展推进精准扶贫工作专题协商调研活动。2016年9月19日，由区政协办公室、经科委、社法委牵头，组织部分区政协委员就推进全区精准扶贫工作开展专题协商。

区政协主席李积德，副主席郭玉珍、张希臣、宋卫忠、李寿年，秘书长、办公室主任韩传华及部分区政协委员、相关委室负责同志参加调研活动。副区长刘茂和等陪同调研。

调研组先后到六合街道六合村莲藕种植项目、河口街道民生土地整理项目、义和镇宝一村光伏发电项目、仁韩社区、新户镇坝上村肉羊养殖项目、华春渔业公司等地进行现场调研，详细听取有关情况介绍。

考察结束后，区政协召开推进精准扶贫工作专题协商会议。区扶贫办、区农业局、河口街道、六合街道、新户镇、义和镇等先后汇报了精准扶贫工作进展及下一步工作打算；与会政协委员就推进精准扶贫工作提出了意见建议。

刘茂和在讲话时说，自全区精准扶贫工作开展以来，区政协高度重视，真正把精准扶贫、精准脱贫挂在心上、扶在点上、帮在根上、落在实上，为全区脱贫攻坚做出了积极贡献，希望政协委员们继续发挥自身才智，帮助贫困群众早日脱贫，共同打赢脱贫攻坚战。

李积德在讲话中指出，扎实推进全区精准扶贫工作，要精准发力、破解难题，通过产业扶贫、金融扶贫和社会扶贫等方式打好脱贫攻坚战，进一步夯实产业基础，充分发挥社会力量帮扶，整合企业、社会组织和个人参与精准扶贫的资金资源，把精准扶贫的相关政策不折不扣地落实到村到户。要突出特色、重点突破，在加大现有产业扶贫力度的同时，实行多渠道扶贫，根据致贫原因具体问题具体分析，提高项目安排、资金使用和措施到户的精准性，帮助贫困户强化“造血”功能。要统筹协调，全力推进，形成扶贫长效机制，分类施策，稳步推进，注重扶贫项目的可持续性，让贫困户掌握更多致富技能，激发村民脱贫的内生动力。各位委员要进一步增强责任感、使命感和紧迫感，始终把脱贫攻坚作为头等大事和第一民生工程来抓，树立责任、牢记使命，充分发挥人民政协的独特优势和作用，采取多种形式踊跃参与脱贫攻坚，不断提升政协工作科学化水平，为打赢脱贫攻坚战做出自己应有的贡献。

中国共产党河口区纪律检查委员会

综　述

2016年，河口区纪委深入贯彻落实中央和省、市纪委全会精神，持续深化“三转”要求，突出主责主业，认真履行监督执纪问责职能，7月29日，河口区纪委对内设机构进行调整，撤销宣教室、监察综合室，增设纪检监察三室，共设置内设机构8个：办公室、组织部、党风政风监督室（挂区政府纠正行业不正之风办公室牌子）、信访室（挂区行政监察举报中心牌子）、第一纪检监察室、第二纪检监察室、第三纪检监察室、案件审理室（挂案件申诉复查室牌子）。将“河口区廉政舆情监察中心”更名为“河口区廉政舆情信息中心”，主要职责任务调整为：负责受理互联网关于党员干部违纪违法信息的举报；负责党风廉政建设和反腐败网络舆情信息的研判和处置；承办区纪委、监察局交办的其他工作。

（一）深化落实“三转”要求，进一步聚焦主责主业。一是深化内设机构改革。严格按照省、市纪委要求，及时完成内设机构调整工作，充实编制17个，使行政编制总数达到30个，其中，监督执纪机构6个，从事监督执纪人员编制数比例达到66.7%；纪检监察室3个，执纪审查“一线”人员占委局机关总编制数达到33.3%，改革后编制增加数量及增长比例均为全市最高。二是向基层延展“三转”任务。全市范围内率先在6个镇街设立纪检监察室，并配备专职纪检干事，推动基层纪检监察机构“三转”，同时把清理规范镇、街道纪（工）委书记职责分工作为经常性工作，集中开展2次明察暗访，保障“三转”明暗都转。三是规范事业单位工作职责。突出区廉政舆情信息中心职能定位，强化受理互联网关于党员干部违纪违法信息的举报、网络舆情信息的研判和处置，将电子监察职能移交区政务服务中心，坚决把不该管的工作交还给主责部门。

（二）惩治腐败“零容忍”，执纪审查力度不断加大。始终坚持把执纪审查作为主业中的主线，以严明的纪律激浊扬清，夯实管党治党政治责任，持续推进全面从严治党落到实处。一是倾力保障执纪审查。秉持“好钢用在刀刃上，花钱花在裉节上”工作思路，投入60余万元扩建执纪审查谈话室5间，并在组织协调、经费开支、车辆使用等方面给予优先保障，为纪律审查提供良好的工作环境。二是规范信访线索处置机制。对所有信访举报件归口受理、集中研判、统筹分流，实行全员报告案件线索制度，对派驻机构实行信访线索处置“委派制”，使其承担信访举报调查、参与初核和执纪审查等任务，并严格考核，建立《问题线索管理规范》《执纪审查工作重要节点制度规范》等3项制度，有效规范问题线索管理。三是把握运用监督执纪“四种形态”。坚持把纪律和规矩挺在前面，综合运用谈话提醒、函询、诫勉谈话、通报批评等方式，及时处理党员干部存在的倾向性、苗头性问题和轻微违纪问题，开展各类谈话100余人次，发挥明显的警示和预防作用。四是发挥治标中的治本作用。始终保持执纪审查“高温”下的常温，“高压”下的常压，每查处一起案件，都及时总结教训，举一反三完善和出台相关制度，有的放矢开展专项治理和整改，做到查处一案、教育一片、警示一方。

2016年，共受理信访举报239件次，通过函询谈话处置线索20件次，立案62起，结案58起，给予党政纪处分63人，其中正科级干部5人、副科级干部8人，处分人数同比增长34%。

（三）驰而不息纠治“四风”，力促作风持续好转。充分释放从严执纪的强烈信号，扭住不放、寸土不让，强化不敢、知止氛围，把作风建设打造成为党的建设的亮丽“名片”。一是“划红线”订立规矩。出台党政领导干部不担当不作为问责办法、严禁党政领导干部在企业兼职、规范党员干部办理婚丧喜庆事宜等16条规定，强化纪律规矩意识，把“不”字说在前头。二是“盯节点”突出预防。紧盯关键时间节点，及时提醒、打招呼，并利用发送廉政短信、网络推送廉洁信息、印发节前提醒通知等方式，重申纪律要求。依托“清风河口”微信客户端，发挥“四风”一键举报作用，引导群众积极参与。三是“跟形势”强化监督。坚持抓早抓小、动辄则咎，对不收手、不知止，规避组织监督的一律从严查处。密切关注披上“隐身衣”的“四风”问题，特别是关注公款报销延期结账、公款旅游化整为零、“公车私用”改为“私车公养”、婚丧喜庆“微信转账”等隐蔽方式，通过利用税务系统查询、核对燃油损耗车辆保养间次、定期抽查党员干部婚丧喜庆事宜报备等非常规手段，集中开展明察暗访和监督检查，实行重点防治。2016年，全区共发现违反八项规定精神问题线索16起，处理27人，给予党纪政纪处分16人

（四）创新精准式巡查，工作质量大幅提升。持续保持派驻巡查“利剑高悬”，充分实化巡查的成果应用，突出震慑作用，开启巡查工作的“升级版”，延伸巡查监督范围。一是真正实现派驻巡查“全覆盖”。将所有区直部门单位包括党委机关、垂管部门，如组织部、政法委、税务机关等全部纳入巡查范围，开展综合巡查；将信访举报和审计发现的线索问题，梳理归纳、统筹分解，针对问题线索开展“倒排式”专题巡查；针对某方面出现的具体现象和苗头问题，对基层站所、医院、中小学校等，开展财务管理和收费、集资赞助款收支使用等方面的专项巡查。二是把发现问题作为“主攻点”。始终把发现问题作为巡查的首要任务，紧盯廉政和“四风”问题，把政治纪律和政治规矩、“两个责任”落实、财经纪律和作风建设作为巡查的重点，着力发现失职渎职、违反纪律、以权谋私、贪污贿赂等方面的问题，重点围绕信访举报、执纪监督、审计检查中发现的问题线索开展巡查。三是探索形成巡查“新模式”。实行“初核式”“调账式”巡查办法，一旦掌握一定证据，不待巡查完成，立即立案，与巡查工作同步展开。赋予巡查组办公场所检查权和公共财务调账权，对发现的问题，视情上展下延，严查深究。2016年，完成对6个镇街近50个村居的专题巡查，对8个部门、18个单位的粮棉补贴、油区补助专项巡查，共发现问题线索30个，其中立案处理12起。

（五）紧盯关键环节，拒腐防变意识不断提升。一是开展廉政教育，突出案件警示“震慑力”。对河口区查办的发生在群众身边的案件，都及时下发通报，针对代表性的典型案件，都及时召开全区范围的案件剖析会，开展集中警示；凡是上级通报的典型案例，都及时转发，辅之以有针对性的传阅、学习、讨论措施，使警示教育的范围更广、效果更好。二是集中德廉测试，提升明纪明规“自觉性”。认真组织全区科级以下党员干部德廉和党规党纪学习教育测试工作，突出《中国共产党廉洁自律准则》《纪律处分条例》等党规党纪为必学课程，采用自主命题、闭卷答题、交叉测试的方式，组织全区1500余名党员干部参加测试，突出党员干部遵规守纪意识，提高拒腐防变和抵御风险的能力。三是聚焦重点问题，织密高压反腐“通电网”。就全区腐败和“四风”问题的苗头、存量和可能出现违纪问题的重点部位、环节、风险点一一分析研判，并根据研判结果，特别是对招投标问题、隐蔽发放福利补贴问题、公款接待超范围问题等情况开展督查，从细从实，严格整改。

（六）创新制度机制，农廉建设推向深入。一是创新机制，注重“建”。探索试行农村主职干部重大

事项报告制度，进一步完善和深化农廉“5+1”制度体系，创新性实行村支部书记、村委会主任廉洁尽职“七讲七决不”、村纪检委员监督责任“五个规范”，并出台保障主体制度实施的一系列配套规定，在机制探索上向前迈进一大步。二是责任追究，突出“严”。凡纪检委员监督职责范围内的事项中出现违纪问题，只要其他村干部被处分，“无例外”的追究纪检委员的监督失职责任，有2名村纪检委员因未认真履行监督责任致使班子成员违纪而被免职。三是因地施策，突出“精”。针对河口区油田占地多、滩涂面积广等区域特性，紧盯涉农、涉油、涉海、涉贫资金等敏感带，坚决查处农村“三资”管理、惠农补贴、扶贫救济、油田青苗补偿、海域发包款等领域存在的虚报冒领、贪污侵占等问题，快查、快结、快通报，突出震慑作用。全区共查处侵害群众利益的不正之风和腐败问题19起，给予党政纪处分26人，通报曝光8起，挽回经济损失45.78万元。

（七）实化压力传导，推动“两个责任”落地生根。一是“确限定责”。对照“两个责任”工作要求和2016年全会任务安排，以责任清单的形式对全年工作逐项分解，明确完成时限和责任人，形成一级抓一级，权责清晰，有责必担的责任体系。二是“直面约谈”。综合运用监督执纪“四个形态”，把谈话函询作为深入践行第一种形态的重要抓手，及时开展廉政约谈，重在提醒告诫、责成整改。区纪委班子成员、各派驻纪检组书记分工负责，对全区107个部门单位“一把手”进行普遍约谈，就“两个责任”落实提出明确要求。三是“述廉质询”。进一步改进区党政领导班子成员向区纪委全会述廉述责工作，将党政“一把手”就如何履行党风廉政建设主体责任、“一岗双责”及个人廉洁自律情况进行述廉述责，并接受质询。四是“一案双查”。对出现“两个责任”落实不到位，不正之风治理不作为，导致违纪违法行为滋生的部门单位一律依纪审查当事人，同时追究单位负责人抓党风廉政建设主体责任和纪委监督责任。2016年，因履行主体责任不力、监管失职处理5人，其中给予党纪处分2人，诫勉谈话3人。

重要会议和重要文件

【重要会议提要】 （1）2016年2月23日，召开区纪委七届六次全体会议，会议传达学习中央和省、市纪委全会精神，回顾总结2015年党风廉政建设和反腐败工作，安排部署2016工作任务。

（2）2016年5月10日，召开河口区新提拔科级干部集中廉政谈话会议，会议对新提拔的科级干部进行集中廉政谈话，并在勤政廉政方面进行了重点强调。

（3）2016年6月17日，召开区纪委监察局2016年上半年工作会议，会议传达学习中央纪委和省、市纪委新指示、新精神、新要求，总结上半年的工作情况，明确下步工作重点及任务，推动全年党风廉政建设和反腐败工作深入开展。

（4）2016年7月13日，召开全区党政领导班子成员向区纪委全会述廉述责工作会议，10名区党政班子成员向区纪委全会进行了述廉述责，区纪委委员对述廉述责对象进行了现场评议。

【重要文件目录】 （1）《关于开展重点督导镇街集中整治和查处侵害群众利益的不正之风和腐败问题的通知》（东河纪发〔2016〕12号）。（2）《关于做好党员干部德廉和党风党纪知识学习测试的通知》（东河纪发〔2016〕23号）。（3）《关于及时沟通区管干部违纪违法案件中行贿买官人员情况的工作意见》（东河纪发〔2016〕24号）。（4）《2016年度落实党风廉政建设责任制考核办法》（东河纪发〔2016〕44号）。（5）《关于举办黄河杯第四届“清风河口”廉政文化书画、摄影作品征集大赛的通知》（东河纪发〔2016〕46号）。（6）《河口区2016年度优化发展环境和效能建设（简政放权）工作考核办法》（东河纪发〔2016〕47号）。

人民团体

河口区总工会

【工会组织建设】（1）深入开展“扩覆盖、强基层、促规范、增活力”活动，新建企业工会组织21家，联合工会1家，发展会员2560人。做好农民工入会工作，新增农民工会员2120人，较去年增长15.5%。（2）以非公有制企业“党建带工建”工作为抓手，开展“双创双争”活动。与区委组织部联合开展全区非公有制企业“双创双争”活动，召开动员会议，制定《关于在全区非公有制企业中开展“创先进党组织，争当优秀党务工作者；创模范职工之家，争当最贴心工会干部”活动实施方案》。重点打造外资企业东营仙河澳亚现代牧场有限公司，高标准建设党员职工活动室、职工之家和文化长廊，购买图书和健身器材，受到职工的欢迎和外商的高度认可。开展非公有制企业党支部书记、工会主席“双任”模式，提升企业工会主席政治地位和在企业的话语权。现党、工组织领导班子实现交叉任职的非公有制企业已达60%以上。（3）开展职工之家建设，新建、扩建企业职工之家16家，投入资金60余万元。开展“四双（“双亮”创建、“双争”创建、“双述”创建、“双评”创建）”活动，全区70%以上基层工会开展“四双”活动。广泛开展“五个一”活动，即每年召开一次会员代表大会、一次职工代表大会，开展一次工资集体、一次劳动竞赛、一项职工文体活动。（4）开展“齐鲁文化大道”品牌省市区三级联创活动，评选富海集团有限公司等8家区级“齐鲁文化大道”建设先进单位。3家企业荣获全市“齐鲁文化大道”建设先进单位。山东泰富实业集团有限公司荣获全省“齐鲁文化大道”建设先进单位，区总工会荣获全市“齐鲁文化大道”建设先进县区和全省“齐鲁文化大道”建设先进县区称号。

【职工技术创新竞赛活动】（1）开展职工技术创新竞赛。动员全区广大职工深入开展“提升职工技

“查保促”群众性安全生产活动表彰

能素质助推企业转型升级”主题劳动竞赛活动。联合区人社局、区职业中等专业学校在维修电工、焊工、化学检验等多个工种举办全区职工职业技能竞赛。参加东营市第十一届职工职业技能竞赛，8名选手获奖。（2）丰富创新竞赛内容。以“金牌员工”评选、“五小（小发明、小创造、小革新、小设计、小建议）”竞赛和“劳动模范和高技能人才创新工作室”创建活动为载体，组织全区职工深入开展技能培训、岗位练兵、技术革新、技术攻关、发明创造、改进管理、提升服务等创新竞赛活动。在层层上报，严格审核的基础上，评选10名“金牌员工”、25项“五小”竞赛优秀成果和3个河口区劳模（高技能人才）创新工作室，有力激发全区职工练技术、学本领、强素质的热潮。涌现出山东金开石化、山东军胜化工等先进企业典型。现已有430余家企业，2万余名职工开展职工技术创新竞赛活动。

走访困难职工

【“查保促”群众性安全生产活动】 （1）完善“查保促”活动保障机制。将“查保促”活动纳入区政府安全生产监管体系，增强“查保促”活动的力度。（2）完善“查保促”活动运行机制。年初，召开“查保促”工作动员会议，制定详细的路线图和运行表，做到方法步骤、目标任务、措施要求明确。印制“查保促”活动职工简易读本和典型案例汇编，并发放到职工手中，提高职工群众的知晓度和安全意识。（3）完善“查保促”活动教育培训机制。先后举办非公有制中小企业负责人培训班和全区“查保促”活动暨劳动保护培训班，增强职工查隐患意识。（4）完善“查保促”活动安全生产隐患排查奖励机制。研究制定《河口区总工会职工排查安全生产事故隐患奖励办法》。区总工会安排专项资金，对发现、排除、举报重大安全事故隐患的职工进行奖励。召开由区委、区政府组织的全区“查保促”活动表彰暨推进会议，对14名“查保促”活动先进工会主席、15个全区“查保促”活动先进班组和27名全区“查保促”活动查隐患典型案例先进个人进行表彰奖励，收到良好效果。完成省总“查保促”活动采访录制工作，并在《山东工人报》头版头条对河口区经验做法进行报道。截至2016年底，全区组织开展“查保促”活动企业615个，参与活动职工3.2万余人，培训职工2.5万余人，查出安全隐患798项，已全部进行整改。

【工资集体协商工作】 （1）开展工资集体协商“履约落实年”活动。开展工资集体协商“春季要约行动”。3月，在河口区举行全市工资集体协商“春季要约行动”启动暨河口区工资集体协商现场签约仪式，山东汇海医药化工等15家企业进行现场签约。河口区非公有制企业工资集体协商建制率已达到93%以上。（2）加大工资集体协商指导员队伍建设。建立由31名工会干部组成的全区工资集体协商指导员队伍。3月，举办工资集体协商工作辅导报告，取得良好效果。（3）做好厂务公开民主管理工作。开展职代会规范化建设，落实职工的知情权、参与权和监督权。将职工权益保障事项纳入对各镇（街道）、开发区的综合考核指标体系。开展工会与行政沟通协商机制建设，每个镇街、开发区重点打造3家示范企业。（4）开展“推行协商民主、强化社会责任”工作品牌创建。制定《关于创建“推进协商民主强化社会责任”工作品牌的实施方案》，结合合纵辐射工作模式和“1+N”工作机制的落实，涌现山东海螺型材等先进企业典型。

【困难职工解困脱困和“惠员工程”】 （1）精准识别。对河口区困难职工进行摸底排查，为每一名困难职工建立档案卡，提高建档立卡的真实性、准确性。（2）精准施策。发挥工会组织优势，开展有针对性的分类帮扶服务。确定帮扶项目5项，让困难职工真正得到实惠。（3）精准监管。加强对帮扶资金的筹集、使用、管理的监督，坚持专款专用，主动公开帮扶资金的来源和走向。（4）精准脱困。按照分类帮扶原则，10名困难职工合法权益受到侵害的得到法律援助和维权服务，160名困难职工因病致困的得到医疗救助，8名困难职工遭受意外灾害的解决燃眉之急，50名子女入学困难的享受到及时救助和跟踪服务。（5）抓好“惠员工程”的落实。发挥全区各级职工服务中心的作用，发放工会会员服务卡2324张，签订特惠商家12家。

【工会自身建设】 （1）开展“两学一做”学习教育活动。做好工会系统学习教育活动各项工作，制定学习计划表，认真开展4次集中研讨，增强工会组织的“政治性、先进性、群众性”，去除“机关化、行政化、贵族化、娱乐化”现象，牢固树立工会干部的“政治意识、大局意识、核心意识、看齐意识”。（2）加大教育培训力度。6月，在江苏省总工会干部学校，侧重产业和企业工会，举办为期一周60人的全区工会干部培训班，增强工会干部的能力建设。加大专业知识培训力度。邀请省总法律工作部卢部长和生产保护部张部长进行培训。（3）做好各级工会组织规范化建设。在镇（街道）总工会层面，制定《全区示范镇（街道）总工会评选暂行办法》和《全区镇（街道）工会工作经费管理办法（试行）》，每个镇（街道）总工会主席由副书记兼任，副主席由中层正职兼任，配备6名社会化工会工作者。购置电脑、办公桌椅等办公设施。在产业工会层面。与区委组织部、区编办联合下发文件，规范区级产业工会组织，全部配齐副科级工会主席。省商务工会对区商务工会规范化建设工作进行验收，并给予充分肯定。在机关事业单位工会层面，督促各机关事业单位工会进行换届选举，配备专兼职工会主席和工会干部。（4）加强制度建设。制定《全区工会工作创新奖评选暂行办法》和《全区工会系统宣传工作考核办法》，激发全区工会干部创新活动和工作干劲，两项创新项目分别获得全市创新项目二等奖和三等奖。（5）扶贫和下派包村帮扶工作。区总工会高度重视扶贫开发工作，按照区委要求积极开展工作，制定《河口区总工会脱贫攻坚包靠帮扶、联动推进工作实施方案》，每名科级干部包靠困难群众，制定帮扶计划。投入帮扶资金4万元，完成村卫生室改造和村文化大院场地硬化和围墙改造。投资1.5万元，为村党员活动室购置桌椅和空调，制作“三会一课”等制度牌子，有效提升党员活动室硬件设施。春节期间，走访慰问10户困难家庭，为每户困难家庭送去慰问金500元。为2名考上大学的贫困家庭分别给予救助2000元。中秋期间，走访慰问4户困难家庭，为每户困难家庭送去米、面、油等生活用品。开展“爱心助销”活动，15家企业为农户销售2.5万公斤苹果和5000公斤白菜，收到农户欢迎。

共青团河口区委

【概况】 共青团河口区委成立于1984年，内设学少部、青农部、青工部、组织部、宣传部、权益部、办公室。截至2016年底，全区青少年10万余人，团员12000人，少先队员8979人。设6个镇街团委、9个系统团委、42个团支部，7个学校团委、13个少先大队。2016年，河口共青团落实团市委七届五次全会的工作部署，围绕党政大局，发扬改革创新精神，加强队伍建设、阵地建设，突出服务实效，力争河口区青年工作实现创新突破。

【队伍建设】（1）健全组织体系。召开区五次少代会，选举新一届少工委、红领巾理事会，完善全区少先队工作的组织架构。成功举办第三届少先队活动课说课暨微队课展示大赛，印制并下发《入队志愿书》1000份，提升少先队工作规范化水平。修订年度考核办法，对青年之声、信息报送等重点工作实行月通报制度。建立团干部直接联系基层制度，结合"1+100"制度，确定每名机关干部联系两个镇街、100个不同领域的青年，每周在基层时间不少于一天，每月与青年互动不少于两次。推进"青年之家"建设，在原有青少年活动阵地的基础上，有效整合资源，截至年底，共打造"青年之家"7处。

（2）落实团干部待遇。落实团委书记列席同级党的委员会和常务委员会制度，团区委书记列席区委常委会议，各镇街团委书记列席党委会和党政联席会。按照《关于做好共青团干部双重管理工作的通知》文件要求，明确团干部受同级党委和上级团委的双重管理，规范任免程序，截至年底，因年龄、岗位适应程度等因素调整基层团干部9人。

8月，河口区团干部"两学一做"学习教育培训

（3）提升团干部素质。开展"手抄党章100天"、书记上党课等活动，将"两学一做"学习教育引向深入。年初争取区委、区政府支持，把基层团干部素质提升和学校团队建设培训纳入河口区干部培训总体计划。6月中旬，组织全区中小学分管领导和少先队大队辅导员赴青岛观摩学习少先队工作、少先队阵地建设。8月中旬，组织全区团干部、少先队辅导员赴延安革命传统教育基地实地情景教学，坚定理想信念，提高党性修养。邀请革命烈士后代夏吉演同志在全区机关、企业、学校、社区举办"红岩魂"革命教育巡展，累计做报告25场次，吸引青少年3000人次参与。

【阵地建设】（1）思想阵地建设。一是深化"中国梦"主题教育。开展"幸福河口·青春启航"团队衔接教育暨离队入团仪式、纪念建党95周年"青春凝聚在党旗下""奋斗的青春最美丽"最美青年分享会等主题活动，筑牢理想信念，分层分类凝聚思想共识。二是创办《河口新青年》报纸，为油地军港各方青年搭建起学习借鉴、沟通交流的平台。三是推进"青年之声"网上服务平台建设。安排专人专岗及时更新维护，对提问、回答等数据实行动态监测、定期通报。全年，河口"青年之声"平台浏览量累计132万人次，吸引青年提问数3556个，回答数3378个，入驻专家366人。四是加强团属新媒体阵地建设。开展青年网络文明志愿行动，微博、微信等网络阵地已实现常态化运转，上半年开展"清明祭英烈""两会·我给代表捎句话""青年之声·河口"等线上主题活动11次，推送微信189期，图文信息336条，微信公众号粉丝达7700人。

（2）志愿服务阵地建设。成立河口区青年志愿者协会，打造共青团专属青年志愿服务品牌和队伍。举办河口区首届志愿服务项目交流会，广泛凝聚专业社工、油地志愿者力量，吸引20余个志愿服务组织、37个项目参加，完善河口区志愿服务项目库。继续深化“志愿者+”服务模式，充分发挥省级青年志愿服务站和省级青少年社会工作服务示范点作用，开展“飞吧，雏鹰”青少年成长项目、“青春家园”青少年成长训练营、“志愿青年·温暖橘红”关爱环卫工活动、青春志愿·爱在槐林、爱心送考、爱心斑马线，文明手势礼、消防安全大演练、关爱老兵等特色活动50余场，打造青少年社会工作服务示范站小屋1处，授予20个爱心商家“青春爱心驿站”，服务群众10000余人。12月，举办全区青年志愿者骨干培训班，提升志愿服务工作水平。

10月12日，第三届少先队活动课说课暨微队课展示大赛

（3）少先队阵地建设。全力推进学校少先队队室建设。通过对青岛四所学校的考察学习，明确少先队队室建设的重要意义，坚定教育部门和学校对队室建设的信心决心。全区现有4所中小学建设标准化队室，争取3年左右的时间实现少先队队室全覆盖。联合区关工委对辖区内青少年活动资源进行统一整合、管理，集中打造一批“青”字头爱国主义教育基地、法制教育基地、阅读示范基地和户外活动拓展基地，引导少先队活动从课内走向课外，从学校走向社区，从城区走向大自然。

（4）非公企业团建。坚持“党建带团建”，推进非公企业团建工作，按照“建活并重、以活促建”的要求，在巩固数量、扩大覆盖的基础上抓大带小、形成示范带动，提升已建团组织活力、增强覆盖有效性。推荐20家企业加入市青企协，新增市级青年文明号创建单位4个，打造党团活动室1处，提高基层企业团支部战斗力；开展全区青年文明号创建和复核工作，共新增区级创建单位20个，在全区形成争创青年文明号的创先争优氛围；开展青春共筑城市公共安全活动，在全区举办14场企业安全生产慎微教育及培训，惠及1200余名青工、提升团组织贡献力；面向企业青年职工开展思想引导、技能提升、文体娱乐、服务维权等方面活动10余场次，凝聚团组织向心力。开展全区危化品运输产业知识竞赛活动。

【服务实效】 （1）助力精准扶贫。围绕全团“青春扶贫行动”，开展“青年志愿服务助力精准扶贫”专项行动，组织广大青年志愿者深入社区、学校和家庭，先后开展“早安家敏”“金融干部一帮十”“青年文明号助千家”结对帮扶等活动，宣传东青基准贷、青年时贷等优惠政策，为贫困家庭、创业青年提供帮助，解决实际问题。开展基层团干部创富行动，帮扶全区20名基村级团干部创业致富，组建“河口创业青年汇”微信交流群，为广大基层团干部和创业青年搭建沟通交流、政策宣讲、服务创业的平台。全国第三个扶贫日期间，联合区扶贫办开展“亲子生态游”爱心助销活动、“衣旧温暖”旧衣物捐赠、扶贫宣传等活动。截至年底，结对贫困户60户，联系帮扶创业青年70名，发放“东青基准贷”440万元，扶持小微企业和工商户3个，开展金融知识宣讲8场，吸引返乡创业青年、大学生村干部、农村青年电商等500余人参与，开展各类志愿服务8场次，帮助农户销售各类果蔬3000余斤，新户镇农村创业大学生王超当选为2015~2016年度“全省农村青年致富带头人”，“早安家敏”信息在2016年10月17日《中国青年报》头版刊发。

（2）落实区级便民实事。向区委、区政府积极争取，把城乡家庭困难学生营养餐救助列入2016年便民实事，对城乡困难家庭的小学生按照1000元/年，中学生1250元/年实施营养餐补助，总计投资60万元，已收到家庭困难学生申请小学17份，中学377份，审核通过后，于11月中旬发放。

（3）萤火虫学堂、牵手关爱、心愿直通车等品牌活动。推进萤火虫助学计划，在全区设立6处学堂，招募鲁东大学、山东理工大学志愿者、青年志愿者36名，开展为期20天的爱心支教，为180余名留守儿童、农民工子女提供学业辅导、亲情陪伴等志愿服务。对接中国青基会，争取“广发慈善基金”10万元，用于2处希望厨房建设和28名困难学生的救助，现希望厨房的设备已到位、困难学生信息已通过“中国青少年发展基金会”审核。联合油城义工在义和镇西南村捐建希望书屋1处，已到位募捐图书4000余册。联合区慈善总会下发《河口区“牵手关爱行动”方案》，争取专项资金5.4万元。六一期间，全面启动2016年“牵手关爱行动”，开展“团聚爱·点亮微心愿”“团聚爱·共筑幸福家”等系列活动，为242名贫困青少年实现微心愿，组织专业社工和志愿者举办4场户外体验活动，共覆盖困难青少年、留守儿童约100人。8月，集中开展2016年希望工程“圆梦行动”，争取助学金3.2万元，帮助8名贫困大学新生顺利入学。义和镇六顷希望小学建设已接近尾声，年后新学期投入使用。

（4）服务青年婚恋交友需求。成功举办“五月槐林·相约青春”青年素质训练营，油地军港青年齐聚槐林，通过团队参与驿站传书、生死电网和趾压板等项目，提升青年的创新思维、团队意识，吸引油地军港30多个企事业单位的百余名青年参加。七夕前夕，举行“浪漫七夕·相约临港”青年交友联谊会、“以书会友·爱在七夕”8分钟约会，吸引200余名单身男女参加，现场牵手成功9对，为广大单身青年搭建一个轻松、健康的交友、交流平台。

（5）“小手拉大手共筑碧水蓝天”行动。按照全省统一安排部署，采取宣传发动、专题培训、主题队课、假期实践“四步走”，确保垃圾分类减量、禁燃烟花爆竹、绿色出行、低碳生活、植绿护水五项活动落到实处。截至年底，召开专题会议、推进会5次，举办主题宣讲、培训5次，组织青少年实践活动20次，创作“拒燃烟花爆竹”图片故事连说，发布《大手拉小手共筑碧水蓝天》倡议书，在区电视台进行为期半月的专题播报，收到良好的社会效果。

河口区妇女联合会

【概况】 1984年，河口区妇联成立。2016年底有工作人员8人，其中主席1名，主任科员（副书记）1名，副主席2名，妇儿工委办公室主任1名。现河口区妇女联合会党组，由1名党组书记、1名党组副书记和2名党组成员组成。全区妇女组织共有373个，其中，镇（街道）妇联6个，党政机关事业单位妇委会66个，村妇代会177个，社区妇联7个，非公有制企业妇女组织84个，社会组织妇女33个。2016年，河口区被省妇联确定为全省妇女儿童“十三五”规划省级示范县区（每个给予地市只确定一个县区），河口区生育妇女返岗培训工作被确定为示范项目，从2016年开始，每年给与一定资金扶持；2016年12月，被推荐为山东省妇女儿童工作先进集体（由省委省政府表彰，全市唯一县区）；被表彰为山东省城乡妇女岗位建功先进集体（由省妇联表彰）；荣获山东省儿童少年“美德在我家”书画摄影大赛优秀组织奖。

【主要工作】 （1）女性素质提升工程。继续以四单运行机制、100个“三公里培训圈”为培训阵地，重点在“素质提升工程+”和创新培训内容上下功夫，开展市级课题、舞前半小时和广场舞等系列培训活动。2016年，结合河口区实际，区分类别、创新载体，针对全区城乡妇女开展女性修养、亲子教育、健康保健、婚姻经营等课题培训及“舞前半小时”等培训。为35个村更新音响，成立河口区广场舞协会，区及各镇街层层开展广场舞比赛。全年共举办各类培训504场次，培训妇女17260人。其中市级课题培训163场（省定贫困村25场），舞前半小时培训137场（省定贫困村102场），广场舞培训189场（省定贫困村114场），其他各类培训15场。

3月28日，省电台采访河口街道六扣村舞前半小时情况

（2）农村巾帼创业工程。以培训交流为抓手，组织开展各级各类观摩学习和实用技能培训，并依托巾帼创业示范基地扎实开展见习实践培训，提升妇女创业创新能力水平。以“互联网+”为导向，建成河口妇女创业微信平台，引领妇女参与了解和发展电商，为妇女搭建网上营销网络，拓宽妇女创业发展新空间。以平台建设为重点，完善妇女创业妇女体系。健全完善河口区创业妇女服务信息平台、创业融资服务平台、特色产业营销平台建设，为妇女提供资源整合、融资服务、营销策划等全方位的服务。2016年，在全区新培养女农场主5名，新建女性负责人合作社5处，培树评选巾帼创业示范村10个，重点关注扶持24个妇女项目做大做强，带动新上妇女创业项目155个，辐射带动2000余名妇女增收致富。“妇女想致富，妇联帮你选项目”“巾帼小额贷款，助推妇女发展”在河口深入人心。

（3）妇女儿童维权工程。一是凝聚社会力量，开展系列“关爱行动”。为13个省定贫困村的26名贫困妇女发放救助金2.6万元；为40名特困女童（其中省定贫困村女童9名）发放救助金2万元；组织17名“爱心代理妈妈”为结对孩子赠送300元助学金及文具等学习用品，其中吴钦教育还专门为6名贫困儿童开设暑期免费培训班；全区49名建档立卡贫困儿童已全部与代理妈妈进行结对；45名“爱心妈妈”为新疆孤残儿童编织27件爱心毛衣。二是落实妇女“两癌”检查及救助工作。通过“女性大讲坛”巡回播放、市级讲师授课等，全区受训妇女实现全覆盖；配合区卫计局做好“两癌”筛查的人员组织工作；2016年，争取各级救助资金21.6万元，共救助“两癌”贫困妇女38人。三是深入开展“平安家庭”创建工

4月19日，东营市女性素质提升工程现场推进会

作。与区综治办、区安监局联合出台《关于深化“平安家庭”创建开展“安全进家”活动的意见》，同时，专门制作，“平安家庭”对联3000份下发到农村。

【其他工作】（1）为隆重庆祝“三八”国际劳动妇女节106周年，促进全民健身，展示河口区巾帼风采，3月4日，河口区妇联联合区教育局、湖滨新区管理办公室在鸣翠湖举办全区第四届庆“三八”巾帼健步行活动，倡导低碳出行、促进全民健身。全区各镇街、区直各部门单位及社会组织（河口区旗袍协会、河口区志愿者协会），共63个单位的1126名女职工参加本次活动。（2）3月8日上午，河口区妇联在河口宾馆三楼北会议室召开“庆三八话发展”座谈会，全区50余名各行各业的优秀妇女代表汇聚一堂，总结工作，畅谈体会，交流经验，共话发展。（3）3月28日，省电视台一行在市妇联副主席段秀林等领导的陪同下，到河口区采访调研女性素质提升工程开展情况。（4）4月19日，东营市女性素质提升工程现场推进会在河口召开。市委组织部、市妇联有关领导，各县区妇联主席、分管副主席，各县区女性素质提升工程示范创建点所在乡镇、村（社区）妇女组织负责人，河口区各镇街分管领导、妇联主席及副主席、示范村（社区）妇女组织负责人，各镇街省定贫困村妇代会主任、草根讲师和广场舞老师代表共90多人参加会议。（5）6月23日上午，全国妇女儿童发展纲要中期评估督导组到河口区督导工作。在省妇联主席、省妇儿工委副主任邢善萍，市委副书记、政法委书记郑建军，副市长、市妇儿工委主任刘美华，区委书记、区人大常委会主任苟增杰，区委副书记、区长刘斯杰，区委常委、办公室主任陈桂林等陪同下，国务院妇儿工委办公室副主任张立、国家人力资源社会保障部规划财务司副巡视员明瑞锋等先后到区人力资源和社会保障综合服务中心、河安幼儿园、区妇女儿童活动中心及河安社区、区中心敬老幸福园等进行实地查看，详细听取有关情况介绍。

河口区工商业联合会

【概况】 2016年9月，与区委统战部联合申请成立区党外人士联络服务中心，加挂区工商联会员服务中心的牌子，合署办公，共核定事业编制4人，区工商联2人。主要负责在全区非公有制经济人士中，宣传、贯彻党和国家的方针政策，加强思想政治工作，引导他们服务经济社会发展，引导他们参政议政和建言献策，做中国特色社会主义事业的建设者；代表并维护工商联会员的合法权益，反映他们的意见、要求和建议；组织开展工商联会员的教育培训、联络联谊和学习交流，服务会员发展。

截至2016年底，全区会员总数达到826家，其中个直属企业会员65家，直属商会（协会）29家；2人当选为市政协委员，22人当选为市工商联执委，2人当选为区人大代表，7人当选为区政协委员。积极推进区级组织及镇、街道基层组织建设，全区6个乡镇（街道）全部成立工商联分会，形成比较健全的基层组织网络，按照“建立组织、发挥作用、科学管理”的原则，全面加强行业商会建设，在全区建立直属商会25家，其中区级15家，镇（街道）10家。各基层工商联组织和行业商会在维护行业权益、加强行业自律、促进交流合作、推动行业健康发展等方面发挥积极作用，为河口区域经济社会发展做出重要贡献。

【基层组织建设】 2016年，新增会员55个，新成立商会1家，筹备成立商会2家。同时积极发挥商会作用，培育和发展特色商会组织。特别是按照省、市关于加强和改进非公有制经济代表人士综合评价工作的要求，做好评价对象的推荐、评价对象信息的申报等工作，严格把关，严肃纪律，保障了评价工作顺利开展。

【非公有制经济组织党建工作】 2016年4月，经

8 月 23 日，东营川渝商会向贫困学生、贫困户捐助扶贫资金 6 万元

区委研究决定，撤销原来依托区工商联设立的区委非公有制经济组织党工委，成立区委非公有制经济组织和社会组织党工委，成立区工商联党总支，辖 1 个机关党支部，22 个社会组织。采取单独建立、联合组建、临时组建或派员帮建等灵活多样的方式抓商会、协会党组织组建工作，对条件不成熟的商会协会，从党总支部委员中选派政治素养高、思想作风过硬的党建工作指导员或联络员，指导商会党建工作，为建立党组织创造条件。2016 年 4 月至年底，新成立党支部 5 个，撤销党支部 2 个。建立党组织和理事会领导班子联席会议制度，协会、商会重大决策党组织有效参与制度，并设置能充分发挥协会、商会党组织作用和党员骨干作用的制度安排。将会员利益诉求传达到上级党组织或通过提案议案、社情民意、信息专报等形式表达诉求，让党组织成为行业建设的维护者、会员企业利益代表者。

【民营企业发展】 开展法律维权服务工作，积极参与构建非公有制企业和谐劳动关系、“六五普法”工作，深入调研非公有制企业涉法、涉诉困难问题，帮助会员企业解决法律纠纷。组织企业参加人才、科技、银企、项目洽谈对接活动，参加 2016 年山东省民营企业人才招聘会；先后组织企业家、商会负责人参加上海交通大学、四川大学企业家培训班、“民营企业健康发展大讲堂”、2016 东营经济巅峰论坛等活动，带领企业先后到博山区工商联、青州市工商联学习考察，为促进企业转型升级，帮助企业谋求商机、合作交流搭建平台；组织企业申报 2016 山东民营企业“实力百强、公益百星、创新百家”三项评选活动，鼓励企业做大做强。

【扶贫开发工作】 “百企帮百村”“百企帮百户”精准扶贫行动开展以后，河口区 19 家企业、17 家商会参与帮扶行动，共投入扶贫资金 139.345 万元，扶贫开发取得阶段性成果。

（一）积极开展访贫慰问活动。落实好河口区扶贫济困专项行动月，开展到村到户融情行动，督促各帮扶联系企业、商会到帮扶村、联系户开展“送煤炭、暖人心”“爱心包裹”等活动。截至年底，富海集团、

6 月 16 日，“民营企业健康发展大讲堂”邀请上海财经大学教授授课

山东中海化工集团、山东顺和水产有限公司、山东欣马酒业有限公司、仙河家居建材商会、计算机商会、东营川渝商会、商业街商会等16个会员单位开展走访慰问，为贫困户送去煤炭、米、面、助学金、房屋修缮款、图书、光盘等物资和扶贫款共计97万元。（二）广泛动员开展“爱心助销”活动。在中秋节和国庆节期间，积极调动会员企业员工走进农村，到田间地头开展农事体验、果蔬品采摘及购买活动，拓宽农产品销售渠道，帮助群众解决农产品“最后一公里”销售难问题。山东泰富实业集团、山东欣马酒业、山东顺和水产等4家企业参与此次“爱心助销”活动，帮助困难群众销售苹果、冬枣、蔬菜、玉米等，销售金额5万余元。（三）创新产业帮扶方式，为贫困户“造血”。经过深入走访和对接，结合帮扶村实际，现已确立产业帮扶项目4个，分别是胜利油田北方实业有限责任公司帮助义和镇北大屋村实施的“节水灌溉蔬菜种植项目”，河口区市政工程公司帮助新户镇太平村实施的道路改造项目，东营市宏伟防水防腐有限责任公司帮扶新户镇东风村发展的光伏发电项目，东营方圆有色金属有限公司投资新户镇的生态园建设项目（收益全部用来帮扶新户镇坝上村和老鸦村）。（四）重视就业、智力、商贸等其他帮扶方式，实现村、企共同发展。将有就业需求的贫困户进行汇总，并一一对行业意向、年龄、学历等信息进行登记，统一下发给各企业、商会，鼓励企业、商会面向帮扶对象招收员工，实现解决企业“用工难”与贫困户稳定就业增收的双赢。现已解决就业12人。鼓励企业开展商贸帮扶、智力帮扶，河口区农业产业商会发挥自身优势，帮助义和镇大英村购进优良种子和化肥，为村民节省资金5.4万元，并联系河北国欣种业高级农艺师到大英村棉田现场指导，开通贫困户与企业的农企直通车，带动农户和企业的双向增收。

【参政议政工作】 把深入调研作为参政议政和推动工作的基础环节，在提升参政议政的精准性和实效性上下功夫。在政协、人大会议期间，组织召开企业家座谈会，就政策落实、营商环境、政府工作报告等征求意见建议20条。积极配合省、市工商联，开展民营企业社会责任调研、上规模企业调研等系列调研活动，取得一批有分量的调研成果。全年围绕非公有制经济组织党建、商会建设、非公有制经济人士思想政治工作撰写调研报告8篇，为区委、区政府决策提供参考。

河口区科学技术协会

【概况】 2016年，区科协以开展“三严三实”教育活动为统领，认真贯彻各级党的群团工作会议精神，坚持服务发展、服务群众的工作定位，立足自身职能，奋发有为，各项工作有长足发展。2016年，在全市“提升全民科学素质”工作考核中，获得全市排名“优秀”的好成绩。

【科技助推经济社会发展】 （1）搭建服务平台，激发创新活力。引导高中生及大学生30余人，创办“青蛙创客”空间。积极参加“双创活动”，组织河口区企业参加山东省大众创业万众创新活动周，并参与双创论坛、创业汇、学术报告等多场专题活动。

（2）搭建交流平台，发挥示范作用。积极搭建学习平台。区科协组织种养殖大户及农技协负责人到济南、泰安、青岛等地考察学习2次，先后参观省农科院中草药种植基地、林果种植示范基地、大泽山鲜食葡萄研究所等，认真聆听专家对新技术、新品种的讲解。积极搭建合作平台。与东营市众赢红参种植技术公司合作，在六合街道试种美国红参新品种成功，经济效益十分可观。河口区石榴技术协会在省农科院的帮助下，积极推进大棚石榴种植及其他果树种植。

（3）搭好培训平台，助力精准扶贫。做好科技扶贫专家服务行动，确定省农科院果树研究所周广芳教授为定点扶贫专家，对河口区北大屋、西韩村进行产业技术帮扶。周广芳教授通过现场培训、定期电话

科普大篷车进社区

机会，在河口区的义和镇中心学校、实验幼儿园、河安小学开展为期4个月的“流动科技馆进校园活动”，向同学们展示声光体验、电磁奥秘等科普展品50件及各类科普展板70多块，让同学们大饱眼福，体验科学带来的无穷乐趣。打造科普活动品牌，邀请省青少年科普报告百校行专家到河口区实验学校、义和镇中心小学、油田三小等4所学校，为1000余名师生做精彩的报告，受到广大师生的热烈欢迎。搭建活动平台，举办科技创新大赛。2016年，在山东省第31届青少年科技创新大赛中，河口区获得市级表彰35人，其中获得省级表彰7个，3个项目被推荐到中国科协。向上级推荐先进，河安小学获得省级科普示范学校荣誉称号。同时，“3D打印”进学校也正在推进中。

联系等方式，解决生产中的各类疑难问题10多个。邀请省农科院王中堂、张琼两位专家到义和镇大王村、艾河村进行现场指导，对苹果、石榴种植中出现的问题做详细的分析与指导。邀请省盐碱地改良专家郭玉成到六合街道进行土地改良讲座并进行现场指导，20余名群众参加。

【全民科学素质工作】 （1）高度重视，为推进《河口区全民科学素质工作行动计划纲要（2016~2020年）》工作创造良好条件。区委、区政府将全民科学素质工作纳入河口区国民经济和社会发展第十三个五年规划，纳入全区科学发展观综合考核。研究起草《河口区全民科学素质工作行动计划纲要（2016~2020年）》，现正在按程序运作。及时调整、充实全民科学素质工作领导小组，新增区文联为成员单位。召开区全民科学素质工作领导小组会议，制定《河口区提升全民科学素质工作职责部门2016年工作任务分工》，下发到领导小组20多个成员单位，明确各单位工作任务。区素质办在6月、12月两次对各职责单位履职情况进行督促指导。

（2）营造浓厚氛围，青少年科普工作亮点频出。推动科普资源共享，抓住省流动科技馆走进河口的

（3）科普惠民，农民科学素质行动大力推进。积极开展免费赠书活动，2016年，区科协购买涉及医药卫生、实用技术、少儿百科等多个领域价值2万余元的科普图书1800余册，免费配发给河安小学、义和镇大王村、新户镇镜湖社区等，让大家在阅读中不断拓宽知识视野、丰富精神文化生活。苹果竞赛改变传统观念，10月，由梁家林果技术推广协会举办的第二届苹果王评选在义和镇举行。专家们从重量、着色程度、光洁度、糖度等多方面进行测定，逐渐改变重产量、轻质量的传统意识，最终，义和镇梁家村的杨同贞摘得果王桂冠。知识竞赛助力素质提升，按照2016年“全国农民科学素质网络竞赛”活动要求，积极发动全区农技协、广大农民和涉农工作人员1200多人参与此次活动，在一定程度上提升农民的科学素质。在项目申报上，河口区石榴技术协会获得国家级科普惠农兴村计划先进单位称号，并获得奖补资金20万元。

（4）强化载体，城镇社区科普服务工作有效推进。将社区科普大学建设作为推动社区科普的重要抓手，在人力、物力、财力上予以支持。在教学设施上，为河安社区科普大学和海宁社区科普大学免费赠送2万余元的科普图书和40块科普展板。在黄河路社区、河滨社区等4个社区建设科普大学，并制作各类标志牌20块。在教学范围上，面向离退休居民、城镇居民、社区待业人员以及青少年等群体开展教学。在教学内容上，采取“群众点单、科协派单”的定制服务。2016年，区科协已免费为社区大学聘请教师12人次，服务群众500余人次。社区科普大学还通过举办健康进社区、科普宣传等多种形式开展科普进社区活动，向居民普及科普知识，倡导科学、文明、健康的生活方式。

科普报告百校行

（5）扩大影响，铸造科普活动品牌。充分发挥“科普大篷车”的优势，建立科普大篷车定期下基层活动机制，广泛开展进农村、进校园和进社区的科普活动。2016年，已开展各类活动36次，发放各类种养殖科普资料3万余份，惠及群众2.4万人次。举办重点科普宣传活动，先后举办“全国科普日集中宣传”“全国科技周宣传”活动，共展出涉及《科学防灾避险，保障生命安全》《拒绝邪教在行动，你我共同参与》等7个主题100余块展板，发放各类科普材料万余份。增强群众反邪教能力，2016年，全区共发放反邪教协宣传资料1.2万余份，制作反邪教展板20余块，在公众场合播放《识破邪教“全能神”》等视频资料10余次，提高群众识别邪教、反对邪教的能力。

（6）全面布局，积极推进科普信息化。加强管理，对所有科普终端进行检查，明确责任人，签订承诺书，将不能有效开机的18台终端进行收回，并与区民宗局、机关事务局等单位联系，重新分配到教堂等公共场所，确保其发挥应有的作用。同时，将科普终端的开机率列入对镇街的全民科学素质考核。现河口区科普数字终端在线率位居全市第一。推进科普宣传方式的转变，加强与河口电视台合作，定期播出“科普大篷车”栏目，着力传递空中科普正能量。加强科协网站建设，增加科普栏目，逐步把网站建设成为科普宣传的窗口、学术交流的平台、捍卫科学的阵地。几大科普媒体层次分明，各有侧重，实现科普媒体的差异化、立体化、信息化。

【为科技工作者服务】（1）抓好凝智聚力，鼓励建言献策。发挥科协组织智力密集的优势，针对河口经济社会发展的重点、难点、热点问题，组织科技工作者积极开展“我为河口献一策”活动，全区共收到各类建议21条。

（2）加强联系沟通，积极推荐优秀科技人才。加强调研，持续开展对科技工作者的科研、生活等方面的摸底，建立科技工作者信息库，为科协全面准确掌握科技工作者状况提供重要依据。加强沟通，在前期调研的基础上，建立微信平台，将科技工作者与我们的距离缩短到最小。积极推荐，密切关心帮助科技工作者。2016年，向市科协推荐优秀科技工作者，其中李鹏、张忠政获得市级青年科技奖称号，卢言建获得市级“优秀工程师”称号。向省科协推荐丁金红、王玉奎等8人为农技协特聘专家，积极推荐薄纯然同志为省老科学技术协会先进工作者。为进一步提高河口区科普示范学校校长的整体素质，积极组织区一中王志华、河安小学刘波参加泰山科技论坛暨第二届山东省科普示范学校校长精英论坛。积极组织全区科技工作者积极参与市黄河口科技论坛，其中3篇论文获得市级表彰。

（3）加强宣传，营造良好氛围。推荐最美科技工作者人选，通过多方征集意见，推荐河口区崔利国、李鹏为市级候选人。

【基层组织建设】（1）加强联系，强化组织领导。2016年，区科协多次深入基层进行调研，与农技协、基地负责人深入交谈，详细了解他们的组织建设、产业规模、发展中的困难及远景规划等情况，认真听取他们的意见和建议。8月，召集各镇街科协负责人、素质办主任及部分农技协负责人参加基层科协工作座谈会，交流做好科协工作的经验心得，为科协系统改革打下基础。

（2）规范发展，指导基层组织建设。按照“有机构、有场所、有制度、有活动”的原则，规范和引导各农技协、示范基地发展。2016年，对各农技协、示范基地免费发放各类宣传材料1.4万余份，更新科普宣传展板26块。9月，河口区石榴技术协会召开第二次会员代表大会，30多名代表集聚一堂，如期进行换届。加强学会组织建设，利用黄河口政府网、微博等方式，宣传区农学会的换届工作，吸引更多的优秀人才入会。区青少年科技辅导员协会正在筹建中。

（3）加强队伍建设，提高执行力。加强学习，对十八届五中、六中全会精神和省市区重要文件进行系统学习，全年集中学习12次，并安排同志多次到北京、广州、成都、青岛等地参加培训，进一步提升党员干部的政治理论水平。做好下派帮扶工作，定期深入义和镇大王村调研考察，积极做好春节、“六一”“七一”、中秋等节日的慰问工作，为全村20余名困难群众送去节日的问候。积极改善村民学习条件，建设科普书屋一个。

河口区文学艺术界联合会

【概况】 河口区文学艺术界联合会成立于2012年12月12日，是中共河口区委领导的人民团体，由全区性的文艺家协会组成的人民团体，归口中共河口区委宣传部管理，是全区各文艺家协会和文学艺术工作者的组织领导机构，是区委、区政府联系全区文艺界的桥梁和纽带。2014年4月21日，加挂河口区社会科学界联合会牌子，负责组织学术研讨和调查研究，深入研究全区经济社会发展中的重大问题，宣传、普及社会科学知识，组织开展社科普及活动。2016年2月，被市文明办授予“市级文明单位”荣誉称号。

【文艺活动】 （1）文艺惠民和文艺志愿服务活动。“深入生活、扎根人民”主题文艺实践活动。积极组织广大文艺人才深入农村、社区、企业、军营等地，开展各类“深入生活、扎根人民”的主题文艺活动。其中，举办“迎新春送对联”系列活动5项、文艺演出2场次，参与活动的书法家、美术家、剪纸爱好者等达40余人次，来自省市区的曲艺家、音乐家、舞蹈家等联袂演出30余个精彩纷呈的节目，惠及群众600余人。“到人民中去”文艺志愿服务活动。联合市文联、市直驻河口区下派工作队等单位举办“到人民中去”东营市文艺志愿服务戏曲广场舞新型农民培训活动、“到人民中去”——东营市“乡音香土”大型书画作品展、“到人民中去”——文艺扶贫志愿服务大型书画笔会活动等文艺志愿服务活动，共创作、展出书画作品140余幅，对来自义和镇、新户镇的15个村的文艺骨干共计100余人进行培训。

（2）第五届黄河三角洲（中国·东营河口）湿地槐花节暨全国摄影大展系列文艺活动。4月25日，承办由省作协等单位主办的山东作家“槐香之约”采风活动，来自省内外的29名作家对河口区经济社会发展情况进行实地观摩。5月10日，承办由省美协等单位主办的山东美术名家走进河口孤岛作品展。该活动共展出山东省30余位知名画家的60余幅美术作品。活动中，美术家们参观孤岛万亩槐林、全国摄影大展暨河口历史文化展，并举行大型创作笔会活动。在2016年全国中国画作品展开幕仪式上，河口区被授予“山东省美术家协会创作写生培训基地”称号。

河口区纪念红军长征胜利80周年美术作品展

（3）纪念中国共产党成立95周年系列活动。联合区直机关工委等部门单位举办纪念建党95周年书画、摄影作品展及文学作品征文比赛活动、“我是一名共产党员”庆“七一”演讲比赛、“学党史、知党情、感党恩、跟党走”老年书画邀请展等活动，共展出书画作品160件，摄影作品60件，征集文学作品34件。

（4）纪念红军长征胜利80周年活动。联合市美术家协会、六合街道办事处、中国邮政集团公司河口分公司主办纪念红军长征胜利80周年美术作品展，共征集美术作品116幅，经过专家评审，其中29幅作品获奖。10月21日上午，该活动在黄河口美术馆隆重举行开展仪式，共展出经筛选的优秀美术作品80余幅。

（5）联合有关部门单位开展文艺作品征集评选活动。1月份，承办“美丽幸福新河口”随手拍活动，共征集摄影作品103件。联合区老龄办、区国土资源分局等单位举办“国土资源杯”2016河口区书画摄影大展赛。6月24日，该活动在区养老服务中心正式开展，共展出精心筛选的书画作品142件，摄影作品138件。5月，联合区史志办、区作协举办河口区“飞燕”杯走进史志传承文明征文活动，共征集文学作品20篇。11月，与区纪委、区河务局等单位联合开展“黄河杯”第四届“清风河口”廉政文化书画、摄影作品征集大赛。

【文艺人才培养】 4月，“旧作花禅”杨公衡书法作品展在尚乘美术馆举办，共展出杨公衡个人书法作品100余件。5月，“心存正则——殷广禄书法作品展”在尚乘美术馆隆重举行，并对50余位书法爱好者开展培训讲座。8月，“乡土香土——荣宝斋画院老圃工作室、北禅写真院画家作品展”在子水斋画廊成功举办。10月，与义和镇、区摄影家协会联合举办“摄影家金秋采风义和镇”摄影采风活动。10月，联合区文广新局举办“文学创作活动周”系列活动，通过文学创作专题讲座、重点作者改稿会、黄河口采风、采风专题作品撰写等活动，提高河口区文学爱好者的创作水平，共有30余人受益。利用民间美术馆、社区展厅、孤岛万亩槐林展厅等有效资源，着力打造文艺阵地，积极开展创作笔会、展览展演等文艺活动10项。

【文艺精品创作】 组织申报第九届山东省“泰山文艺奖”，严格按照评选实施方案、评选细则，共推荐报送6件作品。组织申报第六届东营市“黄河口文艺

山东作家“槐香之约”采风活动

区实验学校等地开展“树立五大发展理念，让我们生活更美好”主题巡展活动，共发放宣传单2000余份，宣传读本800余册。二是结合本地实际和群众需求，组织社科志愿讲师走进镇街、社区，开展公益讲座，深入传播人文社科知识，开展社科讲座5次，受益听众人数累计380余人。

（3）不断深化“三个五”公益大讲堂活动。根据区委宣传部关于开展“三个五”公益大讲堂活动的要求，举办52场公益讲座，受益群众3000余人。同时，依托市社科联“黄河口大讲堂”活动，邀请市社科专家到河口区开展经济、统计等方面的专题讲座，受到来自全区经济、统计系统干部职工的热烈欢迎。

（4）积极创建“社科普及示范区、镇（街道）、村（社区）”。为深入贯彻《山东省社会科学普及条例》，大力实施社科普及“十百千”行动计划，加快推动全区社科普及工作，全面开展社科普及品牌创建工作。其中，推荐六合街道申报省级“社科普及示范乡（镇）”，推荐六合街道老庙村、义和镇艾河村申报省级“社科普及示范村（社区）”。推荐新户镇、两个街道办事处、仙河镇申报市级“社科普及示范乡（镇）”，推荐各镇街5个村申报市级“社科普及示范村（社区）”。

奖”，共推荐报送书法、音乐、戏曲、电视电影、民间文艺等7个门类的21件作品。组织参加山东省“中国梦”长篇文学作品征文活动，优选推荐《回眸》《飞雁滩》《祖父的河流》等5部文学作品参评。河口区文艺家在各级文艺评奖活动中屡创佳绩，郭振坤作品在全国第四届工业版画年展获得最佳创作奖；付同军荣获“2016亚洲（国际）音乐大赛”声乐专业组亚军；张元祥获得“2016亚洲（国际）音乐大赛”声乐业余组季军，并在“2017香港国际声乐公开赛”上，荣获北京赛区歌剧公开组一等奖的好成绩；在第六届东营市“黄河口文艺奖”评选中，付希庆的歌曲《初恋的故乡》、郭振坤的篆刻《寸庐印相》荣获一等奖，区文化馆的小品《母亲》、李献军的烙画《花开富贵》获得二等奖，杨梅、王跃进、韩荣华、乔鸿伟及区妇联、区广播电视台作品获得三等奖。

【社会科学工作】（1）组织参加社科评选活动。一是做好河口区两处“山东省社会科学普及教育基地”的复审工作。二是在东营市第二十五次社会科学优秀成果奖评选中，获得一等奖1项，三等奖3项。

（2）开展河口区社会科学普及周活动。一是积极推进社会科学知识“六进”，分别在气象广场和

【扶贫帮困工作】（1）确保帮扶工作落到实处。在春节、“七一”等重要节庆活动期间，走访慰问友谊村14户困难群众和困难党员，并送去春联及4000余元的食用油、面粉等生活用品。3月，按照区委组织部有关要求，结合今冬明春党员集中培训工作，在帮扶村开展“送教进村”活动，提高帮扶村党员队伍

的整体素质、党性修养、宗旨观念和带富致富能力。协调有关部门单位为新户镇友谊村文化大院购置、安装一批价值4000多元的健身器材，解决村民健身无场地、无器材的问题。协调争取资金2万元，帮助新户镇友谊村改善村容村貌、美化亮化村庄，提升村民的生活环境质量。（2）全面推进精准扶贫工作。做好科级干部“联户帮困”工作。定期开展走访慰问，宣讲扶贫政策，增强贫困户脱贫信心。帮助两位贫困户申办残疾证，帮助落实低保户政策，解决医药费难题，缓解贫困家庭负担。结合贫困户实际情况，指导和帮助贫困户理清致富路子，并分别给予救助款1000元。

【文联自身建设】 （1）开展“两学一做”学习教育。按照区委“两学一做”学习教育的部署，区文联始终坚持高标准、严要求，采取有效举措，抓好“两学一做”学习教育。4月29日上午，召开“两学一做”学习教育动员会议，印发《河口区文联关于在全体党员中开展“两学一做”学习教育实施方案》，并根据具体要求，细化学习计划，完善学习制度。坚持问题导向，面向党员和群众广泛征求意见，深入查找和整改完成班子、党员个人问题27个，做到带着问题学、针对问题改。

（2）加强文艺协会建设。4月29日下午，全区文联工作会议召开，区文联主席团成员、各文艺协会负责人、文艺界代表参加。会议就各协会如何加强自身建设做出安排部署，要求各文艺协会主动作为、敢于担当，拓展工作思路，提升服务能力，增强协会发展活力。建立健全各文艺家协会的组织、会员、考评等管理制度，指导协会工作逐步走向规范化、制度化、科学化的轨道，发挥协会的职能作用。

（3）增强文联服务能力。推动“服务型文联”建设。加大联络协调力度，通过组建微信业务交流群、开通官方微博、开发微信公众号等方式，及时推送文联工作动态、通知公告，展示河口区文艺创作、理论研究的优秀成果，强化互动交流，使文联系统工作开展更加规范有序。建立健全与广大文艺工作者的联系制度，定期开展交流座谈，了解他们在工作、生活中的困难，竭诚为他们办好事、做实事、解难事，给予他们力所能及的帮助。

军 事

人民武装

【概况】 2016年，河口区人武部在军分区党委的正确领导下，认真贯彻落实党中央、中央军委和习主席决策指示，围绕年度工作目标，坚持以推动强军目标在基层落地生根为根本着眼点，以开展“两学一做”“改革强军”两项重大教育活动为抓手，振奋精神，凝心聚力，聚焦打赢，攻坚克难，推动人武部机关和全区民兵预备建设实现新发展、新提升。

【思想政治工作】 坚持以改革强军为统领，思想政治建设富有成效。在持续深化“三严三实”教育整顿活动成果的基础上，扎实组织开展“两学一做”“改革强军”两项重大教育和“四进入”“六个一”等一系列教育活动，努力在统一思想行动、凝聚意志力量、促进作风转变、推动工作落实上下功夫见实效，为推进改革强军提供有力的思想保证和精神动力。在军分区组织的学用习主席系列重要讲话精神知识竞赛活动中，区人武部代表队夺得第一名；2名同志分别被军分区党委表彰为“优秀共产党员”和“优秀党小组长”；区人武部机关党支部被军分区党委表彰为“优秀党支部”；张增洲政委被省军区党委表彰为“优秀党务者”；区委书记、人武部党委第一书记苟增杰同志关心支持武装工作的事迹被《山东国防报》刊登在头版头条。

【战备训练工作】 以练兵备战为牵引，紧紧围绕新职能、新使命认真落实应急应战对战备训练工作的新要求，根据上级一系列军事训练指示要求，按照“现役干部练基础，专武干部练技能、民兵分队练应急、基层建设求规范”的思路，真抓实备，着力提高整体军事素质水平。分三批次组织基层专武干部、民兵干部和民兵围绕快速动员、抢险救灾、应急维稳三大任务进行训练，提高组织指挥和应急应战能力。高标准完成民兵应急连（排）组建和支援、储备队伍编组任务，圆满完成年度民兵编组任务。推进基层武装部和民兵“部、室、家”正规化建设，夯实基层武装工作发展基础，全区6个镇、街道武装部在军分区组织的规范化达标验收中，总成绩位居全市前茅。区人武部2名同志在代表军分区参加省军区组织的通信业务集训和民兵政治教员授课比武中成绩优异，受到省军区表彰。

【征兵工作】 坚持“一季征兵，四季准备”，紧紧围绕征兵工作新情况新问题，努力破解难题，推动工作落实，圆满完成军分区赋予的年度兵员征集任务。加强组织领导。成立征兵工作领导小组，明确职责任务，形成齐抓共管合力。采取多种方式抓好宣传发动。群发宣传短信20余万条，散发宣传资料7000余份；高考期间组织人员到考点宣传2天；7月，在区电视台滚动播放征兵宣传标语和信息；组织7辆征兵宣传车，利用10天时间，深入城区和镇（街）主要街道、村居、社区、农贸市场等人员密集场所进行宣传；在全区悬挂宣传横幅70余条，并充分利用社区和村庄板报、橱窗设置征兵宣传资料。严把报名、体检、政治考核等重点环节，突出廉洁征兵，确保征兵工作依法有序推进。组织预征对象开展为期5天的役前教育训练活动，组织应征青年到义和镇纪念馆和河口区武警中队参观学习，取得较好效果。2016年，河口区征兵报名率、上站率、合格率、择优率、退兵率“五率”综合指数位居全市第一，连续两年无退兵，区人武部被省军区表彰为“征兵工作先进单位”。

【部队管理】 积极贯彻依法治军、从严治军方针，坚持靠制度、靠机制、靠规矩推动工作，提高单位的四个秩序管理成效。在大批现役干部转业离岗后，狠抓干部骨干作用发挥，对岗位工作进行合理调整，实现人尽其能、各尽其责，确保工作的连续性和高标准。扎实抓好条令条例和法规制度学习，积极开展法纪教育、警示教育，做好经常性思想教育，使各级人员明确职责，强化法规意识，增强法纪观念，打牢遵章守纪思想基础。坚持以深入开展“学法规、用法规、守法规”“严纪律、正秩序、树形象”“五项整治”“百日安全”“四清两统”等活动为抓手，抓好安全管理工作，确保人员思想稳定，筑牢安全发展基础。12月，省军区首长对区人武部突击检查，对区人武部日常管理和正规化建设给予充分肯定。

【国防教育与双拥工作】 以争创全国双拥模范城和全省双拥模范区为契机，充分发挥桥梁纽带作用，主动为军地融合共建牵线搭桥，为构建和谐军地关系和推进军民深度融合发展发挥积极作用。积极协调有关部门、单位为驻区部队和到河口区执行驻训的部队解难题、办实事，组织走访慰问，全力搞好服务保障。协调区委、区政府组织召开有关领导参加的庆“八一”军地座谈会，与区民政局联合举办庆“八一”军民联欢晚会，组织开展庆“八一”军事日活动，进一步融洽军政军民关系，增强党政、企业领导干部和广大民兵的爱武兴武观念。围绕在打造“一极两区”、加快建设美丽幸福新河口的实践中组织民兵参建，坚持在用兵中练兵强兵，使生产力和战斗力得到同步提升。认真贯彻落实省军区参与打赢脱贫攻坚任务部署会指示精神，精准施策、精准发力，积极为帮扶的河口街道南旺村解难题办实事。2名镇、街道书记被市委、军分区党委表彰为党管武装好书记，2个单位和2名个人分别被市国动委表彰为关心国防建设“十佳单位”“十佳个人”。

【后装保障工作】 以保障打赢为根本着力点，后装保障能力持续增强。坚持把经费使用向中心聚集，坚持党委理财、依法管财，大项经费开支做到党委集体决策，严格落实联审会签制度，提高经费使用效益。认真对储备的装备器材和战备救灾物资进行维护保养，实现战备设施配套齐全、各类战备物资存放符合要求、使用完好。认真开展固定资产清查，确保账目登记清楚、调配使用正规。协调有关单位，对营院大门口进行平整、硬化。积极争取区委、区政府对武装工作经费保障，国防动员指挥平台建设、征兵体检站整修、民兵射击靶场围栏建设、国防教育室建设、营区大门口绿化建设、新兵役前教育集训经费等一系列问题全部给予支持保障。

武警河口区中队

【思想政治教育】 （1）深入抓好党委扩大会议精神的学习贯彻。在党委扩大会议的学习贯彻上，党支部一班人先学一步、学深一层，对会议精神进行原原本本的学，同时开好军人大会组织全体官兵集中学。充分利用板报、自办小报等载体进行广泛宣传。结合中队实际，开展“去年工作怎么看，今年工作怎么办”为主要内容的政治教育，以及经常性思想教育。通过正面灌输和随机引导，使中队官兵进一步认清中队建设形势，争先创优的意识更加浓厚，工作干劲有较大的转变。（2）抓好以改革强军为内容的主题教育。围绕改革强军主题教育，深化理论学习，打牢思想政治的基础。年初，主要开展以改革强军主题的专题教育、密切内部关系教育、法纪、法规教育、

“四反”教育、战备教育、夏防教育和形势任务等教育。教育中，严格落实支部议教制度，做到有计划，有分析，有安排，解决好使命感不强、信念不坚定、奉献意识淡化等问题。新兵下队后，上等兵王成，发挥作用明显，真正用兄长情去教新战士、去带新战士干工作，真正做到帮助、带领和感化，为干部和战士之间的桥梁作用发挥很大的良好效果。（3）利用多种形式，调动群众自我教育。一是教育计划周密，认真组织。召开教育准备会，把教育的目的、内容、必须解决的问题作为重点进行研究分析，切实找准教育的切入点。二是利用多种形式，配合教育的开展。结合中队实际，采取多种形式，通过“互联网＋教育”的模式，来配合上半年开展的各项教育；通过学习上级下发的事故案件通报，来配合安全防事故教育。充分利用板报、自办小刊、读书演讲、知识竞赛、影视书评、写上网稿件等形势配合各项教育的开展。上等兵张旭阳，在中队组织出办的每一期板报和《黄河口卫士报》中，不惜牺牲自己的休息时间，加班加点的努力，为中队的文化建设奉献了自己的力量。（4）深入学习《军队基层建设纲要》（以下简称纲要），按纲建队的意识明显增强。年初，中队党支部根据本中队存在的问题，认真制订符合本单位实际的中队按纲建队计划。深入学习《纲要》和《纲要三十条》的有关内容。中队党支部严格抓好各项工作的落实，重点解决落实《纲要》难、容易走样的问题，理清工作思路。在实际工作中，中队党支部严格落实每月分析制度，结合当月实际工作逐条对照落实，发现未落实的立即研究马上整改，使党支部一班人明确实际工作中要以基层建设的标准和八项经常性工作为重点，狠抓《纲要》的全面落实。全心全意依靠士兵建设部队，提高士兵的自我管理、自我教育的主人翁意识，调动广大官兵参政议政的积极性和主动性，中队官兵的大局观念意识明显增强，中队的正规化建设水平得到全面提高。

业务训练

【军事训练】 围绕“中心”抓训练，官兵军事素质发展平衡，训练质量呈上升趋势。中队的军事训练工作紧紧围绕总队、支队两级党委扩大会议精神，以颁发的《新军事训练与考核大纲》为依据，以中心任务为牵引，加强分类指导，抓好基础训练，搞好应用训练，强化综合训练，大大提高部队现代化条件下执勤处突的能力。首先，中队党支部在抓好训练工作中始终坚持以落实制度为突破口，狠抓了干部骨干的示教能力，加大对训练工作的指导力度，干部坚持跟班作业，及时掌握和解决训练中的难题，认真分析训练形势，制定切实可行的措施，充分发扬民主，广泛听取群众意见，虚心采纳群众的合理化建议，使中队的军事训练工作走上正确的轨道。其次，中队坚持召开训练形势分析会，针对问题及时分析训练形势，严格落实会操、考核制度。在组织干部骨干示讲示教的同时，积极开展“五小”练兵活动，充分调动官兵的训练热情。在训练中还适时进行安全常识教育，建立健全安全防范措施，规范训练程序，做到重点难点课目干部必须到场，必须亲自组织，并实施有效的监督。在中队的大小训练中，班长骨干发挥作用明显，特别是王召、王金宝、郝洋哲和李福斌等几名骨干，在训练中模范带头，以身作则，请示及时，组织严密，时间控制正规，为中队的训练水平做出积极的贡献。特别是李福斌、郝洋哲和退伍老兵李攀毅代表支队参加总队应急班比武，刻苦训练，积极参与，收到上级领导的一致好评。虽然没有取得较好的名次，但通过此次活动，中队的面貌焕然一新，官兵关系更加密切，战士们的训练热情更加高涨。上等兵杨永星和李志勇训练态度端正、列兵王震训练热情高涨、张旭洋和熊雪琴也带病坚持训练，充分体现现代武警战士的爱军精武精神。

【勤务工作】 2016年，中队党支部紧紧围绕以执勤和处突为中心的这一经常性工作，落实各项有关制度和规定，狠抓“岗前培训”“专勤专训”“三个一遍”以及“三员一兵一组一班”的训练，确保目标、哨兵、执勤枪弹的安全。首先，中队广大官兵对中心工作高度重视，组织严密。在执勤工作中，无论人员多紧张、勤务多繁重，中队广大官兵都始终把执勤工作摆到中心位置。其次，严格标准，深入搞好专勤专训。认真结合有关教材，搞好勤务训练，抓“练哨兵”这个主要环节，增强训练的针对性，扎扎实实地训好每一个动作，提高中队官兵依法执勤、正规执勤、文明执勤和正确处置各种情况的实际能力。认真查摆执勤中的“常见病”“多发病”。中队每月进行一次执勤研究、联系防防，时时事事雷打不动。半年以来，中队共出动兵力32余人次，完成临时性押解任务11次押送犯人78人。三是认真贯彻落实八项勤务制度。从勤务教育入手，把勤务教育列入政治教育计划，做到有计划、有教案、有提纲，并及时落实教育内容；从规范执勤动作入手，加强“三班、四哨”“三控”的训练，提高执勤能力；从落实制度入手，严格勤务值班、查铺查哨制度，做到每日查勤次数均在六次以上，督促和监督哨兵认真履行职责，遇到战备期还增加查勤次数，确保执勤目标的绝对安全；从双警合一入手，中队每月与看守所、联防单位定期召开联系联防会议、形势分析会，在思想上形成共识，共同防范、防逃制逃的能力得到进一步加强。

【管理工作】 （1）抓精细化管理。严格落实以《支队正规化管实施细则》为依据，从难、从严、从细入手，以“四个无处”为目标，在中队基础较差的情况下，注重抓官兵一日生活制度和日常养成，坚持定期检查与突击检查相结合及时纠正物品摆放不正规、不统一、不整洁等不精细、不落实、标准低等问题。（2）抓党员士官队伍。以《士官管理规定》加强士官队伍建设，充分发挥士官的主观能动性，以《士官量化管理》为管理措施，对士官进行全方面监督管理，定期进行民主测评，听取群众对士官的意见或建议，适时进行讲评。（3）加强枪弹、手机、酒、钱、密等重点问题管理。严格枪弹管理要求，定期检查、擦拭保养，干部始终靠在一线，做到静态管死、动态管严。扎实搞好管装爱装教育，教育引导官兵正确使用、爱护手中武器装备；依据《手机管理规定》加大检查力度，违规使用手机现象有所改变；认真学习《禁酒令》，坚决执行总队要求，无一人违反上级要求；严格落实《保密守则》十不准要求，人人熟知《严密防范网络泄密“十条禁令”》有关规定要求，定期组织保密教育和检查，防止失泄密问题的发生。（4）抓安全防范。每天坚持“四无倒计时”翻牌仪式，以安全“三小活动”为载体加强安全检查，开展安全工作讲评和安全工作部署会，明确目标和要求，强化责任意识、使命意识，打牢官兵把安全当日子过的思想，使中队的“四个秩序”得到进一步正规。

【后勤设施建设与管理】 围绕保中心、保生活的要求，加强后勤全面建设。（1）严格财务管理。落实财务制度，坚持“双主官签字制度”，每日签字，杜绝不合理开支。遵守财经纪律，合理安排使用各项经费，并使各项经费开支处于支部的监督之下，最大限度地压缩一些非必要开支。（2）做好卫生防病工作。五大场所经常保持清洁，厕所由连值日员随时打扫，厨房值班员监督炊事员打扫厨房卫生，卫生员经常检查并及时消毒。结合夏季蚊蝇较多的实际，由卫生员具体负责对营区、厕所、厨房、餐厅等场所每天进行消毒。（3）抓好武器装备安全管理工作。严格落实武器装备安全管理制度，在确保“四无”的同时，按“科学化、制度化、经常化”要求管好用好武器装备，把动态枪弹管严，静态枪弹管死，提高枪弹管理的正规化水平。

人民防空

【概况】 河口区人民防空办公室是河口区政府履行战时防空、平时防灾一体化综合协调、救援救助和组织指挥的办事机构，也是区国防动员委员会常设办事机构，接受军地双重领导。区人民防空办公室为正科级行政单位，近年来区人防办持续加强机构建设，壮大队伍力量，先后成立区人防办党支部和区人防办党组；2011 年，新增编制 2 人；2012 年，成立人防直属事业单位——河口区人防信息保障中心，编制 3 人。2015 年，成立河口区人防工程质量监督站，编制 2 人。2016 年底，有干部职工 11 人。

【业务工作】（一）人防工程规划建设全面推进。1. 区人防工程规划前期准备工作启动。为进一步推动城市地下空间合理有序开发利用，科学指导河口区人民防空各类设施建设，增强城市整体安全防护能力，2015 年起，区人防办开展全区城市地下空间暨人防工程综合利用规划编制工作。现正在进行该项目的资金申请工作。2. 结建工程建设快速提升。坚持“以建为主”原则，推进全区结建工程建设。现面积约 4000 余平方米的中海商贸城人员掩蔽及物资库工程和 9000 余平方米的天业盛世豪庭防空地下室建设工程已建设完成；中海鸣翠园小区 7000 余平方米的地下人员掩蔽工程正在建设中。3. 人防应急指挥中心功能优化调整项目顺利完成。为充分发挥人防资源的效益，最大限度地融入中心，造福社会，服务民生，2016 年，区政府立项 430 余万元对人防应急指挥中心进行功能优化，依托人防信息化平台，拓展建设“智慧城市”、金融服务等内容。现该项目正在进行竣工验收。

（二）人防指挥通信能力不断增强。一是按照国务院、中央军委、省政府、省军区相关要求，在人防应急指挥中心和人防基本指挥所工程建设基础上，根据区人防指挥现实应用需求，配套建设人防地面指挥信息系统，建成后能形成固定与机动相配套的高效应急指挥平台。上半年，地面指挥信息系统建设因区政府要求于“智慧城市”建设结合而暂停，现功能扩展设计已完毕，正在进行施工。二是在对全区疏散安置社会资源进行摸底调查的基础上，提出建设河口区人防战时应急疏散基地。该项目拟选址湖滨新区，建设用地 118.6 亩，总建筑面积 3.855 万平方米，地下 0.5 万平方米，一期建筑面积 1.655 万平方米（地上1.355万平方米，地下0.3万平方米），总投资预算10606.3088万元。现协调上级人防部门和区相关部门，完成项目人防系统内立项和发改立项，进行设计和勘察。三是为提高河口区防空防灾和应急行动能力，为人民防空整体作战能力提供强大支撑，根据国家人防办要求，2016年，河口区将采购并安装人防北斗卫星导航定位系统。该系统具有我国完全自主知识产权，着眼平战结合、资源共享，坚持统一规划、整体设计，可在全球范围内全天候、全天时提供高精度高可靠度的定位、导航、授时、短报文通信一体化功能。现区人防办已向区政府报送项目采购的资金申请，并于省办统一采购确定的公司进行接洽，拟签订采购和监理合同，并要求其备货。

（三）人防依法行政能力持续提升。一是人防审批工作严格依法办事。依据国家人防法律法规及上级政策规定，与区住房和规划建设局等相关部门积极协调，紧密配合，依法落实民用建筑设计文件人防审核和竣工验收备案人防认可制度。根据全区统一要求，依据现行的人防有关法律、法规确定的行政权力和工作职责，对所行使的职能、权限进行全面梳理，细致甄别，制定《河口区人民防空办公室权力清单》和《河口区人民防空办公室责任清单》，促进人防权力和职能高效运行。二是人防执法力度进一步加强。2016年，结合河口区实际，对各镇街、开发区等地的企业依法多次开展行政执法，对未按相关法律规定结建防空地下室等问题，依法进行处置。现对东营华凯伟业房地产开发有限公司的行政强制执行的程序，已经移交区法院；对东营绿苑房地产开发有限责任公司馨园项目进行行政处罚10.6万元；对黄河方舟国际贸易有限公司、东营海润钢管集团有限公司和东营浩华伟业房地产开发有限公司的行政强制执法程序也已经启动。三是进一步加大征缴力度。2016年，区人防办下达催缴通知30余次，并与各相关部门密切配合，积极协调，力争完成全年征收任务。

（四）人防宣传教育氛围日渐浓厚。为推进河口区人防宣传“五进”工作，2016年，在全国“5·12防灾减灾日”“9·18防空警报试鸣日”当天进行集中宣传，于黄河广场、海宁路南首等处制作安放人防宣传橱窗、展板。发放宣传单1000余份，更加形象地展示和宣传人防应急知识，提高广大市民的防灾减灾意识和能力。

法 治

政法委及综合治理

【概况】 2016年，区委政法委坚持主动担当、积极作为，深入推进平安建设、法治建设、过硬队伍三项建设，取得显著成效。群众对社会治安满意度连续五年位居全市前列，实现连续30个月命案“零发案”，2016年，无刑事案件村居比例达到86.2%，先后荣获“全省妇女儿童工作先进集体”和“全省社会治安综合治理先进县（市、区）”荣誉称号。

【组织领导】 近年来，通过强化组织领导、健全制度机制，河口区逐步形成了完善的政法综治工作体系，凝聚起齐抓稳定、共保平安的强大合力。在区委、区政府层面，能够始终把综治和平安建设工作摆到突出位置，区委常委会议定期听取情况汇报，专题研究解决综治维稳领域中的重点、难点问题，领导干部定期深入一线了解情况，调查研究解决问题，并从各个方面给予全力支持。在各级各部门，能够结合实际，层层制定出台具体的实施意见和方案，层层健全完善维护稳定工作责任制，层层签订平安建设责任书，把维护社会稳定、保一方平安的政治责任压到实处。在制度机制方面，严格落实一票否决制和重大案件防范责任查究制度，认真执行综治委成员单位述职制度、例会制度和领导干部实绩档案制度，并将综治和平安建设工作列入全区各级各部门党务政务年度考核的重要内容，夯实制度保障的坚实基础。随着政法综治工作的深入开展，齐抓共管的领域不断拓展延伸，区委、区政府通过与胜利油田驻河口各级单位、黄河三角洲综合训练基地和东营港强化协调联动，深化合作共享，形成油地军港齐抓共管的工作格局。在多方的共同努力下，现河口区已经形成党委政府统一领导、综治机构组织协调、油地军港联手共建、有关部门齐抓共管、广大群众积极参与的工作格局。

【维护社会大局稳定】 （一）全力维护政治稳定。始终坚持把维护社会政治安全放在首位，强化情报信息和侦察工作，严密控制和依法打击敌对势力的渗透破坏活动。加强人民防线建设，强化信息预警，努力实现预知、预警、预防。狠抓反邪教警示教育工作，区、镇（街道）分别建立警示教育基地，营造抵制邪教的浓厚氛围，日照市、东营区等地区先后到河口区进行参观学习。全面做好维稳工作，定期形成《社会稳定动态周报》和《全区社会稳定形势分析专报》，从全区社会治安、信访、油区秩序、网络舆情、安全生产、工资清欠等多个方面汇总群众诉求，着重研判易引发社会矛盾和影响社会稳定的突出问题，有效提升社会矛盾化解的实效，确保全区社会和谐稳定。

（二）深入开展严打整治。坚持打防并举、打治结合，建立严打整治常态化机制，针对严重影响群众安全感的突出问题，积极主动作为，有效维护全区社会治安持续稳定。一是严厉打击各类违法犯罪。深化打黑除恶专项行动，打掉涉恶团伙3个17人。深化禁毒专项行动，破获毒品案件3起，抓获犯罪嫌疑人11人，查获吸毒人员13人，缴获制毒原料500千克，侦破的“10·9非法生产制毒物品案件”被确立为省级目标案件。组织开展打击涉油犯罪、整治建筑市场秩序等一系列治安整治行动，破获涉油案件4起，查处扰乱建筑市场秩序案件23起，打掉涉恶团伙5个。严厉打击电信诈骗，落地核查上级转办电信诈骗专案线索20条，录入公安部电信诈骗案件侦办平台接警止付信息5条、案件侦办信息1条。二是全力净化社会治安环境。强化阵地控制，对全区60家公共娱乐场所、18家网吧、115家旅馆、59家废旧金属收购站点、8家开锁业、8家寄递物流业、2833家九小场所进行拉网式检查，营造安全稳定的社会治安环境。三是深化行业安全监管。加强交通安全管理，查处各类交通违法行为7.3万起。加强消防安全监管，开展建筑工地检查、商市场消防安全专项检查，督促整改火灾隐患752处。推进私拉乱接天然气集中整治，共清理检查村庄16个，掐断非法气源50余处，收缴各类管线2000余米。加强危爆物品监管，检查烟花爆竹批发企业2家、常年销售摊点32家、剧毒化学品使用企业14家、公务用枪单位2家、加油站点32家、加气站点9家，共消除安全隐患75处。2016年，全区没有发生造成重大人员伤亡和严重影响的交通、火灾、爆炸等治安安全事故。

（三）打造立体化社会治安防控体系。建立和完善全方位、全天候、无缝隙、全覆盖的社会治安防控网络，提升精准打击和主动防控能力。一是提升科技信息化水平。投资500余万元，建成350兆数字基站5处，配备数字集群对讲设备217部，一线民警配备率达到95%以上。投资3500余万元，建成监控中心8处，安装社会治安视频监控探头644个、公路卡口42处、小区卡口77处，连同社会自建监控，全区共有监控探头5000余个，形成以政府自建监控为主、社会监控资源为辅，覆盖交通干道、主要路口、要害部门、重点部位、居民小区和广大农村的视频监控网络，在侦查破案、交通管理、服务群众中发挥重要作用。2016年，在现有视频监控覆盖面的基础上，探索实施“智慧监控”工程，计划投资500余万元，在城区、农村、新建居民小区、重点路口路段和城市公交站点等重要部位新安装视频监控摄像头800套，补充完善监控资源，弥补治安监控“盲点”。同时，将视频监控信息接入农户家庭数字电视终端，群众在家中通过电视机就可以查看视频监控摄像头的实时画面，有助于进一步压缩违法犯罪空间，提升社会治安管控水平。二是开展治安重点地区、重点问题排查整治。积极听取群众对社会治安状况的反映，全面掌握影响社会稳定的突出问题，组织社区民警对社会治安重点地区、重点问题进行再梳理、再排查、再整治。经排查，全区共有治安复杂区块4处，集中在河口农贸市场，六合街道三义和批发市场，孤岛镇、仙河镇的暂住人员集聚区等地，重点地区排查率达到了100%，整治率达到了100%。三是强化基础治安防控。加强城区街面阵地管控，依托中心城区“网格化”巡逻防控体系，组织特警、交警、派出所持续实施“平安巡防”和“警灯闪烁”工程，提高街面见警率和社会控制力，形成统一指挥、多点控制、整体联动、快速反应的治安巡逻防控新模式。

（四）深化寄递渠道安全管理。强化主体责任担当，夯实行业安全基础，成立寄递工作专项领导小组。2016年，按照市委政法委要求，成立河口区寄递安全信息服务中心，核定编制3名，增强服务管理寄递企业的能力。严格落实“三个100%”制度，为辖区内8家寄递企业全部配齐X光机，为全体业务员安装“三拍一输”APP软件。在各寄递企业共安装视频监控摄像头16个，与区公安分局指挥中心和区寄递管理信息服务中心直接联网，对收发件流程和X光机使用进行24小时监控。开展督导检查，先后组织寄递管理信息服务中心、公安等部门对辖区内的寄递企业进行拉网式排查10余次，对排查出的问题，逐一落实整改措施和整改时限，提升寄递物流渠道安全管理水平。

【创新社会治理】 （一）创新重点群体服务管理。综治、卫计等部门对全区精神障碍患者全面摸底排查，共摸排出618名严重精神障碍患者，分别按照属地管理和行业主管的原则建立台账，按照一般管控和重点管控两个层次全部列管。特别是对全区排查出的9名有易肇事肇祸倾向的精神病人，落实家庭、居委会干部和社区民警管控小组三方联管，确保盯死盯牢。为加强对无羁押必要人员的管理，区综治、检察院、法院、公安、司法等部门依托“黄河驿站”，创新服务管理新模式，通过智能手表和刑事智能监督平台实现对重点人员管控工作的信息化管理。在辖区企业设立就业安置基地，为驿站人员提供就业安置。自运行以来，共取保候审560人，监视居住2人，帮助39人到就业安置基地工作，安置30人入驻关爱基地，相关做法在全国检察机关专门会议上做典型经验介绍，省内外50余个检察院先后来参观交流，《长安》杂志社也派记者进行实地采访采风，并在2016年第11期上进行刊发。

（二）实施“和谐安民”工程，多元化解矛盾纠纷。瞄准“案访诉”前的空白地带，探索实施“和谐安民”工程。建立区镇村三级联动框架，深化人民调解、司法调解、行政调解的衔接联动，提升矛盾纠纷化解实效。一是“访调对接”。将人民调解中心、综治工作指挥中心、联合接访中心兵合一处，投资260余万元，建设800余平方米的办公场所。设立领导接访室，区级领导轮流公开接访，使群众更加方便、快捷、高效地解决实际难题。安排法院、司法局、公安分局、人社局等单位入驻中心，实现群众诉求一站式解决。建立调解中心与民生热线连线制度，对民生热线交办的大纠纷小争议，及时调处答复，共同打造解决群众诉求的“连心线”“顺气线”。二是“诉调对接”。由区人民调解委员会在法院设立调解办公室，根据案情合理引导当事人以调解方式解决民事纠纷，将大量矛盾纠纷分流消化在立案之前。2016年，在省、市各级法院立案登记数总体上升的大背景下，区法院的立案登记数反而下降了5.7%，凸显多元解纷机制的巨大作用。三是“警调对接”。针对农村各类民事纠纷，在各派出所设立6个人民调解工作室，民警在负责处置治安案件的同时，协助人民调解员调解各类纠纷，针对打架斗殴、故意损坏财物等案件中的民事部分，人民调解员提前介入、主动化解。四是设立专业调委会。围绕矛盾集中、纠纷多发的行业和领域，分别成立交通事故、医患纠纷、劳动争议等行业性、专业性人民调解组织，先后调处大量矛盾纠纷，确保社会的和谐稳定。

（三）多措并举化解信访问题。落实区级领导公开接访和带案下访制度，2016年，共接待群众来访805起2635人次，其中，集体访139起1326人次。全面开展网上信访工作，充分利用政府网站、电视台、微信、新闻发布会等现代化媒体，加强网上信访宣传。同时在镇街开展网上信访代办员试点工作，配备专门代办员和网上投诉微机，积极引导群众少走访、多上网。截至年底，共完成网上登记访47件，比去年全年上升470%，信访部门受理率、责任单位及时受理率、责任单位及时办理率、参评率、群众满意率均达到100%，各项指标均列各县区之首。

（四）构建油地共治共建新格局。以打击打孔盗油违法犯罪净化油区治安环境专项行动为契机，树立“一体化”“一盘棋”的工作理念，主动将治安、维稳工作通盘考虑，定期组织召开专题联席会议，通报情况，解决问题。按照“矛盾纠纷联调”“社会治安联防”“应急工作联动”“突出问题联治”“平安建设联创”“社会管理联抓”的基本构想，逐步实现油地军社会治安综合治理工作整体联动。强化油地公安机关联动，对油地重大敏感警情，打破区域界线，就近调度处警单元，实现“先处后交”，根据GPS警车运行情况，“点对点”指挥至巡逻车组和带队民警，打造精准、高效的“五分钟工程”品牌。深入推进严厉打击打孔盗油违法犯罪专项行动，破获打孔盗油案件1起，抓获犯罪嫌疑人6人（其中网上逃犯5人），移送起诉盗窃原油案件2起5人，有力保障油区治安秩序。

（五）做好网络安全管理工作。加强虚拟社会阵地管控，积极推行互联网“户籍化”管理模式。强化实名登记制度落实，全区18家网吧全部安装二代身份证实名登记系统，彻底解决网吧内使用“临时卡”“公用卡”的问题。加强舆情监管队伍建设，做好网络监管工作，通过相关部门与地方贴吧吧主、论坛版主建立联系沟通机制，对网上发生的各类舆情做到及时发现、主动介入、正确引导。

【基层平安创建】 （一）搭建综治工作平台，深化基层综治组织建设。建设占地800余平方米的区综治工作指挥中心，设立办公区、一站式服务区、群众接访区三个区域，吸纳公安分局、区人民法院、司法局、人社局、交通运输局、城管局、住建局、国土分局等8个部门入驻联合办公，为群众提出诉求和解决问题提供“一站式”的便利服务。在全区6个镇、街道开展综治工作中心规范化建设，各镇、街道副科级综治办副主任全部实现专职专干，提升工作效率。在村（居）实施综治办主任、信访员、人民调解员“三员合一”工程，工资报酬由每人每年1200元提高到3600元，由区、镇（街道）两级财政共同解决，搭建起从上到下的综治组织体系。

（二）做好基层社会治安综合治理。在全区建立起区、镇（街道）、村（社区）、网格“四级联动”的社会管理网络体系。每个网格配有网格管理员和网络协管员，负责提供辖区人房变动、矛盾纠纷、流动人口、特殊人群等基础信息，准确反映社情民意，及时发现、报告并协助解决问题。建立健全考核评价体系，由各镇（街道）对网格管理员和协管员进行考核，考核成绩直接与工资挂钩，提升网格化管理实效。2016年，在原有群防群治机制的基础上，在新户镇探索实施“天网”和“人网”密切结合的“立体双控”工程。投资35万元在新户镇南楼社区安装视频监控64处，按照“智慧监控”的技术要求，利用广电网络，全部接入农户家庭数字电视终端，打造“探头站岗、鼠标巡逻、群众监督”的“天网”。完善“人网”覆盖，实施“平安链”治安巡防机制，组建村级专职巡防队伍，统一配备电动巡防车、巡防服装和对讲机，巡防人员与本村居民及镇街综治办、派出所实现实时信息互通，资源共享，形成快速反应的联动机制。

（三）深化基层平安创建。全面推进“平安医院”“平安公交”“平安商场”等平安创建活动，开展“五星级平安村（居）”创建工作。自2015年开始，实现全区命案“零发案”，人民群众安全感和满意度不断提升。深化“平安校园”建设，尤其是广饶“5·16”案件发生后，区综治、公安、教育等相关部门，以防范校园暴力袭击事件、个人极端事件为重点，对全区61所学校、幼儿园进行拉网式排查，重点检查专职保安力量配备、守卫防护装备、出入登记管理、安全防范设施、应急处置机制等内容，逐一查找问题和隐患，逐一督促落实整改，筑牢守严校园内部安全防范屏障。

【发挥政法部门职能】 （一）政法各部门积极履行职能。以司法体制改革为抓手，政法各部门充分发挥职能，为经济社会发展提供坚实保障。区法院坚持做好审判执行主业，2016年，共受理各类案件2592件，审执结2411件。区检察院批准逮捕67件88人，提起公诉191件268人。监督立案5件7人，监督撤案6件，纠正漏捕6件9人。追诉漏犯19人，已判决生效8人。2016年，河口区检察院获得“全国先进基层检察院”荣誉称号，并被市委通报表扬。区公安机关坚持打击主业，有效维护社会治安稳定。2016年，共立刑事案件279起，破获刑事案件185起，抓获犯罪嫌疑人82人。受理治安案件978起，查处399起，打击处理79人。刑事“零发案”、两抢“零发案”天数分别达到91天、291天。区司法局着力打造“公正帮您办”品牌，共办理各类公证案件430件，办理公证法律援助8件，减免公证收费2万元。共受理法律援助案件216件，接收刑满释放人员30人，解除矫正转入安置帮教73人，接收、帮教衔接率达100%，无一人脱管漏管，无一人重新犯罪。深化农村集体经济事项法制化管理，共开展各类招投标76件，涉及金额1405.83万元。

（二）强化经济社会发展项目治安保障。紧紧抓住服务全区经济发展的大局，对全区实施的64个重点工程和重大项目实行治安责任承包制度，在蓝色经济开发区、中心渔港码头、湖滨新区、中海工业园、黄河路改造工程、孤河水库封闭管理现场和仁韩片区土地开发等重点建设工地，分别设立治安办公室、驻勤警务室和警民联系点，确保重点治安问题有人管、有防范，实现，重点工程刑事案件“零发案”。

（三）建立多元防控新机制，破解企业债务危机难题。依托区公安派出所和开发区企业，打造警企合作机制。通过实施“情报员”“引导员”“协调员”“守护员”的“四员工作法”，对有债务风险的企业提前介入，主动化解。成立由人社、税务、财政、公安等部门共同参与的企业风险防控中心，采取“短平快”的方式对复杂事件进行联合会诊、联防联管。创建“警企直通车＋平安”微警务品牌，打造“警企直通车”QQ群、微信公众号、“助企平安行”微信群、警企朋友圈四大自媒体网络平台，提供在线咨询服务，定期发布警示案例和预警信息，协助企业加强防范、规避风险。现各平台共吸纳1.3万人参与，累计发布“防诈骗保安全”“安全生产”等信息10万余条。自实施以来，实现辖区内企业连续三年到省进京“零上访”，群体性治安案件“零发案”，治安安全事故“零伤亡”，为企业盘活和转型升级创造优质环境。相关经验做法得到上级政法机关的关注和认可，先后被《山东政法》《山东公安》报道推介。

【政法队伍建设】 （一）深化“两学一做”学习教育和“三全”主题实践活动，提升作风练兵实效。不断强化学习教育，突出问题导向，狠抓问题查摆和整改，“两学一做”学习教育稳步推进，全体政法干部的理想信念更加坚定，工作作风更加务实。开展“全员练兵、全面规范、全力创先”主题实践活动，通过业务培训和业务练兵，全面提升政法干部的素质能力。完善机关制度，出台规章4大类24项，涵盖工作职责、工作制度、工作规范、工作流程等各个方面，提升工作规范化、标准化水平。严格落实工作“日清日结”制度，全委干部每天对当日工作进行总结，全面提升工作的计划性和实效性。深入开展“走基层一日体验”活动，全委干部分别到全区12个基层政法站所进行为期一天的基层体验，亲身参与到基层政法干警的工作中，转变工作作风，提升思想境界。

（二）深化司法责任制改革，推进涉法涉诉规范化建设和案件评查工作。根据全面深化司法体制改革的总体要求，区法院、检察院迅速行动，先后召开动员大会，全面启动司法责任制改革工作，出台实施方案，正在就法官、检察官入额进行资格审查和考试。创新设立涉法涉诉信访办公室，由区委政法委和政法各部门轮流值班，对群众来信来访反映的涉法涉诉问题，统一登记并及时督办，对疑难案件召集多个部门共同研究解决，每月10日由区委政法委牵头，公安分局、法院、检察院、司法局、信访局“五长”联合接访。自2016年4月起，安排一名专职律师参与涉法涉诉信访群众的法律咨询和案件处理，提高化解纠纷的实效。积极开展案件评查，组织区政法部门业务骨干、资深律师等组成评查组，对各类案件特别是涉法涉诉信访案件进行评查，对存在问题和瑕疵的案件进行责任追究。

（三）启动实施政法干警素质提升工程，对全区政法干部进行全员轮训。2016年下半年，分四批组织400余名政法干部到四川大学进行政法综治干部专项培训，全面提升政法干部的业务素质和工作能力。政法各部门根据业务实际，积极拓展学习教育培训渠道和途径。如，区人民法院开展“每日一题”工程、“能者讲坛”、庭审观摩等，区人民检察院实行法律知识月考制度和检校合作，区公安分局利用典型选树平台带动创先争优，区司法局采取“请进来”“走出去”、进修研修等多种形式为干警成才提供平台，营造学专业、学技能、比技术、比服务的浓厚氛围。

（四）依托大数据和“互联网＋”，提升政法工作科学化、信息化水平。从区委、区政府层面进行决策部署，开展“智慧河口”建设，推动产业发展转型、管理方式变革和社会效率提升。建立和完善公安机关社会治安视频监控系统、油工委石油天然气管道动态监管信息系统等数字化系统，全面创新社会管控方式，提升管控效果。更新完善政法专线视频会议系统，实现设备更新换代，认真收听收看中央、省、市等各级政法委组织的会议和培训。集合政法各部门的宣传资源优势，多渠道、全方位开展政法宣传，先后建立多个政务微博和微信平台，及时发布形式灵活多样的工作动态和信息，增强工作的透明度，拉近与人民群众的距离。区委政法委牵头联合政法各部门在区电视台开办的“平安河口·政法在线”栏目，围绕“聚焦平安生活，传递政法声音”的栏目主题定位，通过宣传身边的人与事，充分展政法队伍形象，普及法治理念，提升群众法治素养。节目已累计播出38期，受到群众普遍欢迎，收到良好的社会效果。

政府法治

【概况】 2016年，河口区以党的十八届四中、五中全会精神为指针，以“深入推进依法行政加快建设法治政府”为目标，以依法履职为重点，严格遵守重大决策法定程序，着力推进制度建设，提高行政执法规范化水平，努力化解矛盾纠纷，凝心聚力，砥砺奋进，开拓创新，法治政府建设工作取得新进展。

【规范行政权力运行】 （一）完善依法决策机制，严格遵守法定程序。近年来，河口区坚持将依法决策作为法治政府建设的龙头，健全依法决策机制，完善依法决策程序，公众参与、专家论证、风险评估、合法性审查、集体讨论已经成为全区各类规划编制、重大政策措施制定等一系列重大行政决策事项出台的必经程序。制定出台《河口区人民政府工作规则》，规定决策制定要经过程序启动、承办单位组织调研起草方案、组织风险评估、组织专家论证、公开征求意见、政府法制机构合法性审查和政府常务会议或全体会议集体讨论决定等步骤，并对每个步骤的操作流程进行明确，保障全区建设依法进行，依法决策质量和政府公信力不断提高。

（二）发挥政府法制机构作用，做好行政决策合法性审查。以贯彻落实《东营市政府重大决策合法性审查办法》为契机，完善河口区重大行政决策合法性审核机制，确保政府各项决策在法治轨道上运行。近年来，法制办主任列席区政府常务会议，全程参与重大决策事项，提供全面法律服务已成为工作常态。出台《河口区人民政府办公室关于加强重大合同审核备案工作的通知》，加强对政府重大合同的管理，有效地规避法律风险。2016年，区政府法制机构对52项区政府常务会议议题进行合法性审查，提出审查意见139条；对图书馆文化馆建设工程、风电场开发合作、进口肉牛病疫检测实验室租赁等20余项项目提出意见建议300余项，促进相关工作合法有序开展。

（三）健全法律顾问制度，提高决策水平。为全面提高政府科学决策、依法决策水平，河口区出台《河口区政府法律顾问工作规则》，制定政府法律顾问考核办法、规范报酬支付，促进政府法律顾问工作制度化、规范化；同时，根据《规则》要求，面向全省公开选聘20名在行政法、民商法等方面具有丰富工作经验的律师或专家学者成立政府法律专家库，并择优确定5名区政府法律顾问；建立《河口区政府法律顾问工作台账》，详细记录法律顾问服务的时间、地点、服务内容等，作为法律顾问履职情况的重要依据；建立法律顾问工作反馈评价制度，法律顾问履职完毕后，对法律顾问的工作服务及时做出评价，积极优化服务质量，提升服务水平。区政府法律顾问制度建立以来，区政府法律顾问积极服务依法行政全过程，把好重大行政决策“法律关”，参与矛盾纠纷化解，先后参与山东河口蓝色产业园污水处理厂BOT项目、山东河口经济开发区污水处理厂特许经营等区政府及部门涉法事项8件，政府合同、规范性文件审查把关10件，行政复议案件审理3件，为政府依法行政，有效解决处理重大信访案件做出较大的贡献。

【强化规范性文件管理】 （一）建立健全规范性文件制定规则。河口区制定出台《河口区人民政府关于规范性文件制定程序的规定》（政府令 11 号）、《关于进一步规范区政府规范性文件制定程序的通知》等规范性文件制定规则，明确规定规范性文件的起草、制定、上会、发布、备案等程序，严格落实合法性审查制度和集体研究决定制度，确保规范性文件的质量。2016 年，区法制办对《河口区农村承包土地的经营权抵押贷款财政贴息资金管理暂行办法》《河口区农村承包土地的经营权抵押贷款风险补偿基金管理暂行办法》等 6 件规范性文件按照程序进行严格审核，提出审查建议 40 余项，并建议出台规范性文件 2 件，其他规范性文件退回原单位再行起草完善，确保规范性文件制定的合法性。

（二）严格落实规范性文件“三统一”及备案制度。根据《山东省行政程序规定》及省市规范性文件“三统一”要求，河口区制定出台《河口区人民政府办公室关于落实规范性文件统一登记统一编制登记号统一公布制度的通知》等一系列配套文件，公布规范性文件的范围和政府部门、镇街区规范性文件的统一编号顺序，区政府办公室与法制办就落实规范性文件统一登记、编号、公开明确分工与配合的职责。按照“三统一”要求，2016 年，制定出台的 2 件规范性文件，均按规定办理统一登记、编号和公开，并按程序及时向市政府及区人大进行备案。

（三）做好规范性文件清理工作。河口区高度重视规范性文件评估清理工作，由区法制办建立规范性文件登记簿和数据库，组织牵头在规范性文件有效期届满前进行评估，根据需要提出规范性文件废止、修改和继续保留实施的文件意见，上报区政府常务会议讨论研究后实施。自 2012 年以来，河口区对政府规范性文件，进行 4 次有效清理审查，废止文件 73 件、建议修改 14 件，全面保证规范性文件的合法性和有效性。

【提高行政执法规范化水平】 （一）全面开展行政执法主体清理工作。为规范行政执法行为，加强行政执法主体的合法性、正当性，有效地推进执法监督，区法制办印发《关于开展全区行政执法主体资格清理和审核公告工作的通知》，要求各行政执法部门根据法律法规规章修改和政府机构改革职能调整情况，对行政执法主体进行审核确认，填写《行政执法主体审核登记表》和《行政执法职权及依据审核确认登记表》，并在规定的时间内向法制办提交。法制办将报送的情况进行审核，审核确认后报区政府向社会公告。凡未经公告的单位，一律不得行使行政执法权。区政府法制办已提出最终审核意见，待区政府常务会议审议通过后向社会公告。

（二）严格落实行政执法人员持证上岗和资格管理制度。一是严格行政执法资格认证。河口区根据《山东省行政执法人员资格认证和行政执法证件管理办法》规定，完善行政执法资格认证制度，从源头上健全执法监督管理制度。对申领证件人员身份进行严格把关，严禁没有行政执法主体资格单位的人员，以及临时工、合同工、借用人员、工勤人员报名申领《山东省行政执法证》。二是严格执法证件申领、审验考试制度。坚持办证必考，考前必培训，每年集中开展一次行政执法证件培训考试工作。2016 年，河口区共有 138 名行政执法人员顺利通过专业法律知识培训考试和公共法律知识培训考试，增强行政执法人员学法、用法、守法的自觉性，提高行政执法队伍的整体素质。三是加强执法证件动态化管理。对因工作调动、退休离职或考试不合格等原因需退出行政执法岗位的人员，及时收缴并注销其执法证件。2016 年，清理执法证件 87 件，有效加强行政执法人员的规范化管理。

（三）完善裁量基准制度，规范行政处罚行为。为规范行政权力，构建行政权力阳光运行机制，河口区就区级行政处罚权进行梳理、调整和规范。经清理最终确定 43 个部门单位 2868 项处罚权，细化后共 8774 项。为使程序更加清晰明了，针对每一个事项制定对应的流程图，规范处罚流程图 127 幅。并以此为基础，将所有行政处罚事项纳入电子监察系统，对网上办理的全部事项、所有环节，全过程进行监控，监督检查情况由区法制办每月向区廉政舆情监察中心汇报，作为河口区优化发展环境和效能建设（简政放权）工作考核的重要依据。有效促使各职能部门单位的行政处罚权在公开透明的环境中行使，杜绝体外循环，确保行政执法的阳光透明。

【维护社会和谐稳定】 （一）巩固行政复议委员会改革成效，全方位完善行政复议工作机制。2014 年，按照省市要求，河口区实行复议集中，成立行政复议委员会，集中行使行政复议职权。复议集中以来，河口区不断健全和完善行政复议体制和工作运行机制，制定《河口区行政复议立案制度》《河口区行政复议审理工作规则》《河口区行政复议听证制度》《河口区行政复议决定履行督导检查制度》等 16 项工作制度，完善行政复议案件审理方式，积极探索运用书面审查、实地调查、听证、和解、调解等方式办理行政复议案件，提高案件审理质量，促进行政争议妥善解决，复议案件数量明显增加。

（二）规范办案程序，提升复议案件审理质量。落实行政复议受理、调查、审理、审核、审批、决定、送达等各项工作制度，对受理、审核、调查、决定四个环节层层把关；规范行政复议内部办案程序，充分保障当事人的陈述申辩权、案卷查阅权、申请听证权。在做出复议决定前，对事实、证据、程序、适用法律等方面进行严格审查、把关，提高案件审理质量。2016 年，河口区受理并审结行政复议案件 8 件，其中涉及公安部门派出所 1 件，公安部门交警大队 6 件，人社部门 1 件。就审结情况来看撤销 3 件，申请人撤回申请终止审理 2 件，驳回行政复议申请 2 件，维持 1 件，综合纠错率达 62.5%。审结的案件无一提起行政诉讼，有效做到案结事了。

（三）强化复议案件和诉讼案件的纠错机制。2016 年，河口区制定行政复议纠错监督制度和行政诉讼败诉报告制度，全面梳理全区行政复议和行政诉讼案件。对复议纠错案件和诉讼败诉案件中发现的问题，建立问题台账，对涉及面上的和苗头性的问题，及时提出预警，通过制发《行政复议意见书》，督促相关部门进行整改，并将行政复议决定履行情况和行政应诉败诉结果纳入《2016 年度河口区依法行政考核细则》，提高河口区行政执法水平，推进行政复议、行政诉讼工作的规范化。

公　安

【概况】 2016 年，区公安分局以稳定压倒一切为己任，忠实履行第一责任，主动服务第一要务，一切工作服从服务于全区中心工作，确保各项工作健康有序开展。圆满完成各类节假日、重大活动安保工作。自 2012 年启动社会治安视频监控“天网”工程建设，连续五年列为全区民生实事予以保障，各级财政先后投入资金 3500 余万元，在全区建成社会面治安监控 644 处，道路监控 42 处，小区卡口 77 处，区镇两级监控中心 8 处。至年底，全区拥有各类监控资源 6000 余个，公安机关利用视频监控破获案件占破案总数的 60% 以上。加强网上斗争，强化情报信息工作，对重点网站、论坛、贴吧落实 24 小时巡查机制，发现处置涉稳网络舆情 50 余起。2016 年，刑事发案立案 453 起，与去年同比下降 25.61%，破获刑事案件 329 起，查处治安案件 900 起，抓获犯罪嫌疑人 176 人，行政拘留违法人员 197 人，再次实现全区命案、涉枪案件“零发案”。破获毒品案件 3 起，抓获犯罪嫌疑人 11 人，查获吸毒人员 13 人，缴获制毒原料 500 千克。侦破的“10・9 非法生产制毒物品案件”被确立为省级目标案件。严打经济领域的各类违法犯罪活动，破获经济犯罪案件 14 起，避免和挽回经济损失近亿元。开展全警网上追逃，抓获上网逃犯 36 人，其中外地命案逃犯 1 人。组织社会治安集中清查行动 8 次，现场抓获犯罪嫌疑人 1 人、违法嫌疑人 11 人，侦破刑事案件 1 起、查处治安案件 7 起。破获涉油案件 4 起，查处扰乱建筑市场秩序案件23起，打掉涉恶团伙5个。查处各类交通违法行为72972起。加强消防安全监管，督促整改火灾隐患752处，下发《责令改正通知书》123份，下发临时查封决定书3份，处罚单位11家，罚款13.85万元。加强危爆物品监管，检查烟花爆竹批发企业2家、烟花爆竹常年销售摊点32家、临时销售摊点50家、剧毒化学品使用企业14家、公务用枪单位2家、加油站点32家、加气站点9家，共消除安全隐患75处，下发《隐患限期整改通知书》19份。2016年，全区没有发生造成重大人员伤亡和严重影响的交通、火灾、爆炸等治安安全事故。坚持服务全区经济发展大局，对全区实施的64个重点工程和重大项目，继续实行治安责任承包制度，实现重点工程刑事“零发案”。年内，分局被市文明委表彰为2015年度市级文明单位。

【治安行政管理】 牵头组织完成十九届油地军港“闹元宵”大联欢、马拉松、槐花节、自行车赛、华欧车展、中高考、全市教师资格考试、夏季广场系列文化活动等26起大型活动安保任务。牵头组织开展社会治安集中清查行动8次，现场抓获非法经营犯罪嫌疑人1人、违法嫌疑人11人，侦破刑事案件1起、查处治安案件7起。加强进京入津车辆源头安检工作。加强对长途车站的监督、检查和指导，督促落实进京人员实名登记和包裹检查制度。期间共检查车辆1800台次，核查登记人员信息8529人次，收缴管制刀具2把。加强保安服务监管工作。共摸排保安公司1家、自招保安员单位69家、保安员412人。加强公共安全监管工作。强化危爆物品安全监管。共检查剧毒化学品使用企业14家、易制爆企业11家、烟花爆竹批发企业2家、烟花爆竹零售业户32家，行政处罚非法购买危险物质企业3家，行政拘留非法运输危险物质违法人员1人，下发限期整改通知书75份。强化寄递物流安全管理。会同综治、邮政、交通等部门，加强6家物流寄递业的安全管理，督促落实收寄验视、实名收寄和过机安检“三个100%”工作机制。强化校园安保工作。会同综治、教育等部门对全区15所中小学校、42所幼儿园、4家培训机构开展集中检查，指导校园建立健全出入登记、日常巡逻等各类检查工作台账及内部保卫组织，落实校园人防、物防、技防等各项安全防范措施，筑牢校园内部安全防范屏障。强化金融内保工作。共检查银行业金融网点63个、业务库4个、自助银行16个、离行式ATM机7个，发现安全隐患56处，当场整改22处，下发限期整改通知书34份。开展打霸治痞暨中心城区建筑市场秩序整治专项行动。截至年底，共摸排各类线索476条，从中梳理出有价值并经市局认定的线索43条。严厉打击食药环类违法犯罪活动。共查处利用暗管、渗坑违法排放污染物案件2起，行政拘留2人。依法严厉打击恶意拖欠农民工工资违法犯罪行为。配合信访、劳动等有关部门，成功化解仙河镇海星盐场、卫东盐场、孤东佳苑建筑工地欠薪类矛盾纠纷6起，帮助80余名农民工讨回工资300余万元。

【严打整治】 全年共立刑事案件435起，同比下降25%，破获刑事案件300起，同比下降42%，抓获犯罪嫌疑人111人，同比下降20%，其中刑拘74人，同比下降12%，取保55人，同比下降16%，逮捕32人，同比下降44%，移诉77人，同比上升26%；2016年，河口公安分局抓获37名逃犯，其中外地逃犯17名，河口区未发生命案，破获涉毒案件2起，查获涉毒人员12人；强制戒毒5人，查获新增吸毒人员16人，缴获毒品折合冰毒170余克，缴获易制毒化学品邻酮500公斤，羟甲胺2公斤。2016年，河口区新增在册吸毒人员16人，同比下降73%。成功打掉恶势力团伙5个，抓获团伙成员21人，破案13起。打击盗抢犯罪成效显著，共破获“两抢一盗”案件227起，抓获犯罪嫌疑30人，打掉团伙2个，抓获团伙成员8人；技术服务实战效能突出，伤情鉴定共296人次，尸体检验23具，通过DNA信息直接破案3起，采集十指指纹信息1313份，现场指纹55枚，通过指纹比对直接破案6起，比中嫌疑人2人。先后侦破薛某某故意损毁财物案、徐某某寻衅滋事案、吴某某寻衅滋事案、王某等人聚众扰乱单位秩序案，刑事拘留13人、取保候审1人、逮捕1人。受理各类经济犯罪案件29起，立案18起，破案14起，抓获经济犯罪嫌疑人20人，批准逮捕3人，移诉检察机关13起17人，避免和挽回经济损失4.7亿余元。发起并成功收网全市唯一1起涉及四个省市的“打假”全国性集群战役，抓获犯罪嫌疑人3名。稳妥处置非法集资等涉众型经济犯罪，受到辖区群众的好评。2016年，油区治安管理大队共破获涉油刑事案件2起（打孔盗油案件1起，盗窃案件1起），破获行政案件一起。抓获犯罪嫌疑人7人（其中网上逃犯6人），移送起诉盗窃原油案件3起5人。

【边防保卫】 全年，共走访群众540户1800余人，结成帮扶对子4个，资助贫困群众5人，帮助外来务工人员追回拖欠工资30余万元，帮助4户受灾群众争取到政府补助。维护边界、交界地区安全稳定。新户边防派出所依靠地方政府和公安机关，健全与新户镇政府、河口区渔政部门、新户派出所及滨州滨海、海防边防联勤联动和信息互通共享机制，实现河口与沾化边界争议地区连续9年“零伤亡”和无投诉问题。连续妥善处置3起多年因海域和土地承包权属不清的多达50余人的群体性纠纷，相关当事人均对处理结果表示满意。截至年底，共接处警70起，处结治安案件17起，边防行政案件17起，查处船舶5艘，打击处理45人，化解矛盾纠纷40余起，未发生一起诉法、信访案件。部署开展治安清查检查，抓获逃犯1名，收缴管制器具1宗，查获赌博功能的游戏机1台。部署开展“固边系列”行动、易制毒化学品“大排查大整治”、防电信诈骗宣传、休渔期渔船民管理教育等专项行动，先后出动警力40余人对辖区所有码头停泊点进行一次安全隐患排查，堵塞管控漏洞。投入4万元对营区网络进行重新布控，并安装追踪摄像头。全面推进警务实战化。先后开展紧急拉动20余次，完善相关处突预案，有效提升官兵的快速反应能力。河口边防大队及河口边防派出所营房项目由河口区人民政府补助资金和公安边防部队拨款投资建设，建成后交河口边防大队与河口边防派出所共同使用，解决两个单位无营区营房的工作生活难题。项目总投资635万元，建成1幢四层综合办公楼和执法办案区、警务大厅2处附属房。项目已进入室内装修阶段。

【出入境管理】 先后出台《窗口工作人员行为规范》《服务承诺制度》《责任追究制度》《首问责任制》《出入境管理部门“六不准”》等30余项工作制度。2016年，共参加市局举办的专业培训班2次，取得良好的学习效果。以人为本，效率优先，认真完成公民出国（境）受理工作。2016年，受理出国（境）申请9834人次，其中，公民因私出国申请6753人次、公民因私赴港澳申请2172人次、公民赴台湾旅游申请909人次。整理装订公民申请资料260卷5600份；成功截获1名法定不批准出境人员。扩建大厅，面积增加一倍，将大厅进行功能分区，分为前台受理区、后台材料整理流转区和群众等待区。在前台受理区安装排队叫号机，在群众等待区配备供群众使用的桌椅、纸张、笔墨、剪刀、胶水、饮水机、老视境等物品，在等待区添置电视机，接通闭路信号，改善过去接待大厅拥挤、不规范的问题。深入推广“网上预约申请”。积极协调财政、物价及银行部门，在出入境服务大厅正式启用出入境证件POS缴费系统，申请人仅需携带银联卡在出入境服务大厅刷卡缴费即可完成受理过程，无需再往返银行，真正实现出入境管理证件申请的“一站式服务”。坚持管理与服务并重，加强境外人员管理工作。督促境外人员在法定时限内到派出所申报临时住宿登记，通过走访为境外人员提供上门服务20余人次。河口区共有涉外单位12家，常住境外人员26人，登记临时入境境外人员36人次。在全区范围内组织开展打击“三非”活动专项行动。全年，接收和变更特殊身份人员267人次。认真做好签注制作权限下放筹备工作。根据省厅出入境管理局下发的《关于做好签注制作权限下放相关筹备工作的通知》

和《县级公安机关出入境管理机构签注制作软硬件建设标准（试行）》的要求，做好软硬件建设、人员配备、业务培训学习、设备调试及系统测试等一系列工作。

【户政管理】 2016年，清理应销未销户口108个，清理纠正户口登记项目差错39个。截至12月31日，全区已累计受理二代证信息263347条。按照省厅《关于在全省开展异地办理居民身份证工作的通知》要求，在全区范围内受理省内异地办理第二代居民身份证工作，全年共受理异地办证73人。贯彻落实省公安厅《关于进一步规范出生登记管理有关问题的通知》文件精神，全面受理出生落户，彻底将户口管理与计生管理分开，对符合出生落户条件的人口一律不用单位、村居或乡镇开具落户介绍信，全年为1866名婴儿办理出生落户手续。2016年，全面执行山东省范围内跨地域户口网上迁移工作，当年为省内群众办理户口迁移386份。加强和改进流动人口和出租房屋治安管理工作，截至年底，共录入流动人口38536人，制发居住证4752个，登记出租房屋5890户，注册社会用工单位395个，比对违法犯罪人员208人。严格规范各项户口业务办理和操作规程，落实户口登记、居民身份证管理业务机制和倒查机制。截至年底，审批区外迁入508人，出生落户1866人，审核并签发身份证16578证次，办理临时身份证687证。

【交通管理】 2016年，河口辖区共发生道路交通事故1333起，死亡41人，受伤456人，直接经济损失565500元；与去年同期相比事故起数、死亡人数分别上升3.65%、51.85%；受伤人数、直接经济损失分别下降4.60%、1.74%。全力做好道路交通管控工作。共查处各类交通违法行为79862起，行政拘留126人，抓获网上逃犯2人；排查道路交通安全隐患112处，已整改完成93处；开具危化品车辆违法行为大罚单61张，其中十万元罚单2张；组织运输企业集中约谈3次，约谈运输企业16家；增设视频监控系统32处、闯红灯拍照系统5处、固定测速系统4处、高清公路治安卡口系统4处、测速卡口迁移2处，并于11月1日正式投入运行；在中央、省、市级媒体发表宣传信息553篇、电视台曝光典型案例32例，开展交通安全课120余场次、发放宣传材料2万余份、征集中小学生交通安全文稿、手抄画62篇、利用新浪微博、手机短信发送安全提示信息9280余条；完善“一站一室”、“两员”管理机制。截至年底，已建立交通安全劝导站135个，交通安全服务站177个，各镇街招募交通安全管理员91人，交通安全劝导员237人。全年共受理一般程序道路交通事故157起，其中快速处理142起，占90.45%，未发生一起有责信访案件。全年共破获道路交通逃逸事故65起，其中8起死亡肇事逃逸案全部破获。共排查出隐患路段36个，同时事故进行分析研判，有效制定预防措施，及时通报辖区各中队，开展交通管理工作。全年共办理驾驶证业务16560笔，机动车业务51730笔。截至年底，已为符合校车标牌申领条件的41台校车发放校车标牌；全面启用互联网服务平台。通过互联网交通安全综合服务管理平台进行注册的个人用户总量达到8470人，单位用户达到51家（其中学校14家、运输企业19家、其他18家）。做好后勤保障工作，投资180万元为基层勤务中队配备5辆移动警务室，21台警用摩托车。

【消防管理】 先后排查单位1608家次，发现、督促火灾隐患或违法行为2974处，临时查封单位8家，责令“三停”单位17家，罚款59.8万元，对辖区2家重大火灾隐患单位进行挂牌督办，保持火灾隐患整治的高压态势。强化石化企业监管。对历史遗留的105家手续不全的化工单位，公安消防部门严格按照消防技术规范进行审核验收，现已补办消防安全手续71家，并与区经信局建立互通机制。同时，组织公安消防、安监、规划、质监等部门，对全区7家石化企业火灾高危单位全部进行消防安全评估。全区89家重点单位、6个社区建成微型消防站，2个重点单位密集的商业区、化工区参与建成区域联防协作组织，117家重点单位全部落实“6+1”措施。全区各类场所推广安装独立式感烟火灾探测报警器620余个。加快智慧消防建设，向区政府提交《关于安装应用“智慧消防安全服务云平台”的请示》，计划在党政机关和重点单位试点安装，并逐步推广到全区各行业中。利用辖区范围内多处LED显示屏、流动宣传车等，滚动播放活动内容及消防安全常识，提高活动的知晓度。开通消防微信公众平台，消防官方微信公众号粉丝突破0.46万人，提高消防宣传的传播力。开展集中消防宣传6次，发放宣传彩页3000余份。加强社会单位教育培训。开展各类培训10余次，培训消防安全管理人员300余人。培育社会志愿组织。组织开展消防宣传“进社区、进农村、进企业、赶大集”等系列志愿服务活动6次。夯实基层基础，提升抗御火灾整体能力。2016年，区政府拨付资金300万元，购置泡沫水罐车2辆及部分消防装备器材，全区共配备执勤消防车10辆，载水总量68吨，泡沫14吨。强化灭火救援能力。认真开展石油化工行业专项行动，利用6个月时间对全区63家石化企业进行全面摸排，32家危险性较大的石化企业建立“一企一档”，修订灭火救援预案，并组织开展演练30余次。64幢高层建筑和1幢城市综合体全部建立“一楼一档”。

森林公安

【概况】 2016年，河口森林公安分局以“两学一做”学习教育为契机，围绕全市森林公安中心工作，在辖区内积极开展打击各类破坏森林和野生动植物资源违法犯罪活动，提升执法服务水平，全面加强林区社会治安管理，保持河口林区的和谐与稳定。

第35届“爱鸟周”暨胜利河口二小“飞翔的翅膀——青少年观鸟活动”实践基地启动仪式

【生态保护】 （1）严格履行职责。2016年，为保护全区森林资源，河口分局联合新户、义和派出所加强对重点地区夜间巡逻力度，提高见警率，及时对夜间过往可疑人员进行盘问盘查，强化对春季盗伐林木、盗挖苗木等违法犯罪活动打击力度，调处化解三年增绿工程中引发的土地、毁林纠纷，取得良好的效果，保障全区“三年增绿”重点工程顺利实施。截至年底，共接报警112起，立刑事案件4起，行政案件56起，治安案件7起。查结行政案件9起，行政处罚12人，单位1个，罚款44875元。

（2）加强涉林宣传。工作中，抓住“爱鸟周”“植树节”、森林防火重要时段，集中开展涉林法律法规宣传进农村、进校园活动，并联合区检察院、区林业局、工商局、广电局等相关单位在重点林区乡镇开展法制宣传。4月，河口区庆祝全国第35届“爱鸟周”暨胜利河口二小“飞翔的翅膀——青少年观鸟活动”实践基地启动仪式在胜利河口二小举行，河口分局参加启动仪式及相关活动，此次活动广泛推广普及鸟类科普知识，提高小学生们爱鸟护鸟、关注生态环境的良好意识。截至年底，共开展宣传活动10次，组织民警、镇街等单位宣传500余人次，悬挂横幅、标语30余条，发放宣传材料10000余份，现场回答咨询群众500余人，并集中一个月时间在区电视台播放涉林法律法规宣传材料，营造良好的社会环境和舆论环境。

（3）妥善化解纠纷。河口区地处黄河三角洲最前沿，建区较晚，辖区内油地军共存、“插花地”“飞地”较多，各行政区划交界土地权属因历史遗留问题很难确定，加之近几年河口“三网”、路域林带已到采伐年限且大部分土地尚未流转，村内调整土地矛盾凸显，对因上述原因产生的滥伐、毁林案件，一旦处理不当，会引发比较严重的信访、械斗事件。在处理这类焦点、疑难问题上，严格按照相应法律法规进行调查，积极向上级汇报和相关部门沟通，妥善化解矛盾，把此类纠纷都引到司法程序当中，有利的促进林区的和谐稳定，截至年底，累计调处各类涉林纠纷20余起。

【信息化工作】 2016年，除定期与刑侦、治安等相关科室交流，运用信息化提升警务实战能力等常态安排以外，还组织参与森林公安网上办案测试系统的培训，每位民警都达到熟练运用的程度。2016年5月6日至8日，在市局统一安排下，应用河口分局在去年招标选购的科比特勘查航拍飞行器，对河口区城北防护林、义和镇薄家村片林基地绿化工程，利津县济青高速陈庄段沿线绿化工程、德大铁路沿线绿化工程，垦利县天宁寺绿化工程、东营区沿黄生态绿化工程等重点林区进行航空拍摄，圆满完成市局交付的航拍任务，充分展现依靠科技支撑提升信息化建设的实战水平。

【队伍建设】 （1）管理制度健全完善。完善《值班制度》《公务用车管理规定》《执法质量工作意见》等制度，加强对民警的日常督察，做到事前叮嘱、事中检查、事后查处，以“零容忍”的态度狠抓作风养成。森林防火队员管理上，修订完善《森林防火队员管理制度》，重点加强日常教育培训、管理、监督考核等工作，定期组织森林防火队员业务素质考核，通过组织涉林法律法规考试，体能测试等形式，提升队员掌握涉林法律法规能力和身体素质，促进队伍整体战斗力和凝聚力。

（2）开展“两学一做”学习教育。为开展“两学一做”学习教育，增强“四种意识”，树立清风正气，强化宗旨观念，河口分局紧密结合单位工作实际，严格标准，及时制定《“两学一做”学习教育方案》和《“两学一做”学习教育计划》，坚持个人自学与集中学习相结合、通读原文与党课辅导相结合，记学习笔记与写体会文章相结合等方式，定期组织党员集中学习，促进党员干部尊崇党章、遵守党规、清正廉洁、敢于担当，为维护林业生态安全做出新贡献。

（3）积极组织参加各类培训。组织参加林业执法务实培训、刑事现场技术勘查培训班，“河口区政法委领导干部综合素养提升培训班”4次20余人次，选派民警参加深圳市科比特航空培训学院承办的AOPA民用无人驾驶航空系统合格证培训班，并顺利通过考核。通过培训，民警的综合素质、驾驭处理问题以及运用科技手段勘查现场的能力有显著提升。

河口分局派员参加AOPA民用无人驾驶航空系统合格证培训班

（4）丰富警营文化生活。为展

现警营风采，搭建良好沟通平台，联合派出所组织篮球友谊赛3次，羽毛球比赛2次，并积极参加河口区庆“五一”第三届职工运动会。河口分局民警及森林防火队员踊跃报名，参加环湖有氧长跑和跳大绳两个项目，并获得个人第十名的好成绩。通过组织参加文体活动，活跃警营文化生活，增强队伍凝聚力，充分展示河口分局队伍的良好形象。

（5）妥善安置南京森林警察学院实习生。5月下旬，南京森林警察学院的4名实习学员到河口分局实习，河口分局对实习学员的实习工作、生活保障等方面进行细致安排部署，对实习学员在河口分局以及河口派出所实习期间的生活、学习、工作等问题做要求，要求实习学员严守实习管理规定，严守公安机关工作纪律，严格落实请销假制度，确保学员在整个实习期中学习到各项警务实战技能，确保自身安全。

检　察

【概况】 2016年，区检察院全面履行法律监督职责，各项检察工作取得了新发展。被最高人民检察院表彰为“全国先进基层检察院”，市委、区委、市检察院先后做出向区检察院学习的决定。

【强化工作措施】 （一）开展下派帮扶工作。深入了解帮扶村及群众生产、生活情况，根据贫困户具体情况，制定切合实际的帮扶方案。在有关部门大力支持下，帮助帮扶村改造村内公路，解决群众出行难题。结合全区生态防护林建设，全额资助贫困户种植防护林30亩，为贫困群众创收增收。建成驻村书记扶贫养殖示范棚工程，收入用于帮扶无劳动能力的贫困户和村内扶贫助困公益事业。入户帮扶120余人次，帮助群众解决生产、大病救助等方面的困难。结对帮扶的17户贫困户中已有10户脱贫，得到群众一致好评。

（二）积极关注社会特殊群体。认真落实法定代理人、合适成年人到场、法律援助、社会调查、犯罪记录封存等制度，保障未成年犯罪嫌疑人合法权益。依托关工委、青少年教育基地，对涉罪未成年人实施帮教。开展“巡回校园普法宣传”等活动14次，增强学生知法、守法意识。开展羁押必要性审查，建议办案部门对17无羁押必要犯罪嫌疑人变更强制措施。实行司法救助“6+1”工作模式，救助刑事被害人11人，发放救助金5.5万元。

（三）妥善化解矛盾纠纷。与辖区公安机关共建信息微平台，与信访等部门建立信息通报机制，及时掌握信访苗头，做到“一处信访，信息互通”，提前做好信访预案，确保信访事项的及时处理。通过该平台已妥善处置信访苗头案件2件。畅通诉求渠道，开展下访巡访12次，受理来信来访203件次，受理刑事申诉案件4件、移送民事行政监督类信访12件。发布民生检察服务热线微博634条，办理热线电话、网络咨询450件，均妥善办结。建成“律师服务室”，律师参与化解矛盾纠纷和代理信访案件5件。开展信访不稳定因素排查65次，未发生赴省进京涉检信访案件。

【履行检察职能】 （一）严厉打击各类刑事犯罪。受理提请批准逮捕案件97件134人，批准逮捕86件115人。受理移送审查起诉案件276件355人，提起公诉266件362人。开展打击打孔盗油违法犯罪专项行动，批捕涉油案件12件22人，起诉21件58人。与辖区公安机关建立立案前沟通、立案后通报、提请逮捕前协商工作机制，提前介入，引导取证，保证案件质量。提前介入案件100余件，有效分流进入审查逮捕程序案件，降低逮捕强制措施适用。

（二）积极查办和预防职务犯罪。立查贪污贿赂案件13件13人，渎职侵权案件4件4人。其中，处级干部2人，科级干部8人，移送审查起诉14件14人，判决23件23人，实刑判决11人。深入分析重点行业、领域职务犯罪特点、规律，采取“抓系统、系统抓”工作方法，积极查办窝串案，达到“查办一案，带出

全省检察机关“电子手铐”监控试点工作座谈会在河口召开

一串，教育一片”的效果，立查套取国家专项资金渎职窝串案3件3人，立查国有企业工作人员挪用公款案5人。加强职务犯罪预防，开展警示教育44场次，受教育人数2000余人。受理行贿犯罪档案查询5005次。开展检察官联系大项目工作，对投资16.29亿元的东营港南防波堤项目工程和投资2.9亿元的黄河路改造提升工程进行专项预防。对13个省级贫困村扶贫资金情况进行摸底调查，做到扶贫领域职务犯罪预防到位。年度惩防报告被区委书记批示转发，在全省第二届惩防报告评选中被评为优秀年度报告。

（三）全面强化诉讼活动监督。一是强化刑事立案监督和侦查活动监督。积极回应人民群众对司法公正的强烈要求，对侦查机关应当立案而不立案的监督立案6件9人，已判决3人，均判处有期徒刑以上刑罚，对不应当立案而立案的监督撤案7件，纠正漏捕8件13人，其中判处3年以上有期徒刑2人。追诉漏犯22人，纠正侦查违法12件次。完善涉案人员监督管理平台，拓宽监督渠道，有效防止漏罪漏诉发生。共录入信息1500余条，通过信息查询分析，监督立案2件3人，纠正漏捕3人，为审查逮捕案件提供曾经故意犯罪证明4份。二是强化审判活动监督。维护司法公正，强化诉讼监督。对法院裁判文书实行交叉审查制度，依法提起刑事抗诉5件；法院采纳抗诉意见发回重审1件。办理民事行政检察监督案件46件。开展虚假诉讼监督专项活动，排查虚假诉讼案件线索30余件，办理虚假诉讼案件3件，其中再审改判2件，市检察院提出抗诉1件。三是强化刑罚执行和监管活动监督。开展教育196人，进行检察172次，发出纠正违法通知书7份，维护监管秩序和在押人员合法权益。强化社区矫正检察监督，发出纠正违法通知书7份。扩展黄河驿站功能，建成公益劳动基地，对犯罪嫌疑人开展再就业技能培训，为其重新融入社会提供机会。3月23日，省检察院在河口区召开全省检察机关“电子监控”试点工作座谈会，推广该创新做法。5月12日，在全省刑事执行检察工作座谈会上区检察院作了经验介绍。

【基层基础建设】 （一）加强规范化建设。开展案件质量评查、“规范执法排头兵”活动，提升干警规范意识。实行公诉案件复查员制度，实时纠正案卷瑕疵，共审核文书330余份，发现问题150余个，提出整改意见100余条，促进案件质量提升。开展“涉案物品集中清理月”活动，规范涉案物品管理。深化检务公开，向区人大常委会专题汇报司法规范化建设工作，邀请人大代表、政协委员、人民监督员、特约检察员视察工作，参加检察宣告、法律宣传等活动10余次。开展“检察开放日”活动，通过微博、微信等新媒体及时发布检务动态，公开法律文书86份，案件程序性节点信息480条，以公开倒逼办案规范化。

（二）加强信息化建设。注重整体规划和重点推进，努力打造“数字检察院”。研发检务通综合平台，使用手机终端便可进行公文处理、通知收发、用车申请等，实现随时随地办理日常检务，解决仅能在办公室利用电脑处理工作的限制，提高工作效率。建成电子数据管理系统，对手机取证、硬盘克隆等数据进行备份存储、统一管理，便于各类取证数据的统一查询、综合分析，提高服务办案能力。开发执法视频管理系统，实现对所有执法活动的实时记录和数据保存，规范司法行为，强化证据固定和对干警的保护。搭建信访信息管理平台，针对不同接访人对原有信访事项掌握不同，可能出现处置不及时的情况，将案件详情、信访事项及信访人信息详细登记，接访人可一键检索查询，快速了解有关情况，确保信访事项及时、妥善处理。

（三）加强派驻检察室建设。扩充油田土地补偿款走向、基础建设招投标等数据，打造综合信息大平台。协助调查取证 20 次，行政处罚检察监督 14 次，监督立案 1 件，跟踪监督 26 名社区矫正人员矫正情况。受理并移送民事行政检察、职务犯罪案件线索 4 件，办理轻微刑事案件 10 件。接待群众来访 126 次，化解轻微伤害、邻里关系纠纷 14 件。走访企业、社区、学校、村居 80 余次，发放宣传材料 75000 余份。被省检察院评为“一级规范化检察室”。

【提升履职能力】 （一）政治建检强化思想保障。开展“两学一做”学习教育，抓好党建工作，邀请大学教授上专题党课，组织开展“学讲话、谈感悟”讨论活动、“重温入党誓词，争做合格党员”活动，增强学习教育成效。举办先进事迹报告会，营造创先争优的浓厚氛围。稳步推进司法责任制改革，与干警谈心谈话，教育引导干警正确对待、积极参与，顺利完成首批入额检察官遴选工作。

（二）人才兴检提升职业素养。参加各类业务培训 237 人次，组织干警到北京大学、四川大学等高校学习，拓宽干警视野。实行法律知识月考制度，提高干警法律知识水平。有 20 人次在上级院组织的竞赛活动中获奖，在《中国检察官》《刑事司法指南》等国家级刊物发表理论文章 5 篇。队伍建设做法在全省政法机关队伍建设工作会议、全省检察机关队伍建设工作会议上作经验交流。

（三）廉洁从检增强发展自控力。落实党风廉政建设责任制，开展党规党纪学习教育活动，组织“廉政纪律教育日”活动 12 次，增强干警纪律规矩意识，提升廉洁意识。在全市“党员干部德廉和党风党纪知识学习测试”中取得平均 98.5 分的优异成绩。开展检务督察 10 次，完善廉洁事项报告系统，有效防范干警违法违纪问题发生，省检察院召开现场会推广该创新做法。

法　　院

【概况】 2016 年，河口区法院在区委领导，区人大及其常委会监督，上级法院监督指导，区政府、区政协和社会各界的关心支持下，认真践行司法为民、公正司法工作主线，在服务大局、司法为民、公正司法、队伍建设以及司法改革等方面，谋划好、推进好、实施好各项工作，突出抓好各项硬任务硬指标的落实，工作呈现健康向上的良好态势。全年共新收案件 3262 件，结案 3436 件（含旧存），存案 366 件，同比分别下降 4%、增长 0.85%、下降 32.22%，为全区经济社会发展发挥应有作用。2016 年，区法院先后有 6 个集体、4 名个人受到省市区表彰；区法院被评为省级档案工作科学化管理示范单位；市法院为区法院申报“全省法院集体一等功”。

【刑事审判】 全年，审结刑事案件 294 件 406 人。坚持宽严相济的刑事政策，注重根据发案频率和社会危害程度依法合理把握宽严的标准与尺度。参与“打孔盗油”专项治理行动，明确对涉油犯罪在法定幅度内从严从快处理。共审理盗窃原油、破坏易燃易爆设备等犯罪案件 22 件 49 人。依法惩治国家工作人员的职务犯罪。准确考量定罪量刑的事实、情节，既让被告人感受到案件处理的公开公正，又充分考量个案处理对社会面的导向作用。依法妥善处理刘某某套取专项资金诈骗犯罪，以及牵连的 3 起国家工作人员玩忽职守、滥用职权犯罪。由于案件定罪量刑得当，取得良好效果。严惩暴力讨债行为，依法审结柳某某因暴力讨债而发生的故意伤害案件，该案致两被害人受伤严重，社会影响恶劣，虽被告人及亲属进行积极赔偿，两被害人也表示谅解并提出缓刑量刑建议，但考虑到案件的社会影响，依法在量刑幅度做出顶格处理，以儆效尤。高度重视未成年人犯罪案件审判。共审结未成年人犯罪案件3件3人，辅之以矫正措施。每季度举办一期“育新学校暨社区矫正法律课堂”，促使改过自新。该制度已坚持17年。注重惩治犯罪与保护人权相结合，充分保障被告人诉讼权利，通过及时识别，有效避免羁押时间可能超过拟判时间的情形，保障被告人合法权益。

【民事审判】 审结民事案件1498件，同比下降4.46%。充分考虑基层法院面向基层群众的特点，坚持法理情相统一，妥善处理每一起涉及人民群众切身利益的案件。审结婚姻家庭、继承、相邻关系等案件359件。在正确适用法律、政策的同时，尊重善良风俗，引导建立和谐的人际关系。依法审理损害赔偿案件，正确认定责任，保护当事人合法权益。特别是注重保护弱势群体合法权益，正确运用自由裁量权，使受害人得到及时合理的司法救济。注重从案件需要和特点出发有针对性地采取措施，如土地承包案件，尽可能考虑不耽误农时的需要。如当事人有理但证据不足的案件，尽可能通过依职权调查取证，维护合法权益。针对经济下行压力影响下潜在劳动争议纠纷增多的实际，做好劳动争议诉前化解工作，努力实现维护企业利益与劳动者权益保护的有机统一。

【商事审判】 全年审结商事案件383件，标的额1.99亿元，同比分别下降22.78%、14.23%。强化平等保护意识，正确认定合同效力与违约责任，依法制裁违约失信者，保护诚信守约者。坚持法律与政策统筹，个案处理尽可能适应经济发展政策导向。诉讼保全尽量采用“活封”的方式，既保全财产又不影响其生产经营使用。针对多起债权人申请企业破产还债的情况以及对经济形势的判断，起草《关于应对债权人申请企业破产涉及问题的报告》，提出在甄别基础上分别走兼并重组和破产还债的对策建议，被区委采纳。区里为此有针对性地成立破产协调组，帮助法院解决破产推进中的问题。有3起破产还债案件依法终结，1起案件进行社会重组，均取得良好效果。油价断崖式下跌，造成油田三产企业经营困难，由此暴露历史形成的企业与股东、职工之间的纠纷。区法院在审理崔某某诉某公司股东知情权纠纷一案中，既对法律适用进行精研细判，又与油田、公安等部门加强联系沟通，积极消化负面因素，妥善化解该案。案件的处理得到高度评价。

【行政审判】 全年，审结行政案件21件，同比下降71.23%。认真履行对行政行为的合法性审查，对事实清楚、适用法律正确、程序合法的具体行政行为依法支持，对3起具体行政行为依法撤销、变更或判令重新做出具体行政行为。正确进行价值判断和利益衡量，依法协调各种利益关系。区法院坚持把公共利益、公共秩序放在优先保护的位置，注重从整体的角度审查行政行为的合法性，对于存在轻微程序瑕疵、法律规定不明确的行政争议，通过协调和解、行政机关自行补正等方式，防止出现不同利益之间的冲突，行政案件协调和解率达到17%。加强与行政机关协调沟通，共同研究执法司法中的法律问题，促进水平共同提升。

【执行工作】 全年，执结执行案件1179件，标的额2.18亿元，同比分别上升21.30%、80.93%。全面贯彻落实上级法院关于“基本解决执行难”的工作部署，在提高执行质效上下功夫。建立院长、分管院长、执行局长共管执行工作的格局，加强对“基本解决执行难”的决策研究，确保执行工作问题及时得到研究。制定《河口法院基本解决执行难工作方案》，出台《执行案件流程控制管理办法》，制定《关于在案件审理阶段贯彻“有利执行”原则的意见》，最大限度为执行工作创造条件。加强执行团队建设，建立查控保全、实施、异议裁决等6个执行团队，通过查控团队进行繁简分流；通过立执行“恢”字号实行执行新旧案件分开；由法官组成合议庭进行裁决。用足用好失信被执行人名单制度，通过广播、报纸向社会公布失信被执行人名单，压缩失信被执行人生存空间。2016年，共录入失信被执行人黑名单379人。加大强制措施适用力度，共实施拘传12人，拘留3人，以拒执罪移送起诉1人，起到应有的震慑作用。

【审判质效】 建立健全稳定、安全、信访风险评估机制，对每起案件、案件的每一环节、采取的每一项司法措施都进行风险评估，防止风险发生。认真落实领导接访要求，案件承办人、庭长、分管院长、院长层层接访当事人，防止矛盾上交外溢。2016年，河口法院一审服判息诉率为92.4%，上诉发回改判率为2.1%，为改发案件数最少的法院。积极参与和支持全区矛盾纠纷“大调解”工作，在法院诉前调解中心加挂“家事调解室”牌子，对家事纠纷实行法官与人民调解员共同调解。2016年，共诉前化解矛盾纠纷147件，司法确认人民调解协议6件。认真落实小额速裁、简易程序、刑事普通程序简易审规定。2016年，以小额速裁程序审结案件51件，民商事案件简易程序适用率达到81.66%。全力做好调解工作，民商事案件调解率为53.59%，刑事附带民事案件调解率达到97.5%。在立案大厅基础上改造建成诉讼服务中心，丰富服务功能，提升服务的信息技术含量。坚持让经济上有困难的当事人打得起官司，为交通事故案件受害人、追索劳动报酬案件当事人、年迈和残障当事人等减缓免诉讼费8.7万元。对于因案致生活困难的当事人、身体受到伤残急需治疗的当事人，用好司法救助金，为25名困难当事人发放救助款11.2万元。

【队伍建设】 加强司法规范化建设。区法院确定把规范化建设作为年度工作重点。一是以问题为导向加强规范化建设。从上级检查反馈的问题，以及上级有要求、制度有规定但落实不到位的问题入手，进行综合治理，重点就安全问题、司法作风问题落实改进措施。二是认真做好执行案款集中清理工作。截至5月底，全部完成清理工作，并以此为契机建章立制，完善长效机制，确保不再发生无正当事由超过一个月未付情形。三是注意借鉴吸收好的做法以及趋势性要求。物业管理、信息技术保障，由原来的雇人自我管理过渡为购买社会化服务。四是建立“问题清单”，对于审判执行工作以及综合行政工作中暴露出的问题，明确责任人，即时交办，及时办理。五是严格落实公车改革等要求，顺势而为，通过制度建设建立长效机制，坚决杜绝违反规定行为发生。加强司法能力建设。根据上级部署，认真组织开展区法院首批法官入额考试、考核和考察工作，严格程序步骤，确保公平竞争，27名法官成为首批入额法官。坚持知识与技能、能力与素养并进，提升干警的履职能力。依托“两学一做”学习教育，以“四讲四有”为标尺，虚功实做，积极推进学习教育各项部署要求落实工作，提升全体干警的思想道德境界。针对干警因办案任务重自主学习不够的实际，注重通过搭建平台、创造条件保障学习。建立“院长推荐”“每日一题”“庭室书架”“能者讲坛”等成熟的载体，适应在繁重工作任务下学习的需要。6月，56名干警分4批到四川大学参加区委政法委组织的政法系统综合素质提升培训班。加强司法作风建设。区法院强化问题意识，直面自身存在的问题。制定《河口区人民法院“好干部”标准》，根据该标准进行定期测评，作为衡量、评价、使用干部的重要依据。坚持把服务理念作为首要培育的理念，引导干警以服务的心态而不是以官僚心态与当事人打交道，杜绝因言行失当而招致当事人不满。目前当事人因干警作风形象问题而表达不满的事例明显减少。以纪律作风为重点加强审务督查和司法巡查，发现问题及时督办纠正。对于通报的违法违纪案例，梳理出关键词制成负面清单，以简洁易记的方式明示不可为。倡树正风正气，

6月1日，河口区法院诉调对接中心揭牌成立

通过院务通报对甘于奉献的老实人、敢于担当的创业者旗帜鲜明地予以表彰。区法院已经形成和谐融洽、团结进取的良好氛围。加强党风廉政建设。法院工作的高廉政风险使区法院始终视廉政建设为“天字号”工程，坚持“严管就是厚爱”，认真做好廉政风险防范。积极开展案件回访活动，对当事人提出的意见和建议进行归纳整理，对照问题逐个进行排查，要求责任部门制定相应的整改措施并进行责任追究。推行廉政监督卡制度，不定期对廉政监督卡的发放进行实地检查和案卷抽查。坚持每季度开展形式多样的廉政文化活动，召开廉政会议、观看廉政教育片、邀请中院领导进行廉政讲座、举办廉洁司法演讲比赛等，引导干警思想上时刻绷紧廉政弦。对发现的苗头性问题，通过廉政提醒、廉政谈话，消灭在萌芽状态。突出对关键环节的监控，对执行案款的过付、诉讼费的结算等，适应新要求，完善措施。

司法行政

【概况】 2016年，区司法局在区委、区政府的正确领导下，以党的十八大和十八届四中、五中、六中全会精神为指导，深入贯彻落实科学发展观，牢固树立和贯彻落实“创新、协调、绿色、开放、共享”的五大发展理念，按照“把握重点、抓住难点、打造亮点”的总要求，充分发挥法治宣传、法律服务和法律保障职能作用，推进各项工作开展，为全区经济发展、社会和谐稳定做出积极贡献。法律援助中心获全省“老年人维权示范站”荣誉称号，局干警分别荣获全国模范司法所所长荣誉1项，省司法行政系统个人二等功荣誉1项、个人三等功1项。

【法律服务工作】 （1）积极服务全区经济社会发展。充分发挥职能优势服务全程参与全区重点工程、重点项目的现场监督，确保各项工作公平、公正的开展。先后为全区市政道改造提升——黄河路雨污改造工程（一期）市政工程招投标、人民医院门诊暨外科病房综合楼招投标、黄河故道改造工程进行现场监督，涉及标的5亿元。同时，积极参与回迁房分房现场监督，先后参与河口区河口街道二吕村、六合街道协胜村、新户镇奇古村、区供销社分房进行现场监督，保证活动的顺利进行，受到群众的好评。2016年，共办理各类案件683件，其中民事405件，经济278件，涉及金额7亿元，收费金额77万余元。办理公证法律援助15件，减免公证收费2万元。（2）发挥法律服务作用。河口区共有2家律师事务所，专职律师13人，两家律师事务所共担任法律顾问21家。全年共办理刑事案件17件，民事案件55件，行政案件50件，法律援助案件34件；完成各法律服务工作者的年度注册和各法律服务所年审工作，2016年，法律服务所共办理诉讼案件125件，非诉讼案件102件，调解纠纷40起，解答法律咨询654人次，避免经济损失381万元，收费25.68万元；在全区范围内开展农村集体经济事项法治化管理工作调研的基础上，联合区委政法委、农业局等相关职责部门，讨论制定《关于实行农村集体经济事项法治化管理的实施意见》。2016年，共办理120件，其中工程建设类89起，产权交易类4起，土地承包类21起，其他类6起，涉及金额1956.228万元。（3）拓宽法律援助覆盖面。区法律援助中心以实现“应援尽援”为目标，打造“温馨法援”品牌，重点加强对老年人、未成年人、农民工、妇女和残疾人等特殊群体的帮扶力度，积极和残联、老龄办、妇联等部门沟通，针对老年人、残疾人和妇女等特殊群体，开展形式多样的帮扶工作，拓宽法律援助“绿色通道”，真正做到应援尽援，最大限度地维护受援人的合法权益，取得良好的社会效果。2016年，共办理法律援助案件322件，其中民事案件301件，刑事案件17件，行政案件4件，超额完成市局下达的法律援助任务。在322件案件中，诉讼案件167件，非诉讼案件155件，已结案260件，共发放办案补贴125060元。

【普法工作】 印发区十七届人大常委会第三十九次会议审议通过的《关于在全区公民中开展法制宣传教育的第六个五年规划》和《河口区2011—2015年依法治区规划》；为全区公务员、基层党支部书记、“一包三派”干部组织法治培训16场次；录制“平安河口·政法在线”普法专题栏目2期并在区电视台播放；为全区所有中小学校重新聘任法制副校长14名；联合区直相关单位组织开展宣传咨询服务等活动，共发放宣传资料1万余份，受众群众达到4000余人次；根据市局要求机关、学校、企业、社区、乡村、单位各层面分别打造2个以上示范典型；在全区范围内举办“法治第一课”“看见·法治河口”主题手机摄影作品、法治漫画、普法涂鸦征集活动。顺利召开全区“六五”普法总结暨“七五”普法启动会议，组织全区领导干部参加普法网络考试。

【社会矫正工作】 （1）刑释解教人员管控有力、帮扶到位。建立完善刑释解教人员档案，开展刑释解教人员走访，利用刑释解教人员信息管理平台做好刑满释放人员衔接工作。截至年底，共监管刑满释放人员131人，社区矫正转入安置帮教人员285人。2016年，接收刑满释放人员39人，社区矫正转入安置帮教89人，接收、帮教衔接率达100%。无一人脱管漏管，无一人重新犯罪。（2）社区矫正工作扎实规范。加强报告谈话机制建设，在继续发挥好影音同步、录音笔、手机腕表定位等原有设备作用的基础上，全部配齐人脸识别仪，分批次配备执法记录仪和影音同步设备，为社区矫正职责落实、证据留存、执法规范奠定坚实基础；深化教育学习和社区服务机制，建立日常报告考勤、思想汇报审查、个别谈话制度，严格落实严管周报告、普管半月报告、宽管月报告、根据需要要求报告规定，全年举办活动3场次，累计举办活动6年23场次；规范审批机制，区司法局审批外出人员50余人次，司法所审批备案90余人次，迁入2人，迁出1人，对9名未能迁入人员有关情况

11月24日，全区“六五”普法总结暨“七五”普法启动工作会议

进行回复，规范办理审批手续15人次；规范定位监管机制，智能腕表定位人员50人，累计佩戴123人次；深化走访巡查机制，全年，区司法局走访60余人次，司法所走访300余人次，矫正小组村级成员走访1500余人次；围绕预防和减少违法犯罪核心目标任务，开展规范提升年活动，并以编辑《社区矫正工作操作规程》作为局、所业务指导用书，推动工作上层次、上水平；与法院、监狱等机关衔接配合好，推行调查评估“四步六问”工作模式。2016年，累计受法院、监狱管理机关委托开展社会调查评估53例，按时提交率达到了100%，为法院审判提供参考依据。截至年底，河口区累计接收社区服刑人员583人，解除终止429人，现有在册154人，含缓刑130人，假释20人，暂予监外执行3人，管制1人。

【人民调解工作】 出台《河口区专职人民调解员管理办法》，与卫计局联合行文建立河口区医患纠纷调解医学专家库，11月召开医患纠纷联席会议，区卫计局、司法局、各基层医疗单位负责人参加会议并根据工作实际提出意见和建议。5月26日，在区中等专业学校举办全区人民调解员集中培训班，共计211人参加培训。通过“个人报名、镇（街）推荐、网络投票、集中评审”的方式，在全区范围内开展第三届“十佳人民调解委员会”“十佳人民调解员”评选活动，12月7日，召开全区第三届“十佳人民调解委员会”“十佳人民调解员”座谈会。编印《矛盾纠纷排查调处工作简报》13期，为区领导决策提供依据。组织编撰《人民调解实务手册》，收录各人民调解组织成功调解的50个典型案例和常用法律法规。积极参与市局组织的“我与人民调解”主题征文活动，河口区三篇征文获奖。2016年，共排查调处各类矛盾纠纷272起，其中成功调处265起，调处成功率97.43%，司法确认6起。其中，交通事故纠纷86起，婚姻家庭纠纷35起，民间借贷纠纷25起，邻里纠纷24起，经济赔偿纠纷18起，医患纠纷14起，人身损害赔偿纠纷12起，土地纠纷、村务管理纠纷各11起，宅基地纠纷9起，劳务合同纠纷7起，其他纠纷20起。防止因民间纠纷引起自杀案件2起2人，防止民间纠纷转化为刑事案件7起46人，制止群众性械斗6起47人，制止群体性上访8起268人。宣讲《人民调解法》2000余人次。成功调处李某与河口某医院、王某与某村卫生室等死亡赔偿案件，防止大规模群体性事件的发生。

【公共法律服务体系建设】 按照《河口区公共法律服务平台建设实施方案》（东河司发〔2015〕47号）要求，积极打造矛盾纠纷调处中心、法律服务中心、社区矫正管理中心、法治宣传教育中心、信息中心“五个中心”。依托司法所建成镇（街）公共法律服务工作站4处，出台《关于在全区农村社区建立司法行政工作室的通知》，在6个镇街13个农村社区建立司法行政工作室，镇村两级公共法律服务平台建设稳步推进。

【司法所规范化建设】 出台《河口区司法所目标管理考核实施方案》，编印《河口区司法所基本工作规范（试行）》。按照省、市两级司法行政机关对司法所规范化建设的要求，先后投资300余万元，为新户、义和、河口、六合、孤岛司法所购置独立业务用房1000平方米。现新户、义和、六合、孤岛司法所已达标并入住，新户、六合司法所正在积极争创“明星司法所”，年底进行验收。

【其他工作】 （一）强化措施，提升层次，推进精神文明建设工作。一是推进机关文化建设，提升机关管理水平。制定《河口区司法局2016年机关文化建设实施方案》，拓展学习内容，丰富活动形式，丰富干警业余生活。健全完善《量化管理工作制度》等各项工作制度，强化对局机关日常工作的管理。认真落实机关效能考核台账制度、日常工作任务督办单制度和重要工作随时督办制度，提升工作执行力。二是推行亲情化服务。建立健全《窗口服务标准》《接待礼仪标准》《仪表举止标准》等行为标准，将“机关文化”概念具体化、行为化。三是开展窗口创建活动。推动律师、公证、法律援助等服务窗口规范工作流程、完善行为规范、提高办事效率、改善办公环境，树立社会主义法律服务工作者的良好形象；健全工作长效机制，制定干警文明守则，建立法律服务组织和个人执业诚信档案，树立窗口形象。四是参与创建文明城市活动。组织参与创城卫生清扫活动，开展法律进社区、法律援助宣传和法律顾问全覆盖工程等一系列活动。五是加大新闻宣传工作力度。2016 年，区广播电视台为区司法局录制播放政法在线节目 5 期，相关报道 4 期。共组织开展调研活动 15 场次，撰写一批质量较高的调研文章，利用河口司法微信公众平台对 6 个司法所及所长进行细致报道。全局在各级各类报刊发表信息 262 篇，网站 486 篇。

（二）好载体，突出实效，加强经济发展环境建设管理工作。一是发挥职能作用服务经济社会发展。发挥职能作用，成立法律服务咨询团，帮助解答法律问题，开展矛盾纠纷排查、法治宣传和法律服务活动，确保换届选举顺利进行。启动村（居）法律顾问全覆盖工程，及时为广大群众提供便捷的法律服务，让法律服务“零距离”。二是推进党务政务公开。积极推进“三重一大”通报、领导干部个人重大事项报告等制度落实，并与日常工作搞好结合，定期或不定期通报车辆燃油及维修情况、电话费、党费缴纳等情况。建立河口司法行政网、河口司法微信公众平台等载体，及时在网站公开班子建设、党风廉政和干部任用等内容。设置电子显示屏和宣传栏，将纳入公开内容的所有板块定期或不定期集中公示，接受监督。三是规范执法管理工作。开展“法律服务进村（社区）入企”活动，共有 5 名律师参加活动，村居实地走访 28 家，村务“法律体检”28 次；企业实地走访 18 家。积极处理律师被投诉案件，畅通渠道，方便当事人的投诉。全年共受理 2 起投诉案件，均妥善解决。在区检察院设立“律师服务室”，聘请 7 名律师轮流值班，参与化解矛盾纠纷和代理信访案件 5 件，法律服务有序开展。四是开展机关效能提升行动。年初与各股室签订目标责任书，同时将日常工作任务细化分解到每月、每周，每月制定工作计划。在全局建立股室补位工作制度、工作督办单制度和工作成果季度展示观摩长效机制，办公室将各类需推进事项按重要程度分别纳入工作督办单或机关效能台账，并作为日常和年终机关效能考核的依据。

改革开放

体制改革

【概况】 区委改革办公室实施牵头单位和参与单位改革工作专人负责制，加强组织协调和协作配合，加大跟进落实力度，确保改革事项落到实处。完善实施改革工作台账制度，做到改革办有总台账、专项小组有分台账、成员单位有明细账，每月调度更新，实行销号管理。建立完善调研机制，区级领导带头、各部门单位围绕重大改革问题积极开展调查研究，形成《关于“全面实施一对夫妇可生育两个孩子”政策落实后对我区影响的调研报告》《关于全区农村承包土地经营权抵押贷款工作情况的调研报告》《关于全区化工产业转型升级工作的调查报告》《关于全区文化供给侧结构性改革调研》等调研报告。建立全面深化改革工作宣传制度，利用电视台、报刊、网站等各种宣传媒介，广泛宣传全面深化改革工作的重大意义，宣传全面深化改革工作的明显成效和先进典型。在区电视台设置“关注改革和发展”栏目，解读全区深化改革采取的具体改革举措，宣传各领域取得的显著改革成效。《河口区开展试点强镇城管行政执法权力下放试点工作》《突出特色服务为本构建社区区域化党建工作新格局》《“能办推定”工作法便民利民》《河口区计划生育综合改革稳步推进》《加强协商民主建设，提高参政议政水平》《“三调解一保险”化解医患纠纷河口区为医患架起连心桥》等文章在《机构编制研究》《山东组织工作》《大众日报》《人口健康报》《东营日报》、大众网、有关网站等刊物、媒体上发表，全面宣传河口区的具体改革创新工作情况。

【经济体制改革】 突出供给侧结构性改革，围绕石油化工、精细化工、装备制造、有色金属四大产业集群，推动传统产业改造升级，鼓励支持企业实施自主创新、改造提升、开发高端产品，努力向研发、服务、品牌等价值链高端延伸，促进高端高质高效发展。实施质量强区战略，深入开展质量强市示范城市创建活动，研究制定《河口区2016年质量强区工作要点》，狠抓各项质量工作目标的推进落实。印发《河口区2016年山东名牌培育计划》《关于推动搭建互联网+质量平台的意见》，积极培育知名品牌，提升产品质量，现全区共获得12个山东名牌、7个山东服务名牌，获得中国质量奖提名奖1名、省长质量奖1人。制定《关于深化科技体制改革加快创新发展的实施意见》，进一步推动全区科技工作的改革与创新，为快速健康发展提供有力支撑。严格落实结构性减税政策，落实营改增补贴资金200万元，获省级补助金额28.4万元。发起设立东营青银发展基金，基金额度5亿元，其中4亿元已经到位；现正在将5个区级项目纳入省政府引导基金范围，计划融资额度4.8亿元。制定印发《关于印发河口区农民专业合作社信用互助业务试点工作方案的通知》，进一步确定符合条件的农民专业合作社，为“三农”提供最直接、最基础的金融服务。有序推进“大田托管”，创新为农服务方式，现已完成11.47万亩托管服务。积极稳妥推进农村承包土地的经营权抵押贷款试点工作，区镇两级农村产权交易市场初步建成，170个村确权颁证工作已全部完成，24家经营主体成功申领农村土地经营权证，涉及土地5.6万亩，辖区已有3家银行机构开办此类贷款业务，抵押贷款累计余额7490万元，其中2016年以来发放贷款4010万元。健全完善区及区以下财政体制，进一步理顺区与镇街、开发区的收入分配关系，自2016年开始，对镇街、开发区收支进行核定，划分收支范围，提高对一般性转移支出的比例。扎实推进党政机关公务用车制度改革，制定印发《河口区区级党政机关公务用车集中管理平台建设使用与管理办法》等6个文件，规范用车管理，保障公务出行。印发《河口区推进简政放权放管结合转变政府职能工作方案的通知》《关于调整河口区区级行政权力清单的通知》等文件，取消和调整区级行政权力事项540项，进一步简政放权、转变政府职能。

【民主法治领域改革】 加强审计和审计查出问题整改工作，印发实施《关于改进审计工作情况及审计查出问题整改情况向区人大常委会报告机制的意见》，增强人大监督的针对性和实效性。探索建立区人大代表旁听法院庭审工作机制，制定出台《组织区人大代表旁听区人民法院庭审办法》，自该办法实施以来，共组织32名人大代表进行5次庭审旁听，提出意见建议20余条。有序推进协商民主建设，制定《2016年度协商工作计划》，共安排专题协商2项、对口协商3项、界别协商3项、重点提案办理协商2项。注重加强委员建设管理，修订完善《区政协委员管理办法》《区政协委员履职考核办法》等制度，明确委员行为规范和纪律约束，促进委员履职管理制度化、规范化。在召开全省政协加强委员队伍建设工作座谈会上，河口区作典型发言，介绍委员建设管理的经验。印发实施《关于加强和改进新形势下民族工作的实施意见》，进一步加强民族工作，促进全区民族团结进步事业发展。加强法治政府五年规划建设，起草《河口区法治政府建设实施方案(2016~2020年)》，明确河口区法制工作未来五年计划。起草《河口区重大行政决策合法性审核办法》《河口区政府合同管理办法》，进一步规范河口区重大行政决策合法性审核程序，确保依法决策。探索推行说理式行政复议决定书，强化行政复议决定书的叙事说理，提升行政复议决定的说服力和公信力。制定《关于开展工资集体协商"履约落实年"活动的实施意见》《关于开展2016年度工资集体协商"春季要约行动"的通知》和《关于加强镇街（开发区）工资集体协商指导员队伍建设的意见》等文件，扎实组织开展工资集体协商"履约落实年"活动，保障劳动关系双方合法权益。

【文化体制改革】 积极推进企业、项目两大载体建设，培育重点文化企业，推荐东营黄河古道芦苇画艺术设计有限公司申报2016年度东营市重点文化产业项目。推进国家公共文化服务体系示范区创建工作，打造村（社区）文化服务中心49处，推进基层公共文化服务标准化均等化发展。高度重视文化品牌培育工作，成功举办湿地槐花节等活动，逐步形成新户镇冬枣节、孤岛镇槐花笔会、仙河镇书画展等特色文化活动。2016年，全区已有88个村实现"一村一品"。全面推进图书馆总分馆建设，在与6个镇街综合文化站建立起图书馆总分馆关系的基础上，2016年，把48个村（社区）发展为区图书馆分馆服务点，现48个村服务点已面向周边广大村民开放。加快公共文化数字化建设，图书馆、文化馆均已建立独立的网站并正常运行，可用数字资源达到4TB，数字资源得到极大的提升和丰富。积极开展宣传文化工作创新年活动，开展"三个五"公益大讲堂活动，招募志愿讲师21人，共举办各类公益讲座60余场；"智慧河口"手机共享平台建成运营，成为全市首家集党政法规宣传、居民生活服务、娱乐消遣信息、广播电视直播互动等综合公共文化服务平台。加强网上思想文化阵地建设，在区直有关部门和各镇街中筛选41人组成区级网评员队伍，制定出台《全区网络评论员管理办法(试行)》，积极做好重大突发事件和敏感时期的网上监控。制定《河口区网络舆情突发事件联动应急机制实施办法》，逐步完善重大网上舆情研判、报送、信息通报和部门联席会议等各项制度，实现舆情事件处置的常态化、迅速化处置。

【司法体制和社会治理体制改革】 开展法官、检察官员额制改革，经省法官检察官遴选委员会审议，区法院、检察院共有45人入额。创新庭审公开模式，选择典型案件以视频、图文、微博等方式庭审直播，倒逼法官驾驭庭审能力和庭审规范化水平的提升。认真落实裁判文书上网要求，同时裁判文书上网倒逼裁判文书制作水平的提高。全年，区法院共庭审直播案件54件，裁判文书上网3468件。严格执行《人民检察院案件信息公开工作规定（试行）》，发布重大信息37条，公开法律文书166份，导出案件程序性节点信息510条。建立“起诉节点双向告知制度”，对于提起公诉的案件，一方面将案件审查起诉情况告知给所有登记在册的辩护人和诉讼代理人，另一方面将登记辩护人的基本信息和联系方式制作成辩护人、诉讼代理人信息表，在审查起诉的同时随案移送至法院。加强社区矫正工作规范化建设，编写《社区矫正工作规程手册》，落实个别谈话记录、严管人员思想汇报由服刑人员签字确认制度；不定时不定人进行人机分离抽查，2016年，共抽查80余人次，对4名查实人机分离人员进行训诫；加大定位腕表使用管控力度，定位45人，累计佩戴114人次。完善政府法律顾问制度，确定区委法律顾问和专家库人员建议名单，探索建立党政一体的法律顾问工作体系。创新社会治安治理机制，制定三年规划和实施方案，深入推进立体化社会治安防控体系建设。开展“百名领导督百案”信访积案集中攻坚化解活动，建立律师参与化解和代理涉法涉诉信访案件制度，加大信访突出问题解决力度。加大对困难群众的法律援助力度，打造“温馨法援”品牌，先后建立法律援助工作站15个，村、社区法律援助联系点189个。

【社会事业体制改革】 推进从事生产经营事业单位转企改制，现已经完成区水利勘测设计所的转企改制工作，对区建筑设计院、城发公司人员进行分流。认真贯彻落实省、市事业单位法人治理结构建设工作试点实施意见，选取区文化馆、人民医院、河安小学三个单位先行推行试点。制定出台《关于加快发展养老服务业的意见》，委托东营市城市规划设计研究院编制《河口区养老服务业发展第十三个五年规划》和《河口区养老服务设施建设专项规划》，完善养老服务业政策支持体系。对“96190”居家养老服务信息化平台进行改造，有效整合居家养老服务和监管功能。依托“96190”居家养老服务信息平台，推进政府购买居家养老服务规范化建设，现共有304户老年人享受政府购买居家养老服务。积极推进中小学校长职级制和去行政化工作，现已拟定《河口区中小学校长职级制改革实施方案》，正在征求有关部门意见。进一步健全中小学教师专业技术岗位管理制度，重新核定中小学教职工编制，推进全区义务教育学校幼儿园校（园）长教师交流轮岗。从完善乡村教师补充机制、解决乡村教师实际困难、创新教师培训机制、落实教师工资待遇等方面入手，实施乡村教师支持计划，加大乡村教育支持力度。区一中新校建成投用、一中老校改造完成、仙河镇中心小学等工程项目加快推进，招考编制内教师20人、合同制教师70人，普通中小学大班额问题得到有效解决。制定出台《河口区2016年普通高中招生指标生分配方案》，做到不超计划录取和严格按照“三限”要求录取。扎实推进公立医院改革，印发《关于进一步做好公立医院综合改革相关指标控制工作的通知》，与2家公立医院签订2016年度公立医院综合改革目标管理责任书，确保相关指标按期完成。制定印发《河口区2016年分级诊疗工作实施方案》，分级诊疗工作全面实施。贯彻落实《山东省医师多点执业实施办法（试行）》，在区域内全面实施医师多点执业。印发《河口区城乡医院对口支援工作实施方案》，计划利用3年时间，进一步深化城乡医院对口支援工作，提高基层医疗卫生机构医疗服务能力和水平。印发《河口区基层中医药服务能力提升工程实施方案》，计划到2017年底，所有镇街、社区卫生院，各村卫生室都能够提供中医药服务。

【生态文明体制改革】 开展水气污染综合治理及保护工作，投资8.2亿元实施14类29项水气污染治理工程，现已经完成20项，其余项目正在按进度要求有序推进。严肃查处环境违法行为，完善环保、公安等部门联动执法机制，加大对各类环境违法犯罪活动的查处打击力度，2016年，共受理环境信访案件1173件，立案查处违法行为55起，对3个涉嫌偷排偷放案件移送公安机关，关停取缔土小企业3家。建立区、镇（街道）、村三级环境监管网格，拟定《河口区环境保护工作网格化监管实施意见》，制定《河口区网格化环境监管工作考核实施细则》，实行绩效考核制、责任追究制、月通报制度，调动网格内各责任人的工作积极性。制定《河口区清理整顿违规建设项目工作方案》，对全区139个违规建设项目进行分类清理整顿，现已完成整改105个。制定《河口区三年（2016~2018）增绿计划总体规划方案》和《河口区三年增绿计划2016年度实施方案》，现全区累计完成造林面积4.47万亩，湿地修复面积1144.7亩。根据《东营市湿地保护管理办法》《东营市湿地保护总体规划》等文件，结合实际，制定实施《东营市河口区湿地保护管理暂行办法》。完善固定资产投资项目节能评估和审查相关规定，严格核查项目能耗总量，提高项目准入门槛，从源头遏制“两高”项目建设。截至年底，已办理节能审查和备案项目112个。指导金信新材料、胜利油田金岛实业等企业积极进行资源综合利用企业认证，提高废弃物利用水平；着力培育河口经济开发区和河口蓝色经济产业园成为循环经济园区，推动工业经济向低投入、低排放、低消耗和高效益转型。对历年来的土地登记信息、档案进行全面梳理，逐一查缺补漏，整理归档，保证土地登记数据信息全面、数据准确，共梳理完善土地登记信息2万条，整理装订归档土地登记档案1万余卷，为下一步不动产登记信息平台建设提供基础数据支撑。

【党的纪律检查体制改革】 健全完善定期报告制度、专题报告制度、即时报告制度、约谈制度、处置反馈制度，切实加强上级纪委对下级纪委的领导。制定并认真落实党风廉政建设责任制责任追究、“一案双查双处”、用人失察责任追究和审计巡查失职责任追究等规范性问责办法，综合运用批评教育、诫勉谈话、通报批评、组织处理、纪律处分等方式，将主体责任和监督责任结合起来，领导责任和党组织责任结合起来，不断加大问责追究力度。认真组织开展区党政班子成员向区纪委全委会述责述廉工作，述廉内容聚焦“廉”和“责”，探索出一条发挥纪委委员作用质询询问、通过质询询问咬耳扯袖的党内监督新途径。严格落实“纪委书记、副书记的提名和考察以上级纪委会同组织部门为主”的要求，认真执行《县（区）纪委常委、监察局副职任免职办理工作程序》《县（区）纪委组织部长任免职办理工作程序》等文件要求，夯实纪检监察工作组织基础。探索实行镇街纪（工）委执纪审查协作配合制度，通过镇街纪委交叉执纪、抽调镇街纪委人员到区纪委帮助工作等方式，提高镇街纪委执纪审查水平。认真落实《关于进一步加强查处党员干部违纪违法案件协作配合的意见》，强化纪委与公安、检察院、法院、审计、信访、司法等部门协调配合，形成查办案件紧密协作配合的有效机制。探索实行综合巡查、专项巡查和专题巡查三种形式，通过“高频率、多批次、小分队”的安排，盯住苗头，瞄准倾向，及早巡查，及早及快发现问题。始终紧跟上级纪委的部署，加快转职能、积极转方式、持续转作风，确保“三转”到位。严格按照上级要求，在全市最早完成内设机构调整工作，充实行政编制17个，设置内设机构8个，从事监督执纪人员编制数比例达到66.7%，纪检监察室人员编制数比例达到33.3%，编制充实数量和增长比例均为全市最高。

【党的建设制度改革】 健全完善《党建工作责任制

实施办法》，明确各级抓党建工作的任务目标、职责要求和工作措施。配套制定《2016年基层党建重点工作推进台账》，明确责任分工、工作步骤、推进措施、完成时限。建立完善区镇村三级党组织书记基层党建工作述职评议制度，配套制定《镇（街道）党（工）委书记抓基层党建工作述职评议考核的实施方案》等3项制度，把各级党委（党组）抓基层党建工作情况纳入领导班子和领导干部考核内容，并作为领导班子和领导干部选拔任用、奖励惩戒的重要依据。认真学习贯彻《推进领导干部能上能下情况若干规定》，积极探索干部“下”的渠道。文件实施以来，对3名同志采取转任非领导职务、免职处理，畅通干部出口。依法依规推进区镇两级领导班子换届工作，结合镇领导班子换届深入实施从乡镇事业编制人员、优秀村党支部书记和大学生村干部“三类人员”中选拔镇领导班子成员工作，进一步拓宽选人用人途径，落实干部人事改革要求。严格贯彻落实关于防止干部“带病提拔”有关规定，认真开展干部“带病提拔”倒查工作。严格执行干部任前档案审核有关规定，落实档案审核责任。安装12380信访举报系统，不断完善来信、来访、12380电话、网站、手机短信“五位一体”举报受理平台，严格落实领导干部个人重大事项报告、干部人事档案专项审核、领导干部因私出国（境）审批等日常监督制度，强化干部日常监督管理。完善党内激励关怀帮扶机制，加强对新中国成立前入党老党员和生活困难党员的关怀工作，定期对老党员和生活困难党员进行走访慰问。制定出台《关于理顺区非公有制经济组织和社会组织党组织隶属关系的实施方案》，不断加强对非公有制经济组织和社会组织党组织管理，截至11月底，非公有制经济组织党组织覆盖率达到90.3%，社会组织党组织覆盖率达到58.9%。制定并下发《区管党费收缴、使用和管理办法（暂行）》《党费收缴、使用和管理工作文件汇编》，严格核定基数和缴纳时限，规范缴纳标准和缴纳程序，并组织每个党支部逐人逐月进行核查党费交纳情况，准确计算应交党费金额。深化党委联系专家制度，在确定22个区级党员领导干部联系专家“对子”的基础上，建立领导干部与优秀人才定期联系、经常交流的工作机制，创优人才发展环境。

项目推进

【黄蓝规划成果评估与落实】 认真做好两部规划成果评估工作。积极做好备战迎检工作，全面收集整理规划档案资料，并做好现场观摩点的迎检工作，全面接受省、市专家评估团的检查评估，得到专家组的一致认可和好评。认真做好京津冀都市圈辅助功能区对接工作。紧紧抓住东营市列入京津冀都市圈辅助功能区的契机，深入研究未利用地开发、特色产业发展、泰山学者蓝色海洋人才、科研平台建设等黄蓝两区建设中重点、热点、难点问题，积极跑上去做好功能对接，全力打造河口区特色产业龙头。积极开展专题调研。围绕黄三角规划、蓝色产业经济规划实施中的问题，以生态农业、特色农业为重点开展专题调研，与相关部门分析存在的问题并提出合理化建议，有效发挥参谋助手作用。

【项目争取】 探索项目生成机制，推进项目建设。准确把握黄蓝经济区建设和京津冀协同发展政策导向，围绕重大基础设施建设、重点产业、社会事业、生态旅游等领域，以区委、区政府研究确定的重点项目为基础，筛选确定一批支撑作用明显、带动力强的项目纳入项目库，全部实施台账管理，强化调度分析，加快项目建设。其中，S231河辛路改线项目、中海石油东营石化有限公司升级改造及配套工程项目、乳制品加工项目、1万吨/年工程塑料助剂项目等12个项目成功纳入全市区域发展重点项目库，总投资94.68亿元，入库个数、入库投资额较去年分别增加3个、29.88亿元，现7个项目开工建设，5个项目正在完善手续。强化政策落实，加强专项资金监管。严格执行上级专项资金扶持要求，加快推进专项资金扶持项目建设，河口区职业中等技术学校改扩建一期项目专项资金100万元全部拨付使用，项目预计9月份投入使用。积极配合做好专项资金审计检查工作，3月、5月、6月累计迎接省、市区域办、审计部门、第三方机构检查3次，未发现重大问题。主动靠上服务，推动区域经济发展。组织开展调研活动，先后深入中海石油东营石化、彩客化学、澳亚乳制品加工、沃驰化工、神舟澳亚、百万亩渔业区等项目现场进行调研，及时掌握项目建设情况和企业运行情况，帮助解决实际困难10余项，推动项目建设和区域发展。加大宣传推介力度，组织6家企业参加“一带一路”战略高层对接洽谈会等重要会议，拓宽企业视野，提高区域影响力。积极做好参谋助手，飞地经济等课题建议已上报到市。

【宣传和督查考核】　加强宣传和对外报道工作。积极做好两部规划实施以来的成果汇总工作，以全市《实践探索》一书为纲，就工业、农业、服务业以及经济社会发展情况的各项资料、图片、视频集中进行筛选汇总，整理归档，及时上报市里，为全市规划成果的展示工作奠定基础。把工作信息报送作为服务领导决策的重要手段和向上反映情况、互通信息的重要渠道，报送大量有价值的信息，对推动全区黄蓝经济区建设做出积极贡献。截至年底，共向省、市报送信息140余篇。做好督查考核工作。结合河口区实际，制定下发《关于印发黄蓝经济区建设重点工作责任分工的通知》，确定18项重点任务列入全市重点目标任务，同时，对涉及河口区的8项任务进行梳理，明确责任单位，细化责任分工，定期定时调度汇总并上报进展情况。

【区域合作交流】　加快招商引资工作，2016年，推进山东万安药业有限公司生物医药项目，环评、能评、安评等手续正在抓紧办理，申请的贷款资金即将下达，现质量检查车间地面硬化已完成，正在进行试生产。与唐山冀东发展集团对接，引进在谈的山东冀东万城集成房屋有限公司集成房屋建设项目已注册完成，正在办理营业执照。积极拓展对外合作交流。先后组织6家企业参加京津冀高层对接洽谈会，拓宽企业视野，提高企业影响力。

【下派帮扶工作】　高度重视下派帮扶工作，帮扶工作开展以来，先后走访群众100余户，摸清村情民意。切实加强党建工作，规范完善村两委工作职责、工作程序，开展村两委定时定点办公，实施无职党员设岗定责，发展预备党员1名，培养2名入党积极分子，充实基层工作力量。完善基础设施建设，积极协调资金23万余元，新建文化大院一处，配套沙发茶几以及桌椅板凳40多套。协调资金4万元，新建村级道路400多米，修缮太阳能路灯2盏。投资3万余元，治理村庄环境，村庄环境面貌焕然一新。积极寻找致富途径，带领部分干部群众代表赴博兴县湾头村学习草柳编手艺、网店开设知识，集中考察博兴县草柳编协会、会员淘宝店、工艺品制作工厂等，开阔群众眼界，增强致富本领。完善农民社会保障。累计为村民办理低保1户，残疾证1户，为1户村民实施大病临时救助，争取救助金3000元。积极帮扶新户镇贫困户，为贫困户协调资金10000元，解决实际生活困难。

招商引资

【招商引资总体运行】　全区各承担任务部门积极外出招商，洽谈对接项目，开展项目推进，全区招商引资平稳发展。2016年，全区共有在建项目16个，到位固定资产投资21.7亿元，其中，新建项目5个，续建项目11个。（1）重点在建项目进展较快。中海石油东营石化升级改造及配套项目，长周期、次长周期设备订购已完成，待土建基本完成后到场安装。预计2017年8月投产，项目建成后，公司原油一次加工能力可达500万吨/年。东营澳亚乳业乳制品加工项目，2017年将完成设备的安装调试，完善水处理、仓储等配套设施，项目全面建成投产。澳源进口肉牛屠宰加工项目，现主体工程全部完成，设备安装完成60%，2017年全面投产，年可屠宰加工肉牛10万头。（2）联审项目平稳推进。全区全年共召开联审会议5次，通过联审落户项目13个，计划总投资31.56亿元。山东戴瑞克新材料有限公司污水处理提标改造工程，项目手续办理完成，已开工建设。中海石油东营石化有限公司2万米^3/时（标准条件下）制氢装置、20万吨/年工业异辛烷装置项目，东营华联石油化工厂有限公司产品质量升级—15万吨/年混合碳四综合利用技术改造及配套工程项目、10万吨/年废气废酸综合利用等10个项目正在办理前期手续，预计2017年上半年开工建设。（3）对外联络工作扎实开展。全区各产业招商部门累计外出招商88批323人次，接待客商来访149批459人次，筛选确定重点在谈项目6个，计划总投资42.35亿元。美国SES30万米^3/时（标准条件下）煤制氢项目，正在根据审查意见修改项目可行性研究报告，已完成初步选址及厂区平面图设计，正在协调用煤指标问题。中车永济风机及电机生产项目，中车永济电机有限公司已在河口区注册新公司，土地、房产过户手续基本完成。

【招商引资工作】 2016年，区招商局重点围绕装备制造、精细化工、战略性新兴等产业，全年外出13批次，赴上海、北京、天津、广州及省内周边城市开展招商，储备美国SES30万米^3/时（标准条件下）煤制氢、大连和升控股集团澳洲安格斯活牛进口隔离育肥屠宰深加工、东营鑫旭化工轻烃改质、亚捷通用航空空中游览、善耕原生物科技发展有限公司现代生态农业科技产业园、山东途瀚电子商务公共服务体系建设等重点在谈项目6个，计划投资32.05亿元。另外，区招商局联络引进的戴瑞克新材料有限公司污水处理提标改造工程项目，已开工建设；戴瑞克新材料有限公司（二期）高性能橡胶助剂建设项目，计划总投资4.2亿元，正在办理节能手续，备案、环评手续正在准备材料。由区招商局负责推进的全区重点项目——山东颐工化学1万吨/年工程塑料助剂项目，前期手续已全部办理完成，计划3月份正式开工建设。

【重要招商活动】 （1）3月22日，副区长赵明印与区经信局负责同志接待中船重工集团及下属企业刘淑恩处长一行10人，该企业与富海集团达成煤油混炼意向。一行人考察河口蓝色经济产业园及河口区风力发电、光伏发电、海水淡化、海水制氢，油品进出口贸易等情况。

（2）3月30日~4月1日，区长刘斯杰带领河口经济开发区管委会一行5人分别赴安徽省芜湖市海螺集团、山西省永济市中车永济电机有限公司、山东省淄博市金城集团洽谈推进项目。

（3）4月15日~16日，区长刘斯杰、副区长曹永湖、赵明印带领蓝色经济产业园服务中心、招商局、经信局、国土分局等部门负责同志一行11人，赴天津万贝科技发展（天津）集团有限公司、河北沧州彩客化学有限公司洽谈推进项目。

（4）4月19日~22日，区委副书记田兵兵带

2016年6月14日，美国SES煤制氢项目正式签约

领区刺槐林场、旅游局、农业局、国土分局、河口街道、义和镇等部门领导一行12人，赴临沂、上海、青岛、潍坊诸城等地考察现代休闲农业项目，与当地重点投资企业洽谈，推进义和镇仁韩片区休闲农业项目。

（5）6月1日～3日，区委副书记田兵兵、副区长刘茂和带领蓝色经济产业园、招商局、创业园等负责同志到上海金山第二工业区、金山现代农业园区考察学习，并与金山区政府有关领导进行座谈。双方分别介绍各自发展情况，重点就园区管理、产业调整、人才引进等内容进行深入探讨，期间还就SES煤制氢项目进行洽谈对接。

（6）6月17日，东营市融入京津冀协同发展战略推介会暨重点项目签约仪式在北京召开，河口区主要领导参加会议，会上签约项目2个。

（7）6月17日～18日，区长刘斯杰带领河口经济开发区管委会、区招商局等部门，赴江苏江阴拜访江阴焱鑫科技集团，洽谈推进石油化工设备制造园项目。

（8）7月15～17日，在东营蓝海国际大酒店举行“黄河三角洲第八届油品贸易洽谈会暨河口区招商投资说明会”。会议由区长刘斯杰主持，副区长赵明印发表致辞。东营市委常委、常务副市长田青云，市政协副主席、工商联主席生钦勇、中国石油和化工规划院副院长白颐等同志，以及全国24家省市级石化行业商会等1200余人参加会议。

（9）8月18日～25日，应美国USFarmSystem公司和加拿大多伦多大学吴为东博士的邀请，区委书记、区人大常委会主任苟增杰带领区畜牧局、招商局、蓝色经济产业园服务中心等部门一行10人，出访美国、加拿大，宣传推介河口，洽谈推进项目，开展招商考察。

【重点项目】 1．澳源进口肉牛养殖及屠宰项目。该项目位于河口经济开发区，占地302亩，总投资3.378亿元，主要建设内容包括隔离场1处、肉牛屠宰生产车间，新上肉牛加工屠宰线设备及配备相应配套设施。项目建成投产后，年可实现销售收入15.14亿元。截至2016年底，主体工程全部完成，设备安装完成60%，2017年全面投产，年可屠宰加工肉牛10万头。

2．中海石化升级改造及配套工程项目。该项目位于河口区中海工业园，总投资34.5亿元，新建350万吨/年原料精制、200万吨/年催化裂化、35万吨/年气体分馏、6万吨/年MTBE、180万吨/年柴油加氢、90万吨/年催化汽油加氢、100万吨/年连续重整、18万吨/年苯抽提、产品精制、2×0.5万吨/年硫黄回收等10余套装置及配套工程。项目建成后年可实现主营业务收入170亿元，上交各类税金45亿元。截至2016年底，长周期、次长周期设备订购已完成，待土建基本完成后到场安装。预计2017年8月投产，项目建成后，公司原油一次加工能力可达500万吨/年。

3．澳亚集团高端乳制品加工项目。该项目位于河口区仙河镇，占地300亩，总投资1.2亿美元。主要建设日处理生鲜乳1000吨加工生产线及实验室、仓库、办公生活区、污水处理厂等设施。全部建成后可实现销售收入200亿元，提供就业岗位500个，成为国内单体日处理能力最大的乳品生产企业。2017年将完成设备的安装调试，完善水处理、仓储等配套设施，项目全面建成投产。

4．正邦生态产业园项目简介。该项目计划总投资3.76亿元，建设地点新户镇，分别建设三泉繁育、育肥场和南王繁育、育肥场及污水处理及配套设施。其中，三泉繁育育肥场项目主要建设保育舍、育肥舍、办公区、饲料加工等，生猪年出栏量30万头。南王繁育育肥场项目主要建设繁殖舍、保育舍、培育舍、公猪站、育肥舍、员工宿舍等，生猪年出栏量40万头。2017年，三泉猪场、牟桥猪场、南王猪场三个项目全部建成，母猪存栏扩大到4.08万头，达到年出栏生猪100万头规模。

5．曙光汇泰20兆瓦渔光互补发电项目简介。该项目计划总投资1.6亿元，建设地点新户镇。主要建设20兆瓦光伏发电站及附属设施等。截至2016年底，一期 3000 亩光伏与海参养殖区全部建成。

政务服务

【概况】 区政务服务中心共进驻部门单位 37 个，工作人员 200 余名，能办理各类行政审批服务事项 300 余项，2016 年，中心各窗口共受理各类办件 196442 件，其中，即办件 179232 件，承诺件 17210 件，按期办结率为 99%，接受群众咨询达 10 万余人次，群众答复满意率 99.9%。

【重点工作】 （一）加强日常监督，完善电子监察系统。结合工作实际，修订《2016 年度全区政务服务集中办理工作考核实施细则》《河口区政务服务中心窗口工作人员请销假制度》《河口区政务服务中心中介机构管理办法》《河口区政务服务工作业务管理考核办法》；借助综合电子监察平台，对纳入网上办理的事项进行实时监控，严密督查办理时限仅剩余 1 个工作日以及超时办件等情形，以告知部门单位按时办结或下发《电子监察督办单》的形式责令其限期办结。截至年底，已向 4 个部门单位下发《电子监察督办单》。

（二）完善投诉、咨询、初始登记等服务机制。设立效能投诉电话，规范投诉处理程序，确保投诉渠道畅通。2016 年，受理举报、投诉事项 6 项；对各窗口的业务办理情况进行回访，确保办件过程有监督，办理结果有落实。2016 年共回访 21 次，回访人数 260 余人次，接受意见建议 15 条。

（三）深入推行模拟审批工作。进一步完善《河口区区级重大投资项目模拟审批暂行办法》，使办理流程再压缩，时间再缩短，效率再提高。2016 年，共为中海石油东营化工有限公司、山东铭鼎新材料科技有限公司等 4 家企业提供模拟审批服务。

（四）加强基层便民服务中心建设。根据市政务办《关于做好 2016 年度基层便民服务示范点创建工作的通知》及《关于进一步加强基层便民服务工作的意见》有关要求，积极对符合创建条件的 22 处基层便民服务服务场所进行业务指导。2016 年，全区共有 1 处经 ISO9001 认证的社区级便民服务示范点通过验收，13 处村级便民服务示范点顺利通过初审。

（五）积极构建区级政务服务平台。结合《东营市政务服务平台建设及互联互通工作实施方案》要求，按照责任分工，协调区政府下发《河口区人民政府办公室关于成立政务服务平台建设工作协调小组的通知》，各部门单位各负其责，分工协作；7 月中旬，已完成对全区 201 项行政审批事项的审核、发布工作。8 月份，已完成东营市政务服务平台的测试工作，并将相关意见建议反馈至浪潮集团。9 月 1 日起，已正式启用新系统。

（六）积极推进信息平台建设。制定《2016 年度信息宣传工作考核办法》，成立政务服务中心信息小组，建立信息工作小组微信群，截至年底，共报送信息 118 篇，其中，河口政务信息采用 2 篇，河口信息采用 2 篇，黄河口网站采用 15 篇，政务服务中心网站采用 58 篇；建立网站管理制度，安排专人负责网站更新维护，确保信息更新维护及时；探索建立微信公共服务平台，充分利用微信平台实现媒介应用、互动交流、行政办事等便民服务，微信平台初步建成，待全市政务服务平台建设及互联互通工作成形后，全面推广；拟对 1 至 3 楼大厅实现无线覆盖，为民提供良好的审批服务环境。

（七）积极开展“两学一做”学习教育。按照全区“两学一做”学习教育相关要求，区政务办积极开展两学一做学习教育，制定《河口区政务服务中心关于在全体党员中开展“学党章党规、学系列讲话做合格党员”学习教育方案》和全年学习教育配档表，学习教育开展以来，共召开动员会议 1 次，集中学习 8 次，党课 3 次，撰写心得体会 3 次，党章测试 1 次，先后学习《中国共产党党章》《中国共产党廉洁自律准则》《中国共产党纪律处分条例》《中国共产党党员权利保障条例》等党内重要法规制度。通过“两学一做”学习活动的开展，各位党员对党的各项制度有深刻认识，自身素质也有很大的提高。

（八）实施改造提升项目，优化政务服务工作环境。为整合行政资源、提高行政效率，实现高效管理，中心主动适应新要求、新变化，调整大厅一楼规划布局，重新设计装修，积极做好国、地税联合办理税务登记的入驻工作；为解决有效解决工作人员和办事群众的自行车、电动车无固定停放地点，工作人员的车辆长期占用消防通道停放，导致消防通道堵塞，存在较大安全隐患的问题，中心计划新建自行车棚一处，缓解因车辆停放问题为工作人员和办事群众带来的不便。现提升项目已完成招标、公示，相关手续办理完毕后即可施工。

商　　务

【概况】 2016年，全年实现进出口241614万元，同比增长13.8%，出口81227亿元，同比增长13.2%，进口160387万元，同比增长14.1%；实际到账外资5000万美元，完成全年任务的208.33%，列全市第一。

2016年全市各县区、开发区进出口情况表

金额单位：万元

项目	进出口		出口		进口	
	金额	同比%	金额	同比%	金额	同比%
合计	9958807	24.7	3016824	-2.0	6941983	41.5
东营区	629803	-11.1	439400	-19.9	190403	19.2
河口区	241614	13.8	81227	13.2	160387	14.1
垦利区	881745	69.6	339404	17.3	542341	135.0
广饶县	3103039	-5.2	1757093	-3.3	1345946	-7.6
利津县	846439	220.2	89247	39.5	757192	278.0
东营经济技术开发区	2604472	-4.8	247788	-5.6	2356684	-4.7
东营港经济开发区	1651691	515.6	62665	168.5	1589026	548.7

2016年全市外商直接投资情况表

金额单位：万美元

县区	项目数		合同外资		实际到账		任务目标	完成任务名次
	个数	增幅%	金额	增幅%	金额	完成任务比例		
东营区	2	100	2340	453.2	2969	66	4500	4
河口区	–	-100	3000	-57.2	5000	208.3	2400	1
垦利区	1	–	-1073	-139	3393	147.5	2300	3
广饶县	1	0	8	-75.8	8	0.2	5000	5
利津县	–	–	–	–	–	–	1300	–
东营经济技术开发区	2	-60	156	-96	–	–	6000	–
东营港经济开发区	–	–	–	–	3306	183.7	1800	2
其他	1	–	210	–	7628	–	–	–
合计	7	-30	4641	-70.5	22304	95.7	23300	–

【外贸运行工作】 逐一走访全部有进出口业绩以及有望实现进出口的企业，了解企业生产经营和订单情

况，对全区外贸形势做到心中有数。根据全年目标和工作实际，按照进出口增长5%、出口增长10%、利用外资3000万美元的目标，将任务逐一分解落实到各镇街、开发区，夯实责任，狠抓落实。引导外贸企业充分利用信保项下的保单开展贸易融资，帮助东营澳润石油有限公司取得贸易融资400余万元。召开外贸政策宣讲会，帮助企业用足、用好扶持政策，现已为汇海医药、戴瑞克新材料、澳润石化、海鑫石油装备等11家企业落实省、市、区级外贸稳增长资金114.15万元。

【进出口工作】 开拓国际市场，努力扩大进出口。组织企业参加国际知名展会，先后组织旭业化工、汇海医药等8家企业参加广交会、俄罗斯国际石油天然气展、印度国际医药原料展等展会7个。积极培育新的出口商品增长点，为已办理对外贸易经营者备案但尚无外贸业绩的企业提供支持，帮助其尽快实现出口业绩，其中，海胜实业集团、兴茌工艺品已实现出口。支持石油装备出口产业发展，重点推进海鑫石油装备价值6亿美元的埃及打井项目，现已完成技术谈判，即将开展商务谈判；肯尼亚钻机出口及工程服务项目，外商已到河口实地考察，达成初步合作意向。抓好原油进口手续办理工作，安排专人靠上推进富宇化工原油进口手续办理工作，现已完成市级环评验收。

【外资工作】 2016年，市下达外资任务为2400万美元，已到账外资5000万美元。2016年到账外资全部来自澳亚乳制品加工项目，该项目实际总投资1.5亿美元，合同外资5000万美元，已到账外资3000万美元，股东借款到账2000万美元。

【商贸流通工作】 支持连锁经营等现代流通方式发展，胜大超市在全区共建成商贸综合体3个、便利店10个，康惠餐饮共在全区建成连锁门店5家，东方鲜奶设立分销门店13家。积极推动电子商务发展，组织全区电商企业和有意开展电子商务的企业到齐河县进行学习考察。引导淘河口、邮政局、供销社、创业园、工商银行河口分行、河口银座及多家物流公司达成产业合作升级计划，形成电商产业集聚效应。淘河口电子商务平台作为首家B2C特色产品电商展示交易平台上线运营，采取“互联网+品牌农产品”方式，吸引十数家当地农村电商入驻。黄河三角洲石油化工交易中心目前会员企业近400家，已发展成为国内一流石油化工综合交易平台。邮政公司“买卖惠”、河口银座“网订店取”等模式正在探索发展之中。

【商务综合行政执法】 进一步推进酒类流通备案登记及随附单使用工作，加强酒类产品溯源体系建设，全区酒类流通企业登记备案总数达到280余家，基本实现全区酒类流通销售网点的全覆盖。加强再生资源回收工作，对城区及周边的废旧物资回收站点进行专项检查，开展经营环境专项整治。坚持安全发展的指导原则，深入贯彻“安全第一，预防为主，综合治理”的方针，加大对全区商务流通企业的安全生产检查力度，单独和会同安监、消防等部门先后开展专项安全

2016年3月31日，河口区商务工会第一次会员代表大会

检查，积极推动“平安商场”建设，确保主管行业生产经营安全。

【河口区商务工会成立】 近年来，河口区经济快速发展，对外开放水平不断提高，一大批外贸外资企业相继建立，吸纳大量务工人员，为维护职工权益，亟须组建行业工会。按照全省外经贸工会工作会议以及省外经贸工会有关文件精神，本着“哪里有职工，哪里就有工会组织”的原则，为实现工会组织全覆盖，及时启动河口区商务工会的组建工作。在精心筹备的基础上，2016年3月31日，河口区商务工会召开第一次会员代表大会，选举产生河口区商务工会第一届委员会领导机构。现河口区商务工会委员会由13人组成，设主席1名，副主席2名，现有企业工会13家，会员2400余人。河口区商务工会自成立以来，紧紧围绕“服务大局、服务基层、服务职工”这一根本，确定推进企业工会组织建设、工资集体协商提质增效、厂务公开民主管理法治推进、惠员工程、“查保促”活动等重点工作，主动作为，靠上服务，推动工会整体工作水平和质量得到迅速提升。

山东河口经济开发区

【概况】 河口经济开发区位于河口城区南部，成立于1997年5月，初始占地600亩，2001年10月被批准为市级开发区，2006年3月被国家发改委和省政府正式批准为省级开发区，规划面积21.62平方公里，主导产业为能源装备制造、精细化工、纺织服装、型材产业。河口经济开发区管委会为区政府派出机构，内设3个副科级行政局（室），下设4个副科级直属社会公益类事业单位，7个政府派驻机构。2016年，河口开发区深入贯彻落实党的十八大及十八届五中、六中全会精神，坚持创新、协调、绿色、开放、共享的发展理念，牢牢守住“生态、安全、稳定”三条底线，全力以赴抓好“经济运行、招商引资、项目建设”三项重点工作，学习贯彻落实“四个全面”战略布局，全面从严治党管党，推进各项工作，较好的完成全年目标任务，为奋力开创全区经济社会发展新局面、加快建设美丽幸福新河口奠定坚实基础。

全年实现工业总产值133.7亿元，同比增长14.2%；主营业务收入128.6亿元，同比增长17.5%；实现增加值30.4亿元，同比增长11.6%；实现利税10.6亿元，同比增长10.3%；完成进出口总额1.9亿元；实现财政收入9106万元，增长4.8%。

【转型升级】 深刻把握国家全面深化改革的重要战略机遇，遵循统一规划、市场主导、产业集聚、产城融合、差异化发展的原则，积极实施创新驱动战略，强化科技支撑和引领作用，重点领域求突破，薄弱环节下力气，培大育强特色产业。（1）加快产业转调步伐。以科技研发、节能降耗等工作为抓手，促产业结构调整，提升产业层次和产业核心竞争力。以化工产业转型升级为契机，开展“三评级一评价”工作，对2015年15家化工企业节能评级评价结果中存在的问题分条目进行整改，推动化工产业转型升级；大力发展生产性服务业，加大企业非主营业务剥离力度，推动服务业加快发展。探索“互联网+”模式，鼓励企业拓展线上市场，预计全年规上服务业企业实现销售收入6213万元，同比增长9.6%。（2）推进人才兴业战略。夯实企业基本信息台账，完善开发区人才信息库，积极申报各类人才项目，入选“泰山产业领军人才”2名，引进院士1名、泰山学者2名；引进各类高中级专业技术人才368名，组织企业参加人才培训200余人次，为产业转型升级提供智力支持。（3）强化科技支撑作用。截至年底，开发区共实施国家、省市重点计划项目39个，达成科技成果28个，省级高新技术企业达到4家，市级科技型企业达到18家。2016年，新增各类专利21项；由汇海医药与济南大学共同完成的“头孢曲松关键中间体三嗪环的合成技术及产业化”项目，分别荣获2016年度山东省科学技术奖科技进步奖二等奖和2016年度东营市科学技

北玻生产车间

同时，积极提报中广核燃气、北港科技等企业供地计划，圆满完成省级开发区土地集约利用评价，突破招商项目土地瓶颈制约。（3）狠抓项目建设。建立覆盖联审、立项、推进、投产全过程的项目推进机制，严格落实重点项目领导包靠制度，所有项目均设立跟进小组，定期调度建设进度，及时了解项目在手续办理、工程建设过程中出现的各类问题，集聚各方资源，合理制定措施加以解决，确保计划总投资10亿元的6个在建项目顺利建设，新增固定资产投资3亿元，其中被列入全区重点项目的山东北玻节能科技有限公司节能安全系列玻璃生产项目和山东冠森绝缘制品有限公司1万吨/年重结晶生产高纯度二氨基二苯醚生产项目建成投产，由山东北博新能源有限公司投资7000万元建成的全市最大的屋顶光伏发电项目，装机容量8兆瓦，预计12月30日并网发电，年可发电量达1050万千瓦时，节约标准煤3202吨，具有良好的经济效益、生态效益和社会效益。

术进步奖（经济发展类）一等奖；天正化工马凯军荣获2016年度东营市科技成果转化促进奖。旭业新材料、金开实业、海鑫石油装备、环海塑业等4家企业被纳入山东省科技型中小微企业信息库2016年度第一批入库企业。澳纳纺织棉本色纱线、栋明铝业铝合金建筑型材等荣获山东名牌产品称号；常青树胶业成功注册马德里商标。企业核心竞争力快速提升。

【招商引资】（1）提高利用投资质量和水平。创新招商方式，建立完善"专业化招商、市场化运作、职能化服务"招商促进机制，做好"外引""内培"和"服务"三篇文章，坚持把招商选资作为加快经济转型发展的突破口，以高端装备制造、新材料、现代服务业等为主攻方向，瞄准规划调整、产业升级重点区域和项目实施精准招商，先后赴深圳、上海、安徽、山西、北京等地开展招商活动20余次，洽谈推进项目8个，接待来访企业31批次80余人，成功引进中车集团、欧米勒电器、亚通石化化工设备制造、汇海石墨烯等多个优质项目。（2）强化闲置资产清查和重组。以存量引增量，针对老企业采取增资扩股、腾笼换鸟、收购兼并、合作经营等二次招商模式，2016年，先后盘活伟业棉油、渤海纺织、建友建材等7宗土地，计1200余亩，提高土地集约利用率。

【综合管理】（1）高度重视安全生产工作。牢固树立预防为主的安全理念，全面推进安全生产网格化，建立全覆盖、无缝隙责任体系。结合"大快严"、省市异地安全执法等活动，深入开展安全专项整治。督促企业落实安全生产主体责任，通过专题培训、隐患整改点评、下达自查自改指令书等方式，消除影响公共安全的突出问题和隐患。继续保持打非治违高压态势，全年共排查、整改安全隐患1958项，关闭取缔5家违规违法生产企业，确保安全生产形势的持续稳定。（2）开展环境保护工作。认真落实环保"三同时"制度，严格源头管理，加大巡查监管力度，防控环境风险。深入实施水气污染整治专项行动，在全区率先完成年度燃煤锅炉淘汰改造任务；汇海医药、天正化工挥发性有机物治理、泄漏监测与修复项目投入使用；羊栏河综合治理、海昌路污排、海盛路以东区块及河庆路雨污分流改造等工程全部完成；在5家重点企业敷设单管输送污水，加强污水处理厂运行调度，实现达标排放。全面实施三年增绿工作，在安诺其等9家企业实施2016年度增绿工程，栽植树木4200株，增绿面积39.8亩，提前完成2016年度增绿任务，确保辖区生态环境的持续改善。（3）高效开展社会管理工作。健全社会治安防控体系建设，深入开展打黑除恶行动，维护良好的社会治安秩序；完善信访预案机制，及时摸底排查信访苗头，拓宽信访渠道，妥善协调处理各类信访纠纷45件、民生热线及市民心声转办事项69件、电话转办事项223件；严格落实计生目标责任制，创新流动人口管理措施，圆满完成计生管理工作；积极开展“七五”普法工作，确保取得实效；开展拆违治乱、依法行政、食品药品管理、应急管理和慈善救助工作，按时完成人大代表建议和政协提案办理等工作，社会管理工作成效显著。

【发展环境】 （1）配套完善硬环境。积极推进重大基础设施建设，投资1亿元实施河庆路改造提升、羊栏河水系综合治理、海昌路羊栏河桥、河王渠桥维修、海昌路污排、顺河街绿化提升等工程。现各项工程建设均超前完成建设进度。在城市管理方面实施精细化管理，开展拆违治乱和建筑市场打霸治痞专项行动，搞好专项整治，注重完善长效机制。扎实做好爱国卫生城市复审、国家文明城市复审和城乡环卫一体化工作，全面提高开发区市政管护水平，开发区整体面貌焕然一新。全年共计维护路灯1607盏，养护绿化120余万平方米，保洁道路66万平方米，管护泵站6座、交通信号设施15套、隔离护栏4852米。全面提高城市管护水平，巩固创建文明城市成果。（2）优化提升软环境。以强化教育为抓手、以制度建设为基础、以绩效考评为依据，进一步推进效能建设和规范化管理。建立和完善限时办结制、服务承诺制、首问负责制、执法检查备案制和代办服务制等制度，以制度的落实转作风、提效能、促发展。全年协助企业争取各项扶持资金1.1亿元，代办涉及土地、建设、运营、户口迁转、职工子女入学、入托等手续210余件次。

【党的建设】 （1）加强党的基层基础建设。打造全市第一家党群服务中心，新建党建展厅两处及多处党员活动室、功能室，按时完成16个党支部的换届选举和161名党员信息采集等工作。全面加强党员队伍建设、制度建设等基础工作，新发展党员12名，培养入党积极分子20名，有效解决基层力量薄弱、作用发挥不到位的问题，为非公企业党建工作注入鲜活动力。（2）创新区域化党建工作模式。按照“网格式管理、组团式建设”的思路，构建“条块结合、资源共享、区域联建”的党建工作格局。科学划分党建区域，统筹区域党建资源，各片区党支部每月轮流牵头开展区域活动，严格党员年度考核，确保党员参加组织生活的参与率。开展支部书记轮流上党课、庆七一、党员亮身份等特色活动20余次。以党建促工青妇组织齐头并进，确保党建工作的有形覆盖和有效覆盖。（3）下派帮扶工作成效显著。先后投入60余万元，帮扶梅家村完成蔬菜大棚、文化大院改造提升、水库扩容清淤、棚区集中供水四个建设项目，村容村貌得到改观，村民收入大幅提升。（4）加大扶贫攻坚力度。着力保障改善民生，实施精准扶贫，通过分析致贫原因、分类制定脱贫措施，组织15名科级干部联系帮扶博兴村15户贫困家庭，投入10余万元帮助贫困家庭发展经济林，开展“扶贫问暖”、节日慰问等活动，圆满完成扶贫攻坚任务。（5）全面推进统战工作。深化非公经济人士理想信念教育活动，加大党外干部培养力度，扩大党的群众基础，集思广益，凝聚发展力量。

【廉政建设】 （1）严格落实廉政制度。认真落实领导干部“一岗双责”、党务政务公开等制度，严格决策程序，凡属“三重一大”事项，均经党工委班子会议集体讨论做出决策，并邀请派驻纪检组监督。制定《河口开发区廉政谈话制度》，形成按制度办事、靠制度管人、用制度规范工作的良性机制。（2）加强思想政治教育。深入开展党性党风党纪教育，定期组织干部职工集体观看学习《永远在路上》《廉洁自律》《中国共产党纪律处分条例》等廉政教育片和等各项纪律规定，组织干部职工到东营廉政中心进行现场教育，进一步筑牢干部职工拒腐防变的思想防线。（3）深入开展“两学一做”学习教育。增强管党治党意识，落实管党治党责任，强化管党治党措施，巩固拓展党的群众路线教育实践活动和“三严三实”专题教育成果，坚持问题导向，把学习教育与加强领导班子和领导干部思想政治建设、作风建设相结合。先后开展党工委书记及班子成员上党课9次，邀请专家举办讲座6次，撰写心得体会文章96篇，党员领导干部的政治意识、大局意识、核心意识、看齐意识明显增强，营造良好的政治生态环境。

【精神文明建设】（1）持续推进思想道德建设。充分发挥门户网站、宣传栏、《河口开发区》报等宣传载体作用，广泛宣传社会主义核心价值观；组织开展“红岩魂革命精神进企业”“学雷锋志愿服务”“慈心一日捐”等活动；顺利通过省级文明单位、省级青年文明号复审，有效提升干部职工的道德修养。（2）深化学习型机关建设。科学制定学习计划，充分发挥党工委中心组的示范带头作用，严格落实周五集中学习制度，组织干部职工赴四川大学开展素质提升培训，鼓励干部职工参加业务技能培训，优化干部职工知识结构，提升履职能力。（3）政务信息公开和宣传报道成效显著。依托政务网站、门户网站，推进电子政务建设和网上政务公开。开通政务微博、微信群和警企直通车，增强政务信息公开的及时性、互动性和实效性。充分利用报刊媒介，加大对外宣传报道力度。全年共编发《河口开发区》报12期；在《大众日报》《东营日报》等报刊发表稿件74篇，被人民网、新华网、中国开发区网等省级以上网站采用稿件706篇，在东营电视台、河口电视台播报新闻127条，有效提升河口开发区的影响力。（4）积极开展精神文化活动。以创建全国精神文明城市为契机，组织开展第五届“开发区杯”篮球联赛、广场文化专场晚会、道德模范评选等系列文体活动，丰富广大群众的业余生活，展示开发区良好的精神风貌。

河口蓝色经济产业园服务中心

【概况】 河口蓝色经济产业园始建于2010年，地处河口城区以北6公里，距东营港35公里，规划的环渤海高等级公路、河广大道贯穿园区，一期规划面积50平方公里，远期规划面积180平方公里，规划布局高端精细化学品、新型聚酯、化工新材料及材料加工四大主体产业区，是全市重点打造的国家级临港石化产业基地组成片区之一，是黄蓝两大国家战略规划重叠交汇的核心区，是最具成长活力的生态经济园区，是推动区域经济

3月8日，市政协主席陈泽浦（前排左二）到产业园彩客化学新厂区调研

发展的重要增长极。

（一）机构沿革。2010 年，河口区委、区政府从河口街道、新户镇、义和镇部分未利用土地中规划出 50 平方公里建设北部工业基地。2011 年 3 月，成立河口蓝色经济开发区开发建设指挥部。2011 年 4 月，区政府批复河口蓝色经济开发区总体规划。2012 年 6 月，根据东编办字〔2012〕86 号、东河编发〔2012〕9 号文件，成立河口蓝色经济开发区管理委员会。2015 年 9 月，根据鲁编办〔2014〕23 号、东河编发〔2015〕30 号文件，成立河口蓝色经济产业园服务中心，为区政府直属事业单位，副处级，核定编制人数 33 名，主要负责园区内经济管理、规划建设、安全环保监管、社会事务管理等工作。

（二）基础设施配套建设。产业园坚持以规划为引领，采取政府主导，吸纳社会资本等多种方式加快园区基础设施配套建设。由区政府投资建成“三纵三横”框架道路，通车里程达 47 公里；由东营市芯能燃气有限公司投资建设燃气专用输送管道 31 公里；由胜利油田供水公司投资建设供水管线 42.5 公里，日供水能力达 8 万立方米；以 BOT 模式建成日处理能力 4 万立方米的污水处理厂；由中国铁塔公司投资建成 4G 通信网络基站 5 座；由山西蓝天集团投资建设的集中供热中心已覆盖园区所有企业；由区政府牵头，园区企业出资建成的消防站，可辐射园区 50 平方公里范围；由供电公司建成北旺 110 千伏变电站、裕民 220 千伏变电站、中合 110 千伏变电站和义胜 35 千伏变电站；由泰富集团投资建成集餐饮、购物、娱乐、住宿等服务于一体的社区服务中心；争取上级资金 600 余万元建成职工公租房，可以满足园区企业职工生活需求。一期 50 平方公里规划区全部实现“七通一平”，园区配套日臻完备，项目承载能力明显增强。

（三）经济发展状况。按照“一切围绕项目、一切为了项目”的工作原则，坚持招商引资和现有企业增资扩规，瞄准大项目好项目，加快推进项目建设进程，推动项目早投产、早达效。截至 2016 年底，园区已成功落户 49 家企业 54 个项目，已有 14 家规模以上企业顺利投产，计划总投资 440 亿元，工业总产值达到 280 亿元，利税 20.92 亿元，其中金信新材料总产值 115.89 亿元，同比增长 5.88%，海跃化工总产值 70.46 亿元，同比增长 36.32%，红海化工总产值 65.18 亿元，同比增长 29.81%，戴瑞克总产值 5.58 亿元，同比增长 25.81%。初步形成有色金属综合利用、石油化工、绿色精细化工三大特色产业。

【经济运行工作】 2016 年，面对日益严峻的安全环保形势、经济下行压力等多重因素影响，产业园加强运行调度，提前预警，提早谋划，确保经济平稳较快增长。（1）工业经济较快增长。11 月，产业园 14 家规模以上工业企业累计实现产值 254.78 亿元，主营业务收入 248.29 亿元，同比分别增长 17.78%、17.8%。（2）固定资产投资完成区级任务。受投资统计制度改革及项目建设力度不够等因素影响，截至 11 月底，完成固定资产投资 42.13 亿元，完成区级下达的任务指标。（3）对外贸易持续增长。11 月，5 家外贸企业累计实现进出口总额 17.24 亿元，增长 22.23%，其中进口 11.8 亿元，增长 15.66%，出口 5.38 亿元，增长 39.76%。（4）第三产业平稳发展。11 月，泰富石油等 6 家贸易企业累计实现商品销售额 24.13 亿元，同比增长 2.07%；海跃物流等 3 家服务业企业实现主营业务收入 5366 万元，同比增长 22.5%。（5）税收实现新突破。2016 年度共实现税收收入 1.51 亿元，其中区级地方财政收入 9324 万元，按照考核口径完成镇级地方财政收入 8126 万元。

【重点工程建设】 （1）承担全区重点工程 1 项，投资 1413 万元的外排管网及生态河节制闸建设工程，已全部完成建设任务；承担政府投资项目 6 项，总投资 3016 万元，分别为纬七路西段建设工程、经九路北延建设工程、义三路东延段及庆园路南段配套提升工程、顺园路绿化、六义干沟清淤拓宽工程、污排泵站及管线建设工程，除经九路北延建设工程因与沾化土地争议问题，无法开工建设，其余均完成建设任务。（2）推进智慧园区体系建设，打造集智慧安全、智慧环保、智慧应急、智慧能源、智慧安防、公用工程等多功能于一体的智慧园区管理系统。2016年，总投资789万元建设VOCs自动监测体系，已完成政府招标，计划春节前完成设备安装调试工作。

【招商引资工作】 推进招商引资和招才引智，秉承产业链、上下游、可循环的理念，充分发挥区位优势、地位优势，瞄准国内外产业转移重点地区和重点企业，招商选资、优化项目，着力引进投资规模大、发展后劲足的大企业、大项目形成产业集群。（1）计划总投资20亿元的美国SES公司煤制氢项目，现已完成工商注册，正在编制项目申请报告和进行工艺设计。（2）计划总投资2.8亿元的山东聚强化学有限公司6000吨/年邻氨基苯甲酸及其衍生物生产项目，现已通过区项目联审会联审。（3）计划总投资3亿元的山西蓝天集团煤粉制备中心项目，现项目申请书已完成。（4）山东海跃化工有限公司与中国海外控股集团合作计划总投资21亿元的160万吨/年重整、200万吨/年混合加氢装置，现两公司已完成股份重组。（5）计划总投资6亿元的山东海跃化工有限公司50万吨/年石脑油深加工和40万吨/年蜡油加氢项目，现正在进行前期论证工作。

【规划修编工作】 蓝色经济产业园原总体规划实施已有5年之久，随着入园企业数量增加，规模壮大，石化产业和金属材料加工成为园区经济主体，与原有规划存在偏差。同时，按照市政府打造国家级临港石化产业基地的产业定位，蓝色经济产业园重点发展绿色精细化学品和高端新材料产业，为做好产业政策对接，园区总体规划修编工作迫在眉睫。2016年7月，投资90万元委托石油和化学工业规划院对产业园总体规划和产业规划进行修编，争取明年1月底前完成。在总体规划修编基础上，投资60万元委托中国安全生产科学研究院，编制规划安评及制定生产安全事故综合应急预案，争取明年6月底前完成。计划投资50万元进行修编规划环评，现前期准备工作基本完成。

【项目手续补办工作】 全区违规建设化工项目手续办理工作推进会议后，立即召开园区企业家座谈会对手续补办工作强调部署，积极与手续补办工作职能、主管部门进行对接，先后组织召开5次企业手续调度会议推进项目手续办理工作。截至年底，22个违规建设化工项目，全部补办完成17个，完成率达到77%，有效解决项目建设过程中手续不完善的历史遗留问题。确保新建项目各项手续齐全，保证手续不全决不动工，决不生产。

【安全和环保工作】 产业园高度重视安全和环保工作，从编制、场所、人员、经费、车辆、制度等方面做到“六到位”，按照“全覆盖、零容忍、严执法、重实效”要求，开展多次企业安全生产主体责任培训、节假日安全生产专项检查、打非治违专项行动、“职业卫生检查”“三评级一评价”等活动。截至年底，开展综合、专项执法检查企业17家，发现隐患1381条，经复查，现已完成整改1305条。深入开展全市水气污染治理和整治环境违法专项行动，加大巡查力度、加强监控、动员社会力量集中整治敏感区域环境违法行为，着力解决突出环境问题。现共查出环保问题43项，全部进行责令整改。全年，园区范围内未发生一般及以上安全生产事故和环境污染事故，安全和环保工作形势持续稳定。

湖滨新区

【概况】 湖滨新区开发建设是河口区委、区政府着眼于完善城市功能、提升城市品位，推动城乡统筹发展，打造城市标志性区域的重点建设项目。新区规划面积 15.6 平方公里，由美国易道 (ACCOM) 环境规划设计有限公司规划设计，空间结构布局为“一湖、两心、一带、多组团”，即围绕鸣翠湖，沿湖建设湖滨公共活动带，南北建设商业办公中心和生态展示中心，按照都心商务、国际社区、滨湖尚居、东岸商业 4 个功能分区，规划建设 7 大特色组团，将湖滨新区打造成为集生活、文化、教育、休憩于一体的城市核心景观区。按照“基础配套和商业开发协调发展”的工作思路，湖滨新区分三期建设。近期主要实施环湖滨水岸线建设，配套基础设施，形成滨湖城市特色；中期以住宅开发收益支撑都心商务区开发建设，完善湖体工程，打造核心景观；远期致力于开发最高端的生态展示区。经过五年的精心打造，湖滨新区基础配套基本完成，“一纵三横”路网框架基本贯通，市民广场、音乐喷泉等沿湖景观建成开放，鸣翠湖核心景观初步形成，2014 年 11 月，被评为国家 3A 级旅游景区。基础设施的完善带动周边商业地产的开发，西湖印象、盛世豪庭、鸣翠园等商业楼盘相继开发，中海、富海等商务办公楼正在规划设计，河口一中新校落户新区，湖滨新区成为全区投资兴业乐土。

【重点工程项目建设】 2016 年，湖滨新区开发建设管理办公室共承担区政府投资项目 9 项，完成总投资 4255 万元，新增绿化硬化 3.7 万平方米，修建道路 1600 米，安装 LED 路灯 184 盏，新增景观灯 3 万盏，铺设雨污排管线 3200 米，预埋管线 7000 米，浴场补砂 1710 立方米。（1）严格规划，反复论证。根据湖区总体发展思路和方向定位，有针对性地研究编制相应的工程项目，明确项目谋划提报重点，召开专题会议，集思广益，就项目的必要性、可行性、经济性、社会效益等各方面反复论证，做到“三个有利于”：有利于提升整体景观效果，有利于改善民生，有利于实现社会效益最大化。（2）积极协调，加快推进。对于立项、概算、预算等前期工作早入手、早准备，及早进入招标程序，力争尽快开工。施工过程中，注重设计方案评审及施工图会审，召开设计方案评审会 15 次，杜绝设计漏项；科学编制工程项目概预算，控制投资，节约成本。（3）建章立制，加强管理。组织制定完善并严格实施《湖滨新区监理工作管理实施办法》《湖滨新区绿地养护管理实施办法》等专业规章制度 6 部，加大对工程质量、进度、成本、安全施工等几个重要环节的控制力度，下达质量整改通知书 23 份，组织专题学习教育培训 4 次，累计培训安全员 80 人次，开展安全生产大排查，排除安全隐患 50 多处。

【管护养护工作】 湖滨新区市政管护工作面广量大，始终坚持“高起点、高标准、严要求”的总体思路，坚持从大局着眼，从细微入手，立足实际，开拓创新，基本实现物业管护养护精细化。（1）严格环卫保洁标准。实行环卫保洁网格化管理，将湖内湖外近 70 万平方米的道路、广场、园路等划分为 32 个网格，责任到人，每天巡查，严格奖惩。开展创建文明城市工作，定期开展环境卫生综合治理，出动机械 320 余台次，清理外运垃圾 3000 余吨，平整场地 2 万平方米，清理杂草 280 余亩，清理小广告 1200 余处。（2）严格安保服务水平。聘请专业安保队伍，实行 24 小时全天候值班备勤，昼夜不间断巡逻；安装高清监控摄像头 83 个，实现湖内全覆盖，成立监控总值班室，安排专职人员轮流值守；投资 40 万元，新上交通信号灯 2 套、道路标牌 9 套、卡口摄像 5 套，实现湖区主要交通路口全控制，确保道路交通安全。（3）加大城市管理力度。开展拆违治乱专项行动，对辖区内所有临时板房进行登记造册，下达搬迁拆除通知书 12 份，拆除违规板房 3 处，查处乱设乱建行为 30 起。开展水电、地下管网摸排清查行动，修订完善《湖滨新区水电管理办法》，规范流程，节约成本，清查地下管网 2000 米，解决疑难问题 14 件，疏通管线 3000 米，保障地下管网有序畅通。（4）强化市政设施维保。投资 10 万元，实行人工浴场护坡工程，完成护坡 1300 平方米；投资 150 万元，聘请专业公司，开展音乐喷泉、球幕电影、彩色雾喷设施大检修，更换电缆 19000 米、维修喷雾喷头 816 个、更换喷泉水泵 29 台，有效延长设备设施使用寿命，确保正常运转；新安装智能控制系统 450 套，更换维修路灯 110 盏、景观灯 1253 盏，保证照明效果和景观效果。

【开发运营工作】 面对经济下行压力加大，投资后劲不足的形势，坚定信心，千方百计采取措施，湖区开发运营工作取得较好成效。（1）做好鸣翠湖 4A 级景区提升。按照《旅游区（点）质量等级的划分与评定》标准和《旅游景区质量等级评定管理办法》，聘请唐人旅游规划设计公司，编制《鸣翠湖 4 级景区提升规划》；制定《鸣翠湖湿地风景区旅游紧急预案》《鸣翠湖治管管理制度》等 20 余项内容，使景区运营更加规范化，2016 年，接待游客近 3 万人。（2）加大宣传招引力度。在省、市、区各大招商网络进行推介，发布招商信息 126 条，吸引东营万新、广东富盈、北京云谷等前来洽谈考察；对电子商务、儿童乐园、鸣翠天地、婚庆主题公园等多个项目对口招商，与颐高集团、东营新元置业、缘梦中婚嫁产业进行多层系对接，提升影响力和吸引力。（3）推进成熟地块商业开发。对 8 块地进行规划调整，调整面积约 191 亩。2016 年，出让商业用地 42.8 亩，回收土地出让金 2600 万元，鸣翠新天地项目正式启动；有序推进南部片区房地产开发，成功出让住宅用地 1 块 103 亩，回收土地出让金 9820 万元；另外几块土地也已进入招拍挂程序。

旅　　游

【概况】 2016 年，河口区旅游工作按照建设“黄河三角洲湿地旅游目的地”的发展定位，突出乡村旅游，坚持科学规划开发，强化重点项目建设，打造精品旅游线路，打响“水韵湿地·逍遥河口”旅游品牌。河口区获得中国优秀旅游城市、中国最具投资价值旅游区、中国摄影创作基地等荣誉称号，拥有国家 3A 级景区 2 处、2A 级景区 4 处、省旅游强镇 4 处、省原生态旅游景区 1 处、省工农业旅游示范点 13 处、省旅游特色村 4 处，星级宾馆 2 家、旅行社 11 家。2016 年，全区接待游客 74.8 万人次，同比增长 15.1%，实现旅游总消费额 3.2 亿元，同比增长 14.3%。

【行业情况】

2016 年全辖旅行社基本信息

序号	旅行社	电话	地址
1	山东省黄河口旅游集团有限公司	7751108	河口区黄河路 85 号
2	东营市金桥旅行社	8677899	河口区黄河路 54 号
3	东营市金秋国际旅行社	8260755	河口区河安小区春和园
4	东营市海洋国际旅行社	2917555	河口区河庆路 179 号
5	东营市天汇旅行社	3880666	河口区黄河路 85 号
6	东营市飞扬旅行社	8671788	河口区黄河路 62 号
7	东营市印象旅行社	8671691	河口区海盛路 188 号
8	东营市隆程旅行社	3996666	河口区黄河路 53 号
9	东营铭石旅行社	3661199	河口区海康路 39 号
10	东营市景灏旅行社	8670819	河口区海盛路凤凰城市场 8—19 号
11	东营市鑫源旅行社	3668597	河口区海宁路 220 号

全辖星级饭店名录

序号	星级宾馆	星级	电话	地址
1	河口宾馆	三星	3888888	河口区海宁路285号
2	桩西宾馆	三星	8589108	河口区仙河镇汉江路13号

全区旅游景区、工农业旅游示范点、强乡镇、特色村名录

序号	景区类别	景区名称	等级	创建时间
1	A级景区	孤岛槐树林温泉旅游区	3A	2012年
2		鸣翠湖湿地风景区	3A	2014年
3		新户百枣园	2A	2008年
4		仙河蓬莱公园	2A	2008年
5		孤岛植物园	2A	2009年
6		军马场农博园	2A	2009年
7	农业旅游示范点	军马场农博园	省级	2008年
8		新户百枣园	省级	2009年
9		孤岛果园	省级	2009年
10		新户志鹏珍禽养殖	省级	2012年
11		仙河海星集团	省级	2012年
12		义和镇申丰农业	省级	2012年
13		东营天天有鱼有限公司	省级	2015年
14		新户镇新芹果蔬果蔬合作社	省级	2016年
15		六合街道伍岳生态园	省级	2016年
16		孤岛镇神仙园	省级	2016年
17		新户镇苗丰林木经济旅游示范点	省级	2016年
18	旅游强镇	孤岛镇	省级	2009年
19		仙河镇	省级	2009年
20		新户镇	省级	2012年
21		义和镇	省级	2015年
22	旅游特色村	仙河镇海星村	省级	2008年
23		河口街道八吕村	省级	2009年
24		新户镇东鲍井村	省级	2010年
25		河口街道长青村	省级	2011年
26	星级农家乐	义和镇锦绣庄园	三星	2014年
27		义和镇申丰农庄	三星	2014年
28		河口区孤岛槐林人家	三星	2014年
29		河口区仙河临槐园	三星	2014年
30		仙河镇槐林农家	三星	2016年
31		孤岛镇神仙园	三星	2016年
32	精品采摘园	义和镇锦绣庄园	省级	2014年
33		义和镇申丰农庄	省级	2014年
34		孤岛绿康蔬菜	省级	2015年
35		义和镇西韩无花果采摘园	省级	2016年
36		义和镇年丰家庭农场	省级	2016年
37		义和镇北大屋葡萄采摘园	省级	2016年
38	工业旅游示范点	孤岛欣马酒业	省级	2014年
39		黄河王酒业	省级	2015年
40	原生态旅游区	孤岛槐树林温泉旅游区	省级	2014年

【旅游规划实施工作】 根据《河口区乡村旅游发展总体规划》和《河口区旅游产业体系规划》，以创建“山东省休闲农业与乡村旅游示范区”，建设黄河三角洲生态休闲旅游胜地为目标，围绕打造“一心（河口区旅游咨询中心）、一轴（滨海大道旅游交通轴）、两带（百年黄河古道庄园休闲带、神仙沟生态游憩带）、八区（鸣翠湖湿地风景区、孤岛槐树林温泉旅游区、孤岛马场酒镇体验区、中心渔港滨海旅游度假区、河口百万亩现代渔业旅游区、槐花岛户外运动营地、澳亚现代牧场旅游区、新户万亩冬枣休闲区）”的“1128”全区旅游发展框架，逐步推进规划实施。

【重点项目建设】 坚持“抓重大旅游项目，做特色精品景区”的发展思路，继续推进鸣翠湖湿地风景区、孤岛槐树林温泉旅游区、义和百年黄河古道庄园休闲区等重大旅游项目建设。

鸣翠湖湿地风景区：区政府已完成投资8.1亿元，景观节点建成开放，核心景区已经形成。在2014年创建为国家3A级景区的基础上，积极开展创建国家4A级景区工作。孤岛槐树林温泉旅游区：已建成景区大门、游客咨询中心、水岸餐饮街、文化馆、木栈道、纪念碑亭及道路、水电等配套设施。2012年创建为国家3A级景区，2014年入选全省首批八大原生态旅游景区，积极开展创建国家4A级景区和省级乡村旅游度假区工作。百年黄河古道庄园休闲带：以“百年黄河古道·现代休闲庄园”为定位，加强艾河村传统村落、东南村集市改造和黄河古道、百年义和文化提炼，策划建设义和庄园、怡丰田园、申丰农场、锦绣农庄、富源营地、宝一杏林、东南老集、苗丰林海、镜湖农园、百枣趣院等十大特色庄园，进行旅游文化和功能提升。现已初步建成义和庄园、怡丰田园、申丰农场、锦绣农庄、百枣趣院五处庄园，以青少年夏令营、户外爱好者和油城市民为主要目标群体开展推介营销，吸引游客参与采摘垂钓、乡村赶集、农家餐饮、户外骑行、拓展宿营等乡野休闲体验。神仙沟槐花岛度假村：由济军基地投资建设，占地1.2万亩，规划建设槐花仙岛生态区、荷塘月色生态区、湿地公园生态区、槐林氧吧生态区、温泉疗养休闲区等5个功能区。已建设神仙沟吊桥、部分森林木屋、垂钓台、游艇码头、跑马场、停车场、景区道路等设施，打造户外运动和休闲度假营地。

【乡村旅游发展】 重点培养百年黄河古道庄园休闲区、孤岛神仙沟生态游憩带2个乡村旅游聚集区，培育锦绣庄园等34个乡村旅游项目。2016年，指导新户新芹果蔬合作社、苗丰林下经济旅游示范点、六合伍岳生态园、孤岛镇神仙园成功创建为省级农业旅游示范点；指导义和镇年丰家庭农场、北大屋葡萄采摘园、西韩村无花果种植园成功创建为省级精品采摘园；指导孤岛镇神仙园、仙河镇槐林农家成功创建为三星级农家乐。

【旅游扶贫开发】 通过争取，义和镇博兴村、东韩村、大英村、六顷五村、坝上村、北大屋村、寿光村、西韩村和新户镇龙泉村9个贫困村被列入全国乡村旅游扶贫重点村，将通过实施乡村旅游扶贫工程带动贫困脱贫致富；义和镇西韩村、北大屋村、六顷五村被列入2016年度全省旅游扶贫村，被纳入省旅游发展委员会旅游扶贫范围，义和镇西韩村被列入省级精准旅游扶贫村，争取，省级旅游扶贫资金10万元，主要用于西韩村乡村旅游基础设施配套建设，为西韩村负责人争取免费赴台参加乡村旅游考察培训；分别邀请山东省旅游职业学院和山东省乡村旅游协会到河口区贫困村进行两次乡村旅游培训和现场指导，引导有条件的贫困村发展乡村旅游，带动村民脱贫致富；与区农业局、义和镇对接，加快推进西部黄河故道现代农业示范区项目，带动扶贫开发；完成两户科级干部结对帮扶贫困户脱贫任务；积极动员全市重点旅游行业结对帮扶河口区贫困村，九州国际旅行社、蓝海酒店集团、金桥国际旅行社、毓龙航空国际旅行社、黄河口旅游集团分别对接帮扶义和镇六顷五村、东韩村、西韩村、北大屋村、寿光村。

【招商引资工作】 招商引资工作2016年，区旅游局引进新建项目一个，续建项目两个。新建项目：黄河故道休闲农业观光园，项目占地3500亩，计划投资1.2亿元，主要建设生产示范区、复合生态区、科普教辅区、休闲采摘区、水上娱乐区、军垦文化体验区以及道路、水电等配套设施，打造集果树新品种引进、种植、推广和休闲娱乐、旅游观光于一体休闲农业旅游观光项目。续建项目：一是东营林华农业开发公司高标准海参养殖加工续建项目，2016年，已完成新建高标准海参养殖池4200亩，同时配套建设道路、管理房、水泵等配套设施，新到位资金9850万元；二是东营天天有鱼水乐园生态旅游开发续建项目，现项目一期工程已经完成，新完成经济苗木和观赏苗木300亩。正在与合作企业洽谈建设种植藕池、养鳖基地、餐饮服务中心项目，木屋正在规划中，新到位资金1560万元。重点洽谈推进东营万象旅游开发公司的儿童游乐和黄河口旅游集团的水上乐园两个在谈项目。

【旅游宣传营销】 搭建河口旅游网络营销平台；组织举办第五届湿地槐花节、万亩槐林帐篷节活动；开展“河口十佳旅游商品”评选活动，通和海参、欣马白酒、三丰香油、黄河口芦苇画沙画、博翰堂沉香保健枕、晨阳食用菌、军马金丝枣酒、海星海产品、渤海口淡干海参、黄河王芝麻香白酒10类特色旅游商品被授予“河口区十佳旅游商品”称号；组织欣马酒业、黄河王酒业、黄河口沙画等重点旅游商品企业参加“黄河口（东营）首届公路自行车赛”“第五届北京国际旅游商品博览会”等活动开展宣传营销；组织黄河三角洲酒业、通和水产、渤海口水产等重点企业参加首届山东省新品牌旅游商品评选暨第十四届山东省旅游商品创新设计大赛，扩大产品知名度。

【旅游厕所建设】 深入贯彻落实国家旅游局关于《全国旅游厕所建设管理三年行动计划》和省、市关于旅游厕所革命工作要求，积极对接区城管、商务、经信等行业主管部门调度旅游厕所建设工作，推进旅游厕所新建、改建工作，逐步提升旅游厕所建设与管理水平。全区2016年新建旅游厕所19个、改建38个，超额完成市政府下达的建设任务。结合农村无害化卫生厕所改造工作，与住建部门对接，将义和、新户两个省级旅游强镇、1个省级旅游特色村、13个省定扶贫村全部纳入旅游厕所改造范围，完成全区282户农村户厕改造工作。

【行业监督管理】 认真贯彻落实《旅游法》和省市旅游工作会议精神，以创建全国文明城市和文明城市复审为契机，在全区旅游行业推行《“留恋之旅”服务标准》，打造成熟的“留恋之旅”服务品牌。结合开展“七五”普法、文明城市创建、文明诚信旅游专项行动，积极开展文明旅游宣传活动，全年发放各类宣传材料8500余份、制作广告牌36块、宣传牌25块、宣传横幅80多幅。加强与全市、全省乃至全国旅行社的业务交流合作，协调宾馆、餐馆、旅游商品企业和旅行社互助联动，支持旅行社开展地接服务，开拓区内政务、商务和社会会议、交流、旅游等方面的服务，对接全市36家旅行社开展携手河口行活动，签订河口地接服务双向协议。以“抓安全、抓制度、抓提升”为活动载体，开展旅游行业管理和行风建设，提升队伍素质和行业服务水平，2016年，累计开展各类安全检查18次，督导企业35家，发现安全隐患8处，下发整改通知书12份，整改率达到100%，旅游工作实现零事故。河口区金桥国际旅行社连续两年入选“全国百强旅行社”，获得“全国文明旅游先进单位”“2016年十一假期全国优秀旅行社”“山东省文明旅游先进单位”荣誉称号。

经济管理与监督

发展与计划管理

【规划编制工作】 （1）高标准开展“十三五”规划编制工作。按照“高起点谋划、高质量编制、高效率推进”的原则，《河口区国民经济和社会发展第十三个五年规划纲要》《河口区2016年国民经济和社会发展计划》于1月通过人代会审议，3月下旬正式印发并组织实施，为促进全区经济社会健康发展提供科学指导。（2）加强向上争取，搞好规划对接。围绕“十三五”涉及重大项目、重大决策，强化向上争取，确保纳入省、市规划布局，2016年，申请列入市级重点项目4个。（3）科学编制光伏扶贫和充电桩建设专项规划。结合全区实际，编制河口区光伏扶贫实施方案，指导光伏产业发展，现已报市发改委，待批复；加强与市级规划对接，2个场址列入全市光伏“领跑者”基地规划。提前开展全区电动汽车充电基础设施调研，组织河口区“十三五”充电基础设施规划编制和建设。

【经济运行工作】 （1）强化经济运行调度。充分经济形势分析研判本领，准确把握经济发展新常态的鲜明特征和内在要求，坚持问题导向，搞好经济运行分析研判，提出有针对性和前瞻性的对策建议，为区委、区政府决策提供参考。先后组织召开经济运行调度会8次，查摆分析存在问题，安排部署经济工作任务，指导全区经济平稳增长，从目前看，全区经济增长稳中趋缓，预计2016年地区生产总值增长7.8%左右。（2）加强经济动态监测。强化对全区经济形势的监测预警调研，实行月分析、季调度，研究财政、投资、出口、消费、工业、金融信贷等重要指标，监测行业发展动态，分析经济运行情况，为全区经济管理和宏观调控提供决策依据。（3）加强工作调研。研究制定2016年度调研工作考核办法、调研工作推进计划，筛选调研课题7项，明确完成时限和责任股室，形成调研成果6项，撰写的《关于新形势下促进全区物流业发展的几点建议》《全区一季度经济运行情况与下步工作意见》等文章被区领导批阅，发挥发改参谋助手职能作用。

【服务业和新能源产业】 履行经济调控职能，坚持以增量优化加快转调升级这条主线，通过找准载体、政策引导、审批控制等手段，倒逼产业转型升级，加快全区转、调、创步伐。（1）抓好服务业项目调度，加快项目建设。以抓服务业项目为抓好，推进服务业健康发展。筛选确定年度实施7个投资5000万元以上区级服务业产业项目；争取列入“十三五”服务业储备项目13个，“十三五”国家产能合作项目2个。加强项目调度，加快推进项目建设，7个区级服务业重点项目开工6个，完成投资3.7亿元，完成年度投资计划的85%。（2）全面落实服务业优惠政策，助推产业发展。发挥优惠政策引导优势，兑现2014~2015年服务品牌和企业剥离奖补政策，落实区级服务业引导资金127万元，扶持企业和单位17家。强化服务业产业调度，指导服务业健康有序发展，新剥离企业30家，上报申请纳限服务业企业13家，预计全区实现服务业增加值119亿元，同比增长9.5%，占 GDP 的比重达到 44.6%，占比同比提高 1.7 个百分点。（3）适度控制开发规模，指导新能源产业有序发展。明确全区以发展渔光互补为主、农光互补和屋顶发电为辅的发展思路，科学指导光伏项目建设，河口区投产光伏项目 6 个，总装机容量 81.108 兆瓦；备案审批光伏项目 13 个，总装机容量 301.82 兆瓦；备案自然人屋顶光伏项目 75 个，总装机容量 1332.54 千瓦。（4）加快淘汰落后产能，严把能耗审批关口。围绕全区炼化行业过剩产能，强化富海、中海化解过剩产能工作调度，超额完成年度产能利用率 54.3% 的目标任务。严把新上项目能评关口，委托黄河三角洲、佰通等四家节能评审中介机构对节能材料进行评审，对未开展节能评估和高耗能项目拒绝立项批复，杜绝“三高”项目上马；减少企业负担，在全市率先实现财政对节能评审费用的支持，减轻企业负担 3.6 万元；开展煤炭消耗总量和减量替代工作，严控煤炭消耗，年度总耗能 9 万余吨标准煤；开展温室气体排放控制，富宇、华联、戴瑞克、中海石油东营石化 4 家企业纳入全市控排企业名单，正积极申报科德、金信、仕通 3 家企业纳入市控排企业名单，争取为企业获得免费排放指标，确保企业能够顺利生产。

【重点项目工作】 （1）加大项目投入。经区委、区政府研究确定实施总投资 169 亿元的 38 项重点工程项目，总投资 22.8 亿元的 80 个政府投资项目，总投资 7.76 亿元的十件民生实事。启动政府投资项目三年滚动计划，经项目筛选申报、座谈调研、评审论证、研究审定 4 个阶段，征集项目 114 个，计划总投资 32 亿元。强化在建项目调度，38 项重点工程项目进展顺利，已开工项目 31 项，完成投资 44.1 亿元，完成年度计划的 54.6%。（2）突出项目争取。为神州澳亚奶牛标准化规模养殖场建设、河口区检验检测中心县级食品安全检验检测资源整合试点、沿海防护林和马新河拦河闸除险加固 4 个项目争取上级资金 2277 万元（中央预算内资金 2141 万元，省级资金 136 万元）。组织提报 S231 河辛路改线、河口区林业生态建设、外排管网及生态河节制闸建设、河口区市政道路改造提升等 5 个项目申报专项建设基金，拟争取专项建设基金 2 亿元。积极做好项目储备，上报储备各类项目 31 个，为资金争取打好基础。加强项目资金监管，按月调度争取上级资金项目投资完成情况，定期实地查看在建项目现场情况，开展重大项目实施情况专项督查，监督项目资金使用安全。（3）突出招商引资。加大招商联络，共引进在建、在谈项目 5 个，计划总投资 36.2 亿元，已到位投资 6000 万元。重点洽谈推进普斐科特汽车零部件、天津万贝科技 120 万吨 / 年芳烃加工及安徽盛运生物质发电等项目。认真开展国内招商，新提报签约项目 12 个，计划总投资 185.81 亿元。规范组织各类招商活动，组织东方实业、沃驰化工等区内企业参加西洽会、渝洽会、喀交会以及京津冀项目推介会，会上企业展销展示的化工新材料，受到与会嘉宾的广泛关注；积极参加东营融入京津冀协调发展推介会，策划推介重点产业招商项目 25 个，现场签约项目 2 个，协议金额 37.88 亿元。

【行政审批工作】 严格落实首问负责、一次性告知等制度，加强提报材料真实性、齐全性审查，加大重点项目现场查看力度，认真做好各类审批服务。备案企业投资项目 102 个，总投资 52 亿元；核准企业投资项目 7 个，总投资 5 亿元；上报市核准备案企业投资项目 5 个，总投资 7 亿元；根据市区违规项目治理要求，为全区 28 家符合条件企业出具产业政策证明材料。立项审批政府投资项目 89 项，估算投资 18.5 亿元；概算审核政府投资项目 72 个，报送值 13.2 亿元、审定值 12.7 亿元，审减值 5079 万元、审减率 3.8%；严控项目随意变更，严格项目现场查看，按规定程序办理项目变更 58 个，涉及资金 1895 万元；年度审批计划外政府投资项目 13 个，总投资 1.77 亿元。审查核准招标方案 52 项，办理招标公告审查 85 项，参加招投标活动现场监督 85 次，涉及中标金额达 6 亿余元；办理节能审批 133 项，其中节能备案登记表126项、审查节能备案报告表2项，审查节能评估报告书5项。所有审批事项均按照承诺时限给予及时办理，事项办结率和满意率均为100%。

【各项改革工作】（1）全面推进经济体制改革。作为经济体制改革牵头部门，起草完成《河口区经济体制改革2016年工作要点》，每月定期调度经济体制改革成员单位涉及改革事项进展，现33项改革事项得到有序落实。（2）抓好公车改革推进。按照全市统一安排部署，牵头抓好公车改革工作；6月底前完成党政机关方案报批和取消车辆停驶封存工作，封存车辆由区财政局完成评估拍卖。（3）指导推进公立医院改革工作。充分发挥总牵头、总协调、总督导作用，加快推进公立医院综合改革国家试点工作，全面启动分级诊疗制度，推进医联体建设，扩大公立医院用人自主权，探索公立医院法人治理机构改革，建立工作绩效考核制度，推进改革向纵深发挥，激发医疗机构活力，提升医疗服务能力，有效缓解群众“看病难”难题。（4）推进社会信用体系建设。加强全区社会信用体系建设，牵头推进行政许可和行政处罚信用信息“双公示”工作，按照时间节点，分四批次上报“双公示”信息上万条，并在省社会信用平台上予以公示。印发实施《2016年河口区社会信用体系建设工作任务分工意见》，将社会信用体系建设具体事项细化落实到各责任单位；有序推行社会信用“红黑榜”制度，先后向市信用建设领导小组上报红榜信息182条，黑榜信息62条，强化信用的激励和约束作用。

统计工作

【概况】 2016年，河口区统计局以“两学一做”学习教育为统领，以“五大理念”为引导，在压力中寻求突破，在机遇中乘势而上，在发展中大有作为，以精准统计服务为实现“美丽幸福新河口”目标建言献策，全方位提升统计工作的整体水平，全区统计整体工作取得新进展、新突破、新成效。截至年底，连续5年荣获“全区目标管理考核一等奖”，连续7年荣获“省级统计系统文明单位”，连续3年荣获“山东省文明单位”，并被授予“山东省1%人口抽样调查先进集体”“山东省统计宣传工作先进单位”“山东省档案工作科学化管理先进单位”等荣誉称号。

（一）强学习重笃行，深入开展“两学一做”学习教育。自“两学一做”学习教育启动以来，认真落实上级部署，超前谋划，精心组织，以上率下，创新性实施“周报告”“月分析”“季展评”等保障机制，学深悟透笃行党员意识，并突出统计特色，坚持知行合一，确保学习教育成效。2016年，共开展集中学习47次，集中研讨5次，主要领导上党课3次，下派第一书记为帮扶村党员上党课1次，科级干部宣讲8次，干部职工撰写微体会27篇。在问题整改方面，通过梳理查摆共确定班子整改问题6项，党员领导干部整改问题12项，分别建立即知即改台账，实行即知即改双责任制，全程跟踪落实，并定期督导调度，积极整改，逐一“销号”，适时公示，确保整改实效。

（二）促转型助跨越，切实加强经济运行监测预警。紧紧围绕“一极两区”的目标定位，充分发挥统计预调预警分析监测职能，主动适应新常态，建立健全经济运行监测预警分析制度、重点专题分析研究制度和专题调研制度等，在全面分析全区经济形势、经济现状及发展目标的基础上，及时督促，及时调度，全力做好保增长、保民生、保稳定各项工作，全区经济保持平稳健康运行。同时，为全面、详细了解掌握全区经济发展状况，切实加强部门统计工作，整体参与区委、区政府对镇街、部门的年度综合发展考核，为掌握镇街区域数据、掌握部门支撑数据、掌握核算评估数据提供坚实基础，进一步提升统计形象。

（三）聚焦点持发力，全力做好第三次农业普查及新常态下统计工作。一是深入推进第三次农业普查工作。此次普查2016年开始，2018年全部完成，普查标准时点为2016年12月31日24时。按照上级统一部署，河口区已全面完成普查的“四落实”工作、综合试点、培训、普查区划分、清查摸底、农普物资以及快速汇总、查缺补漏等各项前期准备工作，现在正在开展正式入户登记工作。二是有序开展全国1%人口抽样调查工作。根据省市工作安排，河口区制定详细的工作计划、目标和任务，并按要求完成全部900调查户、2500多人的入户登记、数据审核、上报、汇总工作。三是稳步推进企业纳限工作。根据国家、省、市“四上”企业纳限工作要求，区统计局积极与发改、经信、商务、住建等行业主管部门沟通对接、提早安排，积极部署新增“四上”企业纳限工作。2016年，新增“四上”企业30家，其中工业17家、批零住餐业8家、服务业4家、房地产业1家。四是高质量开展“三新”统计调查、文化产业调查、城乡一体化住户调查等统计调查任务，积极组织开展国民经济核算改革、投资统计改革等，在组织实施、数据质量等方面，得到社会各界的好评。

（四）重解读提亮点，着力提升统计服务发展推动力。一是统计资料更加翔实。《河口统计月报》《河口统计公报》和《河口统计年鉴》等统计资料更加全面、翔实，整理编印的《区域经济发展面对面——统计分析调研报告》《统计改革解读》《河口农业统计》等统计服务产品，更加贴近需求、服务发展。二是统计分析更加精准。面对复杂严峻的经济形势，重点加强季度预调分析工作，每季度撰写的五大类预调分析，均得到区领导的高度重视、认可和批示。三是信息公开渠道更加畅通。2016年，先后向社会公开各类统计信息370余条，先后向决策层和服务对象提供各类调研分析20余篇，其中有5篇预调分析被区领导签批，11篇预调预警和监测分析被《河口政务工作》《河口政务要情》等全文转发，起到“科学信息源”“决策数据库”的作用。

（五）拉标杆提档次，引领全区统计“双基”工作再上新台阶。一是夯实镇街统计基础。组织开展镇街统计站集中规范整治工作，全力深入推进统计“双基”规范化建设。5月24日，代表全市全面迎接省局对东营市企业星级管理创建工作的复查验收，并获验收组高度评价。二是加强企业统计基础工作。按照“六有”要求，积极推进企业统计基层基础建设。严格新增“四上”企业标准，实行镇街初审、区局名录再审、各专业三审，对每个企业进行集体会审、确认，实现“四上”企业质量保证优先，数量有序增加，规模逐步扩大。三是部门统计工作取得新成效。加强对部门统计工作的组织、协调与管理，督促各部门强化组织领导，夯实统计基础，严格依法统计，确保数据质量。

2016年9月19~21日，在河口宾馆举办河口区三农普综合试点培训会

【第三次全国农业普查】 第三次农业普查是我国进入新常态后一次重大国情国力普查。区委、区政府高度重视，严格按照上级标准全面完成“四落实”工作、综合试点培训、普查区划分、清查摸底以及快速汇总、查缺补漏等各项前期准备工作。在农普宣传上，创新编印《农普快讯》《农普风采》《河口农业统计》，组织开展农普巡回宣讲、普法宣传日、农普“赶大集”等活动，并通过“一分钟图解”“音乐图片”“图片视频”“图

解彩页”“问题答疑”等形式搞宣传，获得较好反响。

【全国 1% 人口抽样调查】 根据省政府办公厅《关于建立年度全省1%人口抽样调查制度的通知》要求，从2016年起每年进行一次1%人口抽样调查，目的是及时掌握人口总量及结构变化，准确反映城镇化水平，更好地服务科学发展。根据省市工作安排，河口区制定详细的工作计划、目标和任务，确保调查工作按计划有序开展，并按要求完成全部900调查户、2500多人的入户登记、数据审核、上报、汇总工作。

【统计基层基础工作】 2016年，区统计局“牢”字发力，稳步推进统计基层基础规范化建设，拉高标杆提升档次，先后代表全市迎接多次检查验收，取得较好效果。4月5日，代表全市迎接市人大对《中华人民共和国统计法》贯彻实施情况的调研，获市人大常委会副主任温晓杰调研组一行充分肯定；5月24日，代表全市迎接省统计局对近五年统计星级管理工作的复查验收，河口区统计五星级单位一次性全部通过验收，并获省统计局验收组高度评价和认可；9月21日，河口区统计局作为全省统计基层基础建设典型县区之一（全省共两个县区），参加全省统计基层基础建设现场会，并做首个典型发言，引起强烈反响。

审　计

【概况】 2016年，区审计局在职人数29人，下设办公室、财政金融审计股、行政事业审计中心、政府投资审计办公室、任期经济责任审计办公室，其中任期经济责任审计办公室为副科级事业单位。河口区审计局实行双重领导，对本级人民政府和上一级审计机关负责并报告工作，审计业务以上级审计机关领导为主。履行《中华人民共和国审计法》规定的职责及工作程序。2016年，共完成审计项目110个，其中政府投资审计项目82个，预算执行审计项目9个，财政决算审计项目1个，经济责任审计项目11个，稳增长跟踪审计调查5个。在区委、区政府考核中列社会政务和执法监督类第5名，政府投资审计办公室连续两年被评为事业绩效考核A级单位。区审计局顺利创建为省级文明单位。

【财政金融审计】 转思维，促财政审计“五突出”。一是突出部门预算编制及预算执行的合理性。重点审查部门预算是否细化，是否将预算收入和上年结余等编入年初部门预算；二是突出区本级及下属单位非税收入使用管理的规范性。重点揭示和反映违规收费，将行政事业收费转为经营性收费等问题；三是突出预算支出及结余的真实性。重点揭示和反映“三公”消费、挤占挪用专项资金，违规支付费用、违规转移支出、滞留专项资金等问题；四是突出政府债务、部门资金资产的安全性。揭示和反映当前政府债务基本情况，以及虚列支出、零余额账户提现、违规开户、国有资产流失等问题；五是突出稳增长政策落实情况。重点揭示不落实、虚假落实的情况，促进政策效能的真正发挥。截至9月底，共完成预算执行审计项目9个，乡镇财政决算项目1个，财政财务收支审计项目2个，共查出违规问题金额126万元，管理不规范问题金额21726.46万元，非金额计量问题23个。

【政府投资审计】 转重点，促政府投资项目审计“五转变”。一是由事后审计向施工现场过程跟踪审核，建设、施工、监理、审计、发改、财政六方共同会签转变。注重事前早发现、早避免、早整改，突显审计促进工程项目少问题、少投资、少浪费；二是由以工程核减为主向工程程序合规审查、建设管理、财务决算审计并重转变。注重工程造价合理性、程序合法性、管理规范性，突显审计促进项目投资造价节约、建设运营合法、建设推进有序；三是由以审计建设施工单位为主，向以审计建设、施工单位为主、同时注重延伸设计、采购等相关单位转变。注重审查事实资料的真实性和完整性，突显审计促进还原事实真相，维护社会公平

经济责任审计时审计人员对被审单位财务负责人进行谈话

正义；四是由真实合法审计向兼顾效益审计转变。注重审查政府投入是否发挥效益，效益是否达到应有的效果，突显审计促进资源合理利用、投资效能充分发挥；五是由审查违纪违法问题为主向与规范项目管理并重转变，注重审计服务功能的发挥，突显审计促进制度完善、规范管理。截至12月10日，已完成竣工决（结）算审计项目67个，审计工程造价126984.55万元，审减金额17584.03万元，查处其他违规金额2766.20万元，向建设部门建议处理26项；跟踪审计项目67个，跟踪资金103985.5万元，已完成跟踪审计项目15个，提出跟踪审计建议29条，政府投资审计办公室连续两年被评为事业绩效考核A级单位。

【经济责任审计】 转模式，促经济责任审计“五升级”。一是从微观监督向宏观微观并举转变，促进审计理念转型升级。关注领导干部贯彻落实国家有关方针政策和决策部署情况，促进建立健全财政、财务规范运行和领导干部依法履职的长效机制；二是从关注经济责任向与部门绩效并重转变，促进审计内容转型升级。关注部门工作职能发挥，将职责划分、重大经济事项决策与执行效果、内部经济监督等纳入审计范围，促进加强领导干部的监督与管理；三是从镇街领导离任审计向党政同审转变，促进审计覆盖转型升级。关注党政领导职责分工和审计事项责任的界定和审计评价的适当和准确，促进审计自身质量的提升和审计结果作为参考依据的更大发挥；四是从手工操作为主向利用计算机技术转变，促进审计技术转型升级。关注部门职能的履行情况和业务工作开展情况，促进审计内容的全面覆盖和审计层次的提升；五是从查处违规违纪向与促进部门规范管理并举转变，促进审计成效转型。部门的问题整改和规范管理，促进被单位完善制度、规范管理。截至12月10日，已完成海洋与渔业局、民政局、政府办等经济责任审计11项，查处违纪违规问题金额1010.63万元，管理不规范金额6047.12万元，非金额计量类问题49项，移送区纪委案件线索1件。正在开展的项目2个。

【其他工作】 （一）转方式，促业务中心工作“五俱进”。一是促党的“两学一做”学习教育与业务工作与时俱进；二是促文明单位创建与业务工作与时俱进；三是促交办任务与业务工作与时俱进；四是促精准扶贫与业务工作与时俱进；五是促队伍建设与业务工作与时俱进。通过学习党章党规和习近平系列重要讲话精神、创建文明单位、扎实扶贫助困、加强队伍建设，提升审计干部政治素养，提升机关文明氛围，提升干部为民审计为民服务思想，提升审计人员的工作能力，促进审计工作水平的提升。

（二）转作风，促机关建设“五提高”。一是比作风，建忠诚型机关，促进工作效能提高；二是比成果，建责任型机关，促进工作质量提高；三是比能力，建法治型机关，促进干部素质提高；四是比勤政，建廉洁型机关，促进机关效能提高；五是比团结，建担当型机关，促进文明节俭风气提高。通过参观市廉政教育基地、山东革命根据地审计展馆、加强法制建设、争创省级文明单位，积极开展各种转变作风、提升文明廉洁效能的活动，形成团结、文明、担当、上进的新气象。

国土资源管理

【概况】 2016年，河口分局全面落实党的十八届历届全会和上级关于国土资源工作的新定位、新要求和新部署，紧紧围绕全区经济社会发展大局和年初确定的目标任务，主动作为，积极服务，严格监管，努力提高国土资源管理能力和水平。突出重点，把握关键，夯实责任，筑牢清正廉洁拒腐防变的思想防线，狠抓作风效能建设工作，有效推动国土资源各项工作顺利开展和目标任务的完成。实行土地征收补偿安置费预存制度；“数字河口地理空间框架建设项目”荣获2016中国地理信息产业优秀工程银奖；农村集体土地确权登记发证顺利通过省级验收；土地卫片执法检查实现“零问责”“零约谈”；全市执法案卷评选活动优秀率达100%；耕地后备资源调查评价工作顺利通过省厅验收；六合国土所获省级先进集体；一人获全省六五普法先进个人等荣誉称号。

【年度土地利用计划指标】 2016年，上级下达河口区新增建设用地计划指标共计385亩，其中农用地300亩（包含耕地60亩）。河口区作为全市经济发展的重要增长极，在全省收紧“地根”的大环境下，为保障经济发展用地，实际争取使用新增建设用地年度计划指标599.9亩。是年初计划指标的1.56倍。先后保障河安小学扩建、河口区职业技术学校改扩建项目、中海油升级改造、乳制品加工园道路、蓝区道路等全区基础设施、重点项目用地指标需求。

【建设用地与土地市场管理】 2016年，先后为兴港路（北一、二段）、区医院扩建等项目划拨用地6宗，面积349.91亩，划拨成本434.49万元。为新户镇东风村文化大院项目办理集体土地使用手续，面积3.15亩。通过挂牌方式出让国有建设用地使用权19宗，面积1703.57亩，成交额25077.92万元。其中工业用地12宗，面积1515.19亩，成交额11081万元；商服用地4宗，面积71.16亩，成交额3955万元；居住用地3宗，面积117.22亩，成交额10041.92万元。优化土地资源配置，改善用地环境，加强市场整体竞争力。

【永久基本农田划定】 2016年，开展永久基本农田划定工作。市局核减河口区基本农田面积25000亩，新下达河口区基本农田保护面积501845亩，耕地保有量为579285亩，基本农田保护率为86.63%。河口区共调出基本农田面积59203亩；拟建设公路占用耕地调出基本农田2147亩。调入基本农田面积34203亩。永久基本农田方案于2016年12月16日经市局评审论证完成。

【建设用地批次报批】 2016年，完成3个批次建设用地报批工作。共涉及21个地块，总面积594.38亩。另外，完成胜利油田2012~2014年度生产及配套设施项目建设用地484宗，用地总面积1615.52亩的组卷上报工作。有力保障河口区经济社会发展和国家重点能源用地。

【耕地保护】 与6个镇政府（街道办事处）签订“十三五”前三年度（2016年、2017年、2018年）耕地保护目标责任书，把永久基本农田落实到村到户，登记造册，上图入库。年初耕地3.94万公顷，年末耕地4.16万公顷，年度增加耕地2200公顷。基本农田划定面积3.35万公顷，占耕地总面积的80.53%。连续15年实现耕地占补平衡。基本农田保护率100%。

【土地开发整理复垦】 一是积极推进高标准基本农田建设。2016年，实施的孤岛镇三分场片、十三分场片和河口街道挑河片3个高标准基本农田建设项目，总规模 2.83 万亩，建成高标准基本农田 1.9 万亩，已于 12 月份通过市级验收；二是扎实推进宜农未利用地开发。河口区孤岛镇十七分场土地开发项目，建设规模为 174.52 公顷，总投资 1340.12 万元，新增耕地 129.30 公顷。

【矿产资源管理】 2016 年 10 月 26 日，市地热资源勘查开采大检查组到河口进行安全大检查，市局党组成员、测绘局长郝宝国、地矿科科长王辰雨、科员赵景蒲等一行在市局储备中心副主任、河口分局长赵广民的陪同下，对全区的地热井进行拉网式安全大检查。对企业存在的安全隐患下发整改通知书，为河口的地热安全生产奠定基础。2016 年 1 月 15 日，由省地质环境监测站高工刘玉让、省地质测绘院逯玉明、中石化地质总局山东勘察院研究员高发祥等专家验收组参加对河口分局承担的 2015 年财政资金切块项目“东营市河口区仙河镇砖瓦用黏土地质环境治理项目”进行外业验收并顺利通过。2016 年 7 月 19 日，由省厅地质矿产勘查开发局局长徐余祥、省厅调研员谷振峰、省地质科学研究院研究员寿冀平等领导组成专家组，对河口局承办的《山东省东营市河口区矿产资源调查及综合评价项目》及《东营市河口区仙河镇砖瓦用粘土矿地质环境治理项目》进行成果验收，给予高度评价并顺利通过验收。

【测绘管理】 一是完成年度测量标志巡查任务，并及时将测量标志管护费发放到位。二是组织公路、水利、交通、旅游等单位召开《河口区地图》协审工作调度会，并出版发行《河口区地图》。三是完成河口区基础测绘“十三五”规划编制工作，并通过省厅专家论证会。四是积极开展地图市场大检查。联合文广新局、工商局等对一中书店、海洋书店等十余家书店进行联合检查，公民的国家版图意识和安全保密意识进一步增强。

【执法监察】 2016 年，开展动态巡查 50 余次，下达《责令停止违法行为通知书》和《责令改正违法行为通知书》30 余份，有效制止各类国土资源违法违规行为，真正将违法违规行为消灭在初始，遏制在萌芽。2016 年，共立案查处 51 起违法用地案件，涉及土地面积 569.74 亩，收缴罚没款 324.82 万元。组织开展 2015 年度土地矿产卫片执法监督检查工作，实现“零约谈、零问责”。2016 年，国家土地督查济南局对河口区土地利用和管理情况开展例行督察，共审查各类材料 220 余件，实地核查现场 19 个，从耕地保护、土地利用、土地执法和征地补偿 4 个方面，指出河口区土地利用管理工作中存在的问题和不足，提出改进工作的意见和建议。河口区根据国家土地督察济南局的要求，不等不靠，积极查处整改，整改完成一宗，报备消号一宗，该项工作已取得明显实效。

2016 年 9 月 9 日上午，河口区首本不动产登记证书在河口区行政服务大厅二楼颁发，标志着东营市不动产登记中心河口分中心正式成立和运行发证

【集体土地确权登记】 河口区农村宅基地和集体建设用地使用权，共涉及河口街道办事处、六合街道办事处、义和镇和新户镇四个镇街，共计 171 个村庄，地籍调查面积 35.3 平方公里，地籍调查完成率达到 100%。全区农

村集体确权登记发证项目分别于2016年11月29日和12月12日，顺利通过市级、省级验收。

【土地变更调查】 2015年度土地变更调查遥感监测图斑下发后，立即组织相关股室和技术人员召开土地变更调查专题会议，以镇街、园区、蓝区为单位展开实地调查，做到每个图斑都到现场核实，对照地类，逐个拍照，填写土地变更调查表，前后多次接受省级矢量数据的修改完善，最终通过各级检查验收，为土地卫片执法检查、用地报件提供基础资料，实现“一查多用”的目的；2016年，国土资源部分三次下发河口区遥感监测图斑共652个，面积11921.7亩，在对逐个图斑现场勘察分析和核对后，逐级上报接受审核，于2016年1月20日，通过省级核查。

【科技成果】 2016年，东营市国土资源局河口分局提报的数字河口地理空间框架项目荣获“2016中国地理信息产业优秀工程银奖”，该项目主要完成人有卢立琦、荆红岩。

市场监督管理

【概况】 河口区市场监管局负有全区食品药品安全监管和维护市场经济秩序职能。三定规定共配置人员编制116人，其中：行政编制81人，工勤编制6人，事业编制29人。2016年12月，核减编制10人。内设办公室等12个职能股室局，下设河口等6个派出机构和河口区食品药品稽查大队和河口区消费者投诉中心2个事业单位，2016年底，全局在编人员103名，其中行政人员80名（含内退3人），事业人员23名。

【创建省级食品安全先进区工作】 3月，河口区被省食安委批准为第一批省级食品安全先进区创建单位，区食安办作为牵头部门，积极协调相关部门参与，制定创建方案，多次召开创建调度会，并对创建活动开展督导，促进全区创建工作的开展。同时，进一步分解任务，全面推进创建工作。按照“两库七室一窗口”的标准加强基层监管所标准化建设，配备执法装备，制定管理制度和执法办案流程，进一步夯实创建基础。加大宣传力度，在河口广播电台开办《市场监管在行动》专栏，解读政策法规，介绍食品安全常识，宣传创建成果。在海康路打造食品安全宣传一条街，共安装灯箱200块。在全区54个公交站点和5个果皮箱安装创建工作宣传画70块，在人口密集场所、主要道路设立宣传牌、墙标100余个，在公交车滚动播放食品安全宣传字幕，在食品生产经营企业张贴宣传画报6000余张。组织开展“食品安全宣传周”、食品安全专题京剧晚会，通过宣传，提高创建活动的群众知晓度。先后举办各类食品安全和专业技能培训班56期，培训食品从业人员5000余人次，增强企业的自律意识。11月4日，省食药局副局长王建政一行到河口区调研，对创建工作给予高度评价。

【食品安全监管】 2016年，共出动执法人员13160人次，检查食品经营单位9540户次，共查办食品违法案件77起，罚没款31.6万元，全区未发生重大食品药品安全事件。坚持问题导向，强化风险防控，以落实企业主体责任为核心，督促企业建立原料购进查验、索证索票、生产记录、出厂检验等食品安全管理制度，提高食品来源和去向的可追溯性。同时，在生产环节以打击“两超一非”为重点，在流通环节以查处无证经营、“三无”食品、假冒伪劣食品为重点，在餐饮服务环节以学校食堂、建筑工地食堂、农村集体聚餐为重点，开展日常监管和专项整治，强化隐患排查，加强风险防控，打击违法行为。

【药品安全监管】 加强对药品经营企业日常监管和医疗机构规范化管理，强化对全区药品经营和使用单位药品购进渠道的监督检查，进一步规范药品购进渠道。以疫苗、中药饮片、高风险医疗器械为重点，强化药械监管，进一步规范药品生产经营行为，严厉打击违法违规行为，依法查办药械违法案件16起，罚没款8.83万元。针对“疫苗事件”，迅速行动，开展专项检查工作，检排药品经营使用单位121家次，对13家二类疫苗接种单位进行核查，全面掌握所有疫苗的购进渠道，未发现非法经营疫苗行为。

【保健食品化妆品安全监管】 全区现有保健食品经营单位119家，化妆品经营单位45家。开展保健食品“打四非”专项行动和化妆品专项检查。对全区267家化妆品经营使用单位进行调查摸底及专项检查工作。依法查办化妆品违法案件1起。

【食品药品监督抽检】 2016年，制定年度食品监督抽检计划1130批次，完成食品抽验1190批次，检出不合格产品39批次，配合完成国家级、省级、市级抽检664批次，共检出不合格产品28批次，对于抽检不合格的食品，区市场监管局已全部立案查处，查处率达到100%。完成市局下达药品抽验任务81批，检出不合格品种4批，已全部立案查处。完成医疗器械抽验1批，化妆品抽验23批次。对于抽检不合格的食品药品，全部立案查处，并将抽检结果和处理结果全部在局网站公示，提高对违法行为的震慑力。

2016年3月20日，区市场监管局、区国税局、区地税局颁发全省首张个体工商户“两证合一”营业执照

【“食安山东”品牌引领】 开展清洁厨房、“明厨亮灶”和“寻找笑脸就餐”行动。2016年，6家餐饮服务单位（食堂）获评“食安山东”示范单位，1条餐饮街获评“食安山东”示范街区，23家餐饮单位厨房获评省级“清洁厨房”，92户餐饮单位进行明厨亮灶，餐饮单位量化分级管理和等级公示率达到100%。

【商事制度改革】 对国务院、省、市出台的一系列政策文件，进一步明确目标要求，及时研究、解决执行过程中遇到的困难、问题，保障各项改革措施顺利落实。10月份按时推行“五证合一”营业执照登记改革，全年，共办理“三证合一”“五证合一”1258份。为解决个体工商户办理营业执照、税务登记证多头跑的问题，2016年3月，区市场监管局率先在全省实施个体工商户“两证合一”登记制度改革，激发经济发展活力和内动力，全区已办理个体工商户“两证合一”营业执照1330户。全年新登记市场主体2586户，同比增长11.15%，市场主体总量达到13587户。

【年报及企业信息公示】 宣传《企业信息公示暂行条例》及配套规章，告知年报时间、流程等，及时解答年报有关方面咨询。宣传发放《2013、2014年度市场主体年报及抽查情况的通报》，提高市场主体参加年报的自觉性。2015年度公示企业2299户，年报率92.48%；公示农民专业合作社303户，年报率98.06%；公示个体工商户9258户，年报率94.63%，企业、农民专业合作社、个体工商户年报率分别比去年提高7.14%、17.57%、11.96%，居全市第一。

【品牌建设】 对河口区有出口业绩的35家企业和9家规模以上企业的国内商标申请注册进行全面摸底统

计，建立常态联系，指导企业做好商标境外注册工作。全年，共指导商标咨询服务 150 余人次，行政指导 5 份，上报商标品牌发展资金补助 140 件，涉及企业 32 家，兑现补助 7 万元。新增注册商标 53 件。现全区拥有有效注册商标 1057 件，山东省著名商标 7 件，1 件马德里国际注册商标。新增国家级“守重”企业 1 家，省级“守重”企业 4 家，市级“守重”企业 6 家。截至 2016 年，全区国家级“守重”企业 4 家，省级“守重”29 家，市级“守重”企业 39 家，为企业办理设备登记 41 件，融资 21.4 亿元。

【事中事后监管】 对省局随机摇号抽取的辖区内企业的注册登记、备案信息、股权出质等公示信息的真实性进行检查。同时，开展企业即时信息、出资信息公示定向抽查工作，充分发挥抽查监管、信用约束的震慑作用，引导、督促企业及时公示相关信息，营造企业自觉履行信息公示义务、公众积极参与监督的诚信环境。2016 年，省局共抽查辖区 373 户市场主体，企业正常率为 72.4%；个体工商户和农民专业合作社 286 户，正常率为 92.6%。以油品抽检工作为契机，对全区成品油市场进行一次精准评估，抽检覆盖率 100%。全年，共配合市局组织抽检工作 5 次，涉及各类车用燃油经营业户 59 户次，油品 111 批次，共查处经营不合格成品油行为 9 起，罚没款 16.4 万余元。先后开展治理不正当竞争专项执法、投资担保类企业摸底排查、打击非法传销、卷烟市场专项清查、网络市场监管等专项行动。严厉查处广告违法行为，对区电视台发布的违法广告进行立案查处，罚没款 1.7 万元；开展互联网金融广告及以投资理财名义从事金融活动风险专项整治，对现存的 137 家金融企业（网店）进行建档，排查互联网金融广告 152 条。

【消费者权益维护】 开展家具、地板、墙漆、建材、家纺等 37 个批次抽检，对 5 户不合格的立案查处。加强消费投诉平台建设，充实消费者投诉中心人员力量，完善工作机制，积极做好 3612315 申诉举报电话及 3612345 民生热线转办工作。全年，受理各类投诉举报 190 余件，为消费者挽回经济损失 120 余万元，按时办结率 100%。开展 3·15 国际消费者权益日宣传活动，深化消费者消费维权意识，引导消费者科学、合理消费。

2016 年河口市场明细表

	市场名称	面积（平方米）	从业人员（人）	年成交额（万元）
农贸市场（6）	河口贸易市场	50499	598	16067
	河宁农贸市场	9000	60	8000
	河盛农贸市场	4550	22	3000
	河口区孤岛贸易市场	52569	260	15000
	仙河贸易市场	13400	1000	12700
	河口区仙河镇幸福市场	2990	30	300

农产品批发市场（3）	河口区孤岛金龙蔬菜批发市场	7000	10	4000
	河口区三义和蔬菜批发市场	38628	66	1200
	东营市黄河口水产批发市场	88665	22	
商品交易市场（5）	海盛路综合市场	30000	20	5000
	河口区五金建材市场	27306	111	5000
	河口区家具市场	26640	38	1000
	河口区孤岛建材市场	1300	61	2000
	仙河商城	32957	110	5000

2016 年度河口区著名商标名单

序号	商标	企业名称	注册证号	核定商标或服务	联系人	备注
1	胜东	东营新东方建设机械有限责任公司	1239577	起重机	叶金华	
2	胜海	胜利油田海洋电器有限责任公司	3167806	高低压开关板	王晗	
3	长盈	山东海星集团有限公司	3384722	贝壳类动物（非活）	张丽敏	
4	欣马	山东欣马酒业有限公司	310155	白酒	刘艳霞	
5	三丰香油及图	山东三丰香油有限公司	5978597	芝麻油	张明艳	
6	金开设备及图	山东金开石化设备制造有限公司	6238504	石油化工设备（换热塔，塔器，容器）	聂加加	
7	黄河王	山东黄河王酒业有限公司	1163501	白酒	岳华清	

国家级及省级守合同重信用企业名单

序号	级别	企 业 名 称	企业地址	法定代表人	注册资金
1	国家级	富海集团有限公司	河口区	罗 冰	10010
2	国家级	山东胜利通海集团有限公司	河口区	高志刚	6355.25
3	国家级	胜利油田北方实业集团有限责任公司	仙河镇	王宏伟	3413.631
4	国家级	胜利油田仙河投资发展有限公司	仙河镇	陈永胜	2000
5	省级	胜利油田东方实业投资集团有限责任公司	仙河镇	朱月福	3600
6	省级	胜利油田万和石油工程技术有限责任公司	河口区	孙继光	5114.703
7	省级	胜利油田畅海石油技术有限公司	仙河镇	王乃山	600
8	省级	山东欣马酒业有限公司	孤岛镇	徐宝庆	876.2
9	省级	山东天海建业有限责任公司	河口区	赵海江	2100
10	省级	东营市福通工贸有限公司	黄河路1号	单建民	3141
11	省级	胜利油田兴通建设工程有限责任公司	河口区	孙本义	2450
12	省级	胜利油田金色河口实业有限责任公司	海康路20号	刘克军	2000
13	省级	山东三丰香油有限公司	孤岛镇	王 志	500
14	省级	东营华联石油化工厂有限公司	河 口	罗 冰	68000
15	省级	东营市河口区宏智建安有限责任公司	河口区河滨路	马立和	2100
16	省级	山东黄河王酒业有限公司	孤岛镇	刘召华	500
17	省级	中国联合网络通信有限公司东营市河口区分公司	黄河路53号	原 彧	
18	省级	东营市河口区实业发展有限责任公司	河口区	王 猛	5000
19	省级	胜利油田金岛石油工程技术有限责任公司	孤岛镇	杨发全	600
20	省级	东营市精诚无缝钢管有限责任公司	明河路4号	刘志刚	1000
21	省级	山东海星集团有限公司	仙河镇	孙立文	5000
22	省级	山东中海化工集团有限公司	六 合	刘士勤	10000
23	省级	胜利油田渤海管具有限责任公司	河 口	汪清林	3260
24	省级	胜利油田仙河投资发展有限公司	仙河镇	陈永胜	2000
25	省级	胜利油田宏海建业有限责任公司	孤岛镇	宋玉新	2000
26	省级	胜利油田桩西鑫新建筑安装工程有限责任公司	仙河镇	王宏伟	3608
27	省级	山东通和水产有限公司	义 和	常守臣	1000
28	省级	山东汇海医药化工有限公司	河口区	张忠政	5000
29	省级	山东仙河药业有限公司	仙河镇	李保国	1427
30	省级	山东旭业新材料股份有限公司	河庆路2号	刘旭思	3896.1
31	省级	东营鹏远工程有限公司	孤岛镇	赵 勇	2030
32	省级	胜利油田临海石油科技有限公司	仙河镇	徐文杰	100
33	省级	东营春兴盐化有限公司	新户镇	杨国强	1238
34	省级	东营市河口区市政工程公司	河 口	张清海	1337
35	省级	山东翔云建筑有限公司	仙 河	冯其福	1000

物价管理

【概况】 2016年9月，根据区编办《关于设立河口区物价管理办公室等机构编制事项的通知》（东河编办〔2016〕57号），河口区发展和改革局不再挂河口区物价局牌子，河口区物价管理办公室为河口区发展和改革局内设机构，承担物价管理相关职责。河口区价格监督局由河口区物价局直属机构调整为河口区发展和改革局内设机构。河口区价格认证中心调整为河口区发展和改革局下属事业单位。河口区物价管理办公室现有正式在编干部职工28人，其中在职26人。内设办公室、价格与收费管理股，下设价格监督检查局、价格成本调查队、价格认证中心和价格监测中心。主要职能是：宣传、贯彻国家价格方针政策、法律、法规和规章；依法对全区范围内价格行为进行监督检查，查处价格违法行为；推行明码标价制度，指导行业价格自律；受理价格方面的举报；负责本区行政事业性收费和经营性收费管理、监督、年审工作，制止乱收费行为；搞好工农产品成本调查测算、成本监审及价格管理工作；做好涉案、涉纪、涉税物品价格鉴定工作；负责全区交通事故车辆及财物损失的价格认证；负责市场物价监测，搞好价格信息服务。

【价格管理】 按照国家和省、市物价部门总体要求，狠抓各项调控措施的落实，努力维护市场价格基本稳定。（1）科学监测，及时发布价格信息。在全区科学设立15个常规价格监测点，进行市场价格采集200余次，上报各类监测报表264份，为政府决策服务。其中，上报居民生活消费食品零售价格监测周报表52份，生产资料价格管理监测表52份，价格公示表52份，居民生活工业生产资料价格监测旬报表36份，城市居民日用工业消费品零售价格监测旬报表36份，成品油监测旬报表36份，向区政府信息室报送市场价格信息18篇，编印河口区物价动态6期。同时，将监测到的各类商品价格信息，及时通过“晒价平台”进行发布，在河口电视台、黄河口网站、河口物价网站等平台上发布商品价格信息公示52期，药品价格信息公示12期。（2）加大市场价格监管力度。采取专项检查和巡查相结合的方式，派出检查人员150余人次，深入银座、胜大等50余家商品零售企业，查处虚假降价、虚假打折、虚假优惠、不履行价格承诺等价格欺诈行为，加大对经营者之间串通或者合谋涨价、捏造、散布涨价信息、囤积商品等行为的治理力度，及时提醒告诫。加大明码标价工作力度，对辖区内的大型商场超市、药店、加油站等50余家企业明码标价情况开展“拉网式”检查，全区明码标价基本规范，营造良好的市场价格环境。（3）加强商品房销售明码标价监管。按照上级物价部门统一部署，联合区住建局对9家房地产开发公司商品房销售明码标价执行情况进行检查，对存在问题的5个开发项目下达限期整改通知书，跟踪检查，限期整改。严格商品房销售价格备案工作，共对6家房地产开发公司新建的2143套商品房销售价格进行备案并公示。

【价费管理】 （1）清理规范行政事业性收费。按照国家财政部、发展改革委发布的《关于扩大18项行政事业性收费免征范围的通知》，及时取消河口区2个部门7项收费，截至2016年底，减轻企业负担30万多元。（2）做好收费动态监管工作。根据省、市物价管理办公室统一安排部署，完善年审网上申报系统和河口区的行政征收系统，对46个行政事业性收费单位的年审申报进行网上审验，及时、准确地完成上报工作任务。（3）落实收费公示制度。随着收费政策变化，对新增、取消或停征、调整收费标准的项目进行及时梳理，编印《2016年河口区行政事业性收费目录清单》（以下简称《目录清单》），《2016年度河口区涉企行政事业性收费清单》（以下简称《收费清单》）。《目录清单》涉及22个收费部门的52个收费项目，《收费清单》涉及13个部门的22个收费项目。通过联系企业和服务群众等多种方式向社会发放800多册，通过黄河口网站向社会公布，方便查询，为企业和群众维护自身利益提供政策依据。（4）合理制定各项价格。落实改革政策，在成本测算基础上，制定东营盈泽环保有限公司蒸汽价格以及河口—孤岛、河口—仙河等线路电动客运票价，促进企业发展，方便群众出行。

【价费监管】 （1）开展药品价格专项检查。按照不少于20%的比例抽查6个药品经营单位，对2015年6月1日药品政策放开后价格执行情况进行检查，对个别存在的违价行为责令进行限期整改。（2）开展涉企收费专项检查。成立专项检查小组，对5个单位的涉企收费情况进行检查和提醒告诫，有效规范涉企收费单位的收费行为，给收费单位敲响警钟，减轻企业负担。（3）畅通群众维权绿色通道。搭建“12358”价格举报综合平台，通过民生热线、市民心声转办和直接受理，共处理群众价格举报和咨询93起，涉及交通事故施救、物业、供暖、供水、医疗、驾驶员培训等领域，退还消费者价款9380元，办结率100%，群众满意率100%。

【物价服务】 （1）价格认证领域进一步拓宽。认真贯彻落实《山东省涉税财物价格认定办法》，积极争取政府支持和部门协助，自12月起创新开展涉税财务价格认定工作，当月完成涉税财物价格认定5件，认定标的额4873.8万元，实现地方税收682.3万元，增加税收206万元。提升涉案、涉纪财物价格认定服务水平，全年，共受理涉案、涉纪、车损价格认定案件180起，认定总金额376.66万元，为司法行政部门打击违法犯罪、维护社会和谐稳定提供有力支持。其中，刑事案件87起，认定金额167万元；车辆定损案件93件，认定金额209.66万元。（2）成本调查工作更加注重民生。圆满完成小麦、棉花、玉米、大豆、冬枣、散养奶牛和小规模散养生猪等7个品种的常规成本调查任务，4月份对河口区农民种植意向进行调查，10月上旬对农村燃气取暖进行调研，分别写出专题调查报告，为政府决策献计出力。（3）加强成本监审工作。加大成本监审力度，先后开展城市管网供气成本监审、物业服务成本监审，为定调价提供可靠依据。（4）开展生猪目标价格保险试点工作。作为全市唯一的试点县区，开展生猪存栏、出栏和群众投保意向调查，争取区政府确定预算资金，向省物价部门报送试点申请。

质量技术监督

【概况】 区质监局从2014年由垂直管理部门调整为区政府组成部门，管理序列调整后，按“三定”要求规范编制管理，现内设办公室、标准计量股、质量监督管理股、特种设备安全监察股4个行政股室以及附属稽查队、计量检定测试所2个事业单位，并在区行政服务中心设立质监窗口。各科室和所属事业单位职能均按照三定方案设置，职责清晰，分工明确，相互配合，各项业务工作得到有序开展。2016年，现有编制22个，实有25人。河口区质量技术监督局主管全区质量、计量、标准化、特种设备工作，履行综合管理和行政执法职责，主要负责全区质量管理工作、生产环节产品质量安全监督工作；负责统一管理全区标准化工作、计量工作；负责监督管理认证认可工作；承担全区特种设备安全监察和监督工作；负责用于食品的包装材料、容器、洗涤剂、消毒剂和用于食品生产经营的工具、设备生产加工环节的质量监督管理工作。

【质量强区工作】 以服务河口经济、促进发展为中心，提高质量管理能力，强力推进“质量强区”“品牌建设”“标准化”三大战略，力促河口经济发展。深入贯彻落实国务院《质量发展纲要（2011~2020年）》和区政府《关于实施质量强区战略的意见》工作要求，围绕“一极两区”的目标定位，结合河口区实际，

12月6日，区质监局局长宋卫华专题调研华联石化质量工作情况

制定印发《河口区2016年质量强区工作要点》《河口区2016年名牌培育计划》《关于推动搭建互联网+质量平台的意见》等，狠抓各项质量工作目标的推进落实。质量合格率方面，全区工业产品质量合格率市级以上监督抽查合格率均为100%，未出现不合格情况，居全市排名首位；生产许可证、强制性认证覆盖率均已达到并稳定在100%水平。提升企业质量水平方面，开展质量攻关改进活动，坚持以“质量强区”的理念来推动产业结构调整，培育壮大优势产业，指导东营市华联化工厂有限公司扎实开展成品油性能试验，积极申请全市成品油“质量标杆”企业；组织各名牌培训企业及重点企业开展质量提升及品牌战略培训和“品牌示范”企业交流活动，收到良好的交流效果；积极推行首席质量官制度，22家企业的厂长或经理获得“首席质量官”证书；建立质量强区工作政府督查考核机制，对28家区直部门、单位和各镇街、开发区进行质量强区工作专项督查，有力地促进全区质量工作的深入开展。

【品牌建设工作】 积极指导企业产品申报山东名牌或参加复评工作，截至2016年，全区共获1个市长质量奖、省长质量奖提名奖及中国质量奖提名奖各1个、12个山东名牌产品、7个山东省服务名牌。2016年，指导胜利油田金色河口实业集团有限公司生产的“美社”牌水泥发泡保温板产品、山东胜利通海油田服务股份有限公司生产的配电箱柜申报山东名牌；富海集团公司能源服务连锁有限公司的批发和零售以及富海物流运输公司申报并通过山东省服务名牌初审；黄河口高新技术科技创业园、神舟物流有限公司参加山东省服务名牌的复评申报工作。指导帮扶神舟物流企业参加品牌价值评价工作，组织孤岛采油厂唐守忠和桩西采油厂毕新忠两名技师申报省长质量奖个人奖项，指导中石化胜利石油工程有限公司渤海钻井总公司张吉平以一线工作组的名义申报第三届中国质量奖。

【标准化工作】 农业标准化，帮助指导仙河澳亚现代牧场有限公司顺利完成仙河镇奶牛养殖农业综合标准化省级示范区项目的创建，该项目对全省畜牧

5月17日，区质监局到集贸市场进行计量器具免费鉴定

养殖业起到很好地示范带动作用。工业标准化，积极引导企业进行产品标准自我声明公开，截至年底，河口区共有91家企业自我声明公开标准334项，涉及352种产品；培育创建标准化良好行为企业，指导企业提交采用国际标准申请，2016年申报的4个产品已全部取得采用国际标准认可证书和采用国际标准产品标志证书，山东汇海医药化工有限公司主导起草的三项行业标准被工信部批准立项。服务标准化，引导河口区民生热线综合服务中心创建服务标准化试点单位，现已被省局批准立项；积极组织河口政务服务中心申报第四批国家级社会管理和公共服务标准化试点项目。

【特种设备安全监管】 以严执法、建机制为重点，抓实特种设备安全监管工作。“保平安”是质监工作的底线，区质监局围绕“查隐患、督整改、建机制、促安全”工作思路，采取多种措施，确保特种设备安全运行。截至年底，全区在用压力容器、锅炉、电梯、起重机、叉车、大型游乐设施六类特种设备4683台，压力管道11281条、527.403千米，各类气瓶23745只。查隐患、督整改方面，严格落实“排查建档、治理销号”制度，陆续开展电梯、锅炉、大型游乐设施、起重机械、气瓶充装、人员密集场所、涉氨制冷企业、冬季特种设备大检查专项行动等，共实地检查特种设备相关单位189家，存在隐患企业112家，发现隐患274处，下达《特种设备安全监察指令书》71份，现已整改隐患216处。建机制方面，明确各镇街、开发区特种设备监管机构和人员，建立起信息共享和交流渠道，形成由镇街、开发区和区质监局齐抓共管的监管模式，扩大特种设备安全监察工作的影响力；建立约谈机制，对16家未取得充装许可的单位进行约谈，因电梯管理不规范约谈2家物业公司，约谈9家电梯维保公司加强电梯维保质量等；建立责任清单、问题清单、整改清单“三个清单”制度，向6家企业主要负责人邮寄督办函；建立对次月到期设备的预警机制、对镇街超期设备的通报机制、停产企业设备停用注销机制等，河口区特种设备定检率稳居全市第一，有力促进特种设备安全监察工作的开展。在完善机制基础上，加强调查研究，在创新监管方式上下功夫，以东营市科德化工有限公司为试点，积极探索特种设备智能化、信息化监管新模式，探索推进液化气瓶监管源头防控新模式，均取得较大成绩。

【稽查执法】 以各类专项检查为抓手，加大执法工作力度。（1）开展成品油企业专项整治，联合区国税局、区公安局、区检验检测中心对全区21家涉油企业进行排查。（2）对辖区内14家实验室资质认定企业、取得工业产品生产许可证的33家企业进行颁证条件和能力符合性、一致性检查。（3）对机动车检验检测机构进行年度审查，按照机动车安检线和环检线一体化配置的原则，督促现有机动车检测机构同时具备机动车安全性能和尾气排放两项检测能力。（4）加大计量执法力度，对强制检定计量器具进行检查，对未按规定进行检定的企业下达责令整改通知书，并进行强制检定。（5）对全区4家危险化学品包装物企业开展专项检查，督促企业建立健全销售台账。通过专项检查，规范市场经营程序，促进企业守法经营，全年共立案查处案件7起，办结5起，罚没收入59.5万元。

【计量工作】 以惠民便民为准则，加强计量工作。全年共检定计量器具9518台件，检验商品14个批次。（1）按照年初检定计划开展衡器、加油机、压力表、热电偶等周期检定，合格率均在95%以上。（2）开展特殊领域的专项计量监督检查，组织辖区内医疗单位对医用计量器具进行自查，对全区寄递企业计量器具全部进行免费检测，开展安全防护计量器具计量监督管理、天然气加气站计量专项检查等。（3）加强能源计量监督检查，依法对富海集团有限公司开展能源计量器具配备、计量器具管理、能源耗用数据利用等情况进行检查。（4）加强计量实验室建设，新建水表检定装置、可燃气体检测报警器检定装置两项计量标准，截至年底，共建立21项计量标准，可开展33个检定项目，提高服务企业、服务群众的能力。（5）做好计量标准器具核准、（非重点）制造（修理）计量器具许可、计量检定机构授权三项新增行政许可事项受理和审批工作。

2016年4月7日，区检验检测中心在区安监局、区消防大队指导下进行消防安全演练

【精准扶贫工作】 以精准扶贫为切入点，走实服务群众路线。按照中央、省、市、区扶贫开发工作会议及有关文件精神，立足实际，积极作为，累计投入12余万元，扶贫工作取得一定成效。积极指导帮扶村加强基层组织建设，着力引导建设一支能带领群众脱贫致富奔小康的新型农村干部；帮助建成600平健身广场一个，修建1000米便民生产路一条；对五一村土地整理项目中750亩耕地由村集体统一购买种子、统一施肥、统一播种，然后分配到农户管理并收益，此举使其成为土地开发区域唯一一个种上夏粮的村；领导班子成员与村3户困难群众建立“一对一”帮扶，通过为其修缮房屋购买家具、申请低保、办理慢性病手续等措施，实现3户困难群众如期脱贫，顺利完成帮扶任务；发挥职能优势，在五一村开展“计量惠民进村”、特种设备安全知识进村活动，提高村民计量诚信意识以及特种设备安全意识。

检验检测

【概况】 区检验检测中心成立于2014年6月，为区政府直属正科级事业单位，并加挂”河口区农产品检验检测中心”和“山东省石油助剂及轻烃产品质量检验中心”牌子，现有职工18人，其中在编人员8人，内设办公室、综合业务室、食品药品检验室、农产品检验室、工业产（商）品检验室5个科室。主要承担全区食品、农产品和石油化工产品、金属材料等有关工业产品的质量监督检验、评价性检验、委托检验等工作。

【检验检测能力建设】 （1）开展好人员业务培训工作。2016年，组织26人次外出学习培训，其中组织6人次赴威海参加内审员培训班，组织7人次赴寿光市、昌邑市检验检测中心考察学习，组织13人次附重庆大学进行素质提升教育。（2）与利津县检验检测中心、东营市农产品质量检验中心进行农产品和食品12个样品的比对实验，提高检测数据的准确性；（3）组织开展液质设备的安装调试和培训工作。（4）在区安监局、区消防大队的配合下进行一次包括消防安全讲座、消防安全检查的消防安全演练。通过各项措施，实验室人员检验检测能力得到明显提升，在2016年全市食品药品检验检测技能竞赛（食品检验）中获得团体赛三等奖。

【项目推进工作】 加快“食品农产品质量提升项目”和“全国第二批县级食品安全检验检测资源整合试点

项目”的推进工作。全国第二批县级食品安全检验检测资源整合试点项目投资802万元，现已完成投资600万元，主要完成样品存放冷库室、实验室内门改造、实验室供气、排气系统、新建微生物实验室等实验室改造和购置微生物实验设备、微波消解仪、全自动固相萃取仪、液相色谱仪、气相色谱仪等共25台（套）。其他200万元用于购买凝胶净化系统、超声波提取以、电感耦合等离子体质谱仪等仪器设备，正在采购中。

【检测工作】 2016年，检测各类样品761批次。其中检测农产品508个批次，农业局送检110个批次，食药局送检111个批次，自检287个批次，不合格21批次，合格率95.9%，不合格项目主要是农药残留甲基异柳磷、甲胺磷、甲拌磷、氧乐果、氟氰戊菊酯、联苯菊酯、滴滴涕等；检测食品253个批次，食药局送检23个批次，自检185个批次，委托检验50个批次，不合格13批次，合格率94.9%，不合格项目有酸价、苯甲酸、安赛蜜、可溶性无盐固形物；检测化工产品43个批次，不合格产品1个批次，合格率为98%，不合格项目为馏程；检测金属材料产品7个批次，所检项目均符合标准要求。完成非税收入5.2万元，完成年度任务的26%。

【迎接省级中心复审及扩项工作】 严格按照新的《检验检测机构资质认定评审准则》要求，对实验室质量手册、程序文件、作业指导书等体系文件进行换版编写工作，为省级中心复审、食品农产品扩项做好准备工作。计划通过扩项，达到2000个以上的检验参数和160个以上的检验方法，新增加水产品、畜产品等兽药残留检验能力覆盖食品、农产品、肉制品、白酒、原粮、调味品、饮用水以及部分药品的检测能力。

【其他工作】 （1）加强机关党的建设。坚持“三会一课”制度，健全完善党员活动室，党建各项制度得到落实，下半年新发展一名预备党员。（2）包村帮扶工作。为村里协调公益基础设施建设资金3万元，主要用于村内绿化、排沟渠修补、办公桌椅购置。单位筹措资金1000元，在春节和六一节为村里开展慰问困难群众、慰问困难儿童等活动。（3）完成区政协八届五次会议第69号提案《关于解决瓜果蔬菜农药残留问题的建议》的答复工作。（4）完成三期《智慧检测》的编印工作。

安全生产监管

【概况】 2016年，河口区安监局深入贯彻党的十八大和十八届三中、四中、五中、六中全会和中央、省、市安全生产工作会议精神，认真落实“党政同责、一岗双责、齐抓共管”的安全生产责任制，坚守安全“红线”，积极开展“大快严”集中行动，以安全生产执法监察和专项整治为抓手，强化企业主体责任落实，全面提升事故防范能力，为全区经济社会发展提供良好的安全发展环境。2016年3月，被省安委会授予全省安全生产先进单位。2016年10月14日，河口区委、河口区人民政府印发《关于成立河口区安全生产委员会的通知》（东河委〔2016〕47号），由区委、区政府主要领导担任安委会主任，全面落实“党政同责、一岗双责”责任制。

【专业技术服务】 按照“专家查隐患、政府促整改、企业抓落实”的总体思路，由政府购买专业技术服务，全面提升企业本质安全水平。投资150万元三次聘请中国化学品安全协会专家，对67家（次）重点危险化学品企业开展隐患诊断检查活动，共查出各类问题3189项。投资28万元委托青岛欧赛斯环境与安全技术有限责任公司相关专家，对全区43家涉及“两重点一重大”的企业进行本质安全状况评估。全力推进安全标准化建设工作，全年38家工商贸企业、2家烟花爆竹企业和5家非煤矿山企业完成安全

6月27日至7月1日，聘请中国危险化学品协会专家排查隐患

标准化三级达标，超额完成市局下达的15家的任务。投资38.8万元聘请山东源能安全技术咨询有限公司，对全区94家工贸行业涉氨、涉粉、有限空间作业及煤气发生炉等企业危险点进行专项排查治理，共排查各类问题隐患2551项。

【安全生产检查】 由区安委会办公室牵头组织区安委会各成员单位，在危险化学品、道路交通、消防等八大行业领域全面开展隐患排查治理工作，共组织296个检查组，检查企业2166家次，排查隐患10603条，现已经整改完毕9532条，整改率89.9%。

【化工产业转型升级】 化工产业转型升级。2016年1月，阶段性完成“安全评级”工作，并积极开展限期整改工作，现已对申请验收的13家“差”等企业给予验收，另有1家企业已取缔，1家企业《安全生产许可证》被注销。

【生产经营单位量化考核】 按照《生产经营单位落实安全生产主体责任量化考核实施办法》要求开展量化考核。全年共开展生产经营单位落实安全生产主体责任量化考核308家次，累计扣分2607分。

【职业病危害防治评估工作】 2016年，根据省安监局的安排部署，河口区确定55家企业作为职业病危害防治评估对象。区安监局先后邀请7名专家对55家企业进行三轮检查，并根据检查情况召开3次调度会议。在10月份省安监局对东营市进行的职业病危害防治评估检查中，河口区被抽查企业综合得分95分，取得全市第1名的好成绩。

【安全生产知识宣传】 举办区委理论学习中心组“安全发展战略与安全监管对策分析”专题报告会，邀请国家安监总局政策法规司邬燕云副司长授课，全区理论中心学习组成员及各镇（街）、开发区（产业园）、区直各部门主要领导共计328人参加培训。举办河口区企业职工现场应急基本知识专题培训班4期，聘请国家安监局安全文化专家张科军教授授课，培训企业职工830余人。6月，安全生产月期间，在鸣翠湖广场举办“安全重于泰山”专题文艺晚会。通过相声、小品、快板、歌曲等群众喜闻乐见的方式，向群众传达安全知识，传递安全理念。开展各类创建活动。全年共有3家企业被评为市级安全文化建设示范企业，3家顺利通过市级安全文化建设示范企业验收，7个班组被评为全市“三星班组”，2个班组被评为全市“双十佳”班组，1名班组长被评为全市“双十佳”班组长。

国有资产监管

【概况】 2016年，区国有资产运营管理中心深入学习贯彻党的十八大、十八届五中、六中全会精神，认真学习习总书记系列重要讲话精神，严格执行中央“八项规定”，全面贯彻落实市区经济工作会议精神，强化服务意识，突出服务重点，立足服务一线，加强区国有资产运营工作，认真做好政府采购工作，有效促进全区经济和社会各项事业的发展。

2016年，共完成采购活动227项，合同金额13783.53万元，比年初确定的10000万元增加3783.53万元，节约资金3650.42万元，比年初确定的1000万元多节支2650.42万元，节支率20.94%，比年初确定的10%增长10.94个百分点。实现资本运营收入513.05万元，比年初确定的350万元增收163.05万元，增收率31.78%。截至年底，担保余额为18.41亿元。其中，为中海化工集团担保4.43亿元，为河口区和顺源新农村建设有限公司担保12.7亿元（政府融资项目），缓解河口区重点工程及项目建设资金困难。按期归还到期债务13774万元，确保政府信用，圆满完成2016年本职工作目标任务。

【政府采购监督】 采购工作严格执行政府采购有关规定，依法办事，加强政府采购规范化管理，提升政府采购工作水平。为进一步提升河口区政府采购的公平性，中心不断加大政府采购硬件投入，采购谈判室、采购候谈室分别安装全套视频、音频监控设备，走廊、大厅公共场所休息处增装2部摄像头和1台拾音器，以全面加强对采购活动现场内部和外部公共区间管理。2016年，为实现多项目同步进展，全面压缩采购时间，新增政府采购询价室，有效提高政府采购效率。2016年，共组织政府采购活动227项，采购预算金额17433.95万元，合同金额13783.53万元，节约资金3650.42万元，节支率20.94%，另外，区财政局政府融资项目（单一来源采购）6项，采购合同额15.8876亿元，现各项采购工作正常进行中，为全区经济和社会各项事业的发展提供良好的服务。

【资产运营】 做好全区固定资产调整工作，并配合相关部门办理手续。2016年，为河口区实现参股分红收入513.05万元，其中：参股东营市商业银行4056.64万股，10%的现金分红405.66万元；参股东胜石油精攻公司429.56万元，分红比率25%，分红收入107.39万元。

【政府融资】 为确保全区重点项目的实施和促进地方企业发展，区运营公司拓宽发展思路，充分发挥政府融资平台作用，为河口区重点项目中标企业、新农村建设和重点企业提供贷款担保。截至年底，担保余额为18.41亿元。其中，为中海化工集团担保4.43亿元，为河口区和顺源新农村建设有限公司担保12.7亿元（政府融资项目）；2016年，已按期归还到期贷款13774万元，确保政府信用。

财税 金融

财 政

【概况】 2016年，河口区财政局面对复杂严峻的经济环境和艰巨繁重的改革发展稳定任务，认真贯彻落实区委、区政府关决议，紧紧围绕上级重大决策部署，以求真务实的态度扎实推进稳增长、促改革、调结构、惠民生、防风险各项工作，较好地发挥财政对经济社会发展的支持和保障作用。

2016年，河口区一般公共预算收入18.06亿元，完成预算的100.9%，可比增长4.5%，在各县区中居第一名；其中税收收入为11.04亿元，税收占比61.1%。区级一般公共预算收入16.7亿元，完成预算的101.8%，可比增长5.9%。其中，区本级完成14.8亿元，街道、开发区完成1.9亿元。2016年，河口区一般公共预算支出21.4亿元，完成预算的100.4%，增长5.7%。区级一般公共预算支出19.03亿元，完成预算的105%，增长5.1%。其中，区本级完成16.83亿元，街道、开发区完成2.2亿元。

【收入征管】 河口区财政局高度重视财税工作，面对前所未有的增收压力，加大组织收入力度，建立组织收入工作协调机制，健全责任领导分工督导制度，坚持周调度、月分析，定期召开收入分析联席会议，保障收入及时入库。强化税源管理，在实施重点企业日常监控的基础上，加大对新增税源、新出台政策和重点项目的调研分析，组织开展税收专项检查，挖掘增收潜力。加强非税收入管理，强化执收部门责任意识，严格减免程序，采用票据源头控管、网络监控等多项措施，做到应收尽收。在各征收部门的共同努力下，河口区财政收入总体实现平稳增长。2016年，河口区一般公共预算收入完成18.06亿元，可比增长4.5%，增幅列全市各县区第一。

【支出工作】 认真执行厉行节约反对浪费各项规定，压减行政运行成本，始终坚持民生优先，加大对基本公共服务领域的投入，努力提高社会事业发展水平和民生保障能力。2016年，河口区民生类支出11.73亿元，占一般公共预算支出的55%，较好地保障民生领域的资金需求。完善社会保障体系。累计投入1.72亿元，提高城乡居民社会养老金待遇、最低生活保障标准及农村五保老人集中供养标准，扩大残疾人两项补贴领取人群。其中，90周岁以上老年人农村基础养老金由每人每月180元提高到195元，高出省级标准近1倍，居全省前列、在全国领先。全力支持就业政策的落实，面向高校毕业生开发公益性岗位，开展灵活就业困难人员社会保险补贴和职业培训工作。加大教育文化投入。累计投入9000余万元，全面落实农村义务教育经费保障机制，不断提高义务教育阶段生均公用经费标准，落实中等职业学校生均公用经费保障机制；加大中小学校舍标准化建设投入力度，教育办学条件进一步改善。大力支持医疗卫生、人口计生事业发展。积极推进公共卫生服务体系建设，累计投入1.93亿元，提高城乡居民医疗保险政府补助标准、基本公共卫生服务经费标准，落实政府公立医院改革财政补偿政策。实施医院综合楼建设、基层医疗机构标准化建设，提高基层人员待遇，对乡村医生参加养老保险及老年乡村医生生活给予补助。更加注重城乡统筹。累计投入1382万元，支持村级组织建设，进一步提高村干部待遇；累计投入1492万元，用于村级公益事业建设一事一议、农村危房改造和旱厕改造项目，群众居住条件进一步改善。落实惠农政策。累计发放棉花差价、农业支持保护等财政涉农补贴资金3400万元，确保强农惠农政策落到实处。支持城乡规划管理。累计投入6.1亿元，实施黄河路雨污排放等多项事关经济社会发展的重点工程，城市形象大幅提升，城乡面貌和人居环境不断改善。

【财政保障】 牢固树立发展意识，充分履行财政部门职能，发挥财政资金“四两拨千斤”的杠杆作用，以转方式调结构为目标，全力支持区域经济发展。累计投入1.05亿元，加大对工业经济的支持力度，全面落实各类优惠政策，支持优势产业创新和传统产业转型升级。促进现代农业发展，累计投入2.08亿元，支持农业基础设施和农业产业化项目建设。发展园区经济，支持园区完善配套设施，项目承载和辐射带动能力得到进一步提升。认真研究梳理上级扶持政策，结合河口区经济社会发展现状，列出单子，深入开展项目、资金争取的前瞻性研究。多方了解信息，科学编制项目申报方案，积极走上去沟通联系，争取支持，累计争取上级财政资金4.79亿元、地方政府债券资金5.44亿元，有力地支持河口区经济社会事业发展和重点工程、民生实事实施。

【财政管理】 深化预算编制改革，建立预决算公开长效机制。除涉密部门外，对河口区83个区直行政事业单位“三公”经费和部门预、决算公开，财政运行更加透明。国库集中支付实现全覆盖，直接支付率达95%，公务卡刷卡比率不断提高。完成权责发生制政府综合财务报告试编工作，为加快建立政府综合财务报告制度奠定基础。对结转超过两年的全部财政性资金和结转超过一年的部分区级财政资金，收回财政统筹安排，全部用于发展急需的重点领域和优先保障民生支出，使“沉睡”的资金活了起来。加强政府采购监督，严格项目评审。2016年，河口区完成政府采购项目332个，节约资金1.22亿元，节支率5.81%。完成评审项目140个，综合审减1.01亿元，审减率5.96%。加强行政事业单位会计制度培训，规范单位会计行为。进一步提高财政财务管理水平。认真组织开展“小金库”专项治理、会计信息质量检查、涉农资金专项整治、国有资产专项检查等活动，促进财经秩序的进一步好转。

2016年，修订完善《区级财政预算资金支付管理办法》《关于进一步扩大国库集中支付改革范围的通知》《深化国库集中支付改革实施方案》《关于进一步加强收支两条线管理的意见》《区直机关差旅费管理办法》等文件。根据国家、省、市有关文件精神，加强内部控制制度建设工作，制定《关于推进内部控制机制建设工作实施方案》《内部控制基本制度（试行）》。认真梳理业务流程，查找风险点，研究内控制度建设，制定8个专项风险防控办法，16个操作规程。

国家税务

【概况】 河口区国税局主要负责河口全区增值税、消费税、企业所得税、车辆购置税等中央税、中央地方共享税税种的征收管理和稽查工作。强化税收主业，组织收入稳中有为，深化“两个责任”，廉政建设举措扎实突出核心业务，征管质效显著提高，紧扣涉税需求，纳税服务亮点纷呈，坚持以人为本，队伍素质不断提升，增强保障能力，行政效能全面提升，河口区国税局如期打赢增值税发票系统升级版攻坚战，圆满完成1392户纳税人升级版推行工作。强化人事管理，选拔副股级干部5人，交流轮岗21人。

近年来，河口区国税局牢记“为国聚财、为民收税”的神圣使命，努力提高收入质量，深入推进依法行政，全面落实税收政策，不断激发队伍活力，切实深化反腐倡廉，各项工作得到持续健康发展。自 1998 年以来，区局连年保持省级“文明单位”的荣誉称号。2016 年，受油价低位震荡和营改增等结构性减税政策影响，完成收入任务的艰巨性加大，尤其是中海石化购入原油税率调整更是导致税收大幅下滑，造成区级收入同比减收 9681 万元。截至 12 月 31 日，全局累计完成税收收入 116683 万元，其中区级收入 42666 万元，同比增长 30.36%，增收 9937 万元。

2016 年 3 月 3 日，“两证合一”第一证打出和新闻联播采访

【营改增工作】 2016 年 5 月 1 日，营改增全面扩围，这是近年来我国最大规模的减税政策，更是税务干部面临的一次时间紧、任务重的大会战。为实现税制成功转换，集全局之力成立营改增项目组，扎实做好管户确认、设备发行、纳税服务、技术保障等各项工作，圆满完成各节点工作任务，多项指标走在全市前列，顺利打赢“开好票”“报好税”“分析好”三场战役。当前，营改增已进入“改进好”阶段，继续鼓劲发力，确保营改增这场硬仗取得完胜。

【“两证合一”工作】 2016 年 3 月，河口区在全省首推个体工商户“两证合一”登记制度改革并在全市范围内全面推广，取得较好成效，工作经验被新华社《高管信息》《国办信息》《山东新闻联播》《省政府要情》等多家媒体、刊物宣传，省局总会计师宋永信及河口区委书记荀增杰做出肯定性批示。河口区“两证合一”登记制度改革的成功推行是基层先行先试的成功探索，为 12 月 1 日“两证合一”在全国范围内的全面推广积累经验。12 月 3 日，区国税局“两证合一”的工作镜头分别被中央电视台《新闻联播》及《晚间新闻》采用。

【纳税服务】 2016 年，立足纳税服务工作新特点和纳税人的实际诉求，探索服务的新举措。打造网上办税、自助办税、实体办税和第三方代办“四位一体”的办税新模式，满足纳税人的多元化办税需求。运用“互联网 + 税务”的新理念，成功开发“为您算税”小助手应用软件，纳税人可随时随地进行税费计算，软件以便捷实用的特点在总局“互联网 + 税务”应用广场上线，在全国范围内得到应用推广。为实现国地税深度融合，在税源管理、纳税服务、税收宣传、风险管理等方面整合国地税资源，在全市率先实现基层分局国地税业务和网络的互联互通。区政府对国地税合作工作也给予大力支持，在政务服务中心一楼规划建设联合办税大厅，现大厅建设正在有序推进中，尽快联合入驻，真正实现“进一家门，办两家事”。

【队伍建设】 区国税局发扬“干在实处、追求卓越”的国税铁军精神，立足队伍实际，做好结合文章，确保“两学一做”学习教育不虚不空、落到实处。举办“谈家风、倡廉风、树局风、立正风”摄影展、“以师带徒”总结大会、青年微课堂等一系列活动，达到“把党员身份亮出来，把先锋形象树起来”的目的，干部队伍的凝聚力、向心力、战斗力都有显著提升。4 月 21 日，市纪委书记岳德川考察区国税局廉政教育工作时表示：河口国税廉政教育活动形式新颖，平台建设扎实有力。5月18日，东营市委书记、市人大常委会主任申长友到区国税局调研“两学一做”学习教育开展情况，给出“真学实干”的高度评价。

地方税务

【概况】 2016年，东营市地方税务局河口分局在区委、区政府和市局党组的正确领导下，以组织收入为中心，深入开展“两学一做”集中教育，坚持以组织收入为中心，依法治税，从严带队，突出抓好税源管理、征收管理、纳税服务、税收执法等工作，促进地方税收收入的稳定增长，各项工作进展顺利。2016年度，累计组织各项收入89520.51万元，其中：区级以下收入74915.33万元（一般预算收入，扣减上划数），可比增收4667.1万元，可比增长6.64%；2016年1～12月份，扣除营业税、改征增值税后，区级以下收入56424.17万元，同比增收926.6万元，同比增长1.67%；2016年1～12月份，营业税区级以下收入17848.15万元，其中1～5月份17728.76万元，前五个月同比增长20.19%；改征增值税区级以下收入643.01万元，为促进全区经济社会发展做出积极贡献。

【税务征管】 （1）年初研究制定《河口分局2016年组织收入工作考核办法》，主要是按照征收率和收入质量管理相结合的原则，分税种对各税源管理单位进行考核，将考核办法作为组织收入工作的总抓手。（2）开展基础数据清查。对全区2646户单位纳税人的基础信息进行全面清查核实。其中，对房产原值、土地面积等信息，聘请6家房产评估和土地测绘公司进行专业化排查，同时配合各税源管理单位全面开展房产税、土地使用税“两税”清查。（3）创新征管新模式。实施“横向分区域、纵向分行业、管理分规模”的分类分级分区域管理新模式，形成“涉油、涉盐、垂管企业专业化管理，大型工商企业集中管理，中小企业分区域管理”的税收征管新格局。（4）加强“二小”税源管理。深挖“小税种”（印花税、车船税等）和“小税源”（小微企业、个体工商户）的增收潜力，使得“小税种”管出大税源，“小税源”变成大税收。区委书记荀增杰同志对此项工作给予高度评价，指出：“河口地税分局‘二小’管理堵塞征管漏洞，增加税收收入，成效明显，为地方财源建设做出重要贡献。”（5）认真开展清理欠税工作。大力催缴欠税，各部门形成合力，多头协调，共同寻求清欠工作的突破，采取欠税公告、降低信用等级、认定非正常户、强制执行53户等多项措施，涉及清欠税款1139万元。（6）以查促管增税收。组织“营改增”行业专项检查78户、年纳税50万元以上重点税源企业检查97户和行政事业单位个人所得税专项检查130家，以查促管、以查促收。（7）全面推开涉税财物价格认定。向区物价部门提出协助，由区物价部门价格认定机构依法做出涉税财物价格认定结论。自2016年12月起在全区推开，首先从非住宅类存量房交易开始，明年进而推广到全部不动产、股权等转让行为。

【纳税服务】 （1）实现国、地税深化合作。认真落实“营改增”工作，5月，开始全面征收增值税发票国税代开环节的城建税及附加工作，成为全市首个全部大厅均实行联合办税的县区局。6月，孤岛、仙河国税办税服务厅的地税专网专线开通，实现“进一家门、办两家事”的国、地税高度合作新格局。（2）深化“便民办税春风行动”。组织开展“落实纳税服务规范、提升纳税服务质效”活动，召开税企座谈会，零距离了解纳税人的心声，征求纳税人意见和建议，切实解决纳税人涉税难题，保障纳税人享受便民办税的措施，全面提高办税质量。（3）做好金税三期系统优化升级。组织业务骨干积极开展“奋战30天”金税三期优化版上线集中办公，利用“纳税人学堂”组织开展金三系统优化版操作培训，10月，实现优化版正式上线运行。（4）做好纳税人信用等级管理。将纳税信用等级评定作为优化纳税环境、提高纳税意识的重要形式，实施纳税人信用等级动态管理，确保评定质效，提升服务水平。

【干部队伍建设】（1）开展“两学一做”集中教育。制定学习教育方案，严格落实“三会一课”制度，定期组织党员开展集中学习，实现党员教育全覆盖；认真开展“负面清单”大讨论活动，建立整改台账，做好问题整改，确保学习教育取得成效。（2）加强党建工作。以党总支换届改选为契机，将基层所支部全部纳入区局党总支集中管理，把3个支部扩增为5个，进一步提升党总支对贯彻党建工作的统揽全局能力和各党支部在落实党建工作的执行能力。（3）优化干部队伍结构。实施股级干部公开选拔、一般同志双向选择工作，2016年选配正股级干部16名，副股级干部11名，双选调整人员39名，调整面达43%；新提任2名正科级干部、1名副科级干部，提拔2人新进分局领导班子，为推进地税工作发展打牢基础。（4）加强职工业务培训。每季组织开展岗位技能大练兵，内容涵盖税收管理、征收管理、行政管理等3大序列的各个方面，采取3场全考的综合考试模式和按照岗位选择的序列考试模式，提升职工业务素质。（5）严格落实“两个责任”。以落实“两个责任”为抓手，围绕中心工作，突出抓好岗位廉政责任制、廉政教育、作风建设、监督监察、执纪办案、队伍建设六个重点，坚定不移地把全区地税系统反腐倡廉建设工作推向深入；组织开展“纪律行动”，重点加强日常考勤、请销假等工作纪律的常态化坚持，着力提升干部职工的规范意识、纪律意识、遵从意识。

金　融

·金融体制改革·

【金融机构】（1）引进机构，扩大融资规模。加大资金引进力度，吸引更多的金融机构到河口区设立分支机构，继河口中成村镇银行和民生银行顺利开业运营以来，2016年，河口区新引进的恒丰银行正在筹建，现行内审批已通过，工作人员已筹备到位，营业地址已确定。（2）积极开展民间融资规范引导试点工作，鼓励民间资本进入金融服务市场，并设立主监管员制度，加强监管。2016年，河口区承接全省新型农村合作金融试点工作，由区农业局推荐的河口区首家农民专业合作社信用互助业务试点——河口区新泰花生合作社，已于12月22日获得省地方金融监管局的资格认定。全区各类新兴金融业态达到4类8家。

【规模企业规范化公司制改制工作】（1）开展企业调查摸底。全区工作会议召开以后，各镇街、开发区按照会议要求对各自辖区内的规模企业进行细致的梳理。2016年4月17日，市联席会议办公室最终确定河口区工业规模企业规范化改制基数为73家，按照每年改制比例不低于10%的工作要求，确定河口区2016年改制任务数为8家。经过摸底排查，又将符合条件的天正化工、彩客化学、冠森绝缘制品3家企业纳入改制计划。2016年，完成改制企业11家，改制比例为15%。（2）加强对企业规范化公司制改制工作的培训。2016年6月17日，区金融办组织区内2016年拟改制的8家企业参加市政府组织的企业规范化公司制改制对接资本市场培训会议；2016年9月4日～10日，区经信局、区金融办联合举办哈尔滨工业大学——河口区经济与金融高级研修班，对区内部分企业家、银行机构负责人就规范化公司制改制进行专门培训，提高企业家思想认识，强化企业的主体责任。（3）注重改制企业与资本市场对接。将企业规范化公司制改制工作作为推动企业利用资本市场融资的基础性工作来抓，积极引导具备条件的企业参与改制，有效对接资本市场。2015年的改制企业东营华力石油技术股份有限公司于2016年1月29日获批在新三板挂牌，山东汇海医药化工有限公司于2016年12月28日获批在齐鲁股权交易中心挂牌交易。

·金融市场与金融监管·

【概况】 2016年12月16日，区编办为金融办核增事业编制2名，区金融办现有编制12人，在编在岗人员9人。

【金融市场运行】 （1）全区金融机构运行平稳。2016年12月底，全区金融机构人民币各项存款余额228.77亿元，比年初增加20.83亿元，同比增加3.59亿元。人民币各项贷款余额143.45亿元，比年初增加7.68亿元，同比下降22.02亿元。全区保险业实现保费收入52651.96万元，同比增长16%，累计赔付13296.47万元。全区证券业A股、基金成交量474.54亿元，累计资金账户63681户，保证金2.85亿元，托管市值46.52亿元，实现佣金收入3598.65万元。

（2）服务实体经济成效显著。一是引进机构，扩大融资规模。加大资金引进力度，吸引更多的金融机构到河口区设立分支机构，继河口中成村镇银行和民生银行顺利开业运营以来，2016年，河口区新引进的恒丰银行正在筹建，现行内审批已通过，工作人员已筹备到位，营业地址已确定。二是引导各银行创新产品和服务。动员各银行推进服务模式创新，加强与证券、保险、信托、基金公司的协作，综合运用各种贷款方式为企业融资，着力推进中海石油东营石化升级改造等银团贷款融资进度，支持河口区重点工程项目建设。三是发挥职能优势，促进银企对接。邀请有资金需求的企业与银行负责人进行面对面式交流，组织农业银行、建设银行、工商银行、农商行等多家金融机构举办小型银企对接会，促成银企双方达成合作意向。四是引导各银行积极开展林权、海域使用权、土地承包经营权抵押贷款业务，切实缓解涉农企业因缺少担保、抵质押物融资困难。五是积极推进蚂蚁金服“千县万亿计划”项目落地的协调服务工作。

（3）资本市场融资工作顺利推进。一是加强资源培育。建立20多家企业组成的河口区企业上市挂牌后备资源库，根据资本市场状况、产业政策以及企业发展实际，对企业进行分类指导，分层次、分阶段有序推进，对其中科技含量高、发展前景好的企业进行重点培植、扶持。二是落实上级奖励政策。根据《中共东营市委、东营市人民政府关于推动工业转型升级的指导意见》（东发〔2015〕5号）文件精神，帮助山东常青树胶业股份有限公司落实扶持奖励资金50万元。三是积极推进企业上市挂牌。1月12日，东营市天擎工贸有限公司获批在齐鲁股权交易中心成长板挂牌交易。1月29日，东营华力石油技术股份有限公司成功在新三板实现挂牌。12月9日，山东汇海医药化工有限公司在齐鲁股权交易中心科技板挂牌交易。截至年底，全区新三板挂牌企业3家，区域股权交易场所挂牌企业8家。另外，山东万安药业股份有限公司、胜利通海油田服务股份有限公司、东营东岳精细化工股份有限公司、山东仙河药业有限公司等企业的新三板挂牌工作正在有序推进当中。

（4）规模企业规范化公司制改制工作进展顺利。一是开展企业调查摸底。全区工作会议召开以后，各镇街、开发区按照会议要求对各自辖区内的规模企业进行细致的梳理。2016年4月17日，市联席会议办公室最终确定河口区工业规模企业规范化改制基数为73家，按照每年改制比例不低于10%的工作要求，确定河口区2016年改制任务数为8家。经过摸底排查，将符合条件的天正化工、彩客化学、冠森绝缘制品3家企业纳入改制计划。2016年，完成改制企业11家，改制比例为15%。二是加强对企业规范化公司制改制工作的培训。2016年6月17日，区金融办组织区内2016年拟改制的8家企业参加市政府组织的企业规范化公司制改制对接资本市场培训会议；2016年9月4日～10日，区经信局、区金融办联合举办哈尔滨工业大学——河口区经济与金融高级研修班，对区内部分企业家、银行机构负责人就规范化公司制改制进行专门培训，提高企业家思想认识，强化企业的主体责任。三是注重改制企业与资本市场对接。将企业规范化公司制改制工作作为推动企业利用资本市场融资的基础性工作来抓，积极引导具备条件的企业参与改制，有效对接资本市场。2015年的改制企业东营华力石油技术股份有限公司于2016年1月29日获批在新三板挂牌，山东汇海医药化工有限公司于2016年12月28日获批在齐鲁股权交易中心挂牌交易。

【金融市场监管】 （1）地方金融组织健康发展。积极开展民间融资规范引导试点工作，鼓励民间资本进入金融服务市场，并设立主监管员制度，加强监管。2016年，河口区承接全省新型农村合作金融试点工作，由区农业局推荐的河口区首家农民专业合作社信用互助业务试点——河口区新泰花生合作社，已于12月22日获得省地方金融监管局的资格认定。全区各类新兴金融业态达到4类8家，截至2016年12月末，2家小额贷款公司贷款余额13575万元。3家资金互助专业合作社共吸收社员763人，累计吸纳农村社会资金4230.3万元，累计发放互助金7814.2万元。2家民间资本管理公司累计完成投资46653万元，投资余额10533万元，支持河口区30余家企业的发展。其中，骏锐民间资本管理公司在全省民间融资机构分类评级中已连续两年被评为Ⅰ级。

（2）防范化解金融风险措施有力。一是积极争取市金融办、市人行、市银监局等部门支持，引导各银行，向上级行争取不良贷款核销规模指标，加大核销力度，降低全区不良信贷比率。二是充分发挥转贷资金维护稳定的关键作用，截至年底，共办理应急专项转贷资金26笔，共计3.77亿元，解决企业燃眉之急。三是重启“助保金”贷款业务，有效的缓解企业的担保难题。截至年底，累计为15家中小企业发放贷款52笔发放资金3.56亿元，存量贷款6笔，贷款余额3350万元。四是规范整顿金融市场秩序，依法打击恶意逃费银行债务，维护金融秩序稳定。五是开展防范和处置非法集资工作。2016年，组织开展防范非法集资宣传、打击非法集资集中排查及非法集资风险专项整治活动，共分发宣传材料1500余份，排查各类机构共计368家，强制关停无营业执照的理财机构1家，责令5户投资担保类公司按规定悬挂营业执照，对查无下落的10户投资担保类公司将按相关规定进行注销。

银 行

·中国工商银行东营河口支行·

【概况】 截至2016年末，中国工商银行东营河口支行在岗员工113人，其中：正式员工112人，劳务用工1人。下设四部一室，分别为营业部、市场营销一部、市场营销二部和风险管理部、办公室；辖三个支行：临港、孤岛、仙河支行；两个分理处：百货大楼分理处、河安分理处；一个储蓄所：繁华储蓄所。

【主要业务指标】 截至年末，全行各项存款余额达到40.29亿元，较年初下降17189万元，其中储蓄存款余额265052万元，较年初下降14118万元；个人客户总资产达到44.7亿元。公司存款余额106312万元，较年初增加3778万元，机构存款31241万元，较年初下降2548万元。各项表内贷款余额23.19亿元，较年初增加47198万元，其中仅项目贷款就增加44712万元；全行实现拨备前利润13582万元，同比增加2400万元，全行实现中间业务收入4674万元，同比增加267万元。

【主要工作】 围绕上级行发展思路，确定“发展、管理、党建”为支行发展核心。继续坚持大力营销以“八个一”为核心优质客户的优秀项目的信贷资产，努力膨胀资产规模；坚持以“增收创利”为核心，以“客户”为中心，通过机制建设、人员优化，努力构建大个金体系，实施全行大零售战略，统一思想，调动全部资源，将全行工作转移到创收目标上来。坚持以客户分包为总抓手，真正做到以“客户”为中心，多渠道、多方式的维护好存量客户，扎实做好1万元以上个人客户、5万元以上对公客户的维护和营销工作，打牢客户基础。严防死守、杜绝各类风险事件、构建坚固的风险防线。以抓“党建”为主线，着力抓好以温馨网点、温馨厨房、关心员工家庭为主要内容的员工工作，为员工摆脱工作后顾之忧；加强团委活动，通过一月一活动，调动团员青年工作积极性，提高全行活力。努力打造资产质量优良、负债业务稳定、客户发展良性、员工感觉满意的支行。

·中国农业银行股份有限公司东营河口支行·

【风险管控】　（1）狠抓信贷风险防控。贯彻“控新降旧”要求，着力提升信贷管理质量。加强与政府、法院等部门沟通，综合运用担保单位、大企业代偿承接、贷款重组及诉讼等措施进行不良清收；落实贷后管理制度，对重点行业、企业进行风险排查，及时掌握客户用信、生产经营和融资担保情况。截至12月末，河口支行贷款不良率1.78%，较年初下降3.7个百分点；信用卡不良余额81万元，不良占比1.49%，全市最低。不良用信化解成果显著，退出2户潜在风险客户用信敞口3100万元，压缩类客户贷款收回1260万元；清收贷记卡不良63.08万元，清收个人不良本金345万元、利息48.5万元。（2）开展基础管理专项提升活动。“双基”管理水平大幅提高。组织“业务技能测试”“集中作业质量提升”“驻点监管”“柜面业务知识提升月”等活动，着力提高全员业务技能素质，在全市第十届业务技术比赛中取得团体第四名的成绩，运营条线考核名列全市前茅；推行“机制管人”，健全重点事项监管制度，每月组织一次全网点“五不留、五必须”突击检查；未出现大的操作类风险事件，无经济案件和责任事故。

【核心业务】　核心业务指标发展势头良好。12月末，各项存款余额39.57亿元，较年初增加3.16亿元，存量居当地四大行第二位；核心存款日均增量4.6亿元，完成市行年度计划的145%。其中，对公存款余额21.26亿元，日均增量4.2亿元，完成市行年度计划的167%，个人存款余额18.31亿元，存量居四大行第二位。实现中间业务收入3656万元，完成市行年度计划122%，同比多增1209万元，增幅达35%。累计实现国际结算量3.1亿美元、结售汇业务量1.6亿美元。各项贷款余额34.76亿元，存量居当地四大行首位。其中，个人住房贷款余额5.66亿元，新增3个合作楼盘，额度4亿元，已发放6900万元。发放全市首笔农民“安家贷”40万元、全市首笔农村土地承包经营权抵押贷款50万元、支行首笔军人住房公积金贷款31万元。

【对公业务】　对公业务转型发展步伐加快。一是坚持以客户为中心，以扩户提质为主题，推动重点客户规模和效益同步提升。在全行开展“扩户提质”账户拓展专项行动，12月末，对公人民币账户新增275户，完成市行年度计划的125%，居全市第一位。实施“链式营销”，延伸核心客户的产业链、客户链、产品链和资金链，有效拓展上下游企业开户。成功营销齐鲁交通发展集团、阿里巴巴东营灵猫有数网络科技公司、河口灵活就业中心医疗、养老保险收入户、东营港城镇职工失业保险收入户、农村养老、医疗保险收入户、亚通石化境外NRA账户、河口区市政工程等重点账户落户河口支行；为富海集团上线电商平台和薪资卡项目，批量发放借记卡3000余张，沉淀存款3000万元。二是深化政银合作，实现机构业务可持续发展。与河口社保、东营港管委会社保、油田孤岛社保所建立全面合作关系，在营业部和东营港支行上线社保卡即时发卡设备，新开社保卡3800余张；成功在河口社保大厅上线自助缴费机并实现正常缴费，与社保中心达成所有个人缴费业务均通过农行缴费机操作的合作意向，主流银行地位进一步巩固；通过与财政局的积极对接，成功破题全市首批大班额项目，实现2.47亿元资金的发放；加快推进亚通石化银团贷款操作进度，现已放款3.06亿元，后续投放工作正在迅速进行。三是寻找业务发展突破点，实现多项新产品破题。着力突破融资租赁、短融、信托、黄金租赁等新型投行业务。为金信新材料办理全国首笔大额存单质押黄金租赁370公斤，为天安人寿办理全省首笔自助期交保险产品30万元，为亚通石化办理全市首笔NRA账户结售汇4300万美元、代理进口押汇2690万美元。拉动外币存款增长4600万美元，中间业务收入增长1400余万元。

【零售业务】 零售业务综合竞争力持续提升。一是转型措施扎实有效，成果固化落实到位。成立深化网点经营转型领导小组，定期召开深化网点经营转型推进会，各网点汇报深化网点转型的进度及存在问题；规范网点“6S”管理，全面完成物理网点布局、人员配备、系统搭建等工作；组织网点主任、大堂经理赴西城支行、青州支行等转型先进单位学习经验，在网点“6S”管理、贵宾客户管理、绩效分配等方面完善支行相关办法。截至12月末，全行累计分户26397户，管户金融资产余额23.87亿元。二是以专项活动浓厚营销氛围。实时推出“金点子”征集、“新春狂欢农行这厢有礼”、员工“五个一”专项营销活动、定期存款客户调查活动、贷记卡营销冠军奖、挑战冠军奖、“一句话营销话术微信评选”、电子银行组合包营销竞赛、“六进”综合营销、“金彩仲秋”荧光板设计大赛、“留住白手套”等活动，编发“春天行动快报12期”“六进”综合营销活动动态17期。组建“深化转型暨营销交流群”和“业务动态交流群”，随时沟通产品信息和先进经验。12月末，贷记卡有效新增2276张，其中鲁通卡新增1914张，完成市行年度计划的93.37%，贷记卡、鲁通卡营销数量和计划完成率均居全市第一位。新拓齐鲁交通集团、孤岛油田社保所、济军综合训练基地养老金、河口实验幼儿园代发工资单位7户。开展年前一次性集中代收代付营销活动，促进市场份额有效提升。三是网点管理再上新台阶。认真研究上级行星级网点评定办法，前三季度有2个网点被省行评为“四星级”网点，支行营业部荣获银行业协会“中国星级银行网点”荣誉称号。网点文明标准服务保持全市领先，在省行二季度服务视频检查中得分96.75分，居全市第一位，营业部得分100分，创造河口支行近年来最高得分纪录。

·中国建设银行股份有限公司东营河口支行·

【概况】 截至2016年底，河口支行在编员工58人，其中中长期员工34人，内部转制员工24人；内设“办公室、公司业务部、个人金融部”两部一室和“营业室、河颐小区分理处、河阳小区分理处”三个营业网点；有党员26人（含退休党员2人、建金公司1人）；2016年6月，被山东省分行授予“先进基层党组织”荣誉称号。截至2016年底，一般性存款、对公存款、个人存款余额分别为192851元、75596万元和117255万元，较年初分别增长26184万元、19695万元、6490万元；各项信贷余额8.59亿元；全年累计化解处置不良贷款5477万元，年末不良余额998万元，不良贷款率1.16%；住房公积金业务继续保持市场占有率100%；委托公积金贷款余额46326万元，较年初新增24093万元；全年实现中间业务收入1475万元；利润4159万元。

【存款业务】 一般性存款保持稳定增长。在“两率”提升和个人代发客户的拓展维护上下功夫，截至12月末，支行一般性存款余额19.29亿元，较年初新增2.62亿元，位居系统内第三位；日均余额17.30亿元，较年初新增1.05亿元，位居系统内第五位；其中：对公存款余额7.56亿元，较年初新增1.97亿元，居系统内第三位；日均余额6.09亿元，较年初新增0.77亿元，居系统内第六位；个人存款余额11.73亿元，较年初新增0.65亿元，居系统内第六位；全年资金体内循环率46.5%，位居系统内首位。

【融资业务】 截至12月末，富海集团综合授信13亿元和信用额度11.6亿元先后顺利获得省行批复，支行一般授信总额度达到22.36亿元，单户授信额度和总授信额度均创支行历史新高；日均余额11.22亿元，较年初新增0.28亿元，居系统内第四位。各项贷款余额8.59亿元，克服固贷偿还、不良贷款核销与行业受限增长乏力等因素影响仍实现较年初新增0.1亿元；根据客户需求配置合适产品，先后办理支行首笔订单融资、国内信用证项下赎单融资等业务；办理支行首笔大宗商品套期保值业务；随着国际业务经办权的顺利批复，已开立外汇账户两户，还有选择优质客户为其申请批复债券承销额度，预计明年将会实现首笔进出口业务和债券发行业务的顺利办理，支行综合融资能力得到显著增强。

【金融转型工作】 截至12月末，支行鲁通借记卡累计发卡1959张，网均发卡653张，居系统内首位；实现有资产客户新增2211户，网均新增737户，居系统内第四位；大力发展代理保险、分期等中收厚利性业务，全年实现代理保险收入172万元，网均57万元，居系统内第五位；信用卡分期业务在基础相对薄弱的情况下快速推进，安居分期119笔，共1045.5万元；购车分期38笔，共365.60万元；汽车卡累计进件231笔，网均产能位居分行前列，保持良好的发展势头；坚持“移动优先”发展战略，逐步扭转电子银行业务发展滞后的不利局面，电子银行移动金融柜面替代率60.61%，较去年提升8.47个百分点；电子银行综合同步率81.74%，比去年提升3.15个百分点；持续发挥个人贷款的有效带动作用，全年累计准入楼盘5个，办理个人商业性贷款373笔，发放金额1.11亿元，余额1.51亿元，较年初新增1.02亿元，新增额稳居系统内第二位；公积金委托贷款业务发展迅猛，全年累计办理住房公积金贷款1097笔，发放金额2.84亿元，余额4.63亿元，比年初新增2.41亿元，增长率108.37%；支行国际业务经办权成功获得省行批复，为公司业务产品多元化、总量快发展奠定良好基础。

【“拓户”工作】 “拓户”理念毫不动摇。充分发挥平台、商圈、中介等对新成立企业到河口支行开户的引领作用，全年累计新开立基本结算户94户，完成综合经营计划的128.77%，为全行的客户拓展工作打下坚实基础；提升客户质量和贡献度，其中公司机构有效客户（非加权）增长20户，（加权）增长143户，居系统内第三位；个人有效客户（非加权）增长2211户，（加权）增长8443户，居系统内第五位，分别完成全年综合经营计划的128.29%和178.30%。

【风险防控工作】 （1）风险防范能力全面提升。通过提高客户经理的履职能力，加强对信贷资产质量的实时监控和对潜在风险的提前预判处置，严把信贷质量关，合规操作，保持新发放贷款零问题。一是多渠道、全方位了解客户，详细掌握企业实际经营情况和实际控制人的信用状况；加强贷后检查，实地跟踪了解和考察，并与相关部门、企业及时交换信息，提前做好风险预判与处置；二是严把客户准入关，对考察不合格的新客户，一律不予介入；对经营困难的存量客户，认真查找、分析原因，对确认没有风险的积极帮助企业渡过难关，对确实已经造血不足的客户，抓住时机要主动或逐步退出。（2）不良资产处置效果显著。受到经济下行与宏观调控影响，支行部分小企业信贷客户经营困难，相继出现逾期、不良，在面临问题客户集中、信贷不良率高的不利局面下，全行上下同心，攻坚克难，逐户制定处置方案，提高资产保全、诉讼、执行、核销等工作流程效率，不良资产处置效果显著，依靠催收、资产保全、诉讼核销相结合的方式，全年累计化解处置5477万元，年末不良余额998万元，圆满完成河口支行2016年不良资产攻坚战。

【基础管理工作】 针对支行基础管理水平相对落后的现状，相继制定完善《河口支行内控与基础管理考核办法》《河口支行公务车辆管理办法》《河口支行信息宣传工作考核管理办法》等规章制度，在强化分析、做好日常工作的前提下加大考核奖惩力度，落实责任，确保将支行基础管理工作落实到实处，取得显著的效果，2016年二、三季度支行基础管理考核均列系统内第5位，较一季度（第11名）提升6个位次；11月17日，经过营运主管等不懈努力，在分行档案管理人员的指导帮助下，成功销毁会计档案3000余卷，进一步提升河口支行档案管理水平，有效减轻档案库房的压力；行志编纂工作如期完成，王新同被授予《中国建设银行股份有限公司东营分行志（1996~2015）》优秀撰稿人。

·中国银行股份有限公司东营河口支行·

【概况】 2016年，中国银行河口支行认真贯彻落实区委、区政府和市行党委的工作部署及要求，围绕核心存款、客户群建设、风险管控、经济效益和文明优质服务等核心工作，继续深化网点转型，强化工作执行力和质效，在支持地方经济发展的同时，支行得到持续、稳健发展。

（1）各项业务健康、快速发展。一是授信业务健康发展，资产质量稳步提升。河口支行加强信贷资产的精细化管理，加大对重点客户和高回报客户的营销力度，高度重视授信客户第一还款来源，信贷结构得到不断优化，贷款不良率为零。截至2016年末，人民币贷款余额51972.42万元，新增10303.22万元。二是存款结构得到有效改善，日均存款高位运行。截至2016年末，人民币存款余额70059.95万元，新增8514.91万元。三是中间业务快速发展，中间业务收入及占比显著增长。

（2）夯实基础，突出特色，统筹规划业务发展。一是始终坚持“存款立行”的经营理念，通过抓渠道、抓源头、抓增量等措施不断促进存款持续新增。二是加强与政府合作，依托非税收入账户渠道，加强财政性资金的争揽力度，快速提升行政事业单位存款。三是细化考核导向，引导员工做实有效客户，做细代发工资客户，做宽周边居民客户，做优中小、做多中型、做大公司贷款客户。四是加强公私联动和上下联动，实现业务稳定、协调发展。

（3）坚持依法合规，防范各类风险，保证零案件、零事故。强化员工合规经营理念，加强关键岗位人员的教育。持续做好员工异常交易主动申报工作，关注员工8小时外的动态，培养员工良好的工作、生活习惯，远离非法活动。加强日常检查制度，对于自查、上级行检查、GMP系统存在的问题，该通报的坚决通报，该处理的严肃处理，从支行层面决不迁就姑息，在支行形成不敢、不能和不想违规的良好合规氛围。

·中国农业发展银行东营市河口区支行·

【概况】 （1）全力以赴，加大项目贷款营销。在市行的指导帮助下，河口区支行加强同地方政府及有关部门的沟通协调，建立定期、主动的沟通联络机制，及时了解政府关于农村基础建设等方面的发展思路、重点规划，并积极向政府汇报支农建设工作进度和效用，取得当地政府的信任与支持。2016年，营销非经营性城镇基础设施中长期贷款5.3亿元，用于承建河口区市政道路改造提升工程项目，该项目已发放贷款3.5亿元，并做好后续贷款的发放工作。

（2）转变思路，积极营销基金项目。2016年，河口区支行加强重点建设基金项目营销，积极与政府及有关部门协调，4月上报项目一个，金额1亿元，国家发改委未批，河口区支行计划继续上报。在后续的重点建设基金项目上报工作中，加强对专项建设基金申报的组织领导工作，主动做好项目对接和筛选工作，做好与发改委及项目企业沟通协调工作，合理解释河口区支行政策要求，争取项目的营销成功。

（3）群策群力，超额完成全年国际结算业务任务。河口区支行国际业务营销小组在经过调研、分析、论证之后，确定瞄准重点全力营销的策略。加强与外汇局、招商局、外经贸局、经济开发区、金融办、人民银行等部门的联系，通过迂回战略，及时取得外经贸的最新信息，在认真分析外经贸企业和金融同业情况的基础上，选择将科瑞集团、科英集团和富海集团作为国际业务营销的突破口。在国际业务营销过程中，河口区支行先后多次召开专题会议研究部署营销工作，积极推进国际业务营销工作开展，通过采取高层营销、银企座谈、上门推介等措施，不断加大营销力度，功夫不负有心人，在支部与全体员工多方筹措、群策群力下，已与科瑞集团、科英集团等大型企业达成合作意向，截止12月底，实现国际结算量2435.12万美元，完成全年计划的202.93%。

（4）多措并举，加大存款营销力度。2016年，河口区支行结合存款下降较大的实际情况，把存款工作放在重中之重，全力以赴地搞好存款营销工作。特别是在省行组织开展的“决战五月，冲击千亿”存款竞赛活动中，全行上下提升站位，班子成员带头扑下身子，凝心聚力，使存款增幅名列全省第12名。1.紧抓财政不放松。财政存款作为河口区支行存款的主要资金来源，2016年与财政继续保持较好的关系，最大限度地做好财政存款工作。一是成功营销财政社保基金一年定期存款1000万元，实现首笔社保基金存款“回笼”；二是继续落实偿债准备金制度，将到期贷款本息提前存入河口区支行，提前20天以上存入资金累计7642万元，5月下旬提前存入9月份到期贷款本息2682万元，提升日均存款1149万元；三是延长财政存款留存时间。截至12月底，累计留存各种财政存款日均8694万元，其中棉花价格补贴资金2721万元和农资补贴资金114万元留存到最后一天才转出；四是积极协调东营市河口区国有资产运营有限责任公司提前将第四季度到期贷款本息提前存入河口区支行。2.积极营销非贷客户存款。2016年，河口区支行以高端营销为主，建立全员营销机制，截至12月底，营销非贷款企业客户21家，累计营销存款12171万元。河口区最大三家企业富海、中海、通海等公司全部在河口区支行开户，累计存入存款11080万元。3.确保派生存款体内循环。第四季度，河口区支行贷款企业东营和顺源新农村建设投资开发有限公司所承贷的河口区市政道路改造提升工程项目进入拆迁补偿款、工程款的集中支付阶段，为避免存款大幅度减少，积极做好下下游客户开户工作，延伸下游客户链条，确保派生存款体内循环。

（5）上心上力，积极做好粮食收购工作。为落实夏粮托市收购政策，河口区支行认真分析收购形势，深入小麦主产区及夏粮收购加工企业进行调研，根据市行要求及时开展托市收购并做好监管工作，广泛宣传收购政策，加强与收储企业配合。截至8月底，累计收购小麦619.78吨，确保夏粮收购工作顺利开展。1.加强委托库存监管。河口区支行与中储粮、粮食局等部门及时进行沟通协调，按照“有利于保护农民利益、有利于粮食安全储存、有利于监管、有利于销售”的原则，坚持“一日一查库”，及时审查最低价收购小麦收购凭证，填报最低价收购小麦收购日结单以及最低价收购小麦收购结报表，全力做好委托收储库存监管工作。2.加强库存管理，严把粮食质量关。河口区支行安排信贷人员到收购库点，加强粮食库存、仓容清理工作。同时，与中储粮、粮食局等部门配合，共同把好粮食收购数量、质量验收这一难关。3.加强政策宣传。河口区支行积极宣传讲解国家托市收购政策，合理确定托市收购与企业自主经营收购界限，防止争抢粮源、扰乱市场现象发生。

（6）顺利完成初次营改增纳税工作。7月初为做好第一次增值税纳税申报工作，河口区支行积极与上级行及当地主管税务部门联系，了解政策变化和要求，核算涉农贷款利息纳税调减数据，本次共减免增值税等税金26万元。在顺利完成营改增后第一次增值税纳税申报及税款缴纳任务同时有效保障河口区支行权益。

（7）强基固本，抓好风险防控。一是加强中长期贷款管理。重点是中长期贷款使用环节的监控，密切监测项目建设、预期收益实现情况，盯住土地，盯住还贷资金，落实卖地还贷，及时发放到期贷款提示，同时加强与借款人、财政部门沟通，确保贷款本息及时、足额收回。截至12月底，当年累计收回贷款24500万元，其中政府债券置换累计金额15700万元，收回到期贷款8800万元。其次是对国资公司的五个担保企业加强监管，分派专人与五家企业建立联络机制，密切关注担保企业近期动态。二是加强财会内控管理，防范操作风险。着力对资金汇划、账务核对、账款安全等重要环节和关键部位的管控，树立“三铁”意识，确保内部管理和会计核算安全有序。分管行长进一步履行好会计主管职责，按照市行五个要求，重点进行核查。针对日常工作中发现的问题，查找相应规章制度，进一步查漏补缺，按要求、按制度办理业务。全面加强柜面监督，防控资金风险，提高资金支付管理。三是加强安全保卫工作。2016年，河口区支行按照上级行和区行工作部署，围绕全行中心工作，以确保全行无重大案件和事故为目标，以维护区行办公楼营业（办公）秩序、保障资金和员工生命安全、防范和减少内部操作及外部事件风险给河口区支行造成的损失为主要任务，认真贯彻执行“预防为主、综合治理”方针，完善落实安全责任制，增强全行员工的安全保卫意识，提高全行治安防范能力，为河口区支行的改革和各项业务健康发展提供强有力的安全保障。

·中国邮政储蓄银行股份有限公司东营市河口区支行·

【概况】 2016年，全区各项存款16.10亿元，较年初增加2.9亿元，增长22.07%；各项贷款3.17亿元，较年初增加0.28亿元，增长9.72%。（1）服务经济发展。1.提升服务“三农”水平，加大小额贷款创新力度，先后推出农民专业合作社贷款、家庭农场、专业大户、循环贷、小额渔船抵押贷款、烟草贷、农机购置补贴贷、农村承包土地经营权抵押贷款等新的贷款产品，丰富小额贷款产品种类。至年末，小额贷款累计发放4.44亿元，结余0.75亿元；支持富民创业活动，加大与当地人社局的合作，再就业小额担保贷款发放28352万元，结余6582万元，帮助3490人待业人员实现创业。2.支持小微企业发展。以解决小微企业融资难为切入点，根据小微企业融资需求“短、小、频、急”的特点，先后成功开办小企业增信贷、小企业助保金贷款、小企业流水贷、快捷贷、医院贷、发票贷、税贷通、污水贷等贷款业务，全年累计发放贷款5880万元。3.助推黄蓝战略实施。积极向上级行争取项目贷款融资支持，成功授信12.7亿元，实现放款5.4亿元。

（2）提升服务质量。1.开展规范化服务提升活动。制定活动方案、修订考核办法，明确营业网点服务规范考核违规积分参考标准，设置服务双星评选流程，组织网点晨操比赛等；通过编制培训教材、观看先进服务教学片、外聘服务培训机构等，丰富培训内容和模式，网点服务水平不断提升。2.组织反洗钱培训，通过现场、视频等方式，重点针对反洗钱常用功能、反洗钱制度、如何分析可疑交易等开展有效培训，提升反洗钱能力；开展反洗钱5C评估回头看活动，提升反洗钱工作的针对性、有效性。

（3）严守风险底线。自2016年起，连续三年分别开展以“内控达标年”“内控优化年”和“内控提升年”为主题的内控建设活动，2016年的活动主题为“内控达标年”，其重点是“三个对标，一项考试”，即与上市规范对标、与监管要求对标、与内控评价对标和全员内控知识考试。活动主要以制度梳理和流程优化为基础，以监督检查和整改问责为抓手，以信息系统和文化建设为支撑，健全银行内控管理体系和长效机制，全面提升内控管理水平。

·东营农村商业银行股份有限公司河口支行·

【概况】 2016年4月，东营农商银行河口支行成立，是东营农商银行五家一级支行之一，内设8个职能部室（包含一个营业部），下辖11家支行，3家分理处。截至2016年末，河口支行各项存款余额330077万元，较年初增长19514万元，储蓄存款较年初增长10855

万元。各项贷款余额 191057 万元，其中个人贷款余额 70032 万元，较年初增长 2453 万元，原河口农商银行连续六年被省财政厅评为“AAA”级。

（1）以业务发展为基础点，存款稳定增长。以重点业务“首季开门红”为契机，提高存款组织工作的认识，查找问题，制定措施，拓宽思路，加大存款维护和营销力度，实现存款持续稳定增长；发挥点多面广优势，多方位进行宣传营销，结合外拓营销活动，持续开展节日感恩回馈等专项营销活动，提高客户覆盖面，巩固基础客户群；每月对存款余额 200 万元以上客户进行统计分析，加大低成本存款营销力度，发挥优质服务、自助设备、电子银行、银行卡和其他中间业务对存款业务的带动作用，开展宣传营销活动。现运行 16 台“农金通”设备，累计办理业务 39421 笔，金额 8531 万元，服务人口 13.53 万人，服务村庄 128 个。

（2）以客户拓展为重点，个人类贷款平稳增长。密切结合“四个中心”建设要求和服务区域实际，对城区个人类贷款实行集中管理，完善配套制度、流程，提高个人贷款服务效率；依托“一十百千万”工程，抽调人员开展市场调研及集中用信工作，对沿街商铺、建材市场、蔬菜批发市场及个体工商户等逐户走访，精准对接金融服务需求，加大个人类贷款投放力度；根据行总部制定的“收获金秋”活动方案，制定河口支行“收获金秋”个人贷款营销竞赛活动实施细则，层层分解任务，积极推广“家庭贷”业务。活动开展以来，在所处的转型过渡期期间，为保存量、促新增，河口支行将城区网点负责人与零售部管片的客户经理组成拓展小组，依托城区网点负责人共同维护和拓展客户；重新修订农村承包土地经营权抵押贷款相关制度办法，梳理两权抵押贷款流程，推出“流转惠农贷”贷款品种，整理农村承包土地经营权抵押贷款的宣传课件材料，积极与根据区农业局等相关部门已确权的农村承包土地的经营权资源，深入挖掘新的客户群体，积极拓展河口支行“流转惠农贷”贷款业务，截至 2016 年底，支行“流转惠农贷”贷款余额 7240 万元，其中企业贷款 3 笔，金额 6380 万元，农户贷款 8 笔，金额 860 万元。

（3）加强内控管理，风险防范水平全面提升。为全面提高支行的内控管理水平，支行已组织四次全辖范围内的会计检查辅导工作和会计业务风险排查，重点对代理业务、大额资金业务、挂失业务、授权业务等风险点较高的业务进行检查、辅导，通过检查辅导，及时发现各分支机构在办理业务过程中存在的各类风险，并要求存在问题的网点进行立即整改，及时地堵塞风险漏洞，并将在以后的检查辅导中对发现问题的风险点进行重点检查；加强监察保卫工作，按季度开展“禁止性规定知识测试”，对考试不合格的员工进行补考，促进员工对禁止性规定知识的学习，提升制度执行力；全面推动防范打击非法集资宣传月活动，印刷宣传资料，采取柜面宣传、发宣传材料等方式进行广泛的宣传；组织学习消防设施使用技巧、火灾预防措施、火灾扑救方法等，提高员工对火灾事故的警惕性；认真做好信访接待和纪检监察工作。2016 年，支行接待来人来电访共 14 人次，其中：接待来人 9 件，来电 5 件，包括省联社东营办事处转来 2 件，已回复 14 件，均做到及时调查落实并回复客户。

（4）强化员工队伍建设，企业活力进一步提升。加强业务技术练兵，全面提升全行柜员的业务能力水平。“以考促学”，提升综合能力素质水平。支行对全行的青年员工开展业务知识及技能考试，同时首次举办规范化服务理论知识考试。通过“以考促学”，督促青年员工加强对点钞、录入、规范化服务等技能以及省联社新印发的各类管理办法、制度的学习，双管齐下，全面提升其业务素养，为全行业务发展奠定坚实的业务基础；稳步推进网点转型工作，合理规划营业网点功能分区，深入开展规范化服务提升工作，利用明察暗访、察看监控等方式督导排查，努力为客户提供优质规范业务办理流程和温馨舒适的营业环境，树立良好社会形象；组织开展趣味运动会、五四演讲比赛等活动，培养员工健康向上的兴趣爱好，打造员工多姿多彩的生活。积极参加区委、区政府组织的各项活动，如五一运动会、河口区职工篮球赛等，以积极进取的作风、精诚合作的团队理念，充分展现农商员工良好的精神风貌。

·东营银行股份有限公司河口支行·

【主要经营指标】 （1）存贷款指标。截至2016年12月15日，河口支行各项存款余额399769万元，较年初增长36169万元，完成经营计划的100.42%。其中，储蓄存款余额291904万元，较年初增长35792万元；对公存款余额107865万元，较年初增长377万元。河口支行全面完成2016年存款业务指标。截至2016年12月15日，贷款余额为119373万元，贷款余额较年初增长5401万元，无新增不良贷款余额，全面完成资产质量指标。

（2）国际业务。截至2016年12月15日，国际业务结算量共实现26960.42万美元，外币结算业务量13350.95万美元，国内证业务总金额57125.85万元，国际业务中间业务收入为651.48万元。国际业务总体发展势头良好，实现稳定增长。

（3）利润及中间业务。截至2016年12月15日，账面净利润–6836.87万元，中间业务收入951.63万元，由于存款增幅较大，利息支出增加，而贷款有效需求不足，投放渠道局限，贷款总量略有增长，导致利润距计划有一定差距。

【重点业务】 （一）以产品推广为核心，加大市场营销力度，提高市场占有份额。1. 努力稳定机构存款，继续挖掘企业客户。努力做好财政性存款账户资金的稳存增存，加强沟通，主动服务，财政性存款稳定增长；同时制定重点法人客户授信计划，加强与重点企业客户的深度合作，有选择的加大扶持力度，积极带动支行对公存款的增长；顺利发放全市首笔农村承包土地经营权抵押贷款，全年新增两权抵押贷款1500万元，拓宽经营思路。2. 加强营销转型，巩固支行零售市场。2016年，零售营销导入，通过培训学习和营销实践，利用产品优势，以如意存、儿童卡、稳赢利、高收益理财等产品为宣传突破口，通过大堂经理厅堂营销、柜员柜面营销、户外宣传活动营销等方式，对河口支行的新产品进行积极的宣传推广，积极开展“金融知识进万家”“反洗钱”“反假币”等一系列惠民利民的主体宣传活动，赢得客户的高度认可，取得预计的良好效果。第四季度开展扫码支付业务的宣传推广，营销户数走在全行前列，通过创新成功与河口区一中合作校园一卡通银行卡项目，累计开卡达3000余张。

（二）搭建发展软硬件平台，提升支行竞争力。1. 高度重视网点建设，完善业务发展硬件平台。二级支行是河口支行践行社区银行、市民银行的工作落脚点，河口支行实现包括三家二级支行在内的四个服务网点对河口城区商业、住宅区的有效覆盖。在为市民提供多样化金融服务的同时，也为支行业务发展提供有力的硬件平台，助推支行业务发展的转型升级。截至2016年12月15日，二级支行总存款余额140662万元，较年初增长31521万元，超经营计划17162万元。2. 狠抓业务学习及基本技能训练，为业务发展搭建软平台。河口支行共有员工46人，入行两年以内的青年员工占比60%。为保障各项业务的顺利开展，根据支行员工实际情况，在业务量大和各项检查的双重压力下，狠抓基本技能练兵和业务知识学习，青年员工的业务水平显著提高，全行逐步形成“比、学、赶、帮、超”的良好学习氛围，在青年员工技能比赛和前台业务技术比赛中均取得团体第一名的优异成绩。

（三）主动开展自我监督检查，严防各类风险。1. 做好案件防控工作，防范操作风险。河口支行业务量大，为防范操作风险，注重对日常工作的监控，对查看登记簿、查看监控等发现的问题及时向柜员通报，定期开展各类风险点讨论会，确保支行日常工作规范、安全运营，消除内控风险隐患。2. 成立业务自查小组，按月进行全面自查。为规范业务经营，强化风险管理，河口支行成立业务副行长和委派会计主管组成业务自查监督小组，进行全面自查。对自查中发现的问题，严格按照有关规定进行惩罚、整改，并逐条落实整改责任人，力求整改到位，不留尾巴。推动各项业务操作规范化，提高工作质量。结合监管部门“两加强、两遏制”回头看自查工作，积极配合总行检查小组的检查工作，对支行内业务进行全面梳理，主动问责，及时整改，力争把自查工作执行到位。3. 实现信贷业务会签、日结，规范业务操作。认真搞好各项内控管理工作，通过深入进行自查，以制度抓落实，规范业务操作。对发现的问题进行深刻的成因分析，属于河口支行制度缺陷的及时向总行有关部门反映，属于自身原因的责任到人并督促及时落实整改，进一步提高信贷工作的合规水平，强化合规意识。信贷管理工作精益求精。4. 进行信贷业务自查，严防合规风险。2016 年，在开展客户风险排查活动的基础上，对票据业务、内控合规、贸易融资业务进行全面的自查工作，与总行检查小组积极配合，通过现场检查和调阅信贷档案的方式对支行存量信贷业务进行新一轮的梳理，自查和外部检查相结合，对发现的问题及时整改并做好记录，进一步加深对支行信贷业务的了解，充分认识到潜在风险、摸清风险底数，增强风险意识和合规意识。5. 管理层深入一线，强化日常管理。河口支行各网点副行长节假日深入一线，带领员工办理业务，确保工作日、节假日都有副职以上人员主持工作，对发现的问题当场及时处理不留尾巴，保证管理层全时段、多方位了解网点运行情况，避免突发紧急事件的发生。

证　券

【中泰证券股份有限公司河口区海盛路证券营业部】　（1）2016 年经营指标情况。截至 12 月 31 日，东营河口海盛路营业部客户总资产 35.46 亿元（其中新三板托管资产 21.4 亿元），佣金收入 1790.65 万元，净利润 985.89 万元，收入份额完成比例 92.8%；A 股、基金成交量 218.22 亿元，市场份额占比 0.0082%，计划完成比例 93.18%；客户资产净流出 1391.84 万元，累计开户数 32082 户，新增开户 1548 户；累计净增高净值客户 56.6 户，计划完成比例 119.31%。

金融产品累计销售 9688 万元，其中 OTC 产品销售 9588 万元，基金销售 100 万元，实现销售收入 119.90 万元，计划完成比例 85.65%。

累计开立融资融券账户 831 户，本年新增 23 户。两融余额 8078.39 万元，两融日均市场份额 0.0101%，完成比例 91.82%；累计业务净收入 919.37 万元。

新增 IB 账户 17 户，新增期权账户 19 户，累计开立港股通账户 112 户，累计完成 App 安装 9360 个，完成比例 110.1%。

（2）运行情况及措施。2016 年，东营河口海盛路营业部以经济效益为中心，围绕打造优秀团队和规范业务经营。1. 重视金融产品销售，充分总结往年产品销售的经验和教训，在合规前提下，做好金融产品销售的宣传推广；同时，综合利用各种金融工具和金融产品，为客户提供差异化、多元化的金融服务，突破产品销售和服务转型瓶颈，努力拓展优质、高净值客户，增强营业部对当地市场的影响力度。2. 加强财富管理业务，在多维度构建客服体系基础上，加强投顾团队建设，提升投顾团队执业能力。在各部门相对独立、协调运行前提下，逐步将工作重点转向客户服务，盘活更多无效（低效）的客户资产，力求最终实现客户服务转型的落地。3. 充分利用公司创新产品和工具，发展互联网＋金融业务。通过积极推广公司中泰齐富通 App、网上营业厅、微信等服务产品，从而降低服务成本，提高资源配置效率，为客户带来实惠便捷。4. 重视与当地政企合作，稳步推进大投行业务。积极为各类企业的改制、上市融资、债券融资、“新三板”挂牌等业务提供全方位、深层次、多渠道的资本市场服务，以期在政府的大力支持下，赢得更多的业务机会，获得更大的发展空间。5. 继续推进两融业务、IB 业务、个股期权业务及港股通业务。细分任务，及时跟进完成进度，总结经验教训，增加营业部业务收入点。6. 明确激励机制，构建完善的经营管理平台。细化部门职能分工，责任到人，奖罚分明，提高员工执行力。在各部门相对独立、协调运行前提下，逐步将工作重点转向高净值客户服务。

保　　险

【中国人民财产保险股份有限公司东营市河口支公司】 中国人民财产保险股份有限公司东营市河口支公司现有正式员工27人，下设综合部、营业室、农村保险事业部、转续保业务部部、商业非车险部、营销管理部、理赔分部等6个部室；在镇和街道设有义和营销服务部、新户营业部、河口街道三农服务站、六合街道三农服务站，在171个村设有三农服务点；并配备由7人组成的专业理赔队伍。公司主要经营：机动车辆保险、企业财产保险、货物运输保险、家庭财产保险、政策性农险、责任保险、人身意外保险等50多个险种；担负着河口区及辖内油田单位、个人的保险业务，从售后服务、理赔服务等方面积累丰富的经验，为河口区经济的发展，人民生活安定起贡献力量。

2016年，人保财险河口支公司以服务和支持当地经济发展为己任，认真落实党和政府的支农惠农政策，积极开办惠及民生、促进社会和谐稳定的保险业务，保费规模和保险偿付能力稳步提升，实现保费收入5770万元，同比增长7.86%，上交代缴税金806万元，其中上缴税金334万元，代缴车船税472万元。河口支公司始终恪守“忠诚服务，笃守信誉”的宗旨，公司遵循“主动、迅速、准确、合理”的理赔原则，帮助企业及时恢复生产和人民重建家园，履行财产保险的经济补偿职能。

公司相继推出全国范围50公里内免费故障救援、异地出险就地理赔、1万元以下案件1小时内通知赔付等服务。开展无限次免费道路救援，送水、换胎、小修、拖车；自主洗车服务，河口区共6个自主洗车点；提供违章查询，随时随地掌握违章信息；开展商家联盟活动，选择东营市多个行业的160多家服务企业，为人保会员打造保险服务以外的生态圈。让客户深切感受到人保公司的关怀，实现打造差异化服务行业优势，提升客户服务水平，实现服务内容从“车”到“人”的延伸和提升。

【中国人寿保险股份有限公司东营市河口区支公司】 中国人寿河口区支公司位于河口区海宁路208号，由经理室、个险部、团险部、银保部、客户服务部、综合办公室6个科室组成，在孤岛镇、仙河镇分别设有营销服务网点。现河口区支公司拥有500余人的销售队伍，个险部、团险部、银保部三个销售部门，为大家提供专业化的保险规划。客户服务部为客户提供周到完善的保险售后服务。

2016年，河口区支公司总保费达13587.17万元，累计理赔505.98万元。中国人寿保险股份有限公司始终坚持以发展为第一要务，在保持业务规模平稳较快增长的同时，积极加快核心业务系统整合，做好保单基础服务，建立全系统理赔重大疑难事件的快速应急处理机制，及时兑现合同承诺。

农 业

综 述

区农业局作为主管全区农业和农村经济工作的区政府组成部门，主要承担着指导和服务全区农业和农村经济发展的16项工作职责。共设置10个行政事业单位，其中内设4个行政股室，分别是办公室、农产品质量安全监督管理办公室、农村经济经营管理股、农业产业化股；下属6个事业单位，其中，副科级事业单位3个，分别是河口区农业机械管理中心、河口区农业综合执法大队、河口区农村产权交易中心；股级事业单位3个，分别是河口区农业技术推广站、河口区植物保护站、河口区农村经济经营管理站。人员编制总额56人，其中，机关编制9人，事业编制47人。2016年底，在编职工57人，临时工6人，公益岗人员2人，退休职工及遗属35人。

2016年，区农业局深入贯彻落实创新、协调、绿色、开放、共享的发展理念，围绕“一极两区”这一中心，深化农村各项改革，转变农业发展方式，不断提高农业产业化水平，增强农业技术服务能力，走产出高效、产品安全、资源节约、环境友好的农业现代化道路，全区农业农村经济实现持续、快速、健康发展。全区实现农林牧渔及服务业增加值14.29亿元，同比增长5.6%；农民人均可支配收入达到15596元，增长8.2%；两项指标增幅均位列全市首位。

【农业农村工作】 （1）着力抓好科学规划，现代农业发展迈出新步伐。谋划“十三五”，针对河口区现代农业发展优势和短板，科学制定并由区委、区政府印发《关于大力发展现代农业为率先全面实现农业现代化奠定坚实基础的意见》，编制完成《河口区现代农业发展规划（2016~2020）》。这两个文件为率先全面实现农业现代化提供指导性意见，是指导“十三五”现代农业建设的纲领性文件。高标准编制锦绣河口黄河故道现代农业示范区规划。（2）着力抓好农业经济运行调度，农业经济发展稳步增长。立足区情，把握市场变化，大力调整种植结构，农作物布局进一步优化。全区粮食作物种植面积37.3万亩，与去年基本持平，棉花种植面积为7.79万亩，同比减少48.3%。其中，玉米15.59万亩，减少19.26%，水稻8.97万亩，增长26.1%，大豆2.18万亩，增长327%，新增高粱种植1.3万亩。粮食生产再获丰收，预计产量18.17万吨。（3）着力抓好现代农业园区建设，现代农业体系初步形成。大力发展现代农业、循环农业、安全农业，引进落地一大批投资块头大、带动能力强、发展质量好的农业龙头项目，重点建设澳亚乳制品加工等一大批集农业标准化生产、科技成果应用和休闲观光于一体的现代农业园区。东营华春海参养殖园等22个现代农业园区被认定为市级农业园区。（4）着力抓好农产品质量监管，农产品质量安全保障有力。不断加强农产品质量安全监管，抽检农产品437个，抽检合格率100%。扎实推进省级出口农产品质量安全示范区和农产品质量安全县项目实施，建立全区农产品质量安全监管追溯平台1处、监控中心1处，基层追溯点和检测点26处，农业投入品监管点20处、兽药监管点8处，并进行实时监控。加强宣传培训，培训基层农产品质量安全监管员

177人。（5）着力抓好农机创新示范，农业机械化水平明显提升。一是实施全程机械化生产示范项目，推广农机生产新技术。建设全程机械化生产示范基地1000亩，辐射带动面积2万亩，推广小麦“两深一浅”轻简化栽培技术、玉米机械化免耕施肥直播技术等农机生产新技术7项，推广全程机械化生产模式2种，促进农机农艺措施融合，探索农场与农机服务组织结合新模式。二是鼓励农机创新，提高农机装备水平。鼓励农机合作社创新，2款农机具获得国家实用技术专利。组建河口区首家现代农机植保合作社，购置无人植保机18架和一批先进的水稻生长期管理机械，开展小麦“一喷三防”无人机作业，8000亩小麦仅用时3天。三是开展“大田托管”，推广农机社会化服务新模式。实施棉花生产全程机械化示范推广项目，示范推广“大田托管”模式，为种植户提供从种子供应、整地、施肥、播种、统防统治、收获、销售等各环节的全程托管服务。（6）着力抓好农业技术推广服务，为农为民服务水平显著提高。大力实施小麦“两深一浅”简化高效栽培技术示范项目、棉花高产创建活动、粮食高产创建等技术推广项目，引进农作物优良品种20个，推广先进生产技术10项，指导农民科学生产；继续实施测土配方施肥，检测土样456个，发放施肥建议卡2.2万余册，指导农民科学施肥。开展测土配方施肥示范推广活动，在全区选定10处新型经营主体及20处示范农户，给予配方肥物化补助，并在新户镇建设村开展新型肥料田间试验展示。搞好农业技术培训和指导，培训农民500人次，及时下发小麦、玉米、棉花等主要农作物田间管理意见12期，有力保障农业生产正常运行。编制发放养分及墒情简报17期。加强农作物病虫害预报预警。及时发布小麦、棉花、玉米等农作物病虫情报21期。加强东亚飞蝗综合治理，实施蝗害绿色防控技术，连续10年没有出现高密度蝗片。认真做好省、市、区“乡村之星”推荐评选管理工作，全区拥有省级乡村之星2名，市级乡村之星9名，区级乡村之星15名，11名农村实用人才被评为河口区“百名英才”。

【减轻农民负担】 减轻农民负担工作，事关农村改革发展稳定的大局，河口区高度重视减轻农民负担工作，始终把减轻农民负担视为解决“三农”问题的严肃政治任务，坚持党政一把手亲自抓、负总责，分管领导靠上抓。一是开展农民负担专项治理。根据（东农负办字〔2016〕3号）和省《转发农业部减负办关于开展2016年涉农乱收费乱摊派专项治理的通知》（鲁农负办字〔2016〕2号）通知要求，开展涉农乱收费乱摊派专项治理工作，对辖区内农民建房、农村义务教育、农机服务、殡葬服务、计划生育等方面是否存在乱收费、乱摊派现象，有无向村级组织和农民专业合作社乱收费、乱摊派等问题进行全面自查。年底，区减负办组织有关人员成立检查组，通过采取抽查村级会计账务和有关资料相结合的方式，对全区4镇2个街道减轻农民负担工作进行检查，无乱收费、乱摊派等现象。二是落实各项惠农政策。落实小麦直补面积9.04万亩，落实补贴资金1129.98万元；配合区统计局完成2015年棉花目标价格补贴面积核实工作，核实面积14.43万亩，应补贴资金2164.51万元；种粮大户补贴工作顺利实施，补贴总面积11.4万亩。做好政策性农业保险入保工作，全区小麦、玉米、棉花总投保面积29.62万亩，投保率91.36%。协调做好农业政策性保险理赔工作，全区玉米、棉花受灾面积1.42万亩，赔付金额241万元。农机购置补贴550万元全部发放到位。争取农机深松补助经费120万元，完成深松土地面积13万亩。三是确保减轻农民负担的各项政策落到实处。认真落实中央、省、市关于减轻农民负担的各项政策，进一步建立完善农民负担监督管理长效机制，从制度上保证减轻农民负担政策不折不扣地落实到位。四是继续全面落实减轻农民负担“五项制度”。严格落实涉及农民负担收费文件“审核制”、涉农价格和收费“公示制”、农村公费订阅报刊“限额制”、农民负担“监督卡制”和涉及农民负担案（事）件“责任追究制”，确保减轻农民负担工作的长期深入有效。区减负办设立信访办公室，明确专人负责管理接待农民群众来信来电来访，对群众反映的问题会同有关部门及时进行调处，做到案案有结果，件件有回音。

【农村产权交易市场建设工作】 河口区农村产权交易中心于2015年初开始筹建，区财政列支100万元用于中心建设，建设地点确定在区政务服务中心便民大厅，设立6个服务窗口。区农村产权交易市场机构已经批准设立，机构规格为副科级，经费形式实行财政拨款，核定事业编制5人。交易市场办公设备设施通过实施招投标已购置，人员已全部到位。系统软件由市局聘请软件公司统一开发。针对试运行过程中发现的系统中的漏洞，多次与软件公司进行沟通，软件逐步趋于完善，农村承包土地的经营权抵押贷款业务已进行信息补录。为使相关人员尽快熟悉交易系统情况，积极邀请市农业局、软件公司，组织区及各镇街有关人员进行软件系统培训。为扎实推进农村产权交易监督管理工作，经多方征求意见，成立了成立河口区农村产权交易监督管理委员会。

【农村扶贫开发工作】 2016年，农业行业脱贫攻坚工作实施“特色农业引领、龙头企业帮扶、合作组织带动、农村改革推动、科技培训促进”五大扶贫工程，实施土地深松及耕地质量提升项目、农业龙头企业贷款贴息项目、农业经营主体配套项目、棉花生产全程机械化项目、现代农业园区建设、农产品质量安全县创建、“一喷三防”等项目共带动扶持贫困户809户，1310人，省市分配河口的任务是330户，720人，超额完成脱贫攻坚任务。

【农村集体财务管理】 近年来，河口区认真贯彻落实中央、省、市文件精神，加强农村集体“三资”管理工作，取得一定成效，2014年被农业部认定为“第二批全国农村集体‘三资’管理示范县”。（1）严格执行各项财务制度，规范和完善村级收支管理，建立“三资”管理台账，对村级资产实行台账式管理，通过对村级财务检查等方式，完善制度建设等方式，推进农村集体“三资”管理制度化、规范化，确保农村集体资产保值增值。（2）按照山东省农业厅《关于在全省开展农村集体“三资”管理规范化建设活动的通知》和市农业局关于印发《关于加强农村集体“三资”管理专项整治工作的实施意见》的通知要求，开展“三资”管理专项整治工作。组织镇街进行自查，全区176个村已全部进行自查，发现问题5项，已全部整改。（3）对镇街三资管理专项整治工作开展情况进行全面检查，上半年共检查6个镇街27个村；下半年结合农民负担检查对剩余村进行检查，完成对176个村村级财务的全面检查。（4）加强业务培训。2016年7月，聘请省农业厅专家授课，举办一期农村财务人员培训班，组织镇街联村会计、村记账员近200人参加了培训。

【农村土地承包管理】 （1）土地承包经营权确权登记颁证工作情况。按照省市的安排部署，开展土地确权登记颁证工作，严格摸底调查、土地测绘公示、合同签订、建立登记簿、经营权证发放等工作程序，执行“四榜定案”制度。确权登记颁证工作已全面完成，河口区列入确权颁证范围的村的170个村，确权面积250660.6亩，确权户数19776户。一是建立区级农村土地承包信息数据库。2015年已顺利通过省市验收，建立农村土地承包区级信息数据库。二是开展“回头看”工作，先后于2、3月份2次到相关镇街就整改情况进行抽查。镇街对工作中存在的问题进行了全面整改。三是河口区的土地确权颁证土地测绘项目被评为2016年山东省优秀测绘地理信息工程评选一等奖，名次也比较靠前，共32个项目，排在第四位。（2）农村集体土地确权和土地承包经营权证颁发工作。一是根据《河口区农村集体土地承包经营权确权登记颁证工作方案》要求，对农村集体土地承包和土地流转合同档案资料进行调查摸底，涉及新户镇、河口街道、六合街道3个镇街，土地面积12200亩，现土地测绘工作已完成，正在核实有关数据及资料。二是农村土地承包经营权证颁发。2016年结合抵押贷款试点工作的开展，积极开展农村土地承包经营权证颁发，按照《河口区农村土地经营权证颁发工作方案》和市有关文件要求，经过农业经营主体申请、镇街初审、区农业局复审等程序，并对经营主体申报的资料多次核实，2016年，对7家农业企业、11家家庭农场、6家合作社、5个专业大户共29家经营主体颁发农村土地经营权证，涉及土地58572.43亩，颁发经营权证35本。三是做好农村土地承包信访案件的查处工作。建立健全信访接待、查处等方面的各项制度，严格实行首问负责制。2016年，发生1起土地承包信访案件，没有出现被省、市通报的案件。基本建立起农村土地承包纠纷调解仲裁网络，各镇、街道普遍成立农村土地承包纠纷调解委员会。四是深入开展农村土地承包经营权流转工作。加大工作力度，加强工作调研。在稳定家庭承包经营制度的基础上，遵循“依法、自愿、有偿”原则，积极推进河口区农村土地承包经营权的流转工作。第一，加大宣传力度，提高农民对流转土地增加收入的认识。运用各种宣传媒介和宣传形式，大力宣传有关土地流转的法律法规，让农民充分了解政策，消除顾虑，放心流转。第二，加强对土地流转工作的指导服务，2016年底，河口区土地流转面积为138530亩。

【农业执法】 2016年，河口区农业局不断加大农业执法工作力度，保障农业生产安全。一是强化执法监管。2016年，深入开展农资打假专项整治行动和日常监督执法，累计出动执法车辆65台次，人员220余人次，排查整治农药经营单位110个，承办民生热线8期。二是严格农药管理两项制度。严格落实农药产品经营告知和高毒农药定点销售、实名购买制度。2016年，审核告知公示农药产品627种，在远离农产品生产区域设立6家高毒农药定点经营单位，建立专门的台账对高毒农药的来源、去向、用途进行详细登记，并对高毒农药包装物进行回收，截至年底，未发现有违规经营使用高毒农药行为。三是加强宣传培训。2016年，共举办培训班2期，培训农业投入品经营人员、基地技术人员120人次，发放农药选购明白纸、技术指导意见20000份，提高广大人民群众的农产品质量安全意识。

【农业和农村经济结构调整】 （1）产业结构更加合理。2016年，全区粮食作物播种面积37.2万亩、总产量18.17万吨，经济作物播种面积8.97万亩、总产量3.53万吨；肉蛋奶总量26.89万吨，同比增长12.6%；水产品养殖面积56万亩，水产品产量达到15.43万吨，实现渔业产值18.6亿元，同比分别增长0.4%和10.7%。（2）品牌结构不断优化。围绕优质林果、畜禽、蔬菜、渔业等主导产业，引导鼓励支持农产品品牌建设，实现优势产品品牌化、名牌产品产业化。新户镇和仙河镇海星村分别被推荐为第六批全国

6月15日，河口区农村承包土地的经营权抵押贷款试点工作推进会议暨签约仪式在河口宾馆举行

"一村一品"示范镇和第四批省级"一村一品"示范村；100余个农产品获得"三品一标"认证，其中无公害农产品50个，绿色食品43个、有机食品11个、地理标志认证1个，地理标志认证面积28.25万亩。（3）标准化生产加快推进。成功创建省级出口农产品质量安全示范区，建设农产品监管大厅1处，建设全区农林牧渔农产品质量安全监管追溯平台1个，建立基层农产品质量安全追溯点20处，农业投入品监管点20处，兽药经营监管点8处。（4）新型经营主体发展壮大。坚持用工业化理念发展农业，推进农业产业集聚，培植壮大产业集群，增强辐射带动能力。河口区注重培育新型农业经营主体，农业龙头企业、农民专业合作社、农业专业大户等为代表的新型农业经营主体呈现快速发展趋势。全区规模以上农业龙头企业发展到90家，区农业企业固定资产总额达15亿元，年销售收入总额达23亿元，年销售收入过亿元

河口区农业龙头企业基本情况表

序号	企业名称	注册时间	注册资本（万元）	所在镇街	所有权性质	经营类型	备注
1	山东海星集团有限公司	1997	5000	仙河镇	民营企业	水产品生产加工	省重点
2	山东华春渔业有限公司	2000	1000	新户镇	民营企业	水产品生产	省重点
3	山东通和水产有限公司	2002	6000	新户镇	民营企业	水产品生产	市重点
4	山东三丰香油有限公司	2000	1500	孤岛镇	民营企业	种植业加工	市重点
5	山东澳纳纺织科技有限公司	2006	9000	开发区	民营企业	种植业加工	市重点
6	东营市振宇水产加工有限公司	2000	1350	河口街道	民营企业	水产品生产	市重点
7	东营市东昱肉制品有限公司	2009	300	河口街道	民营企业	畜牧加工	市重点
8	东营市河口区军绿食品综合加工厂	1993	580	孤岛镇	国有企业	种植业加工	市重点
9	东营力大王农畜产有限公司	2002	330万美元	河口街道	外资企业	畜牧生产	市重点
10	东营老船家水产品开发有限公司	2004	50	开发区	民营企业	水产品加工	市重点
11	东营仙河澳亚现代牧场有限公司	2011	2500万美元	仙河镇	外资企业	畜牧生产	市重点
12	山东晨阳菌业有限公司	2011	5000	六合街道	民营企业	食用菌生产	市重点
13	东营胜强牧业有限公司	2011	500	新户镇	民营企业	畜牧生产	市重点
14	东营市千乘粮油有限公司	1998	300	开发区	民营企业	种植业加工	市重点
15	黄河方舟国际贸易有限公司	2012	8000	六合街道	民营企业	畜牧生产	市重点
16	东营市河口区正邦养殖有限公司	2011	4000	新户镇	民营企业	畜牧生产	市重点
17	东营市东海顺达养殖有限公司	2009	3000	六合街道	民营企业	畜牧生产	市重点

18	东营市龙凯水产品养殖有限责任公司	2010	500	新户镇	民营企业	水产品生产	市重点
19	东营嘉农现代农业有限公司	2011	4600	仙河镇	民营企业	水产品生产	市重点
20	东营市申丰农业开发有限公司	2011	1000	义和镇	民营企业	农业休闲观光	市重点
21	东营志鹏珍禽有限公司	2008	1000	新户镇	民营企业	特种养殖	市重点
22	东营市恒源农业开发有限公司	2012	1000	河口街道	民营企业	种植业生产	市重点
23	东营汇泰养殖有限公司	2010	2585	新户镇	民营企业	水产品生产	市重点
24	东营神州澳亚现代牧场有限公司	2013	4000 万美元	仙河镇	外资企业	畜牧生产	市重点
25	东营大希望农场有限公司	2013	1000	孤岛镇	民营企业	畜牧生产	市重点

的农业龙头企业 7 家，形成以菌菜生产、渔业产品、畜禽产品、油棉纺织、林果休闲为主的五大支柱产业，带动农户 1.4 万户，60% 以上的农户进入产业链经营。发展家庭农场 15 家、农民合作社 26 家，分别达到 70 家、274 家。

2016 年，新增 4 家市级农业产业化龙头企业，全区市级以上农业龙头企业 25 家。

【社会主义新农村建设】 稳步推进农村承包土地的经营权抵押贷款试点工作，盘活农村土地资源。制定试点工作实施方案并经省政府审议通过，建成覆盖区、镇、村三级的“1+4+N”农村产权交易市场网络体系，开展农村土地经营权证颁证工作，颁发经营权证 35 本、流转土地面积 5.86 万亩，建立试点工作推进机制，设立“两资金一经费”保障机制，制定并由区政府办公室印发河口区农村承包土地的经营权抵押贷款贴息资金管理暂行办法和风险补偿资金管理暂行办法，确保试点工作顺利开展。全年累计贷款 7560 万元，完成计划的 189%，有效缓解农业经营主体融资难问题，为农业农村经济发展注入强劲动力。

【东亚飞蝗查治】 河口区蝗区总面积为 210.6 万亩，划分为 14 个蝗区。总面积占全国蝗区面积的八分之一，占山东省蝗区面积的四分之一，占东营市蝗区面积的二分之一，是全国重点有蝗县区之一。河口区治蝗站按照“依靠群众、勤俭治蝗、改治并举、根治蝗害”的方针，详细拉网普查，及时彻底防治，采取化学防治与生态控制相结合，飞机防治与地方防治相结合，专业队伍防治与群众统防统治相结合，实现东亚飞蝗“不起飞、不成灾”的总体目标。2016 年，河口区东亚飞蝗中等发生，发生面积 106 万亩，其中，夏蝗发生面积 60 万亩，秋蝗发生面积 46 万亩。飞机防治 4.3 万亩次，生物控制 25 万亩。

种植业

【概况】 （1）粮食作物生产情况。2016 年，全区粮食作物面积 37.2 万亩，小麦（夏粮）9.04 万亩；秋粮合计 26.64 万亩，其中，玉米面积 15.59 万亩；水稻种植面积 8.97 万亩；大豆种植面积 2.18 万亩；高粱 1.3 万亩。全年粮食总产 18.17 万吨；其中，夏粮总产 3.996 万吨；秋粮总产 14.17 万吨。（2）经济作物生产情况。全区主要经济作物为棉花，2016 年播种面积 7.79 万亩，籽棉单产 192 公斤，籽棉总产 1.5 万吨。（3）蔬菜生产情况。2016 年，全区蔬菜累计播种面积 1.1851 万亩；蔬菜总产 3.028

万吨。大田蔬菜主要是种植大白菜、辣椒、茄子、黄瓜等常用蔬菜；设施蔬菜主要种植番茄、黄瓜、辣椒等。

农业机械化

【概况】 2016年，河口区农机总动力21.2万千瓦，农业机械总值原值38354.04万元，净值28631.77万元，电动机512台，5446千瓦，柴油机1393台，9429千瓦，农用拖拉机4879台，91177千瓦，联合收获机347台，20791千瓦，农田基本建设机械300台，26886千瓦，渔业机械2606台，27691千瓦。配套农机具10348台，其中：大中型拖拉机田间作业配套机械3156台，小型拖拉机田间作业配套机械7192台。农机从业人员发展到9725人，农机作业经营总收入达37925.8万元，农业生产的机械化程度显著提高，2016年，完成机耕24.91千公顷，完成机播32.58千公顷，其中，免耕播种7.67千公顷，完成机收23.78千公顷，其中，玉米机收9.98千公顷，机械植保30.562千公顷。

【农机供应与维修】 河口区的供应与维修基本由各个农机公司和维修点承担。各个点由小到大，由简单到复杂，服务及维修水平不断提高，已经能够承担河口区的主要供应及维修任务。2016年，农机经销点及维修点共有56处，其中农机经销点17个，供油点31点，维修点26处。经营收入达634.5万元。

【农机培训与推广】 为加强教学管理，提高农机培训质量，河口区农机培训学校，加强教师队伍建设，选择思想好、有实践经验、适宜教学的同志任教师，注意青年教师培养，有计划地组织教师进行轮训，离职进修和深入生产实践，学习各种专业技术，扩大知识面，经过提高技术和业务水平，健全办学方式，同时制定合理的教学实施计划，全校教职工各司其职，各尽其责，使河口农机校很好地发挥作用。2016年，为方便农机手学好用好农机新技术、新机具，河口区农机部门利用农闲季节，结合农机补贴工作，深入各乡镇开展农机新技术培训、新技术咨询服务，发放农机操作技术明白纸3000余份，受到广大农机手的一致好评。推广各种各类农业新机械新机具395台（套）。2016年，通过认真落实农机补贴政策，争取购机补贴资金550万元，新增各类农业机械269台套，其中耕整地机械42台，拖拉机99台、收获机械56台。进行保护性耕作技术推广，完成保护性耕作面积2.143千公顷。

【农机管理】 一是加强组织领导。成立农机安全生产工作领导小组，层层签订责任书，落实工作责任。二是加强安全宣传教育。多次召开安全成产会议，三夏和三秋生产期间深入基层进行安全宣传，向广大农民朋友散发农机防火知识、农机安全行驶知识、农机安全作业、农机维修安全等宣传材料3000余份。“三夏”“三秋”期间检修农机具共2000余台，培训机手200余人次。三是依法实施农机安全监督管理保证农机安全生产。在农忙季节区农机监理员、安检员进行田查路检的同时会同公安、安全等部门开展联合大检查，重点治理无证驾驶、无牌行车、超速、超载等违章现象。对上道行驶的拖拉机要安装反光警示牌，灯光、刹车必须完好，拖车要安装防护网，严厉查处酒后驾车、非驾等违章行为。秋季收获作业预防收割机火灾事故的发生，参加作业的收割机要按规定配备灭火器具，收割机要经常保持清洁，经常检查线路是否完好，2016年全区田查路检1200台次，保证农业机械化的技术状态的完好“三率”，为推进河口区农业机械稳定和谐发展和农业增产增收奠定坚实的基础。四是严格拖拉机驾驶员培训考试制度，严格对拖拉机驾驶员进行培训和考试，使驾驶员真正掌握驾驶操作技术和简单的农机维修技术。五是加强拖拉机牌证管理和拖拉机及拖拉机驾

2016 年全区配套农具拥有量统计表

项目/单位	拖拉机田间作业配套机械（台）				
	犁	旋耕机	耙	联合收获机	秸秆粉碎还田机
总计	3075	477	1287	347	279

2016 年全区农机作业情况统计表

项目/单位	机耕地面积（千公顷）	机播面积（千公顷）	机收面积（千公顷）	机电灌溉面积（千公顷）	机械植保面积（千公顷）	机械铺膜面积（千公顷）	机械化秸秆还田（千公顷）	农田水利建设土方工程（万立方米）
总计	24.91	32.58	23.78	16.152	30.562	11.592	19.521	175

驶员的年检工作，全年办理拖拉机及联合收获机械挂牌 158 台，办理驾驶证 112 人，年度检验拖拉机 388 台。

畜牧业

【概况】 2016 年，河口区畜牧局编制 43 人，在岗人员 40 人。内设办公室、畜牧股、兽医药政股 3 个股室，下属畜牧兽医站、草原监理站、无害化处理中心、动物疫病防治监控中心 4 个事业单位，在镇（街道）派驻 6 个动物疫病防治监控所。负责辖区内防疫检疫、畜牧生产、草地建设、饲料生产、兽医药政、畜禽良种推广、畜牧发展规划、畜牧科技推广、畜产品质量安全、病死畜禽无害化监管、生猪定点屠宰等工作。2016 年，畜牧局高标定位，高点起步，努力引导形成量质并重的草食家畜支柱产业，稳量提质发展的生猪优势产业，品牌引领发展的肉禽特色产业格局，全区现代畜牧业实现稳步发展。截至 2016 年底，全区生猪、牛、羊、禽存栏分别达到 19.21 万头、4.88 万头、5.59 万只、296.1 万羽；生猪、牛、羊、禽出栏分别达到 39.1 万头、1.63 万头、8.24 万只、1367 万羽。全区肉类产量 6.36 万吨、奶类产量 19.91 万吨、禽蛋产量 0.62 万吨，肉蛋奶总量 26.89 万吨，同比增长 12.6%。

【龙头项目建设】 （1）澳亚乳制品加工项目。能评、安评、环评等各项审批手续已办理完成；2 栋宿舍楼、办公楼、餐厅、动力中心、综合厂房等工程主体施工已完成；正在进行办公楼、宿舍楼、动力中心等工程地平施工、砌墙施工；综合厂房外墙板及屋面板已安装完成，正在进行内部隔墙及地面施工；加工设备和 BWT（纯净水）处理设备已到达现场，正在进行安装调试；（2）正邦（河口）生态农业产业园项目。现三泉 5000 头繁育区、2 个保育区已建成投用，存栏生猪达到 5 万头；牟桥繁育区已建设完成，存栏生猪 5 万头；南王猪场已开工建设，建成后年出栏能力 40 万头；（3）黄河方舟食品科技园项目。现项目生产车间主体基础工程已完成，1 条屠宰线安装完成，1 万吨冷库完成 50% 的安装工程。办公楼、职工宿舍、餐厅已投入使用，项目正处于设备安装、调试建设周期。因资金问题进展缓慢；（4）山东澳源牛业进口肉牛屠宰加工项目。项目计划投资 1 亿元，设计年屠宰加工肉牛 10 万头，每批 6000 头活牛防疫隔离能力。现屠宰厂已建设完成，监管平台正在安装，进口肉牛检测实验室已通过市检验检疫局验收，首批进口牛肉已到厂；（5）粮改饲试点项目。2016 年河口区承担国家级“粮改饲”试点项目，项目计划总投资 4396.46 万元，其中申请上级财政补助资金 1000 万元。项目共 9 个实施主体，其中养殖单位 7 个，种

省畜牧兽医局局长冯继康在河口区委书记苟增杰、区畜牧局韩东局长陪同下，调研河口区“粮改饲”试点项目

植单位2个。全区计划种植甜高粱2.3万亩，青贮玉米1.2万亩，苜蓿6000亩，粮改饲种植作物实验田260亩。现完成全株玉米青贮19.7万吨，甜高粱青贮5万吨，9个项目实施主体已有7个完成初步验收，已拨付上级补助资金550万元。

【重大疫病综合防控】 以免疫消毒标准化、信息报送及时化、技术指导经常化、物资管理规范化、疫情应急处置快速化为标准，打造标准化动物疫病预防控制体系，提高重大动物疫病综合防控能力。（1）做好重大动物疫病防控工作。截至年底，共调拨猪口蹄疫疫苗60万毫升（合成肽），牛、羊口蹄疫疫苗20万毫升，禽流感疫苗122万毫升，猪蓝耳病疫苗60万毫升，猪瘟疫苗60万头份，小反刍兽疫疫苗9万毫升，A型口蹄疫灭活苗4万毫升，免疫禽类221.18万羽，生猪24.56万头；牛7.27万头，羊14.46万只。（2）加强重大动物疫病的监测和流调工作。建立疫情档案，开展流行病学调查，采集各类血清、腔拭子300余份，对全区3.15万头奶牛进行布鲁氏菌病、结核病监测，设立10个动物疫病监测点，掌握疫情动态，达到主动防范动物疫病的目的。（3）加强产地检疫和屠宰检疫。现产地检疫家禽884.65万只，生猪20.01万头，牛2.54万头，保障河口区动物产品质量安全。（4）做好无害化处理宣传和监管工作。对全区养猪户存栏量及能繁母猪数量重新核实建档，完善镇（街）养猪户病死猪情况登记本及台账，确保达到“四不准一处理”的要求，无害化处理病死猪4.1万头，病死牛2.6万头，提高河口区无害化处理工作水平。

【畜产品质量安全监管】 以畜产品安全“0”事故、动物卫生执法“0”错案、行政复议案件“0”申诉、监督管理全覆盖为目标，推动畜产品质量安全监管体系创建，着力保障畜产品质量安全。（1）强化兽药经营环节监管工作。开展兽药市场专项治理行动。出动执法车辆52台次，出动执法人员97人次，检查兽药经营企业16个，兽药使用企业11家，动物诊疗机构3个；开展兽药经营企业换证与GSP验收工作。现全区共有16家兽药经营企业提出GSP验收申请，验收工作正在按计划有序进行中。（2）组织畜产品质量安全抽检工作。按照2016年畜产品质量安全抽检计划，河口区共迎接省、市畜产品质量安全抽检6次，组织区级抽检2次，抽检样品373批次，检测结果全部合格。（3）核发动物诊疗许可证。共核发动物诊疗许可证3个。（4）组织兽药监管培训工作。聘请市局兽药科专家到河口区举办兽药管理工作培训班，对全区近百名执法人员和兽药经营企业负责人进行法律知识和业务水平培训。

2016年全区主要畜禽存栏情况表

单位	猪（万头）	牛（万头）	羊（万只）	家禽（万羽）
河口区	19.21	4.88	5.59	296.1
新户镇	9.09	1.23	0.8	82.07
义和镇	1.99	0.035	1.59	65.55

河口街道	2.79	0.7	0.29	27.23
六合街道	0.91	0.065	0.94	58.36
孤岛镇	2.03	0.161	0.47	47.6
仙河镇	0.48	2.56	0.08	9.48

2016年全区主要畜禽出栏情况表

单位	猪（万头）	牛（万头）	羊（万只）	家禽（万羽）
河口区	39.1	1.63	8.24	1367
新户镇	23.03	0.2	2.48	373.05
义和镇	4.66	0.06	2.49	311.76
河口街道	5.32	0.77	0.56	126.7
六合街道	1.84	0.06	1.83	315.13
孤岛镇	3.57	0.08	0.69	214.9
仙河镇	0.68	0.46	0.19	25.07

【重要项目】 （1）东营仙河澳亚万头奶牛牧场项目。总投资5亿元，占地1653亩，承租饲草饲料用地11338亩。现已投产运营，存栏奶牛1.4万头，年产鲜奶7万吨。（2）东营神州澳亚万头奶牛牧场项目。总投资5亿元，占地1800亩。现已投产运营，存栏奶牛1.6万头，年产鲜奶7万吨。（3）东营新户澳亚万头奶牛牧场项目。东营新户澳亚现代牧场项目是新加坡澳亚集团在河口投资建设的第三处万头奶牛牧场，总投资5亿元，占地面积1.7万亩。现存栏奶牛1.3万头，日产鲜奶200吨。（4）正邦（河口）生态农业产业园项目。总投资16.48亿元，占地27350亩，主要建设100万头生猪养殖基地。现三泉5000头繁育区、2个保育区已建成投用，存栏生猪达到5万头；牟桥繁育区已建设完成，存栏生猪5万头；南王猪场已开工建设，建成后年出栏能力40万头。（5）印尼佳发肉牛养殖项目。计划总投资3.7亿元，占地面积10000亩，形成年出栏肉牛9万头生产规模。现项目已完成一期工程，存栏肉牛8000头。（6）黄河方舟食品科技园项目。计划投资5.6亿元，占地208亩。现项目生产车间主体基础工程已完成，1条屠宰线安装完成，1万吨冷库完成50%的安装工程。办公楼、职工宿舍、餐厅已投入使用，项目正处于设备安装、调试建设周期。（7）无害化处理厂项目。总投资1790万元，占地60亩。现建成无害化处理厂1处、无害化收集点7处，累计处理病死畜禽8万多头，消除疫病传播隐患。（8）澳亚乳制品加工项目。计划投资3亿美元，主要建设日处理生鲜乳740吨乳制品加工项目，新建厂房、实验室、仓库、办公生活综合区等基础设施建设，完成设备购置安装。现项目进展顺利。（9）澳源肉牛屠宰加工项目。项目计划投资1亿元，建设规模6000～10000头隔离场1个，建设10万头/年肉牛屠宰加工及深加工项目。现屠宰厂已建设完成，监管平台正在安装，进口肉牛检测实验室已通过市检验检疫局验收，首批进口牛肉已到厂。（10）粮改饲试点项目。计划总投资4396.46万元，其中申请上级财政补助资金1000万元。项目共9个实施主体，其中养殖单位7个，种植单位2个。全区计划种植甜高粱2.3万亩，青贮玉米1.2万亩，苜蓿6000亩，粮改饲种植作物实验田260亩。现完成全株玉米青贮19.7万吨，甜高粱青贮5万吨，9个项目实施主体已有7个完成初步验收，已拨付上级补助资金550万元。

林　　业

【概况】 河口区林业局成立于1990年8月，为正科级事业单位，内设办公室、林政股（林业改革发展股）、造林绿化股，下设林木植物保护站、经济林管理站（枣树研究所）和果业开发服务中心，2002年4月，与河口柽柳林场联合办公，柽柳林场为副县级事业单位，内设办公室、管理科、科研所、造林规划科4个单位。2016年，全区新增片林4.47万亩，完成任务的226%；林业育苗0.27万亩，完成任务的108%；森林抚育2500亩，完成任务的100%；果品产量4.8万吨，林业总产值15.5亿元；义务植树35万株，林木绿化率达到19.2%；开展全省林业有害生物普查、森林资源管理暨林地变更调查等工作，全面落实森林防火和林业有害生物防治目标，森林资源得到有效管护。

【生态绿化】 三年增绿工作。2016年，全区累计完成造林面积4.47万亩，湿地修复面积1144.7亩，完成市委、市政府下达任务的226%。市级重点工程完成造林1539.8亩，其中干线公路完成造林839.8亩；生态林场完成造林700亩；湿地修复面积1144.7亩。区级推进工程完成造林4.3万亩，其中环城防护林完成造林1.22万亩；路域绿化完成造林1572.2亩；村镇厂矿校园完成造林1088.9亩；成片造林完成造林2.83万亩。通过采取苗木覆膜、有机肥改良、苗木补植等有力措施，新增造林成活率达到了93%以上，保有率达到100%。实施林业重点项目建设。争取中央补贴资金25万元，组织实施0.25万亩中央财政森林抚育项目，进一步优化林分质量，改善林木生长环境，促进林木生长发育，提高森林生态系统整体功能。争取中央补贴资金214.2万元，组织林农、专业合作社实施1.02万亩造林补贴工作，提高造林成活率。争取中央资金1300万元，实施沿海防护林工程项目，造林2.6万亩。扎实开展全民义务植树活动。植树节期间，广泛组织全区机关工作人员参加义务植树，同时，“青年林”“巾帼林”等纪念林建设活动纷纷展开，结合“乡村文明行动”，院内绿化、城镇绿化及村庄绿化齐抓并重。2016年春，参加义务植树7万人次，栽植各类苗木35万株。

2016年义务植树活动

【富民兴林】 经济林产业。全区新建苹果、桃树、无花果、葡萄等经济林基地2300亩。重点实施100亩河口区苹果矮砧密植集约栽培技术推广项目，该项目由河口区梁家林果种植专业合作社承担，邀请山东农大、青岛农大及省果树研究所、栖霞果业局高级专家参与技术指导和培训。举办苹果矮砧密植栽培技术培训班等各类技术培训班6期，组织果农到青州、栖霞参观学习3次，培训林农730人次，发放资料1600份。做好果品抽检工作，由专业检测机构定期对河口区果品的农药残留和重金属含量等50个指标进行检测。抽检大棚冬枣、苹果、梨果品62批次，其中抽检梨11批次，抽检苹果23批次，抽检大棚冬枣28批次。2016年，全区果品产量4.8万吨，果品产值突破2亿元。林下经济。充分挖掘林下土地资源富民潜力，推广林下种养殖，按照“公司＋协会＋基地＋农户”的经营格局，积极发展林下经济。2016年，以三年增绿新建林地为基础，以东营市富源农业开发有限公司2017年国家农业综合开发鹤虱草项目为龙头，新发展发展林下种植食用菌、中草药等林下经济1.5万亩。种苗花卉产业。2016年，河口区积极开展林业科研和科技推广，搞好种苗新品种的引进、繁育工作，新增育苗面积2680亩。开展苗木质量检查，杜绝使用不合格苗木，春季造林期间，抽检造林苗木5批次，合格率100%。组织富源、绿植缘等12家育苗企业先后到广饶、惠民、宁津等地参加林木博览会，及时发布全区苗木品种数量等信息，指导各镇街正确选择造林苗木，积极引导优先选用本地苗木。顺利实施东营市白榆良种繁育推广及示范基地建设项目，建成"白洼1号""白洼2号"白榆良种繁育圃300亩，示范林500亩，为全区三年增绿工程提供良种壮苗，促进区域内林木良种的推广和良种化进程。

2016年6月8日，在孤岛刺槐林场实施飞机防治美国白蛾等林业有害生物

【林权改革】 组织开展林权流转交易、林权抵押登记、森林资源评估建设和森林保险等高效便民服务，为林农、林企、金融机构等提供林业信息共享平台。开展公益林、商品林、苹果、桃树4项林业政策性保险工作，新增苹果、桃树保险面积1522亩。规范发展林业专业合作社，采取"合作社+农户"的运作模式，扶持一批产权明晰、财务规范、分配机制完善的林业专业合作社，现已发展林业专业合作社22家，其中，国家级合作社1家，省级合作社6家，市级合作社8家。加快"三品一标"产品认证，梁家林果种植专业合作社等3家合作社通过国家工商管理总局商标局注册商标，新盛冬枣专业合作等7家林业合作社（基地）的果品通过农业部农产品质量安全中心认证符合无公害果品标准，产地面积2.2万亩。狠抓林业龙头企业培育，新增市级龙头企业3家，现已发展省级龙头企业3家，市级龙头企业10家。

【资源管护】 （1）林地执法。严格执行森林限额采伐、林地定额管理制度，加大对征占用林地、木材运输检查、林木采伐许可证发放、森林伐作业和验收等工作的管理力度，不断完善森林资源管护的长效机制。认真做好林业审批监督工作，2016年，共受理采伐申请66宗，批准采伐林木9410.72立方米，审核、审批占用林地4宗。开展以打击破坏森林资源违法犯罪、保护森林资源为重点的"保护青山"专项行动，加大对森林资源违法犯罪活动的查处力度。

（2）以美国白蛾为主的林业有害生物防治工作。做好林业有害生物监测预警工作。新建数字化监测站1处，对已建成的13处站点进行维修维护，及时监测上报虫害发生情况，为林业有害生物防控决策提供可靠依据。全面落实属地防治责任制。5月召开全区美国白蛾防治工作会议，对去年防治工作进行总结和2016年防治工作进行安排。8、9月份，多次召开二代、三代美国白蛾防治调度会议，由区领导带头实地督导检查，现场解决发现的问题。采用综合防治，实施飞防3万亩次，喷洒药物17.8万亩次，新安装太阳能杀虫灯600盏和释放周氏啮小蜂10万枚，防治效果显著。加强督导检查。继续采用林业局班子成员包镇街制度、林业有害生物发生防治情况周报表制度和政府不定期督查制度，确保全年美国白蛾的防治效果。注重抓好林业蛀干害虫防治。成立蛀干害虫防治专业队伍，5月，对全区干线公路两侧绿化带实施注药防治，6月上旬召开蛀干害虫防治现场会，总结防治经验，全面推广，力争1至2年内有效降低全区林业蛀干害虫虫口基数。搞好林业有害生物普查，共拍摄照片3386张，视频33段。初步查出林业有害生物共148种，制作完成林业有害生物标本114套，生活史标本13套。首次在河口区发现红缘亚天牛、菊小筒天牛、灭字脊虎天牛等新害虫物种10余个。

（3）森林防火工作。及时调整区森林防火指挥部成员，层层签订《2015~2016年度森林防火目标管理责任书》防火责任状，形成一级抓一级，层层抓落实的良好局面。实行森林防火包保责任体系制度，每个镇街安排区林业局一名班子成员和一名科级干部包靠，督促基层防火各项工作落实。注重宣传引导，开展以“六个一”活动为主要载体的系列宣传活动，及时发布《河口区人民政府关于划定森林防火区和发布森林防火禁火令的通告》，划分森林防火区域，落实森林防火责任。完善监管体系，林区主要路口设立防火检查站，严格控制野外火源；加强野外巡逻纠察，开展专项督导活动30余次，出动执法车辆40台次，执法人员82人次，重点路口安排人员严格把关，确保防火期内森林防火不出现问题。开展森林火灾隐患排查整改活动，圈定需承担森林防火任务的工商企业13家，排查隐患22处。全区没有发生大的火灾。

（4）湿地恢复与野生动物保护。“世界湿地宣传日”期间，开展以“湿地与未来：可持续的生计”为主题的宣传活动，发放《野生动物保护法》和《东营市湿地保护管理办法》等5000余份，粉刷永久性标语20条，进一步增强群众保护湿地和野生动物的责任感和主动性，活动取得明显实效。积极开展以“依法保护鸟类，建设美丽河口”为主题的“爱鸟周”活动，在胜利河口二小举行“飞翔的翅膀——青少年观鸟活动”实践基地启动仪式。邀请校外辅导员作鸟类知识专题报告，进一步激发广大师生爱鸟护鸟的热情。加强联合执法，多次联合区市场监管局及森林公安河口分局对河口区的农贸市场、饭店、农家乐等场所非法捕猎、杀害、出售以及经营野生动物的现象进行大检查，并采取多种宣传方式，提高全社会爱护野生动物的意识。

刺槐林场

【概况】 2012年2月，东营市机构编制委员会批复设立河口区孤岛刺槐林场建设管理办公室（东编发〔2012〕9号）。2013年2月，经区机构编制委员会研究决定，正式设立河口区孤岛刺槐林场建设管理办公室（东河编发〔2013〕8号），为区政府直属事业单位，副县级，经费形式为财政拨款，核定事业编制5人，人员结构为管理人员2人、专业技术人员3人；配备主任1名，副主任1名。2015年10月，《河口区机构编制委员会关于调整区孤岛刺槐林场建设管理办公室机构编制事项的通知》（东河编发〔2015〕39号），为区孤岛刺槐林场建设管理办公室核增事业编制3名（编制员额达到8名）。增设综合科、规划科（挂生产管理科牌子）2个副科级内部机构，可各配科长1名。研究拟定林场建设发展规划，并组织实施；开展林场造林绿化、林业技术科研，做好森林防火工作；落实林地承包经营和林权流转政策；负责林场的日常管护工作。

河口区孤岛刺槐林场是全市确定的试点林场之一，位于河口区东部，地处孤岛、仙河辖域内，自2012年春季启动实施。孤岛刺槐林场规划总面积4.6万亩，其中，计划采用带状、块状混交模式，新增造林2.6万亩；原有刺槐林以及配套设施占地面积2.0万亩，目标是打造集生态涵养、旅游观光、休闲游憩、文化承载于一体的独具特色的平原槐林基地。

【树木栽植】 经过前期实地调查研究，分类制定实施方案，严把苗木筛选和栽植质量工作，累计栽植白蜡、紫穗槐、海棠、刺槐等苗木20.1万株。一是完成育苗基地建设。为丰富林木品种，提供更多的优质苗源，在河仙路南片区开展育苗基地建设，共栽植白蜡、刺槐、金叶榆等苗木6万株。二是完成盐碱地块绿化改造。及时组织林木生长状况排查，集中对枯死树木进行补植，通过开挖躲碱沟、撒施农家肥、覆膜浇水等措施，栽植紫穗槐、木槿、刺槐等苗木13万株。三是完成孤岛台田及主循环路域绿化提升。对孤岛片区部分柽柳封育林和林场内部柏油路路肩进行标准提升，采取开沟躲碱、逐穴浇灌等办法，栽植大规格、耐盐碱的构树、榆树、法桐等苗木0.5万株。四是完成高压线下树木移栽工程。为保障林场生产安全，实施林场境内5条高压线下树木的移植工作，移栽树木长势好、有触电隐患的白蜡、竹柳等树木，栽植海棠等低矮花灌木0.6万株。

【林场工程管理】 坚持“精细管理、提升质量”的目标，认真开展林木精细化抚育管理，确保造林绿化成效。一是细化管护分工。采用“管护承包+自主管理”模式，河仙路北片区通过公开招标，选用12支管护队伍分片管理，河仙路南片区采用大型机械，由单位组织自主管理。二是强化管护调度。划定管护区域和指导监督责任人，每天由专人负责林场巡逻检查，根据季节和林木生长状况，及时组织召开管护工作培训调度会议，每月进行1次管护评比，确保及时的督促和指导管护工作。三是完善防控体系。在河仙路片区安装太阳能杀虫灯400盏，释放周氏啮小蜂寄生茧1万枚，逐步打造集物理防治与生物防治于一体的有害生物防控示范基地。全年累计开展旋耕除草5次，护林防火专项巡查6次，整修林地900亩，修复水毁工程80处，维护沟渠路22公里，树木修剪2次，采用人工防治与飞机防治相结合的方式，实施病虫害防治4次。

【配套设施建设】 严格按照配套建设推进计划，认真谋划，统筹分析，高效开展项目招标及建设工作。一是柏油路建设项目。对河仙路片区循环土路进行提升改造，修建为路面宽度为4米的柏油路6千米，实现林场循环道路的通畅连贯。二是节点工程项目。为提升林场景观质量，在河仙路与进场循环路交界处，实施3处节点工程，认真做好供水设施的配套和隔碱处理，共动用土方4.8万立方米，形成节点面积24000平方米。三是洒水车和监控设备项目。通过公开招标，采购完成1辆洒水车和15处监控摄像头，现已全部投入使用，为林场的安全生产、护林防火等工作提供保障。

【生态林业发展】 充分利用林地、林木资源，探索开展形式多样的林场经营，增强林场发展活力。（1）组织开展果树种植。在河仙路南片区择优培育果树，栽植大规格的苹果、梨等苗木600株，预计结果后，将于军博园共同建成品种多样的生态观光采摘示范区。（2）试验进行林下种养。圈划土地，有序开展林下禽畜养殖，试验进行林下中草药、蔬菜以及食用菌种植，强化技术指导和跟进服务，探索多形式的林下养殖。（3）发展生态旅游。配合开展第五届湿地槐花节暨全国摄影大展，按照规划设计，完善省级森林公园建设，提升林场知名度和美誉度。

【创新林场发展】 充分考虑林场现有实际情况，结合林场优势，因地制宜、因势利导的保证林场的可持续发展。（1）探索林场发展运营模式。为合理和地规范地开展林场运营，多次组织考察市内外相关单位运营工作模式，结合林场自身实际，探索与林场发展相匹配的金融、技术支撑平台，打造区域特色，增强“造血”功能。（2）编制孤岛刺槐林景区规划。邀请多家规划设计院到林场实地考察，交流探讨景区规划设计，通过概念性规划设计，初步确定2家设计单位，为孤岛刺槐林景区进行规划设计。

海洋与渔业

【概况】 近年来，全区抢抓黄蓝国家战略实施机遇，按照发展现代海洋产业的战略部署，以建设海洋经济强区为目标，以发展循环经济为重点，加快推进海洋经济发展步伐。风电、港口运输等产业迅速发展，初步形成海洋渔业、盐及盐化工、风电利用等多个支柱产业协同发展的良好格局。全区养殖面积达到56万亩，其中海参养殖面积10万亩，对虾养殖面积20万亩，贝类护养面积20万亩，淡水鱼养殖面积6万亩。工厂化养殖水体10万立方米。2016年，水产品总产量达到15.43万吨，同比增长4.74%，渔业经济第一产业产值达到19.36亿元，同比增长10.6%。渔业经济总产值达到40.5亿元，同比增长2.7%。其中，全年出产海参4450吨，同比增长56.1%，产值4.01亿元，同比增长60.1%；出产南美白对虾4605吨，同比增长22.7%，产值2亿元，同比增长23.2%；出产日本对虾1032吨，同比增长106.4%，产值1.2亿元，同比增长112.2%；出产贝类11.5万吨，同比增长2.38%，产值5.54亿元，同比增长2.67%。

【“海生·河口”渔业科技】 2016年7月27日，“海生·河口”渔业科技精准对接启动会在河口召开，省海生院、市局、河口区政府三方签署合作协议，科技协同创新，推进河口区海洋与渔业快速发展。结合渔业产业规划，确定“十三五”期间开展的河口区渔业本底调查以及养殖容量评估、贝类养殖新品种引进与苗种中间培育技术优化等11项渔业科技项目，为发掘海洋生物资源、完善产业发展链条、拓展渔业发展空间提供技术支撑，并通过“科研院所+创新团队+龙头企业”的科技合作进行示范、推广，推动河口区海洋渔业产业发展，推进河口区“海上粮仓”建设。按照会议精神，规划河口区50万亩海洋牧场。现海洋牧场已完成海域挂牌出让30000亩，2016年，挂苗养殖扇贝10万笼，出产2150吨。

【工程项目建设】 （1）渔业区路桥工程。项目概算投资4825万元，建设养殖区道路长20.92公里、解说点2个、沾利河桥1座、便民桥1座及道路桥梁配套设施等。现勘察设计方案、概算评审已完成，正在准备招标文件，春节前发布招标公告。（2）河口区海洋生物研究中心。项目估算投资4080万元。规划占地50亩，建设研究中心约9000平方米，内设展示大厅、遗传育种实验室、生理生态实验室、技术实验室、分子生物学实验室、加工实验室、检测室6大功能实验室、办公区及专家学生宿舍等。现正在进行地质勘查和施工图设计。（3）鱼粉加工厂项目。项目计划投资2.76亿元，建设1万吨/年鱼粉、5000吨/年虾粉、1000吨/年精炼鱼油生产线，建设6000吨制冰厂和万吨冷冻仓储1处以及办公楼、职工宿舍等配套。现项目区回填土工程已竣工。项目主体工程于9月21日动工建设，现正在进行办公楼及厂房施工，进展顺利。

2016年7月27日，省海洋与渔业厅厅长王守信到河口区参加渔业科技精准对接启动会

【渔业项目】（1）河口区2015年现代农业生产发展资金优质鱼产业项目。该项目由东营东岳盐业有限公司承担，总投资1764.24万元（省级资金500.00万元，企业资金1264.24万元），总面积3792亩，开发建设标准化海参养殖池塘55个，沉淀缓冲池1个，规划水面面积2835亩。项目已于2016年12月底完工，等待市级验收。（2）实施2016年“海上粮仓”建设发展资金现代渔业园区和种业提升项目，共争取省级资金320万元。改造车间5000平方米，完善供暖、供氧系统，建设配套实验室400平方米，安装视频监控系统和水质监测系统2套。项目已于2016年12月底完工，等待市级验收。（3）东营市河口区新户镇海参养殖协会注册地理标志产品——河口刺参。河口刺参是河口区的知名特产，其代表品牌是渤海口海参。1957年，郭局村渔民在老黄河故道与渤海交会处捕捞海参，开设海产品加工小作坊，用土法蒸煮腌渍法制作海参。河口刺参体壁厚而柔软，背面疣足发达，呈肉刺状，年产量达1500多吨，含有大量的蛋白质和多种氨基酸，尤其是含有的酸性黏多糖等，具有抗肿瘤、防衰老、增强机体免疫功能的作用。河口刺参生产地域在北纬37° 45～38° 10′，东经118° 07′～119° 05′范围内，主要分布在河口街道、六合街道、新户镇、义和镇、孤岛镇、仙河镇境内。

渤海口淡干海参

河口区位于山东省东营市，地处黄河三角洲，属典型的黄河冲积平原。河口区气候属于暖温带半湿润季风气候区，大陆性季风影响甚于海洋，故而形成冬寒夏热，四季分明的半湿润季风气候。年平均气温为13.2℃，年平均地温为15.0℃，年平均日照时数2800.8小时，全年平均无霜期234天，冻土期44天。河口区年平均降水量598.1毫米，年最大降水量1037.5毫米，最小降水量330.3毫米。黄河携带大量的有机质和淡水由此注入渤海，极适宜于海洋生物的衍生繁殖，独特的地域环境为河口刺参提供了生存条件，也造就了“河口刺参”独特的优良品质。

【渔业监管】（1）水产品质量安全抽检工作。2016年，完成海参水源地水质化验5批次30个样品抽检，完成重点入海河流水质化验4批次20个样品抽检，完成鸣翠湖水域水质抽检3批次10个样品，水质状况均为良好。全年共完成农业部、省、市水产品质量安全抽检任务104个样，其中水产苗种12个、成品56个，贝类划型36个。在完成农业部、省市抽检任务的基础上，完成区级水产品抽检100个样品，其中海参30个样品，对虾20个样品，鱼30个样品，贝类20个样品，所有抽检任务均为检出违禁药品成分，合格率100%。（2）开展渔业安全生产监管工作。制定全区渔业安全生产检查对象名录，共编入渔业企业42家，渔船276艘，涉及渔业从业人员2500余人。

2016年，共检查渔业企业120家次，检查渔船1500艘次，排查一般隐患14项，整改14项，无重大隐患。根据各相关镇街上报“三无”渔船摸排情况，汇总全区“三无”渔船20艘，并将相关材料上报市局，统一按规定治理。（3）联合海事、公安、边防、安监、医疗等部门，投资10万元，在中心渔港开展海上搜救应急演练，模拟渔船失火事故并组织救援，进一步提升河口区海上应急事件处置能力。（4）推进渔业互保事业发展。2016年，共收取保险金110万元。2016年，收取互保费共计110万元，河口区参保渔民605人。共理赔渔民医疗保险3起，理赔金额共1.59万元，展业理赔率1.5%。

【生态保护】 2016年，通过监测海洋环境、实施增殖放流、落实伏季休渔制度，有效保护修复海洋渔业资源。（1）开展近海水质抽样检测工作15次，对ph值、COD、盐度等海水常规指标进行检测，指标均在正常范围内，及时向养殖企业反馈数据。（2）积极争取增殖放流项目资金360万元，放流梭子蟹1350万只、中国对虾9500万尾、淡水鱼120万尾。（3）严格落实伏季休渔制度，自6月1日至9月1日，辖区内所有渔船全部返港停泊，无违规出海捕鱼现象。

【渔业技术推广】 全面推行网格化监管模式，把全区以镇、街分为六大养殖片区，根据养殖面积、养殖种类等不同情况，合理分配推广人员，形成区、镇、推广员、企业及养殖户的监管网络，明确责任。一级网格中，全区50名渔业技术指导员分布到各网格开展工作，二级网格中，各镇（街道）从事渔业工作人员承担本区域内水产品质量安全属地管理日常工作，三级网格中，区渔业主管部门负责本区域水产品质量安全网格化监管组织实施和日常管理。依托网格化管理，“专家+渔业技术人员+科技示范户+

渔光互补光伏发电项目区，一期工程产地1500亩

辐射带动户”的技术服务模式逐步完善，建立起以镇街农技服务中心为主体的相对完整的渔技推广体系。开展科技入户活动，举办渔民培训班6期，邀请中科院王雷博士等专家授课，发放培训材料3000余份，培训渔民400人次，入户指导100余次。组织渔民参加省、市组织培训4次，培训渔民50人次。

【海域使用监管】 （1）实施分岸段海域执法巡查制度，坚持每月对辖区内海域使用情况进行巡查，重点查处未经批准违法占用海域进行围海、填海行为，已批项目超面积用海和擅自改变海域用途行为以及沿海企业违法排污情况，2016年，完成征收海域使用金1416万元，全区用海秩序良好。（2）积极推进“渔光互补”产业发展新模式，现曙光汇泰一期渔光互补项目已投产，项目占地1500亩，日均发电量28万度，年可实现产值1亿元；养殖区共投放对虾苗种1500万尾、贝类苗种4000万粒，每亩可增加渔业产值2500元。项目二期正在建设中，计划2017年7月并网发电。（3）处理河口与沾化海域边界纠纷，协调边防等部门，对河口与沾化边界附近海域的生产秩序进行现场协调处理，并多次邀请边界附近实际用海户进行座谈，全年生产经营秩序稳定。（4）规范合同用海，对原由乡镇、村集体对外发包的纳入海域管理的海域依法办理海域使用权证书，共规范面积1972.9公顷。（5）实施海域挂牌出让，委托青岛国际海洋产权交易中心面向全国对新户北和中心渔港以东10宗海域进行公开挂牌出让，出让面积1991公顷，溢价率达到590%。（6）信访维稳工作，受理各类信访事项3起，到区、市接访16次。

【中心渔港基础设施建设】 （1）组织实施好未完工项目收尾及竣工验收工作，包括航道南北防沙堤续建工程的审计决算和竣工验收，进港路工程绿化建设和进港路工程整体交工验收，剩余150米码头维修工程建设及竣工验收。（2）投入20万元，优化中心渔港码头视频监控设施，实施全天候监控，做到第一时间发现并排除安全隐患。（3）建立中心渔港封闭式管理制度。（4）投入40万元，设立签证室，封闭渔港北岸，禁止渔船随意进出、随处停泊等违规行为，规范渔船进出港秩序，禁止非渔业船舶进入中心渔港，保障渔港作业安全。（5）积极推进渔港认定工作，2016年底，完成1处人工港湾省级认定、5处自然港湾区级认定。

水利与黄河河务

水　　利

【概况】 河口区水利局组建于1987年3月，为正科级行政单位，下设办公室、水政水资源股、农水工程股三个职能股室，防汛抗旱指挥部办公室、水土保持办公室、水保监督中队、水政监察大队、灌溉管理站、设计室6个直属机构。现有职工66人，主要担负着全区水利建设、水行政执法、水利管理、防汛抗旱、现代化农业水利先进技术推行等职责。

【重点工程】 （1）东营市河口区现代农业生产发展资金小麦产业项目县2016～2016年项目。实施新户镇兴合片高效节水灌溉工程、义和镇薄家片高效节水灌溉工程两个片区，控制面积1574.12公顷，新建泵站5座、生产桥2座，铺设低压管道140.39公里，铺设现浇U型渠道7.78公里；疏挖排沟127.11公里，工程已于6月6日通过省级验收，完成投资2817.2万元。（2）农水会战项目。实施郭河综合治理工程，新户镇新户干、九支排清淤工程，河口街道城北防护林挑河排水闸建设项目，六合街道孤河水库东片田间治理工程，孤岛镇西韩片区节水灌溉项目，仙河镇刺槐林场沟渠治理工程等6个工程，完成投资1746.98万元，取得全市农水会战第二的名次。（3）挑河人工湿地工程。利用面条沟河道及沿岸部分工地构建人工湿地工程，规划面积约401.1亩，规划河道总长度约1.6公里，已完工，完成投资1992万元。（4）中海石化土方回填整平工程。完成中海化工园内场地土方运输、回填、压实、整平等内容，共计动用土方82万立方米，完成投资960万元。（5）中海石油东营石化尾水人工湿地工程。依托现有挑河人工湿地，建设中海石油东营石化尾水人工湿地1处，主要建设潜流层、表流层，净化中海石油东营石化有限公司尾水；铺设排污管线2.5公里，建设排污泵站1座，建设中水回用工程，实施苗木种植及北侧防护林建设，投资3709万元。现建筑物工程全部完成，明年4月底前完成绿化工程。（6）东水源灌区节水配套项目。实施东水源衬砌，疏挖东水源河王分干16.03公里，衬砌7.98公里；新建及维修建筑物共7座，其中新建引水闸2座，维修引水闸3座，拆除新建桥梁2座，

小农水重点县项目顺利通过验收

2016 年 3 月 22 日世界水日、中国水周集中宣传活动

投资 1912.8 万元。截至年底，西崔桥完成，六合桥桥面铺装完成，六合东支引水闸主体工程完成，清淤完成 2 公里，衬砌完成 7 公里，项目总体进度完成 85%。（7）孤河水利封闭管理工作。对孤河水库进行提升改造，实现孤河水库的全封闭管理。工程于 11 月 16 日完成招标，11 月 22 日开工建设。现水库泵站进水闸桥桩基、柱子、盖梁已完成，240 米衬砌段清淤、开槽完成，衬砌施工完成 75%，工程总体进度完成 23%。（8）挑河老庙生产桥工程。拆除并重建挑河老庙生产桥，投资 150 万元。现工作坝及施工便道已完成，总体进度完成 10%。

【防汛抗旱工作】（1）引水抗旱工作保障有力。为保障农业生产，促进全区农村经济的持续健康发展，保障 2016 年全区灌溉用水需求，做好引黄灌溉工作，2016 年计划引水 8000 万立方米。2016 年，河口区东水源灌区自 3 月 2 日开始引黄春灌工作，共引水 4762 万立方米；王庄灌区自 3 月 7 日开始引水，共引水 3070 万立方米。（2）防汛形势持续稳定。根据政府各级领导班子调整变化情况，调整河口区防汛抗旱指挥部成员和辖区内河道、水库防汛责任人；修订完善《河口区防汛抗旱应急预案》《河口区防台风应急预案》《河口区防御风暴潮应急预案》等各项应急预案，搞好防汛物资储备；建立防汛抢险队伍，每个镇、街道办落实 50 人以上的专业抢险队伍和预备队伍；抓好河道清障、排沟疏通，上半年共动用土石方 578.23 万立方米，治理骨干河道 19.1 公里，新建、改造各级渠道 183.1 千米（衬砌渠道 100.2 千米），新建、改造各级排沟 408.1 千米，可改善除涝面积 18.7 万亩，防洪减灾能力不断增强。同时，对防汛通信、雨情测报系统进行集中运行维护，确保通信设施运行正常。

【水行政综合管理】 实施最严格水资源管理，加强区域用水总量控制管理。积极推行综合执法，积极开展“世界水日”“中国水周”集中宣传活动，加大水行政执法力度。截至年底，共巡查河道 22 次，查处水事违法案件 5 起，办理开发建设项目水土保持方案审批 4 项，征收各项水利规费 13.4 万元，有效维护全区水事秩序和水利工程设施的运行安全。

【水利工程管理】 代表全市在全省率先实施农田水利设施产权制度改革和创新运行管护机制试点工作。实施探索完善项目补助方式、改进项目管理方式、产权确权和移交、建立工程管护经费的长效机制、建立政府绩效考核为基本依据的奖惩办法、鼓励和扶持农民用水户协会等专业合作组织发展、开展乡镇水利站能力建设 7 项试点任务。新户镇、义和镇两个镇试点改革工作已全面完成并完成市级验收，准备迎接省厅验收。

【各项重点工作】（1）规划计划工作。深刻认识和准确把握党中央国务院的一系列重大部署和对完善水利基础设施网络、加强水生态文明建设、深化水利改革等方面提出的新要求，把规划计划工作提高到新的水平。现《“十三五”水利发展规划》已完成；

《移民项目规划》已报省厅待批复；《水土保持规划》初稿完成；区政府投资项目三年滚动投资计划编制工作完成并已报发改、财政部门。（2）扶贫工作。活动开展以来，抽调专人负责对帮扶对象进行摸底、统计登记、制定方案、定期总结汇报等工作。同时，发挥行业优势，投资8万元为义和镇六顷五村清淤沟渠，疏浚引水沟10条，总长4524米，动用土方2.83万立方米。（3）水土保持工作。严格落实建设项目水土保持实施方案编报审批，办理项目水土保持方案审批5项。实施义和镇西河片水保持综合治理工程，投资210万元，治理水土流失面积3.8平方公里。（4）移民工作。实施河口街道余丈村土地开发整理，六合街道老庙村交通道路建设、前沟村沟渠治理、老庙社区建设、三义和村幼儿园配套，义和镇北太平村农田水利配套、蒲台村一分干农田水利配套，新户镇太二水库治理、太平村道路建设及自来水智能化、东风村文化大院建设、杏行村道路建设共11个移民项目，总投资363万元。现11个移民项已全部完成。（5）人大建议、政协提案办理工作。区水利局承担人大建议、政协提案17件，已完成与人大代表及政协委员的面对面答复。

黄河河务

【概况】 河口黄河河务局是水利部黄河水利委员会在东营市河口区的派出机构，是参照公务员管理的事业单位，其前身为东营黄河修防处河口管理段，1985年1月1日成立，1991年1月1日更名为东营市河口区黄河河务局，并升格为副县（处）级单位，2004年11月1日，更名为“黄河河口管理局河口黄河河务局”。河口黄河河务局机关设办公室（人事劳动教育科、党群工作科）、水政水资源科、工程管理科、防汛办公室、财务科5个机关职能部门，同时下设西河口管理段、孤岛管理段、专职水政监察大队、东营鹏远工程有限公司4个基层单位及两个双重管理的单位神仙沟闸管所和河口黄河派出所。截至2016年底，河口黄河河务局在职参照公务员管理身份的11人，事业编身份的56人，企业编身份的14人，退休人员42人，在职和退休人员共计123人。其中具有高级职称的9人，中级23人，初级23人。

主要职责：就是水行政管理和水利工程管理两大职责。水行政管理职责：负责《中华人民共和国水法》《中华人民共和国防洪法》《中华人民共和国河道管理条例》等法律、法规的实施和监督检查，负责管理范围内的水行政执法、水政监察，依法查处水事违法行为，负责调处水事纠纷。执行水量统一调度指令，实施水量统一调度和监督管理。负责编制管理范围内防御黄河洪水预案，并监督实施；负责监督管理范围内黄河滩区的安全建设；负责管理范围内同级人民政府的防汛抗旱指挥部黄河防汛办公室的日常工作。根据授权，组织河道管理范围内非防洪工程的监督管理。水利工程管理职责：负责管理范围内的黄河河道、堤防、险工、控导、非供水水闸等水利工程的管理、运行、调度和保护，保证水利工程安全和发挥效益。协助做好管理范围内水利工程建设项目的建设管理；负责管理范围内建设项目的监督；负责落实水利工程管理标准。负责水利工程的运行和观测；负责汛期巡堤查险的组织、指导、监督工作和水尺观测工作，并及时向上级河务部门上报汛情；负责险情抢护工作的组织。负责河口黄河专业机动抢险队的管理。负责水利工程的资产管理；负责签订维修养护合同及监督检查维修养护合同的执行情况。负责管理范围内的黄河治理开发和管理的现代化建设。

所辖防洪工程主要有：黄河现行河道临黄堤41.7公里，险工4处，控导3处，引黄涵闸2座。刁口河临黄堤18.5公里。所辖河道包括50余公里的清水沟现行河道和60余公里的刁口河黄河故道。黄河河口段现行河道是1976年5月在利津县罗家屋子人工截流后，由刁口河改道清水沟后逐渐形成的。河道呈东西流向，由垦利注入渤海。黄河自1972年开始出现阶段性断流，特别是进入20世纪90年代后，断流频繁，1997 年断流 13 次 226 天。为此，黄河水利委员会加强对黄河水量的统一调度，2000 ~ 2016 年，黄河实现连续 17 年不断流。

2016 年，河口黄河河务局在河口区委、区政府和上级业务部门的领导下，认真贯彻落实党和国家治水兴水决策部署，积极践行黄委党组“治河为民、人水和谐”理念，抓业务、谋改革，转作风、促发展，全面完成各项目标任务，实现河口治黄事业的持续健康发展。

河口黄河河务局黄河防汛演习河口区捆抛柳石枕课目演示

【防凌工作】 2015 ~ 2016 年，河口区的黄河防凌工作，本着“早安排、早落实”的原则，从防凌宣传、防凌预案、防凌队伍组织、防凌物资准备、凌情动态等各方面做全面部署，认真开展各项防凌工作。2015 年 11 月 27 日，河口区负责的观测段（清三——清八河段，相应滩桩号 181+000 至 205+600）出现本年度首次淌凌，受持续低温影响，2016 年 1 月 14 日所辖河段出现首次封河，之后随着气温逐步回升，2016 年 2 月 11 日 14 时，河口区观测河段全部开河，2 月 17 日河道内淌凌消失，河口区安全度过凌汛期。河口区冰凌观测段本年度封河历时 29 天，封冻最大长度 24.6 千米。河口区冰凌观测段今冬凌情的特点：一是首次淌凌出现时间与往年相比提前 20 天左右；二是受寒潮影响今冬气温偏低且持续时间长，造成封河时间较长；三是开河发展平稳，封开河期间河道流量稳定，没有出现严重冰塞现象，水位表现平稳。

【防汛工作】 2016 年汛期，黄河流域来水偏枯，河口区黄河出现 1000 立方米每秒以上流量共 13 天，7 月 28 日 8 时，利津站流量 1530 立方米每秒，为本年度汛期最大流量，相应水位 11.64 米。整个汛期，河口区河道没有大流量过程，河道工程运行正常，未出现险情。2016 年防汛准备充分，落实以行政首长负责制为核心的各级防汛责任制，与有防汛责任段的七家单位签订防汛责任书，修订印发《2016 年河口区黄河防洪预案》；做好防汛队伍培训及演练工作，派技术人员指导河口区民兵防汛演练和济军训练基地防汛演练，组织抢险队参加 2016 年东营市油地军黄河防汛联合演习；加强防洪工程管理，组织有关技术人员完成汛前控导工程汛前根石探测任务、汛前工程大普查、汛前、汛后河势查勘等工作；做好防汛宣传，认真开展 5 月份“黄河防汛宣传月”活动；严格落实防汛物资，做好黄河防汛石料的统筹与调剂等工作。

【水资源管理与调度】 深入开展“黄河水资源管理与调度督查年”活动。加强 24 小时水调值班，严格取水许可与用水计划管理，建立健全取水用户管理档案。密切关注水情、雨情及旱情的发展变化，及时向各用水单位通报黄河水情，当好引水参谋，大力实施“两水分供分计”，全年累计引水 1.44 亿立方米，基本满足全区生活、经济、社会、生态发展用水需要。组织各相关部门单位进行联合巡查和执法，对每次取水超过 500 万立方米的用户进行飞检，严查无计划用水、无订单用水，切实加强引水用途管控，严防农水工用，充分发挥黄河水资源的最大经济效益和社会效益。

【工程建设与管理】 抓好前瞻性工作，制定上报2017年项目投资规划。顺利通过黄委示范工程验收小组的验收，2016年11月10日黄建管〔2016〕435号公布孤岛（西河口）管理段庭院为黄委示范工程，完成年初制定的目标，实现示范工程“零”的突破。完成北大堤16+031～18+300后戗堤顶硬化。完成年度维修类和养护类工程，年内共完成各类整修土方3.04万立方米，石方0.1万立方米，更新种植草皮1.11万平方米，补设整理各类标志标牌1069个，累计植树绿化1002株。及时修复雨毁工程，确保工程完整性。加强白蛾防治，定期开展巡查，全年辖区林木没有暴发大面积白蛾虫害。顺利通过黄委年度工程管理检查。同时，全力配合上级开展工程确权划界、推进《河口综合治理规划》和河口近期可研报告等重大项目批复实施等工作。

【黄河水行政执法】 开展水行政综合执法试点改革“回头看”活动，认真总结经验，力求做到改革成果可复制可推广。7月20日，迎接黄委水利综合执法改革现场观摩。12月6日，河口黄河河务局水行政综合执法改革试点纪实稿件《不忘初心奋勇向前》被黄河报整版刊载，改革经验进一步推广。“六五”普法被省局评为法治宣传教育先进单位，1人荣获黄委普法先进个人，1人获得省局先进个人，3人被管理局评为先进个人；“七五”普法顺利启动，开展形式多样的普法宣传活动。利用河道执法信息管理系统，加强对辖区内重点工程和重点部位的监管。大力开展网格化巡查，对辖区内防洪重点部位、在建非防洪工程建设项目施工工地、河道内采砂取土、工程及管护用地违章垦殖、破坏黄河工程设施标志等，进行重点检查，累计巡查277余次，现场制止违法行为34件。在管理局的指导下，责令孤东采油厂立即停止未经批准进行的非防洪工程建设，拆除滩区违法取水设施一处。狠抓执法队伍建设，与河口公安分局召开联席会议，对案件进行分析总结，适时进行模拟演练，提高队伍业务能力和水平。

【科技创新】 2016年，河口黄河河务局研究的《河口黄河河道执法信息管理系统设计与应用》获得黄委三新认定；《堤坡坡面打草机》获山东黄河河务局科技进步一等奖、黄委科技进步三等奖。

【精神文明建设】 2016年，深入开展“四德”工程建设、创城卫生清洁、道德讲堂、志愿服务进社区等丰富多彩的群众性文明创建活动。参加河口区“五一”职工运动会，举办庆“元旦”职工联欢会、迎新春职工环湖有氧长跑比赛。开展“学先进、树四德”和“我推荐、我评议身边好人”活动，选树28名“四德”先进典型。5月，一名职工被授予河口区“最美青年”荣誉称号。元宵节组织观看全区闹元宵大联欢；清明节开展网上祭英烈活动；妇女节组织女职工参加河口区庆“三八”巾帼健步行活动；“五一”开展走访慰问劳模活动；荣获河口区庆祝建党95周年合唱比赛一等奖。端午节举办包粽子比赛。积极参加河口区创建全国文明城市活动，开展义务清扫活动、文明行车劝导10余次，职工累计参加达400余人次。注册成立51人的保护山川河流志愿者服务队和学雷锋志愿服务队，全局义务植树3万余棵，为“慈心一日捐”捐款1.74万元，为残疾人捐款2.5万元。第十八批下派帮扶工作有三名干部参加，2名驻村，1名联系企业，开展“寒冬送温暖”“12·4”送法进帮扶村活动、为帮扶企业建言献策活动。下派干部指导帮扶村开展“两学一做”学习教育，分管领导专门去村里讲“两学一做”学习教育专题党课；多方协调资金帮助村里修建混凝土路700余米；筹资2500余元，春节为困难群众送去面粉、食用油等物品，“六一”儿童节期间，为村内13名儿童送去图书文具，“七一”走访慰问村内老党员。扶贫日为苦难户送上过冬用品。年内继续保持省级文明单位和黄委文明单位。

工　业

综　述

2016年，区经信局围绕“主动适应新常态，稳中求进促发展”的主题，以转型升级为切入点，以重大项目为突破口，强化措施，奋力攻坚，全区工业经济实现平稳健康发展。

（一）抓经济运行，工业生产稳中向好。工作中，坚持狠抓运行调度不放松，及时把握和分析国家宏观调控政策对河口区工业经济运行的影响，加强对重点产业、重点企业监测预警，强化月度分析调度，确保全区工业经济的平稳运行。2016年1～12月份，全区规模以上工业企业累计实现工业总产值1027.8亿元，同比增长9.4%，全市第2位；工业增加值同比增长7.3%，全市第3位。实现主营业务收入1023.8亿元，同比增长3.85%，列全市第1位；实现利润50.81亿元，同比增长–23.96%，列全市第4位；实现利税67.8亿元，同比增长–27.7%，列全市第4位。1～12月份全区工业用电达到78686万千瓦时，同比增长30.04%。

（二）抓主导产业，支撑作用不断增强。按照“做强存量、优化增量、壮大总量、提升质量”的要求，不断拉长产业链、做精产品链、培植壮大石油化工、盐及盐化工、精细化工、装备制造业和有色金属等产业，主导产业发展趋势总体向好。1～12月份五大主导产业累计实现工业总产值935.5亿元、主营业务收入931.8亿元、利润41.3亿元、利税55.8亿元，分别占全区的91%、90.9%、81.3%和82.3%。其中石油化工产业累计实现工业总产值707.4亿元、主营业务收入709.8亿元、利润22.9亿元、利税33.7亿元，同比分别增长43.4%、48.1%、55.4%和40.4%。

（三）抓骨干企业，企业规模不断做大。坚持抓大育小，着力扶持骨干企业快速成长，推动全区主导产业健康发展。积极帮助油田改制企业解决实际困难，引导和支持油田改制企业拓展外部市场，推动实现二次创业、转型升级。1～12月份，全区116家规模以上工业企业主营业务收入过亿元企业达到40家，其中富海集团、中海化工集团、金信新材料主营业务收入突破百亿元，分别达到211.4亿元、169.5亿元、111.6亿元；仕通化工、红海化工、富宇化工等13家企业主营业务收入突破十亿元。富海集团首次入选2016年中国企业500强、中海化工集团入选中国化工企业500强。

（四）抓重大项目，工业发展后劲显著增强。深入开展重大项目攻坚行动，筛选确定总投资122.08亿元的10个区级重点工业项目，逐一落实推进单位、工期计划、服务机制，督促手续快办理、项目快建设、早投产。特别是总投资34.5亿元的中海石油东营石化升级改造及配套工程项目，建成投产后可新增主营业务收入170亿元，新增税金45亿元，这个项目是建区以来一次性投资建设最大的项目，也是河口区税源财源培植的龙头项目，被区委、区政府列为“一号工程”，也是区经信局全力盯靠的重中之重的项目。为加快这个项目推进，区里专门成立项目推进服务领导小组和项目筹建指挥部，区委、区政府主要领导担任组长，三个分管区长各领一路，分别负责油田和供电设施迁占、土地征用规划、综合协调和手续办理、长输管线推进等工作。去年以来，区委、区政府主要领导多次现场调度，7月份以来三位副区长每天早上7点召集有关部门分管领导调度重点事项推进情况。截至年底，项目整体推进顺利，主要设备采购已完成，主要装置、罐区及部分公用设施桩基、基础施工基本完成，原料精制、柴油加氢、硫黄回收等装置已到场安装，项目建设正在按计划实施。

（五）抓转型升级，化工产业转型升级有序推进。根据区委、区政府的安排，区化工产业转型升级领导小组办公室设在我局，全面负责日常工作调度。去年以来，按照省、市、区安排部署，结合河口区实际，迅速动员部署，开展摸底调查、自查自改，借智借脑精准开展"三评级一评价"，化工产业转型升级工作取得显著成效，得到市化转办的充分肯定和高度评价。根据评级评价结果，全区75家参评化工生产企业按3：5：2比例，划定"优"等23家、"中"等37家、"差"等15家。针对评级期间发现的安全、环保和节能问题2985项，分类施策，不断推进"优""中"企业的限期整改和"差"等企业的依法处置进度。根据市领导小组办公室《关于对首轮评级评价结果运用进行验收的通知》要求，各等级企业的安全、环保和节能整改验收已进入收尾阶段。统筹协调各主管部门加快推进违规建设化工生产项目手续补办进度，全区共排查出违规建设工业项目265个，其中违规建设化工生产项目110个，根据全市统一安排，对于106个给予手续补办机会的项目，建立"一项目一册"，多次召开全区推进会议，夯实责任，持续推进违规建设化工生产项目手续补办进度，各项手续补办已取得阶段性成果；同时，对不予补办手续的项目列入"打非治违"范围，依法处置。

（六）抓科技创新，企业创新能力进一步提升。以创建企业技术中心、培育科技创新型企业为抓手，择优选取培育对象，指导企业加大科技研发投入，积极争创省、市级企业技术中心、"一企一技术"研发中心、"一企一技术"创新企业，着力推动企业自主创新、提升产品竞争力。组织仕通化工、弘力生物科技、金信新材料等企业赴中科院沈阳分院、浙江大学进行产学研对接，帮助企业解决一批生产技术难题。2016年，全区新增省级企业技术中心2家，市级1家；省级中小企业"一企一技术"研发中心2家，市级1家。截至年底，全区共有企业技术中心省级3家，市级11家，市级工业设计中心3家；省级中小企业"一企一技术"研发中心2家，市级14家；省级"一企一技术"创新企业2家，市级"一企一技术"创新企业1家。

（七）抓节能降耗，综合发展质量明显提升。认真落实"双目标"考核制度，将市政府下达的节能目标任务分解落实到镇（街道）、开发区、区直有关部门和全区重点用能企业，严格实行问责制和节能绩效考核。健全经信、统计、供电和重点耗能企业四方联动机制，定期召开节能工作协调会，主动加强与上级节能、统计、供电等部门的对接协调，确保节能目标任务的顺利完成。完善固定资产投资项目节能评估和审查相关规定，严格核查项目能耗总量，提高项目准入门槛，从源头遏制"两高"项目建设。指导金信新材料、金岛实业等企业取得省级资源综合利用企业认定，积极推动河口经济开发区、蓝色经济产业园创建循环经济园区，推动全区工业经济向低投入、低排放、低消耗和高效益转型。深入开展化工企业节能减排评级工作，对79家化工企业淘汰工艺装备和设备、能耗限额标准、动能设备能效标准、企业能源管理系统等进行了评级评价。扎实推进煤炭清洁高效利用和散煤清洁化治理工作，积极研究制定相关财政激励、信贷支持政策，统筹现有相关资金向散煤清洁化治理方面适度倾斜。

（八）抓两化融合，工业化和信息化全面发展。做好全省两化融合评估工作，顺利完成20家企业两化融合评估。强化省两化融合重点规划项目的季调度工作，现富宇化工集散控制系统和装置自保连锁系统项目已全面完成，富海集团企业运营信息化综合应用平台项目、常青树化工ERP信息化及数控流水线项目正在建设之中。做好两化融合管理体系贯标试点工作，经过筛选争取，全区共有3个项目被列入省级“两化融合”重点规划项目，5个项目列入省级两化融合“四个一百”工程。

（九）抓行业监管，发展环境不断优化。加强电力管理，协助河口区供电、油田供电等供电公司完成春季电网检修，制定2016年迎峰度夏有序用电方案，确保夏季用电高峰期有序用电。按照相关程序为铁塔集团东营公司河口办事处等3家企业办理转供用电审批手续。严格成品油监管，组织全区47家成品油零售企业、6家批发企业按期完成年检，对年检不合格企业进行限期整改；制定车用燃油市场专项整治行动方案，深入开展成品油市场整治行动；组织47家加油站、6座储油库投资1500余万元完成油气回收装置改造，完成全区加油站旅游厕所改造。成功举办第八届黄河三角洲油品贸易洽谈会，参会客商1500余人，签署油品贸易合同236亿元；积极帮助电子商务企业开拓市场，黄河三角洲石油化工电子商务有限公司入驻企业已达到575家，新增190家，累计交易额541.06亿元。推进企业规范化公司制改制工作，截至年底，河口区万安药业、石大油服、天正化工、常青树化工、冠森绝缘设备、彩客化学、仙河药业、金信新材料等8家企业已完成改制。

石油营销

【概况】 河口区具有成品油批发资质的企业共6家，分别是东营河口中海利兴油品销售有限公司、富海集团有限公司和东营市河口区实业发展有限公司、山东海跃化工有限责任公司、东营市世创石油化工有限公司和东营市泰富石油化工有限公司。2016年，河口区有成品油零售企业（加油站）47家，其中，中石化加油站4家、中石油加油站1家，中海油加油站1家，壳牌加油站1家，民营加油站37家。正常经营加油站46家，停歇业1家。

【山东东营河口第八届油品贸易洽谈会暨河口区招商投资说明会成功举办】 7月15日～17日，由东营市石油业商会主办的黄河三角洲第八届油品贸易洽谈会暨河口区招商投资说明会在蓝海国际大饭店成功召开。本次洽谈会，组织严谨，安排周密，无论是参会规模、客商层次，还是签约项目、活动影响，都较前七届贸易洽谈会有显著提高，达到“搭建平台、加强交流、资源共享、合作共赢”的目的，得到各级领导、与会客商和社会各界的充分肯定和广泛赞誉，在全市乃至全省都产生较大反响。

（1）会议规模标准较历届洽谈会有巨大提升。一是在规格定位上，主办单位由商会主办、企业承办、政企联动，既提会议规格，又实现政府与企业的良好互动。大会得到各级领导的高度重视和亲切关怀，并对活动的成功举办给予充分的肯定。二是在会议规模上，在汇总前七届贸易洽谈会与会客商的基础上，确定“倾力打造全国石油行业顶级盛会”的目标，瞄准全国成品油交易重点区域和知名油品贸易企业，以石油业商会为突破口，在全国范围内筛选确定拟邀请客商名单。开幕式当天共1300余名客商参会，是历年来规格最高、规模最大的一届。（2）注重实效，贸易洽谈取得丰硕成果。大会通过专家对未来能源发展趋势、市场、原油走向的讲解和分析及交流洽谈，使客商们对炼油企业及各型号产品有更深的了解，掌握更多的信息资源。同时，充分利用黄河三角洲石油化工交易中心的资源优势，两个方面相得益彰，互相促进。本次大会油品交易活动活跃，据初步统计，共达成油品供销协议186项，成交额236亿元。

石油化工业

2016年，河口区境内共有规模以上石油化工企业21家，分别为富海集团有限公司、山东中海化工集团有限公司、山东仕通化工有限公司、山东海跃化工有限责任公司、山东红海化工有限公司、山东富宇化工有限公司、东营市科德化工有限公司等。全年21家企业完成工业总产值707.43亿元，实现主营业务收入709.84亿元、利税33.72亿元、利润22.92亿元，以上指标分别占全区规模以上工业企业总量的68.83%、69.33%、49.75%和45.11%。

【企业简介】 富海集团有限公司。富海集团成立于1998年3月18日，是河口区最大的综合型民营企业，2004年2月被国家工商总局核准成立为无地域、无行业特征的集团有限公司，主要从事石油化工、房地产开发、建筑安装、货物运输等业务，拥有国家商务部核准赋予的成品油批发经营资格。

集团公司注册资本金10010万元，拥有总资产18.83亿元。集团公司下辖东营华联石油化工厂有限公司、东营富海建筑安装有限公司、东营富海房地产开发有限公司、东营富海运输有限公司、东营富海物业管理有限公司5家子公司，参股胜利油田国际石油开发投资有限公司。其中，部分控股公司已通过ISO9001国际质量体系认证及ISO14000国际环境管理体系认证。

集团自成立以来，立足本地资源优势，采取多元化经营战略，严格按照现代企业管理模式规范运作，逐步形成了一个拥有员工1300余人的现代化综合型企业。曾先后荣获“东营市十佳民营企业”“东营市重点保护企业”“东营市十佳青年民营企业”“中国农业银行山东省分行AAA级信誉企业”“山东省工商系统诚信纳税企业”“2005年度山东省企业200强”、2014年“全国民营企业500强”“2016年中国企业500强”等荣誉称号。2016年，公司实现主营业务收入211.36亿元，实现利润8.96亿元，利税11.86亿元。

山东中海化工集团有限公司。山东中海化工集团有限公司成立于2001年，注册资金1亿元，总资产48亿元，拥有员工1500余人，现已发展成为集石油炼化、精细化工、房地产开发、成品油销售、热电联产、物流运输和物业管理为一体的综合型企业。

集团公司下设中海石油东营石化有限公司、山东中海精细化工有限公司、东营河口中海利兴石化产品销售有限公司、山东中海利群置业有限公司、东营中海利群物业管理有限公司、沾化中海房地产开发有限公司、沾化中海物流有限公司7个子公司。曾先后获得“三A”文明守信企业、“A级”诚信纳税企业、“质量管理先进企业”“用户满意企业”“管理创新优秀企业”等荣誉称号；东营市“突出贡献企业”。山东省“守合同重信用”企业荣誉称号。2014年“全国民营企业500强”“全国民营企业制造业500强”“2016年中国化工企业500强”等荣誉称号。2016年，公司实现主营业务收入169.54亿元，实现利润2.89亿元，利税4.33亿元。

盐及盐化工业

【概况】 2016年，河口区境内共有规模以上盐及盐化工企业6家，分别是东营春兴盐业有限公司、东营东岳盐业有限公司等。全年6家企业完成工业总产值2.77亿元，实现主营业务收入2.69亿元、利税7094.5万元、利润3778万元，以上指标分别占全区规模以上工业企业总量的0.27%、0.26%、1.05%和0.74%。

【东营春兴盐化有限公司】 东营春兴盐化有限公司，位于东营市河口区北部临海区域，是黄河三角洲高效生态经济园区的核心地带，是一家集工业盐、低钠盐、溴素、融雪剂生产，水产品养殖、销售为一体的多元化、环保型盐化工企业。

东营春兴盐化有限公司于2004年11月登记注册，注册资本1238万元，占地面积11.67万亩。是由天津科技大学，本着“绿色生态环保”及“一水多用”的理念规划设计的，是国家倡导和鼓励产业项目。在设计规划上因地制宜，合理布局。重点以强化特色主导产业地位，促进多种关联产业相互发展为基本原则。2009年底1～2期工程全部完工投产，公司建成配套工业盐生产单元49个，低钠盐生产单元2个，配套化工厂2个，养殖场2个，年可生产工业盐40万吨，溴素2000吨，低钠盐2万吨，海产品500吨。公司总资产为1.83亿元。现有职工300多人，公司连续几年被评为省、市盐业系统“先进企业”“诚信企业”“守合同重信用企业”和河口区“十佳招商引资企业”“十佳工业企业”、安全生产“先进企业”等。2016年公司完成工业总产值8308.5万元，实现主营业务收入8536.9万元、利税1831.1万元。

精细化工业

【概况】 2016年，河口区境内共有规模以上精细化工企业25家，其代表企业有山东常青树化工有限公司、山东汇海医药化工有限公司、山东旭业新材料股份有限公司等。2016年，河口区规模以上精细化工业共完成工业总产值71.56亿元，实现主营业务收入71.01亿元、利税7.38亿元、利润6.25亿元，以上指标分别占全区规模以上工业企业总量的6.96%、6.94%、10.89%和12.31%。

【山东常青树化工有限公司】 公司成立于2008年，位于山东省东营市河口区经济开发区，是常青树化工集团旗下的一员，与广东常青树化工有限公司、上海固顿化工有限公司并为集团的三大胶粘剂化工生产基地。专业从事健康宝万能胶、喷胶、白乳胶、硅酮玻璃胶、聚氨酯泡沫填缝剂及鞋胶等六大系列共百余个品种化工产品的研发、生产和销售。

公司所属集团是国内胶粘剂产业龙头企业，是行业内首批通过中国环境标志产品认证（十环）、ISO9001国际质量体系和ISO14001国际环境体系认证的企业，2009年集团被国标委聘为SBS万能胶国家标准起草单位，2010年又通过新加坡绿色环保标志认证，“常青树”商标获得广东省著名商标。2016年公司完成工业总产值1.13亿元，实现主营业务收入1.05亿元、利税1726.4万元其中利润1155.3万元。

机械制造业

【概况】 河口区有规模以上机械制造企业17家，主要有胜利油田金岛实业有限责任公司、胜利油田海胜实业有限责任公司等。2016年，河口区规模以上机械制造工业共完成工业总产值37.46亿元，实现主营业务收入36.37亿元、利税3.15亿元其中利润2.28亿元，以上指标分别占全区规模以上工业企业总量的3.64%、3.55%、4.65%和4.48%。

【企业简介】 胜利油田金岛实业有限责任公司。公司成立于2006年，前身为胜利油田金岛实业公司，初创于20世纪90年代初。公司生产经营范围涉足机械制造防腐、工程安装建设、修井作业、采油工程技术服务、油田运输、商贸服务、天然气开发利用等多个领域，下设胜岛石油机械厂、胜鑫防腐有限责任公司、思远工程安装公司、石油工程技术有限责任公司、运输一、二公司、金岛中心超市、石伟涂料公司等企业，曾连续7年被评为“胜利油田多种经营十强企业”，2006年被评为“山东省文明诚信民营企业”。

公司的主要产品及业务：钨合金防腐抽油杆、光杆；钨合金抽油杆；真空氮化防腐油管、抽油杆；防腐耐磨抽油泵；激光割筛管、井下工具、井口装置；工程安装建设；节能电机、变压器；作业井大小修。

胜利油田海胜实业有限责任公司。胜利油田海胜实业有限责任公司成立于2002年1月1日，公司下设七个管理部室，拥有各类型设备800多台套，主要生产设备400余台套，配有先进的生产、检验、科研设备22台和新开发具有国内先进水平的工艺生产线2条。员工427人，其中管理人员35人，技术人员20多人。

公司成立以来积极推行HSE管理体系，并通过ISO9000质量认证和美国石油学会API认证。生产经营范围：高压管汇、井控管汇、固控设备配件、泥浆助剂、金属结构制品、机电设备等10大类200多个主导产品。产品遍布全国六个省市26个地区，并有部分产品出口到美国、日本、韩国等国家。

食品加工业

【概况】 2016年，河口区境内共有规模以上食品加工业企业两家，分别是山东欣马酒业有限公司和山东黄河三角洲酒业有限公司。全年两家企业实现主工业总产值4804.3万元，实现主营业务收入4812.5万元，实现利税1697.3万元、利润518.2万元。

【企业简介】 山东欣马酒业有限公司。公司隶属于济南军区黄河三角洲生产基地，2004年1月17日改制完毕，是一个具有三十多年酿酒历史的军工企业。最早是为部队服务的，1983年对外经营，设备先进，技术力量雄厚，检测手段齐全，拥有职工300余人。

企业现有固定资产3600万元，年生产白酒能力2000吨。所产的“欣马”牌系列白酒分三个档次二十多个品种，系选用优质小麦、玉米、高粱、大米、小米等优质原料，以传统酿酒工艺和现代化技术相结合精酿而成，具有窖香浓郁、清澈透明、绵甜醇厚、尾净余长等特点，素有军中“小茅台”美称，深受消费者的青睐，年年畅销不衰，被评为东营市“最受消费者欢迎的酒”“放心满意品牌”、省“质量免检产品”、军区“优质产品、军内名酒”等称号，公司先后荣获“十佳质量管理先进企业”“省级消费者放心满意单位”“山东省酒业综合实力百强企业”等荣誉。

2016年，实现主工业总产值2327.9万元，实现主营业务收入2336.1万元，实现利税634万元，其中利润6.8万元。

山东黄河三角洲酒业有限公司。公司位于河口经济技术开发区，占地35000平方米，建筑面积12000平方米。拥有总资产1700余万元，员工158人，其中，国家级调酒师3名，高级生产工程师8名，专业技术人员16名。是东营地区规模最大的纯粮食白酒生产基地，年产量可达5000吨。

公司拥有雄厚的技术力量，先进的工艺技术设备，采用双轮池二次发酵法，以现代技术与传统工艺相结合，精选上乘五粮（大米、小米、高粱、玉米、小麦）为原料酿制成了具有窖香浓郁、酒香纯正等特点的纯粮食白酒。公司利用当地丰富的槐花林资源和先进的科学方法研制成功具有一定保健功能的槐花系列白酒，并申请国家专利知识产权，专利号为200310114449.2。

公司生产年需粮食13000吨、酒曲3000吨、稻壳2000吨，公司对粮食的需求量促进了河口区农业经济的发展。公司被中国中青产品质量保障中心授予“质量、信誉双保障示范单位”“中国名优家庭用品采购产品”、河口区“十佳招商引资企业”，被评为“文明诚信民营企业”，并通过ISO9001国际质量体系认证。2016年实现工业总产值2476.4万元，实现主营业务收入2476.4万元，实现利税1063.3万元，其中利润511.4万元。

中小企业及民营经济

【中小企业】 （1）从业领域逐渐拓宽，产业结构渐趋合理。经过多年持续不断的发展，河口区中小企业从小到大，由弱到强，已由最初的加工制造业和商贸、餐饮业发展到现在的装备制造、石油化工、纺织服装、医药化工、食品制造等多行业、多领域的产业体系，规模逐步扩大。近年来随着河口区重大项目攻坚行动的实施，为中小企业的发展提供更为广阔的空间。中小企业涉足的领域已拓展到各个行业，初步形成以装备制造、石油化工、精细化工、盐及盐化工和农副产品加工五大产业为主导的产业格局。改善河口区过去经济结构单一、靠石化产业支撑财政的局面，有力地推进全区产业结构的调整和优化。（2）

核心竞争力不断提升，持续发展后势强劲。一是管理水平显著提高。全区多数规模以上中小企业内部各项规章制度和监督约束机制实现科学化、制度化和规范化。一大批懂经营、善管理的优秀企业家进入企业核心领导层，涌现出一批市场前景好的中小企业。二是创新能力明显提升。河口区初步建立起以企业为主体、以市场为导向、产学研相结合的自主创新体系。三是名牌战略深入实施。一批拥有自主知识产权、具有较强竞争力的特色产品、高新技术产品、高附加值产品和知识密集型产品脱颖而出，形成一批名牌产品和名牌企业。

【民营经济】（1）民营经济多元化发展，结构逐步优化调整。民营经济加快产业结构调整步伐，经营领域不断拓宽，逐步向高新技术产业领域迈进，基本上形成以石油装备制造、纺织服装、石油化工、精细化工、盐及盐化工、农副产品加工等几大行业为主的发展格局。随着招商引资工作的深入开展，一批投资大、科技含量高、技术装备先进的企业先后落户河口，进一步优化河口区民营经济的产业结构。（2）功能区建设初现规模，民营经济集聚度进一步提高。新户镇重点发展盐及盐化工，义和镇、六合街道重点发展石油化工，仙河镇、孤岛镇重点发展石油装备制造。基本每个镇街都形成自己独有的产业结构，并形成集群，具备申报省特色产业镇的条件。

电力

【概况】国网山东省电力公司东营市河口区供电公司成立于1986年10月，2000年8月由山东电力集团公司代管，2011年5月整体上划，2015年底改制为分公司。现共设置7个职能部门、2个业务支撑和实施机构，下辖城区、新合、孤岛、义和、新户5个供电所，在册职工207人。

2016年，河口区供电公司认真贯彻执行区委、区政府决策部署，围绕河口区建设全市北部经济增长极、现代农业示范区和统筹城乡发展先行区的“一极两区”目标定位，加快建设坚强电网，全力提升服务水平，为推动河口区经济转型升级、打造宜居秀美城市提供可靠的电力保障；全年完成售电量9.49亿千瓦时，同比增长29.06%；连续2年“零投诉”天数在全省115家供电企业中保持最长；被国网东营供电公司评为先进单位，被山东省总工会授予富民兴鲁劳动奖状。公司党委被国网山东省电力公司党委评为先进基层党委。

截至2016年底，河口区地方电网拥有500千伏变电站1座，容量200万千伏安，线路长度203公里；220千伏变电站3座，容量129万千伏安，线路长度195公里；110千伏变电站6座，容量65.2万千伏安，线路长度289.6公里；35千伏变电站11座，容量22.02万千伏安，线路长度204.9公里；10千伏配电变压器2513台，容量68.8万千伏安，线路长度1300.8公里；服务客户3.9万余户。全年完成售电量9.49亿千瓦时，同比增长29.06%。

【智能坚强电网】经济发展电力先行。区供电公司积极落实“服务民生、服务发展”的企业职责，主动协调省、市供电公司加大资金投入。2016年，累计投资4.98亿元统筹推进各级电网规划建设，涉及220千伏工程1项、110千伏工程2项、35千伏工程3项、10千伏及以下工程82项。一是电网规划有的放矢。为提高规划建设精准度，有效解决安全风险大、跳闸率高、客户诉求急迫的区域性电网问题，公司深入开展市场调研，广泛征求意见建议。主动与乡镇政府、招商引资企业沟通座谈，实时掌握经济发展形势和企业经营动态。积极汇报沟通，首次由区政府、市供电公司主要领导参加的河口“十三五”电网发展对接会谈顺利完成，政企双方在深化合作、共建电网等方面达成广泛共识。以适度超前的原则细致编制《河口区“十三五”电网发展规划》《城乡电网发展规划》以及《农村电网改造升级规划》，实现规划建设由“大水漫灌”向“精准滴灌”转变。二是主网建设有序推进。为配合区委、区政府工业强区战略，区供电公司加快推进重点项目规划建设，全力满足中海油东营石化、彩客化学等重点招商引资项目以及蓝色经济产业园、仙河镇港城规划区等重要负荷增长区的用电需求。截至2016年底，110千伏河义输变电工程的选址意见书、土地预审、项目核准已办理完毕。500千伏黄河——沾化输电线路工程已达到送电条件。220千伏裕民，110千伏港六、中合以及35千伏汇泰等输变电工程顺利竣工投运。全年累计新上主变7台/容量74.2万千伏安，新建35千伏及以上输电线路140.49公里，黄河以北500千伏、220千伏网架结构得到明显改善。三是配网改造惠及民生。投资9214.83万元用于77个小城镇（中心村）项目和37个大修技改项目建设，新建和改造10千伏线路66.63公里，0.4千伏线路154.04公里，新增及更换配变52台/容量10.6万千伏安。截至年底，已累计减少低电压客户2352户，全面消除重过载台区，长期性和季节性低电压问题已基本解决。配网故障明显下降，全年发生设备跳闸25次，故障率由年初的每百公里·年6.02次下降到现在的每百公里·年1.14次，故障率同比下降了37.5%。大力推广配网不停电作业，努力减少停电检修给客户带来的不便。全年共完成带电作业687次，带电作业率达到80%，为客户压减停电时长6239小时。

【供电服务】　用实际行动兑现“你用电我用心”服务理念，持续提升供电服务水平。继2015年上半年和下半年分别创造全省“零投诉”天数最长纪录后，2016年再次实现连续135天“零投诉”，保持全省最长。一是窗口服务优质高效。推广“一柜通”服务和窗口预约服务，多措并举提高业务办理效率。

公司按计划开展季节性电网检修工作

推广“互联网+电力营销”新型服务模式，用电信息系统覆盖率达到100%，建成城市“十分钟交费圈”，全部乡镇、农村实现“村村设点”。微信、掌上电力等新型便捷交费方式覆盖率达到18%以上，排名东营市各县区最高。二是移交报装提质提速。开辟业扩报装“绿色通道”，坚持全员参与、合力推进，顺利完成正邦农业等重点项目的验收送电。配合区政府召开居民小区配电设施改造移交工作启动会，完成6个主要居民小区、680台费控开关、总值2212.27万元资产的协议签订和现场评估，改造海宁、河安两个小区的居民客户7300余户，涉及资金1400余万元。三是主动服务重点项目。响应区委、区政府重点项目攻坚号召，集中力量推进110千伏河义输变电工程无障碍施工，确保实现2017年8月31日投产目标，为中海油东营石化项目提供可靠电力保障。积极与富海集团华联石化等大企业、大客户对接，根据生产需要科学规划110千伏顺兴输变电项目、35千伏用户专变项目，助力河口区骨干企业进一步扩大生产规模。服务仙河镇职能定位转变，规划建设110千伏东星输变电项目，推动仙河镇加快建成东营港及胜利油田北部服务基地。协调资金进行配电线路延伸，为澳亚牧场、东岳盐化等客户建设配电线路，及时满足客户的入网供电需求。

【安全用电】 坚持“安全第一、预防为主、综合治理”方针，把为全社会提供安全优质的电力保障作为一切工作的硬基础、硬前提抓紧抓牢。截至2016年12月31日，公司实现连续安全生产7228天。一是夯实安全管理基础。扎实开展季节性安全大检查、生产隐患大排查等12项安全活动，累计查处问题隐患1023项。落实安全监督责任，对现场作业进行全员、全方位、全过程管控，构建“全覆盖、勤排查、快治理”的隐患管理机制。二是服务客户安全用电。立足“实际、实用、实效”的原则，投资58.69万元组建彩虹应急服务队，根据各种可能出现的突发状况购置应急装备。修订完善25项应急处置预案，做好发电车、发电机等重点应急装备的保养和使用，确保应急体系高效运行。三是加强设备运行维护。认真做好设备检修与隐患排查，高质量开展春季、秋季集中检修，累计消除设备及线路缺陷1401处，计划内缺陷消除率达到100%。实施重要变电站分类管理和输电线路状态巡视，故障监控、电网调度实现24小时全年无休，有效提升设备故障预防预控水平。

盐　业

【概况】 2016年，全区生产原盐78万吨，溴素5300吨，全行业实现工业总产值2亿元。河口区盐业公司销售食盐1304.67吨、工业盐10.4万吨，实现销售收入1676.8万元、税金700万元、利润120万元。

【盐行业管理】 （1）指导企业抓好卤水灌池工作，组成专业技术服务队伍，深入各企业盐田工区，了解企业生产状况，根据每个场特点和存在的问题，提出具体要求，指导企业抓好生产管理。（2）针对当前惨淡的盐业形势，积极引导企业转变单一的制盐经营方式，调整内部产业结构，利用蒸发池、制卤区等水面资源，做好海产品养殖工作。现河口三大制盐企业养殖面积已达12万亩，主要进行对虾、梭子蟹、海参等产品养殖。特别是春兴公司着力在海参养殖、水产育苗方面加大投入，聘请资深专家进行指导，实施精细化管理。2016年水产养殖取得较大突破，实现产值1220万元。东岳公司投资1780万元实施优质鱼标准化池塘工程。该工程占地面积3792亩，净养面积2800亩，55个池塘，积极争取省级财政扶持政策，已取得扶持资金500万元。工程于3月底开工建设，8月份竣工验收，9月份投入生产。“五统一管理”盐场也纷纷利用现有的制卤区进行卤虫、对虾等产品的养殖，全区盐业由盐到养的转型工作迈出新步伐。（3）为降低成本、提高效益，引导企业精减人员，压缩开支，将工作重心由全面管理到重点管控方面转变，原盐生产由重产量向强质量转变，全面提高盐业企业经济效益，提升河口盐业的市场竞争力。（4）做好盐溴企业的管理调度工作，指导企业紧抓当前溴素价位较高，市场需求量大、天气条件好等有利时机，开足马力全负荷生产，以弥补因原盐市场欠佳影响整体效益的经营局面，真正实现以溴养盐的转变，2016年溴素产量再创历史新高。（5）组织部分规模较大的盐业企业，赴河北省唐山市和沧州市的四个大中型盐化企业进行学习考察，学习企业在生产管理、质量管控和转型发展方面的成功经验和先进做法，引导企业强化自身管理，重视盐产品质量提升，实现机械化、自动化生产，提高劳动生产率，降低生产成本，在盐化养同步发展上下功夫，促进企业多元化发展，收到良好效果。

【盐政执法】 一是开展食盐市场专项整治活动。利用三个月的时间，对全区各大商场、超市、食盐零售点和餐饮业的食盐售用情况进行全面检查。活动中，共出动人员200余人次，查处涉盐案件3起，辖区食盐市场秩序良好。二是抓好原盐源头治理工作。当前原盐价格持续走低，增大企业私售原盐的可能性。针对这一现状，加大盐区的巡查力度，全面提高盐政执法的市场巡查力度，对各企业坨存原盐实施动态化监管，有效地防止原盐冲销食盐市场现象的发生。三是开展全市盐业市场联合整治工作。按照《东营市制贩假盐专项治理行动》具体要求，由市盐务局牵头，区公安分局、区市场监管局、区盐务局和利津县盐务局参与，组成联合行动小组，在河口区开展为期两天的制贩假盐专项治理行动。活动中共查处涉盐案件10起，其中一起系近年来东营市最大一起涉盐案件，该案件现已移交公安部门进一步处理。联合行动的深入开展，有效震慑违法分子的气焰，进一步净化河口区盐业市场秩序。

【食盐专营】 一是做好第23届防治碘缺乏病宣传日活动，与区疾控中心联合，在人口密集的商业街开展以“坚持科学补碘，建设健康中国”为主题的宣传咨询活动，共接受咨询群众600余人次，发放宣传单4000余份、宣传画200余张、宣传手册100余册，免费发放新品种高档食盐200斤。二是认真做好食盐品种结构调整工作，组织专门力量，兵分三路，对全区各镇街零售网点进行调查摸底，并对盐业相关政策进行宣讲，完成以中低端食盐为主到中高端食盐为主导的食盐市场调整工作，提高食盐层次，丰富品种类别，满足市场需求。三是加强库存管理。对各批发点和仓库存盐品种结构进行调整，加大高中端品种食盐的存储量，对各批发点、大型商场超市的库存进行实地走访，引导合理库存，确保市场供应。

交通 邮政

交通运输

【概况】 2016年，区道路运输管理处增设内设机构寄递安全信息服务中心，股级，核定事业编制3名，配主任1名，副主任1名，职责任务为“为寄递安全提供信息和技术支持”。

【公路网络体系建设】 （一）全力抓好公路重点工程建设。一是海防路改造工程。全长7.6公里，路面宽16米双向四车道，二级公路标准设计。灰土层、涵洞和桥梁已基本完成，计划2016年5月份竣工。二是河民路改造工程。全长10.5公里，路面宽16米，城区段路面宽28米，双向四车道二级公路标准设计。桥梁下部结构全部完成，计划2016年竣工。三是S231河辛线改建工程。全长14.916公里，一级公路设计，路基宽24.5米，概算总投资3.7亿元。工程招标已完成，计划2018年10月竣工。四是邵太路改造工程。全长6.7公里，路面宽6米，投资724万元，已竣工通车。实施中，采取多项措施强力推进、保证质量。一是成立重点工程推进小组，每一个标段确定一名科级干部负责，每天召开调度会，抓好监督，靠上协调。二是从项目规划、设计、招标、施工、验收等节点，公开运作，主动公示，自觉接受社会监督。三是明确项目监督、跟踪审计、施工监理三方责任，对施工过程全程监督，重点环节坚持旁站式监督监理。对所有原材料及配比试验全部通过有资质的检测机构的试验认定，不合格的原材料一律不得进入施工现场。四是列出计划，倒排工期，强化督导，加快进度。

（二）推进公路网化示范县项目。调整思路，科学布局，将农村公路“树状”结构向“网状”调整，着力推进联网闭环，围绕服务城乡一体化提档升级。与各镇街做好结合，对计划项目的位置、里程、建设标准和配套资金认真审核，确定项目总体计划新改建农村公路124.7公里，涉及85个行政村。2016年，做好对各镇街的项目立项、招投标履行情况、质量和安全等进行监督指导，完成14个行政村的进村路和街道硬化，新改建村级公路14.9公里，总投资1162万元。

（三）全面完成安全生命防护工程。公路安全生命防护工程是保障交通行车安全的重要举措。将其视为一项民生工程抓紧抓好抓实，严格按照国家和省、市精神要求，精心组织，扎实推进，全面完成年度建设任务，投资1500余万元，治理隐患路段307公里。任务之外，开展“回头看”活动，拉网排查出隐患点91处，整改完成，促进农村公路安全水平大大提高。

（四）着力完善农村公路养护管理。围绕“四好农村路”建设，将全区所有县乡公路全部纳入统一管理，六合、义和、新户农村公路管理站分别负责三个养护片区。根据河口区农村道路交通量、路面类型等实际，建立“常态化巡查、定期清扫维护、专案修复”的周期性作业制度，实施“春季防毁、夏季补修、秋季巡查、冬季恢复”的针对性养护模式。抓好预防性养护，及时做好各道路的接缝养护。全区农村公路达到“路基稳定、路面平整、标线清晰、标牌醒目、绿化美观、路容整洁”的标准。

【运输服务】（一）客运服务不断提升。一是提升城区公交服务水平。将城区公交服务提升列为“一把手工程”，采取随车监督、经常培训、聘请监督员等措施，城区公交服务明显好转，居民群众反映良好。二是推进城乡客运发展。三月份河口城区至仙河孤岛更新开通，投入纯电动车辆54台，环保节能,得到油地群众欢迎。三是完成贫困村招呼站建设。搞好设计，抓好实施，5个招呼站任务已全部建成。四是坚持做好班线客运整治。加强源头管理，组织集中路查，坚持做好对班线客运的日常监督管理，杜绝超员、带病上路等客运违规行为。五是出租车市场健康发展。建立出租车协商机制，主动听取出租司机意见诉求，帮助解决运营中问题困难，规范出租公司管理，稳定出租司机队伍。适应新形势，积极协调，创新推出二维码支付方式，方便快捷，提升服务形象。

（二）维修市场转型升级。一是加强对维修企业日常监管。开展整顿工作，督促企业严格按照规范作业，净化维修市场，确保车辆维修质量。二是抓好维修企业源头管理，特别是对非法改装等行为加大打击力度。三是组织维修企业从业人员培训，提高业务技能。四是积极推动维修行业由传统的道路运输辅助业向民生服务业转变，培育壮大机动车维修市场。现河口区一类维修企业4家，二类维修企业22家。

（三）驾培市场规范发展。把加强驾培市场监管作为保障交通安全的重要举措。一是推进驾培行业诚信机制和规范化建设，对教练员从业资格进行全面检查，定期组织学员对教练员进行评议，结果公开，促进服务。二是加强对教练车二级维护和检测的监管，对达不到二级以上标准的教练车，责令退出驾培市场。三是抓好学时系统车载设备的检查。督促驾培机构规范管理，如实上报。现全区3所驾培机构教练车全部完成技术等级评定。四是督促驾培机构严格收费标准，上报备案，收费项目、投诉渠道全面公开，做到明码实价，公开透明。

【安全监管】（一）完善安全监管机制。一是每月定期召开交通运输安全监管座谈会，邀请客货运输企业安全管理人员，分析交通运输安全形势，集中研究安全管理措施，促进全区交通运输安全生产总体向好。二是开展好道路运输平安年活动。以“平安山东、平安交通”为主线，将隐患排查、标准化建设、车辆动态监管、车辆技术状况核查、从业人员安全教育等，细化分解到全年安全生产中。三是积极履行安全监管职责，采取动态检查和静态监管等手段，与运输企业签订安全生产承诺书，督促运输企业主体责任和法人第一责任落实，确保全区运输安全总体平稳，全年没发生较大安全责任事故。

（二）突出重点从严监管。一是开展安全生产标准化达标工作。严格对辖区内17家危险货运企业和26家普通货运企业进行质量信誉考核，对发现的隐患问题，及时下发整改通知书，对整改情况进行严格复检，确保检查考核效果。二是利用监控平台，将危运车辆、客运车辆和12吨以上货运车辆列入重点监管，并将企业监控平台运行情况，纳入安全评估、日常安全管理考核和质量信誉考核，作为营运车辆审验和营运客车更新的依据。三是抓好节假日、春运等重点时段的运输安全监管。四是加强应急管理体系建设，做好应急预案编制、修订和演练，落实运输企业突发事件应急预案演练。

【执法服务】（一）执法监察不断规范。一是加强行政执法培训，通过案例剖析、执法评比等方式，规范执法监察行为，提高队伍执法能力。二是完善集中案审制度，进一步规范自由裁量权，严格处罚标准，杜绝处罚数额的随意性。三是坚持执法公示，采取多种形式，对执法依据、处罚结果等进行广泛公开，自觉接受社会监督。全年，开展联合治超、“百日集中整治”、打击“黑出租”专项治理、扬尘治理等行动，与公安部门配合，严厉打击超限超载运输、“黑出租”非法营运等各类违反交通运输法规的行为，取得较好的社会效果，有效维护全区交通运输市场秩序稳定。

（二）政务服务便民高效。一是严格落实权力清单和责任清单，简政放权，优化环境，对行政审批项目、内容、流程做进一步的清理和规范，使行政审批项目、流程、办事指南更加标准化。二是所有行政审批项目全部进驻区政务服务中心集中办理，业户群众全部在中心大厅一站式办结，坚决杜绝“体外循环”和“两头受理”现象发生。三是继续完善“三零”服务制度，开展“微笑服务”活动，对重大行政审批项目建立“绿色通道”，加快审批环节运转，压缩审批时限，实现快捷审批，进一步提高窗口服务质量。四是落实行政审批公示制度，对每一个审批事项，都要在一定范围内实行公开公示，接受社会监督。对影响较大的审批事项，还通过组织听证会等形式，广泛听取社会各方面意见。

【亮点工作】 （1）将城乡公交一体化列为“一把手工程”。为规范城区公交运行，10月10日上午，区交通运输局召开专题党组会议，研究确定将城乡公交一体化列为“一把手工程”。目标是扭转被动局面，达到让群众满意、让政府放心。此项“工程”从现在开始，直至整顿好、规范好、运营好为止。成立运行规范组、运力规划组、客运枢纽组、西部客运组四个工作组。运行规范组，以服务质量最优、群众出行便捷、满意为标准，全面整治城区公交运行问题。仙河、孤岛、义和、河口四个交管所分别负责一路公交线路，与公交公司工作人员一起督促严格服务标准规范，定点定时全部上路。运力规划组，按照站点设置合理、线路规划全覆盖、运行管理智能化三个方面考虑，负责制定城乡公交一体化建议方案。客运枢纽组，负责研究拟定选址方案、规划设计方案等，由局运管处、公交公司、交运集团五分公司（河口、孤岛、仙河车站）、安运出租公司、金正出租公司共同参与。西部客运组，局监察大队与义和交管所、西部客运公司一起研究化解矛盾、维护稳定的措施，找准结合点，统一调配，解决西部出行问题。

（2）建立“六个机制”。一是建立议事协商机制。由局部分领导、部分中层、部分职工组成，重点倾向一线，不分在编、不在编。切实保证干部职工有充分的话语权，及时听取干部职工的诉求以及对班子、对单位发展的意见建议。二是建立城区公交服务监督机制。邀请人大代表、政协委员和社区居民，组成监督小组，定期召开座谈会，对城区公交运行情况进行监督，重点监督服务质量，了解班次是否按时、车次是否到位、车辆是否够用，逐步提升城区公交服务质量。三是建立城乡客运管理机制。邀请人大代表、政协委员和农村群众，对城乡东部客运、西部客运的运行情况进行监督，对发展模式提出意见。四是建立出租车协商管理机制。建立平台，邀请出租公司负责人和部分有威望的出租车司机加入，采取一月一座谈、一月一调度的方式，协商解决经营中的困难和问题，稳定出租车队伍。五是建立重点工程推进机制。成立重点项目推进领导小组，每一名班子成员负责一个标段，在一线协调，在现场推动，提高工程建设的调度力度和推进速度。六是建立运输安全监督机制。邀请企业安全生产领域专家参与，涉及源头管理人员和路面执法人员，共同对全区运输行业中存在的安全问题进行座谈查找隐患，抓好整改落实，促进安全生产工作的规范有序。

（3）河口区首条纯电动城乡客运线路开通。3月31日，河口城区至仙河、孤岛纯电动客运线路开通运营，共投放中通牌纯电动客运车辆54台，车长6.6米，21座，零排放，无污染。该线路采取公交化运营的模式，实行弹性发车，班次间隔15～20分钟，现日运行班次136个，孤岛至仙河支线开通后，班次将增加到186个，提高乘车便捷度。票价5元，全程一票制，较原票价降低了50%以上。自开通运营以来，已运送乘客5000余人次，群众反映良好。

（4）河口区推出出租车扫码支付业务。2016年12月，积极与东营银行河口支行业务部门联系，为全区出租车推出扫码支付业务。一是免费为全区304辆出租车制作专属二维码贴或台卡。张贴摆放在车厢内醒目位置，无须安装任何设备，无任何成本，银行免费为车主办理银行卡，免费制作二维码。二是支付渠道广泛，资金安全有保障。二维码支持微信、支付宝、全民付、银联钱包、百度钱包等方式进行扫描支付，扫码支付的资金归集账号为每一辆出租车驾驶员的个人银行卡，在保证结算安全的同时，方便出租车驾驶员进行支取。三是无须找零，方便、快捷。乘客进行扫码支付，出租车驾驶员免去找零的麻烦，乘客支付成功后，出租车司机会立即收到微信或短信提醒，并可随时查看流水。四是提升城市整体形象，助力智慧城市建设。在全国很多一二线城市，乘坐出租车进行扫码支付已不是新鲜事，但在河口区却为首例。这一举措可以提升河口区城市整体形象，进一步规范出租车市场，助力河口区智慧城市的建设。

公路建设

【概况】　（一）圆满完成市局下达的各项任务指标。东营市公路管理局河口分局下辖公路管理站3个，管养省级干线公路129.512公里，计划年终优良路率85%，实际完成优良路率86.6%。全局养护保养及小修工程投入资金568.2万元，完成市局下达的养护计划。养护工作以日常性、预防性养护为主。（1）完成东滨路、孤滨路挖补面积共计4356.37平方米，全路段抹油工程14601.33平方米，灌缝结合碎石封层计15366平方米。（2）公路站房维修。完成房顶防水1057平方米，墙面维修2500平方米，外墙维修339平方米，下水管105米及其他零星维修。（3）路面标线施划。共完成标线施划4112.3平方米，冷漆标线43506.45平方米。（4）在东滨路马场立交桥、仙河北立交桥和孤滨路孤岛立交桥安装桥梁标志6块。（5）绿化病虫害防治。主要是美国白蛾和钻心虫防治，对全线路树打药累计4次，剪枝26890棵次，灌药5600余棵。（6）完成路宅分家边沟维修4.1公里。实施标准路基示范工程78.3公里。（7）河辛路中修工程。S231河辛线河口区羊栏河桥至利津治河段中修工程，一级路4.68公里，路面宽27米，投资1500万元，现竣工通车。（8）人大提案工作。由河口分局主办的人大01号提案《关于对S310省道（仙河城区段）进行改造的议案》及配合办理的人大28号提案《关于加强公路养护管理的建议》、政协48号提案《关于整治公路打场晒粮和农村集市占道经营的建议》均已在规定时间内完成。

【养护管理】　在养护工作中积极推行预防性和精细化养护，确保路面平整、质量完好。管理方面高点谋划，高点定位，高标准、严要求。全年累计修补小坑槽2290处；对全线39座桥梁进行每月检查一次，三类桥梁每周检查一次；按时维护沿线设施，清洁全线护栏、道口标注、防撞桶、警示标牌等11次，补设道口标注487根，示警桩30根，修复护栏108延米，维修增加标志6块，处理民生热线反映事件21次，随时发现问题随时处理，保障公路安全畅通。

【路政管理】　在路政管理中，以“保畅通、保安全、树品牌、树形象”活动为主线，倡导文明执法、和谐执法，保护好路产、路权。按照市政府《关于对高速公路和国省道干线公路立柱广告牌进行清理的通知》、区政府实施办法和市公路局的统一部署，路政大队组织专业人员对管辖路段沿线进行详细的排查和登记，按时上报拆违治乱办和下发限期整改通知书，总计拆除立柱广告牌53块，专项行动取得圆满成功。全年路政参加人员培训22人次，严格规范执法行为，严禁随意执法、越权执法，着重解决“重管理，轻服务”和以罚代管现象。发放宣传材料23000份，实施广播、电视宣传13次，出动宣传车16台次，张贴、悬挂各类宣传标语、横幅26条，开展声势浩大的宣传活动。全年路政巡查里程39180公里；查处路政案件5起，涉路工程建设审批3起，案件查处率98%以上。

邮　　政

【概况】 2016年，河口邮政统筹兼顾，扎实工作，实现收入水平稳快发展。全区邮政累计实现收入2732.92万元，完成市公司计划的103.40%，列全市第二位，同比增幅31.94%，目标利润完成567.90万元，企业盈利能力逐步增强。

【金融业务】 金融业务做客户、上高端，发展结构不断优化。坚持以转型发展为指导，围绕“转变经济发展方式，调整业务发展结构，提升企业经济效益”的工作思路，坚持以金融为主的发展理念，开展大宣传、大走访、大策反、大维护活动，2016年，金融业务实现收入1334万元，完成市公司计划的106.09%。保险理财充分利用培训资源，组织开展多期全员保险特训营活动。在重点学习代理保险的业务知识、营销话术、营销技巧的同时，把知识传授与支局之间的对抗赛相结合，员工之间相互学习，共同促进，全年专业收入完成388.60万元，完成市公司计划的99.38%。

【邮务类业务】 邮务类业务以抓好专项营销和项目开发为基础，实现收入的稳步增长。函件全年实现收入164.8万元，完成市公司计划的110.60%。集邮共计完成收入252.60万元，完成市公司计划的110.78%。电子商务业务的发展上，充分抓住窗口营销，在前台大力开展短信竞赛、自由一族、票务代理以及高速ETC项目，完成收入39.5万元，完成进度112.97%。报刊发行专业突破校园市场开发，营销期刊文化礼品，完善日常收订，全年实现收入193.3万元，完成市公司计划的97.61%。零售专业整合产品，积极营销，全年完成收入16.4万元，完成市公司计划的102.44%。分销专业利用渠道建设，开发光伏、农资产品等实现收入236.2万元，完成进度76.44%。

信息化建设

电子政务

【概况】 区电子政务中心主要负责全区城域网建设和维护、电子政务内网建设与应用、政府门户网站建设和全区电子政务的指导与管理等工作。

（1）制定完善各种工作制度。制定《河口区电子政务中心信息宣传工作制度实施细则》和《河口区电子政务中心上下班签到签退制度》，完善《河口区机房安全实施办法》和《河口区网络管理办法》等制度，规范电子政务相关制度和标准，健全完善电子政务工作考核、奖惩机制，促进各项工作落到实处。

（2）全面推广移动办公。区电子政务中心基于现有政务内网，开发“E人E本”移动办公系统，并积极在全区推广使用。受VPN点数的限制，2016年，按照“各镇街2名主要领导+1名公文收发员，区直各部门单位1名主要领导+1名公文收发员”的配备限额，实施一期推广应用工作。截至年底，开通区四大班子领导及委府两办4个单位账户、22个个人账户；区直部门单位95个单位用户、92个主要领导及95个公文收发员账户；镇街6个单位用户、12个主要领导及6个公文收发员账户。为保障E本办公的正常使用，专门邀请市电子政务科领导对移动办公系统进行培训。办公账号的开通为移动办公工作的全面推广打下坚实基础。

（3）建设政府网站集群项目。为实现全区各部门单位网站与政府门户网站内容共享、统一管理，提高网站管理的便捷性和安全性，河口区在全市率先实施网站群项目建设。2016年6月，区电子政务中心赴滕州、胶州等市考察学习，总结网站集群建设经验。在此基础上，与专业设计公司和监理公司多次探讨，制定集群项目设计方案和监理方案，并完成项目需求调查表的汇总整理工作。8月，召集全区53个镇街、部门单位召开政府网站集群建设工作会议，全面启动网站群建设项目。现该项目已经进入实施阶段，计划于2017年3月中旬完成项目建设工作。

（4）积极推进无线网络建设。为更加便捷高效地实现党政办公楼及人大政协楼党政机关办公需求，搭建起智慧政府办公应用的基础网络环境，2016年，区电子政务中心与通信公司合作，实现党政办公楼和人大政协办公楼无线网络全覆盖，建立移动办公平台。平台建成后，单位信息可以随时随地进行交互流动，会议通知、公文等可以及时处理，提高政府办公效率。

（5）优化机房环境，做好日常维护。机房是网络疏通的纽带，是设备正常运转的保障，是全区信息化的枢纽。为保障全区政务网络通信畅通，对机柜、交换机、配线架上的路由器、服务器、交换机、UPS等设备进行优化，满足计算机、服务器等各种设备对温度、湿度、洁净度、电磁场强度、噪音干扰、防漏、电源质量、振动和接地等要求。2016年，重点完成中心机房的改装，对机房进行全面规划设置，为区电子政务建设搭建良好的网络环境。加强对机房巡检力度，实施对机房的智能24小时不间断监控与人工定期检查，快速解决网络运行中发生的各类故障，确保2016年全年政务网络不断网。

（6）摸底汇总全区电子政务应用系统。对全区各部门单位的应用系统进行摸底调查，掌握全区电子政务系统发展现状，对全区信息化建设情况有基本了解，为整合利用全区信息资源提供基础数据。

通 信 业

【概况】 2016年，电信业务总量46762.49万元，同比增长10.81%；电信业务收入19069.77万元，同比增长2.72%。

【河口电信分公司】 （1）以价值为导向，促进规模和效益双提升。截至2016年12月，河口分公司在4处自有营业厅及近百家合作网点的共同努力下，完成全年基础收入的100.13%；非基础业务收入完成预算的143.5%；移动新增环比去年提升了56.06%；累计新增积分83.92万分，环比去年提升了77.08%。（2）做好存量宽带的维系，以宽带拉动移动入网。2016年，河口整体的宽带建设比较缓慢，没有新增的宽带市场，抓住老宽市场来提高移动新增存量宽带用户的续约，专人跟踪此项工作，每个月都能到续约的目标。

【中国移动通信集团山东有限公司河口分公司】 （1）解放思想、强调责任、强化执行，提升公司整体管理水平。一是持续推进量化绩效薪酬管理办法和岗位竞赛排名办法，调动员工积极性。二是落实例会制度，统一思想。三是深入一线，时刻掌握了解员工心态和动态。四是以身作则，坚决落实“一级带着一级干”。

（2）加大网络建设力度，提升网络质量。2016年，4G宏站开通94处，2G宏站开通75处，室分建设101处，微站22处，皮站7处，建设FTTH热点119处，共覆盖27629户，覆盖用户59302户，新建集客专线60余条。

（3）加快建设和发展，实现有线宽带的规模发展。油田市场初步突破，现已完成建设热点15处。宽带用户发展4861户，客户实装率为35.9%。

（4）加快集团客户业务发展，提升市场占有率，提升集团客户价值。2016年，完成河口区政府E人E本、区教育局千兆教育网、富海集团、万达金融中心等几个大的信息化项目。

（5）提升渠道占比，加快坐实渠道转型。较年初提升10个点。着力于“一村一点”的建设工作，建设农村网点，实现100%无缝覆盖。

【中国联通河口区分公司】 （1)突出抓好经营工作，实现全市经营业绩排名前移2个位次。团结带领干部员工认真梳理市公司考核的业务收入和重点业务指标，深入分析区公司优势和短板，创新经营思路，强化营销措施，并亲自深入扫村炒店一线，和广大营销员工同甘共苦。利用员工在东营、河口的同学、朋友、老乡等人脉，对公司集团客户的保有和拓展起到很大的促进作用。截至11月底，公司收入等各项重点指标同比都有新突破，业绩从倒数第一前移到第二（六个县区公司），员工绩效有较大提升。

（2）网络建设和网络维护有新突破。利用熟悉网络建设和网络维护的优势，加大网络优化。一是圆满完成第二批城区FTTH改造；二是积极争取建设项目，完成东湖花园、八吕回迁房、枫林绿洲二期等8个小区通信配套工程，完成交警大队、蓝钻大酒店、智慧交通网、电业局远程监控等13个集团建设项目；三是新建移动基站50个，其中自建15个。进一步优化移动网络，提升信号覆盖率和联通形象，为市场拓展提供有力的支撑保障。完成了60余个基站配套光缆铺设，全年观澜铺设340皮长公里。

（3）公司管理和改革取得新进展。管理方面：一是强化公司成本管控，使有限的成本用在经营等刀刃上；二是进一步强化合同管理、公章用印管理、车辆管理、对外接待管理、劳动纪律管理、现场管理，提升公司整体管理水平。改革方面：一是圆满完成前台六岗位人员的积分制改革；二是平稳顺利完成公司“营维一体”改革，提高公司网络和市场运行的效率。

（4）狠抓服务管理，前台服务水平稳步提高。深入营业一线，从基础服务礼仪、服务规范抓起，通过调整人员，强化业务培训和业务测试、暗访等服务改善措施，使服务水平较前有较大提高。绿化美观、路容整洁”的标准。

城乡建设　环保

基础设施

【概况】 河口区住房和城乡规划建设局是全区主管城乡规划建设和房产管理的重要职能部门，主要负责城乡规划编制审批及组织实施、建筑业和房地产业的行业管理、工程质量监督检测，承担城市基础设施建设、村镇建设管理及指导服务等工作。于1984年6月成立，时称城乡建设环境保护局。1988年11月更名为河口区城乡建设委员会，1998年4月更名为河口区建设委员会。2002年3月机构改革，更名为河口区建设局，原区住房制度改革办公室行政职能划入区建设局，挂河口区房产管理局牌子。2010年3月机构改革，更名为河口区住房和城乡建设局，挂东营市城乡规划局河口区分局牌子。2014年12月机构改革，更名为河口区住房和城乡规划建设局。截至2016年12月底，区住房城乡建设局共有干部职工118人，其中，在职在编人员80人。

（1）城乡规划工作不断加强。明确“双城双轴、一带三镇、多社区”城乡发展布局，委托编制的《河口区城市近期建设规划（2016～2020）》《河口城镇化发展规划》，已形成初步成果；《昌盛河东岸绿化景观规划》《河口区城市地下管网综合布局规划》《河口区城市地下管廊建设专项规划》等规划正在编制；组织召开城乡规划委员会会议3次，审议并通过《河口区人民医院门（急）诊暨外科病房综合楼和感染性疾病科项目规划设计方案》等详细规划8项，城区详规覆盖率达91.5%。

（2）重点城建项目稳步推进。黄河路改造提升工程，2016年度工作基本完成。海宁路道路两侧绿化工程，已完成年度任务。环城水系建设工程，包括友谊河海盛路节点改造、康宁河河庆路节点改造、水系土坝清理、友谊河亮化等工程，现康宁河河庆路节点改造已完成年度任务；友谊河亮化所有庭院灯、灯带全部安装完成，已完成年度任务。

（3）房地产业发展持续向稳。完成房地产开发投资2.85亿元，新开工项目2个、16.62万平方米；续建项目5个、24.94万平方米。办理房地产开发经营权证4个，总建筑面积38.07万余平方米，计划总投资12亿元；加强商品房预售监管，年内办理预销售许可手续4个、预售备案190套。

（4）建筑业管理日臻规范。全区建筑业企业发展到37家，完成建筑业总产值11.2亿元，同比增加11.1%；完成建筑业增加值2.13亿元，同比增加10.94%。加大建筑市场违法违规行为查处力度，下达《责令限期改正违法行为通知书》62份，办理行政处罚案件15件。

（5）工程招投标管理进入新阶段。进场交易64项，交易总造价4.41亿元；积极参与开展招投标秩序专项整治，对涉嫌转包、规避招标的各方责任主体依法进行了处罚。

（6）建设工程质量安全管理全面加强。新办质量安全监督手续67项，竣工验收备案手续56项，完成建材检测2万组，全部落实质量终身责任；以“全区2016年度建设领域在建工程质量安全生产隐患大排查快整治严执法行动”为抓手，强化建筑领域“打非治违”，共检查在建项目35个，发现各类问题300项（次），下发整改通知书53份；加强建设工程质量安全创优，申报“省级安全文明卫生优良工地”1个、“市级安全文明卫生工地”4个、“市优质结构工程”4项；积极做好全国卫生城市复审迎检工作，按照摸底排查问题及责任分工的要求，监督建筑工地做好卫生死角、垃圾清扫工作。

【保障性住房建设】 2016年，新增公共租赁住房货币补贴50户、续保460户，报名已结束，正在审核资料中；新建公共租赁住房60套，由政府长期租赁油田腾空闲置小户型房屋作为公共租赁住房房源，现正在进行房屋改造工作；城市棚户区改造101户，已全部完成。老旧小区改造工程，现已基本完成。农村旱厕改造工程，2016年，河口区旱厕改造任务数为2360户，截至年底，全区已完工2536户。农村危房改造工作，市里下达改造任务为368户，现已开工365户、竣工312户。

【行业作风建设】 全局党员干部以开展“两学一做”专题教育为动力，更新观念，提升境界，用心搞服务，用情转作风，推出服务群众的务实举措，促进行业作风建设。严格执行“三重一大”事项决策监督实施办法，组织到河口烈士陵园进行专题党性教育；积极参加黄河口（东营）国际马拉松、各类知识竞赛等文体活动。公车改革工作按要求落实到位。审批管理服务水平明显提升，将25项行政审批事项全部交由政务服务中心审批“窗口”办理，累计受理各类行政审批事项90件、服务事项230件、接待群众1000余人（次）；全力做好信访维稳工作，办结信访件21件、人大建议政协提案27件、民声热线800余件，回复率、满意率均达98%；稳妥做好清欠工作，累计调处清欠800余人次、1200余万元，维护农民工合法权益，促进社会和谐稳定。招商引资成果显著，共引进项目1个，计划外来投资1.6亿元。

建设规划

开展规划编制，每一项规划编制单位精挑细选、每一次对接书面反馈、每一轮汇报充分沟通，确保编制质量。委托中规院编制《河口区城市近期建设规划（2016~2020）》，已形成初步成果；委托上海同济规划研究院编制的《河口城镇化发展规划》，已形成成果，进入报批阶段。着手组织开展《昌盛河东岸绿化景观规划》《河口区城市地下管网综合布局规划》编制工作，正在开展前期工作。建立项目规划公示制度，围绕重点项目、房地产项目和重大基础设施开展公示，以公示促进项目规范，以公开促项目管理。建立规划项目联审制度，每周四召开联合审批会议，2016年，共审查河口区湖区通信基站规划、光伏太阳能选址等设计方案，出具调整意见；参与黄河路改造规划、湖滨新区雕塑、景观塔等多个项目的规划论证，强化规划引领；组织对协胜回迁房、东湖花园、西湖印象、一中新校、二吕回迁房等多个项目进行规划验收，上半年办理选址意见书45件、规划用地许可证37件，工程许可证49件，规划验收合格证13项，有效保障重点项目、房地产开发和各类工程实施。

镇、街道建设

贯彻落实全国乡村规划工作会议精神，围绕镇总体规划编制报批、乡村建设规划编制和村庄规划试点三项重点工作，全面有效推进河口区乡村规划工作，提升乡村规划建设管理水平，确定西韩村等6个村庄开展规划试点。

农村建设

【农村危房改造】 上半年完成232户农村危房改造

任务，其中修缮加固改造149户、新建83户。现村级、镇级公示已完成，近期将组织相关部门开展验收工作，验收合格的予以发放补助资金。危房改造网上档案录入工作正在进行，录入率达91%，一户一档纸质档案正在收集。根据住建部及省、市住建部门要求，对河口区农村现有存量危房进行调查。各镇街逐村入户进行存量危房调查并将相关信息录入农村住房信息系统。据调查结果显示，十三五期间，河口区共需改造危房827户，其中河口街道68户、六合街道408户、新户镇261户、义和镇90户，其中涉及建档立卡贫困户40户。

【农村旱厕改造】 2016年，河口区旱厕改造任务数为2360户，截至年底，完成2536户，完成任务比为107%。建设进度位居全市第一。其中，新户镇年度改造任务是1266户，已改造完成1467户。义和镇年度改造任务是864户，已改造完成864户。孤岛镇西韩村改造任务是110户，已改造完成85户。仙河镇渔村改造任务是120户，已全部完成改造任务。

建筑业

【行业管理】 （1）顺利完成建筑业企业资质换证工作。2016年，应参加资质换证34家。现河口区有38家建筑业企业，其中房屋建筑工程施工总承包企业12家，水利水电总承包企业3年，专业承包企业19家，劳务分包企业4家。组织全区180人参加二级建造师的考试；完成全区当年二级建造师的注册、延续工作。完成招标控制价备案34件。（2）积极做好建设协会各项服务工作。春节期间在区民政局的资助下，以建设协会为单位，开展2016年度“情暖万家”救助活动，共救助会员单位困难家庭10家，救助金额1万元。联合住建局走访慰问协会会员企业困难职工9人，在新春之际为他们送去粮、油、大米和慰问金等。

【稽查工作】 以全国建设工程质量治理两年行动为契机，全面推动质量终身责任制的落实，严厉打击转包挂靠等违法行为，健全质量监管机制，提升工程质量水平。（1）5月份印发《关于开展全区建筑市场秩序监督执法检查的通知》，对全区在建工程建设单位法定基本建设程序履行情况、施工单位与监理企业履职履责情况、农民工工资支付管理等方面进行重点检查。共计检查25个在建工程项目，合计建筑面积41万平方米，总投资6.78亿元。本次检查涉及建筑施工企业34个（次），监理企业27个（次）。共计查处问题150余条，下达《责令限期改正违法行为通知书》62份。（2）按照全区“两打”专项行动专题会议安排部署，开展全区建筑市场领域专项行动活动。通过在施工现场填写《建筑工地摸排情况统计表》和《建筑工地摸排情况表》的方式，对全区在建工程建筑施工领域的强买强卖、强装强卸等严重破坏建筑施工秩序的霸痞类违法犯罪；严厉查处在建筑施工现场及周边寻衅滋事、聚众斗殴以及封门堵路、断水断电、殴打施工人员等阻挠工程正常施工等情况进行全面摸排。（3）加强对参见各方主体行为的监管，引导业主严格执行法定建设程序。针对建筑市场管理中出现的问题，坚持监防并举，以防为主的工作机制，严把施工许可、施工图审查、农民工工资支付等多道关口；坚持日常检查与联合检查相结合方式，加大稽查力度，严厉查处违法违规行为，引导企业守法经营。2016年，区住建局共办理行政处罚案件15件，罚款141余万元。

【农民工工资监管】 （1）出台《关于进一步加强建筑业农民工工资支付管理的通知》，对就如何进一步加强建筑业农民工工资支付管理进行明确，推行山东省建筑业劳动合同简易示范文本（2015版），严格要求施工企业按要求与农民工签订劳动合同，全部建立务工人员花名册、工资表、班组记录等工资支付保障措施，按要求在指定场所予以公示，有效预防和制止拖欠农民工工资行为的发生，促进建筑业健康发展。（2）建设单位要把好工程款拨付关。建设单位在拨付工程款之前，由施工总承包企业严格落实农民工工资支付情况，对尚未支付的农民工工资先行支付。（3）逐步建立健全建设领域信用体系，被列入信誉不良企业，暂停招投标资格；对恶意讨薪的包工头一律清除河口区建筑市场，并向社会公示。2016 年，累计收缴农民工工资保证金 358 万元，返还保证金 218 万元。受理投诉事件 35 起，涉及农民工 800 余人，涉及金额 380 余万元，有效地维护农民工的合法权益，确保社会的稳定。

【建筑节能管理】 （1）严把开工许可关。新建建筑节能，对建筑节能达不到 65% 的住宅工程，达不到 50% 的公共建筑，没有通过审图中心审核的工程项目，一律不予发放施工许可证。（2）严把竣工验收关。在建筑节能专项验收阶段对于工程达不到建筑节能标准、热工性能现场检测报告不合格或提报资料不完整的坚决不予进行建筑节能专项验收备案。2016 年，共办理建筑节能专项验收 12 个，办理节能专项备案 8 个，共计节能竣工面积 21 万平方米，节能建筑达标率 100%。

【重点建设工程】 黄河路改造提升工程，2016 年度工作基本完成。海宁路道路两侧绿化工程，已完成年度任务。环城水系建设工程，包括友谊河海盛路节点改造、康宁河河庆路节点改造、水系土坝清理、友谊河亮化等工程，现康宁河河庆路节点改造已完成年度任务；友谊河亮化所有庭院灯、灯带全部安装完成，已完成年度任务。

房 地 产 业

【房屋登记】 2016年，共办理房屋登记件数1976件，其中办理抵押登记 740 件，抵押面积 31.56 万平方米，抵押金额 6.03 亿元；初始登记 6 件，登记面积 11.14 万平方米；转移登记 769 件，交易面积 11.05 万平方米，交易金额 4.04 亿；不产生交易金额的房屋登记 99 件（如夫妻追加姓名、门牌号变更等），登记面积 2.5 万平方米；房屋租赁登记备案证明 362 件，租赁面积 3.97 万平方米，其中，住宅 346 件 3.54 万平方米，商业 16 件 0.43 万平方米。2016 年，房屋交易量（一手房及存量房）、交易面积、交易金额与去年同比增长 -4%、-2%、23.2%。房产登记档案整理 1841 件，协助公检法房屋档案查询 860 件，房屋个人档案查询 1460 件。累计收缴住宅专项维修资金 6108 万余元，新建物业质量保修金 1814 万余元。

【房地产开发】 2016 年，共办理房地产开发经营权证 4 个，涉及海胜悦园一期、三义和住宅小区、三义和住宅小区（新区）、富海西湖印象三期，其中三义和住宅小区以及三义和住宅小区（新区）为补办项目，总占地面积 23.2 万平方米，总建筑面积 38.07 万平方米，计划总投资 12 亿元，较去年开发占地面积、开发建筑面积开发项目量、开发投资同比增长 46.1%、18.6%、-33.3%、37%。商品房预售管理情况。2016 年上半年，共办理商品房预售许可证 4 个，总建筑面积 9.79 万平方米，总套数 1505 套，与去年办件量、建筑面积、套数同比增长 0%、174%、280%。其中住宅用房 7.54 万平方米 665 套；商业用房 0.37 万平方米 16 套；办公用房 0.46 万平方米 96 套；其他 1.42 万平方米 728 套。商品房预售备案 190 套，备案建筑面积 2.42 万平方米，备案金额 1.18 亿元，同比下降 60%、58%、56%。

【住房保障工作】 根据上级文件要求，2016 年，河口区需完成住房保障任务新增公共租赁住房货币补贴 50 户，续保 460 户；新建公共租赁住房 60 套；城市棚户区改造 101 户。（1）新增公共租赁货币补贴。现已起草完成 2016 年河口区住房保障工作实施方案，现正在进行讨论阶段；（2）棚户区改造。实施改造

101户，分别为孤岛镇宏海公司片区26户，孤岛镇济军生产基地区块改造75户。现拆迁补偿协议已全部签订完成，6月底全部拆迁完成。（3）新建公共租赁住房。为解决低收入家庭住房困难问题，由政府长期租赁油田腾空闲置小户型房屋60套作为公共租赁住房房源。现正在洽谈租赁合同，待签订完成后进行房屋改造工作。

2016年11月17日，东营市城镇容貌和环境卫生管理条例宣传活动

【老旧小区改造】 按照省11部门联合下发《关于推进全省老旧住宅小区整治改造和物业管理的意见》文件要求，经领导研究决定，主要改造河康小区内地方插建楼，改造内容：住宅房屋楼道灯、楼道门窗、楼宇门更换、粉刷楼道内墙、整修楼宇外墙喷刷建筑涂料、部分楼栋外地面硬化等楼房公共部位。2016年，主要改造河康油田小区内地方插建住宅楼住宅房楼10幢230户，约1.51万平方米。

城市管理

【概况】 河口区城市管理和行政执法局负责河口中心城区的城市管理工作，四至范围为东至海昌路、西至湖滨路、南至河庆路、北至河雁路，管理面积20余平方公里。管理内容主要包括城区道路及其附属设施、市政公用设施（水、气、暖等）、环卫保洁、绿化养护、市容市貌以及城乡环卫一体、燃气村村通、农村污水治理等工作。

2016年，完成春节亮化、城区市政设施维修改造工程、河安水系景观及附属设施修缮、海昌路桥梁改造、河口城区污水治理、三条明渠清淤、康宁路（环城水系至海宁路路段）改造、河雁路（海宁路至海康路段）排水改造、雨污井及雨污联通管道清淤疏通、城区照明智能化监控系统建设、南线供暖一级管网建设、城乡公厕及环卫工作站建设等工程。

【市政建设】 河口中心城区共有道路44条，道路长度68公里，道路面积140万平方米，人行路面积约27万平方米。共有路灯2263基，其中区城市管理行政执法局管护1149基，河口社区管护1114基。共有交通信号设施27处，全部由区城市管理行政执法局管护。共有道路护栏19960米，防撞桶188个，路口爆闪灯46个，全部由区城市管理行政执法局管护。共有道路排水管线110公里，污水井盖2782个，雨水井盖2420个，其中，黄河路、河庆路、河兴路、海宁路（河滨路至渤海路段）、海康路（河滨路至渤海路段）实现雨污分排水。强排泵站4处，强排流量22.5立方米每秒，城区提污泵站1处，节制闸4处，橡胶坝1处。

【市容环卫】 河口中心城区道路保洁面积217万平方米，其中道路面积134.4万平方米，人行道面积57.2万平方米，商铺门前面积24.9万平方米。有填埋式生活垃圾处理厂1处，生活垃圾综合处理厂1处，垃圾转运站11个，公厕8处。共有环卫机械设备18台，其中钩臂车5台，垃圾运输压缩车8台，洒水车2台，铲车1台，扫路车2台。

环境保护

【概况】 东营市环保局河口分局现有干部职工33人，内设局办公室、管理股、法制宣教办、行政许可股、固体废物及核与安全管理办公室、环境监察大队（副科级）、环境监测站（副科级）七个科室。主要职责是：受市环境保护局委托，对辖区内的环境保护工作实施统一监督管理。按规定权限负责建设项目的环境保护管理，污染源监督管理，污染事故和纠纷的调查和处理，生态环境保护等。2016年，河口分局以改善区域环境质量为目标，以环保工程建设为抓手，深入开展水气污染治理，强化措施，狠抓落实，勇于担当，忠于职守，着力解决影响科学发展和损害群众健康的突出环境问题，水气环境质量得到明显改善。大气质量指标一直稳居全市前茅，根据前11个月《东营环境情况通报》数据看，河口区空气环境现状质量排名三区两县第一。水环境方面，全区纳入市控以上河流的草桥沟、挑河、神仙沟三条河流监测断面水质较往年有所改善，尤其是两条省控河流，氨氮指标有所提升。

【环境治理】 （1）全面推进水气污染整治。2016年，全区共实施水气污染治理项目29个，计划投资8.2亿元，截至2016年底，已竣工项目27个。

（2）全力推进环保督察迎察工作。结合区域实际，印制《河口区迎接中央环保督察工作方案》和《环保1+6政策法规汇编》，按照各部门承担的环保工作职责，将任务分解落实到6个镇街、2个开发区和19个区直部门单位。区环境保护工作委员会办公室起草各镇街（开发区）、区直有关部门迎接环保督察准备工作资料清单，成立5个对接组，通过全面检查与抽查相结合的方式对各职能部门进行沟通对接，共查看现场10个，查阅档案资料400余卷。

【环保执法】 （1）严厉打击环境违法行为。结合“全区水气污染专项治理行动”“环境安全隐患大排查快整治严执法集中行动”“春季环保大检查”等专项行动的开展，以工业园区、涉水、涉气、涉危险废物工业企业为重点，加强行政边界地区环境执法联动，不留死角，不留盲区，对辖区内所有污染源集中开展拉网式大排查。2016年，共出动执法人员1800余人次，检查企业566家次，共受理环境信访投诉826起，立案查处违法行为65起，罚款金额298万元，对4家偷排偷放企业启动查封和移送公安等程序，取缔土小污染企业7家，集中解决一批环保热点难点问题，维护群众环境权益。

（2）全面清理违规建设项目。按照“完善一批、规范一批、淘汰一批”的原则，对辖区历史遗留139个“未批先建”的违规建设项目予以摸排、清查和上报。分类制定出环保整改措施，现已全部完成整改工作。

（3）严把环境准入关。2016年，召开建设项目联审会议13次，审批建设项目环境影响评价文件138件，验收建设项目74个，核发、换发、办理排污许可证19件，完成环境适用标准批复24个，办理用地环保指标批复手续15个，并先后多次聘请专家到企业进行现场指导，给企业提供治污技术支持，为企业把脉。

（4）全力做好企业环保评级工作。根据市工作领导小组的安排，针对前期评级过程中发现的环保问题，下达整改文书督促参评企业认真进行整改。对于评级为“差”的，严格按照法律法规落实停产整治措施。对于非法企业一律予以取缔和关停。环保评级台账中列出的整改项目，确保责任到人，加大督查力度，对整改到位的实现逐项排查、对账销号。2016年，整改环保问题211个，完成第一轮环保评级工作。

【环境监测】　（1）全面开展环境质量监测。对3条地表河流（草桥沟、挑河、神仙沟）、2个入海河口（刁口桥、五号桩）、2个饮用水源地（孤河水库、孤东水库）以及6个点位功能区噪声、54个点位的区域环境噪声、12个点位的交通噪声进行例行监测。对重点化工行业、开发区等重点区域进行监督监测30余次。委托中介机构定期对12家重点工业企业外排污染物达标情况和2个饮用水源地（孤河水库、孤东水库）水质进行监测。同时，针对不同情况，对重点区域、重点企业实施加密监测，从严控制外排污染物。2016年以来，共采样216批次，取得各类监测数据1.1万个，出具各类监测报告、报表848余份。为环境监察、环境管理及领导决策提供科学依据。

（2）加强企业环境应急监督管理。围绕预防、预警、应急三大环节，完善风险评估、隐患排查、事故预警和应急处置四项工作机制，对辖区内230余家企业单位进行全面检查，对全区38家重点风险源进行现场调查，组织全区化工企业对突发环境事件应急预案进行修编，实施企业应急预案备案制度。现已完成81家企业突发环境事件应急预案备案。同时对辖区内产生、经营危险废物的32家企业逐一建立档案，对危险废物产生、经营、贮存、运输等各个方面每月进行现场检查。

【环保宣教】　充分利用网站、微博、微信等方式，做好网络舆情关注，及时做好应对答复，第一时间掌握事件处理的主动权。全方位、多角度、深层次的实行政务公开，在方便老百姓办事的同时，有效提升宣传力度，展现环保队伍风采，公开环境监测报告、环评文件公示等文件57份。同时，加强新闻信息宣传报道，截至年底，在《中国环境报》、新华网等新闻媒体发表环保工作信息180余篇。

国内贸易

商　业

2016年，全区实现社会消费品零售总额57.09亿元，同比增长12.1%。截至2016年底，全区现有限额以上批发零售业企业71家，限额以上住宿餐饮业企业23家。积极推进“万村千乡市场工程”“双百市场工程”“下乡产品流通网络”试点工程、“农超对接工程”“农业生产资料流通体系”试点工程等五大工程建设，全区“万村千乡市场工程”农家店数量从“十二五”初期的41家发展到现在的90余家，完善以城区店为龙头、乡镇店为骨干、村级店为基础的农村商品经营网络。截至年底，全区共拥有城乡生活消费品和生产消费品市场24处，占地面积60余万平方米。电子商务产业发展迅猛，涌现出东黄河三角洲石油化工电子商务有限公司、东营淘河口电子商务有限公司等一批电子商务企业。实施骨干企业创建活动，完善商业网点规划，充分发挥银座购物广场河口店、胜大超市河口店等骨干商贸企业的辐射带动作用，大力发展连锁店、折扣店、便利店等新型业态，努力实现新型业态经营由中心城区向乡村延伸。

粮油购销

【概况】　1984年4月，根据东政办发〔1984〕28号文件成立东营市粮食局河口区分局（东营市粮食局的派出机构），1996年6月迁至公园街42号，正科级行政单位，隶属于市粮食局和河口区委、区政府领导，负责河口区原粮产、购、销，收购资格审核等，业务上由市粮食局直接领导，实行人、财、物、产、供、销统一管理，现有编制6人。2016年，河口区分局公务员退休1人，新增公务员1人。

【粮油工作】　（1）放心粮油工程。2016年，新建1家放心粮油配送中心、1家放心粮油店、1家放心粮油专区，规范6家放心粮油示范店、5家放心粮油店。（2）粮食收储工作。配合中储粮设立河口区夏粮收购网点，协调争取50万元补助资金对收购网点进行升级改造；启动并按照最低收购价收购农民粮食620吨，并按照中储粮东营直属库要求对620吨最低收购价收购的小麦进行跨县区集并。（3）主食产业化项目。根据《山东省财政厅、山东省粮食局关于进一步推进主食产业化发展的实施意见》要求，按照“政府引导、市场运作、企业承办、财政扶持”模式，积极引导东营市河口区军绿食品综合加工厂参与项目建设，并为企业协调省级财政补助资金100万元，截至年底，该厂650型低温烘干挂面生产线项目已顺利完成。（4）粮食应急体系建设。根据《山东省粮食局、山东省财政厅关于进一步加快粮食应急体系建设的实施意见》和《关于报送2016年（第二批）粮食应急体系和主食产业化实施方案的通知》要求，与区财政局一起筛选并上报河口区的粮食应急配送建设项目。（5）统计调查工作。一是完成全区2015年度粮油供需平衡调查；二是完成仓储设施专项调查工作，并形成翔实调查报告；三是完成收购网点的调查摸底和设点工作；四是完成夏秋粮预产调查和相关的抽样工作。

放心粮油店检查

（6）监督检查工作。一是加强对放心粮油店的日常监督检查；二是采取多种形式深入开展《粮食流通管理条例》颁布十一周年和爱粮节粮等系列宣传活动；三是组织工作人员深入各夏粮收购网点进行夏粮收购期间的专项检查。（7）行业安全生产管理工作。一是严格落实“一岗双责”工作责任制，结合河口区粮食行业实际情况，认真研究制定实施方案，突出工作重点，做到任务明确、责任到人、措施到位；二是组织开展粮食行业人员密集场所、粮油流通行业安全生产检查，强化安全生产基层基础管理，构建安全生产长效机制；三是根据粮食流通行业安全生产特点，有针对性地开展安全生产培训，增强安全生产意识，营造全行业安全生产良好氛围。

【粮油保障】 （1）在义和镇新建1家放心粮油专区，实现河口区每个镇（街道）至少有一个放心粮油供应网点的工作目标；新建1家放心粮油配送中心，实现河口区配送中心从无到有的突破。（2）近十年来，首次在河口区启动小麦最低收购价预案执行工作，并按照中储粮东营直属库要求对620吨最低收购价收购的小麦进行跨县区集并。（3）引导东营市河口区军绿食品综合加工厂参与河口区主食产业化项目建设，并为企业协调省级财政补助资金100万元。该厂650型低温烘干挂面生产线项目建成后，将完成现有生产条件的升级换代，使目前生产工艺水平低，已属淘汰机型的生产设备升级为当前国内最先进的、自动化水平高的生产工艺流程；生产能力由5吨/日跃升到26吨/日，为实现规模效益，满足市场需要和消费者需求奠定硬件基础。（4）为东营市河口区军绿食品综合加工厂协调省级财政补助资金150万元，引导企业在现有的成品库、配送设施的基础上，改造原有成品库，增加产成品存储、装卸、运送等相关设备设施，全面改善成品库存储条件，加大存储能力，提高装卸速度、提升运送能力，项目建设完成后，存储能力可由200吨提高到600吨，配送能力可由目前的60吨/日提高到300吨/日，为应急供应提供有力保障。

供销合作社

【概况】 河口区供销合作社联合社为正科级事业单位，机关工作人员待遇及经费于2005年5月1日纳入区财政预算，2008年12月，按程序报批为参照《公务员法》管理的事业单位。机关设理事会、监事会，内设办公室、财务审计股、业务股3个职能股室。在职干部职工24人，其中党员14名。

【供销工作】 （1）有序推进“大田托管”，创新为农服务方式。截至2016年12月底，全区已完成托管服务面积14.77万亩。（2）加强为农服务中心建设，提升综合服务水平。孤岛镇和新户镇为农服务中心已投入运营。（3）实施“党建带社建社村共建”创新工程，推动转变农业发展方式。在义和镇七顷村和艾河村建立示范点，充分发挥村级党组织的优势，创新农村社会管理和农业生产经营任务模式。（4）现代农村流通服务体系建设。供销电商公司12月24日试营业以来，通过线上B2B、B2C两条运营途径和实体店面线下经营，平均每天销售额突破6万元，为探索发展"互联网+农业"新型经济业态做出积极尝试。在仙河镇、东营港选取2处基层供销网点进行升级改造，开展电商经营。新建改造农资（日用品）直营店3家，规范提升直营店8家，完成测土配方、智能培肥面积3万亩，飞防面积2万亩。（5）推进农村合作经济组织建设，培养壮大新型经营主体。已成立农民专业合作社4家，规范提升农民专业合作社2家，提升农民专业合作社联合社1家。（6）新型农民培训。2016年，联合组织部等部门，相继开展全区农村电商、合作社规范提升、林果管理技术等一系列培训活动，共培训新型农民3460多人次。（7）原供销大院开发和实验学校西侧供销商厦住宅楼拆迁工作。原供销社老院开发回迁为43个120型住户进行住房安置。剩余100型、90型房源正在建设之中。

【重要活动和工作事项】（1）河口区成功举办电子商务培训班。4月16日，区委组织部、区供销合作社联合举办农村电子商务培训班。参加本次培训班的学员有各镇、街道分管农口工作同志及扶贫办副主任，下派帮扶"第一书记"及联系帮扶村企干部，部分农民专业合作社及种养殖大户负责人，商贸流通企业代表和部分电商企业负责人及从业人员，共计170余人。本次培训邀请北京商业管理干部学院孙艺军教授、山东省供销合作社现代流通处孔祥高副处长到河口授课，市供销合作社监事会主任陈志强莅临现场指导，区供销合作社理事会主任张仕琴主持会议。

（2）河口区供销社举办"惠民农资进万家"启动仪式。10月18日上午，区供销社联合市供销社在义和镇为农服务中心启动河口区"惠民农资进万家"活动。东营市供销社监事会主任陈志强一行3人参加启动仪式。活动启动后，区供销社为农服务中心的技术人员向农民群众热情传播现代农业耕种新理念，详

河口区"惠民农资进万家"活动启动仪式

细介绍测土配方、智能培肥、农机规模化服务及化肥、农药科学使用的新形式，普及深入开展智能培肥新知识，比照农作物配肥前后实物照片，图文并茂地推介化肥、农药科学使用方法，激发农民群众学习应用农业新科技的热情，丰富农民群众对各类农资产品的识别、使用知识，增强打假维权意识。

（3）河口供销电子商务平台正式运营。12月24日上午，供销e家河口区电子商务综合服务中心正式投入运营，河口区供销宜家电商超市隆重开业。东营市供销合作社联合社监事会主任陈志强及区商务局、区工商联、区供销合作社负责同志参加开业典礼。供销e家河口区电子商务运营服务平台是东营市第一家与中华全国供销总社、山东省供销社网上运营平台互联互通的县级运营平台，是全国供销电商网的一个重要分支，是河口区供销合作社联合社立足农村、服务三农、发展农村电子商务的有益探索和尝试，为全面整合推广黄河入海口各类种、养殖农副产品夯实基础。

【供销服务】（1）完善运营好供销e家河口区电商运营平台。以供销e家河口区电子商务综合服务中心为依托，在城市社区和农村地区辐射发展（改造升级）3～5处电子商务服务网点，坚持农产品上行到城里、日用品下行到农村的"双线"运营模式，解决辖区群众"卖难"和"买难"的实际问题。（2）新建和规范提升为农服务中心。联合涉农企业通过

实地考察、选址新建1～2处、规范提升1～2处为农服务中心，确保达到“固定办公场所300平方米，服务场地3000平方米，服务辐射半径3公里”的要求，基本实现智能配肥、农机服务、农资直供、烘干仓储、统防统治、农民培训等服务功能，基本实现农业生产全程社会化服务。（3）领办创办一批专业合作社和联合社。领办创办农民专业合作社2～4家，规范提升1～2家，改造提升基层社1家，新建农村综合服务社1～2处，协调沟通有关部门领办创办1家县（区）级农民专业合作社联合社，探索成立1家县（区）级为农服务公司。（4）持续开展“社村共建”示范创建活动。抽调精干人员深入各镇街、农村调研，摸排筛选“党建带社建、社村共建”示范创建点1～2处，探索推进“供销社＋村两委＋合作社＋农户”共创模式，扎实推进示范创建活动，不断实现合作共赢，引导农民群众发家致富。（5）推进大田托管和农资经营创新服务模式。累计完成大田全托或半托服务面积16万亩，其中，争取完成全托管服务面积2万亩。完成测土配方、智能配肥面积3万亩，完成飞防面积2万亩，新增农资日用品直营店1～3处。（6）开展精准扶贫攻坚和培训新型农民活动。继续推行“合作社＋贫困户”精准扶贫模式，提高供销社扶贫开发的实效性和可持续性。2017年，争取培训新型农民800～3000人。

河口供销电子商务平台正式运营

烟草专卖

【概况】 河口区烟草专卖局（营销部）主要负责河口街道、六合街道、仙河镇、孤岛镇、义和镇、新户镇的1033户卷烟零售客户的专卖管理和卷烟销售工作。局内设综合办公室、专卖监督管理科、营销科、财务科、法制科、内管派驻组6个职能科室和稽查大队、2个稽查分队（所）。2016年，河口区局（营销部）在区委、区政府和市烟草专卖局（公司）党委的正确领导下，统一思想、凝聚共识、抢抓机遇、奋勇争先，圆满完成全年各项任务。全年共销售卷烟10631.8箱，实现单箱销售额27437.2元，增长1.6%；实现利税7436万元。

【专卖管理】 2016年，共查获涉烟违法案件107起，涉案卷烟149.9万支，其中省外真品卷烟43.74万支、省内28.96万支，查获非法假烟17.56万支，较去年同期增长56.44%；案值53.89万元，万元以上案件23起，逮捕1人，判刑3人，拘留3人。（一）强化卷烟市场综合治理。做好中秋、国庆期间卷烟市场整治活动、打击卷烟非法流通和清市场保增长专项行动，确保卷烟市场整治活动取得实效。（二）强化精益专卖建设。认真分析、梳理专卖管理工作制度，明确工作职责，做好行政处罚卷宗的审查和归档工作。加强稽查分队（所）建设，全面提升稽查力度，更好发挥稽查分队（所）的市场监管职能。（三）强化法律法规宣传。抓住“3·15”“6·29”“12·4”等宣传日的有利时机，会同公安、工商等执法部门，开展进社区和繁华街道法律法规宣传活动，加强普法宣传力度，提高群众对烟草专卖的理解度和支持度。（四）强化零售许可证监管。严厉打击非法转让许可证、一户多证、虚拟客户等违法违规使用许可证的行为，及时对行政许可事项发生变更的督促其整改。2016年，河口区局共受理行政许可事项330件，其中：新办零售许可证86户、注销135户，暂停37户，变更11户，延续61户。

新华书店河口分公司

【概况】 2016年河口分公司全年征订教材教辅995万元，生均码洋330.1元，较2015年增长25.9%，门店销售150.4万元，POS销售134.5万元，同比增长25%，多元化实现新的突破，销售2.4万元，利润53万元。

【教辅图书管理】 从规范管理入手，以创新提升为手段，对标超越为目标。2016年，教材教辅征订发行落实分片到人“沉到底”的工作机制，实行横向到边，纵向到底，工作做到学校级部、老师，深入与他们交流，建立良好的信任合作关系。以对标单位为榜样，严格落实奖惩制度，让想干事的有平台，干成事的有奖台。2016年增长的100多万元主要是高中一二轮复习资料的征订发行，这在以前是空白。地方中小学教辅在停滞四年后，2016年新征订试卷一套。新兼职成立多种经营办公室，重点推进多元化工作的开展。

【门店综合经营】 2015年8月门店升级改造后，仍跟不上发展要求，边学习边改进，及时进行小范围调整。（1）实现一个目标。首先在认识和观念上由经营图书向经营读者转变。通过到诚品等书店参观学习，深刻感受差距，让员工充分认识到转型升级的重要性、紧迫感。不断增加项目、完善功能，逐步向具有多功能文化体验的综合文化服务商转变。（2）提升四个水平。1. 互联网化。书店的转型就是书店大数据、互联网化的过程。当前，互联网无处不在，河口分公司进行互联网线上推广+线下活动，实现“新华阅购”销售近6300余元。充分利用微信公众号，并结合智慧书城、新华阅购等网络平台，提升门店互联网化水平。2. 体验化。加大新项目的引进，以“文书苑”为载体，先后新上9D体验、海瓷手绘体验、文房四宝等，让读者充分体验到国学文化的浓厚氛围。3. 多元化。2016年7月开设“漫书坊咖啡”，增加牛排、比萨、咖啡等饮品，带动人气，提升层次。同时增设办公用品与电子产品专柜。4. 个性化。9月份，区旅游局、商务局携手河口分公司共同建立河口旅游纪念品“芦苇工艺画”销售点，宣传当地文化，彰显门店个性，受到市民的普遍好评，认可度和满意度进一步提高。（3）狠抓五个关键点。1. 规划。2016年，在义和中学建成校园书店一所，近期开始营业。实验学校店正在积极筹备中，预计春节后即可投入使用，力争1500人以上5所学校两年内全部开设校园书店。2. 数据。数据是工作的重点，通过对数据的收集分析，用数据指导销售，重点做好大客户、VIP读者的服务引导、信息收集，努力实现精准营销。3. 抓温馨。在完善布局提升功能的同时，从柔和的灯光、一杯热饮、优雅的音乐、亲切的问候做起，努力营造温馨、舒适的阅读环境，给读者家的感觉。4. 丰富营销，带动销售。根据计划，2016年，周周有营销，月月有总结。结合与区有关部门成立的“河口区青少年阅读基地”。先后开展河口区第一届读书节、“世界读书日”读书交流会、河口区“四点半学校”“手绘体验”“小小图书管理员”等活动。组织校园展销两次，销售万余元，四月和九月分别进行作家进校园活动，日销售均在三万元以上，《习近平总书记系列重要讲话读本（2016年版）》实现全区党员人手一册，与图书馆开展的“你选书，我买单”活动半年销售4.5万元，有力的促进一般书销售的提高。5. 抓服务。实施联销计酬办法，严格考核，提高服务质量，每月进行服务之星评选，同时严格落实投诉处理机制，连续三次被投诉者停岗学习，服务水平有进一步提高。

科　学

科　技

【概况】 区科技局现内设办公室、科技计划股（高新技术产业化办公室与其合署，挂可持续发展办公室牌子）、科技管理股（技术市场管理办公室与其合署）3个职能股室，下设区地震局、区知识产权局2个副科级事业单位。区科技局机关编制7人，区地震局编制3人，区知识产权局编制5人。2016年，区科技局共有正式职工20人，其中党员18人。2016年，区科技局围绕区委、区政府中心工作，积极应对经济发展新形势，实施创新驱动战略，打造转型升级新引擎，不断增强经济发展的核心竞争力，为建设幸福美丽新河口提供有力的科技支撑。区科技局荣获2016年度中国产学研合作促进奖，圆满完成年初确定的各项任务指标。

【高新技术产业】 围绕新能源、新材料、信息技术等产业领域，培育拥有自主知识产权、技术创新活跃、规模效益显著的科技型企业。组织开展科技创新学习考察活动，探索建立基层科技工作联动机制，不断创新工作方法，优化创新创业环境，加强科技创新平台建设，推动产业转型升级，增强经济发展动力。山东省北方超级稻产业化中心院士工作站获得省科技厅批复，山东汇海医药省级院士工作站等3家省级院士工作站、8家高新技术企业和41家市级科技型企业的创新积极性得到进一步发挥。引导优势产业加大研发投入，加强科技成果转化和技术改造，实现产品升档、工艺升级。推进高企申报工作，现东营市冠森绝缘制品已进入第一批公示名单。严格推进落实研发费用加计扣除和高企减免税政策，鼓励企业创新创造。组织企业加入“山东省大型科学仪器协作共用网”，现已有24家企业及单位加入，入网仪器30台套，仪器原值达1026.6万元。

【产学研结合】 创新思路，注重实效，推进产学研深度合作、精准对接，组织开展“一对一”推介，为企业提供及时有效的科技服务。充分发挥企业自主创新主体作用，组织参加各种产学研对接活动，引导和鼓励企业与高校院所合作，开发新技术、新产品。带领汇海医药等12家科技企业赴北京开展“东营市河口区—北京高校院所产学研合作对接交流活动”，现场发布科技成果32项，达成初步合作意向7项。其中，山东石大油服与中科院理化所就采油技术与产品服务等领域开展合作，山东北玻玻璃与中科院上海应用物理研究所就玻璃镀膜技术开展联合攻关，部分技术已成功转化。山东金开石化与大连理工大学就换热器技术进行联合攻关。山东汇海医药获得“中国产学研合作创新示范企业”称号，获得“产学研合作创新成果奖二等奖”，正与清华大学、北京理工大学合作，致力于石墨烯产品的研究开发。山东华春渔业与中科院海洋研究所、中科院海岸带研究所开展深度合作，成为STS项目核心示范企业，现正就福氏玉螺人工育苗及人工养殖技术进行联合研发。

【科技管理】 严格项目管理，组织专家对近年来承担的科技项目进行结题验收，全面检查科技项目实施情况和科技资金使用情况，确保项目正常运行，资金合理使用。截至年底，汇海医药、仙河投资、创业园等9家单位列入山东省重点研发计划、市重点研发计划、市创新公共服务平台计划、山东省“渤海粮仓”科技示范工程等市级以上科技计划，争取资金650万元，促进各单位创新工作的开展。2016年，区级科技项目正按合同计划实施。组织专家对华春渔业、旭业新材料等公司承担的4项科技成果进行鉴定，技术均达国内领先水平。研发的“头孢曲松关键中间体三嗪环合成新技术”和“钢质管道堆焊内防腐补口技术”等2项成果分别获得市科学技术奖一等奖；同时，获得三等奖2项，科技合作奖1项、科技成果转化促进奖1项。引导企业加入“山东省大型科学仪器设备协作共用网”，推进设备共享，做好“创新券”的使用工作。

【知识产权工作】 以推进自主创新，提升核心竞争力为目标，充分调动企业申报专利的积极性，鼓励企业开展创造发明，培育一批拥有自主知识产权的创新型企业，有效发挥知识产权在经济社会发展中的支撑和保护作用。山东旭业、山东汇海医药、山东常青树、东营天正化工获得国家知识产权贯标认证，山东旭业、山东汇海医药被评为山东省知识产权示范企业，山东旭业被评为2016年度国家知识产权优势企业，河口区企业知识产权创造、运用、保护和管理能力得到进一步提升。区知识产权局与公安局等11个部门联合建设执法协作办公室，实现资源共享，强化知识产权执法力度，有效保护专利权人的合法权益和消费者的利益。2016年1~11月份，全区发明专利申请53件、授权28件，同比增长55.6%。

【科技兴农】 加强与省农科院等高校院所的合作，推进“渤海粮仓”科技示范工程，发挥好“山东省农科院黄河三角洲耐盐小麦博士科研工作站”“山东省农业科学科院黄河三角洲综合训练基地博士科研工作站”两个博士工作站作用，大力推进盐碱地综合改良与优化灌溉、抗盐碱新品种和种植技术、粮改饲和种养结合模式等试验研究，形成以小麦—玉米、小麦—青贮玉米、水稻全产业链创新为核心，多种技术模式和种植模式集成的研发体系，带动全区农业科技水平的提高。2016年，“渤海粮仓”科技示范工程总面积达12.3万亩，建设1个面积为1万亩的核心区，示范区10个，由裕丰、济军基地、坤泽、山东正邦、东营正邦等5家公司承担，主要种植模式为水稻、小麦—玉米轮作、小麦—青贮玉米等种植模式。

【招才引智】 在经济下行压力下，继续把招商引资作为当前工作的重中之重来抓，全员动员，全力跟踪和服务项目，及时解决项目推进和落户过程中的困难和问题。现安诺其、业和新能源、科尔特新材料等4个在建项目进展顺利；已捕捉招商线索10余条，正在积极跟进。深入实施“走出去、请进来”战略，搞好与高校院所的结合，建立人才培训与引进的长效机制。通过高校向企业开放实验室，高校在企业设立教学实习基地等多种形式，形成企校人才联用、资源共享的合作局面。其中，汇海医药派出5名科技人员到北京理工大学石墨烯实验室参与研发工作，为培养一支具有石墨烯催化材料制备、工艺研发、工程设备、环保能力的复合型人才队伍奠定基础；北京化工大学在山东辰昊化工设立研究生实习基地，促进校企人才资源沟通与交流。2016年，聘请有关专家开展各类培训讲座20次，组织40余家企业负责人和部分科技管理人员，赴浙江大学参加科技创新能力提升班，进一步开阔视野，提升境界，增强改革创新的意识和能力。

【科技扶贫】 研究制定科技扶贫开发工作专项实施方案，主要领导带头，深入一线送政策、扑下身子访民情、尊重民意办实事、全力支援促发展，科技扶贫工作取得积极成效。借助省农科院、青岛海洋大学等高校院所的师资力量，联合农业、渔业部门加强农业科技知识培训。引导农业企业优先雇佣贫困户中有种养殖及机器操作等技术特长的人员，增加农民的务工收入，带动脱贫致富。按照省市统一安排，为河口区13个省定扶贫村选派科技指导员，及时开展科技服务工作。到梁家村开展“送技术、送政策、送信息”“三送”服务活动，共发放苹果、葡萄、养猪等种养殖书籍100余册，防震减灾、知识产权等科普资料及宣传品200余份，接受咨询群众100余人次。积极开展科级干部结对贫困户工作，通过走访慰问、争取低保、产业扶贫等方式，出主意、想办法，帮助贫困户脱贫致富。

【重点工作】 （1）河口区在北京成功开展产学研对接交流活动。11月5日，河口区科技局带领汇海医药等12家科技企业赴北京成功开展“东营市河口区—北京高校院所产学研合作对接交流活动”。此次活动共邀请到清华大学、北京大学、中科院理化所、北京化工大学、北京科技大学、中国石油大学、中国科学院大学等8家高校院所的20名专家教授参加，现场发布科技成果32项。此次活动充分利用北京院校聚集、智力信息资源丰富的优势，各企业与到会专家教授进行面对面的深入交流，达成初步合作意向7项。此次活动，深化河口区企业与驻京院校的联系与合作，有力推动高校科研成果与河口区企业进行无缝对接，为企业解决一批技术难题、引进实用技术，增强企业核心竞争力，为在新形势下推进河口区经济转型升级起到良好的促进作用。

（2)河口区新增一家省级院士工作站。2016年，依托北方超级稻产业化中心有限公司建立的山东省北方超级稻产业化中心院士工作站获得省科技厅批复。北方超级稻产业化中心有限公司由“杂交水稻之父”、中国工程院袁隆平院士担任首席科学家，以国家杂交水稻工程技术研究中心为依托，整合国内外知名水稻科研院所和著名水稻育种专家资源，从事超级稻“育、繁、推一体化”的产业化研究工作，建设中国耐盐碱超级杂交稻和同源四倍体水稻的产业化中心，为第四期超级杂交稻的推广应用和第五期超级杂交稻的选育提供最佳的产业化技术平台。近年来，区科技局高度重视科技人才工作，加快推进科技创新平台建设，搭建引进高层次人才载体，河口区省级院士工作站已达到3家，东营市共有9家。院士工作站是高端科技人才服务于企业创新的平台，是推进产学研结合的好形式，是高端领军型人才科技创新的载体。院士工作站的建立帮助企业提升技术创新能力、促进科技成果转化，为建设创新型城市，推动区域经济发展，发挥积极有效的作用。

【科技成果】

2016年科技成果鉴定统计表

序号	成果名称	成果完成单位	成果水平	鉴定时间
1	黄河三角洲刺参池塘养殖度夏关键技术	山东华春渔业有限公司、山东省海洋资源与环境研究东营市河口区海洋与水产研究所	国内领先	2016.03.27
2	氯化聚氯乙烯树脂（CPVC）生产新技术	山东旭业新材料股份有限公司	国内领先	2016.05.14
3	生态堆修复系统及工程示范	东营金岛环境工程有限公司、山东省科学院生态研究所、迈科珍生物科技有限公司（爱尔兰）	国际先进	2016.07.16
4	水性PVC封边胶的研发	山东常青树胶业股份有限公司	国内领先	2016.08

2016年获得市级以上科技进步奖励统计表

序号	项目名称	完成单位	获奖情况
1	头孢曲松关键中间体三嗪环合成新技术	山东汇海医药化工有限公司、济南大学	2016年省科技进步二等奖、市科技进步奖经济发展类一等奖
2	血压变异性与心脏自主神经功能的相关性研究	河口区人民医院、河口街道社区卫生服务中心	2016年市科技进步奖公益类三等奖
3	真姬菇抗木霉菌菌种选育及工厂化栽培新技术研究与应用	山东晨阳菌业有限公司	2016年市科技进步奖经济发展类三等奖
4	钢质管道堆焊内防腐补口技术	中石化胜利油田分公司海洋采油厂、中石化石油工程设计有限公司、胜利油田金岛工程安装有限责任公司	2016年市科技进步奖经济发展类一等奖

【专利统计】 2016年1～11月份，申请发明专利70件。

创业园

【概况】 黄河口高新技术企业创业园管理办公室，正科级事业单位，于2001年5月成立，下设综合管理部、企业发展部2个科室，加挂河口区科技成果转化中心牌子。编制数8人，在编人员6人。主要负责全区科技成果转化推广工作。会同有关部门做好学研结合及人才培训工作。负责产业研发中心的日常管理及服务。为入园企业做好入驻手续办理和服务工作，做好高新技术企业引进，孵化及日常管理工作。引导企业进行技术创作。2016年，区创业园管理办公室紧紧围绕全区中心工作，以“两学一做”学习教育为契机，深化服务，积极作为，多项工作取得新突破。共引进落户创业项目45个，石油化工电子交易中心新增企业209家，转化实施科技成果10项。

【园区建设】 （1）加强园区整体形象打造。在抓好宣传栏、宣传牌、宣传标语设置的基础上，通过考察、对比，经过现场考察和对比分析，从4家市内外高水平的设计机构中，遴选山东枫云国际文化创意管理有限公司对区创业园进行整体设计，优化功能布局，凝练品牌理念，规范服务标准，打造园区文化，将创业园建设成为环境优美、服务完善、宜居宜业的创业孵化园区。现园区标志设计及公寓楼外部形象设计已基本完成。（2）综合楼、职工公寓地源热泵接入与职工公寓维修工程顺利推进，地源热泵接入、职工公寓内部改造已完工。（3）厂房维修工程正在施工，现厂房外部刷漆已完成，11月份完工。（4）大学生创业苗圃完成桌椅、网络的配置，初步具备项目入驻条件，已入驻项目2个。（5）企业职工食堂正式投入运营，解决自园区成立以来未能解决的企业职工就餐难题，营造创新创业的良好环境。

【项目引进】 2016年，区创业园加大宣传力度，通过电视、网络和微信等媒体平台，宣传支持创新创业的政策措施吸引项目，并积极响应国家“互联网+”发展战略，落实区委、区政府发展电子商务产业的决策部署，通过外出招商、企业招商等多种方式和途径招引项目入驻。先后引进合创信息、视建网络、阳光绿叶电子商务等项目13个，同比增长85.7%，园区在孵企业达到45家，石油化工电子交易中心企业达到550家；新引进项目中，电子商务项目6个，软件信息项目5个，新能源项目2个；另有3个项目正在办理相关手续。阳光绿叶电子商务公司创建中国绿色产品网、中国正能量调味品网等平台，丰源网络公司依托实体店打造专业酒水快速配送服务平台，将实惠留给消费者。这些项目的引进孵化，对于全区电子商务产业发展将起到重要推动作用。

【企业服务】 充分发挥中科院老专家技术中心河口科技工作站等职能，加强与高校院所的联系与合作，主动到企业调研了解困难和需求，开展“企业院校行”活动，帮助企业引进技术、项目和人才。4月，带领东营倍康生物科技有限公司等企业到中科院进行对接，就项目设计等达成合作意向。组织泰克曼公司参加“东营—中科院青年创新促进会未来产业论坛暨有色金属产业对接会”，与中科院化学所高分子物理与化学国家重点实验室主任杨振忠博士进行对接，就阻燃微胶囊、固体表面活性剂、油水分离新技术和微纤结构材料等技术达成合作意向，将择机到中科院进行对接。山东万安药业与中国中医药科学院、山东中医大学合作开发的心脑血管疾病预防产品（P-CCD）正在顺利推进。

【电商发展】 通过到江苏省新沂市电子商务产业园考察学习，区创业园结合实际，与园区入驻企业山东万安药业有限公司合作，准备建立河口区的电子商务产业园区。现电子商务公司已注册完成，淘宝、京东和1号店的地方特色馆开店证明已开具并交予企业，正在办理注册手续。

【服务与管理】 (1)加强管理人员培训。先后组织管理办公室人员参加东营市首届人力资源产业发展论坛、山东省中小企业巡回大讲堂创业辅导能力提升培训班(淄博),就如何提供服务、搞好创业企业的辅导,加快企业发展步伐等内容进行学习。组织干部职工到东营生态谷、软件园、东营大学生创业园、垦利大学生创业园等创业孵化园区进行考察学习,汲取先进的服务经营理念,提高园区服务能力。(2)强化中介服务。对接北京新三板、上海股权托管交易中心等专业上市机构,提供便利的融资、财富增值、营销宣传、企业管理等服务,为小微企业跳跃式发展提供支撑。东营华力石油技术股份有限公司于4月15日在北京"新三板"挂牌上市,区政府分管领导参加挂牌仪式并代表地方政府发言。山东万安药业在北京"新三板"挂牌上市工作正积极推进。(3)帮助企业解决发展难题。先后组织企业召开座谈会2次,主要领导带头多次到企业进行现场办公,了解企业发展情况,以实实在在的服务促进企业发展。其中,帮助东营黄河口沙画公司申请贴息贷款20万元,银行正在审核资料。(4)组织东营大可奇、丰源网络等2家企业参加"中国创翼"青年创业创新大赛、"开来杯"东营市第二届油地青年创新创业大赛暨"创客东营"青年路演训练营等活动,激励企业创新发展。(5)推荐创新能力突出的东营华力石油公司主要负责人加入市青年企业家协协会,促进企业加强交流合作,加快发展步伐。(6)组织黄河口沙画等企业参加各项评选活动,其中《芦苇画活性炭雕系列》荣获"好客山东"2016全国桃文化旅游商品全国优秀奖,"黄河口芦苇画、沙画"被授予2016-2017年度河口区十佳旅游商品荣誉称号。(7)制订完善规章制度,加大职工考核和企业考核,争取上级项目支持。一是修改完善包括考勤、卫生、物业管理、督办等在内的工作制度20项,规范工作程序和标准,提高工作效率和服务水平。二是区创业园申报市创新公共服务平台计划项目,整合资源,探索以专业化服务提高孵化发展成效,解决河口区创业文化氛围不够浓、场地功能不够完善、服务模式不够灵活等问题。三是组织申报山东省级青年众创空间,发挥创业园平台、人力、中介、政策等资源优势,为创业者提供低成本的工作空间、网络空间、社交空间和资源共享空间,通过便利化、全方位、高质量的创业服务,让更多人参与创新创业,让更多人能够实现成功创业。

地震工作

【概况】 河口区地震局,副科级事业单位,隶属河口区科学技术局,现有编制3人。2016年,河口区地震局坚持经济建设与防震减灾工作一起抓的工作思路,认真贯彻落实上级地震工作会议和文件精神,围绕河口区委、区政府中心工作,切实加强自身和社会防御地震灾害的能力建设,着力加强地震监测预报、灾害预防、应急救援三大工作体系建设,强化措施,突出重点,开拓进取,开展防震减灾工作,各项工作稳步推进,为服务全区经济发展和维护社会稳定做出积极的贡献。

【防震减灾】 加强河口地震台维护,保证地震测报信息的连续性、准确性。设立河口区实验学校、义和中学、孤岛幼儿园、仙河小学和新户镇中学5个一般地震预警站点,河口区地震预警纳入国家烈度速报与预警工程项目。在黄河广场等10处重新设置应急避难场所标识牌。2016年,六合街道河庆路社区被中国地震局评为国家地震安全示范社区,河安小学、六合街道中心小学和新户镇太平小学被命名为省级地震科普示范学校,现河口区地震科普示范学校达到7所,其中省级5所,市级2所。开展防震减灾知识进社区、进学校、进机关活动,利用5·12防灾减灾日、科技宣传周、法制宣传日等时机,在区政府、河安社区开展宣传活动,发放防震减灾宣传资料1000余份,增强群众的防震减灾意识和自救互救能力。

【地震应急体系建设】　（1）积极推进各职能部门、镇街、企业、学校和医院等单位的地震应急预案建设，建成“纵向到基层，横向涵盖所有社会组织”的地震应急体系。（2）制定《河口区地震应急演练方案》，有计划、有步骤地推动应急演练工作。督促各级各有关部门单位制定相应的预案演练方案，组织开展不同类别、不同形式的地震应急预案演练，通过演练发现问题、改进不足，不断提高应对突发地震事件的实战能力。（3）认真做好12322防震减灾公益服务热线接听工作。组织有关人员学习防震减灾服务热线礼貌用语及常见问题解答，制订《河口区12322防震减灾公益服务热线管理规范》，安排专人接听12322防震减灾公益服务热线，做好群众咨询、解答工作。（4）更加合理、科学、醒目的为区黄河广场、鸣翠湖广场、体育场、银河公园、气象广场等10处重新定制应急避难场所标识牌，真正能够帮助市民在遇到地震等重大突发灾害时尽快到达安全的避难场所。

【行政执法】　作为城市建设规划委员会及项目联审成员单位，在为领导决策提供科学依据的同时，一方面加强业务知识学习，熟知上级政策，另一方面加强与市地震局的请示与沟通，学习先进经验。在市地震局的指导下，积极探索工作方式方法，推动行政执法工作的顺利开展。（1）积极主动的将地震安全性评价工作纳入河口区行政审批模拟程序，严格新建、改建、扩建工程抗震设防要求管理，把好抗震设防质量关，明确要求所有建设工程抗震设防要求核准手续统一到区行政服务中心地震局窗口办理，工程咨询部门在编制项目申请报告时，必须增加抗震设防章节。（2）区地震局加大地震执法力度，依法加强对地震安全性评价工作的监管。加强与发改、经信、住建等部门的合作，建立行政执法网络，共同做好重大工程地震安全性评价和一般建设工程抗震设防要求的监督管理。（3）推进农村民居抗震安全工作。按照《农村危房改造实施方案》要求，联合区住建局、区民政局、区残联等部门，对全区172个行政村全部完成入户调查及项目验收，形成汇总数据和分析报告。待上级部门审核后，各项补助资金将发放到农户手中。

【地震监测与应急指挥体系建设】　加快地震监测与应急指挥体系建设，地震监测与应急指挥能力进一步提升。（1）为保障震情速报与处理、信息收集与调查和地震应急与指挥的准确性和及时性，配备监测系统、通信系统、应急系统和指挥系统，完善河口区地震监测与应急指挥中心功能。（2）为保证地震测报信息的连续性、准确性，在市地震局的帮助和支持下，河口区地震局加强地震监测台网中心运行管理，每周进行一次测震台的维护和保养工作，预防事故发生。2016年，未发生一起因设备故障导致河口区地震数据空白的事件发生。（3）根据省地震速报信息交换共享平台自动定位信息，搜集有价值的信息，第一时间通过手机短信转发区委、区政府20余人次，及时为领导传递震情信息，加强领导防震减灾意识，为领导科学决策提供依据。（4）建立震情速报网络，各镇、街道明确一名分管地震工作的领导，每个村（社区）明确一名防震减灾工作助理员（同时兼任村级震情速报员、宏观异常测报员），具体负责地震灾情速报、地震科普宣传、地震应急等工作的联络协调，确保地震信息上下畅通，加强防震减灾网络建设。（5）坚持统一规划的原则，与区畜牧局、海洋与渔业局密切配合，认真筛选，在全区畜牧、水产养殖大户中筛选设立震前动物异常信息测报网点。各观测点明确一名责任心强的社会地震观测员，在地震部门和防震减灾助理员的指导下开展地震宏观异常的观测，每周一向市台网中心发送动物是否异常短信。安排专人负责，定期到观测点查看，了解情况，指导搞好观测记录，严格实行逐级上报制度和发现异常及时上报制度，提高河口区短临地震预报水平和综合防震减灾能力。（6）按照中国地震局《关于共同推进国家地震烈度速报与预警工程项目建设和运行管理工作的通知》要求，在河口区组织开展地震预警项目选点工作，确定河口区实验学校、义和中学、孤岛幼儿园、仙河小学和新户镇中学5个一般站点，标志着河口区地震预警已纳入国家烈度速报与预警工程项目。

【防震减灾宣传】（1）加强业务知识学习，努力提高队伍整体素质。注重对干部职工的教育和培训，将防震减灾法律法规和业务知识学习列入年度学习计划，利用每周五下午集中学习日，加强对地震工作法律、法规和业务知识的学习。并积极参加省、市地震局举办的各类培训班，加强学习，强化业务知识培训，提高执法人员素质和执法水平。（2）通过网络开展地震知识宣传。在网站开辟防震减灾知识专栏，介绍地震知识，宣传防震减灾法律法规，公开地震行政执法程序。（3）定做宣传展板，采购宣传资料，制作幻灯片，充分利用《中华人民共和国防震减灾法》颁布实施日、“5·12”防灾减灾日、国际减灾日和科技活动周等活动，通过图片展览、悬挂横幅标语和赠送图书、科技下乡等宣传方式，结合“六进”，在区政府、实验学校、河宁小区、海宁小区、河安小区摆放展板5场次，向群众发放防震减灾宣传资料1000余份，增强群众的自我防护意识、公共安全意识和社会责任意识，提高公众对地震安全知识和应急知识的知晓率。（4）河口区河安小学、六合街道中心小学和新户镇太平小学被评为2016年度山东省地震科普示范学校，河口区省级“地震科普示范学校”已达到5所；河口区六合街道河庆路社区，被评为国家级地震安全示范社区。

气象工作

【概况】 2016年，河口区气象局立足本职、扎实工作，较好的完成全年度的任务目标。年内评为“全省气象服务先进集体”“省级卫生先进单位”。

【基础业务】 2016年，大监站、土壤水分观测站、区域站等工作正常，数据传输及时准确，没有出现错情和大的质量问题。年内新装大建站1处；气象探测环境保护标准在有关部门进行备案，气象探测环境得到严格保护，东部中海家园项目实施过程有效保护气象探测环境，防灾减灾工作列入政府督查。

【气象服务】（1）积极推广手机气象通，绝大部分区领导、部门、乡镇负责人都安装该软件，及时了解气象信息，方便工作调度。（2）在区党政办公楼、区人大办公楼安装多媒体显示屏，取得良好的社会效益。（3）充分发挥重大突发气象灾害全网发布平台作用，该平台作为全国第一家县级气象信息预警平台，在决策服务、气象灾害预警服务、政府应急管理等方面发挥了重要作用，全年共发布决策服务信息55次，全网发布2次，为安委会办公室、民政、交警等部门发布信息4次，社会效益显著。四是认真做好农业气象服务，与农业局开展联合会商，共同发布服务材料；与水利局搞好信息共享，联合发布雨情信息。区委、区政府主要领导，对气象服务工作给予高度评价。2016年，区气象局被市局推荐为全省气象服务先进集体。

【人工影响天气】（1）抓调度。4月份召开人工影响天气调度会，分管副区长到会讲话；11月，召集各镇街分管领导，总结全年工作，谋划明年重点。每月召开一次人影工作调度会，安排调度值班守班、安全生产等工作；加强日常巡视和查岗，确保值班到位、出现问题及时应对。（2）抓队伍。春季、秋季组织两次集中培训，培训不过关不得参与值班，平时不定期到作业点检查炮手安全操作能力，督促炮手提高操作技能；组织全区炮手体检并购买意外伤害保险，协调将作业补助提高到每月1600元，稳定队伍，提高积极性。（3）抓配套。对作业装备进行全面、细致的安全检查及维修，更换电台等装备，为6个炮点安装太阳能热水器，为9个炮点更换炮库门、为所有炮点新配空调19台，为8个炮点更换防盗网，为5个作业点增加视频监控设备，全部炮点重新标绘安全射界图；为炮手进行健康体检并购买意外伤害保险，更换部分安全作业设备和报警装备。(4)抓改造，顺利实施五个炮点规范化改造。对五个作业点进行规范化改造，现改造全部完成，达到规范化作业点的要求。（5）狠抓人影安全工作。加强定期不定期检查，对发现的事故隐患及时采取措施消除。区政府印发《关于进一步加强人工影响天气安全管理的通知》，针对河口人影的管理体制和安全漏洞进行部署，就进一步强化人影安全意识、落实属地责任和监管责任，突出安全重点环节，强化保证措施，加强督查考核等做出要求，进一步理顺河口人影的安全管理体制。

【安全监管及防雷减灾】 安全生产是一切工作的基础。高度重视安全生产，将其抓在手上（安排部署）、喊在嘴上（宣传教育），落实到腿上（贯彻落实）。(1)4月利用广播电视和政府网站发布人工影响天气、施放氢气球和开展防雷安全年检测的三个公告，区安委会出台《关于进一步加强防雷安全工作的意见》《关于加强防雷检查检测的通知》（东河安发〔2015〕5号、6号）两个文件，印发到企业。（2）与安监局、东营港安委会办公室联合组织重点企业防雷安全培训班，92家重点企业负责人和安全负责人参加培训，普及防雷知识，提高防雷安全意识。（3）先后开展汛前业务检查、业务应急演练、人影隐患排查、防雷安全集中检查等活动，及时消除事故隐患。（4）组织人员参加安委会人员培训。

【地方气象事业】 区政府将区域站加密系统项目列入2017年度政府为民办的实事；区政府年内召开人工防雹降雨调度会；河口局地方津补贴已足额到位；区气象局被列入区规委会成员，参加8个项目的评审。

水产研究所

河口区水产研究所成立于1998年10月，隶属河口区海洋与渔业局，为副科级事业单位，编制5人，建有实验室和试验基地。近年来，河口区海洋与水产研究所紧紧围绕全区海洋渔业的中心工作，加大力度，强化措施，（1）积极开展技术服务，针对夏季极端天气灾害，加强海参养殖指导，降低损失；继续开展渔业病害测报、渔户调查及池塘信息采集工作，定期采样调查，按时上报数据；开展渔业技术培训活动，聘请中科院海洋所王雷博士、山东省海水养殖研究所李成林研究员等组织培训班7期，培训渔民500余人次；推广海参、贝类、对虾等主导品种，建设养殖示范基地1处，集中培训基层渔技人员50名，培育渔业科技示范户150户。（2）加强水产疫病及水产品安全质量监督检测工作。顺利完成育苗、养殖企业摸底；配合省质检中心抽检水产苗种10个样；水产品抽检46个样；开展水质化验分析7次，沿海岸线均匀分布6个点。（3）大力推进海参品牌基地和项目建设，建成对虾养殖基地20万亩、海参养殖基地10万亩，实施“海参健康养殖”等3个示范项目。进一步规范无公害等产地，推行“两项登记、五项制度”；汇泰省级水产健康养殖示范区通过验收；隆翔公司申请无公害农产品认证已全部完成；开展卫生状况监控及贝类划型试点工作，抽检贝类苗种36个样。（4）引进推广新品种、新技术、新工艺，重点引进推广扇贝等品种筏式养殖，同时，搞好各项养殖试验，实施省级农业技术推广项目，促进全区渔业的发展。

教　育

综　述

【概况】 2016年，教育系统实施“科教兴区”和“人才强区”战略，全区教育事业呈现出均衡、协调、快速发展的良好势头。全区现有幼儿园20处，其中公办及公办性质幼儿园18处，在园幼儿3319人。普通高中1处，在校生2214人。职业中专1处，在校生326人。义务教育在校生10481人。现有小学8所、初级中学3所、九年一贯制学校2所。近年来，先后荣获“全国义务教育发展基本均衡区”“全省农村教育工作先进区”“全省规范教育收费示范区”“全省教育工作示范区”“全省教育工作先进单位”“省文明单位”等十几项省级以上荣誉称号。

【素质教育】 把德育工作放在素质教育的首要位置，进一步完善德育教育的制度体系弘扬社会主义核心价值观，加强对德育工作的督导和考评，德育教育制度化、规范化、科学化水平不断提高。实施素质教育，全面落实国家课程方案，科学整合课程资源，开足开齐课程，推出一批有特色的校本课程。坚持因材施教，鼓励学生发挥特长、展示自我，强化创新教育和实践能力培养，组织开展中小学艺术展演、经典诵读、艺术节、科技节、运动会等活动，区实验学校被授予“全国校园足球特色学校”、区河安小学被授予“全国特色体育示范学校”。

【教师队伍】 以师德建设为重点，完善教师评价、考核各项制度。强化教学教研工作力度，开展城乡教师交流活动，促进城乡互动、学科共建、资源共享，建成东营市“名师工作室”8个。落实教师培训培养计划，实施骨干教师、名班主任、学科带头人培养工程，外聘名师、专家讲学20余场次。以“和谐高效课堂”“小班化”教育为重点，采取外出学习、举办培训班等多种措施，提高教师业务水平和教书育人能力，全区教育教学质量有明显提高。进一步优化师资队伍结构，落实中小学校长职级制改革和乡村教师支持计划，完成20名事业编、70名合同制教师招聘工作，师资队伍整体素质得到提高。

【均衡发展】 加强幼儿园规范化管理，进一步提升农村学前三年免费教育实施水平，按计划实施第二期学前教育三年行动计划，全区80%的镇级及以上幼儿园被评为“省级示范幼儿园”和“省十佳幼儿园”。大力提升义务教育发展水平，在创建“全国义务教育发展基本均衡区”的基础上，着力解决中小学“大班额”问题，实施“小班化”教育，河口区70%的学校被列入全市“小班化”试点学校。扎实推进教育现代化建设，全区80%以上的学校被评为市级“现代化学校”。高考、中考成绩稳居全市中上游，高考录取率、上线率实现新突破，河口一中自主招生工作被列入全国500强学校。职业教育健康发展，加强校企合作、联合办学的发展模式。

【办学条件】 全力抓好教育亘点工程、重点项目，全区办学条件得到显著改善。（1）实施公办幼儿园设施配套建设，投资914万元，完善枫林绿洲幼儿园、西湖印象幼儿园内部设施，配备教育教学设备，加强教育环境创设。（2）实施仙河镇中心小学建设，投资6328万元，建设规模为25个班的五年制小学，教学楼、行政楼和食堂等基础设施已基本完成。（3）实施实验学校改造提升工程。投资2623万元，进行校园改造和内部设施配套。（4）实施区职业中专续建工程，投资2944万元，建设实训楼1栋、活动场地1处。（5）实施区一中新校续建项目，投资2170万元，完善主体工程及内外配套工程建设。（6）实施全区中小学课桌椅更新等工程，投资58万元，更换课桌椅4000套。

【教育环境】 把学校安全作为重中之重，落实校园安保措施、规范校车运营、加强疾病防控和食品卫生安全，不定期组织校园安全工作大检查，为广大师生创造一个安全、和谐、稳定的教育环境。着力解决贫困家庭、进城务工人员等弱势群体子女的上学问题，落实各项助学金436.045万元，受益儿童11755人次。千方百计解决群众关心的教育重点、难点问题，及时解答、办理和满足群众来电来信来访需求，认真办理民声热线反映的教育问题，办结率达到100%。大力提升群众健康水平，组织参加省、市、区、各类培训、交流、比赛、展演等活动25场次，参加人数达1614人次，投资47.4万元为13处贫困村新建健身广场7处，购置健身器材128件，投资15万元为六合街道河安社区新修建标准塑胶篮球场2片。

【东营市河口区第一中学】 东营市河口区第一中学迁址成立于1985年（前身始于1958年创建的沾化县第三中学），坐落于黄河三角洲新兴城市河口区驻地。学校占地162530平方米，建筑面积约9.2万平方米，分为教学、生活、运动三大功能分区，共包括教学楼、创新科技艺术楼、实验楼、体育馆、行政图书楼等12栋单体建筑，是东营市重点高中、省级规范化学校、省级教学示范校、山东省文明单位。学校配备科技含量高的多媒体、电子白板等现代化教学设备和高标准的实验室，图书馆藏书12万余册，报纸、杂志400余种，学校各功能室及教学仪器配备均达到国家Ⅰ类标准。

学校现有教学班44个，在校生2300余人，教职工239人，其中，全国劳模1人，全国优秀教师1人，省特级教师1人，省劳模1人，省先进工作者1人，省优秀教师3人，市名校长1人，市道德模范1人，市最美人物1人，市特级教师1人，市功勋教师1人，市名师4人，市级优秀教师、教学能手60余人。

近几年，学校先后荣获山东省学校民主管理先进单位、山东省卫生先进单位、山东省绿色学校、山东省校本培训示范学校、山东省依法治校示范学校、山东省普通高中课程改革定点联系学校、山东省十大影视文化教育基地、山东省高中教学示范学校、山东省素质教育工作先进单位、山东省普通中小学心理健康教育特色学校、山东省艺术教育示范学校、山东省平安和谐校园建设先进单位、山东省文明单位、山东省国防教育工作先进单位、国家教师基金“十一五”规划中学教师心理健康教育研究重点课题实验校、和谐中国·首届全国中小学校园文化建设百佳创新学校、全国特色学校、全国中学教育科研联合体理事学校、全国艺术教育特色学校，是北大附属实验学校合作发展示范校、教育部信息管理中心理事单位。

严抓教学常规，推广教学改革成果，促进教师专业化发展。（1）严抓教学常规，切实提高教学质量。常规教学的落实是教学成绩稳定的根本保证，全年，学校抓好常规教学工作，教导处对备课、上课、辅导、作业批改、复习、考试、成绩评定等各项教学活动，做到严格要求，严格管理；扎实开展了课改课、展示课、青年教师汇报课等多种听评课活动。同时，严格落实中层以上领导干部联系级部制度，中层以上领导干部积极参加各类听评课、教研活动。（2）全力推进高效教学，提高教学质量。为全力打造“教学评一体化”高效课堂教学模式，学校通过联合办学邀请河南课改专家卢臻老师来校指导。通过听、评、示范，反复指导，使全体教师进一步明确“教学评一体化”核心内容，打通由教学改革理论到教学实践的“最后一公里”，促进高效课堂教学模式在教学实际中的应用。学校进一步探索研究，通过各类展示课、示范课等加快“教学评一体化”高效课堂教学模式在学校教学中的实践和推广。2016年，在全市“一师一优课、一课一名师”评选活动中，各学科教师踊跃参加，推出大量高效课堂教学案例，在全市“一师一优课、一课一名师”评选活动中，9名教师荣获一等奖，总共获奖人数达到40人，远高于去年17人的获奖人数。（3）坚持名师兴校。学校坚持“名师兴校”战略，深入开展师德师风教育活动，进一步增强教师的忧患意识、责任意识、合作精神、敬业精神和进取精神。通过联合办学、“请进来，走出去”、专家引领、骨干教师带动等培养策略，快速推动教师专业化发展。学校高度重视教师的培训工作，培训成为教师“最大福利”，每年都选派教师外出参加各类研讨会、观摩课、优质课比赛，2016年，多次组织教师赴衡水中学这一类名校实地学习交流。

圆满完成高考、中考工作。2016年，报考人数为837人。高考中一本上线人数达145人，较去年137人增加8人，二本上线人数为269人，较去年增加37人，艺术体育类本科为194人，总计本科上线608人。本科升学率为72.6%，远高于全省平均本科升学率，较去年上升两个百分点。其中自主招生取得资格人数为46人，通过16人，加分人数比去年多9人。在区教育局精心指导下，在全区各部门通力合作，中考工作部署严密，秩序井然。按市教育局分配计划要求，2016年招入高一学生720人。

【河口区实验学校】 河口区实验学校是河口区直驻地唯一一处九年一贯制义务教育学校，成立于2003年6月。学校占地面积17万平方米，总建筑面积5.4万平方米。理化生实验室、微机室、录播室、电教室、综合实践活动室、图书阅览室、音美舞蹈教室、医务室等功能教室配备齐全，仪器设备、音体美器材、微机、多媒体等教学设施达到省普通中小学基本办学条件标准要求。现有78个教学班，在校学生4121人。在编在岗教职工280人，具有高级职称教师36人，中级职称教师124人。拥有省级优秀教师4人，市级优秀教师、优秀教育工作者4人，市级师德标兵1人；省优质课获奖者7人，省级教学能手1人，省特级教师1人，齐鲁名师1人，市级教学能手44人。市级学科重点培养对象13人，市级学科带头人4人，东营名师4人。

以教学为中心，以教科研为抓手，努力提高教育教学水平。一是深化课堂教学改革，建设和谐高效课堂。与东营市、滨州市4所学校的名师开展“同课异构”教学研讨活动，并组织教师到北京、南京等省内外名校学习取经，促进教师的专业成长和教育教学质量的全面提高。2016年，中考成绩再创佳绩，高分段优秀生人数实现新突破。二是加大教科研工作力度，提高教科研水平。坚持“集体备课，资源共享，课后反思”的集体备课制度，推行“导学案”模式，开展备课组观摩和交流、精品课听课等一系列活动，2016年，区实验学校省级课题结题1个，国家级课题结题2个；国家级科研成果35篇，科研优质视频课4节，6人被评为全国课题研究先进个人、实验教师，学校连续两年荣获先进课题研究学校。

加强校园文化建设，优化育人环境。2016年，修订完善学校章程，并启动教职工考核评价制度的修订工作。在有效落实办学理念的同时，结合校园整体改造提升工程，在专家指导下启动校园文化规划设计工作。包括整体学校品牌策划和各功能分区、教学设施等的文化建设内容。此外学校还开展创建书香校园、创新作文大赛、汉字听写大赛、书法绘画比赛、校园合唱节、庆元旦文艺会演等富有特色的活动。

学校体育工作成果丰硕。先后组织广播操、篮球、足球、排球等比赛，举办2016年春季田径运动会。积极开展以足球为特色的“一校一品”体育教学改革和体育专项化教学改革。在2016年东营市青少年篮球比赛中，勇夺男子乙组冠军、女子乙组亚军；在足球比赛中，勇夺女子乙组冠军、男子甲组亚军。女子代表队代表东营市参加了山东省青少年足球锦标赛，荣获全省第七名。学校武术运动也取得可喜成绩。在山东省第六届全民健身运动会暨太极拳锦标赛中，区实验学校5名学生均进入前十名。8月，3名学生参加在青岛举办的“天地和”杯全国太极拳邀请赛暨首届全国太极拳电视大奖赛，1人获得女子A组全国第六名，其余两名学生分获第九名、第十八名。2016年，学校被命名为“东营市体育后备人才培养基地”。

实施校园整体改造提升工程，改善办学条件。2016年，学校实施投资2600余万元的校园整体改造提升工程，包括：投资1006万元的校舍及基础设施维修改造和校园绿化、亮化工程；投资700万元的学校信息化建设工程；投资455万元的北校区运动场地塑胶铺设工程；投资380万元的功能室建设及内部设施配备和投资82万元的南校区监控设备安装工程等。

职业教育

【概况】 区职业中专承担全区初中、高中职业技术、学历教育及各类人才的中短期培训工作。运用广播电视教育手段。培养农业中等专业人才，承担农民科技教育培训工作。河口区唯一一所集职业教育、高职升学、技术培训于一体的中等职业学校。学校现有教职工60人，其中专任教师37人，“双师型”教师24人。开设机电、化工、财会、汽修、计算机、护理等6个专业，全日制在校生736人。同时承担全区职工培训、农村劳动力转移培训、就业和再就业培训，每年培训近2000人次。

学校占地72亩，建筑面积9115平方米，资产总额1955.2万元，建有金属焊接与切割实验实训室、化学工艺模拟实训室、电工电子实训室、汽车实验实习室、多媒体网络教室、微机室等10多个实验、实训教室，仪器设备价值280余万元，生均3825元。图书2万册，生均纸质图书28册。

【学校管理】 强化规范化管理，推进效能建设，严格落实教职工坐班考勤纪律和值班制度，完成学校制度汇编，制定学校章程，建立学生会和家长委员会组织，开展办人民满意教育活动，全校上下把思想和力量凝聚到推动学校科学发展上来。加强校产管理，及时维修水、电设备，美化校园环境，成立物资采购工作领导小组，制定物资采购管理制度和食堂监督管理制度，努力建设节约型校园。各处室认真履行工作职责，及时处理各项日常事务，做到上情下达，下情上报，确保政令畅通；定期搞好政务公开，开展信息宣传，更新宣传橱窗，规范档案管理，树立良好形象。

【教育教学】 全面加强师资队伍建设，制定《教师培养五年规划》《专业带头人培养五年规划》，本年度选派14名教师参加全国职业院校品牌专业建设培训，10名教师参加南京师范大学班主任培训，7人参加全省校长、班主任及专业教师培训，16名教师参加全市教师专业化发展培训，5名教师下企业实践锻炼，2名教师荣获区级教学能手，2名教师荣获市级教学能手。坚持以能立业发展理念，不断加大学生实验实训技能的培养，毕业生技能考核合格率达到

100%。首次参加山东省化工设备维修技能大赛荣获三等奖，顺利承办河口区第四届职工职业技能竞赛。在全市中等职业教育技能大赛中4项荣获二等奖、9项荣获三等奖。深入推进教学改革，开展课堂教学水平评估、“一师一优课”活动，与垦利、利津职专进行专家交流、指导，完成2个省级课题研究，2个市级课题进入结题阶段。春季高考实现新突破，15名同学考入普通本科院校，其中机电技术应用专业有1名同学以671分名列全省同专业第9名，会计专业有1名同学以687分名列全省同专业33名。

【办学规模】 2016年，招生402人，在校生达到736人，在校生总量实现突破。举办企业安全管理软件使用培训、乡村司法调解员专业培训、企业安全培训等，培训320人次。在去年与潍坊工程职业学院、富海集团等签订合作办学协议的基础上，2016年又与金开集团、安运公司、区人民医院、潍坊护理职业学院等签订合作办学协议，实现所有专业定点实习、定点就业、定点升学的直通模式，得到社会的广泛认可。毕业生全部安排到富海集团、金开集团就业，一次性就业率达到100%，就业层次和质量进一步提高。

【基础设施建设】 以省级规范化学校建设工程为抓手，全校上下抓住机遇，埋头苦干，学校基础设施建设迈上新台阶。截至年底，公寓楼、餐厅建设基本完工，大门建设交付使用，运动场建设项目已完成地垫层施工，院墙建设项目紧张推进，实训楼建设项目已完成主体框架施工，累计完成投资1114万元。投资320万元，完成征地50亩的测绘、评估、地上附着物和青苗补偿等前期工作。投资63.1万元，装备会计实训室、多媒体教室、焊接实训室；投资31万元，更新办公设备、课桌椅、学生宿舍家具，办学条件得到进一步改善。

【校园文化】 加快校园文化建设，多层次开展精神文明创建活动，新的学校形象标示、校歌相继发布，健全“三风一训”，新版网站全面开通，《阅读文萃》《知行校报》自办发行，新闻宣传层次、水平不断提高。举办第一届校园艺术节、校园书画展，开展文明礼仪演讲、社团竞艺、特长展示、校园歌唱大赛等活动，丰富校园文化活动。在“十二届”全国文明风采大赛中有12项获奖，展现新一代职业教育的风采。加强法治教育工作，学生守法意识进一步增强。2016年，河口区青少年“扬帆启航法伴成长”法治教育启动仪式在区职业中专校举办，被区司法局命名为河口区青少年法治教育基地，在全区六五普法总结暨七五普法启动会议上做学校法治教育工作典型发言。在全市“青春与法同行”青少年模拟法庭大赛中取得第四名。

文 化 体 育

文 化

【概况】 河口区文化广电新闻出版局为区政府组成部门，共有编制47人，实有39人，其中副科级以上干部9人。内设办公室、文化股、广播影视股3个股室，下设文化馆（副科级）、文化市场综合执法大队（副科级）、图书馆、博物馆4个事业单位。2016年，区文广新局被授予山东省卫生先进单位称号，并顺利通过省级文明单位复审。

【文化建设】 （1）示范区创建工作顺利推进。以国家公共文化服务体系示范区创建为抓手，统筹推进文化场馆和乡村文化设施建设，加快构建覆盖城乡的公共文化服务体系。一是认真办好“两馆”内部设施配套民生实事。区文化馆、图书馆内部设施配套是区委、区政府确定的2016年度十大为民办实事之一。4月～6月，先后3次邀请省图书馆、文化馆专家到河口区指导“两馆”新馆内部设施建设。现“两馆”内部配套建设基本竣工。二是完善提升镇（街道）综合文化站及村（社区）综合文化服务中心。为各镇、街道综合文化站及村（社区）综合文化服务中心安装统一标准规格的各类标示牌匾和管理制度；为50余个村（社区）文化服务中心配备图书及图书借阅电脑、扫描枪，并免费提供图书加工编码上架服务；为农家书屋发放25台移动e播宝。采取以奖代补方式，激发带动创建工作，分三批对镇街综合文化站及村（社区）综合文化服务中心进行验收，对验收合格者进行奖补。三是扶持建设“乡村剧场”和乡村历史文化展馆（室）。扶持13个村建设标准化固定舞台——乡村剧场；扶持建设历史文化展馆（室）20处，超额完成市下达任务。四是配齐配全村（社区）文化管理员。按照“村至少有1名、社区至少有2名文化管理员”的创建要求，选聘191名村（社区）文化管理员，并由区财政发放补贴，举办文化管理员培训班，提升基层公共文化服务水平。五是组织上报国家示范区创建档案资料。对创建工作资料及时建档，按时上报，受到市创建办的表扬和认可。

（2）群众文化活动异彩纷呈。一是持续打造文化活动品牌。槐花节期间，承办第25届全国摄影艺术展，举办河口历史文化展，为宣传推介河口、提高河口美誉度发挥积极作用。与中国摄影报社联合启动“美丽幸福新河口”全国摄影大赛，面向全国征集反映河口区及黄河口生态旅游区境内的自然风光、城乡建设、经济发展、社会事业、人文风情等内容的摄影作品。二是组织开展春节系列文化活动。编排小品《妈妈辛苦了》、山东快书《美丽幸福新河口》，

河口历史文化展

参加河口区春节联欢晚会演出；举办第十九届油地军港闹元宵大联欢活动，共有12支代表队3000余人参加演出；组织开展河口区新春文艺巡演活动，在部分社区及村居巡演25场次；组队参加全市社会文艺团体会演、全市闹元宵展演活动，活跃城乡居民的节日生活。三是组织举办河口广场文化艺术节。历时6个月，在黄河广场、鸣翠湖广场共演出52场次。四是努力丰富农村群众的文化生活。按照“一村一年五场戏”“一村一月一场电影”的标准，积极组织开展“进千村乐万家”和“百团千场乐万家”文化惠民活动，实施农村公益电影放映工程和公益电影进福利机构活动，共演出1200场次、放映电影2500余场次。

文学艺术

以文化人才培养为支撑，加快人才队伍建设。一是全面实施“基层文化人才培训工程”。先后举办社会文艺团体业务素质培训班、广场舞培训班、少儿曲艺培训班初级班和中级班、音乐腰鼓培训班，广大文艺爱好者踊跃报名，积极参加。举办建区以来规模最大、规格最高、影响最广的河口区“文学创作活动周”，河口区作协会员及区域内重点作者、市及各县区和油田知名作家、诗人共60余人参加活动。出版文学艺术期刊《新淤地》第33、34期，为文学艺术爱好者搭建学习交流的平台。二是举办各类专业比赛。学赛结合，以赛促学，组织全区广场舞比赛、“四德歌”广场舞大赛、山东省第二届“银龄杯”中老年广场舞大赛河口赛区总决赛、“东营市2016群文之星”河口赛区才艺大赛、音乐腰鼓比赛等，邀请知名专家担任评委，并现场点评指导，提升专业水平。三是鼓励支持文艺创作。吕新江同志荣获“山东省第三届吕剧艺术节”专业组表演一等奖；歌曲《初恋的故乡》荣获第六届“黄河口文艺奖”一等奖、小品《母亲》获二等奖、山东快书《美丽幸福新河口》及微电影《希望的田野》获三等奖；歌曲《咱们的贴心人》获得山东省群众文化学会颁发的创作二等奖。四是组织开展“双十佳”评选活动。对评选出的“十佳社会文艺团体”“十佳文艺带头人”分别给予扶持帮助，带动和促进基层群众文化活动开展。五是积极培养非物质文化遗产传承人。组织非遗传承人参加山东省非物质文化遗产研习培训、山东省高层文博人才培训等。9月，“杨氏面塑”传承人杨梅参加第四届全国非物质文化遗产博览会传统工艺大赛，其面塑作品《嫦娥奔月》《人参娃娃》《乡村记忆》在本次大赛中荣获三等奖。

图书·出版

【图书工作】 （1）推出“点餐式”图书订阅服务。推出“你选书我买单”“图书馆＋书店”特色服务，读者在新华书店自行选书、办理借阅手续，所借图书既可以还至新华书店，也可以还至图书馆，由图书馆买单，深受读者好评。（2）打造志愿服务品牌。为充实加强图书馆的服务力量，面向社会公开招募40余名公益志愿者，周末时间轮流上岗，从事读者服务、图书借阅、图书整理上架等工作。（3）举办“点餐式”公益讲座。依托区图书馆尼山书院，设立市民公益大讲堂，根据广大市民“点餐”，举办亲子教育、健康养生、情绪管理等讲座。（4）举办“点餐式”文化活动。根据不同年龄段少儿的特点和兴趣，举办国学讲堂《弟子规》的人生智慧、国学美术《亡羊补牢》、面塑艺术体验、经典泥塑体验、剪纸艺术体验、京剧文化体验等公益活动，弘扬传统文化，培育美德少年。（5）推动全民阅读。积极开展“你选书我买单，推动全民阅读”活动，购置读者推荐图书1000余册。为提高图书资源的利用率，健全基层阅读推广社会组织，在胜利河口第一小学挂牌成立“黄河口悦读书社”，区图书馆为学校送去1200余册阅读绘本，根据学生们的阅读需求定期更新图书，丰富校园业余文化生活。为促进全民阅读，利用节庆时间点举办“快乐阅读，带福回家”送春联活动、“感恩母亲节，温馨带回家”活动、建党95周年百本红色书籍荐读活动；组织开展“知识改变命运，读书创造未来”“我的书屋我的梦”征文活动。在2016年东营市读书朗诵大赛中，河口区分别获得一、二、三等奖，并代表东营市参加省赛。

【新闻出版综述】 2016年底，河口区共有出版物经营单位110家，分布区域以河口、孤岛、仙河为主，辐射到周边各个镇街。经营门类分为音像、图书、印刷企业等。其中，音像、图书零售经营单位55家，印刷企业5家，打字复印50家。（1）“扫黄打非”工作。2016年，开展扫黄打非“净网”“清源”“秋风”“固边”“护苗”五大专项行动，开展打击假媒体、假媒体机构、假记者工作以及学校周边文化环境治理、创建文明城市文化市场专项治理、出版物市场专项治理等活动。（2）新闻出版经营业户培训。通过举办各类法律法规培训班、发放宣传材料、悬挂横幅、执法人员现场宣讲等方式，加强对经营业户的法律教育，促使文化经营业户知法、懂法、守法。全年共举办安全生产、法律法规培训班2次，社会宣传活动3次，发放宣传材料2000余份，悬挂各类横幅6条。（3）主要成果。共出动执法人员3300人次，检查文化经营场所1100家次，收缴盗版图书、电子出版物600余册（盘）。

广播电视

【概况】 河口区广播电视台是区政府直属正科级事业单位，下辖河口人民广播电台、河口电视台2个副科级事业单位、技术保障中心1个股级单位，内设办公室、总编室两个部室。现有在编在岗干部职工34人，临时人员34人。有线电视实现模拟、数字双路传输，自办电视节目2套、广播节目1套，负责全区广播电视新闻宣传工作。2016年，区广播电视台按照“新闻立台、栏目兴台、事业强台”的工作思路，突出抓好新闻宣传、节目制作、队伍建设、创新创收、廉政勤政五项工作，提高新闻宣传水平，开展“两学一做”教育，深化媒体融合，推进新型主流媒体建设，提升河口广电的传播力、影响力、引导力、感染力、公信力和公共服务力，圆满完成各项工作任务。电视台连续多年获得“对省台发稿先进集体一等奖”“山东电视新闻宣传先进集体”。

【新闻宣传】 时刻抓住新闻宣传这一中心任务，（1）在内宣上提质量。坚持围绕区委、区政府的重大战略部署和中心工作开展宣传，立足服务广大人民群众，突出民生实事进行报道，营造浓厚舆论氛围，传播正能量。2016年，电台、电视台共编发《河口新闻》624组、播发新闻稿件4600余条。策划《“一极两区”看河口》《“两学一做”学习教育》《身边的感动》《城市公共安全》《拆违治乱在行动》《巾帼风采》《党建先锋》《贯彻市委工作会议精神，实现科学跨越发展》《凝心聚力担当作为推动发展》《公共安全提升年行动》《乡村文明建设行动》《水气污染治理行动》《践行社会主义核心价值观》《提高环保水平促进化工产业转型升级》《大排查、快整治、严执法》《身边的感动》和《打霸治痞》《迎接国家卫生城市复审》《迎接国家卫生城市复审曝光台》《抓党建促发展》《直通镇街》等大型系列报道88期、专题节目52期。积极做好服务配合工作，高质量完成全区“两会”现场报道、播音等工作，高水平完成电台直播解说任务4次。（2）在外宣上求突破。针对河口区经济总量相对偏小，新闻热点少的难题，提出抓住特色、突出重点、单项突破的工作思路，加大与上级广播电视台的联系，积极向央视、省台、市台新闻联播等影响力大的媒体供稿。全年，共在市级以上电台、电视台发稿921条，其中，中央电视台用稿3条；省“两台”86条，头条8条；市“两台”832条，头条40条，提要495条。2月2日，由区广播电视台拍摄提报的《个体工商户“两证合一”在全国施行》，在中央电视台晚7点新闻联播播出，12月1日，《个体工商户“两证合一”在全国施行——手续做减法，发展得加法》在中央电视台一频道晚间新闻播出。

【节目创作】 时刻把创新和接地气作为节目制作引进的根本。（1）引进精品节目。在去年引进《有一说一》《说一不二》《美食天下》等精品节目的基础上，根据观众需求，2016年又引进《X诊所》《健康第一线》《健康有约》等节目。（2）精办自办栏目。牢固树立“内容为王”的理念，根据县区级媒体特点，贴地服务，大力加强内容建设。两台整合栏目资源，加强栏目包装，精办《河口新闻》《关注发展》《快乐梦想》《街头巷尾》《我读您听》等时政、社教、文艺栏目，电视台自办栏目由原来的一档增加到五档，节目影响迅速扩大。对《快乐梦想》《关注发展》栏目进行扩版，《快乐梦想》从去年的每周一期增加到两期，已播出88期，《关注发展》从原来的两周一期增加到一周一期，已播出51期。推出《街头巷尾》节目，讲述河口人自己的故事，已播出44期。推出《我读您听》读报类栏目，将最近一段时间的热点新闻，通过主持人串联点评，打造有独到见解的新闻节目，已播出61期。同时制作播出《河口电视台形象宣传片》《公益大讲堂》8期、《平安河口，政法在线》25期。广播电台随着听众的品位办节目，深化节目形式和内容，加大力度增加赏析服务功能，开设生活类新栏目，丰富节目内容，提高电台节目的收听率。在原来开办的《部门风采》《老歌情未了》《广播书场》《天下故事会》《娱乐随身听》《一路同行》《空中梨园》《老梁故事会》《红荆条网络会》等栏目的基础上，2016年新开办《致富路上》《食品监管在行动》等专题栏目，丰富节目内容，深受广大听众的喜爱。同时，配合节气、节日搞好活动，在电台在每月开展一个活动，做到月月有惊喜，节日有专栏。（3）不断提高节目质量，积极参加广播电视作品评选活动。先后有10件作品分别在国家、省、市新闻奖评选中获奖，其中《万能村官》获得中国电视艺术家协会二等奖；电视作品《万能村官——小宋》荣获东营市广播电视节目奖二等奖，专题片《血与火的峥嵘岁月（两集）》获得东营电视节目奖电视社教类三等奖，短纪录片《萤火之光点亮希望》获得东营电视节目奖电视社教类三等奖。（4）制作播出公益宣传片。积极发挥电视覆盖面广、影响力大的优势，加强区委、区政府政策规定和发展战略的公益宣传和各部门单位工作的公益宣传力度。2016年，制作播出公益宣传片8部、播出公益宣传字幕1000多条（次）。（5）服务群众需求，全方位拓展群众性活动。从群众需求出发，积极策划实施各类群众文艺活动和广播电视推广活动，不断增强广电的影响力。在2016年记者节前后，推出“百名记者下基层”采风活动，组织本台记者、主持人下基层，与群众面对面交流，有效提升本台品牌及各栏目在群众中的知晓度。在第一届“黄河口好声音”大型歌手大赛活动和2016河口电视春晚经验基础上，成功承办2017年河口区新年晚会、河口区中小学生文艺会演等多场演出活动。

【安全播出】 播出安全是广播电视的生命线，广播电视台严格实行安全播出责任制。（1）严把节目审查播出关。建立健全审查播出制度，节目播出必须由制作人员初审，总编室复审，分管领导终审方可播出，做到分工明确，责任到人，环环相扣，确保广播电视节目内容安全、健康、向上。（2）认真履行职责，加强安全管理。健全完善广播电视安全播出应急预案，坚持24小时值班制度，每逢重要保障期，对“两台”播出部、发射机房等重点岗位实行领导带班和巡查制度。圆满完成“春节”“两会”等重要安全保障期的安全播出工作。

【事业建设】 为加快区广播电视台事业产业发展，根据年初确定的发展目标，重点抓好广播电视节目无线数字化覆盖工程、手机电视平台建设、电视形象提升等基础性工作。（1）广播电视节目无线数字化覆盖工程全面完成。2015年12月份省局对区广播电视台无线地面数字电视全覆盖项目正式批复，规划频点两个，发射功率各1千瓦，传输包括中央12套，省、市、区电视台的16套数字电视节目，区委、区政府高度重视，列入河口区十大为民办实事之一。区广播电视台积极行动，迅速制定切实可行的工程施工计划，专人靠上负责。先后完成电视播出模拟转数字化升级改造，发射机、卫星接收机、天馈系统的招标采购，播出机房及发射机房改造等各项工作，9月份工程建设已经全面完成。（2）着眼发展方向，强势布局新媒体集群。积极进军新媒体，构建传统媒体和新媒体相互融合、携手并进的发展新格局。2016年5月1日，河口区城市公共服务无线应用平台“智慧河口”手机台正式上线，手机用户在全国任何地方都能同步收听收看河口“两台”和全国150多套电视、电台节目。“智慧河口”手机台集城市公共信息、视听娱乐和生活服务应用三位一体，推出资讯、政务、直播、天气、二维码等应用模块。“智慧河口”手机台的上线标志着区广播电视台已经形成电台、电视台加红荆条网站加手机台的新媒体集群。借助这些新媒体平台，积极拓展用户。2016年底，“智慧河口”手机台注册用户超过3000人，点击量超过97万次。随着新媒体平台的崛起，新媒体集群的服务内容不断扩展、服务水平不断提升。（3）办好党建生活频道。以新闻综合频道为载体，开播定位于党建和对农宣传服务的党建生活电视频道，每天播出时长17小时30分钟。频道开播伊始就坚持走品牌化建设的道路，集中人、财、物力，逐步打造特色栏目，由于定位准确，节目内容紧贴党员、群众的日常生产和生活，具有浓郁的乡土气息和地方特色，影响力和知名度不断提高。（4）演播室改造提升完工。建设河口区广播电视台数字演播系统，升级改造一个主演播室，包括一个实景演播室和一个虚拟演播室。现工程已完成，满足节目制作对演播室的各种需求，节目效果有显著提升。（5）开展电视形象提升工程。对新闻综合、党建生活两个频道进行总体策划包装，对两个频道的整体定位，频道形象、呼号、台标、各栏目片头、片花进行整体包装，树立频道整体形象，彰显频道风格特色，达到吸引观众眼球提升频道品牌的效果。（6）做好广电中心消防工程验收，现工作进展顺利，省级自动消防检验已完成，市消防支队已完成初次现场消防检测验收工作。广电中心需审计的13项工程中，已审计完成11项。

史志工作

【概况】 2016年，河口区地方史志办公室按照年初工作目标，按时完成各项工作。全年先后完成《河口年鉴》2016卷、《河口街道志》《仙河镇志》《河口区物价志》的出版发行工作。启动编纂的《河口区国有资产运营管理中心志》资料汇编基本完成。按时完成《山东年鉴》2016卷、《东营年鉴》2016卷、《山东地方史志年鉴》2016卷、续志《东营市志》的供稿任务，共计4万多字，图片20多幅。

【志书编纂】 （1）东营市河口区《河口街道志》出版。5月，东营市河口区地方史志编纂委员会编纂的《河口街道志》由中国国际文化出版社出版发行。主编孟维芳，执行主编张成儒，副主编张成波、张泽红、张明海。全志为通志，上限追溯事物发端，下限截至2014年底，全面准确记述河口街道发展的历史和现状。全书57.6余万字，图片200余幅，印数1000册，定价397元，书号ISBN978-988-19652-6-4，共分为建置、自然环境、居民、基础设施建设、水利与农业开发、农业、芦苇产业、工业、商业贸易、财政税务金融、综合经济管理、政党群团、政权政协、政法、军事、民政与社会保障、教育科技、文化体育、卫生、社会生活20编，前设概述、大事记，另收录人物、附录等相关资料，是社会各界了解河口街道历史、全视角透视河口街道经济社会发展历程的一部翔实的资料文献。

（2）东营市河口区《仙河镇志》出版。10月，

2016 年出版的 3 部志书

东营市河口区地方史志编纂委员会编纂的《仙河镇志》由中国国际文化出版社出版发行。主编孟维芳，执行主编张成儒，副主编潘春芳。全志为通志，上限追溯事物发端，下限截至 2015 年底，全面准确记述仙河镇发展的历史和现状。全书 58.8 余万字，图片 200 余幅，印数 1000 册，定价 398 元，书号 ISBN978-988-19252-6-8，共分为建置、自然环境与资源、居民、基础设施建设、农业、海洋渔业、工业、商贸旅游、财政税务金融、综合经济管理、政党群团、政权政协、政法军事、民政与社会保障、教育科技、文化体育、卫生、社会生活、村居社区、荣誉、人物 21 编，前设概述、大事记，另收录附录、索引等相关资料，是社会各界了解仙河镇历史、全视角透视仙河镇经济社会发展历程的一部翔实的资料文献。

（3）《河口区物价志》出版。11 月，东营市河口区地方史志编纂委员会编纂的《河口区物价志》由中国文化出版社出版发行，主编李振江、孟维芳，执行主编付云东，副主编付云东、左振山。上限追溯事物发端，下限至 2015 年 12 月，个别内容适当上溯或下延。全书前置序、凡例、概述、大事记，后置人物、附录、索引和后记，中设机构与队伍、价格管理、收费管理、价格监督检查、价格服务、机关建设、人物与荣誉等 7 章，30 节。全志双色印刷，大 16 开本，61.8 余万字，印数 1000 册，定价 368 元，书号 ISBN978-988-35385-5-8。全书全面客观的记载河口区物价工作的历史发展脉络，展现河口区物价工作者无私奉献、勇于担当的精神和品格。

【年鉴编纂】 6 月，《河口年鉴（2016）》由中国文史出版社出版，这是自创刊以来出版的第 15 卷年鉴。主编孟维芳，执行主编潘春芳。设特载、大事记、河口概况、政党·政务等 26 个栏目，135 个分目（子分目），随文图片 120 余幅。大 16 开，70 万字，印数 1000 册，定价 200 元，书号 ISBN978-7-5034-7931-1。该卷年鉴将“政党·政务”中的“中国共产党河口区委员会、河口区人民代表大会常务委员会、河口区人民政府、政协东营市河口区委员会、中国共产党河口区纪律检查委员会、河口区监察局”作为分目处理，下设子分目。将“信息化建设、城乡建设环保、社会管理人民生活”栏目也做了调整。书名冠东营市名称，圆脊精装，提升了年鉴的美观度和内在质量。

河口年鉴

【河口区信息化建设】 （1）史志产品电子化。河口区史志工作坚持资料征集、编辑加工、排版设计全程电子化处理，史志产品印刷出版后，注重收集、整理、保存史志产品初稿、定稿电子文档。2016 年起，为史志资料更永久性存档，将首部《河口区志》《河口区志（2001~2010）》《河口区地方史志志》《河口街道志》《新户镇志》《六合街道志》《河口街道新建村志》7部志书刻成光盘。（2）地情网站建设。2016年，河口区史志办在市史志办对县区地情网站改版升级基础上，重点完成改版扫尾工作。至年底，河口区地情网站新一轮改版升级工作基本完成。按照改版后的栏目框架，整理资料进行上传维护。（3）对外信息宣传。加大对外信息宣传力度，向省情网、市情网、中国黄河口、区委、区政府信息室投稿，沟通信息，宣传工作，促进交流。年内累计投稿200余篇。

【河口区情网】 河口区地情网站域名为www.hkqq.com.cn。年内，河口区地情网共录入1部志书、1部年鉴，发布100余篇信息、50余幅图片、100余万字。网站设有河口史志、史志动态、外埠史志信息、河口概况、镇（街道）风采、油田单位等14个一级栏目，20个二级栏目。

【河口区方志馆】 河口区方志馆面积100平方米。截至2016年底，河口区方志馆新购和交换志书100余种300余册，馆藏1490种，6400余册。年内，新增进馆书籍100余册，其中，交换20余册，接收赠送50余册。接待查阅、借阅人员150人次。

【河口区史志工作服务社会】 2016年，河口区史志办继续开展史志成果进基层、进社区活动。每年到河口区视察、检查工作的上级领导，新到领导，凡需要志书、年鉴的，立即奉送。年内，开展送志书进社区活动，向河安社区赠送《河口区志》《河口区大事记》《河口概览》《河口区情》《河口年鉴》等书籍30余册。为帮扶村农家书屋捐赠志书年鉴100多册。全年累计捐赠史志成果150余册。

【理论研讨】 （1）理论研讨活动。12月，2016年地方志理论研讨会在上海市师范大学举行。东营市河口区史志办副主任王景忠参加理论研讨活动，研讨活动主题为“地方志理论的传承与创新”，活动收到论文70余篇，评选较优秀的理论文章30余篇。（2）理论文章。①作者王景忠，发表于《上海地方志》刊物，第4期，文章名称《从事物的普遍联系观点看志书如何贯通——对志书贯通问题的几点粗浅看法》。②作者王景忠，发表于《湖南史志》刊物，第6期，文章名称《以“民谣”作为切入点记述减轻农民负担》。

档　　案

【概况】 2016年12月16日，河口区机构编制委员会办公室下发关于为区档案馆核增事业编制的通知文件（东河编办发〔2016〕90号文件），为区档案馆核增事业编制2名，编制总额达到10名，其中管理人员3名、专业技术人员7名。

区档案馆现有库房285平方米，分3个库房，目前利用的是二楼库房，面积95平方米。2002年安装封闭式档案密集架135组（套），并配备灭火器、空调、防磁柜、消毒柜、去湿机、温湿度记录仪、吸尘器等设备。自1988年河口区档案馆开始征集、接收第一批档案入馆，至2016年底，馆藏档案已达76个全宗、20多个门类，共计54427卷（册、件、张、枚），排架450米，其中馆藏资料9000册，另有录音录像带773盘、照片1088张。

【归档文件整理】 （1）做好机关档案工作。印发《河口区档案局关于做好2015年度归档文件整理工作的通知》文件，明确归档要求、任务、时间，促使各单位及时做好归档文件整理工作。印发《关于做好文件材料归档范围和保管期限表修订工作的通知》文件，要求各单位重新修订本部门《文件材料归档范围和保管期限表》，并对收到的34个部门单位申报的材料进行具体审核。同时，针对基层档案室基本情况，开展具体指导，对区委办、党校、文体广新局、蓝色经济开发区、民政局、残联、审计局、人社局等单位，主动联系督促，上门指导建档，并对档案员进行专门培训。对畜牧局、气象局、政协、河口街道办事处、国资、文联、新户镇、工会等重点单位档案特别安排帮助整理，确保部门档案的齐全完整，整理规范，避免重要档案的损失。

（2）加强档案干部培训教育。采取多种培训方式增强档案干部的业务素质，促其提升实际操作技能。4～6月间，先后5次派出档案人员10人次分别赴济南、东营、青岛等地参加培训活动，对新修订《归档文件整理规则》、会计档案管理、科学化管理规范、档案信息化建设等相关知识进行学习。4月21～22日，区档案局在油工委七楼会议室举办全区档案业务培训班。培训区直各部门、镇（街）专兼职档案员93人。培训会上，聘请市档案局业务督导科孔祥利科长对《山东省档案工作科学化管理规范》及《测评细则》进行详细解读。区档案局业务人员就全国统计年报、《归档文件整理规则》《文件材料归档范围和保管期限表》修订等工作做详细的讲解。5月24日，以“大数据时代的档案工作”为主题，分七个专题组织开展全区档案工作者年会征文活动，通过筛选，向省、市档案局报送并推荐优秀论文5篇。其中荣获二等奖1篇、三等奖一篇，河口区档案局荣获优秀组织奖。通过开展培训交流活动，不断提高档案工作者专业操作技能，取得良好效果。

（3）深入开展档案工作科学化评估工作。认真贯彻落实《山东省档案工作科学化管理规范》及《测评细则》要求，在去年工作的基础上，加强工作推进力度，举办专门的科学化评估工作培训班，在摸底调查基础上，确定示范单位及先进单位，参加科学化评估。同时进一步加强调度和指导，积极做好前期准备。11月中旬，受省档案局委托，东营市档案局组成测评小组对全市科学化评估工作进行测评，河口区申报4个示范单位（区委办、政府办、法院、检察院）、1个先进单位（统计局）全部通过测评验收。另外，有8个单位通过合格单位测评。

（4）加强全区档案行政执法检查工作。10月，区档案局会同区人大教科文卫委、区政府法制办组成联合执法检查组对各镇、街道，区直机关、团体，企事业单位开展档案行政执法检查活动，共抽查各镇街及区直部门30个单位，检查组采取听取情况汇报、现场检查、查阅有关文件档案资料的方式进行，并及时对检查单位反馈问题意见，督促整改，共提出改进建议100余条，确保执法检查取得实实在在的效果，保障河口区档案事业的健康发展。

【档案服务】 （1）开展日常的档案查阅利用服务。通过完善档案利用工作机制，公开档案服务事项，编制服务指南，进一步简化档案查阅手续，坚持档案查阅零收费等多项便民举措，为查档利用者提供优质便捷服务。年内，已接待各类查阅档案者695人次，电话咨询100人次，为查档者复印并开具各类证明材料3000余页。（2）精心打造档案编研成果。3月，提报区委办公室印发《中共河口区委办公室关于做好〈河口档案文献资料〉（2016卷）组稿工作的通知》文件，为编研工作提供基本的组织保障，同时明确专门人员负责材料的收集工作。共接收到全区63个部门、单位报送的图文资料。（3）加强档案资源建设。一是整理归档破产企业档案。对馆藏的18家区属破产企业档案进行归档整理、编号、装盒，共整理归档6414册。二是对馆藏69个全宗的检索工具重新整理，对全引目录进行重新打印、胶装，共1790册。三是对区委办、科技局等单位到期档案进行接收，共接收进馆档案184卷、670件。对公安局、检察院、法院、供电公司等单位现行文件资料进行接收。（4）加强档案资料室建设。对广泛收集的河口区编辑出版的1万余册出版物、报刊等资料，集中时间、人力进行分类整理，为建成全区档案资料室打下良好基础。

【档案宣传】 以“六五”普法和“6·9”国际档案日”为抓手，组织开展档案宣传活动。一是在黄河广场展出“档案与民生”主题展，展出展板30块。二是印发“家庭档案整理方法”“文档信息查阅指南”等宣传材料4000余份，在展览现场进行分发，并及时解答各界群众咨询。三是与河口电视台合作，制作《关注发展》档案专题片，详细介绍近年来河口档案工作取得的成绩及发展历程。专题片时长20分钟，在河口电视台连续播出一周。四是冠名播出河口电视台《档案》节目，向广大人民群众宣传档案。五是编写通俗易懂的国际档案日宣传标语、宣传短信，利用档案信息网站、微信群、手机短信等新媒体，广泛地开展宣传活动。六是在鸣翠湖广场展出纪念长征胜利80周年电影海报展。七是向各级各类新闻媒体报送并发表档案信息稿件26篇。通过宣传教育，培育全社会的档案意识。通过宣传活动、普及档案法律知识，培育全社会的档案意识，为档案工作营造良好的档案法制环境。

【档案信息化建设】 一是加强河口档案信息网站建设。明确责任分工，安排专人做好日常的维护更新。二是打造数字化档案馆。对馆藏档案开展全文数字化扫描工作，完成馆内档案扫描119854页、档案目录著录22467条、刻录光盘66盘，馆藏文书档案全文数字化率达到95%以上。三是加快推进全区档案信息化建设。推进部门档案信息化进程。聘请专家对档案管理软件进行系统培训，指导区委办、区政府办、区法院、区检察院等多个单位开展档案数字化工作。提报区政府将档案信息化建设列入全区政府投资项目和民生实事及三年储备项目建设规划、纳入智慧河口建设的请示文件。

【档案安全管理】 （1）做好档案安全保护工作。加强对档案安全工作的日常管理，建立严格的档案安全岗位责任制，制定安全防范预案，落实人防、技防、物防“三防”措施。5月，在库房、查阅室、阅览室安装相应监控设备，对档案库房门窗、照明进行维修。同时要求档案管理人员严格履行档案查阅手续，定时对档案库房进行通风、换气、排湿，确保库房温湿度控制合理，定期对档案进行检查修复，确保馆藏档案的安全。

（2）稳步推进区级国家综合档案馆建设项目争取工作。全省国家档案行政执法检查整改落实工作暨县级档案馆建设推进会后，认真贯彻落实好省委办公厅、省政府办公厅《关于国家档案行政执法检查组对山东执法检查反馈意见整改落实工作方案》《关于加快推进县级国家综合档案馆建设的意见》文件精神。区委、区政府主要领导高度重视档案行政执法检查问题整改工作，专门听取档案工作情况汇报，并对问题整改做出批示，要求相关部门尽快拿出改进提升具体意见：一是经多次与区领导汇报协调沟通，将区档案馆建设纳入2017年建设规划。二是强化档案工作人员保障。8月，招聘1名公益岗人员，充实档案队伍。区编办根据档案工作实际情况，调整编制，为区档案局增编2人。三是强化经费保障，按照预算编制和管理有关规定，提高河口区馆藏档案维护经费标准，按照每卷每年不少于3元的标准，列入2017年区财政专项经费保障。

体　育

【概况】 2016年，河口区体育工作在上级领导的具体指导下，认真贯彻落实国务院《全民健身条例》和各级《全民健身计划（2011—2015）》，以打造体育强区为目标，加快推进公共体育基础设施建设，广泛开展全民健身“五进”活动，着力提升竞技体育水平，体育工作全面呈现出新亮点、新局面。

【群众体育】 （1）创新活动方式多元化。按照“经常自愿、重在参与、就地就近，大小型多样、文体结合、科学文明、有益健康”的原则，不断创新活动方式，使群众文体健身活动长年化，常态化，据统计全年组织参加省、市、区、各类培训、交流、比赛、展演等活动25场次，参加人数达1614人次。探索上下联动，赛训结合，以赛代训，派出去培训，请进来施教等多元化的活动方式。2016年，会同有关部门，组织百人太极拳培训班，大型综合展演活动，庆“三八”健步行，庆“五一”暨河口区第六届全民健身运动会，千乡乒乓球、万人象棋、百县篮球、音乐腰鼓等全民健身系列活动。组织区机关事业单位200余人参加黄河口国际马拉松赛。（2）公共体育设施不断完善。进一步完善全民健身公共服务体系，推动公共体育设施城乡一体化建设，保障广大市民基本的健身权益。结合省定贫困村体育设施建设要求，投资47.4万元，为13个贫困村新建健身广场7处，购置健身器材128件，现已全部竣工使用。9月投资15万元为六合街道河安社区新修建标准塑胶篮球场2片，为群众健身搭建新的平台。

【竞技体育】 （1）继续走“体教结合”之路。根据全区各学校体育特色，创建32特色运动队，在体育彩票公益金中为其拨付10万元用于训练器材的配备，提高各运动队的训练基础。为检验各特色运动队的训练成绩，利用双休时间，举办“中国体育彩票杯”全区中小学体育五项联赛（篮球、排球、足球、乒乓球、田径），参赛人数达1500余人，用以赛代训的方式来提高青少年运动成绩，用以奖代补的方式在体彩公益金中拨付10万元，对取得比赛成绩的队伍进行奖励。（2）加强体育后备人才培养。为创建市级体育后备人才培养基地，体育局为区实验学校先后配置20万元的专项训练器材，为创建工作打基础，在12月份，市体育局经过考查，评估，确定实验学校的市体育后备人才培养基地称号，并拨付30万元作为启动资金。在创建的同时为规范运动员参赛，积极与市局联系为200余名运动员进行注册，还向市体校输送多员合格的后备人才。（3）扩大体彩公益金使用渠道。为使部分青少年获得一项救生技能，区体育局在有限的体彩公益金中拨付6万元，与河口宾馆水世界合作，在全区范围内进行免费游泳培训班，为青少年提供一个免费学习的机会。经过22天的培训，有320名青少年参加培训。此项工作受到社会和家长的好评。

【主要活动】 （1）2016年河口区开展中学生游泳普及工作。根据山东省体育局、山东省教育厅、山东省财政厅关于印发《2015年中小学生普及游泳运动试点工作实施方案》的通知要求，东营市为全省游泳运动普及工作试点城市之一，经过一年普及，普及工作受社会各界的广泛赞誉，为使每个中小学生都能有机会学会游泳，市体育局决定2016年的试点工作向县区延伸。经区教育局研究决定，以实验学校为试点，与河口宾馆水世界合作，免费对部分中小学生进行游泳培训。共8期，每期40人，每期7天，每天90分钟，共计320人。

在培训过程中学员遵守培训纪律，按时参加培训，积极学习。教练员均是经过正规培训、学习持证上岗。培训地点还配备了2名救生员、2名医务工作者。历时60天，全区中学生游泳普及工作圆满完成，并受到初会好评。

（2）河口区普及老年人太极拳活动。为深入贯彻落实山东省体育局等八部门和市体育局等八部门《关于开展2016年山东省普及老年人太极拳活动的通知》精神，推动全民健身战略实施，营造老年人热爱太极拳运动良好氛围，提高老年人健康水平和生活质量，由区教育局、区体育总会、区老体协、区老龄办、区民政局、区人社局、区农业局、区文广新局等8部门《关于开展2016年山东省普及老年人太极拳活动的通知》要求，举办河口区普及老年人太极拳活动展演，历时一个多月时间，在各镇、街道、社区组织海选地基础上。共评选出22个代表队300多名太极拳爱好者参加活动展演。

（3）“江阴周庄”2016年中国体育彩票全国象棋业余棋王赛山东赛区东营分站河口。美丽的河口区隶属于山东省东营市，是一个行政区。位于山东省北部，渤海南岸，黄河入海口北侧。是黄河三角洲的前沿城市，中国第二大油田——胜利油田的工作区之一。是环渤海经济区与黄河经济带的交汇点，具有显著的经济和区位优势。

卫生 计划生育

医疗卫生

【概况】 2016年，全区2家公立医院门诊29.5万人次，同比增长24.5%；住院12622人次，同比增长24.7%；完成手术2996台次，同比增长5%；完成业务收入9444万元，同比增长21%。全区各级各类卫生机构205家。地方现有二级医院2家（实有编制265人，实有医务人员511人；其中，在编256人，实行总量控制备案制管理46人，临时用工209人），城市社区卫生服务中心2家，镇街卫生院6家，专业公共卫生机构3家，民营个体医疗机构48家，村卫生室109家；油田企业办医疗机构25家，其中二级医院3家，社区卫生服务中心3家，社区卫生服务站19家；济军生产基地医疗机构3家，其中一级医院1家，卫生室2家；学校医务室及其他医疗机构7家。由医院、基层医疗卫生服务机构、专业公共卫生机构等组成的覆盖全区城乡的医疗卫生服务网络基本健全。

【公立医院改革】 一是深化城市公立医院综合改革试点。加强对公立医院药占比、门急诊次均费用、出院者次均费用、基本药物使用比例等指标管控，强化临床路径管理，有效控制医疗费用不合理增长。完善公立医院药品（耗材）集中采购工作，减轻群众就医负担。二是启动分级诊疗制度建设。研究制定分级诊疗配套政策，依托区人民医院和新户中心卫生院，开展区域医疗联合体试点，扩大医联体覆盖范围。推进和规范医师多点执业，确保医疗卫生人员合理流动。三是严格医疗质量安全监管。深入开展“三升一增”活动，提升医疗质量。严格落实用药管理、处方审核和点评制度，规范临床检查、诊断、治疗。加强抗菌药物临床应用管理，抗菌药物使用率控制在目标范围内。委托市人民医院开展二级医疗机构医疗质量专项检查活动，规范医疗行为，为二级医院评审工作奠定基础。四是实施便民惠民服务措施。继续实施先诊疗后结算服务模式、优质护理服务示范工程和“三增一禁”“便民正风”行动等便民惠民措施，医院服务水平明显提高。建成2家远程医疗会诊中心，为患者提供面对面诊断和治疗方案，进一步减轻患者负担。五是加快人口健康信息平台建设步伐。在原有两家二级医疗机构的基础上，加快信息化专网铺设，已基本建成覆盖区、镇、村三级骨干网络和支线网络。

【重点医疗项目建设】 加强三级医疗卫生服务体系建设，医疗服务能力显著增强。推进区人民医院标准化建设，投资18236万元实施区人民医院门（急）诊暨内科病房综合楼建设。现桩基施工已完成，配套污水处理工程已投入使用。投入300余万元完善疾控中心实验室装备配置，提高疾病监测水平。投资780万元，完成河口街道社区卫生服务中心规范化建设和村卫生室标准化建设，新建村卫生室18处，改建17处。村卫生室整合后，一体化92处，非一体化8处，基本实现“产权公有化、建设标准化、服务规范化运行信息化、管理一体化”。加大城乡医疗机构设备投入力度，投资700余万元为人民医院购置核磁共振，投资300余万元为基层医疗卫生机构购置X光机、血球分析仪、彩超等设备，完成60岁以上老年人免费体检15668人。

【公共卫生】 （1）加强疾病预防控制工作。全面落实传染病综合防治措施，突出抓好手足口病、艾滋病等疫情防控，全区无重大传染病发生。河口区被评为全市唯一“艾滋病防治示范县区”。全面落实扩大国家免疫规划，提高预防接种服务质量和接种率，落实科学发展综合考核疫苗全程接种率。投资300余万元，完善疾控中心实验室装备配置，提高疾病监测水平。加强慢性病和职业病危害防治，突出抓好精神卫生服务能力建设。做好中小学生健康体检工作，制定并落实好相关干预措施，使中小学生参检率达90%以上，抽检合格率达90%以上。（2）基本公共卫生服务均等化提档升级。基本公共卫生服务项目人均补助标准由40元提高到45元。规范管理高血压、糖尿病等慢性病4.4万人；为806名农村孕产妇每人发放500元住院分娩补助；叶酸增补实现城乡全覆盖，免费补服叶酸1020人，为35～64岁城乡适龄妇女进行免费“两癌”筛查5123人次，确诊癌前病变44人。（3）中医药事业创新发展。开展中医药服务能力提升工程，建成新户中心卫生院、六合街道卫生院、河口街道社区卫生服务中心3处国医堂（中医馆），基本达到“一品一院一特色”的目标。区人民医院中医科、区中医院康复科被确定为“十三五”中医药重点专科。加强中医药服务人员培养培训，组织参加省级康复治疗技术、住院医师规范化培训、西学中50余人次；参加省级中医适宜技术培训、中医齐鲁行培训110人次。（4）深入推进爱国卫生运动，稳步推进农村改厕项目，圆满完成迎接国家卫生城市复审，提高全民健康素质。五是积极推进卫生计生服务管理一体化。在全市率先推行村级卫生计生服务管理一体化，进一步整合卫生计生资源，举办服务管理一体化培训，满足农村居民卫生计生基本公共服务需求。

【健康扶贫工程】 提高精准化扶贫水平，对扶贫重点村卫生计生服务体系及因病致贫、因病返贫人口病种情况进行调查摸底，精准识别，建档立卡。实施“八个一”工程，落实分类救治，对患病贫困人口实施乡村医生、全科医生、专科医生“三师共管”模式，制定个性化治疗方案，定期开展义诊服务，进行分类救治。截至年底，共查体839人，全部建立健康档案，制定个性化治疗方案214人，已分类救治40余人。实施医疗费用减免政策，全面落实贫困人口就医心电图、B超、化验等各类检查检验费用减免50%，治疗费减免50%等优惠政策，减轻就医负担。

【河口区人民医院工作】 （1）持续提升医疗质量。成立质量管理科，以“二甲”医院评审为契机，严格落实医疗核心制度和患者安全措施。建立医疗质量管理体系，明确工作职责，修订医疗安全（不良）事件报告制度和流程、终末病历评价考核细则和管理方案，定期组织院级质控开展病历专项检查，发现问题及时反馈到科室，进一步提高病历质量。制定《临床路径管理实施办法》，对临床路径模块进行升级，临床路径病种数由13种增加到45种，2016年，实施临床路径的病例数达到753例，优化诊疗流程，减轻群众就医负担。组织全院中层以上干部50人到沾化区人民医院参观学习。将控制药占比目标任务分解落实到各临床科室，每季度考核，5月份以来成效显著。

（2）加强合作办医和人才培养。主动与北京安贞医院耳鼻喉科和北京朝阳医院普外科、骨科、妇产科对接，达成合作意向，选派专家陆续到河口区人民医院坐诊、手术、指导。开通远程教学系统，开展远程医疗，享受大院名医的医疗服务和教学。深化与市人民医院合作，专家每周到院帮扶，成效明显。加强合作办学，与区职业中专建立合作关系，医院成为区职业中专护理专业教学实习医院。继续实施“走出去、请进来”素质提升工程，选派8人到省立医院等医院进修学习，60余人次参加短期学术培训班，进一步提升专业技术水平。组织开展“三基三严”考试4次，参加人数510余人次。成熟人才引进实现突破，5人已到岗。

（3）进一步规范药品采购、使用管理。以处方点评和药品不良反应为切入点，深化药品安全教育，强化药品不良反应意识，不断加强培训，及时了解最新药物使用方案。完善麻醉药品和第一类精神药品使用管理制度、麻醉精神药品查对登记制度、麻醉和精神药品使用规范等制度，每月检查科室麻醉药品、精神药品使用管理情况，对存在的安全隐患和不合理使用情况及时提出持续改进意见。对麻醉药品和第一类精神药品实行批次管理，保障药品质量安全。严格执行药品网上采购制度，2016年，药品网上采购2236万元，其中采购基本药物、常用药物1917万元，占采购总额的85.7%；药品种类496种，其中基本药物、常用药物412种，占品种总数的83.1%。

（4）不断改进服务方式。开通“绿色通道”，急诊、重症患者在不交费的情况下，可以快速检查，及时治疗。组建春雨医疗志愿者服务队，聘请济南康复专家先后2次为全区近150名患者开展康复援助和指导。开展“送医乡村行”活动10场次，选派医护人员80余人次，为950余人进行免费查体、提供健康咨询，发放宣传资料2000余份。认真落实优质护理服务，各病区全面开展优质护理服务，严格落实护理分级制度，对临床护理人员分层次培训、考核，2016年，开展业务培训6次、操作考核3次，业务考试3次。组建医患办公室，及时处理患者投诉和医患纠纷，积极回应群众诉求。2016年，共受理服务投诉70起，处结70起，满意率98.6%；依法处理医患纠纷8起，未出现严重扰乱就医秩序和影响社会稳定的问题。

（5）加强基础设施建设。河口区人民医院门（急）诊暨外科病房综合楼和感染性疾病科项目被列为全市重点项目和全区为民办实事，项目占地74.91亩，总建筑面积2.4万平方米，总投资1.8亿元。现该项目前期手续已办理完成，桩基施工已完成，静载试验和高应变完成。投资130万元建设磁共振室、查体科，投资739万元购置磁共振。

计划生育

【概况】 2016年，全区卫生计生部门全面贯彻上级党委政府关于实施全面两孩政策、改革完善计划生育服务管理的一系列决策部署，加快推进“三个转变”，全区人口计生工作保持持续稳定的发展态势。河口区成功创建为新一轮全国计划生育优质服务先进单位，区计生协会被中国计生协会授予2011—2015年度全国计划生育协会工作先进单位，河口街道的张金美家庭被国家卫计委表彰为首届全国计划生育幸福家庭。

全年共计出生1969人，人口出生率17.80‰，自然增长率12.68‰，出生人口性别比105.96，统计合格率、流动人口综合服务管理率达到95%以上，各项指标运行良好。

【卫生计生机构整合】 在镇街妇幼保健计划生育服务站与卫生院资源整合的基础上，进一步优化卫生计生资源，将镇街计划生育管理办公室更名为卫生计生管理办公室，理顺镇街计生办、卫生院、妇幼保健计划生育服务站在行政管理、业务对接等方面工作；将卫生监督所更名为卫生计生综合监督所，使镇街卫生计生执法监督实现有机统一；在镇街社会事务办公室增加计生协会工作职责，并明确1名工作人员负责计生协会工作，解决镇街计生协会机构不明确、人员无身份的问题。全区卫生计生机构整合工作效果突出，受到省市领导肯定和认可，并在《全省计划生育和健康扶贫工作综合督查情况的通报》中对河口区卫生计生机构整合工作给予通报表扬。

【村级卫生计生服务管理】 创新村级工作考核机制，对重点工作推进实行周动态、月督查、季通报制度，有效提高基层服务管理水平，调动工作积极性。全面推进村级卫生计生服务管理一体化，区政府印发《关于推进村级卫生计生服务管理一体化的实施意见》，村计生专干兼任村公共卫生协管员、卫生监督协管员和村计生协会秘书长等职务，解决村级卫生计生职能交叉、重复服务、服务场所分散等问题，实现村级卫生计生资源的优势互补；同时立足家庭全面推进家庭幸福指导站建设，出台《关于进一步规范和加强村级家庭幸福指导站工作的意见》，在全区每个行政村设置一处幸福家庭指导站，在村卫生计生服务室加挂家庭幸福指导站牌子，充分发挥整合后的服务阵地、人员和技术优势，构建起以生育支持、幼儿养育、青少年发展、老人赡养、病残照料、健康促进为主题的家庭发展政策框架。

【综合改革】 （1）全面两孩政策稳妥实施。多渠道多形式加强政策宣传引导，组织开展生育意愿调查活动，形成《关于计划生育政策调整对河口影响的调查与研究》，区《政务工作》、市《黄河三角洲研究》予以刊发，为各级领导决策提供依据。（2）改革完善计划生育服务管理。制定下发《关于做好当前人口和计划生育服务管理工作的意见》，加强服务管理，截至12月底，全区实行一孩、二孩生育登记3384件，生育登记覆盖率为全市最高；审批发放三孩《生育证》51件，办结及时率100%，生育政策平稳过渡。深入开展计划生育“三个转变”大学习大调研活动，组织专题调研6次，撰写调研报告10篇，列出制约工作发展的问题清单，研究制定改革发展的举措。（3）行业作风进一步优化。在系统内全面推行“能办推定”“容缺受理”工作法，增强干部职工的群众观念和服务意识。不断加大对行政执法的监督力度和违法案件的查处力度，建立部门联动的社会抚养费征收机制，对拒不缴纳人员，依法由人民法院强制执行，并将其纳入失信人员平台。不断创新宣传手段，通过电视台展播多部幸福家庭创建、优生优育、健康保健等专题片。同时联合多部门开展卫生计生系统最美人物评选，并在区电视台予以报道。

【严打“两非”整治】 成立河口区打击“两非”工作领导小组和工作机构，建立部门联动和区域协助机制，连续多年在全区开展综合治理出生人口性别比专项行动，并将此项工作纳入年度人口计生目标管理责任制考核和党委政府督查内容。建立相关医疗机构和医务人员严禁两非行为承诺制度，对违反规定的医务人员严肃追究责任。不断加强孕情跟踪服务管理，落实孕情随访包保责任制，实行孕情消失责任倒查，从源头上严防孕情无故消失。2016年，组织打击“两非”专项治理行动2次，检查医疗卫生保健和药品经营机构142家。

【妇幼保健】 （1）实施优生促进工程。整合优化妇幼保健、计划生育服务资源，全面开展以“免费婚前医学检查、孕前优生健康检查、孕期监护、孕产妇健康管理、新生儿疾病筛查、0～6岁儿童健康管理、叶酸增补、住院分娩补助”为主要内容的“六免两补”八项惠民服务项目，将艾滋病、梅毒和乙肝母婴传播的综合干预服务纳入孕产期保健免费服务范围，同时在全市率先实现城乡叶酸免费发放全覆盖。（2）实施生殖健康促进工程。实施适龄妇女免费“两癌”筛查项目，开展生殖健康普查活动，增加灵活多样的惠民项目，提高群众满意度。（3）药具服务管理实现新突破。在全区安置21台高标准智能药具自动发放机，与安置的282处人工免费发放点实现互补，真正实现免费药具发放1公里服务圈。（4）实行流动人口均等化服务。将流动人口纳入免费孕前检查、孕期监护、新生儿疾病筛查、免疫规划、计划生育基本技术服务范围；适龄妇女“两癌”筛查、60岁以上老人健康查体、计生困难家庭帮扶、计生示范家庭贴息贷款等项目全部向流动人口开放，真正实现均等化服务。

【信息化建设】 有效整合部门信息资源，建立人口信息资源共享长效和稳定机制，实现出生人口、婴儿落户、孕产期保健、住院分娩、出生医学证明签发、婚姻登记、义务教育等信息共享。利用互联网、城域网、专线网等技术，使再生育审批、公共卫生、住院分娩个案登记、出生医学证明、流动人口等系统全部实现网络运行。开发使用“手持计生通”系统，提高基层计生管理服务水平。完善“企业计划生育管理系统”，实现企业全员信息化管理和实时监管。加强基层卫生计生监督执法配备水平，投资22.8万元采购卫生计生现场执法包、执法终端手持机、便携式扫描仪，实现执法数据现场采集、实时上传，提高执法效率。

卫生防疫

【概况】 2016年，区疾控中心根据《河口区机构编制委员会办公室关于为区疾病预防控制中心核增事业编制的通知》（东河编办发〔2016〕88号）文件精神："为区疾病预防控制中心核增事业编制18名，编制总额达到40名，其中管理人员4名、专业技术人员36名。其他事项不变。"

【传染病防控】　2016年，全区共报告乙、丙类传染病19种1149例，发病率450.32/10万，比去年同期发病数上升3.51%，全年无甲类传染病报告。全年共接到传染病预警信息102起，其中时间序列预警84起，单病预警18起，处理及时率为100%。撰写风险评估报告12篇，完成流感样病例暴发疫情调查处置1起。

（1）艾滋病防控任务全面完成。按照2016年度艾滋病防制工作目标，加大艾滋病免费自愿咨询检测、在押人员艾滋病检测、重点场所人群与其他高危人群的健康教育与行为干预、病人免费抗病毒治疗等工作力度。全年全区HIV抗体检测16156人次，累计干预暗娼2765人次，检测366人；干预男同1096人次，检测161人；干预外来务工252人次；在押人员164人次，检测164人。投入专项资金建立多功能VCT室，为艾滋病咨询者和患者提供安全温馨的交流环境，同时增强宣传教育的针对性、直观性。在人员密集场所配置数字化宣教机11台，加强宣传教育力度。

（2）结核病防治再上台阶。2016年，年初省级结核病新型防治服务体系（"三位一体"）项目在河口区启动，有力促进全区结核病防治工作再上新台阶。2016年，共接诊可疑肺结核病人133人，拍片133张，其中自带胸片92人。痰检122人，共登记管理活动性病人21例，其中新发涂阳肺结核病人2例，新发涂阴肺结核病人19例，累计免费治疗21例。

（3）疟疾、霍乱、手足口病、布氏杆菌病等传染病防治工作扎实开展。规范开展疟原虫血检，1～12月血检329人，均阴性；共监测腹泻病人134人，开展快检18人，细菌培养18人，未查出霍乱弧菌。网络报告河口区手足口病57例，共采集手足口病咽拭子57份，粪便标本37份。进行布病筛查176人，确诊病例10例，对确诊病人及时进行个案调查、督导服药和健康教育工作。

（4）病媒生物防制及消毒监测工作。2016年，河口区列入省级蚊种、蚊密度监测点。对河口区居民区、公园、医院、农户、养殖场五类场所挂放诱蚊灯进行布点监测8次，对采集到的蚊虫将进行分类监测。对9家医院和卫生室进行消毒效果监测，共采集样本44份，所有检测项目都合格。

【免疫规划】　全区12处预防接种门诊，4处产科接种室及疾控中心冷链设备全部安装温湿度监测系统，做到对冷链运转全过程的监测，确保辖区疫苗安全有效。2016年，基础免疫32914针次，加强免疫18374针次，科学发展考核目标儿童以区为单位"五苗全程接种率"97.22%，"八苗全程接种率"94.80%，达到省级考核标准。共处置犬猫等危险动物咬伤2815人，接种狂犬疫苗11887针次，无狂犬病病例发生。

【地方病、慢性非传染性疾病防治】　对全区5个乡镇，20个村的300户居民的食用盐进行监测，合格碘盐150份，不合格碘盐45份，非碘盐105份。碘盐合格率76.92%，碘盐覆盖率65%，合格碘盐食用率50%，非碘盐率35%。全区共发现重性精神病病人783人（其中在管理患者705人，死亡患者13人，失访患者20人，非在管患者58人），发现率为3.07‰，较去年同期有明显提升。全区报告死亡病例1154例，按户籍报告为1203例（其中男性727例，女性476例），按照河口区总人口数218568人计算，粗略推算河口区死亡率5.50‰，较去年有提升。列居民死因前三位的是恶性肿瘤、心脏病和脑血管疾病，三者共占全死因的70%以上。按户籍地区和首次就诊日期统计，全区共报告肿瘤病例797例，全区发病率为364.64/10万（国家标准是200/10万）；报告脑卒中病例904例，发病率413.60/10万（国家标准200/10万）；报告冠心病病例248例，发病率113.47/10万（国家标准70.2/10万）。

【公共服务】 对辖区内34个采水点在枯水期、丰水期分别进行样品采集，所有检测数据均通过国家饮用水水质卫生监测信息系统将进行及时上报，顺利完成水质监测工作。完成食品及公共场所从业人员健康查体共5132人次，均未发现甲型、戊型病毒性肝炎患者。完成畜牧业从业人员体检816人，并对其血液进行布氏杆菌平板凝集试验及试管凝集试验，其中34人呈阳性。完成中小学生查体20261人。

【实验室建设】 投入资金332.56万元，先后购置51台件实验室设备，现区疾控中心已具备水质42项常规指标的检验能力。投资12万余元，更新理化实验室实验台，安装实验室管理系统软件，提高工作效率，为完成各项工作任务奠定良好的基础。

【健康教育和促进工作】 在“3·24”世界结核病日“世界卫生日”“12·1”世界艾滋病日等卫生日宣传活动中，发放宣传材料、编制健康教育简报、悬挂横幅等措施，开展形式多样，丰富多彩的宣传活动，共发放疾病预防知识明白纸10万余份，免费咨询1万人余次，解答医学问题5000余个。与扶贫脱贫工作相结合，在义和镇寿光村建立健康小屋1处，配备电子血压、血糖测量仪等体检器材，对老年人平时生活的日常保健和慢性病实时监测，对村民提供便捷服务。与河口区国家卫生城市复审相结合，加大健康教育宣传力度。建立健康步道2000米，创建健康公园1处，在公交站牌、机关企事业单位宣传栏增设艾滋病、结核病等健康教育宣传内容，设计制作健康教育手册和宣传包2000余份。

河口区红十字会

【概况】 区红十字会成立于2014年9月，设事业编制3人，属群团系列，自红十字会成立以来，在区委、区政府的正确领导下，在市红十字会的业务指导下，紧紧围绕区委、区政府的中心工作和红十字会的职能，大力弘扬“人道、博爱、奉献”的红十字精神，坚持整体推进、重点突破、统筹兼顾，全区红十字事业不断取得新突破，充分发挥党委政府在人道领域的助手作用。

【三救三献】 普及应急救护知识，着重培养应急救护专业人员。全年共举行应急救护知识普及25场次，普及人数15000余人。继续开展“博爱家园——红十字应急救护志愿服务进社区活动”。新成立志愿者队伍2支，举办健康知识讲座10场次，开展健康教育宣传活动8次，开展大型义诊活动6次。春节期间，深入各镇农村社区村组，开展“送温暖，促和谐——红十字博爱送万家”活动。在送温暖活动中，区红十字会工作人员和志愿者们先后到河口街道、六合街道河安社区，河口开发区企业，对82户留守老人、残疾人、低保户和特困户等农村家庭进行走访和救助，按照每户400元的标准，为他们送去大米、食用油、面粉等价值25000元的救助物资。“三献”工作顺利开展。完成造血干细胞采样60人份，共接受遗体器官捐献登记11人。2016年，河口区两名造血干细胞志愿者（李景峰、牛俊昌）实现成功捐献。截至2016年12月，河口区共登记遗体（器官）角膜捐献志愿者22名。

【志愿服务】 加强志愿服务制度建设，强化对志愿服务的管理，组织志愿者积极开展各类志愿服务活动。现全区在册志愿者队伍5支273人（七色花志愿者团队、河宁社区志愿者团队、小火花愿者团队、旗袍协会愿者团队、平安乾坤愿者团队），其中小火花志愿者团队、旗袍协会志愿者团队、平安乾坤志愿者团队都是专业的特色团队。2016年，各志愿者开展“志愿随心、情暖河口”义卖活动、“伸出你我双手、点燃生命希望”造血干细胞捐献活动、“爱在点滴”存钱罐社会认领活动、“早安家敏”大型救助公益活动、救助白血病患者募捐、爱心助学、爱心斑马线等等活动。

【宣传工作】 （1）开展各种宣传日活动。利用“5·8”世界红十字纪念日、“防灾减灾日”“12·1”世界艾滋病宣传日、“无偿献血日”“全国爱牙日”等宣传日，在社区和城区繁华地段，先后开展以发放宣传资料，展示红十字知识图片、培训等为内容的宣传工作，发放《红十字会运动基本知识》《红十字急救常识》《小天使基金申请办法》等1万余册。5月12日，在区职业高中，组织开展2016年全国红十字防灾避险知识竞赛活动。全区1000余名青少年参加2016年全国红十字防灾避险知识有奖知识竞赛。（2）以媒体为平台，营造舆论氛围。2016年，区红十字会与东营电视台、大众网、黄河口晚刊、河口区电视台、微河口等媒体建立良好的合作关系。借李景峰、牛俊昌捐献造血干细胞事迹，在《河口新闻》及各媒体报纸加大宣传报道工作。2016年，区电视台共播放3次红会工作新闻，并以造血干细胞捐献志愿者为主角制作专题节目《身边的好人好事》，通过多方面的宣传，取得良好的社会效果，提高广大公众对红十字工作认识度。（3）向基层红会发放宣传品。印制海报、宣传册、爱心储蓄罐等纪念品，用于基层红十字会的宣传活动。并与“5·8”世界红十字日来临前集中向基层红会进行发放。通过此类活动的开展，将宣传范围扩大到社区、农村、学校，有效提高基层红十字会的参与热情，扩大红十字会的社会影响力。四是多渠道放置宣传品。通过同区人民医院联系，在河口区人民医院、河口区中医院以及河安社区卫生服务中心、河宁社区卫生服务中心等统一设置宣传栏，放置红十字运动精神、遗体器官捐献等宣传品，极大扩展红十字工作的宣传面。

河口区计生协会

【概况】 河口区计划生育协会是挂靠东营市河口区卫生和计划生育局的正科级全额事业单位，属区级群团组织，截至2016年，区计生协会事业编制5人，经费形式实行财政拨款，配会长1名（由区政府领导兼任），常务副会长1名（正科级）、专职副会长1名（副科级）、秘书长1名（副科级）。现河口区设四镇两个办事处，各镇（街道）社会事务办公室承担本镇街计生协会相关工作职责，明确1名工作人员，负责镇街计生协会相关工作。河口经济开发区社会事务中心承担河口经济开发区计生协会相关工作职责，明确1名工作人员，负责开发区计生协会相关工作。河口蓝色经济产业园服务中心社会事务管理办公室承担河口蓝色经济产业园计生协相关工作职责，明确1名工作人员，负责产业园计生协会相关工作。其主要职责有：团结广大育龄群众通过自我教育，自我管理，自我服务，自觉实行计划生育，实行民主参与和民主监督，保证党的计生政策和各项法规的落实，热心为广大育龄群众服务，带领群众勤劳致富奔小康。协助政府完成控制人口数量、提高人口素质的任务。2016年，区计生协会被中国计划生育协会授予全国计划生育协会工作先进单位”，河口街道的张金美家庭被评为首届“全国计划生育幸福家庭”。

【主要工作】（1)继续加强基层计生协会组织建设。2016年，按照《东营市流动人口计生协会示范点创建标准》，河口区印发《关于开展示范流动人口计生协会创建工作的通知》，阵地建设实现“一室三栏”（计生咨询服务室、计生宣传栏、阅报栏、制度栏），制定宣传教育制度、维权、救助制度、服务承诺制度、协会工作制度。同时，实施工作奖惩，将示范流动人口计生协会创建工作纳入本年度计生工作目标责任制考核，并对达到标准化建设的每处给予5万元补助。现六合街道、仙河镇、孤岛镇已完成建设任务。

（2）广泛开展“5·29协会会员日”宣传活动。以“计生助福”“生育关怀”活动为内容，设置宣传车3辆，印制宣传材料2万余份，通过宣传车上街下村巡回宣传，在人群集中的集贸市场、商业区悬挂宣传横幅、印制二孩政策海报张贴等形式广泛宣传人口计生政策。开展“贫困母亲、贫困儿童”救助活动，发放救助金5.1万元；举办人口和计划生育、计生协会知识竞赛，河口区选拔的代表队取得全市第二名的好成绩。

（3）“幸福家庭创建活动”深入推进。一是示范家庭致富帮扶实现规模化。2016年，为209户计生家庭提供低息贷款2448万元。截至年底，为计生家庭提供贴息贷款1.5亿元，区镇两级贴息848万元，银行让利586万元。二是计生家庭保险项目实现广覆盖。实施独生子女家庭意外伤害保险项目城乡全覆盖，每人购买2份意外伤害保险。实施计生特殊困难家庭综合保险，每人每份472~495元，包括意外伤害、疾病身故、住院津贴等保额6.2万元。2016年，为独生子女家庭2864户、特殊困难家庭119人投保22.88万元。三是帮扶救助做到常态化。积极开展助困、助医、助学帮扶救助，2016年，春节送温暖活动，发放救助金25万元，救助困难计生家庭210户；开展金秋助学活动，发放救助金14.7万元。

（4）突出做好计生特殊困难家庭关怀工作。持政策扶持和个性化服务相结合，经济扶助与精神慰藉相结合，政府力量和协会力量相结合。一是实施联系人制度，由镇街计生协会人员、村（居）计生协秘书长和基层医务人员担任，对计生特殊困难家庭定期联系，开展经常性、即时性精准帮扶并建立联系档案。二是做好养老关怀。依托民政部门居家养老平台，对60周岁以上计生特殊困难家庭成员实行政府购买居家养老照料服务，每周提供不少于2次生活照料服务、医疗保健服务、健康咨询服务和助急服务。三是实施健康帮扶。对接精准扶贫工作，对计生特殊困难家庭成员在区内二级医院就诊，持就诊优惠卡享受门诊检查费、治疗费减免50%优惠，在基层医疗机构就诊可享受每年4次免费检查，超过4次享受减免50%优惠。同时，提供家庭医生式服务，每季度上门巡诊服务一次。四是做好生活关怀。在落实上级救助政策的基础上，春节期间开展走访慰问活动，为计生特殊困难家庭发放1000元慰问金及米、面、油等生活必需品。基层计生协会人员及爱心志愿者为他们开展过生日活动，送去生日蛋糕和200~500元慰问金。

（5）全力推进青春健康俱乐部建设及家长沟通之道工作。一是建立项目保障平台。卫生计生、计生协会、宣传等10部门联合出台《青春健康工作实施方案》，计生协会、教育局联合出台《河口区青春健康沟通之道家长培训项目实施方案》等文件，明确部门职责任务，形成部门齐抓共管的良好局面。二是高标准建设青春健康基地。联合实验学校投资100万元，高标准建设河口区实验学校青春健康俱乐部。设技能培训、心理咨询、沙盘游戏等11个功能区，配备投影仪、触控一体机等设备30台件。编印青春期性健康、生殖健康、自我防护、性心理及道德、家长沟通技巧、远离毒品、预防艾滋及戒烟系列知识读本。自主研发5套软件用于触控一体机展示。2016年，实验学校青春健康俱乐部被省计生协会评为青春健康教育示范基地。三是建立高素质工作队伍。吸纳医学、心理学、教育学等方面的专家人才，组成30人的师资团队和30人志愿者队伍，有1人取得省级青春健康主持人资格。四是全力做好中国计生协会青春健康沟通之道家长培训项目。2016年，河口区作为中国计生协会青春健康沟通之道家长培训项目实施地区，圆满完成工作任务。五是承办全市青春健康沟通之道师资培训，10月21日至23日，全市青春健康沟通之道项目师资培训班在河口宾馆举行，省市计生协领导，青春健康国家级师资何传领及各县区计生协会长参加启动仪式，河口区各学校分管领导及60名师资全部参加培训。

社会生活

民政工作

【概况】 河口区民政局成立于1984年，是河口区人民政府管理社会行政事务的职能部门，担负着社会救助、救灾救济、城乡低保、五保供养、优抚安置、婚姻登记、殡葬管理、基层组织建设、地名管理、民间组织管理等多项工作任务。

【养老服务体系建设】 (1)结合“两台一网”建设，开发建成集养老服务与监管服务于一体的“96190”虚拟养老院监管平台。(2)加快养老服务设施建设力度，2016年，河口区新建4处农村幸福院，2处城市社区日间照料中心。加快河安社区老年人日间照料中心转型升级并加强管理。投入75.6万元实施政府购买居家养老服务，全区共有318名老年人受益。(3)积极推进养老机构进行消防设施改造。及时足额发放老年人高龄津贴、养老服务补贴和护理补贴。规范安排使用养老服务业专项资金，下拨省级养老服务业专项补助资金69万元。设立发展养老服务业专项资金。

【社会救助工作】 (1)不断提高救助保障标准。2016年，河口区再次提高救助标准，城乡低保标准分别提高到每人每月580元、每人每年4320元，保障标准均居全市首位，其中农村低保标准高出全市标准200元，高出市定贫困线120元。截至年底，全区共保障城乡低保对象2023户3704人，发放低保金1195.97万元。(2)严格规范程序。完善社会救助工作机制，出台关于加强社会救助体系建设、临时救助、医疗救助、“救急难”、社会救助“一门受理、协同办理”等相关文件。在各镇、街设立“一门受理、协同办理”工作站，方便群众求助有门，受理及时。(3)专项救助不断创新。实施城乡困难居民医疗救助“一站式”即时结算服务，2016年，共发放医疗救助金434万元，救助困难群众5224人次。发放临时救助金30.8万元，救助困难群众118人。严格落实困难残疾人“两项补贴”制度，全年共发放残疾人生活补贴、护理补贴307.73万元。(4)完善自然灾害应急救助。扎实开展“防灾减灾宣传周”活动。全年，发放救灾资金164万元，救助困难群众5000余人次。(5)创新实施困难学生营养餐救助。联合区教育局出台《关于做好全区贫困寄宿生生活补助工作的通知》，对城乡困难寄宿学生按照小学每人每年1000元、初高中每人每年1250元的标准实施营养餐补助。

【双拥优抚安置工作】 严格落实优抚对象生活、医疗、住房政策的待遇。及时足额发放义务兵家庭优待金。组织开展优抚对象轮流修养。优抚数据年度核查工作完成。按照规定要求积极做好退役士兵安置、培训和军休干部管理工作。

【基层组织和社区管理工作】 成立社会组织孵化基地，现正在装修。落实“三证合一”“一证一码”制度，全区社会组织登记证书换发率达80%。成立非公有制经济和社会组织党工委，以“两学一做”学习教育为抓手抓好社会组织党建工作。

【社会行政管理】 加大《中华人民共和国慈善法》宣传力度，出台《河口区慈善总会认捐基金管理暂行规定》《河口区农村慈善公益基金管理办法》等指导慈善活动开展的政策性文件。全区6个镇（街）全部成立具有独立法人资格的慈善总会。组织开展“情暖万家”“慈善助孤”等慈善救助活动，共发放慈善救助金92.98万元。落实平安边界建设工作制度和机制，第四轮行政区域界线联检任务完成。开展河口区第二次全国地名普查和加强地名文化保护清理整治不规范地名工作。实现惠民殡葬政策全覆盖。对东营市第二殡仪馆基础设施、绿化进行改造，提升殡葬服务水平。在全区178个村建立红白理事会，积极开展移风易俗宣传活动。实施河口烈士陵园纪念馆布展工程，周密安排好烈士公祭日活动。积极做好留守儿童统计工作。按照国家4A级婚姻登记机关标准做好婚姻登记处装修、迁址工作。

劳动和社会保障

【概况】 河口区人力资源和社会保障局坚持以“民生为本，就业为先”为工作主线，突出抓好就业、社会保障、人事人才、劳动关系等重点工作，进一步夯实基础、创新思路，转变作风、打造品牌，努力推动人力资源社会保障工作实现创新发展，积极开创各项工作的新局面。先后获得山东人力资源社会保障宣传工作先进单位、全省社会保险统计报表工作先进单位、全省社会保险基金报表工作先进单位等荣誉称号。

就业工作各项指标完成良好。2016年，全区城镇新增就业5596人，完成市局下达任务的223%；失业人员再就业1739人，完成市局下达任务的124%；困难群体就业249人，完成市局下达任务的124%；新增农村劳动力转移就业3200人；城镇登记失业率为2.30%；为585人申请一次性创业补贴223.3万元；发放小额担保贷款10077万元，完成市局下达任务的168%，新增创业1063人，创业带动就业2976人；征缴失业保险基金1250万元，参保人数达到了2万人，分别完成市局下达任务的133%、110%；共培训各类学员1588人，完成市局下达任务的106%，其中，就业技能培训1486人，创业培训102人。

社会保障水平进一步提高。2016年，全区企业养老、机关事业养老、职工医疗、工伤、生育、城乡居民养老、城乡居民医疗保险参保人数分别达到4.3万人、0.49万人、3.74万人、4.42万人、2.43万人、5.2万人、7.39万人，基本实现“应保尽保”；基金征缴分别达到18938万元、8953万元、10514万元、972万元、604万元、5204万元、5012万元，征缴总额突破5亿，再创历史新高。全面落实各项保险待遇，共发放各项社会保险待遇28718万元，其中企业养老保险5828万元、机关事业养老保险5732万元、职工医疗保险7220万元、工伤保险450万元、生育保险537万元、城乡居民养老保险4064万元、城乡居民医疗保险5012万元。

人事人才工作卓有成效。组织两家企业参加山东省第九届海洽会，共成功发布13项技术项目合作需求和22项人才引进需求信息。积极做好2017年度黄蓝两区急需引进人才项目申报工作，共申报企业4家。经推荐选拔，获评齐鲁首席技师1人，设立东营市首席技师工作站1家。稳步开展2016年度事业单位人员招聘工作，共招聘85人；顺利完成合同制教师和公立医院公开招聘工作，共招聘合同制教师70人、公立医院工作人员25人。完成2016年事业单位人员岗位聘用工作，共聘任初级491人，中级91人，高级17人。完成2016年度政府系列科级以下公务员职务与职级并行审核工作，共有29人符合晋升副科级要求。

劳动监察和仲裁工作稳步推进。通过日常巡查、专项检查等方式，主动检查各类用人单位318户次，涉及劳动者1.93万人次，纠正用人单位违法条款203条，督促缴纳社会保险费202万余元，补签劳动合同583份，追发劳动者工资及加班费47.3万元。共办理监察案件 341 件，其中立案查处 19 起，协调处理 322 起，涉及劳动者 541 人，追发拖欠工资及加班工资 221 万余元。积极开展网上劳动用工备案工作，共办理企业备案 467 家，职工备案 16143 人；共接收劳动人事争议案件 105 件，案前调解处理 37 起，立案受理 68 起，撤诉 1 起，按期结案率达 100%，为劳动者挽回工伤待遇、经济补偿金等经济损失达 110 万元。

【就业工作】 （1）广泛开展就业服务系列活动。紧紧围绕“服务民生、促进就业”主题，组织“春风行动”“就业援助月”“企业高校招聘行”“春风送暖精准扶贫”“送岗位进军营”“金秋送岗精准扶贫”“大连高端人才洽谈会”等各类专场招聘会。同时依托河口区人力资源市场同步开展“周二之约”专场招聘会。全年共举办各类招聘会 53 场次，共有 400 余家用工单位参加招聘活动，提供 4260 个就业岗位，达成就业意向 3660 余人，共发放各类宣传材料 10000 余份，有效地缓解企业招工难的问题。

（2）开创性做好高校毕业生就业工作。充分利用毕业生就业服务微信平台，有针对性地为高校毕业生提供各类服务。全年共接收河口区籍离校未就业高校毕业生现场报到 603 人，高校毕业生网上实名登记 1013 人，实名登记率 100%；应提供就业服务人数 1013 人次，已提供就业服务人数 9300 余人次，人均提供就业服务 9.2 次，就业服务率 100%；实现就业 1013 人，其中到机关、企事业等各类单位及灵活方式实现就业 1004 人，应征入伍 3 人，升学 1 人，出国 5 人，就业率为 100%。

（3）努力做好困难群体就业工作。根据《东营市人力资源和社会保障局东营市财政局关于进一步加强公益性岗位开发管理工作的通知》和《河口区公益性岗位安置就业困难人员工作实施细则》文件精神，2016 年，河口区共计开发公益性岗位 203 个，通过公益性岗位安置就业困难人员 66 人，现全区现有公益性岗位在职共计 163 人，落实公益性岗位补贴资金 521 万余元。做好原国有集体破产企业失业人员中就业困难人员社保补贴发放工作，截至年底，共为 155 名符合条件人员发放社保补贴 75 万余元。

（4）全力推动创业带动就业工作。2016 年，通过落实扶持政策、优化服务环境、完善创业平台等措施，发放创业担保贷款 10077 万元，其中，为 902 名创业人员发放创业担保贷款 9237 万元，为 2 家小企业发放创业担保贷款 540 万元，为 1 家企业落实 300 万元创业担保贷款直接贴息政策，贴息资金 8.025 万元。全年共落实创业带动就业扶持资金 236.8 万元，其中，为 585 名创业人员落实一次性创业补贴 223.3 万元，为 1 名创业人员落实一次性房屋租赁补贴 0.5 万元。落实市级创业型街道（乡镇）、社区奖补 13 万元，落实省级创业型街道（乡镇）、社区奖补 10 万元。

（5）认真组织实施就业创业培训。根据上级业务部门工作安排和市场用工需求，有针对性地开展城镇失业人员、农村转移劳动力、高校毕业生、城乡两后生、企业新招用职工等群体的职业技能培训，全年共开设培训 44 期，培训学员 1588 人。培训形式以集中培训为主。就业培训项目有管工、化学检验工、计算机应用、养老护理、家政服务等，同时积极开展丰富多彩的创业培训。共拨付资金 62.38 万元，其中，培训补贴 50.48 万元，鉴定补贴 6.28 万元，创业培训补贴 5.62 万元。

（6）强化失业动态监测，提高失业预警能力。选定易受国家政策和经济形势影响的 25 家企业为重点企业监测对象，共涵盖 19 个行业，企业监测人数达 8783 人。建立失业动态监测联络员制度，组织召开失业动态监测企业工作会议，强调数据上报工作的及时性和准确性，并要求企业上报联络员 A、B 角，组建微信群，加强联络沟通。每月督促企业及时上报失业动态监测数据，并与企业参保增减人数核对，及时掌握被监测企业从业人员流动流失情况及其原因，为上级宏观决策提供有力依据。

【社会保障工作】 （1）提升社会保险信息化水平。依托6个镇街人力资源和社会保障所和1个灵活就业人员居住集中地，将灵活就业人员自助查询、缴费一体机终端配备至各镇街和济军综合训练基地，共配备社保缴费自助服务终端16台。灵活就业人员持身份证或社会保障卡认证后开启社会保险自助查询缴费终端，进入个人主页，既可查询参保群众基本信息、历年缴费明细、社会保障卡余额和消费记录，又可以打印个人权益记录单，使用银行卡或者社会保障卡磁条账户的金额可直接缴纳社会保险费用，方便灵活就业人员查询、缴费，减轻窗口压力。

（2）开展建筑企业参加工伤保险“同舟计划”。2016年，以实施“同舟计划”为契机，河口区逐步建立完善建筑企业按用人单位参保、按项目参保和优先参加工伤保险的良好工作机制。全年实现52家建筑企业、1488名建筑企业职工按单位参加社会保险，62个项目按项目为单位优先参加工伤保险，共征收工伤保险基金147万元，支付建筑业职工工伤保险待遇3人次，共计4.22万元。“同舟计划”实施以来，河口区农民工参保人数大幅增加，基金征缴金额大幅提高，保障农民工合法权益。

（3）提高各项养老保险待遇。2016年，对全区企业退休人员2164人基本养老金进行调整，人均月增资160.9元，月增发养老金总额35万元，共补发养老金313万元，职工养老保险待遇实现十二连增。对2015年12月31日前已按规定办理退休、退职手续并按月领取基本养老金的机关事业单位退休人员共1132人进行基本养老金调整，人均月增资249元，共补发资金262万元。居民基本养老保险的基础养老金执行每人每月175元标准，居于全省最高水平。

（4）全面落实各项医疗保险待遇。城镇职工普通门诊统筹工作平稳运行，累计签约3.5万人，定点医疗机构55家，签约率为99%；累计划转个人账户4266万元，3.6万人；职工门诊慢性病实现多元化管理，全部实现联网结算，全年共支付560万元，覆盖2016人次；职工住院医疗费用实行以按病种为主的复合式付费方式改革；职工大额二次医疗补助落实到位，共对河口区67名符合条件的参保职工补助40.05万元。居民医疗保险与省内155家医院实现联网结算；普通门诊报销提高到每人每年200元，全年共支付250万元，服务10.03万人次；门诊慢性病待遇共支付218万元，覆盖5589人次。

（5）逐步推进机关事业单位与企业养老保险制度并轨。自2014年起，机关事业单位养老保险逐步建立退休待遇与缴费年限、缴费金额挂钩，多缴多得、长缴长得的合理机制。2016年，河口区顺利实现机关事业单位和企业离退休人员待遇的同步调整，从机制上逐步减少待遇差距，提高待遇水平。机关事业单位养老保险清理汇总改革前养老保险个人缴费数据已完成过半，为个人账户退费打好坚实的基础。机关事业单位和企业职工遗属生活困难补助费调整全部完成并及时兑现。

（6）加强社会保险稽查工作。一是对全区医疗保险协议管理单位进行年检，共审核协议管理医疗机构112家，通过112家，零售药店43家，通过43家。二是对部分协议管理医疗机构在院情况进行核查，现场核查参保住院患者297人，其中23人不在院治疗且未办理离院登记手续，认定为挂床住院，给予相关医院通报批评，涉及的住院费用医疗保险基金不予支付。三是对43家协议管理零售药店进行监督检查，并逐一进行稽查指导，对问题较轻的18家给予通报、限期整改的处罚，对问题严重的3家给予暂停刷卡3个月、1家给予暂停刷卡6个月的处罚。

【劳动关系】 （1）加强劳动保障法律法规宣传。积极组织人员参加“七五法制宣传日”活动，结合部门工作实际，以《中华人民共和国社会保险法》《中华人民共和国劳动法》《中华人民共和国劳动合同法》《中华人民共和国劳动争议调解仲裁法》等一系列劳动和社会保障法律法规为宣传重点，热情为群众提供法律及政策咨询服务，耐心讲解群众关心的劳动维权、社会保险等方面的问题。活动现场设立咨询台，摆放宣传展板，共向群众发放相关资料300余份，服务咨询群众110余人次。通过普法宣传，进一步提高广大群众遵纪守法的自觉性和运用法律维护自身合法权益的能力，取得良好效果。

（2）做好日常巡查、专项检查及案件查处等工作。利用日常巡查和主动监察的有利时机，对辖区用人单位进行行之有效地宣传与辅导，规范企业用工行为，对在检查中发现的劳动违法违规行为，及时责令用人单位改正。有针对性地开展专项检查，尤其针对经济效益不佳、有投诉举报记录的企业，以劳动合同签订、社会保险缴纳和工资支付为重点，开展贯彻落实劳动保障法律法规情况大检查，维护劳动者合法权益。畅通来电、来信、来访等投诉举报渠道，依法规范投诉、举报案件的受理、查处程序和管理办法，全年投诉举报案件按期结案率达100%。

（3）推进劳动保障监察“两网化”管理工作。结合东营市“两网化”管理的常态化工作，加强与各镇（街道）劳动保障监察中队和协管员的联系，实现全覆盖、不留盲区的工作格局。适时组织人员培训，提高业务水平和工作效率，逐步实现劳动保障监察执法由被动应对向主动预防的转变。完善信息系统建设，推进系统平台建设，逐步实现网上办理举报投诉、案件查处等工作。同时，定期对欠薪投诉举报进行信息采集、汇总、分析，确保及时发现用工隐患，及早介入处置。

（4）做好劳动人事争议仲裁各项工作。充分发挥全区协调劳动关系三方机制的作用，发挥“劳动关系和谐企业”的示范带动作用，以点带面，引导全区企业在劳动用工备案、劳动合同、集体合同签订、工资集体协商、社会保险缴纳等方面依法规范，让企业担当其应承担的法律责任和社会责任。根据上级文件要求，开展河口区标准化劳动人事争议仲裁院创建工作，加强河口区调解仲裁规范化、标准化、专业化、信息化建设，增强河口区调解仲裁的社会公信力，维护全区劳动人事关系和谐与社会稳定。

【大事记要】 （1）开展创业小额担保贷款工作。2016年，河口区扎实开展创业小额担保贷款政策落实工作，通过利用各类媒体广泛宣传、依托镇街集中宣传等方式多角度深入宣传小贷政策，提高全区各类创业人员对创业扶持政策的知晓率，确保政策宣传全覆盖，将惠民政策落到实处。全年河口区共发放小额担保贷款10077万元，完成市局任务6000万元的168%。

（2）全力做好就业扶贫工作。本着“精准扶贫，就业先行”的原则，依托区、镇街、社区村三级基层平台，全力打造一条畅通的就业创业绿色通道线，通过岗位开发、创业帮扶、搭建平台、部门协作等方式，为贫困人口提供更多的就业岗位，实现就业创业脱贫。全年共组织大型招聘会53场，达成就业意向3660人次，开发公益类岗位203个，安置就业困难人员66人。

（3）社会保险征缴开启“互联网+”模式。充分利用互联网技术优势和代办银行服务优势，逐步形成网上缴费、政务服务大厅自助缴费终端缴费、代办银行网点代收灵活就业人员、下岗职工养老保险和医疗保险费等多位一体的社保缴费体系，同时着力推广使用手机APP和智慧人社通，方便群众缴费的同时，提高工作效率。

（4）再次提高居民社会保险待遇。2016年，河口区城乡居民养老保险基础养老金提高至175元/人月，90周岁以上居民基础养老金补贴提高至195元/人月，居于全省最高水平。居民医疗保险财政补助标准提高到430元/人年。在实施居民医疗大病保险的基础上，设立500万元居民医疗保险大病二次补助资金，对参保居民大额医药费用进行二次补助，减轻参保居民负担。

（5）被征地农民养老保险工作全面铺开。2016年7月，河口区出台《河口区被征地农民养老保险工作实施方案》，同月召开专题部署工作会议，被征地农民养老保险工作全面推开。各镇街结合自身实际，因地制宜，加强指导，整体工作进展顺利。截至年底，河口区已落实被征地农民社会保障资金9667万元，完成应落实资金的79%，为7701名被征地农民发放养老金65万元。

（6）居民医疗付费方式改革实现“三方共赢”。2015年以来，河口区深化居民基本医疗保险付费方式改革，以总额控制为目标，全面推行“病种分值结算为主，按人头付费、按床日付费、定额付费、据实结算为辅”的居民医保复合式付费机制，在保证参保居民待遇享受不降低的前提下，加强医院内控管理，合理控制医疗费用的非正常增长，通过一年来的运行，基金收支达到基本平衡，实现居民、医院、医保“三方共赢”。

（7）调整机关事业单位工作人员基本工资标准。根据国家统一部署，自2016年7月1日起，调整机关事业单位工作人员基本工资标准。调资标准、办法严格按照国办发〔2016〕62号和鲁人社发〔2016〕45号文件文件规定执行。调整机关事业单位工作人员基本工资标准的同时，将部分规范津贴补贴或绩效工资纳入基本工资，相应增加机关事业单位离休人员离休费，并同步调整住房补贴。此次调资，共审核河口区机关事业单位工作人员4633人、离休10人，共计补发1310.29万元。

（8）社会保障卡实现即时办理。4月，河口区社会保障卡即时发卡系统在农业银行正式上线运行，自此，参保人员只需在社会保障卡综合服务窗口进行审核、登记，领取《即时发卡申请表》，便可直接到农业银行现场领取社会保障卡。实现社会保障卡即时办理，将社会保障卡办理期限从45个工作日，变为“立等可取”，极大方便群众新办、补换社保卡等业务。

残疾人工作

【概况】　河口区残疾人联合会是将残疾人自身代表组织、社会福利团体和事业管理机构融为一体的残疾人事业团体，具有“代表、服务、管理”职能，为正科级事业单位，参照实行国家公务员制度管理。截至2016年底，区残联现有在编人员14人，其中：理事长1名、主任科员2名、副理事长2名、副主任科员2名、工作人员7名，内设办公室、教育就业部（加挂康复部牌子）、残疾人劳动就业服务社、残疾人服务中心等机构。

【残疾人调查】　区残联把深入基层、求真务实作为转变作风的重要内容，先后开展残疾儿童康复需求调查、助听器适配需求调查、白内障患者摸底调查、辅助器具需求调查、残疾人机构托养需求调查、残疾人家庭无障碍改造需求等多项调查，共筛查到有以上需求的各类残疾人500余名，掌握残疾人的生产生活状况及所思所想，确定残联的工作重点和为残疾人服务的方向。

【实施区政府民生实事】　（1）实施特困重度残疾人免费托养。将16周岁以上、享受低保的重度残疾人中无直系亲属照顾者或直系亲属无能力照顾者纳入托养范围，依托托养机构开展生活照料等服务。此项目由河口区养老服务中心中标，已有部分残疾人入住。（2）实施残疾人辅助器具配送工程。在认真筛查的基础上，公开采购一批辅助器具，为有需求的残疾人配发辅助器具，改善残疾人生活质量。共为各类残疾人配发轮椅200辆、防褥疮床垫50个、助行器50个、假肢14具、无障碍扶手50套、拐杖300个。

【基层组织建设】　为加强对基层残疾人组织和残疾人工作者的管理，出台《河口区基层残联考核办法》和《河口区残疾人专职干事、专职委员考核办法》，以考核促进残疾人工作，调动起基层残联、专职委员的积极性，更好地发挥作用。认真做好残疾人证办理工作，严把初审、残疾评定等重点环节，坚持标准，热情服务，确保办证质量，2016年，共办理各类残疾人证553份。为方便群众办事，营造更好的办公环境，根据区委、区政府安排，河口区残联于4月份顺利完成办公场所的搬迁，办公场所搬迁至河聚路卫生和计划生育局，残疾人证办理业务迁至区政务服务中心一楼。加强区残疾人服务中心的安全与管理，投资4万余元对中心楼房进行防水处理。新增工作人员3名，通过面向全区事业单位公开招聘，遴选1名管理人员；通过全区事业单位统一考试，招聘1名大学生，另吸纳接收分流人员1名，残疾人工作队伍得到壮大。

【康复服务】 实施0～9岁残疾儿童抢救性康复项目，共组织12名残疾儿童赴市胜利医院、人民医院等康复机构接受康复服务，并为每名儿童提供每年1.2～1.32万元的康复训练经费。根据市残联工作安排，实施“助明助听助行工程”，免费为28名贫困白内障患者实施复明手术，为22名听力残疾人适配助听器，为4名截肢者安装假肢。完善区、镇、村三级康复服务网络建设，为基层残疾人开展社区康复服务。

【就业培训和精准扶贫工作】 积极开展残疾人职业技能培训和实用技术培训，举办培训班2期，共培训残疾人及其亲属300人。拨付扶持资金5万元在新户镇南李村建设新芦果树种植残疾人就业扶贫基地，有10名残疾人在基地就业。鼓励和扶持残疾人自谋职业和自主创业，共发展庭院经济16户，每户给予补贴3000元；扶持个体从业13户，每户给予补贴5000元；培育残疾人网络创业典型1名，给予扶持资金3000元。为让群众了解残疾人扶贫救助政策，制作PPT课件，指派专人随区扶贫办到镇街进行政策解读。开展下派帮扶工作，帮助义和镇北太平村协调5万元扶贫款，协调3.5万元的健身器材，走访慰问帮扶村困难群众20户，送去油米面和慰问金折合人民币1.5万元。

【残疾人待遇】 残疾人待遇为他们发放生活补贴和护理补贴。（1）实施“生活补贴全覆盖”政策，为河口区地方户籍持证残疾人发放生活补贴，一级每人每月200元，二级每人每月150元，三、四级享受低保残疾人每人每月100元，三、四级非低保残疾人每人每月50元，共为3631名残疾人发放生活补贴474.6万元。（2）实施“护理补贴发放”制度，护理补贴由每人每月60元提高到80元，同时，将发放范围扩大到享受居家托养服务的残疾人、视力残疾人和所有年龄段的残疾人，共为1497名残疾人发放护理补贴144.4万元。年底，残疾人生活补贴和护理补贴发放已顺利移交到区民政局。

【“阳光家园”计划实施】 （1）开展机构托养服务。将部分智障儿童纳入区残疾人托养中心托养范围，将贫困精神残疾人纳入利津县精神防治中心托养范围，免费为其提供康复、教育、食宿等无偿托养服务。（2）开展居家安养服务。与“阳光大姐”家政服务公司合作，免费为260名重度残疾人提供被罩、床单、枕巾等生活用品，每月3次上门为残疾人开展生活照料、康复护理、心理疏导等居家安养服务。为确保居家安养服务质量，区残联利用半个月的时间，组织专门工作人员3名，逐户对服务质量情况进行回访，现已全面完成，掌握大量的调查数据。

【残疾人合法权益】 （1）完善信访工作规范化建设。设立区级残疾人信访接待室，配备信访工作人员1名，明确镇街专职干事和村居专职委员为残疾人信访代理员，推动残疾人矛盾纠纷的化解和合理诉求的解决，真正实现“小事不出村，大事不出镇，矛盾不上交，就地化解”的目标。（2）继续实施“法律援助阳光助残”活动。联合区司法局出台《河口区法律援助志愿助残服务活动实施方案》，对全区有法律援助需求的残疾人进行摸底调查，做好义务律师与残疾人的结对帮扶，免费为残疾人提供法律咨询、民事诉讼、刑事辩护、公证等服务，2016年，共处理残疾人法律援助案件14件，挽回经济损失200余万元。（3）

出台残疾人免费乘坐公交车优惠政策。河口区籍残疾人在城区内持卡免费乘坐公交车，2016年，共为近200名残疾人办理免费乘车卡。

【宣传文体工作】 加大残疾人体育参与度，推荐2名残疾人加入山东省残疾人冰壶队，参加2016年全国残疾人冰壶锦标赛，并取得全国第六名的好成绩。值全国助残日到来之际，开展残疾人事业宣传活动。（1）成功举办庆祝第26次全国助残日活动暨企业助残扶贫捐赠仪式，市残联领导、区领导出席仪式，爱心企业向贫困残疾人、智障儿童捐助电饭煲、衣服等生活用品，社会反响强烈。（2）邀请济南春雨医疗服务队到区医院开展康复助残志愿服务活动，免费为患者提供康复评估、康复方案制定、康复培训等服务。（3）区实验幼儿园40名儿童通过义卖筹得款项，购买床单捐赠给残疾儿童，并与残疾儿童举行“手拉手”联欢活动。（4）印发残疾人扶贫政策2000余份，发放到贫困残疾人手中。

【残疾人数据动态更新工作】 2016年，根据上级残联工作安排，为全面掌握残疾人的基本服务状况和需求，为动态掌握残疾人基本服务状况和服务需求，河口区残联认真开展残疾人基本服务状况和需求信息数据动态更新工作，选派89名调查员并进行业务培训，深入残疾人家庭进行现场入户调查，历时三个月，共调查各类残疾人3722名，填写录入社区调查表190份，残疾人调查表3673份。

老龄工作

【概况】 2016年，区老龄委办公室以提高“五个老有”工作水平为目标，以深入开展“两学一做”专题教育为契机，抓作风整改、促素质提高，注重工作创新、注重解决老年群众最迫切需要解决的问题，积极主动作为，着力推动各项具体工作落实，全区老年人保障水平进一步提升，养老服务业发展进一步加快，老年文体活动丰富多彩，老龄宣传工作特色鲜明，各项工作做到上级有部署，工作高标准安排落实。全区养老保障水平、银龄安康工程、老年优待等三项工作位于全市领先，全省前列。

【养老保障】 养老保障标准大幅度提高。2016年，河口区连续第5年将“老年人保障水平提升”列入为民办实事项目，将提高60岁以上老年人基础养老金、百岁老人长寿补贴金、70岁以上老年人生活救助金标准、政府买单实施“银龄安康工程”以及老年人家庭享受闭路电视收视费半价收费政策等多项涉老实事纳入，统筹提高养老保障能力和水平。全区养老保障水平继续在全市、全省乃至全国保持领先水平。

提高70岁以上非离退休老年人普惠制生活救助金标准。其中70～74岁800元/人年，75～79岁1200元，80～99岁1500元；百岁老人长寿补贴金提高至1000元/人月；进一步提高老年人基础养老金标准，60～89岁的提高到每人每月175元，90岁以上的提高到195元。区财政承担的70岁以上老年人医疗保险补助标准提高到了240元；河口区和镇街道财政为全区60岁以上老年人免费购买意外伤害组合保险2份；区财政投资124万元，全面落实单独居住老年人家庭有线电视收视费半价收费政策；为全区60岁以上老年人办理8506张免费乘车卡；全区70岁以上老年人医疗保险全部由区财政负担；共为1.7万名60岁以上老年人免费健康查体并建立完善健康档案。

2016年春节前，区老龄办按照新标准为全区6328名70岁以上老年人发放老年人生活救助金720.54万元；老年节前共为全区2207名80岁以上非离退休老年人发放高龄津贴66.21万元；共为5名百岁老人发放长寿补贴金5.1万元。

【养老服务业】 积极争取市区级老龄事业发展专项资金扶持民营养老服务机构和村居老年活动室建设。2016年，共为全区5个民营养老机构争取市级老龄事业发展专项资金16.5万元，安排区级老龄事业发展专项资金16万元扶持全区民营养老服务机构和10个村居老年活动室和孝德文化示范街建设，有效提高、改善全区民营养老机构养老服务条件和养老服务质量，促进农村老年活动室规范化建设和发展。政府购买养老服务工作深入推进，全区382名符合条件的老年人按照每人每月230元的标准纳入政府购买养老服务范围，主要提供上门照料、配送物品等服务项目，老年人及其家庭非常满意。认真筹备并组织参加山东省第八届老博会，取得良好参展效果。

【银龄安康工程】 区和镇、街二级财政买单“银龄安康工程”，为老服务水平进一步提高。2016年，河口区实施“银龄安康工程”的重点仍然是各级政府和村居集体投资为老年人投保意外伤害组合保险。老龄部门积极做工作，召开专题会议安排部署，落实区、镇街道二级财政买单为老年人入保。区政府连续第5年为全区60岁以上非离退休老年人每人投保一份组合保险，全区6个镇、街全部实现财政买单为60岁以上老年人购买20～80元的组合保险，许多村集体投资为老年人投保1～3份组合保险。工作中，老龄、人寿部门协同配合，经常深入村居、部门进行具体业务指导，广泛宣传动员，有效提高老年群众的投保积极性。2016年，全区“银龄安康工程”参保比例100%，人均投保达70元以上，全区老年人参保比例和人均投保额2项指标名列全市第一、全省前列，盖殿辉同志被省老龄办表彰为2016年度全省实施“银龄安康工程”先进个人。

【老年维权、老年优待】 维护老年人合法权益，老年优待工作全面高效落实。积极努力争取，全面落实老年人免费查体、免费乘公交车、有线电视收视费减半、老年人就诊免除挂号费和工本费等惠老优待政策，各窗口服务单位都在显要位置设置老年人优先标识牌，全面高效维护老年人合法权益，老年人优待工作标准较高，处于全市最高水平，老年群众满意度大幅提高。坚持把司法救助、法律援助和法律服务作为工作重点，高度重视涉老纠纷调解、来信来访法律维权工作，积极协调有关部门，及时有效化解老年人信访事宜，全年成功处置老年维权典型案例5起，共办理老年人优待证6000余个，为各镇、街道配发《中华人民共和国老年人权益保护法》《山东省老年人权益保障条例》和《老年人防欺诈防护手册》等书刊，利用集市、集会等发放给老年人，有效提高老年人维权防欺诈意识。河口区老龄办和河口区法律服务中心分别被表彰为山东省第一批、第二批老年维权示范单位，受到省老龄办、省综治办、省司法厅等7部门的表彰奖励。

【老龄宣传和信息调研】 做好老龄宣传和信息调研工作。全年共在市以上新闻单位发表老龄工作稿件160件，其中，46篇分别被《中国老年报》《中华慈善报》《善者》杂志、《老年生活报》《山东老年》《东营日报》等报刊采用；7篇被全国老龄办网站采用；38篇被山东省老龄办网站采用；为部分区老龄委成员单位、为老志愿者组织、老年文化艺术团体、各敬老院、省市敬老模范和模范老人赠阅《山东老年》；深入开展集中调研活动，形成《河口区精准与普惠结合，提高养老保障水平的调查与思考》《河宁社区老年志愿者队伍建设的成功实践》《河口区老年人文体生活现状及对策研究》等调研报告。

【“敬老月”活动】 “敬老月”系列活动掀起全区尊老敬老助老新高潮。以“敬老月”活动为契机，广泛开展形式多样的各类活动，为贫困空巢老年人送温暖、送健康、送法律、送文化。（1）区政府办公室印发《关于广泛深入开展2016年敬老月活动的通知》，对全区各级各部门提出具体要求。（2）走访慰问和结对帮扶老年人活动。“重阳节”前夕，区委书记苟增杰、区委副书记刘斯杰、田兵兵等领导分别带队到养老机构和百岁老人、模范老人、老年人代表家中走访慰问，分别送上2万元和1000元慰问金及米面油、毛毯等慰问品，代表区委、区政府向全区老年人致以节日的祝福。安排专项资金走访慰问区内全部民营养老机构，分别送去1万元慰问金和米面油等慰问品；为全区所有80岁以上的非离退休老年人每人发放300元慰问金，全区共为2207名老年人发放66.21万元。走访慰问5处养老服务机构、百岁老人、贫困空巢和先模老年人代表。区直各部门、单位也都深入到所包村走访慰问老年人，走访慰问单位离退休老干部、老职工，共计发放慰问金、慰问品160余万元。（3）开展“三十佳”创评活动。区老龄委与区文明委联合开展“十佳模范老人”“十佳敬老楷模”“十佳敬老模范单位”评选表彰活动，在鸣翠湖广场举办庆祝老年节暨第五届“三十佳”颁奖专题晚会；王玉清同志荣获全国首届敬老爱老助老模范人物，受到全国老龄办的表彰奖励。（4）组织举办系列文体活动。区老龄办组织举办庆祝老年节暨“三十佳”颁奖晚会，举办“庆祝重阳节书画摄影大展赛”，征集书画摄影作品400余件，共展出作品220多件，评选特等奖和一、二、三等奖71个；区老龄办与区邮政部门在鸣翠湖广场等有关单位举办全区第二届“银龄杯”中老年广场舞大赛，历时一个多月时间，在各镇、街道广泛组织海选的基础上，共评选出12个代表队参加全区总决赛，总决赛第一名参加上级比赛，在全市、全省分别获得第一名的优异成绩。联合区委宣传部、区文广新局等举办庆祝老年节专场演出6场次，组织举办普及太极拳、千人健步走活动及老年象棋、乒乓球、钓鱼比赛等，是历年来组织举办老年文体活动最多、效果最好的一年。（5）为老年人送文化、送健康活动。联合区文联、区夕阳红艺术团、区医院等单位开展为老年人送文化送健康活动，组织文艺和书画摄影爱好者走进部分敬老院和部分高龄老人家中精心表演丰富多彩的节目，创作书画作品50余幅，摄影作品70余幅，组织老年人免费查体400余人次。系列尊老敬老助老活动的开展，丰富城乡老年人的精神文化生活，营造全社会尊老敬老助老的浓厚氛围。

民宗工作

【少数民族工作】 （1）发展少数民族经济。抓好少数民族帮扶工作。按照上级业务部门及区委精准扶贫的要求，用好用活少数民族发展基金，关心少数民族群众生产生活，定期走访少数民族贫困群体，帮助义和镇少数民族群众走产业化道路，现全区少数民族群众全部脱贫；促进少数民族经济发展，把少数民族经济发展作为重点工作常抓不懈，鼓励和扶持两家少数民族专业合作社发展壮大产业，积极争取上级政策资金支持。（2）促进少数民族社会事业协调发展。积极争取少数民族扶持政策支持，帮助发展少数民族文化体育建设，以区职教中心为载体成立少数民族传统体育项目训练基地，已开展3个传统体育项目。区一中、区实验学校也根据实际开展各类少数民族传统体育活动，各镇街文化体育活动都邀请少数民族群众积极参与，全区助推少数民族社会事业发展蔚然成风。（3）保障少数民族的合法权益。全区形成在重要节日慰问少数民族代表人士和弱势群体关怀慰问工作机制。规范清真食品管理，联合相关部门宣传清真食品知识和法律法规，提高少数民族群众的维权意识，教育和引导他们守法经营，每年全区范围内进行清真食品联合检查不低于3次，确保清真食品市场规范有序，维护少数民族群众的合法权益。认真办理恢复和更改民族成分。2016年，为少数民族考生办理加分审核等手续200多人次。少数民族经商人员子女上学遇到的问题与教育局以及相关学校联系对接，均得到圆满解决。（4）全力做好民族示范窗口建设。9月28日，全市民族团结进步创建活动经验交流会议在河口区召开，为提高认识，把建设城市民族工作示范窗口作为构建和谐社会的一项重要举措来抓。确定孤岛镇、仙河镇、六合街道河安社区三个民族示范窗口的建设，严格按照“十有”标准，做好结合文章，使其充分发挥社区联系少数民族的桥梁和纽带作用，并积极组织开展群众性的文化娱乐等活动，有力地促进建设城市民族工作示范窗口的深入开展。建立健全社区少数民族资料台账。将本社区少数民族常住人员、少数民族暂住人员及少数民族贫困户情况进行统一登记，编制花名册，并做好民族工作信息、资料收集、整理、归档等基础性工作。河口区始终把少数民族流动人口的服务管理作为开展创建活动的重要内容，坚持在“平时”“交心”上下功夫，从组织领导、工作原则、工作机制等方面安排部署，努力把工作做深、做细、做实，赢得各族群众的理解、支持和拥护。

【宗教事务管理】 （1）探索科教融合新路子取得初步成效。积极发挥科学普及、科技引领的作用，把宗教与科普有机结合，形成科教融合、共兴共荣的良好局面。为使广大信教群众在信仰宗教的同时，接受更多科学技术的前沿知识，开拓他们的视野和知识领域，区民宗局与区科协联合为河口区 3 处登记宗教活动场所安装画面清晰、内容丰富的科普数字终端设备。科普数字终端设备是为推动《全民科学素质行动计划纲要》的实施，提升基层公共科普服务能力，提高公民科学文化素质配发的一种新型科普宣传教育平台，定时定向播送食品安全、养生保健、节能环保等科普节目，充分利用现代传媒手段，通过文字、声音、影像等多种方式，将实用的科普知识更生动、快捷地向广大社会公众进行传播普及。科普数字终端在宗教活动场所的安装使用，让广大教徒在活动之余，了解掌握一些科普知识，深化科学与宗教两种不同的信念体系彼此之间的融合力，取得良好的社会反响和效果。（2）巩固“和谐宗教活动场所”创建活动成果。河口区宗教工作有着信教群众多、地域分布广、工作难度大的特点。创建活动五年以来，每年都开展宗教工作普查调研活动，对全区宗教活动场所，信教群众进行全面的普查，并建档立案，做到底数清、情况明、问题透。根据上级安排，在各宗教活动大力开展“教风年”活动，制定严密细致的工作方案，做到有组织、有领导、有措施、有目标，各宗教活动场所大力配合，严格按照程序标准，整改完善，建章立制，不留死角，深入推进创建活动。截至年底，所有挂牌活动场所都已符合标准，力争全部通过上级部门的检查验收。（3）开展“宗教政策法规学习月”活动，将活动开展情况宣传到基层。召开镇（街）民宗干部会议，传达省市宗教部门有关文件精神，根据实际情况制定宣传教育实施方案，在辖区民族聚集地区和各宗教活动场所广泛开展学习党的民族宗教工作方针政策、《宗教事务条例》及有关法规章程等，将学习活动深入推进。结合河口实际集中组织有关方面负责人学习研讨。研讨如何发挥民族宗教界人士在促进经济发展、社会和谐、文化繁荣中的积极作用。各镇街都紧密结合当地广大少数民族群众和信教群众的实际，整合各类学习宣传资源，充分运用各种社会力量，形成合力，使宣传教育活动取得扎扎实实的成效。（4）做好民族宗教领域安全稳定工作。对宗教领域不稳定因素进行拉网式排查，对排查出来的结果进行认真梳理。加强责任落实，实行区、镇（街）、村三级管理机制，稳控对象责任到人，确保小事不出村，大事不出镇（街）。严格活动场所值班制度，几年来一直实行局班子成员分别负责 1~2 个活动场所的“包场所”制度，要求各宗教团体和活动场所确保 24 小时有人值班，严格“零”报告制度，确保不稳定因素在第一时间内解决。

人民生活

【居民生活概况】 2016 年，全区居民人均可支配收入 35082 元，同比增长 8.0%；人均消费性支出 22443 元，同比增长 8.2%。从收入构成看，全年居民实现人均工资性收入 24504 元，同比下降 0.3%，占居民家庭总收入的 69.8%。全年居民实现人均经营净收入 6076 元，同比增长 9.2%，占居民家庭总收入的 17.3%。全年居民实现人均非经营性收入 4502 元，同比增长 91.8%，占农民人均纯收入的 12.8%。

2016年居民生活主要指标表

指标名称	全年人均（元）	同比增减
居民可支配收入	35082	8.0 %
生活消费支出	22443	8.2%
1、食品	6484	5.7%
2、衣着	2197	2.5%
3、居住	3276	4.1%
4、家庭设备用品及服务	1642	24.8%
5、交通和通信	4815	–5.4%
6、文化教育娱乐	2477	33.3%
7、医疗保健	1058	51.1%
8、其他商品和服务	494	39.5%

2016年度每百户居民家庭主要耐用消费品拥有量

指 标 名 称	单位	城乡居民	城镇居民	农村居民
家用汽车	辆	63	67	37
摩托车	辆	23	16	62
助力车	台	90	89	96
洗衣机	台	96	98	87
电冰箱（柜）	台	94	92	102
微波炉	台	37	42	4
彩色电视机	台	102	103	97
其中：接入有线电视	台	92	96	67
空调	台	112	121	61
热水器	台	94	97	73
其中：太阳能热水器	台	72	72	69
消毒碗柜	台	1	1	0
洗碗机	台	1	2	0
排油烟机	台	80	83	63
固定电话	线	43	46	26
移动电话	部	206	201	228
其中：接入互联网	部	89	93	65
计算机	台	89	99	32
其中：接入互联网	台	67	76	19
摄像机	台	8	9	0
照相机	台	49	57	7
中高档乐器	架	1	1	0
健身器材	台	6	5	9
组合音响	套	4	5	0

镇（街道）概况

河口街道

【概况】 河口街道位于河口城区，地处胜利油田腹地，成立于2001年2月，由原四扣乡和河口办事处合并建制。南靠六合街道、利津县，东至黄河故道，与仙河镇、孤岛镇接壤，北临渤海，西与义和镇以沾利河为界。东西跨度27.8公里，南北跨度20.9公里，版图面积471.06平方公里，滩涂面积7万亩，海岸线全长17.3公里。辖22个行政村、5个社区居委会。辖区总人口8.9万人，其中地方常住人口3.6万人（城镇2.7万人、农村0.9万人），油田常住人口3.9万人，流动人口1.4万人，人口自然增长率为16‰。辖区内人口密集，工业发达，商贸餐饮、金融保险等服务机构齐全，水、电、气、路、讯等基础设施完善。辖区内有包括河口采油厂、社区管理中心等在内的油田二、三级单位近20家，油地结合优势明显。城乡结合部面积广阔，土地资源丰富，发展载体多，发展前景广阔。

【国民经济和社会发展综述】 2016年，全街道实现地方生产总值56.5亿元，增长7.8%；实现规模以上工业总产值88亿元，增长7.3%；完成全社会固定资产投资40.8亿元，增长-4.1%；完成全社会消费品零售总额16.1亿元，增长12.3%；完成地方财政收入5724万元，增长16%；实现农民人均纯收入17763元，增长14.2%。农林牧渔业总产值31200万元；全年粮食作物播种面积1659公顷，总产0.56万吨；瓜菜64公顷，总产0.07万吨；棉花2527公顷，总产2346吨；种植业产值39620万元。全年造林600公顷，森林覆盖率达17.5%；林果总产480吨；林业产值810万元。年末大牲畜存栏30022头，猪存栏24978头，羊存栏4113头，家禽存栏11万只；畜牧业总产值12020万元。水产品总量6795吨，渔业总产值14535万元。现有蓄水能力10万立方米以上水库16座。辖区总蓄水能力2280万立方米。农业机械总动力达36750千瓦，农村用电量30万千瓦时。有小学2处，在校学生共390人，其中，二吕小学234人，四扣小学156人，适龄儿童入学率100%；有标准化卫生室12个；辖区居民小康水平指数达到96%，22个村均达到小康水平；全街道最低生活保障救助557人，其中城市低保287人，农村低保270人。近年来分别荣获“国家卫生镇”“全国先进文化社区”“全国敬老模范社区”“全国安全社区”等国家级荣誉13项，“山东省城市社区建设示范街道”“山东省文明社区”等省级荣誉37项，市、区级荣誉230余项。

一、强化项目建设，优化产业结构，经济运行稳中提质。

（一）强力抓好招商引资，项目建设稳步推进。一是加强园区建设。合理规划提升“中小微企业创业园”总体布局，针对整个园区布局情况，分区块、分批次不断完善中小微企业创业园基础设施配套，进一步提高创业园区招商聚商承载能力。二是积极谋划新项目。东营尊众商贸梦之园购物广场项目，现已完成水、电、路、讯等基础设施配套以及内部装修等相关工程，正在进行招商准备营业；城北汽车交易广场建设项目，现已完成规划设计，项目一期10个展厅已经开工建设，已经与20个品牌签订13份招商合作意向书，签订正式招商合同7份。通海集团海产品加工项目，现正在积极进行洽谈对接，力争尽快达成在街道建设项目意向；三是抓好落地项目跟进服务。山东仕通化工的2万吨/年异构化轻油加氢技改项目，现正开工建设；国家电力投资公司100兆瓦光伏发电项目，现正进行场地整平和设施配套工程；大海集团科源节能技术有限公司100兆瓦光伏发电项目，待山东省发改委配额指标政策出台后，取得配额指标方可开工建设。

（二）积极整合产业资源，农业效益稳步提升。一是巩固提升城北防护林项目建设成果。于长青村、八吕村等区域整合土地2000余亩，种植树木20余万株。对北外环路两侧3000余米路段拓宽，种植树木3万余株。依托城北防护林辐射带动城西生态片林工程建设6200余亩，带动城东金润公司区域造林3800余亩，种植林木68.2万株。二是扎实抓好“三农”基础工程建设。投资50万元在挑河与河口环城林（北部）项目区建设排水闸1座；完成民生水库扩容改造，库容240万立方米，年调蓄量360万立方米，辐射项目区周边农田2万亩；拟投资1500万元，对民生水库北2800亩未利用地整理开发，现该项目已建设完成30%，预计2017年4月底完工；朝阳河衬砌改造工程，中标价184万元，总长度906米，现已完成734米。三是积极探索特色农业林下经济。以城北防护林为林下经济开发实践点，开发林畜禽模式、林粮模式、林参模式、林蔬模式等新型种养殖模式，现东五村、六吕村“上林下渔”台面养殖模式和长青村林下养鸡模式已初见雏形。瑞沃休闲度假旅游开发项目，一期开发临近北外环的100亩区域，建成集餐饮、垂钓、采摘、陶艺体验、儿童娱乐、技术培训为一体的“福大北郊生态园”。

（三）全力抓好产业服务，服务业规模持续扩大。积极谋划“河口区电子商务产业园”总体布局和规划，规划建设电商企业孵化区、仓储物流园区、农副产品产业园区、水产产业园区等六大功能区，建立起较为完善的电子商务运行服务和保障体系；现正在推进汉客金融电子商务项目，项目内部装修已完成，办公设施已完善，并正式营业运营。一是加强园区建设。合理规划提升“中小微企业创业园”总体布局，进一步拉大园区发展框架。在完成园区中心路及雨污排等各项基础配套工程的基础上，针对整个园区布局情况，分区块、分批次不断完善中小微企业创业园基础设施配套，进一步提高创业园区招商聚商承载能力。二是积极谋划新项目。东营尊众商贸梦之园购物广场项目，现已完成水、电、路、讯等基础设施配套以及内部装修等相关工程，正在进行招商准备营业；城北汽车交易广场建设项目，计划建成以汽车展销、汽车装饰、金融保险、二手车、餐饮休闲为一体的大型汽车主题商业综合体，一期建设高标准品牌展厅30余个，该项目已完成规划设计，项目一期10个展厅已经开工建设，已经与20个品牌签订13份招商合作意向书，签订正式招商合同7份。投资2300万元的富海物流有限公司北汽福田4s店已投入运营；通海集团海产品加工项目，现正在积极进行洽谈对接，力争尽快达成在街道建设项目意向；三是抓好落地项目跟进服务。针对已引进的重点工业项目，成立专门项目推进小组，力促各项目扩大规模。山东仕通化工的2万吨/年异构化轻油加氢技改项目，以油气加工为依托，以精细化工为切入点，计划用三年时间建立起资源循环有效利用、产品结构布局合理、上下游产品有机结合的产业链，现项目正在开工建设；国家电力投资公司100兆瓦光伏发电项目，计划投资7.8亿元，2016年，计划安装487200块单片功率255瓦的光伏组件，现正在进行场地整平和设施配套工程；大海集团科源节能技术有限公司100兆瓦光伏发电项目，作为绿色可再生能源，与渔业养殖相结合，该项目待山东省发改委配额指标政策出台后，取得配额指标方可开工建设。

（四）积极整合产业资源，农业效益稳步提升。在稳步推进传统农业和水产养殖业发展的前提下，2016年，按照“城北抓提升、城西抓发展、城东抓突破”的思路扎实推进围城林建设和“三年增绿”计划，不断加快农工产业结构调整步伐。一是巩固提升城北防护林项目建设成果。结合“三年增绿”工程，对城北防护林进行提质升品，于长青村、八吕村等区域整合土地2000余亩，种植白蜡、国槐等树木20余万株。对北外环路两侧3000余米路段拓宽，回填土方20万立方米，种植白蜡、国槐等绿化树木3万余株。依托城北防护林辐射带动城西生态片林工程建设6200余亩，带动城东金润公司区域造林3800余亩，种植白蜡、国槐等林木68.2万株。二是抓好“三农”基础工程建设。投资50万元在挑河与河口环城林（北部）项目区1#支沟交叉处完成建设排水闸1座；民生水库扩容、防渗工程，投资1943万元，完成民生水库扩容改造，库容240万立方米，年调蓄量360万立方米，辐射项目区周边农田2万亩；民生片未利用地整理项目，拟投资1500万元，对民生水库北2800亩未利用地整理开发，开挖各类沟渠25.9公里，新修水泥田间路1条4.8公里，维修生产路19.8公里，新建扬水泵站1座，输水管道21.8公里，铺设排碱暗管管道183条，48.8公里，建设桥涵闸等田间配套建筑物等项目。该项目已建设完成30%，预计2017年4月底完工；朝阳河衬砌改造工程，中标价184万元，总长度906米，现已完成734米。三是积极探索特色农业林下经济。以城北防护林为林下经济开发实践点，探索林下经济发展新思路，开发林畜禽模式、林粮模式、林参模式、林蔬模式等新型种养殖模式，2016年5月份，组织部分村支部书记到东营区部分乡镇学习考察，引导部分大户在街道农村开展试点，现东五村、六吕村“上林下渔”台面养殖模式和长青村林下养鸡模式已初见雏形。瑞沃休闲度假旅游开发项目，结合黄河口餐饮名片——“福大黄河口野鱼汤”的餐饮优势，建成集种植、养殖、旅游休闲及采摘、垂钓、餐饮娱乐集为一体的现代休闲农场。一期开发临近北外环的100亩区域，建成集餐饮、垂钓、采摘、陶艺体验、儿童娱乐、技术培训为一体的“福大北郊生态园”。四是推进富民工程建设。河口华鑫苗木林下生态经济发展项目，投资1100万元，建设2200亩河口华鑫苗木种植示范基地，放养土鸡、白鹅5万只，完善1000亩台田水面，放养黄金鲫、泥鳅、对虾等水产特色品种200余万尾；建设完成河口润合特色品种大棚葡萄生态种植项目，投资650余万元，占地100余亩，实现高效、生态化葡萄种植；余丈低温大棚葡萄特色品种种植项目，投资30万元，建设使用年限15年高标准的葡萄大棚两个，现已种植葡萄1200株，预计每年每亩年产葡萄5000斤左右，纯收入达15万元左右。

（五）全力抓好产业服务，服务业规模持续扩大。充分发挥中心城区辐射带动能力强的优势，在提升商贸流通、餐饮娱乐等传统服务业的同时，发展生态旅游、房地产开发、专业物流等现代服务业，积极谋划“河口区电子商务产业园”总体布局和规划，探索发展“互联网+”经济，规划建设电商企业孵化区、仓储物流园区、农副产品产业园区、水产产业园区等六大功能区，建立起较为完善的电子商务运行服务和保障体系。通过电商经济的发展，进一步带动辖区现代服务业实现突破；现正在积极推进汉客金融电子商务项目，广泛吸引金融产业上、下游企业进驻，实现金融产业的功能配套模块引进，形成规模与聚集效应，打造河口金融谷。该项目内部装修已完成，办公设施已完善，并正式营业运营。

二、统筹区域发展，抓好规划提升，城乡建设步伐加快。

（一）坚持规划引领，推进新型城镇化建设。一是推进二吕社区建设。完成二吕旧回迁安置楼22栋、449户集中分房到户工作和二吕别墅区建设。二是推进四扣社区建设。四扣村改造工程总投资1.2亿元，9栋、216户住宅楼主体和外墙保温已全部完成。全年将重点推进四扣村土地增减挂钩项目。三是做好规划编制工作。全年，共完成8处规划编制上报工作，完成东劝社区服务中心、四扣村、河滨新区修建规划。

（二）抓好项目迁占，加快城市基础设施建设。S231河辛路（河口段）改线建设，正在按照区里的安排做好相关协调工作；河民路改造，已拆迁完成沿线12户。海防路、康宁路改造、城北污水管线施工（区污水处理厂至蓝区段）已全部完成；河口区面条沟人工湿地水质净化工程，涉及土地迁占100余亩，现项目区内迁占已全面完成，项目建成后将有效提高城市污水净化能力。

三、提升管理服务，打造特色品牌，社区建设成效明显

（一）扎实推进为民服务。2016年，计划投资80万元，对河口街道社区服务中心进行整体改造提升；规范社区管理，形成“特色党支部”“梦想365”“真情护教”等品牌；实施河颐农贸市场下水道疏通、阳光花园变电箱更换等便民服务项目。

（二）丰富居民文化生活。在5个城市社区分别举办广场文化艺术节、重阳节慰问等文艺活动；重点抓好文艺人才储备库建设，海宁社区、德盛街社区新成立2个群众艺术团，参与民间艺人达50余人。

（三）完成河康小区老旧住宅地方楼维修工程。对河康小区10栋楼230户进行楼宇门更换、安装楼道灯、内外墙粉刷等改造提升工程。

四、夯实民生保障，抓实社会发展，群众生活持续改善。

（一）精准扶贫。对全街道76户190人贫困人口再次进行集中摸底、精准识别；选派10名科级干部联系贫困户，按照“不脱贫不收队”的工作要求进行帮扶；2016年坨子、南旺扶贫资金项目确定为入股春兴盐化金兴分公司，按不低于入股资金的10%参与分红的方案。

（二）卫生工作。全力抓好卫生城复审，对八吕、六吕、二吕、李坨4个城郊村进行重点突破，对二吕40余家建筑工地进行统一规范治理，已顺利通过省级验收，正在准备迎接国家级的明察暗访；推进卫生室标准化建设。2016年，共推进4处卫生室标准化建设，其中，新建二吕村、新建村2处卫生室，改建大学村、八吕村2处卫生室；2016年，完成60岁以上老年人查体3394人，发放老年乡村医生补助46.67万元。

（三）社会保障。2016年，河口街道共发放老年人补贴28500元，发放老年优待金762000元；养老参保4239人，金额234万元；完成城乡居民医疗保险征缴13059人，医疗保险参保13823人，完成住院报销金额80.7万元，发放门诊报销金额41043元；办理小额贴息贷款115人，金额1313万元；办理就业失业登记证256本，领取一次性创业补贴130人。

（四）精神文明。开展电影下乡50余场，实施送戏下乡40余场次；完成李坨、三合村乡村剧场主体工程建设和八吕村、三合村、新建村、东劝村文化大院规范提升。

（五）教育工作。积极开展无证幼儿园清理整顿，摸清底数并登记汇总无证幼儿园有关信息。中心幼儿园顺利通过“山东省示范幼儿园”验收，四扣小学进行“东营市现代化学校”创建。

（六）社会稳定。共邀请专家检查企业274家次，发现隐患575条，现场整改154条，限期整改421条，现已完成复查321条；开展矛盾排查12次，排查出不稳定因素共有39件，调解结案30件，调解率100%，结案率80%。

【社区概况】 2016年，河口街道所辖5个社区。

（1）河宁社区。党总支书记、居委会主任吴振强。党委副书记、居委会副主任王玉清。该社区位于河口区海宁路，辖河宁1个规范化居民小区，4个居民小组，1个商户小组，共有1700户，4200人，流动人口800余人，驻社区单位6个，工作人员7人，党总支下设14个党支部，共有党员256人，其中从事自由职业的党员47人，离退休人员党员169人，流动党员8人，各项制度、基层组织健全。

（2）海宁社区。党总支书记、居委会主任张明海。该社区位于河口区海宁路，辖海宁小区、阳光花园、康宁小区、西湖印象4个规范化居民小区，5个居民小组，共有3014户，6487人，流动人口1249人，驻社区单位7个，工作人员6人，党总支下设5个党支部，共有党员85人，其中从事自由职业的党员45

人，离退休人员党员36人，流动党员4人，各项制度、基层组织健全。

（3）黄河路社区。党总支书记、居委会主任扈梅英。该社区位于河口城区中心区域，区委、区政府驻地，辖11个油地居民小区，共有1667户，3800余人，流动人口22000余人，驻社区单位48个，工作人员7人。按照居住区域，划分8个居民小组。党总支下设10个党支部，其中非公有制企业党支部1个，共有党员170人，各项制度、基层组织健全。

（4）河滨路社区。党委书记、居委会主任、社区工作站站长王友文。该社区辖1个规范化居民小区，驻社区机关单位6个，辖区内企业6家。共有1120余户，2886人，社区工作站工作人员6人。根据居民居住分布状况划分为4个居民小组。党委设书记1人，委员8人，下设7个党支部，共有党员136人。居委会设主任1人，委员3人。各项制度、基层组织健全。

（5）德盛街社区。党总支书记、居委会主任、社区工作站站长张学东。该社区位于河口区海康路，辖区范围东起海康路，西至西湖路，南起渤海路，北至黄河路。辖河凯、河颐、富海花园、供销佳苑4个规范化居民小区，5个居民小组，共有2150户，6080人，其中租住户210户，580人，驻社区单位26个，工作人员7人。党总支下设4个党支部，共有党员97人。各项制度、基层组织健全。

【行政村概况】 2016年，河口街道所辖22个村。

大学村　党支部书记袁拥军、村委会主任郎春生。2016年，全村共有170户、469人。现有耕地2100亩，该村以农业种植业和畜牧养殖业为主，农作物种植面积2080亩，建设畜牧养殖小区1处，农民人均纯收入10620元。

佘丈村　党支部书记、村委会主任张汉元。2016年，全村共有75户、210人。现有耕地1080亩，该村以芦苇业和农业种植业为主，农民人均纯收入10165元。

东五村　党支部书记国庆海、村委会主任王荷忠。2016年，全村共有128户、337人；现有耕地4000亩；畜牧养殖业以继才肉牛养殖场为龙头，辐射带动全村畜牧养殖业的快速发展，年底全村畜牧养殖专业户达10家；该村以种树和畜牧养殖业为主要产业，农民人均纯收入18000元。

二吕村　党支部书记王利华、村委会主任林吉军。2016年，全村共有279户、745人，农民人均纯收入15695元。该村以芦苇产业和发展个体私营经济为主，全村苇场面积1100亩，个体私营业户达46家。

东劝村　党支部书记、村委会主任牛建国。2016年，全村共有183户、578人，开发苇场500亩，水产养殖面积1300亩，建起经济小区1处，经商业户达32家，农民人均纯收入12365元。

李坨村　党支部书记、村委会主任张月友。2016年，全村共有287户、799人，农民人均纯收入15316元。该村以建筑业、芦苇业和发展个体私营经济为主，拥有河口第三建安公司，固定资产达到650万元，年创产值2600万元；个体私营经济发展迅速，从业人员达160人。

四扣村　党支部书记邢成民、村委会主任李宝岭。2016年，全村共有226户、605人，现有耕地1046亩；棉花产量22吨，农民人均纯收入13680元。该村以运输业、芦苇加工业和发展个体私营经济为主，全村有运输车辆36台，苇板加工企业8家，个体私营业户84家。

三合村　党支部书记殷鹏宵、村委会主任毕建华。2016年，全村共有196户、495人；土地总面积5300亩，其中耕地面积4000亩。该村以棉花种植、大棚蔬菜、大棚食用菌种植业为主，2012年三合村流转土地1000亩，建设高效生态（菌蔬）循环经济示范园，建成蔬菜大棚18个、周年温控食用菌智能大棚24个，年产各类蔬菜540吨，双孢菇300吨，可实现年产值460万元，带动村民每户年增加收入3万余元，村集体通过流转土地每年可增加收入9万元，农民人均纯收入13518元。

六吕村　党支部书记杨长春、村委会主任周卫东。2016年，全村共有134户、355人，现有耕地174亩，农民人均纯收入14518元。该村以建安业和民营经济为主，个体私营业户达37家。

六扣村　党支部书记房红明、村委会主任孙寿建。2016年，全村共有256户、715人；农民人均纯收入13815元；现有耕地600亩，该村以芦苇种植、苇板加工和运输业为主，现全村共开发苇场1200亩，苇板加工企业26家，各种型号运输车辆45台。

西五村　党支部书记刘光亮，村委会主任安庆国。2016年全村共有195户、538人；现有耕地5131亩，该村以农业种植业为主，农作物种植面积4700亩。农民人均纯收入11528元。

裕民村　党支部书记王义、村委会主任张玉福。2016年，全村共有123户、345人；该村以农业种植，特色农业以花生种植业、畜牧养殖业为主，棉花、玉米种植2000亩，花生种植500亩，畜牧养殖专业户12户，海水养殖面积15000亩，农民人均纯收入15963元。

刘坨村　党支部书记薄万华、村委会主任宁吉祥。2016年，全村共有154户、461人，农民人均纯收入10432元。该村以发展芦苇业和运输业为主，现开发苇场1600亩，运输专业户达16家。

新建村　党支部书记、村委会主任李培景。2016年，全村共有370户、920人；该村以芦苇业、农业种植业和建筑工程为主，农民人均纯收入15587元。

西劝村　党支部书记、村委会主任赵新海。2016年，全村共有103户、274人；该村以农业种植业、畜牧养殖业和运输业为主，有畜牧养殖专业户11户，农民人均纯收入14996元。

坨子村　党支部书记、村委会主任崔如山。2016年，全村共有142户、385人；现有耕地1875亩，该村以畜牧养殖业、林果种植业和农业种植业为主，农民人均纯收入9396元。

民生村　党支部书记扈继东、村委会主任滕学武。2016年，全村共有1575户、476人；现有耕地3341亩，该村以芦苇种植、淡水养殖和畜牧养殖为主，淡水养殖面积1200亩，养羊专业户16户，农民人均纯收入11862元。

八吕村　党支部书记董子虎、村委会主任马合田。2016年，全村共有178户,506口人，本村中共党员54人现有耕地1600亩，该村主要以种植业，建筑业和发展民营经济为主，2016年种植树木1400余亩，人均增收3000余元，建筑业蓬勃发展，宏盛建安公司拥有固定资产600万元，全年实现产值1700万元；个体私营业户达到34家，畜牧，养殖专业户22家，1家合作社；（文斌农业合作社）以种植水果玉米为主打造东营绿色品牌。1所突出特色、全面发展”的幼儿园（河口街道第一幼儿园），现有教职工15人，在园幼儿160人。

南旺村　党支部书记、村委会主任刘树国。2016年，全村共有58户、172人。现有耕地900亩，该村以畜禽养殖和芦苇、棉花种植为主，畜禽养殖专业户达1户，苇场面积0亩，农民人均纯收入4216元。

五顷村　党支部书记刘美阳、村委会主任张付秀。2016年，全村共有83户、231人；该村以农业种植业、食用菌种植和畜牧养殖业为主，养殖专业户3户，发展蘑菇种植大棚28个，农民人均纯收入12108元。

长青村　党支部书记、村委会主任董华亭。2016年，全村共有65户、218人。现有耕地1500亩；该村以芦苇开发和林果种植为支柱产业，农民人均纯收入12815元。

福祥村　党支部书记、村委会主任张学国。2016年，全村共有51户、148人。现有耕地900亩，该村以农业种植、蔬菜大棚业为主，农作物种植面积500亩，蔬菜大棚20个，农民人均纯收入9798元。

六合街道

【概况】　六合街道总面积146.55平方公里。位于河口区南部，北与河口城区连接，南与利津县汀罗镇接壤，东靠济军生产基地和孤岛镇，西临河口街道办事处，河口经济开发区坐落在六合境内，地处油田腹地，辛河路贯穿南北，基础设施完善，区位优势明显。辖28个行政村，2个社区，4.5万人；其中农村人口1.5万人，人口自然增长率为13.64‰。

【国民经济和社会发展综述】 2016年，实现国民生产总值24.0165亿元，比上年增长8.4%。规模以上工业总产值20.2294亿元，比上年增长9.9%，财政收入5173万元，同比增长13.6%；全年粮食作物播种面积34922亩，总产13219.526吨。瓜菜2230亩，总产4274.41吨；棉花30893亩，总产2061.098吨；年末大牲畜存栏牛594头，猪存栏1.0582万头，羊存栏9002只，家禽存栏41.64万只。有水库36座。有中学1处，小学1处，在校学生共985人，幼儿园3处，在校幼儿519人，适龄儿童入学率100%。有医院1处。有28个村达到小康水平。城乡居民基本养老保险参保6400人，实现全覆盖；城乡居民基本医疗保险参保15305人，实现全覆盖；全街道最低生活保障救助810人，其中，农村低保760人，城市低保50人。

（一）产业转型稳步推进。坚持三次产业协调推进，主动转方式调结构，不断提升发展质量。在工业方面，主动引导规模以上企业转型升级，顺泰化工、润博化工转型后分别实现年销售收入6亿元和7.3亿元；全力推进新上项目的建设，建设完成总投资3.3亿元的澳源进口肉牛屠宰加工项目；积极促成总投资2.5亿元的东营裕丰粮食深加工项目落户建设。在农业方面，按照“抓龙头、建基地、扩规模”的思路，依托晨阳菌业、澳源肉牛、黄河方舟等农业龙头企业，打造西部瓜果蔬菜、东部辣椒莲藕、中部淡水养殖、北部畜禽养殖四大特色产业基地，发展大棚蔬菜种植1000余亩，莲藕5000余亩，辣椒2000余亩，淡水养殖8000余亩，预计创收5000万元。在服务业方面，围绕服务中心城区和园区企业，集中发展专业批发市场、电子商务、商贸物流和房地产业，依托三义和综合市场，建成农村电子商务交易平台，成功入驻商户60余家，预计实现社会消费品零售额14.52亿元，同比增长12.7%。

（二）城乡发展协调推进。坚持打基础谋长远，把精神文明与城乡建设同谋划同推进，河安社区、河庆路社区分别被授予全国侨务工作明星社区和国家地震安全示范社区，街道也被授予全市无邪教创建示范街道。在精神文明建设方面，在全面推行移风易俗改革的基础上，注重加强农村文化载体建设，依托农村红白理事会，简办红白事140余起，倡树文明新风，投资20余万元打造荆家村历史文化展厅，投资60余万元对街道综合文化站和农村文化服务中心进行提升，建成荆家、范家、老庙三个一级乡村剧场，使得农村文化承载能力明显增强。在城乡建设方面，以“创城”活动为契机，深入开展“拆违治乱、卫生清理”两大行动，全面完成辖区内违法建筑调查摸底工作，对4处违法建筑进行拆除，还对辛河路两侧沿街商铺门头牌匾进行统一改造，对农贸市场、城市社区环境卫生进行集中治理，对城乡环卫一体化进行提标扩面，对6个村700余户农村家庭进行旱厕改造，完成2000余户农村家庭清洁燃气改造的任务目标；以乡村文明建设为抓手，不断加强农业农村基础设施建设，先后投资1380万元实施11个村庄、48个村级公益事业建设项目，投资700余万元完成2.3万亩孤河水库片田间治理项目，投资4000余万元完成2016年度8700亩的增绿计划，积极协调油田地方启动实施孤河水库封闭管理工作。

（三）民生事业全面推进。坚持在经济增速放缓的情况下，民生投入力度不减、标准不降，投资1600余万元实施10件惠民实事。在教育发展方面，继续实施中小学生免费乘坐校车、集中供暖、教师学生免费查体等惠民政策，全面推行中小学小班化教学，投资30余万元实施幼儿园改造提升工程，完成三义和幼儿园“省级规范化幼儿园”达标验收。在医疗保障方面，建设完成18处标准化村级卫生室，在街道卫生院开设“国医馆”，邀请滨州医学院附属医院专家定期坐诊交流，全面加强乡村医生队伍建设和素质提升。在保障救助体系建设方面，城乡居民医疗保险、城乡医疗社会保险实现全覆盖，完成报销医疗、门诊费用221.66万元，继续实施大病再次救助政策、城乡低保等救助政策，先后发放各类救助金320余万元，组织成立街道慈善总会。在社会养老体系建设方面，完成荆家村、小义和村、东坝村、广河村等养老幸福院的升级改造，为60周岁以上老人购买2份银龄安康保险，街道被授予全市老龄工作先进单位。在精准扶贫开发上，率先完成扶贫任务，通过逐户核实、精准识别，产业带动、就业帮扶，实现51户贫困家庭全部脱贫，并制定实施扶贫长效管理措施，防止脱贫人员再次返贫。

（四）安全稳定持续推进。坚持把安全稳定摆在突出位置，常抓不懈、持久用力。在安全管理方面，集中开展安全生产隐患排查整治，先后排查出安全隐患743处，现场整改223处，限期整改520处，现已全部整改完毕，在公共安全和生产安全等方面没有发生有重大影响的安全事件。在社会治安综合治理方面，把5村1驻地综治联建作为街道区域联建的重要内容进行推进，配备电动巡防车辆17辆，新增视频监控设备42台，实现街巡与网巡24小时交替治安巡查，有效维护社会治安稳定，全年未发生有重大影响的社会治安事件。在社会稳定维护方面，深入实施综治、信访、调解“三员合一”，大力开展矛盾纠纷排查调处工作，重点针对民办幼师待遇、企业工资拖欠等信访热点要点实施“双控”保障机制，有效地控制越级上访、控制负面影响，先后处理民生热线987件，化解信访积案3件，处理矛盾纠纷25起，2016年，群众满意度调查成绩再次位列全区前列。

（五）作风建设深入推进。坚持以“两学一做”学习教育为统领，从严落实管党治党责任，深入推进党风廉政建设，全面加强基层组织建设。在深入开展“两学一做”学习教育方面，做到学做互进、改促并举、知行合一，抓党员教育和管理成为“常态”，做合格党员和守纪律党员成为“时尚”，党风政风得到有效维护，街道被市政府确定为“依法行政联系点”。在全面加强基层组织建设方面，创新实施“农村党建区域化、党群工作网格化、党员管理星级化、村级管理法制化、便民服务常态化”的基层党建“五化”工程，基层组织服务群众和助推经济社会发展的水平得到极大提升。

【社区概况】 2016年，六合街道所辖2个社区。

（1）河安社区。党委书记孔梅英、工作站站长王月东；河安南区党支部书记、居委会主任赵培光；河安北区党支部书记、居委会主任郭金智；河安小区业委会主任殷洪志。该社区位于河口区海宁路399号，辖区范围为渤海路以南、海宁路以西。现主要服务河安小区，共有6个居民小组，居民4102户，1.3万人，其中租住户186户，293人，驻社区单位6个，幼儿园一处，小学一处。社区现有工作人员11人，居委会成员10人。党委下设3个党支部，共有党员268人。社区基层组织机构健全、制度完善、运行规范、发挥作用良好。

（2）河庆路社区。党总支书记、居委会主任袁景波；工作站站长周超；党总支下设3个党支部，第一党支部书记王安明；第二党支部书记郭俊礼；第三党支部书记杜玉芝。社区工作人员15人。共有党员41人，积极分子7人。其中，从事自由职业的党员26人，离退休人员党员15人。该社区位于河口区河庆路175号，辖区范围为西起海宁路，东至海昌路，北从渤海路，南到城乡接合部，总面积约28平方公里。其中包括：中海嘉园、锦绣家园、枫林绿洲、金盛家园、富海家园、海逸皇廷、康苑小区、御景美郡、怡河水岸、公路局职工住宅区、河口二建职工住宅区、六合建安职工住宅区、邮政局职工住宅区、原石油公司职工居住区、区供销社职工宿舍区、开发区职工居住区、千硕建安职工住宅区、六合供销社职工居住区等18个居住片区；枫林幼儿园、海嘉幼儿园等2处幼儿园；华联大型综合超市1处、欧诺装饰材料专业市场1处。6个居民小组，共入住5660户，常住人口15667人（户籍在册人口 1332 人），流动人口 6081 人；在册企业法人单位 361 家、在册个体工商户 469 家；驻社区单位包括政府机构及银行、电信、电力等机构 19 家。社区基层组织机构健全、制度完善、运行规范、发挥作用良好。

【行政村概况】 2016年，六合街道所辖28个行政村。

薄家嘴村 党支部书记、村委会主任薄其贵。2016年，全村共有178户，643人。耕地总面积1480亩，其中水浇地 1380 亩，盐碱地 100 亩。该村以棉花种植为主，2016 年，全村共有棉花种植户 180 户，种植棉花 4600 亩（其中 3500 亩为承包外单位土地），产量从 300 到 500 斤不等，棉花种植成了全村的主导产业。种植粮食 60 余亩，亩产 680 斤。2016 年农村居民人均可支配收入 15968 元。

东崔村 党支部书记、村委会主任綦月勋，2016年，全村共有 211 户，668 人。耕地面积 1493 亩，其中水浇地 300 亩。该村以棉花种植，水产养殖为主，棉花种植面积棉花 4000 亩，籽棉产量 60 万公斤，水产养殖面积 1000 亩，鱼、虾、蟹产量 10 万公斤。粮食产量 5000 公斤，2016 年农村居民人均可支配收入 17356 元。

芦山村 党支部书记、村委会主任冉祥平，2016年，全村共有 58 户，164 人。耕地面积 140 亩，其中水浇地 150 亩。全村共有台田 35 个，棉花种植面积 150 亩，该村以棉花种植为主，村民主要经济收入依靠外出打工和农业生产 ,2016 年农村居民人均可支配收入 15961 元。

大夹河村 党支部书记、村委会主任王建军。2016 年，全村共有 207 户，694 人。耕地 1200 亩，其中：水浇地 1100 亩。粮食产量 150 吨，果品 25 吨，棉花 70 万公斤。该村以种植棉花为主，村民在本村土地有限的情况下，都纷纷承包外村土地，2016 年全村共有棉花种植户 150 户，种植棉花 4000 亩，农村居民人均可支配收入 16011 元。

东坝村 党支部书记宁观海、村委会主任胡学义。2016 年，全村共有 127 户，372 人。村庄占地 360 亩，户均占地 4 亩。全村所属版权土地面积 1800 余亩，其中耕地 1200 亩，以棉花种植为主，2016 年农村居民人均可支配收入为 15913 元。

后沟村 党支部书记崔光平、村委会主任陈志国。2016 年，全村共有 188 户，537 人。全村现有土地 2070 亩，其中承包 600 亩。全村主要以棉花种植为主，其次是外出务工。2016 年农村居民人均可支配收入 15884 元。

胡家村 党支部书记孙玉亮、村委会主任刘召功。2016 年，全村共有 88 户，273 人。全村现有土地 4672 亩，其中台田 120 亩，东洼地 90 亩，西洼 1 条田 140 亩。全村主要以棉花种植为主。2016 年农村居民人均可支配收入 16109 元。

上小街村 党支部书记、村委会主任刘建强。2016 年，全村共有 127 户，410 人。全村现有土地 1553.2 亩，全村主要以蔬菜大棚种植为主，大棚 60 个（大棚约 32 亩）。其次是种植棉花。2016 年农村居民人均可支配收入 17107 元。

小义和村 党支部书记徐文森、村委会主任徐文福，2016 年，全村共有 173 户，495 人。耕地面积 240 亩，其中水浇地 200 亩。全村共有台田 18 个，棉花种植面积 240 亩，该村以棉花种植为主，村民主要经济收入依靠外出打工和农业生产 ,2016 年农村居民人均可支配收入 16921 元。

新合村 党支部书记、村委会主任薄成亮。2016 年，全村共有 132 户，362 人。村集体收入以收取土地荒碱承包费和占地补偿款为主；农民耕种的河坝地和台田共 1325 亩，人均 3 亩，承包土地较平均，进排水设施基本配套；村民主要以种植棉花、养羊等创收，经商的有 10 户；村内文化大院、公路、供水、排水设施基本配套；村务财务公开较及时。2016 年农村居民人均可支配收入 16110 元。

三义和村 党支部书记蒋时祥、村委会主任蒋爱国。全村现有常住人口 212 户、616 口人。村庄占地 664.2 亩，外来人口 6219 人，其中，居住长达 10 年以上的常住商户798户。建有五金建材、家具、蔬菜等专业批发市场，基础设施建设具备一定基础，村民主要经济来源以商业为主，2016年农村居民人均可支配收入24958元。

广河村 党支部书记陈金军、村委会主任陈泽华。2016年，全村共有208户，577人。该村为城中村，该村耕地1400亩，多数为低产田，主要产业是建筑、劳务、商饮、运输、工业企业，2016年农村居民人均可支配收入23589元。

协胜村 党支部书记杨秋娥、村委会主任王横利。2016年，全村共有430户，1223人。为城中村。该村主要产业是养殖、劳务、运输、建筑，2016年农村居民人均可支配收入19629元。

新胜村 党支部书记高金民、村委会主任陈建国。2016年，全村共有83户，257人。耕地面积440亩，其中水浇地440亩。全村共有台田730亩，棉花种植面积900亩，蔬菜种植面积80亩。该村主要产业是种植业、养殖业，2016年农村居民人均可支配收入15881元。

荆家村 党支部书记、村委会主任荆曰国。2016年，全村共有241户，639人。耕地面积1076亩，其中水浇地360亩。全村共有台田320亩，棉花种植面积1500亩，养殖大棚12个。该村主要产业是种植业、个体经营，2016年农村居民人均可支配收入16005元。

安家村 党支部书记、村委会主任高兴军。2016年，全村共有148户，430人。耕地面积718亩，其中水浇地400亩。全村共有台田320亩，棉花种植面积700亩，池塘养殖100亩。该村主要产业是种植业、养殖业，2016年农村居民人均可支配收入15968元。

于家村 党支部书记、村委会主任于耀生。2016年，全村共有112户，314人。耕地面积1054亩，其中水浇地350亩。全村共有台田350亩，棉花种植面积450亩，蔬菜种植面积150亩，池塘养殖350亩。该村主要产业是种植业、养殖业，2016年农村居民人均可支配收入16885元。

范家村 党支部书记李建成。2016年，全村共有270户，759人。耕地面积779.2亩，棉花种植面积600亩，池塘养殖300亩。主要产业以种植业、养殖业、运输业和建筑劳务业为主，2016年农村居民人均可支配收入17006元。

闫家村 党支部书记、村委会主任李新民。2016年，全村共有92户，263人。耕地面积700亩，其中水浇地600亩。全村共有台田400亩，棉花种植面积400亩，池塘养殖200亩。该村主要产业是种植业，2016年农村居民人均可支配收入15968元。

后毕村 村委会主任刘长谊。2016年，全村共有229户，724人。耕地面积750亩，其中水浇地650亩。全村共有台田1000亩，棉花种植面积1000亩，池塘养殖900亩。该村主要产业是种植业、养殖业，2016年农村居民人均可支配收入16921元。

前沟村 党支部副书记陈希文，村委会主任李桂山。2016年，全村共有171户，470人。耕地面积1224亩，其中水浇地900亩。全村共有台田600亩，棉花种植面积1200亩，池塘养殖100亩，养殖大棚5个。该村主要产业是种植业、养殖业，2016年农村居民人均可支配收入16102元。

梅家村 党支部书记王希左、村委会主任王希永。2016年，全村共有117户，438人。辖区占地1130亩，种植大棚蔬菜为村内主要产业。自2011年以来，继续将蔬菜大棚种植作为发展致富的拳头产业，增建新棚，改造旧棚，扩大棚区面积，共有大棚88个，主要种植桑葚、葡萄、西红柿、油菜、西葫芦、韭菜等10多种果蔬。该村主要产业种植业，2016年农村居民人均可支配收入17298元。

西崔村 党支部书记崔淑国。2016年，全村共有232户，661人。耕地面积1495亩，其中水浇地1200亩。全村共有台田21亩，棉花种植面积2400亩，池塘养殖300亩。该村主要产业是种植业、养殖业，2016年农村居民人均可支配收入16925元。

六合村 党支部书记、村委会主任张峰基。2016年，全村共有173户，516人。耕地面积1943亩，其中水浇地1900亩。全村共有台田1200亩，棉花种植面积2900亩，池塘养殖300亩。该村主要产业是种植业，2016年农村居民人均可支配收入16924元。

庙一村 党支部书记、村委会主任陈宗强。2016年，全村共有223户，789人。耕地面积662.1亩，其中水浇地500亩。全村共有台田450亩，棉花种植面积2700亩，池塘养殖320亩。该村主要产业是劳务业、运输业、种植业，2016年农村居民人均可支配收入16218元。

庙二村 党支部书记、村委会主任陈长山。2016年，全村共有350户，1138人。耕地面积1195.6亩，其中水浇地1000亩。全村共有台田700亩，棉花种植面积1500亩，池塘养殖200亩，船只30只。该村主要产业是养殖业、种植业、淡水捕捞业，2016年农村居民人均可支配收入16325元。

毕咀村 党支部书记、村委会主任毕玉强。2016年，全村共有198户，598人。耕地面积480亩，其中水浇地200亩。全村共有台田200亩，棉花种植面积2700亩，池塘养殖120亩，船只30只。该村主要产业是种植业、海洋捕捞业、淡水养殖业，2016年农村居民人均可支配收入16102元。

小夹河村 党支部书记、村委会主任李兵。2016年，全村共有161户，535人。耕地面积1200亩，其中水浇地1200亩。全村共有台田120亩，棉花种植面积2000亩，池塘养殖100亩。该村主要产业是种植业，2016年农村居民人均可支配收入16219元。

新户镇

【概况】 新户镇2012年3月8日被国家发展改革委办公厅列为第三批全国发展试点城镇，2012年3月30日被东营市委、市政府确定为全市首批试点强镇。位于河口区西北部，北接渤海，东、南邻河口街道办事处、义和镇，西与滨州市沾化县接壤，是东营市的西北门户，地理位置优越。共有行政村75个，总人口2.7万人，人口自然增长率为10‰，行政区域总面积730.8平方公里。境内自西而东潮河、马新河、沾利河、草桥沟四条较大排河南北向穿境入海，引蓄水条件完善，泄洪排涝便捷。向东50公里接东营港，向西距滨州东风港20公里，南部有312省道连接东西，南距荣乌高速仅20公里，交通网络畅通。境内土地面积广阔，未利用地开发、土地整理挖潜的空间较大。海岸线长47公里，浅海滩涂面积70万亩，具备大规模发展滩涂养殖、浅海护养以及海洋捕捞等海洋经济的条件。培育形成了冬枣、海洋渔业、盐及盐化工、新能源等6大主导产业。

【国民经济和社会发展综述】 2016年，国内生产总值43.2亿元，增长6.8%，规模以上工业总产值283亿元（含蓝色经济开发区），增长8.7%；固定资产投资额65.5亿元，增长20.5%；社会消费品零售额4.2亿元，增长12.4%；地方财政收入4360万元，增长–9.5%；农林牧渔业总产值129237万元；全年粮食作物播种面积9270.1公顷，总产4.9万吨；瓜菜257.7公顷，总产1.7万吨；棉花1666.6公顷，总产0.18万吨；种植业产值32450万元。林果总产13350吨；林业产值2759万元。年末大牲畜存栏12693头，猪存栏8万头，羊存栏1.2万只，家禽存栏62.6万只；畜牧业总产值30229万元。渔业总产值54388万元。农林牧渔服务业总产值9411万元。有水库156座，总蓄水能力2460万立方米。农村用电量1041.1万千瓦时。有中学2处，小学2处，在校学生共1268人，适龄儿童入学率100%。有医院2处。2016年，被国家安全社区创建考核验收组、环保部、省旅游局、省卫生厅等部门单位授予“全国安全社区”“国家级生态乡镇”“山东省旅游强镇”“省级卫生乡镇”“山东省林业百强先进乡镇”“全市现代农业发展先进乡镇”“全市试点强镇跨越发展先进单位”等荣誉称号。

（1）全力加速粮食、经济作物生产规模膨胀。全镇小麦种植面积达49200亩，棉花18100亩，玉米13100亩，高粱12000亩，苜蓿3300亩，冬枣4800

亩，果树1800亩，其他农作物2300亩。因今年天气气候条件较好，组织灌溉及时到位，农作物产量取得大丰收，亩产普遍较去年同期增长四成以上。聚力发展现代种植业。以未利用地项目建设为支撑，以裕丰种植基地为载体，实施农业科技工程，建设了渤海粮仓和省农科院黄河三角洲裕丰耐盐作物博士科研工作站，实施重盐碱地改良省级农业示范园项目建设。投资508万元建设了3300亩河口区苜蓿种植及高产攻关示范片区。概算投资2000万元建设裕丰优质粮食收储加工基地，现已完成图纸审查，准备开工建设。

（2）严格落实各项支农惠农政策。镇党委、政府始终坚持把维护好农民群众的根本利益作为农业和农村工作的根本出发点和落脚点，细化工作措施，确保农民利益落到实处。一方面，深入贯彻落实中央、省、市、区的一系列有关支农惠农政策，全面落实各项强农惠农政策，严格落实小麦、玉米、棉花良种补贴、渔船转产安置补助。全年共有45户农户购置了57台现代农业机械，享受补贴114万元。另一方面，积极做好2016年度小麦种植面积核定工作。按照上级规定，与各村签订《新户镇小麦种植面积核定工作责任书》，完成了75个村的《2016年度小麦种植面积农民自报单》《2016年度小麦种植面积核定统计表》上交核实工作。同时，对种粮大户上报地块逐个进行测量，对小麦出苗情况进行折实，严格查实小麦种植面积，从源头上切断多报、重报、漏报的问题，目前核实工作全面完成，全镇种粮农民小麦种植面积涉及69个村，共2139户，总面积49200.81亩。

（3）抓好春耕备耕及春播。镇农技干部分片深入田间地头，认真指导春耕生产，着力解决生产技术问题。采取各村设立供销点供种的形式，把良种直接送到农民手中，并对各品种的特性、栽培技术进行现场讲解指导，受到了农民群众的一致好评。研究提出春耕灌水溶田等关键技术措施，结合新农民学校进行科技培训，共举办农技培训班10期，培训人员569人次，发放资料3800余份，为春耕生产提供科技保障。认真抓好化肥、农药、农膜等生产资料的储备、调运工作，做到品种齐全、价格合理、供应到位、不误农时、服务高效。同时，配合上级有关部门加大对农资产品的执法力度，对全镇近80家农资经营部门进行全覆盖检查，为春耕生产提供物资和质量上的保障。

（4）全力加快发展现代畜牧业。依托正邦、澳亚等龙头企业，规模化发展奶牛、肉牛、肉羊、肉禽等畜牧业，推动现代畜牧产业基地快速发展。重点推进正邦项目建设，在年出栏生猪20万头规模基础上，计划今明两年规模扩大至100万头，同时配套屠宰和深加工等项目，不断延伸产业链条。澳亚牧场现存栏奶牛12000余头，其中泌乳牛5500头，日产鲜奶210吨左右，年可实现销售收入3.5亿元。继续引进有实力的现代化大型企业进驻，发挥龙头企业引领作用，促进规模化种植、养殖发展，提升档次，打造亮点项目。

（5）全力推进现代高效生态渔业发展。完善配套底播贝类养殖区20万亩，建成牡蛎、扇贝养殖区2万亩。华春、通和公司增殖放流中国对虾20000万尾、梭子蟹1200万只。新选址建设新户渔港，提高渔港综合服务功能和渔业防灾减灾能力，现正在进行科研论证。对全镇36家水产苗种繁育场进行摸排调查并登记造册，对苗种繁育场苗种生产、用药、销售情况详细登记。联合区渔技站、区渔政站对全镇育苗场突击检查2次，随机抽取样品进行检测。充分发挥盐业化验室作用，免费接受18家盐业企业的原盐和卤水化验请求。坚持“海上河口”建设，聘请规划设计单位高标准编制渔盐发展规划，实施渔盐一体化改造提升工程，现已形成初稿。

（6）聚力加快推进农田水利工程建设。争取上级政策，积极实施15万亩未利用地后期管护工程。实施黄河故道治理、新户干和九支排清淤、马家水库坝体修复等饮水安全、防洪减灾、水土保持、节水灌溉、中低产田改造和土地开发项目7个。现项目已基本完工，正进行扫尾工作。2016年以来，共抢引抢灌黄河水1000万立方米，累计灌溉土地42943亩，水库总蓄水200万立方米。农田水利设施制度改革和创新运营管护机制试点工作，涉及16.5万亩土地，净面积10.6万亩，以提水泵站为灌区共划分四顷二、东华、卫星渠等14个灌区，共确权颁证113个，使用证113个，签订管护协议书14个，成立6个用水户协会，已通过市级初验。

（7）倾力推进力绿色生态建设。实施三年增绿计划，推进农田、路域、水系、城镇林荫等绿化工程建设，概算投资5455万元，绿化面积10737亩。今年投资1332万元，完成造林面积7608亩，完成进度的70%；投资21万元完成经济林造林156亩，投资184万元完成路域绿化造林567亩；投资201万元完成村镇绿化造林60亩。所有片林成活率全部达到80%以上，并以顺利通过上级验收。严格落实管护责任，认真抓好浇水、扶正、涂白、除草、抹芽、治虫等各个环节，确保林木成活率和保有率。扎实做好林业有害生物美国白蛾、木蠹蛾等病虫害防控。对镇域区内出现的网幕进行排查，发现有网幕的及时剪除，喷洒无公害药剂，较好控制疫情扩散。对镇主要路域防治木蠹蛾2次，有效保障绿化效果。共出动宣传车辆12辆，发放明白纸1200余张，在全镇范围内形成良好的有害生物防治氛围。

【行政村概况】 2016年，新户镇所辖75个行政村。

新立村　党支部第一书记姜星青（2015年1月区委下派），党支部书记、村委会主任李树喜。2008年创建为市级小康文明村。2016年，全村共有75户，226人，耕地面积150亩，水库60亩，荒地8101.85亩，渔船23只，主要以近海捕捞和棉花种植为主，2016年农民人均纯收入15220元。

奇古村　党支部第一书记辛永明（2015年1月区委下派），党支部书记、村委会主任王长顺。2016年，全村有39户、110口人，耕地面积280亩，苇场2000亩，该村以种植棉花和畜牧养殖为主，2016年农民人均纯收入14047元。

九顷村　党支部第一书记商继全（2015年1月市委下派），党支部书记、村委会主任马少忠。2005年创建为市级小康文明村。2016年，全村有180户、520口人，耕地面积1700亩，其中冬枣园800亩，该村以种植冬枣、棉花为主，少数群众从事畜禽养殖，2016年农民人均纯收入12783元。

公司村　党支部书记、村委会主任江新春。2016年，全村有80户、240口人，耕地面积950亩，苇场600亩，渔船7只，该村以种植、畜牧和海水捕捞为收入的主要来源。2016年农民人均纯收入14443元。

郭局村　党支部书记、村委会主任李宝祥。2007年该村创建为市级小康文明村。2016年，全村有289户、940口人，耕地3700亩，有台田530亩，滩涂5.19万亩，苇场5000亩，渔船26只。该村主要以海水养殖和捕捞为主。2016年农民人均纯收入18771元。

官庄村　党支部书记、村委会主任王成海。全村现有71户、280口人，耕地面积2000亩。该村利用丰富的自然资源进行畜牧生产、芦苇生产，大力发展个体私营经济。2016年人均纯收入15358元。

西村　党支部书记、村委会主任吴俊国。2006年创建为市级小康文明村。2016年，全村有140户、396口人，耕地面积1100亩，园地50亩，苇场2650亩，有渔船10只，主导产业为粮棉生产，部分村民从事海水养殖和水产品运销，2016年农民人均纯收入15979元。

海丰村　村委会主任高胜利。2016年，全村有40户、107口人，无耕地，滩涂2000亩，苇场和荒碱地3000亩，该村以种植棉花为主，农民人均纯收入16227元。

盐山村　村委会主任王和国。2016年，全村有82户、220口人，耕地400亩，其中冬枣400亩。该村是冬枣生产专业村，多数村民有种树的优良传统。2016年农民人均纯收入15896元。

东风村　党支部第一书记王以峰（2015年1月市委下派），书记、村委会主任李春收。2016年，全村有230户、610口人，耕地面积4000亩，苇场200亩，渔船13只。该村以棉花种植和畜牧养殖为主，少数群众经营浅海护养和渔业捕捞，2016年农民人均纯收入 13465 元。

东六合村 党支部第一书记蔺国锋（2015 年 1 月区委下派），党支部书记、村委会主任王云龙。2006 年创建为市级小康文明村。2016 年，全村有 117 户、423 口人，耕地面积 1200 亩，滩涂 3.43 万亩，苇场 2400 亩，渔船 36 只。该村典型的渔业专业村，2016 年农民人均纯收入 17096 元。

北李村 党支部书记范乃福，村委会主任张进成。2016 年，全村有 236 户、668 口人，耕地面积 3500 亩，其中冬枣 600 亩；苇场 1400 亩，盐场 2000 亩，该村以种植棉花、冬枣为主，2016 年农民人均纯收入 13832 元。

兴合村 党支部第一书记李冰（2015 年 1 月区委下派），党支部书记李元明、村委会主任黄令来。2016 年，全村有 380 户、1210 口人，耕地面积 5000 亩，苇场改地 11000 亩，畜牧养殖 30 户，该村以种植棉花、畜禽养殖为主，2016 年农民人均纯收入 15419 元。

八顷村 党支部书记宋玉德，村委会主任张明良。2016 年，全村有 53 户、143 口人，耕地面积 600 亩，苇场 200 亩，荒碱地 280 亩，主要以棉花种植为主，2016 年农民人均纯收入 13411 元。

中合堂村 党支部第一书记曹俊河（2009 年 7 月镇党委公开考选），党支部书记胡勇，村委会主任丁祥军。2016 年，全村有 320 户、860 口人，耕地面积 2800 亩，滩涂 9000 亩，苇场 5000 亩，渔船 42 只，该村以种植棉花和渔业捕捞为主。2016 年农民人均纯收入 18465 元。

双合村 党支部书记于辉，村委会主任周有才。2016 年，全村有 120 户、414 口人，耕地面积 1000 亩，有渔船 22 只。2016 年农民人均纯收入 14808 元。

杏行村 党支部书记李顺喜、村委会主任马金国。2016 年，全村共有 104 户、318 口人，耕地 800 亩，其中，冬枣 600 亩，是冬枣生产专业村。2016 年农民人均纯收入 17086 元。

麻郭村 党支部书记、村委会主任路来国。该村由郭家坝、小围子、麻湾井三个自然村组成。2016 年，全村共有 261 户、653 口人，耕地 5345 亩，该村以种植棉花为主，农民人均纯收入 13715 元。

友谊村 党支部书记、村委会主任杨玉国。2016 年全村有 91 户、231 口人，耕地面积 1196 亩，其中冬枣 184 亩，以种植棉花为主，农民人均纯收入 12528 元。

永合村 党支部副书记张秀美、村委会主任赵洪岭。2005 年创建为市级小康文明村。2016 年，全村有 112 户、312 口人，耕地面积 3933 亩，该村以棉花种植为主，以滩涂渔业养殖为辅，农民人均纯收入 12774 元。

四顷二村 党支部第一书记孙英杰（2015 年 1 月区委下派）党支部书记、村委会主任王甲峰。2016 年，全村有 167 户、467 口人，耕地面积 1600 亩，荒地 817 亩，其中，冬枣面积 20 亩，苇场 390 亩，有渔船 10 只。该村以种植棉花为主，有少数人从事建筑劳务，农民人均纯收入 12781 元。

新华村 党支部书记、村委会主任刘宝辉。2016 年，全村有 115 户、316 口人，耕地面积 1679.9 亩，冬枣 100 亩，苇场 1000 亩，以种植棉花为主，少数群众经营建筑材料、煤炭，从事畜牧养殖等，农民人均纯收入 12763 元。

北台子村 党支部书记、村委会主任郭希慧。2016 年，全村有 91 户、228 口人，耕地面积 1096 亩，冬枣园 20 亩，苇场 529 亩，该村以种植棉花、玉米为主，少数群众从事运输、个体经商。2016 年农民人均纯收入 12919 元。

太平村 党支部第一书记高聪（2015 年 1 月区委下派），党支部书记、村委会主任郭建峰。2016 年，全村有 84 户、234 口人，耕地面积 779 亩，建有牛肉育肥小区 1 个，年出栏 250 头。全村主要以棉花种植和畜禽养殖为主。农民人均纯收入 12547 元。

南王村 党支部书记、村委会主任刘新民。2016 年，全村有 118 户、290 口人，耕地面积 2392 亩，冬枣园 300 亩，苇场 1500 亩，该村以种植业为主，2016 年农民人均纯收入 12411 元。

小坨村 书记、村委会主任李增民。2016年，全村有35户、116口人，耕地面积2350亩、苇场300亩、苹果园10亩。该村以种植棉花为主，2016年农民人均纯收入13185元。

牟桥村 党支部书记、村委会主任房秀民。2016年，全村有68户、191口人，耕地面积3432.99亩，荒地943亩，2016年农民人均纯收入12998元。

丁家村 党支部书记季锋昌、村委会主任侯玉虎。2016年，全村有85户、215口人，该村有滩涂6500亩、台田83亩、苇场1803亩，渔船15只，属典型渔业村，以水产养殖和捕捞为主，2016年农民人均纯收入12935元。

大王村 党支部书记邵主春、村委会主任解秀云。2016年，全村有130户、396口人，滩涂4715亩，耕地443亩，苇场700亩. 渔船13只。该村以种植棉花、水产养殖和捕捞为主。2016年农民人均纯收入12705元。

东村 党支部书记、村委会主任李金岭。2006年创建为市级小康文明村。2016年，全村有268户、676口人，耕地1012亩，棉花720亩、冬枣300亩，个体工商户40户，劳务车辆48辆，渔船12只，海水养殖面积6500亩。2016年农民人均纯收入13951元。

三义村 党支部书记、村委会主任崔永礼。2016年，全村有115户、356口人，耕地面积946亩，林果园189.23亩，该村以种植棉花为主，农民人均纯收入12994元。

西鲍井村 村委会主任鲁宝东。2016年，全村有42户、111口人，耕地面积449亩，冬枣38亩，种植速生杨100亩，该村以种植棉花为主，少数群众从事个体经营。2016年农民人均纯收入12449元。

南六合村 党支部第一书记孙国晖（2015年1月市委下派），书记、村委会三任路兴伍。2016年，全村有110户、292口人，耕地面积2500亩，该村主要以种植业和畜牧业为主，2016年农民人均纯收11926元。

西华村 党支部书记、村委会主任门福军。全村现有177户、482口人，耕地面积3142亩。该村以种植业为主，主要作物有小麦、棉花等，棉花生产成为该村主要经济来源，近年来发展果树生产，现有冬枣640亩。2016年全村人均纯收入13122元。

仁义村 党支部书记、村委会主任孔宪军。全村现有145户、408口人，耕地面积1890亩。该村土地肥沃，排灌系统配套，以种植棉花为主，近年冬枣种植业发展较快。2016年全村人均纯收入12907元。

东华村 党支部书记齐梅，村委会主任边瑞雪。2016年，全村共有142户、386口人，耕地面积2505亩，荒地1183亩，该村以种植棉花为主，农民人均纯收入13864元。

中合村 党支部书记、村委会主任马相同。全村现有24户、68口人，耕地面积754亩，荒碱地860亩，植被丰富，畜牧养殖业发展迅速，2016年全村人均纯收入12735元。

龙王村 党支部第一书记郭乃华（2015年1月区委下派），党支部书记、村委会主任杨新庆。全村现有52户、232口人，耕地面积1156亩，以种植棉花、冬枣和畜牧养殖为主导产业。2016年全村人均纯收入12903元。

东兴村 党支部书记王双庆、村委会主任王建杰。全村现有188户、506口人，耕地面积4112亩。以种植、畜牧和上农下渔为主。2016年全村人均纯收入13003元。

艾和村 党支部书记时云跃、村委会主任吴金忠。全村现有90户、263口人，耕地面积1563亩。该村以农业为主，90%以上农户从事农业，主要收入来自种植业和畜牧业。2016年全村人均纯收入13386元。

北楼村 党支部书记宋连军、村委会主任袁新堂。全村现有76户、200口人，耕地面积884亩。该村农业发展条件优越，水源充足，交通便利，农作物以小麦，玉米、棉花、大豆为主。近年来，畜牧业和冬种植发展迅速。2016年全村人均纯收入13259元。

刘鄄村 党支部书记高峰、村委会主任杨新文，全村现有163户、481口人，耕地面积2693.3亩。全村种植冬枣300亩，优质棉900亩，肉鸡、肉鸭养殖小区1处，村民在做好种养业的同时，积极外出打工，增加收入。2016年全村人均纯收入达到13051元。

三泉村 党支部第一书记张学胜（2015年1月市委下派），党支部书记、村委会主任王金山。全村现有65户、181口人，耕地面积3950亩。该村荒碱地资源丰富，具有发展畜牧业得天独厚的优势，畜牧养殖成为该村的主要经济来源。2016年全村人均纯收入13078元。

星南村 党支部书记、村委会主任张化平。全村现有71户、181口人，耕地面积2300亩。以种植业为主，主要种植棉花、大豆等农作物，80%以上村民收入依靠种植业。2016年全村人均纯收入13176元。

星北村 党支部书记路林廷、村委会主任王景州。全村现有57户、166口人，耕地面积1593亩。2016年全村人均纯收入13223元。

双胜村 党支部书记、村委会主任王新堂。全村现有44户、121口人，耕地面积1160亩。该村以农业种植为主，主要种植棉花、小麦、玉米等，农闲季节对外输出劳务。2016年全村人均纯收入12986元。

一项六村 党支部第一书记葛明（2015年1月区委下派），党支部书记、村委会主任李宪廷。全村现有50户、183口人，耕地面积811亩。该村以棉花种植为主，近年来庭院经济发展较快，家家户户利用房前屋后种植瓜果蔬菜，达到人均1亩菜，半亩果。2016年全村人均纯收入13178元。

南楼村 党支部第一书记赵飞（2015年1月区委下派），党支部书记、村委会主任姜化刚。全村现有192户、640口人，耕地2265亩。该村经济以小麦、玉米、棉花等农作物种植为主。2016年全村人均纯收入11297元。

双泉村 党支部书记杨新玉，村委会主任贾荣和。全村现有179户、724口人，耕地面积3624亩。该村位于黄河故道，沙质土壤，适合发展香椿和蔬菜种植，运输业发展较快，粮食总产量居全镇前列。近年双泉工贸区建设启动，必将拉动该村经济快速发展。2016年全村人均纯收入13059元。

赵王村 党支部书记张树海、村委会主任李建青。全村现有77户、262口人，耕地面积1180亩。该村土地宽广、肥沃、平整，水浇条件好，主要种植经济作物大豆、棉花等。近年来运输业发展迅速，全村25%以上农户从事长途货运。2016年，全村人均纯收入13079元。

肥城村 党支部书记、村委会主任盛荣国。全村现有73户、264口人，耕地面积960亩。该村以种植粮食作物和香椿、蔬菜等经济作物为主，是蔬菜种植专业村。2016年全村人均纯收入12992元。

胜利村 党支部第一书记邓廷辉（2015年1月市委下派），党支部书记高令岐，村委会主任范鹏学。全村现有149户、407口人，耕地面积1268亩。该村经济以特色种植和特色养殖为主，种植优质高产花生和早熟蜜桃；貂、狐、貉特色养殖历史悠久，近年建成河口区貂、狐养殖试验室和特色养殖小区。2016年全村人均纯收入13323元。

坝上村 党支部书记、村委会主任徐宝江。全村现有90户、243口人，耕地面积1370亩。该村以种植业和畜牧业为主。2016年全村人均纯收入13600元。

三合村 党支部书记、村委会主任孙玉明。全村现有116户、310口人，耕地面积860亩。该村农业生产条件较好，主要以棉花、大豆生产为主，农闲季节对外输出劳务。2016年全村人均纯收入14100元。

中义村 党支部书记、村委会主任刘新堂。全村现有73户、210口人，耕地1850亩。该村以粮、棉间作为主，畜牧业发展较快，2016年全村人均纯收入13100元。

马家村 党支部书记、村委会主任王英福。现有121户、306口人，耕地面积1885亩，其中，棉田750亩。该村以种植业为主，富余劳动力常年外出打工，村民收入逐年增加。2016年全村人均纯收入13146元。

丁王村 党支部书记、村委会主任王庆山。全村现有45户、124口人，耕地面积515亩。该村地广人稀，以种植业、畜牧养殖为主，2016年全村人均纯收入13106元。

果园村 村委会主任盖新贞。全村现有35户、97口人，耕地面积510亩。该村以地处黄河故道的便利条件，大力发展棉花种植及林果生产，群众收入大幅增加。2016年全村人均纯收入14162元。

建设村 党支部第一书记刘强（2015年1月区委下派）党支部书记、村委会主任王岩峰。全村现有167户、470口人，耕地面积1200亩。该村以种植业为主，注重个体私营经济发展，成立有专业建筑队。2016年全村人均纯收入13178元。

顺和村 党支部书记尚玉军、村委科技副主任张世国。全村现有60户、172口人，耕地面积860亩。注重发展多种经营，全村40%以上农户从事商品营销。同时，该村木器产业发展较快，现有木器厂3家，木器产品辐射周边乡村，增加了农民收入。2016年全村人均纯收入14112元。

兴华村 党支部书记、村委会主任刘梅祥。全村现有人口89户、302口人，耕地635亩，逐步形成了以冬枣和畜牧养殖为主的农业产业结构。2016年，全村人均纯收入达13124元。

太一村 党支部第一书记丁俊山（2015年1月区委下派），书记、村委会主任赵立新。全村现有75户、220口人，耕地960亩。该村60%以上的户从事商品经营，主要经营日用百货和蔬菜贩运，发展大田菜，渔业养殖。2016年全村人均纯收入13264元。

太二村 党支部书记、村委会主任张希忠。现有202户、572口人，耕地2200亩，冬枣成为该村主导产业。2016年全村人均纯收入13436元。

太三村 村委会主任李明杰。全村现有97户、263口人，耕地面积1100亩。该村以商品经营为主业，40%以上的剩余劳力从事集市贸易，在种植方面大搞高效农业，近几年海水捕捞发展很快。2016年全村人均纯收入13086元。

南李村 党支部书记牛怀臣，村委会主任蔚大方。全村现有272户、813口人，耕地3200亩。该村以种植业为主，注重林果生产，重点发展蔬菜、花生、地瓜，畜牧业发展较快。2016年全村人均纯收入12544元。

老鸦村 党支部第一书记冯宏刚（2015年1月市委下派），党支部书记崔志福，村委会主任王光荣。2006年创建为市级小康文明村。2016年，全村有445户、1315口人，耕地面积7000亩，其中，冬枣100亩、棉花1500亩、西瓜2000亩、苹果1000亩。2016年农民人均纯收入12414元。

新兴村 党支部书记、村委会主任村孔祥福。全村现有58户、150口人，耕地面积3800亩。该村以种植业和畜牧业为主。2016年全村人均纯收入13368元。

丁家集村 党支部书记、村委会主任李克发。全村现有146户、421口人，耕地面积669亩。该村以种植业为主，近年来突出发展了冬枣种植业。2016年全村人均纯收入13106元。

和平村 党支部书记、村委会主任李庄祥。全村现有80户、226口人，耕地面积750亩。该村土地肥沃、平整，水浇条件好，主要种植果树、花生、大豆瓜果等。近年来，庭院经济发展迅速，主要种植香椿、蔬菜等，成为该村农民增收的亮点。2016年全村人均纯收13224元。

联合村 党支部书记、村委会主任谭振友。全村现有180户、512口人，耕地面积1601亩。该村以棉花、小麦、大豆等农作物种植为主，近年来个体私营经济发展迅速，全村60%以上的户从事家庭副业。2016年全村人均纯收入13357元。

太和村 党支部第一书记荆涛（2015年1月区委下派），党支部书记、村委会主任刘福田。现有126户、364口人，耕地面积1130亩。该村以种植业为主，重点发展林果生产。全村有果树园100亩，林地300亩。农民自发组织小型建筑队3个，约70余人，长年从事农村平房建设，既增加了个人收入，也方便了群众。2016年人均纯收入13853元。

韩家村 党支部书记吴宝善、村委会主任杜洪海。全村现有53户、140口人，耕地面积1600亩。个别农户从事海上捕捞。2016年全村人均纯收入12945元。

龙泉村 党支部第一书记王学霞（2015年1月区委下派），党支部书记、村委会主任王开东。全村现有70户、202口人，耕地面积730亩。该村充分利用靠近水源及集市的便利条件，大力发展蔬菜种植和商品运销。2016年全村人均纯收入13116元。

立新村 党支部书记宗春生。全村现有93户、284口人，耕地面积2500亩。该村以种植业为主，主要种植小麦、大豆等农作物。2016年全村人均纯收入13086元。

东鲍井村 党支部第一书记张延岭（2015年1月市委下派）党支部书记、村委会主任朱耀东。2004年创建为全市首批小康文明村。2016年，全村有158户、330口人，种植冬枣850亩，是全市典型的冬枣种植专业村。2016年农民人均纯收入14698元。

义和镇

【概况】 义和镇位于东营市西北部，距河口城区16.5公里，面积129.74平方公里，辖行政村46个。东与河口街道办事处相连，南与利津县盐窝镇毗邻，西与沾化区下河乡交界，北与新户镇相接，省级干道滨孤路横穿东西，荣乌高速连接线纵横南北，是河口西部的重要交通枢纽。境内沾利河、郭河、王庄二干一分干、二分干等水系贯通，水利条件相对优越；西黄河故道核心区域南北带状分布，农业产业具有较好基础；境内石油、天然气资源丰富，富海工业园在境内，工业发展前景较好。2016年底，辖46个行政村；有9182户，2.6万人，人口自然增长率为5.63‰。

【国民经济和社会发展综述】 2016年，国内生产总值34.15亿元，增长8.3%，规模以上工业总产值267.1亿元，增长12.2%；固定资产投资额42.76亿元，增长-3.5%；社会消费品零售额2.99亿元，增长12.5%；公共财政预算收入2020万元，同比减收366万元；农村居民人均可支配收入15594元，增长8.3%。农林牧渔业总产值55432万元；全年粮食作物播种面积4198.1公顷，总产27295.8吨；瓜菜317.93公顷，总产1.13万吨；棉花1145.3公顷，总产988吨；农业总产值13583万元；全年造林12480亩，森林覆盖率达25%；林果总产782吨；林业产值1144万元。年末大牲畜存栏7145头，猪存栏2万头，羊存栏1.03万只，家禽存栏71.6万只；畜牧业总产值12880万元；渔业总产值23720万元；农林牧渔服务业总产值4105万元。有水库84座，总蓄水能力850万立方米。农村用电量884万千瓦时。有中学1处，小学教学点1处，在校学生共1394人，适龄儿童入学率100%，有医院1处。被评为“全国安全社区”、第五批“全国一村一品示范村镇”、乡村文明行动“百镇千村”建设示范工程第三批省级文化特色建设示范镇等荣誉称号。

（1）特色农业迅猛发展。落实富民奖补资金150万元，设立担保基金，撬动低息贷款2000万元，帮助群众办理创业扶持资金981.6万元，有效解决制约农业发展的资金瓶颈问题。累计流转土地3万余亩，成立农村专业合作组织86个，培育农业龙头企业6家，带动发展怡丰、申丰、年丰、锦绣、金果葡萄等五大庄园，建成梁家苹果、大山西瓜、小围子地瓜、西韩无花果、宝二杏、北大屋葡萄等示范基地22个，获得国家无公害食品认证农产品8个，注册“金河口”苹果、“小围子”地瓜等商标品牌10个。吸引印尼佳发集团投资，建成国际一流的万头肉牛牧场。义和镇被农业部授予第五批“全国一村一品示范镇”，申丰庄园被评为“市级现代农业园区”，年丰、连胜家庭农场等被评为“市级示范家庭农场”。

（2）工业经济提质增效。累计筹资1500万元，实施园区“五通一平”基础设施配套，完成新征用地

1300亩，为工业后续发展提供空间。全力推进重大项目建设，深化招商引资，引进落户工业项目30个，累计完成固定资产投资50亿元，华联石化200万吨/年重油催化及160万吨/年油品提质系列项目、富宇化工150万吨/年重油催化等一批大项目建成投产，构建起工业经济发展的新格局。

（3）新型城镇化建设成效显著。委托省规划设计院编制《义和镇小城镇总体规划》。加强镇区基础配套，累计投资3000余万元，完成镇驻地道路硬化、亮化、绿化等工程，安装路灯365盏，新建改造道路20公里，新增绿地300余亩，颐和文化广场等一批便民工程竣工投用。加强农业农村基础设施建设，实施福祥片3.2万亩土地开发、西黄河故道6万亩精准扶贫土地整治等土地开发整理项目，新建改造村级公路41.65公里，安装路灯118盏，衬砌排水沟19.5公里。扎实开展城乡环境综合整治和乡村文明提升行动，建立完善环卫长效保洁机制，投资300万元，委托专业保洁公司，实现镇村卫生保洁全覆盖，垃圾日产日清，集中清运。投资1800万元，在北大屋、六顷五、围子、寿光、大英、博兴等6个村开展美丽乡村建设试点工作，打造"一村一景、一村一业，一村一特色"。抢抓"三年增绿"历史机遇，累计完成路域、水系绿化110公里，农田林网绿化3.5万亩，栽植各类苗木340余万株，全镇森林覆盖率运到24.1%，生态环境明显改善。

（4）社会各项事业开创新局面。抢抓精准扶贫新机遇，整合多方资源，以"千户脱贫行动"为抓手，完善基础设施与产业项目并重、输血与造血并重、扶贫与扶志并重，创新实施孝德工程、"五三六四"工作机制，累计筹资1392万元，在7个省定贫困村实施生态林扶贫产业项目，在大英、六顷五等4个村实施80千瓦光伏太阳能地面发电站，东韩村春暖式大棚葡萄、寿光村大棚蔬菜及博兴村石磨加工项目，实现7个省定贫困村、130户贫困户、247名贫困群众彻底脱贫摘帽。实施就业富民工程，累计转移农村富余劳动力7200余人。集中财力支持教育事业，累计投资3600万元，实施义和中心学校综合教学楼、运动场地等7项建设工程，新建扩建幼儿园4处，全镇教育教学条件明显改善。区镇合办卫生事业，累计投资3500余万元，实施中医院病房楼改扩建、急救能力提升工程，新建改造村级卫生室30处，公共医疗服务水平实现大幅提升。认真做好养老、医疗等保险扩面和续保工作，全镇新型农村合作医疗保险和新型农村养老保险覆盖率均达98%以上。累计投资260万元新建改造养老场所12处，为60周岁以上老年人免费查体1.85万人次，发放各类低保金、优抚金、生活补助金3642万元。完善住房保障体系，扶持农民改造危房316户，发放补贴394.1万元。加强人口和计划生育管理服务工作，累计投资560余万元，奖励扶助计划生育家庭714户，帮扶计划生育困难家庭416户，完成妇女两癌筛查1.3万人次，为全镇4300名育龄妇女建立《健康档案》。强化文化引领，深入开展电影下乡、文化下乡、乡村大舞台等文化惠民活动，新建改造文化大院21处、农家书屋29个，成功通过省级公共文化服务体系示范区验收。以文明创建为抓手，大力推进移风易俗工作，全镇基本实现厚养薄葬、红白事务简办的文明新风尚；平安义和建设扎实推进，安全生产形势持续稳定，先后荣获"国家安全社区""全省防范和处理邪教工作先进集体""平安东营建设先进乡镇"等荣誉称号。妇女儿童、老年人、残疾人权益切实得到保障，双拥共建、防汛抗旱、档案、统计等工作取得新的成绩。

（5）行政效能明显提升。党的群众路线教育实践活动和"三严三实""两学一做"专题教育取得扎实成效。严格落实中央八项规定，违规公务用车、超标办公用房等问题得到有效整治。以开展"治庸、治懒、治散"专项治理行动为抓手，严格落实首问负责、服务承诺、限时办结等制度规范，工作人员服务态度和服务效能明显提升。加强党风廉政建设，强化审计监督和效能监察，扎实开展行风评议，广大机关工作人员法制意识、责任意识、效率意识、自律意识明显增强，切实做到了依法行政、文明执法、文明服务。坚持执政为民、取信于民，自觉接受社会监督，承诺实施的便民实事和重点工程全部按期完成。畅通社情民意表达渠道，完善民生热线受理快速反应机制，民生热线诉求件处结率达到100%，满意率达到98%以上。

【义和镇福祥片土地开发项目】 项目位于义和镇东南部，东起民生村西侧南北向的排沟，西至王庄二干，南及西南至河口区与利津县分界，北至义和镇与河口街道分界，建设规模为2179.56公顷，涉及义和镇大牟村、六顷村、草场村等15个行政村。建设内容为：整平原有条田407块，修建硬化渠道75.7千米，铺设低压管道141.9千米，疏挖各级排沟230.01千米，铺设暗管556.2千米，新建泵站4座，排涝站1座，修建各级水工建筑物4999座，维修一级田间道12.3千米，新建一级田间路19.8千米，二级田间路71.9千米，生产路147.3千米，栽植树木9万株。项目预算总投资1.95亿元。

通过本项目实施，将新增耕地397.24公顷，新增耕地比率达到18.23%。土地得到平整，田块规整成方，水利设施配套完善，田间道路和农田防护林成网，农业生产和生态环境得到改善，所有的耕地将成为“旱能灌、涝能排”的标准田块，促进土地资源的可持续利用，推动农业产业调整，实现社会、生态、经济效益协调、统一发展。

【义和镇扶贫开发服务中心】 义和镇扶贫开发服务中心成立于2016年4月，是集扶贫开发、农产品电商销售、慈善义工救助、农民技能培训、审批事项代办于一体的综合性服务机构。中心成立以来，以富民为目标、以扶贫为主线、以服务为抓手、以孵化为突破口，按照政策激励、产业带动、服务助推、勤劳致富的工作思路，创新实施“六化”工作机制，推动全镇扶贫开发工作持续健康发展，为建设美丽幸福新义和奠定坚实的基础。

【宝一村光伏太阳能项目】 该项目由市发改委、区、镇及宝一村村民共同出资。群众利用自家屋顶安装608千瓦，村集体安装108千瓦，共计716千瓦，总计投资约1000万元。项目建成后全村年发电约86万度，全村年收益80万元，村集体年收益13万元，户均年增收4000元。该项目于3月份开工，5月份完工。该项目实施后，宝一村将成为全国农村分布式光伏发电设备安装最大的村，可以说是名副其实的“中国光伏发电第一村”。

【行政村概况】 2016年，义和镇所辖46个行政村。

大牟村　党支部书记、村委会主任徐学岭。该村以种植业、畜牧业为主。2016年底全村有368户，1103口人。耕地总面积2421亩，农民人均纯收入15700元。

五一村　党支部书记、村委会主任李振平。该村以粮食和林果生产为主。2016年底全村有91户，296口人。耕地总面积1059亩，农民人均纯收入16085元。

五二村　党支部书记、村委会主任李文民。该村以粮食、棉花、花生、林果种植为主。2016年底全村有171户，464口人。耕地总面积2519亩，农民人均纯收入15855元。

宝一村　党支部书记、村委会主任尚英彬。该村以粮食、棉花、花生生产为主。2016年底全村有252户，724口人。耕地总面积2120亩，农民人均纯收入15722元。

宝二村　党支部书记赵占中，村委会主任季小星。该村以粮食和桃、杏等杂果生产为主。2016年底全村有84户，245口人。耕地总面积920亩，农民人均纯收入16051元。

前夹村　党支部书记、村委会主任陈学民。该村以农业种植业和畜牧养殖为主。2016年底全村有130户，391口人。耕地总面积1450亩，农民人均纯收入15780元。

中夹村　党支部书记、村委会主任沈金华。该村以农业种植业和畜牧养殖为主，2016年底全村有169户，453口人。耕地总面积1861亩，农民人均纯收入15755元。

后夹村　党支部书记张吉勇、村委会主任张文明。该村以经商业为主，有60%的户在滨州、潍坊、东营等地经营批发业务。2016年底全村有104户，292口人。耕地总面积1100亩，农民人均纯收入15692元。

六顷村　党支部书记陈曰海，村委会主任马增祥。该村以畜牧养殖和大棚生产为主。2016年底全村有171户，449口人。耕地总面积1456亩，农民人均纯收入16236元。

草场村　党支部书记、村委会主任薄纯让。该村以粮食生产和畜牧养殖为主。2016年底全村有270户，774口人。耕地总面积2190亩，农民人均纯收入15785元。

东北村　党支部书记、村委会主任孙友刚。该村以种植水稻、冬枣为主，部分村民从事商业经营和运输业。2016年底全村有462户，1272口人。耕地总面积2660亩，农民人均纯收入16237元。

西北村　党支部书记、村委会主任高树忠。该村以粮棉生产为主，部分群众从事商饮、运输业。2016年底全村有314户，947口人。耕地总面积2540亩，农民人均纯收入15970元。

东南村　党支部书记王志才，村委会主任单宝剑。该村50%以上的劳力从事建筑、劳务、商饮、维修和加工项目，在农业种植上，以粮棉作物为主。2016年底全村有304户，831口人。耕地总面积1500亩，农民人均纯收入15977元。

西南村　党支部书记焦念光，村委会主任张景增。该村80%以上的户从事个体维修、批发、零售、饮食、加工、柳编等副业项目，尤其是柳编业非常出名，在农业种植上，以粮食作物为主。2016年底全村有439户，1220口人。耕地总面积2226亩，农民人均纯收入15870元。

西河村　党支部书记、村委会主任王宏伟。该村以粮食、棉花、林果生产为主，部分群众从事运输业、建筑业。2016年底全村有357户，986口人。耕地总面积2620亩，农民人均纯收入15792元。

艾河村　党支部书记、村委会主任王玉红。该村以粮棉、林果和瓜菜生产为主。2016年底全村有121户，318口人。耕地总面积960亩，农民人均纯收入16280元。

油坊村　党支部书记王志丽，村委会主任韩秀臻。该村除种植粮棉外，油坊村现有67户，195口人，80%的户从事个体经商和复杂性经营活动。2016年底全村有75亩，农民人均纯收入15952元。

四顷坝村　党支部书记、村委会主任宋方元。该村以粮食生产和个体运输为主，部分群众从事蔬菜、水果销售等第三产业。2016年底全村有80户，208口人。耕地总面积750亩，农民人均纯收入14650元。

三顷三村　党支部书记刘浩，村委会主任朱连东。该村以粮棉生产为主。2016年底全村有52户，140口人，耕地总面积700亩，农民人均纯收入15725元。

北大屋村　党支部书记、村委会主任杨效泉。该村以林果生产为主，盛产葡萄和优质苹果，在农业种植上，重点以粮食和棉花生产为主。2016年底全村有81户，230口人。耕地总面积1100亩，农民人均纯收入15889元。

王集村　党支部书记杨斌、村委会主任袁延安。该村以农业种植业为主。2016年底全村有380户，1022口人。耕地总面积1560亩，农民人均纯收入15880元。

王二村　党支部书记、村委会主任郭利民。该村以种植水稻、芦苇为主，部分村民从事运输业。2016年底全村有88户，254口人。耕地总面积520亩，农民人均纯收入15870元。

河一村　党支部书记、村委会主任王子元。该村以农业种植业和运输业为主。2016年底全村有106户，298口人。耕地总面积730亩，农民人均纯收入15793元。

河二村 党支部书记、村委会主任宋新亮。该村以农业种植业和个体副业为主。2016年底全村有209户，624口人，耕地总面积890亩，农民人均纯收入15875元。

河北村 党支部书记、村委会主任张国华。该村以种植粮食和个体副业为主。2016年底全村有182户，497口人，耕地总面积290亩，农民人均纯收入15885元。

梁家村 党支部书记、村委会主任高荣德。该村以林果生产为主，盛产红富士、新红星苹果、桃、草莓和梨，是远近闻名的果品生产基地。2016年底全村有414户，1143口人。耕地总面积3851亩，农民人均纯收入16200元。

大王村 党支部书记、村委会主任刘景坤。该村以粮食生产和林果生产为主。2016年底全村有100户，268口人。耕地总面积1241亩，农民人均纯收入15870元。

蒲台村 党支部书记、村委会主任付长岭。该村以粮食生产为主。2016年底全村有169户，451口人，耕地总面积1600亩，农民人均纯收入15850元。

薄家村 党支部书记、村委会主任陈甲文。该村以粮食、蔬菜和林果为主。2016年底全村有437户，1275口人。耕地总面积4560亩，农民人均纯收入15875元。

七顷村 党支部书记、村委会主任张新亮。该村以粮食和蔬菜生产为主。2016年底全村有269户，867口人。耕地总面积1936亩，农民人均纯收入15820元。

大山村 党支部书记、村委会主任冯树旺。该村以粮棉生产为主。2016年底全村有171户，496口人。耕地总面积1200亩，农民人均纯收入15740元。

三合村 党支部书记、村委会主任袁成华。该村以粮食和蔬菜生产为主，部分群众从事苇编、餐饮业和个体工商业。2016年底全村有363户，1127口人。耕地总面积3183亩，农民人均纯收入15755元。

德民村 党支部书记薛宝纯，村委会主任常希洲。该村以粮食、林果和油料作物种植为主。2016年底全村有107户，316口人。耕地总面积950亩，农民人均纯收入15720元。

河王村 党支部书记张彬，村委会主任王新武。该村以粮食种植和油料加工生产为主，部分群众从事渔业生产。2016年底全村有190户，595口人。耕地总面积920亩，农民人均纯收入15790元。

同合村 党支部书记、村委会主任刘志刚。该村以粮食种植和油料加工生产为主。2016年底全村有141户，434口人。耕地总面积960亩，农民人均纯收入15790元。

南太平村 党支部书记、村委会主任李成军。该村以粮食生产和种植林枣为主。2016年底全村有86户，257口人。耕地总面积850亩，农民人均纯收入15782元。

北太平村 党支部书记赵立平，村委会主任毕义刚。该村以粮食生产和种植林枣为主。2016年底全村有98户，283口人。耕地总面积698亩，农民人均纯收入15765元。

六顷五村 党支部书记、村委会主任师恩奎。该村以粮食和林果生产为主。2016年底全村有213户，623口人。耕地总面积1261亩，农民人均纯收入15855元。

围子村 党支部书记、村委会主任孙立峰。该村以粮食、棉花和林果生产为主。2016年底全村有139户，418口人。耕地总面积1882亩，农民人均纯收入15755元。

寿光村 党支部书记、村委会主任朱荣德。该村是林果生产专业村，在农业种植上，以粮棉生产为主。2016年底全村有122户，377口人。耕地总面积2145亩，农民人均纯收入15698元。

东韩村 党支部书记、村委会主任孙希华。该村以粮棉和畜牧业养殖为主，是全镇有名的畜牧养殖专业村，并有力地带动周边村畜牧养殖业的发展。2016年底全村有120户，337口人。耕地总面积800亩，农民人均纯收入15685元。

西韩村 党支部书记、村委会主任魏传红。该村以粮棉、林果生产和畜牧养殖为主。2016年底全村有143户，394口人。耕地总面积2320亩，农民人均纯收入15700元。

千二村 党支部书记、村委会主任陈相成。该村以粮食和畜牧生产为主。2016年底全村有107户，323口人。耕地总面积1920亩，农民人均纯收入15600元。

博兴村 党支部书记、村委会主任袁学刚。该村以粮食、林果生产和畜牧养殖为主。2016年底全村有113户，316口人。耕地总面积2283亩，农民人均纯收入15785元。

大英村 党支部书记、村委会主任马学君。该村以粮棉生产和畜牧养殖为主。2016年底全村有185户，498口人。耕地总面积1100亩，农民人均纯收入15785元。

义胜村 党支部书记、村委会主任丰传献。该村以粮食、芦苇生产和畜牧养殖为主。2016年底全村有106户，307口人。耕地总面积2460亩，农民人均纯收入15885元。

孤岛镇

【概况】 孤岛镇位于河口区东部、黄河入海口北侧，辖区总面积159.46平方公里，驻有胜利油田孤岛采油厂、孤岛社区管理中心、滨河供水公司等9个二级半以上单位和济南军区黄河三角洲综合训练基地，辖2个行政村。全镇总人口5.6万人（含油田、济军基地），其中外来流动人口2万人以上，属典型的工矿服务型乡镇。

【国民经济和社会发展综述】 2016年，国内生产总值47.1亿元，增长7.4%；规模以上工业总产值亿195.3元，增长16.2%；固定资产投资额38.3亿元，增长-4.3%；规模以上工业主营业务收入215.94亿元，增长3.77%；实现利税5.6亿元，产销率100%。地方财政收入3991万元。农民人均纯收入21034元，增长5.6%。农林牧渔业总产值56033万元；全年粮食作物播种面积120510亩，总产8.1万吨；棉花18135亩，总产1267吨。有林地面积91455亩，森林覆盖率达39%；林果总产7830吨；林业产值490万元。年末大牲畜存栏4380头，猪存栏17374头，羊存栏5066只，家禽存栏50.5万只。畜牧业总产值4250万元。有水库5座，总蓄水能力1890万立方米。农业机械总动力达6.75万千瓦，农村用电量42.7万千瓦时。有中学2处、小学2处，在校学生共4600人，适龄儿童入学率100%。有医院3处。电话普及率达到每百人105部。小康文明指数达到100%。

荣获全国楹联文化镇、全国安全社区、全省民族团结进步创建活动示范乡镇、全市道路交通“平安行·你我他”行动先进乡镇、全市教育转化攻坚与巩固整体仗先进单位、全市科协系统先进单位等荣誉称号。

【产业转型升级】 围绕转型升级这条主线，突出创新驱动、项目带动，加快经济结构转调步伐，三次产业比调整到1.2：67.1：31.7。一是工业经济提质增效。新型工业化步伐加快，全镇规模以上企业达到33家，规模以上工业实现增加值195.3亿元。坚持“内培外引”的招商引资主线，围绕石油装备、新材料、新能源等领域，累计实施5000万元以上重大工业项目4个。山东军胜化工有限公司与北斗航天新能源合作项目、金岛环境工程公司油泥污处理项目取得实质性进展。大力发展绿色生态化工，中海石油东营石化有限公司升级改造、山东军胜化工有限公司80万吨/年重交沥青、胜利油田金岛工程安装有限责任公司防腐保温扩建等项目顺利实施。加强外经贸工作调研和服务，引导盛亚化工、三丰香油等辖区两家外贸出口企业加快创新升级，实施出口产品差异化和品牌化战略，2016年出口额达到3600万元。二是现代农业纵深发展。利用济军基地农业基础优势，按照

"抓龙头、建基地、带农户"思路，突出发展畜牧、林果等主导产业，每年实施5～7个富民工程项目，为辖区小麦、水稻种粮大户争取政策补贴500余万元。新型经营主体迅猛发展，农业龙头企业、农民专业合作社、家庭农场分别达到5家、19家、18家，辐射带动农户1200余户。加大特色农产品推广力度，完成"三品一标"认证6个系列，涵盖36个品种。强化苗木示范基地培育，济军基地苗木中心被国家外专局评为国家级引智成果示范基地。抓好特优农产品基地建设，新增现代农业园区3处，计划总投资3700万元、占地面积420亩的孤岛农副产品交易中心项目进展顺利。三是服务业提档扩面。积极引进和培育电子商务、仓储物流、品牌服务等服务业发展主体，构建便捷高效的现代物流体系。依托万亩槐林、温泉、神仙沟等自然资源，一手抓节庆活动，一手抓项目建设，双管齐下做活旅游产业。实施槐林温泉旅游景区形象提升、基础设施配套、旅游产品体验等项目建设，景区功能不断完善，服务水平明显提升，成功举办五届黄河三角洲湿地槐花节，游客累计突破300万人次，先后被评为国家AAA级景区、全省首批八大原生态旅游景区。

【基础设施建设】 完善城镇功能、提升品位形象，高起点规划、高标准建设，一批重大基础设施项目相继实施，综合承载能力显著增强。一是规划引领作用更加明显。委托上海同济大学修编完成城镇总体规划，修编区域规划、道路规划等专业规划20余项，未来发展战略和定位更加清晰。深入开展拆违治乱专项行动，严肃查处私搭乱建行为，拆除违章建筑1.2万平方米，治违控违初现成效。二是城镇建设取得重大进展。五年来，累计实施城市基础设施重点工程23项，完成投资3.1亿元。提升改造滨孤路、光明路、兴凯湖路、永兴路等城镇道路9条40余公里。总投资2.5亿元的金岛明珠、富海商务楼等地产开发项目顺利实施，完成总投资3.2亿元的镇苑村整体拆迁改造，人居环境有效改善。三是城镇功能不断完善。提升改造滨海公园、孤岛农贸市场，新增、改造城市、景区公厕8处，市政设施进一步完善。努力提升城镇绿化水平，投资5000余万元实施6条道路绿化工程，提升节点绿化6处，新增城市绿地800亩。四是城镇管理水平不断提升。探索油地军和多部门联合执法、集中整治、全面参与的"大城管"机制，城镇精细化管理水平进一步提升，镇区主干道路湿扫率、生活垃圾无害化处理率均达100%，村内主街道硬化率达到100%，顺利通过两轮国家卫生镇复审。

【改善生态环境】 以壮士断腕的决心狠抓污染治理，打造碧水蓝天、秀美宜居的生态环境，努力让全镇人民都能"深呼吸"。一是深入开展水污染整治专项行动。实施河流截污导流净化和清淤综合治理工程，疏浚治理河道7.5公里，镇区河流断面污染指数明显下降。油地军累计投资1.1亿元实施雨污分排工程，与镇区原有20公里污水管网有效互补，基本实现区域污水收集全覆盖。二是全力推进蓝天工程。实施城市扬尘、燃煤锅炉等综合整治，8家重点化工企业完成化工烟气脱硫改造，取缔关停"土小"企业16家，淘汰黄标车565辆，辖区内40余个烧烤摊（店）全部换用新式无烟烧烤炉，12个废旧锅炉全部完成整改，空气质量明显好转，清新指数不断上升。圆满完成"十二五"节能减排任务。三是大力实施生态建设。"三年增绿"计划扎实推进，累计新增造林面积1.5万亩、植树165万株，三网绿化主线全面贯通，森林覆盖率较5年前提升3.2个百分点，绿色生态屏障有效构筑，生态宜居的自然风貌初步形成。

【完善社会事业】 五年累计投入民生资金1.4亿元，办成一批关系群众切身利益的好事、实事，人民生活水平不断提高。一是坚持教育优先发展。五年累计投入800万元实施教育惠民工程，镇中心幼儿园及辖区中小学校办学条件和教学水平不断提高。二是社会保障体系不断完善。全镇城乡养老保险、医疗保险参保率均达到100%，五年累计发放各类救助金300余万元。就业富民工程成效显著，办理小额担保贷款390户，申请贷款3120万元，带动就业1100余人，转移农村劳动力586人。城乡居民人均可支配收入分别达38097元、19642元，年均增长8.7%、7.8%,居民生活水平显著提升。精准扶贫攻坚扎实推进，因村因户因人施策，率先在全区完成建档立卡贫困人口脱贫任务。三是卫生计生工作全面推进。借助卫生、计生机构合并的有利时机，投资40余万元改建2处村级卫生室，完善镇村两级公共卫生设施建设，医疗卫生条件明显改善。实施全面两孩政策，强化计生服务管理，全镇合法生育率99.6%，流动人口计划生育综合服务管理落实率达到98%以上。四是精神文明创建蓬勃开展。社会主义核心价值观教育深入人心，德孝文化等主题实践活动特色鲜明。文化旅游事业深度融合，五年来组织全国摄影大展、诗歌朗诵会等文体活动56项，先后荣获中国摄影创作基地、山东作家黄河口创作基地、山东美协写生创作培训基地等称号。五是积极创新社会管理。社会治安防控体系不断加强，矛盾纠纷化解机制更加完善，认真开展“大快严”、化工产业转型升级、企业主体责任落实等专项行动，成功创建全国安全社区，社会大局持续和谐稳定。工青团妇、老龄、残疾人保障、慈善事业全面进步，民族宗教、国防动员、双拥共建等各项事业都取得新成绩。

【转变政府职能】 以开展党的群众路线教育实践活动、“三严三实”专题教育、“两学一做”学习教育为契机，扎实开展机关作风整顿，严肃机关工作纪律，切实提升行政效能。建立政府工作推进机制，对重大建设项目和民生工程进行任务和责任分解。围绕每年确定的重点工作，建立完善周调度、月通报、年底考核制度，确保工作落到实处。深入推进“阳光政府”建设，完善重大决策公开公示制度，规范“三重一大”管理规定；加强电子政务、政府网站建设，积极推进信息公开，五年公开信息860余条。推进行政服务规范化管理，进一步提升办事效率和服务水平。加强行政效能监督检查，完善机关内部管理制度，机关作风和效能明显改进，为民服务能力明显提升。认真落实《廉政准则》各项规定，深入开展反腐倡廉警示教育，狠抓重点领域和关键环节风险防控，践诺满意率达90%以上，领导班子的凝聚力和干部队伍的战斗力明显增强。

【行政村概况】 2016年，孤岛镇所辖2个行政村。

镇苑村 党支部书记左洪才、村委会主任高银芝。2016年，全村共有105户，323人。全村无耕地，属典型的城中商业村，主要产业以商贸业、运输业、物业保洁和建筑劳务为主，近几年来，发挥“城中村”优势，大力发展建安、房地产等产业，完成总投资3.2亿元的镇苑村整体拆迁改造，村民现已全迁入新居，农村群众增收致富路子不断拓宽，村集体经济也得到进一步壮大，农民年人均纯收入22314元。

西韩村 党支部书记韩继文、村委会主任韩峰。2016年，全村共有136户，443人。全村无耕地，主要通过发展生态旅游、公路运输、劳务输出来增加村民收入。近年来，该村依托万亩槐林、神仙沟等旅游资源，大力发展生态旅游和休闲农业，参与开发槐树林温泉旅游区项目，着力壮大集体经济，促进村民增收。农民年人均纯收入23530元。

仙河镇

【概况】 仙河镇位于河口区城区东北部，距区政府30公里，面积672平方公里。有耕地12.78万亩。2016年底，辖4个行政村；常住人口有1.463万户，3.782万人（含油田、济军基地），人口自然增长率为9.53‰。境内有桩西采油厂、孤东采油厂、海洋采油厂、仙河社区管理中心4个油田二级单位。

【国民经济和社会发展综述】 2016年，国内生产总值50.1亿元，增长8%，规模以上工业总产值108亿元，增长11.5%；社会消费品零售额9.8亿元，增长 12.5%；地方财政收入 4781 万元，增长 6.74%；全社会固定资产投资 40.9 亿元，农林牧渔业总产值 23356 万元；棉花播种面积 29.46 公顷，总产 25.91 吨；种植业产值 5008 万元。林业产值 572 万元。年末大牲畜存栏 3.5 万头，奶牛 2.4893 万头，猪存栏 0.5544 万头，羊存栏 1318 只，家禽存栏 13.0667 万只；畜牧业总产值 6775 万元。水产品总量 3.94 万吨，渔业总产值 9224 万元，农林牧渔服务业总产值 1777 万元。有大型水库 2 座，总蓄水能力 3000 余万立方米。农业机械总动力达 3480 千瓦，农村用电量 35.29 万千瓦时。有中学 1 处，小学 4 处，在校学生共 4500 余人，适龄儿童入学率 100%。有医院 2 处。电话普及率达到每百人 90 部。小康文明指数达到 80%。有 2 个村达到小康水平。被评为山东省最美乡村、省级重点镇。

（1）畜牧业迅猛发展。仙河澳亚、神州澳亚两大牧场生产稳定，继续保持满栏生产，存栏奶牛 3.5 万头，泌乳牛 1.1 万头，年产奶近 20 万吨；两大牧场粪污处理系统投入试运营，日产沼气 5 万余立方米，带动发展青贮种植 10 万亩。澳亚国际牧草检测中心已完成部分设备安装调试，可进行鲜奶的初级指标检测。海洋渔业稳步增长，大力实施“海上仙河”战略，加快推动全区东部特色生态渔业示范区建设，海水养殖面积达到 10 万亩，海参养殖保有面积达 1.5 万亩，0.3 万亩大闸蟹、6 万亩浅海贝类护养等特色渔业基地生产运营稳定。总投资 1764 万元的河口区现代化农业生产发展资金优质鱼项目已建成投产，新增标准化海参养殖池 3800 亩。积极鼓励盐业、渔业企业做大联强、强强联合，加快推进盐田标准化改造和溴盐一体化海水综合利用，全年生产原盐 60 万吨、溴素 7000 吨。农水会战顺利完成，疏浚沟渠 24 公里，维修闸门 20 余座，完善引蓄灌排体系，提高防汛抗旱能力。

（2）工业。大力实施工业强镇战略，坚持“内培外引”的招商引资主线，全力推动以项目建设带动增量优化、结构调整、转型升级。2016 年，仙河镇共引进工业项目 3 个，计划总投资约 12.3 亿元。东营澳亚乳业有限公司乳制品加工项目，总投资 1.5 亿美元，设计日处理鲜奶 740 吨，现项目已完成主体施工，正在进行部分设备安装。和利时 LNG、CNG 沼气提纯项目，计划总投资 1.1 亿元，土地平整及输气管道铺设已完成，正积极与澳亚牧场对接沼气项目。澳美纸箱包装项目，计划总投资 1.2 亿元，土地平整、土地调规已完成，正在办理土地出让手续。乳制品加工产业园基础配套工程，累计投入资金 6500 余万元，入园道路桥梁、道路二期、排污管网、环园区水系、外围土方等工程已全部完工并投入使用。重点做好规模企业规范化公司制改制工作。积极推进仙河药业、东岳盐业等龙头企业在新三板上市，仙河药业已完成财产剥离，正在进行上市前准备工作中的规范阶段，东岳精细化工上市材料已提交至西南证券内核，内核完成后提交股转公司审批。东方集团、北方集团等公司规范化公司制改制工作正在加快推进，一批产权清晰、管理规范、财务健全的现代企业正在加速形成。

（3）服务业。紧抓市区建设东营港临港生活服务基地、打造北部沿海经济隆起带的重大战略机遇，推动商贸流通、住宿餐饮等传统服务业持续稳定发展。2016 年全镇服务业增加值达到 22.3 亿元，私营企业超过 230 家，个体工商业户突破 1900 家。现代金融保险体系更加完备，全镇现拥有商业银行 8 家、营业网点 14 个、保险机构 7 家，为地方经济发展提供了完善的金融支撑。现代物流业加快发展，整合神舟物流、奥通物流等企业，新增申通、圆通、中通、韵达等 10 余个物流网点，初步建立起港区一体、覆盖镇村的物流配送体系。商住地产快速膨胀，镇东花苑、孤东佳苑等项目全面建成，有效保障居民商住需求。加快生态旅游建设，深入挖掘仙河槐林、澳亚牧场、黄河口中心渔港等旅游资源，进一步丰富完善神仙沟、滨海长廊旅游线路，推动文化旅游产业融合发展。

（4）城镇建设。以打造东营市次中心城市、东营港及胜利油田北部生产生活基地和生态环境优美田园城市为目标，高标准推进城乡统筹建设。一是新城区建设完全拉开框架。在镇区，继续加快实施港城起步区“三路三桥一河”等续建工程，准备近期对部分道路及道路配套工程、卫东河生态景观改造工程进行验收。镇东花苑205户回迁安置房已全部分房入户。二是新农村建设步伐不断加快。在村级，投资200余万元实施海星村村北休闲观光路工程，修建休闲观光路1条，跨河桥1座，植树绿化2万余平方米。投资150余万元，实施农村生活污水改造工程，完成海星村实施雨污分流管网改造及渔村120户旱厕改造。持续巩固“五化”提升工程，累计投资150万元，硬化改造渔村进村南路1条、种植庭院绿化林木20000余株、安装路灯30余盏、粉刷墙体面积2万余平方米，农村居民生活娱乐环境明显改善。三是城镇管理水平明显加强。积极做好行政执法权限下放承接工作，以镇综合执法中心为主体，探索城镇综合执法体系建设，逐步构建“权责明确、行为规范、监督有效、保障有力”的基层行政执法运行机制。集中各方力量全力实施拆违治乱专项行动，开展集中行动20余次，出动宣传车140余次，制作大型宣传牌9块，宣传横幅35条，发放宣传材料15000余份，拆除违建房屋6处，拆除违建板房、车棚30余处，立柱式广告牌15块，违章广告牌60余块，取缔占道经营烧烤摊20余处，细化时间节点，强势强力推进，结合拆违治乱提升行动，集中拆除一批违章建筑，坚决遏制违法建设行为。

（5）科教文体卫。有中学1处，小学5处，在校学生共5129人，适龄儿童入学率100%。在原先自行筹资500万元建设的中心幼儿园一所和投资150万元建设渔村幼儿园一所的基础上，持续加大教育投入，落实专项资金50余万元强化师资力量建设，不断推进中小学、幼儿园标准化建设，改善适龄儿童入学和升学环境，解决流动人口子女入学难的问题，满足了辖区适龄儿童入托需求，适龄儿童入托率达到100%。电话普及率达到每百人85部。小康水平指数达到59.6%，有2个村达到小康水平。荣获全国卫生镇、全省宜居乡镇、发展改革重点镇等荣誉称号。

（6）社会生活。坚持教育优先，加快推进总投资6400万元的仙河镇中心小学建设，现学校主体框架建设完成并完成验收，预计2017年9月竣工投用，届时可有效解决流动人口子女入学难和大班额问题。加强公共卫生和医疗服务体系建设，重点实施计生服务站搬迁和村卫生室标准化建设，确保满足辖区及周边群众疫苗接种等基本公共卫生服务需求。积极推进国家公共文化服务体系示范区建设，对镇综合文化站软硬件设施进行改造提升，完成特色文化活动品牌创建、镇图书馆、文化馆分馆制建设，实现公共文化服务标准化。实施就业富民工程，充分发挥新上项目、用工培训、担保贷款等业务平台的帮扶和吸纳作用，累计促进创业就业408人。进一步扩大医疗、养老、低保、残疾人等特殊群体和困难群众的救助范围，努力提高补贴标准，发放城乡低保医疗救助金7.9万元、70岁以上老年人生活救助金7.09万元、残疾人救助金5.3万元，申请发放临时救助金6000元，保障群众基本生活需要。结合下派帮扶工作，探索建立精准扶贫帮扶机制，强化扶贫资源的精细化配置，在全区率先完成了扶贫攻坚任务。全力抓好安全生产，牢固树立“安全第一、预防为主、综合治理”的安全方针，全面推进安全生产网格化、实名制管理。实行班子成员包片盯靠制度，定期带队开展安全生产隐患大快严集中行动，突出抓好危险化学品、油气管道占压、道路交通、建筑施工、消防安全等行业领域整治和打非治违专项行动，做好安全生产评级评价后续工作，累计查处整改安全隐患692条，查处取缔12家非法违法生产经营项目，坚决遏制较大以上事故发生。深化平安仙河创建工作，统筹油地军资源，投资140余万元，实施兴凯湖路道路交通信号设施配套和治安监控恢复改造工程，治安综合防控体系更加完善。扎实开展禁毒排查工作。定期组织罂粟种植可疑区域踏查和易制毒窝点摸底排查，建立完善溴素生产及流向管理台账，切实杜绝涉毒违法行为。加强社会治安综合治理，完善不稳定因素排查化解和分析研判预警机制，做好重点积案稳控化解，维护社会和谐稳定大局。进一步畅通民意渠道，持续改进信访工作，依法就地解决群众合理诉求20余起，办理民生热线交办问题50多件。

【重点工作】 （1）继续抓好水气污染专项治理。大气治理方面，重点加强对澳亚牧场粪污处理设备的指标分析和运行监督，定期进行异味指标监测，确保废气处理稳定达标。河道治理方面，实行24小时不间断地对排污口进行巡查封堵，定期提取水样进行检测化验，实时掌握水质变化。投资150余万元，实施重点河道生态修复工程，采用酶基安全高效除藻净水、淤泥原位修复技术等手段对红旗沟、同济河存量污水进行综合治理，红旗沟已投入生物酶进行修复，同济河正在协调仙河社区加快推进。按照上级安排，在乳制品产业园、东岳盐业附近设置2处抽水冲刷点，持续组织生态补水290万立方米，有效保持神仙沟水质稳定达标。

（2）集中整治城乡环境。以乡村文明建设提升年、城乡环卫一体化为契机，以清脏治乱为重点，按照“纵向到底、横向到边、全覆盖、无缝隙”的要求，出动铲车等机械350余台次，割草机260余台次，人工840余人次，清理陈旧大型垃圾堆510余处、清运垃圾4.3万立方米。按照“市场化运作、网格化管理、标准化清运”的思路，累计投资500余万元聘用专业保洁公司2家，新建设40吨垃圾中转站1处，购置垃圾清运车辆10余辆，实现了镇区垃圾的全收集、全清运、全处理。

（3）突出抓好生态绿化。积极响应全市三年增绿计划要求，实施村镇绿化工程和农田林网工程建设，重点以卫东河生态景观改造工程为依托，绿化面积400亩，建成仙河镇围镇林，打造沿河绿色防护屏障；以澳亚段振东路两侧为依托，对台面进行整理，种植岩松7500株，打造成片农田林网，种植木槿3200余株，波斯菊约16万株。投资约90万元，实施兴港路节点绿化工程和渔村围村林建设，种植苗木约5000株。

【行政村概况】 2016年，仙河镇所辖4个行政村。

海星村 党支部书记、村委会主任孙立文。2016年，全村共有59户192人。海水养殖区面积9.8万亩。该村与山东海星集团“村企合一”，主导经济以海水养殖、海水利用产业为主，2016年，海参等海产品总量80吨，大闸蟹等水产品总量50吨，海盐等海水综合开发利用项目全年生产溴素2100吨，产原盐10万吨，农民人均纯收入31192元。

渔村 党支部书记、村委会主任殷爱国。2016年，全村共有158户、508人。耕地总面积390亩，该村经济以畜牧养殖、建筑运输、劳务输出为主，在种植业方面主要以种植棉花、水稻、玉米为主，棉花总产量3.6659万公斤，水稻产量29.6万公斤，玉米产量4.4万公斤，农民人均纯收入23394元。

卫东村 党支部书记孙洪军、村委会主任崔建峰。2016年，全村共有107户、289人。耕地总面积1400亩，该村主要以畜牧养殖、建筑劳务运输业为主，在种植方面主要以种植棉花、玉米为主，棉花产量4.83万公斤，玉米总产量23.13万公斤。农民人均纯收入12476元。

振东村 党支部书记、村委会主任曹维民。2016年，全村共有75户、252人。耕地总面积1004亩，该村畜牧养殖、大棚种植、建筑劳务运输业为主，在种植方面主要以种植玉米和蔬菜为主，玉米总产量21.053万公斤，蔬菜总产量14.15万公斤。农民人均纯收入9357元。

油田驻河口单位

渤海钻井总公司

【概况】 渤海钻井总公司成立于1997年5月，位于山东省东营市河口区，是集钻井生产、后勤服务于一体的大型综合性石油钻探公司，主要担负胜利油田黄河以北钻井施工任务，外部市场主要分布在沙特、科威特、土耳其、孟加拉、河北等国家和地区，具有年钻井进尺130万米的生产能力。公司设10个职能科室，5个直属单位，9个三级单位，1个多种经营单位。截至2016年底，公司固定资产原值21.69亿元，净值10.37亿元，在用70D、50L等各类钻机45部，用工总量5301人。管理和技术人员中，有教授级高级职称4人、高级职称278人、中级职称592人。技能操作人员中，有高级技师75人、技师238人、高级工828人。基层党委13个，党总支9个，党支部163个，党员4585人。2016年，公司保持全国文明单位称号，被评为油田文明建设先进单位。

【生产经营】 2016年，受国际油价低位运行影响，公司市场工作量不足且极不均衡，公司全力以赴战寒冬、保生产、保效益，生产经营建设取得来之不易成绩。全年内外市场交井295口，进尺67.50万米，收入16.9亿元。河口区域协调部、仙河区域协调部年进尺分别位居工程公司5个钻井公司第一、第二名。

【市场开拓】 全力开拓外部市场，动员一切力量，利用一切资源开拓市场，公司领导实行分片承包带头闯市场，成立国内、海外市场开拓团队，制定市场开拓考核激励办法，成功开拓河北大名地热井市场，重启东北钻井市场，中标土耳其地热井市场，完成孟加拉第一期钻井大包项目，全年共交井39口，进尺124775米，实现产值53757万元，其中海外市场实现利润5545万元。积极推进劳务输出市场，全年劳务输出520人，收入1530万元。

【改革调整】 扎实推进机关改革，机关科室由17个压减为10个，直属科级单位由9个压减为5个。压扁管理层级，撤销钻井一、二公司和新疆分公司、国际钻井事业部，成立仙河、河口、国内外部和国际4个区域钻井协调部，构建起“总公司—钻井队”两级管理架构；整合外修队、搬安队等辅助生产队伍，成立生产保障中心；整合设备管理、技术服务、技能训练等队伍，成立技术发展中心，进一步优化管理机构；整合各单位老年站，实行集中管理。持续完善机制建设，修订管理制度和工作流程，进一步理清二级—协调部—钻井队管理职责，保障各项工作有序运行。

【经营管理】 修订完善《单机考核办法》《单机成本费用归集与核算管理办法》等制度，出台劳务输出、员工轮休、设备管理、人力资源等12项管理办法，车辆实行统一调派，压减办公用房，完善薪酬管理，从严用工管控。注重生产、计划、合同、定额与经营、财务的深度融合，强化预算管理，严格合同管理，注重经济活动分析，加大关联交易结算力度，强化外部市场资金回收，严格控制重点费用，狠抓挖潜增效和改善经营管理建议工作。严格内控执行，发挥审计、稽核、效能监查和法律事务等部门监管职能，防范经营风险。全年单位变动成本1425元/米，同比降低83元/米。强化“三基”建设，编制《基层管理手册》《基层岗位操作手册》，组织各类培训班45期，培训1973人次，推荐上报中石化石油工程金牌队5个、银牌队6个，提升基础管理水平。

【QHSE工作】 开展“我为安全作诊断”等活动，强化员工安全教育培训，注重安全监督微信群、安全短信等安全文化建设，增设交通、消防等质量、健康、安全、环境（QHSE）管理6个专业委员会，修订《渤海钻井总公司健康、安全、环境（HSE）违章行为处罚实施细则》等6个制度，定期开展安全大检查和隐患排查与治理活动，强化井控、消防、交通、民用气等安全监控，开展应急演练，实现全过程、全方位监管。强化设备日常维护保养，完成药品自动破袋与添加装置等5个技改项目，推广使用机械手装置、气动卡瓦等自动化设备，加大悬吊系统、顶驱等关键设备的检测力度，提升设备保障水平。严格监控钻井现场废液、废气、废物，加大泥浆不落地推广应用力度，注重泥浆循环再利用，全年50口井应用泥浆不落地技术，泥浆循环再利用8130立方米，推动清洁生产。

【科技创新】 强化技术攻关，完成《防喷器智能控制装置研究》等2项中石化石油工程科研项目，完成《低成本长效固井水泥浆技术推广应用》等2项胜利工程公司科研与先导试验项目，《土耳其盐穴储气库钻井关键技术先导试验》等获胜利工程公司科技进步奖，获国家专利5项。突出新技术、成熟技术和区域模式集成应用，完成桩斜169、车古27、滨425井组、土耳其K2等重点井施工，总结完善滩海大位移井钻井技术、密集丛式井组施工技术、低密度长封固段固井技术；创新突破超高温地热井钻井技术；形成超高温地热井钻井液体系、复合盐钻井液体系。

【党建思想文化工作】 加强党的建设，全面落实GOM标准，开展分类定级活动，改选换届基层党组织8个，改选基层党支部61个，仙河协调部被评为山东省“先进基层党组织”；深化“两学一做”学习教育，开展党章党规知识答题、争创先锋示范岗等活动，653名党员挂牌上岗，发挥示范引领作用；持续推进党风廉政建设，开展“四风”问题整改督查、专题廉洁谈话等活动，迎接局党委巡视组巡视。抓实思想文化工作。强化党委中心组学习，全年组织理论学习20次；做细思想政治工作，深入开展职工思想动态分析，及时了解员工思想状况，有针对性的解决问题，先后进行形势任务宣讲207场次，开展系列大讨论22次，印发宣传材料15期，召开座谈会26场次。印发《传承的力量》家风故事丛书，组织开展“身边的大国工匠”评选，编制外拓市场宣传画册，队伍活力有效激发。抓好和谐稳定工作。注重人文关怀和民生服务，制定外闯市场员工及家庭援助服务计划，开展“走基层、访千家、听心声、促和谐”活动，深化帮扶救助，共走访慰问4405人次，发放慰问金158万元。

【孟加拉项目首口井试气喜获成功】 由胜利工程公司孟加拉项目SINOPEC200队施工的孟加拉Titas25井试气点火成功，标志着该项目的首口井获得工业产能。该井是胜利工程公司在孟加拉项目中的第一口井，设计井深3600米，完钻井深3560米。Titas25井的顺利施工，为Titas气田新探明Bhuban地层C8、C7、C6、C5四个新的储气层。其中对C6层进行测试时，喜获高产工业气流，采用10毫米油嘴获得天然气产能12万立方米每日。

【国际钻井协调部埃及项目与甲方Magawish成功续签】 在国际油价持续低迷的环境下，国际钻井事业部埃及50613队自2015年8月10号执行完前期合同后停待至今。队伍停待期间，埃及项目干部员工积极争取工作量。经过多方协调和商谈，终于与甲方Magawish成功续约，即将2015年8月份之前执行的合同延续至 2017 年 5 月，合同内容包括 3 口井的工作量以及后续 10 口井左右的潜在工作量，预计合同金额 1520 万元左右。

【河口区域协调部“白鹭湖”先导试验项目顺利通过油田验收】 6 月 2 日，胜利石油工程有限公司技术装备处组织验收专家组，对钻井二公司承担的白鹭湖“井工厂”优化钻井技术先导试验项目进行验收。白鹭湖“井工厂”优化钻井技术先导试验项目形成滨 37、滨 644 及滨 647 地区提高钻井速度的配套钻井技术，井工厂施工已成模式化，模块化；满足井场钻井液的固液分离，实现废弃钻井液的“零落地”，“零排放”；白鹭湖“井工厂”现场试验东排及西排两个井组共计 43 口井，施工井平均建井周期缩短了 49.05%，超过了预期 20% 的目标。

【仙河区域协调部优质高效完成重点探井桩斜 169 井施工】 6 月 13 日，油田重点探井桩斜 169 井顺利完钻。桩斜 169 井是胜利油田分公司布置的一口重点探井，设计井深 5076 米，完钻井深 5197.4 米，完钻层位太古界，比设计加深 121.4 米。施工中，面对该地区岩层坚硬、钻具易卡易疲劳、井涌井漏等技术难题，50619 队本着为甲方负责的态度，与甲方及兄弟单位紧密配合，严格按照设计施工，优先保护油气层，在 4280~4299.15 米中途试油，获得日产 400 余吨的良好油气显示。

【胜利工程公司孟加拉项目试气再获高产】 6 月 16 日，由国际钻井事业部 SINOPEC200 队承钻的胜利工程公司孟加拉钻井大包项目之一的 Titas26 井传来喜讯，经过 DST 测试，使用 15.88 毫米油嘴放喷求产，获 75.15 万立方米每日高产工业气流，是 Titas 区块最新发现的气层，日产量创该区块新纪录。

河口采油厂

【概况】 河口采油厂地处渤海之滨黄河故道入海口处。1972 年成立河口指挥部，1983 年将钻井单位划出另编，成立河口采油指挥部，1989 年更名为河口采油厂至今。横跨无棣、沾化、利津、河口、北海新区“三县两区”以及济南军区综合训练基地、黄河三角洲自然保护区，现管辖渤南、埕东等 14 个油田，勘探开发面积 5300 平方公里。截至 2016 年底，探明含油面积 402.7 平方公里，地质储量 5.43 亿吨，动用含油面积 349.7 平方公里，动用地质储量 4.68 亿吨，可采储量 11715 万吨，标定采收率 25.1%。油井开井 2064 口，日产油 5480 吨，综合含水 93.7%；水井开井 748 口，日注水平 10.28 万立方米。机关科室 16 个，直属单位 10 个，三级及科级编制单位 23 个，四级单位 89 个，年产油 209 万吨。

高难度绕障井——滨 425- 斜 137 井施工现场

【资源勘探】 更加突出经济可动、强化预探、一体化运行，完钻探井、滚动井 28 口，进一步扩大义南断裂带、大王庄鼻状构造带沙四段、古生界以及渤南洼陷南斜坡沙河街组含油气范围，在大王庄、渤南地区上报控制石油储量258万吨，预测储量1224万吨，圆满完成分公司下达任务。

【油气开发】 开发上，坚持事前算赢，全面推行效益建产，分级评价、优化投资、注水配套同步实施，在大312、埕92-30等区块新建产能2.56万吨，在陈25块、埕东西区等区块实施老区调整，增加恢复控制储量230万吨。全面推广“三线四区”经济模型，油水井分级分类施策，对高液高含水、低液低产井控液降耗，全年实施119口，减亏814万元；加大注水“三率”提升，全年实施水井工作量320井次，注采对应率、水井分注率、层段合格率同比分别提高5.4%、0.4%、1.6%，均高于分公司考核指标。

【生产运行】 措施管理上，广泛实施稠油冷采、抑砂等低成本措施，开展全周期效益评价，全年压减高成本措施45井次，实施措施215井次，有效率同比提高3.6%，吨油增量成本下降31元，减少投入3400万元；针对不同类型、不同单元稠油区块科学界定经济极限油汽比，做好全过程优化，全年减少注汽费用844万元。能耗管理上，综合利用分压注水、短流程就地回注、大小泵优化组合等手段，对低效泵站实施配套改造，注水系统效率提高0.5%，单耗下降0.3，年节约费用500万元；推行“三全用电管理模式”，吨液综合单耗同比下降0.3千瓦时，年度用电同比减少3850万千瓦时，实现用电量连续六年递减，管控水平稳居油田榜首。自营挖潜上，强化修旧利废，搭建资源共享平台，对32台注水泵、抽油机等闲置设备进行统一调剂，节约购置费用205万元；开展“妙法实招”创效工程和“兴油杯”劳动竞赛，征集基层技术创新项目96个、推广成熟技术成果9个，申报发明专利4件，实用新型专利19件。

【改革管理】 油公司体制建设全面到位，实施边远托管、中心独立、合署办公机制，11个采油管理区独立运行，161名巡逻护卫人员划归护卫大队进行专业化管理；公务用车改革全面完成，三级公务用车及人员划归车辆服务中心，停用公务用车47台，分流、转岗富余人员52名，顺利完成河口社区、采油厂公务用车改革试点工作，费用同比减少198万元；配套机制建设加快推进，以问题为导向，全年梳理完善各类制度、标准117项；承包经营试点稳步启动，组织人员到吉林、中原油田学习经验，初步完成以利润为核心的承包经营考核方案；“四化”建设运行良好，全面完成采油管理十区等6个管理区的“四化”改造，建成6个信息指挥中心，1049口油井、163座配水间实现数据自动化采集；人力资源配置不断优化，全年清理清退社会性业务外包用工46人，依法解除劳动合同12人，组织50人到社区承揽业务，完成459名员工用工形式调整。

【党建思想文化工作】 开展“两学一做”学习教育，领导干部带头讲党课，广大党员听课与自学结合，党员素质与党性修养显著提升；聚焦“两个责任”落实，初步构建起以“三书、两报告、一问责”为主要内容的工作方式，廉洁从业意识进一步增强；优化两级班子结构，树立正确用人导向，提拔、调整副科级以上干部81人，选聘主任师以上技术干部12人，岗位结构更加合理；完善基层党建工作，科学核定管理区机关、班站及专业化队伍干部职数，修订完善基层干部量化考核方案，搭建起油公司基层党建新模式，单芳荣获“中央企业优秀共产党员”称号；鼓励员工岗位成才，隋爱妮获得油田技能大奖及“为民技术创新奖”，郭振坤获得“油田职工艺术家”称号，王晓雷获得集团公司职业技能大赛银牌，采油厂在油田第19届技能竞赛中夺得两金五银四铜；强化思想观念引领，加快传统阵地和新媒体平台融合发展，“石油小兵”“为你喝彩”“榜样故事”“一路同行”等形成品牌效应，微视频作品先后10次获奖，在全国职工微影视大赛中获得两金两银。建立思想政治工作课题认领机制，完成各类成果、案例72项。常态化推进三基工作，实施星级班站积分管理，评选26个三基工作优胜单位、10个示范班站，推荐油田金银牌基层单位30个，部门6个。

【精细用电管理创效益】 面对保效创效的巨大压力，河口采油厂积极转变观念，强化开源节流，抓实节点提效，在精细用电管理上做文章，逐级落实控电责任，持续压减非生产用电，强化转供用电管理，全年累计电量52530万千瓦时，同比减少3850万千瓦时，吨液综合单耗6.92千瓦时/吨，同比下降0.3千瓦时/吨，在分公司用电量管控排名中，采油厂电量负增长排名第一。

【创新实施双百活动】 入冬以来，河口采油厂干部员工本着“不靠油价靠作为”的理念，创新开展“双百”活动，确保100口新井措施和100口调参井措施按时、高效完成。一百口新井、措施增量。主要对油田、单元，逐层、逐井进行系统分析，按照“无效变有效，低效变高效，高效再提效”的原则，实施100口新井、措施工作量，日增油能力达到300吨以上。一百口调参措施增量。充分运用信息化的手段，加大对全厂两千多口油井的油藏、井筒、地面“三位一体”的动态分析和研究，真正把“两个分析”油藏动态分析和工况分析融为一体，统筹兼顾油藏、井筒、地面条件，对油水井运行参数实行逐块、逐层、逐井的动态优化与调整，使油水井达到最佳运行状态，确保调参优化100口、日增能力50吨目标早日实现。

【强化科技创新】 针对油田老区高含水开发后期制约因素多、稳产难度大的问题，河口采油厂在油田开发上积极开展科技攻关研究，不断提升研究质量，《提高邵家油田水驱稠油油藏采收率》QC成果获得2016年度山东省优秀质量管理小组成果一等奖。直流母线群控技术助推效能倍增。“直流母线群控技术”是河口采油厂研发的拥有自主知识产权的专利技术，被集团公司确立为能效倍增计划重点推荐技术。截至目前，河口采油厂累计推广应用59个集控单元255口井，综合节电率17.6%，节电560万度/年，创造经济效益1282万元。

【推进公务用车改革】 推进公务用车优化调整是形势发展的必然要求，是油田应对低油价、降本增效、良性发展的必然选择。作为油田试点单位，河口采油厂抢抓机遇，转变传统管理模式，加快改革进程，全面构建“专业化管理、市场化运作、信息化调度”的车辆管理新模式，公车费用对比2015年减幅达到198.01万元，压减比例达到31.11%，河口社区15辆公车整体移交也已经完成。

孤岛采油厂

【概况】 孤岛采油厂成立于1989年12月29日，是胜利油田分公司所属从事石油天然气勘探开发的二级单位，位于山东省东营市河口区行政区域之内，辖区陆地面积900多平方千米，管理着孤岛、垦利、垦西、孤南、河滩、三合村等6个油田。2016年生产原油291.9992万吨，交油量279.7024万吨；交气量3602.0771万立方米。

【资源勘探】 强化“六位一体”，协同推进运行。勘探上突出商业发现、效益勘探，部署探井8口，试油3口均获工业油流。部署滚动井32口，完钻18口，均钻遇油层，其中三合村地区部署完钻滚动井10口，上报商业开发储量322万吨，实现了三合村中部断裂带到陈家庄凸起含油气连片。坚持勘探开发融合，发现南区馆下—东营组、垦622斜16等4个区块，优化高效注采完善方案7个，对13个新老区产能方案进行10余轮次效益优化，建产能7.9万吨。全年完钻新井80口，投产59口，产油6.6万吨，单井日产油提高0.2吨。深化措施方案预设计，优先保障注采基础，实施措施430口，增油23.8万吨。

【稳产基础】 化学驱围绕提高吨聚增油能力，狠抓个性调整，11个低效井组转后续水驱，52个井组由二元转注聚，开展脱硫抑硫微生物试验，实施分层注聚、调剖及低液井治理311口，吨聚增油由25.7t/t提高到27.8t/t。稠油热采围绕提高油汽比，加大氮气调剖、注CO2等化学复合吞吐力度，实施转周213口，单井注汽量由2200吨下降到2047吨，注汽干度82.1%，吞吐油汽比由1.2t/t提高到1.3t/t，蒸汽驱油汽比保持在0.2t/t。水驱围绕提液控水增效益，建立西区南馆3—4提注提液示范区，日液水平提高1220吨，日油水平提高45吨；建立中一区馆3—6一体化治理示范区，加强渤72、64、61等层段合格率低单元治理，注水质量明显改善。实施水井工作量310口，分注率、层段合格率、注采对应率同比提高1.9、2.4、0.1个百分点，自然递减下降2.1%。

【科技创效】 狠抓科技创新，在研分公司级项目18项，其中国家重大专项1项、重点科技攻关5项、新技术推广12项，新型环氧树脂滤砂管、稠油井筒降粘等一大批低成本技术推广应用，有力助推了效益开发。加强工艺技术推广，完成主导工艺措施304井次，稀油措施有效率78.2%，提高2.1%。挑战采收率极限的先导试验取得突破，中一区馆3聚驱后井网调整非均相复合驱，中心井区已累增油8.36万吨，已提高采收率6.8%，最终采收率达到61.82%；中二北馆5化学蒸汽驱，已累增油25.68万吨，提高采收率14.99%，最终采收率达到51.4%。推广实施“互联网+基层生产管理系统”，提升信息化、精细化管理水平。

【精细管理】 强化预算管理，按照“三保三压三推进”原则，预算下沉率达96%，直接生产性费用占总操作成本比例控制在70%以上，辅助性劳务及管理性费用分别压缩6%和12%，弹性调控节省预算支出1700万元。完善月度效益配产，实现从单一产量安排向产量效益联动转变。应用“三线四区”评价单井2804口，关停无效井21口，77个开发单元全部盈利。加大重点费用、固定成本挖潜，年均日耗电同比下降4.3万度，调剂盘活闲置资产111项。全力推进管道隐患治理攻坚战，978处管道隐患全部销号。强化基础管理，深入推进工况管理进班站、井组注采稳升活动，累计优化1500多井次，油井工况合格率上升到91.2%，采油时率上升到97.3%，躺井率下降到2.33%。深入推进“练绝活、创品牌”活动，39项绝活妙招在基层应用。强化健康、安全、环境（HSE）责任制分解落实，制定安全生产党政同责规定，成立13个专业组，进一步压实“管业务管安全”责任。

【民生工程】 顺利完成朝阳七村250套住宅建设、地质综合楼主体建设，加强基层站点百队帮扶，生活环境和生产条件得到进一步改善。建立完善常态化送温暖、基本生活保障、员工互助保障和医疗救助机制，实施精准服务家庭建设项目，帮扶体系不断完善。深入开展“走基层、访万家”“幸福直通车”“星火志愿服务”“亲情关爱，互助情深”等活动，加强老年、计生服务，强化再生育关怀，全年走访慰问困难群体、劳模等1625人（户），志愿服务120余次，办理绿色就医233人次，增强职工的幸福感、归属感。

【和谐稳定】 创新开展“讲堂+故事”“互联网+”宣传教育，引导全员践行以“苦干实干”“三老四严”为核心的石油精神。加强民主管理，健全职工代表恳谈会、联席会制度，推进“三务公开”，重大事项问计于民、问需于民，切实保障职工参与企业管理的民主权益。持续强化三基工作，实施三册管理，推进三标建设，创建“五型班站”，提高基层工作水平。加强平安油区建设，完善综治指挥、区域协作机制和社区五防格局，保持严打整治高压态势，确保油区和居民区良好的生产、生活秩序。深入开展群众性文化体育活动，加强网络舆情管理，妥善化解民意诉求和矛盾纠纷，保持大局稳定。

【采油厂党委获得全国先进基层党组织荣誉称号】 采油厂党委大力践行在经济领域为党工作的理念，瞄准“树孤岛品牌，建百年油田”愿景目标，认真落实抓党建的主体责任，从严从实强班子、带队伍，抓基层、打基础，聚民心、增合力，推动党的政治优势转化为企业发展的强大动力，产量连续12年稳产在500万吨以上、20年保持在400万吨以上，孤岛油田六次、河滩油田三次被评为“全国高效开发油田”，为保障国家能源安全，促进区域经济社会发展做出了积极贡献。2016年，采油厂党委获得全国先进基层党组织荣誉称号，并在庆祝中国共产党成立95周年大会上登台领受了荣誉证书。新华社、《人民日报》《光明日报》、中央电视台、中央人民广播电台等多家中央媒体集中采访报道了干部职工践行石油精神的典型事迹，进一步激发了战寒冬、求生存、谋发展的信心和斗志。

【集成推广低成本开发技术】 低油价寒冬期，坚持效益为先，强化低成本技术优化应用。优化调整新井投产防砂工艺，由“高饱和大型地填防砂”优化为“地层预处理+绕丝环空充填防砂”，减少材料和施工费用，实施26口井，平均单井节约投资18万元；优化应用不动管柱重复充填防砂工艺，简化了施工工序、防砂筛管得到重复利用，二具下井124口，实施重复充填29口，平均单井减少漏失43.4立方米，平均单井节约作业费用5.5万元；优化水平井筛管完井泥饼处理技术，实施11口井，平均单井节约8万元。为探索低油价下后续水驱单元提液增效的新路子，建立西区南馆3–4提液增效示范区，集成应用多级细分注水、出砂在线检测、高渗滤砂管防砂、大泵提液等低成本技术，实施后平均单井日增液26吨，单井日增注41立方米，单元日增油45吨。蒸汽吞吐配套工艺持续优化，创新实施密闭注汽工艺，提高井底蒸汽干度，实施32口井，同比日增液11.5吨；完善推广氮气泡沫调剖工艺，实施56口井，综合含水下降11.6%，平均单井日增油3.3吨，同比提高0.7吨。

【推行作业——采油“联责联保”运行机制】 面对油价持续低迷的严峻挑战，创新推行作业——采油“联责联保”运行机制，真正把“算效益账、干效益活、产效益油”落到实处。建立完善运行机制，完成了27个作业——采油结对联合。构建“大数据”平台，将作业、采油各项工作及数据应用集成在一个网页界面；在平台开设“开发技术”区块，实现双方作业施工及采油工作知识、经验共享。强化考核管理，设置采油生产、作业修井等相关指标，对采油班站及作业小队进行排名，激励采油班站多产效益油，作业队多干效益活。“联责联保”模式实施以来，作业占井周期缩减了0.5天、措施有效率提高了3.6%、作业成功率提高了2.01%，躺井率下降了0.57%、检泵周期提高了82天、工况合格率提高了10.4%。

【油公司建设稳步推进】 加快推进油公司建设，顺利完成采油管理一区体制机制调整，完成二区、三区、六区“四化”改造，生产指挥中心正式投产运行，五区、七区、八区开工建设，西区渤19—渤82二元复合驱注聚系统自动化建设项目通过验收。配套完善机制建设，集成厂级制度184项、业务职能230项、流程251项，编制基层单位管理手册、基层岗位操作手册、价值积分管理手册，把管理责任、操作责任落实到岗位、人员。推进内部市场运行，修订劳务定额价格，建立10支队伍71项条款的优质服务承诺考核体系，提高了专业化队伍服务水平。

【稠油开发优化措施提质增效】 优化稠油运行，降低注汽成本，提高注汽热效率。一是优化转周降本。应用“三线四区”经济运行模型，制定“五转五不转”原则，建立热采转周措施库；优化不同类型稠油注汽参数，整合集成“三图一线”，优化单井注汽量、注氮（二氧化碳）、降粘剂用量，全面降低生产成本。二是全程保干提质。优选最佳匹配锅炉，实施常规注汽锅炉干度升级改造，提高产汽干度7%以上，锅炉热效率提高1.5%；优化设备配置，由“255配备”

精简为"233 标配"模式，平均节约搬迁时间 120 分钟；实施短距离注汽，平均单井注汽管线控制在 170 米，井口注汽干度提高 2.4%；精细"三期四季两时段"稠油井管理，进一步提高经济效益。三是技术集成增效。优选实施热化学复合吞吐、一注多采、整体转周（调剖）、分层注汽、举升配套等工艺技术的集成应用。实施转周 213 口，年增油 15.7 万吨，油汽比由 1.2t/t 提高到 1.3t/t；蒸汽驱油汽比保持在 0.2t/t，操作成本降低 80 元 / 吨。

桩西采油厂

【概况】 桩西采油厂成立于 1989 年 12 月，是胜利油田所属从事石油天然气勘探开发的二级生产单位。位于山东省东营市东北部，南依黄河，西靠河口，北东两面濒临渤海。下设 15 个机关科室，8 个直属部门，14 个三级单位，在册职工 3121 人。所辖油区面积 700 平方千米，管理着桩西、五号桩、长堤、老河口等 4 个油田，2016 年生产原油 75.65 万吨。

【勘探开发】 强化成藏规律研究，精准目标部署，做细潜力评价，桩斜 169 井试油获得高产工业油流，桩海古生界、长堤中生界、桩南断裂带中浅层滚动勘探实现增储增效。抓实井位储备和效益分析，加强"油藏、钻井、采油、地面、投资"五位一体优化运行，严密节点衔接，狠抓质量管理，新井优质高效投产。推进单元目标化管理，加强工况分析与油藏动态分析的紧密结合，成立单井单元经济运行项目组，利用"三线四区"模型常态化开展单井、单元、措施等效益分析，坚持先算后干、算赢再干，深挖老区提质增效潜力，计关间开、注采调配、综合治理等工作更具针对性，控水稳油、降本提效取得显著成效。坚持油水并重、一井一策，加大水井长效投入，注水分区分质管理、低渗油藏软化污水应用等工作取得明显成效，注水"三率"得到有效提升，稀油自然递减控制在计划指标内。突出"低成本"开发，持续抓好措施方案的源头优化，精细投入产出分析，疏松砂岩油藏防砂、稠油治理等工作取得良好效果，老河口油田等 5 个项目被评为中石化"十二五"油气田优秀开发项目。

【经营管理】 推进全面预算管理，财务与开发生产系统深度融合，成立提质增效运行管理组，加强月度弹性控制，坚持事前算盈、规范审批，压减十项管理费等非生产性资金，强化预算符合率考核，推进资金全过程优化和内部挖潜增效，全年成本控制在计划内。严格执行计划例会制度，保障生产急需、隐患治理、民生建设等重点项目投入。落实地面工程例会和"四化"例会制度，抓好项目前期论证和依法合规管理，督导"四方"责任落实，加强重点施工现场视频监控、表单化管理等工作，严格工期质量管理，桩古 46、桩 303 海堤维修等项目优质竣工。开展标准化现场管理活动，完善制度标准和达标管理体系，现场整体管理水平不断提高。油公司改革稳步推进，配套制度和工作流程不断完善，"三线四区"深化应用、绩效考核、队伍建设、公车改革等提质创效措施得到油田充分肯定。推动科技进步、全员创新创效，勘探开发、工程工艺等技术取得阶段性突破，资料远程传输、注水站无人值守等自动化、信息化应用不断深化，多项科研成果荣获油田奖项及国家专利。

【QHSE 工作】 坚持"抓安全就是保效益"的理念，落实"管业务必须管安全"要求，采油厂成立 8 个健康、安全、环境（HSE）专业委员会，以完善制度体系、强化全员意识、落实健康、安全、环境（HSE）责任制等工作为抓手，督导考核各项工作落实情况，促进各单位主体责任以及各专业委员会、各部门管理职能的落地生根。坚持以问题为导向，防治结合，全面开展安全风险识别、应急处置目视化管理、违章行为清单宣贯、直接作业环节监管等工作，应用质量、健康、安全、环境（QHSE）信息平台、曝光台等狠反"三违""低老坏"问题。建立隐患信息系统即时监控各类隐患治理进度，加大资金投入，实施项目管理、销项运行，做到“一患一策”，重点完成海堤、老河口滩海隐患治理等工作，进一步夯实安全环保基础。高度重视原油、物资、工程等质量管理，完善质量（能源）管理体系，分系统开展节能降耗工作，依托“能效倍增”等项目，积极开展高能耗设备改造，加大网电修井机等绿色节能设备应用，强化监督考核管理，促进系统管理水平提升。

【党建思想文化工作】 同步开展二三级领导班子政治理论学习，认真组织分级专题研讨，“两学一做”学习教育深入推进。加强党组织建设，组织召开采油厂第四次党代会，圆满完成了党委、纪委换届选举工作，定期督导“三会一课”和民主生活会等规章制度落实，党建工作更加规范有序。加强各级领导班子建设，坚持民主集中制，发挥党委常委会、职代会、办公会、计划例会的议事决策作用，公开公正透明运行“三重一大”等事项，各级领导班子守纪律、讲规矩、民主管理、科学决策意识不断增强。领导班子带头严格执行“八项规定”，以上率下整改转变工作作风，严肃党内政治生活，强化党风廉政教育，落实领导干部廉洁谈话、党风廉政责任区、重大项目决策和资金使用效能监察等工作，建立密切联系群众长效机制，自觉接受组织和员工群众监督。深入开展三级单位党政正职、科室及直属中心负责人量化考核、包队包站、机关干部夜查、两级机关跟班写实等工作，树立干部队伍干事创业、务实为民的良好形象。抓好观念引导、形势任务教育和优良传统教育，加大典型培养选树宣传力度，做好正向引领，干部员工“想桩西好、为桩西好”的主流意识不断增强。

【民生和谐建设】 强化基层生产生活设施配套，加大一线井站线路、公寓食堂等维修改造力度，采油生活区改造等“百队帮扶”项目按计划优质投用。规范误餐费管理和使用，集中配菜、放心米面肉和作业队就近就餐等工作实现网上运行、信息公开。结合热点难点问题，强化网络舆情等管理，及早把握员工群众思想脉搏，坚持工会、信访联动帮扶机制，尽最大努力依法解决员工群众合理诉求。做好帮扶救助和离退休人员管理，组织员工、家属健康查体和困难家庭生活慰问，开展“走基层、访万家”活动，员工群众满意率持续提升。坚持用“身边事教育身边人”，严肃工作纪律，广泛开展各类文体活动，引导干部员工群众远离不法行为、珍惜工作、平安生活。常态化开展民兵组织训练，加大油地协调、土地管理、油区综治、水电气暖及资产占压整治力度，依法合规加强对北方集团公司的支持和指导，采油厂内外发展环境和谐稳定，被推荐为“山东省文明建设先进单位”。

孤东采油厂

【概况】 中国石油化工股份有限公司胜利油田分公司孤东采油厂位于黄河新淤积的冲积扇平原上，所辖区域东北面临渤海，南倚黄河，是一个集油气勘探、开发、处理、集输为一体的大型油气生产单位。截至2016年底，有员工7938人，其中合同制员工6555人，内聘职工216人，劳务派遣工480人，业务外包用工533人，非全日制用工154人；管理人员和专业技术人员1816人，其中，有正高级职称7人，副高级职称618人，中级职称618人，中级以上职称占管理和技术人员的68.4%；操作服务人员6081人，其中，高级技师123人，技师227人，高级工2299人，中级工1306人，中级工以上职工占技能操作人员的65.04%。下设机关科室16个，直属中心9个，三级单位23个（采油管理区7个，专业化队伍14个，科研单位2个）。拥有固定资产原值62.45亿元，资产净值27.26亿元；拥有油气资产原值127.39亿元，资产净值51.08亿元。有抽油机、油水泵、作业设备等主要生产设备4522台，设备综合新度系数为0.39。管理着孤东、红柳、新滩3个油田，累计探明含油面积 99.79 平方公里，石油地质储量 32934.31 万吨，累计生产原油 9911.3419 万吨。截至 2016 年底，孤东采油厂有开发管理单元 45 个，油井 2583 口，开井 2082 口，油井利用率 80.6%；水井 957 口，开井 732 口，水井利用率 76.5%；日注水平 90952 立方米，单井日注水量 124 立方米，月注采比 0.75，累计注采比 0.93。新增探明地质储量 36.25 万吨，新增经济可采储量 15 万吨，新建（增）产能 2.73 万吨。2016 年，完成交油气量 164.443 万吨。

【资源勘探】 2016 年，面对自然保护区限制、主体勘探程度高的实际，以周边岩性、纵向中深层断块为重点，精细砂体描述、精细复杂断裂和微构造刻画，完钻探井 3 口、滚动井 9 口，建成产能 0.8 万吨，落实储量 192 万吨。

【开发生产指标完成情况】 （1）全年生产原油 170.6002 万吨，全年注水 3410.0217 万立方米。（2）新建（增）原油生产能力。2016 年底，核定原油生产能力 164.13 万吨，2016 年新增原油生产能力 2.73 万吨，其中新区新增原油生产能力 0.4 万吨，老区新增原油生产能力 2.33 万吨；年度核减原油生产能力 35.19 万吨，其中老区核减原油生产能力 19.83 万吨，三次采油核减原油生产能力 15.36 万吨。（3）新井投产、投注。全年投产新井 33 口，12 月份开井 33 口，日产液量 619.9 吨，日产油量 120.9 吨，综合含水 80.4%，年产油 1.7860 万吨。和 2015 年对比，新井投产井数少 6 口，年产油量少 1.1125 万吨。投（转）注水井 13 口，其中新井投注 1 口，老井转注 12 口，日注水平 1363 立方米，年增水量 22.5649 万立方米。和 2015 年对比，投（转）注总井数减少 29 口，其中新井投注减少 15 口，老井转注减少 14 口，日注水平减少 2797 立方米，年增水量减少 71.0847 万立方米。（4）增产、增注措施。全年实施主要油井增产措施 263 井次，措施有效率 93.5%，年增油量 11.5413 万吨。和 2015 年对比，措施工作量减少 174 井次，有效率提高 7.0%，年增油量减少 7.8401 万吨，平均单井年增油量减少 5 吨。全年实施各类水井增注措施 49 井次，措施有效率 67.4%，年增注水量 6.0118 万立方米。与 2015 年对比，措施工作量减少 7 井次，措施有效率下降 13.0%，年增注水量减少 69.6065 万立方米。（5）主要开发技术指标。自然递减率 17.92%，同比上升 5.38%；综合递减率 11.89%，同比上升 8.45%。其中稀油自然递减率 13.45%，同比上升 4.18%；综合递减率 10.29%，同比上升 7.26%。稠油自然递减率 33.10%，同比上升 8.80%；综合递减率 17.33%，同比上升 12.42%。2016 年，新增经济可采储量 15 万吨。

【HSE 管理】 修订完善《孤东采油厂健康、安全、环境（HSE）监督管理规定》和《孤东采油厂健康、安全、环境（HSE）监督检查考核标准》。加强日常监督检查，开展直接作业环节、特种设备、承包商、危化品等专项检查行动，全年共计检查、通报、整改各类问题 1693 项，考核扣款 15.7 万元；组织直接作业环节现场监护 8437 次，其中工业用火 2398 次、动土作业 3960 次、临时用电 1666 次，高处作业、起重作业、进入受限空间等其他作业 413 次。组织各类安全资格取证、复审培训 2000 余人次，并重点针对含硫化氢区域变化情况，扩大培训范围，新增 367 人取得硫化氢资格证，857 人取得健康、安全、环境（HSE）证书。开展“我为安全作诊断”活动。全年累计查找、诊断各类问题 10260 条，评选、奖励优秀诊断建议 43 条。组织特种设备检验 46 台，防雷检测 4869 处，整改各类问题 119 项。组织二级、三级应急演练 320 余次。落实污染现场 1231 余处，督导治理污染面积 36.02 万平方米。

【经营管理】 （1）预算管理。聚焦低油价、新常态，为实现低成本开发目标，以分公司下达月度产量、成本、利润计划为依据，抓实“241”动态调控。（2）成本管理。依托“三线四区”经济效益模型，在保障数据及时性、准确性的基础上，做好业务科室、三级单位的模型应用，落实“一区一策、一井一法”，提高措施、稠油、注聚等增量成本方案的有效性，减少无效、低效产量。（3）内控管理。一是树立财务监督保效创效理念，依托内控流程，全面梳理孤东采油厂各业务流程的风险点，排查各类潜在风险，完善全要素、全过程、全员参与的内控风险管理制度，促进机关部门“职能管理向流程管理转变”。二是通过对内审外查发现问题的梳理与分析，全面、系统的反映查证的问题，以“强化基础、动态监督、对接标准、查摆问题、堵塞漏洞”为原则，与业务职能部门一起建立常态化工作监督机制，务求及时发现问题，及早堵塞漏洞。（4）创新创效。2016年职工提出各类建议1320多条，其中油田级建议76条，有8条获得油田经营管理建议一二三等奖，厂级建议项目128条，三级建议项目1192条，实现经济效益3369万元。评审优秀调研报告44项和优秀研讨论文27项。获得油田级各类成果奖励30项，上报油田典型管理经验28项，审核通过20项，在油田二级单位中综合排名第二。

【科技工作】 2016年，孤东采油厂承担股份公司及分公司课题4项，同时还与主要科研院所共同承担分公司9项课题的研究和试验；基层创新攻关课题38项，合理化建议247条；申报专利31项，其中发明专利2项，实用新型专利29项，全年取得实用新型专利授权21项。24项专利获得分公司“一奖两酬”奖励；“油泥砂综合处理及资源化利用技术”获得山东省科技进步奖三等奖，“稠油热波耦合辅助层内化学裂解降粘技术研究”获得中石化科技进步奖三等奖，“高渗透滤砂管研制与应用”及“含污油泥堵剂制备及应用技术研究”获得分公司科技进步奖三等奖。

【民生工作】 积极落实低保、丧葬补助、遗属补助、死亡抚恤等政策，全年补助374人次，按时足额发放各项补助金271.62万元。完善帮扶救助制度，修订印发《孤东采油厂帮扶救助工作管理办法》，全年救助困难职工102人次，救助金额19.93万元。春节期间走访慰问358人次，发放慰问金及慰问品折款30.82万元；申请互助互济、帮扶救助、成就未来助学等救助96人次，发放救助金25.2万元。开展慈善救助活动，为21名患大病困难职工、家属申请救助金11.7万元。关爱残疾人，组织开展第26次助残日系列活动，慰问36名困难残疾人家庭，发放慰问金2.28万元；落实“残疾人两项补贴”政策，为符合条件的37名重度残疾人发放补贴2.89万元；组织27名肢体残疾人员参加“走出户外、享受阳光”活动；为10名职工申请办理残疾证，为2名患白内障的职工、家属申请办理“爱心复明”工程。办理各类互助保障15838人次，各类保障理赔73人次，救助金额65.59万元，获中国职工保险互助会“互助保障工作考核成绩优秀单位”。

【中国科学院院士江桂斌到孤东采油厂调研】 5月6日，中国科学院院士、中国科学院生态环境研究中心主任江桂斌，山东大学党委书记李守信等一行，在油田领导孙焕泉、张洪山，东营市领导申长友、赵豪志等陪同下，到孤东采油厂调研油地校三方战略合作项目——采油污水人工湿地生态处理及资源化利用的建设情况。

【国务院监事会领导到孤东海堤视察】 11月1日，国务院监事会主席熊维平一行5人在油田领导孙焕泉、孔凡群、张梅河及相关处室负责人陪同下到孤东海堤进行视察。

海洋采油厂

【概况】 海洋采油厂成立于1994年5月，厂机关位于山东省东营市河口区仙河镇。下设13个机关科室，11个机关直属单位，12个三级（科级）单位，用工2072人；管理和技术人员中，具有中高级以上职称476人。技能操作人员中，有高级技师54人，技师91人；高级工492人，中级工474人。采油厂主要担负着胜利海上埕岛油田、新北油田的开发建设任务。截至2016年底，共发现明化镇、馆陶组、东营组、沙河街组、中生界、古生界、太古界七套含油层系，历年累计建成产能704.4万吨。建成各类海上采油平台109座（中心平台3座，采修一体化平台12座，常规井组平台60座，单井平台34座），开发井770口（油井501口，气井8口，注水井261口），油气接转站2座，联合站3座，石油专用码头1座。2016年，采油厂生产原油312.4万吨，天然气交气量9599万立方米；油田注水1524.2万立方米。全年投资成本控制在油田分公司要求的范围之内。实现全年安全生产无事故。员工队伍保持和谐稳定。

【“埕岛油田规模上产增效”项目获得中石化“十二五”油气田开发优秀项目特别贡献奖】 2016年12月15日至16日，在北京召开的中国石化股份公司2016年度油气田开发总结会上，海洋采油厂埕岛油田规模上产增效项目获得中国石化“十二五”油气田开发优秀项目特别贡献奖。“十二五”期间，海洋采油厂紧紧围绕集团公司“打造上游长板”战略部署，全面落实“加快海上”各项举措，以提升综合开发效益为主导，抓住影响效益开发的主要矛盾，实施老区“大调整”工程，大力推进提速提效开发，全力打造东部百万吨产能增效阵地，原油产量实现300万吨历史跨越，桶油成本控制在30美元，圆满完成“十二五”规划目标。

【海洋采油厂荣获全国“企业文化创新优秀单位”奖】 2016年11月，在中国企业文化研究会主办的“中外企业文化2016南宁峰会”上，海洋采油厂荣获全国“企业文化创新优秀单位”奖。一直以来，采油厂始终坚持“文化兴企战略”，加强企业文化建设，打造了“胜利海油”品牌，培育出了独具特色的“胜利海油文化”，用文化力促进生产力、强化凝聚力、提高创新力。

【海洋采油厂电泵井平均检泵周期突破5年】 海洋采油厂牢固树立“不躺井就是最大的效益”理念，从钻井、作业、油藏、地面等4个方面着手，实施具有浅海油田特色的油井全生命周期长寿管理，对油井进行立体、全过程监管。2016年，海上油井躺井率控制在0.76%以内，电泵井平均检泵周期达到1894天（5.2年），创历史最好水平。

河口社区管理中心

【概况】 胜利石油管理局河口社区管理中心成立于1997年6月22日，承担着辖区矿区建设、物业管理、学前教育、医疗卫生、群众文化等管理与服务工作，位于东营市河口区黄河路146号。辖区面积20平方千米，管理着住宅小区23个，服务居民2万户6万余人，环卫面积366万平方米，绿化面积161万平方米。社区下设8个机关科室，4个直属单位，7个三级单位。

【党建思想文化】 推进“两学一做”学习教育，深入开展“为社区发展献一策、为素质提升读一本书、为集体争一项荣誉、为居民做一件好事”的“四个一”活动，提高教育效果。结合社区改革实际，对基层党组织进行调整，强化组织建设；对“三会一课”落实情况进行专项检查，及时发现和解决问题，促进基层党建工作。举办社区第十届职业技能竞赛，开展“明星员工”评选活动，大力弘扬正能量，营造出争先学习、主动进步的成才氛围。按照油田要求，严格标准，圆满完成管理局调整用工形式试点工作，调动员工积极性。制定《党风廉政建设责任制实施细则》，进一步完善《党员领导干部党风廉政建设责任清单》，定期召开领导干部廉政建设专题汇报会，加大责任追究力度。围绕重点领域和重点环节，强化监督检查，不定期组织抽查、夜查、突击检查，严格执纪问责。

加强《中国共产党党员廉洁自律准则》《中国共产党党员纪律处分条例》宣贯，举办“党章党规知识竞赛”，扎实开展处科级干部廉洁谈话，共组织谈话200多人次。注重党风党纪教育，加强关键岗位人员廉洁从业教育，组织新提拔科级干部参观河口区廉政教育基地，进一步筑牢拒腐防变的思想防线。本着“普惠+精准”的原则，组织广大离退休老同志开展趣味运动会、秋季健康养生讲座等活动，真正做到“每月一主题、每月一活动”。积极开展“走基层、访万家，深化三联系”活动，已走访50个基层单位和700余个家庭。始终关心困难群体、特殊群体，建立上下联动的帮扶体系，开展“关爱员工行动”“送温暖工程”“阳光助学”等活动。严格落实“两项待遇”，规范走访慰问方式，做到常态化、程序化和标准化。充分发挥社区文化阵地作用，定期举办小区文化广场演出，丰富职工和居民的文化生活。牢固树立稳定时期抓稳定的思想，夯实基础工作，完善长效机制，坚持部门联动，加强舆情处置，有效消除稳定风险。

【改革调整】 全面深化社区改革，压减机构33个，减幅63%；压减管理人员147人，减幅38%。按照油田部署，压减公务用车11台，15台公务用车交由河口采油厂统一管理，由河口采油厂按市场化提供车辆服务。撤销社区第二办公楼和卫生管理中心办公场所，降低管理成本。结合学前教育中心实际，撤销第十幼儿园，把教职工充实到其他幼儿园。推行医疗技术合作，河口医院与滨州医学院附属医院开展技术合作，滨医附院专家定期到河口医院坐诊，提升经营实力，收入显著增长。

【经营管理】 推行“梯级目标+员工价值积分”绩效考核体系，提高了三级单位和广大员工的积极性。坚持“以收定支、量入为出”原则，细化业务类型和费用项目，建立机关与基层联控机制，实行连带考核。加强内控管理，规范各项经营管理行为，提高内控执行力，实现全员全过程控制。强化一切成本都可控的理念，细化降本减费、挖潜增效措施，大幅压缩各项管理费用，严格控制差旅费、办公费等支出。通过严格审批新增用暖面积，调整办公场所，努力降低采暖费支出。

【安全生产】 牢固树立“以人为本、安全发展”理念，以强化全员安全风险识别为突破口，不断完善安全管理体系，强化安全监督检查，全力整改消除隐患，确保安全环保风险有效受控。进一步充实安全监管力量。成立安全监督站，采取“四不两直”的方式加大安全督查力度，重点加强承包商建筑施工、公共聚集场所、直接作业环节、特种设备等检查，严格管控健康、安全、环境（HSE）风险。成立物业、医疗、学前教育、基建工程、公共聚集场所5个健康、安全、环境（HSE）专业委员会，每季度进行考核排名，强化了安全监管。实施督查月报制度，强化问题曝光，对督查出的各类问题，做到在周一晨会、健康、安全、环境（HSE）月度例会、健康、安全、环境（HSE）委员会、社区季度会“四曝光”。坚持开展“每周一课”，提升各级领导干部的安全意识和履职能力；对直接作业环节审批人、监护人进行培训、考试，持证上岗率100%。持续深入开展风险隐患识别。以开展“我为安全作诊断”“全员岗位风险辨识与控制”活动为契机，发动干部员工深挖细找，彻底排查健康、安全、环境（HSE）隐患，分门别类制定治理和管控措施，落实隐患整改措施和责任人，跟踪督导隐患整改。加大隐患治理力度，完成楼房防雷隐患治理、幼儿园消防隐患治理等项目。

【社区服务】 秉承“做精做优社区服务”的宗旨，先后推出楼道擂台赛、绿化精品区块评选、路灯体检等举措，强化乱种乱养、乱摆乱放整治力度，提高小区日常管理水平。在维修人员中实施手机接报修“抢单制”，实现从接报、派工、考核全过程网上运行，进一步提升服务水平。扎实做好垃圾清运工作，结合实际，绘制出环卫车行车路线指导图，提高垃圾清运效率；制定“一天一清洁、三天一冲洗”的环卫车辆清洗制度，彻底改变环卫车辆的车容车貌。加强病虫害防治，实施“生态防治圈”综合控制技术，安装太阳能频振式杀虫灯，效果显著。以中石化文明和谐示范小区创建为载体，进一步丰富创建内涵、突出创建实效，河兴小区创建为中石化4A级小区，河阳新区创建为中石化3A级小区。积极探索“互联网+服务”，“胜利管家”旗舰店正式入驻河盛小区并投入运营，让居民享受到更加便捷的服务。

【民生建设】 坚持依政策、建机制、可持续、兜底线，持续做好民生保障。完成海胜住宅项目380户的主体施工任务，为海胜馨园、悦园住户发放钥匙，办理入住手续。扎实做好老旧小区综合治理，始终坚持“居民听证制”，改造河龙、河康小区，改善小区面貌。重视屋面防雨工作，完成防雨2.5万平方米，在屋面防雨中严格实行“一户一方案”“一户一归档”，确保施工质量。

开通北京就医绿色通道服务，面向社区员工和家属，免费提供北京名院专家挂号服务，累计为85名患病员工和家属办理赴京就医业务。积极推进“平安社区”建设，加强治安巡逻，合理安排巡逻力量，加大巡逻力度，小区路灯夜间通宵开启，增强居民的安全感。注重平安幼儿园建设，在幼儿园新增40个监控点，积极发动社会力量，推广“爱心家长志愿者护园岗”，做到群防群治，确保幼儿在园安全。重视防电信诈骗宣传，组织开展形式多样的宣传活动，向员工居民传授防范知识，扩大宣传的影响力和覆盖面。加强老年文化阵地建设，建成老年大学活动中心综合服务楼，改善老年活动场所。

孤岛社区管理中心

【概况】 孤岛社区管理中心（以下简称孤岛社区）成立于1997年4月29日，位于东营市河口区孤岛镇，地处胜利油田东北部，黄河入海口北侧，驻地为新生陆地，地势低洼，西高东低，辖区面积18.1平方千米。辖区内有二级单位孤岛采油厂，以及油气集输总厂、电力管理总公司、供水公司、油建一公司下设的部分三级单位，承担着辖区内物业管理、便民服务、幼儿教育、医疗卫生防疫、公共娱乐等管理与服务工作。辖13个住宅小区，其中国家级示范住宅小区3个，省级优秀小区5个，中石化文明和谐示范小区5个。

【社区改革】 以管理局机制建设顶层设计为指导，以构建职责清晰、精简高效、运行顺畅的管理体制为依据，本着精干、易行、高效的原则，制定完善社区改革方案，建立健全跨部门协调机制，理顺并精化现有机构，统一规范机关、直属单位，优化三级基层组织机构，按照扁平化要求，撤销四级单位编制，组建服务班组，细化落实与改革调整相配套的用工、决策、经营、运行、考核、三基工作“六大机制”建设，形成上承管理局、下接基层单位、统一高效的管理体系。改革后，社区机关科室及直属单位由15个优化为10个，管理人员由118人优化为111人；三级、四级单位由40个优化整合为8个基层单位，成立班组57个，管理人员由161人优化为82人。结合社区实际，优化调整公务用车，按照《关于推进压减公务用车，实行集中管理实施方案》，实现集中管理、统一调派。办社会职能分离移交稳步推进。

【经营管理】 一是完善绩效考核模式，加强动态过程监管。纵向上，以经营承包考核为主线，社区、三级单位、四级单位逐级递进，层层落实经营承包责任书，考核模式由费用补贴调整为内部利润，分解落实各项管理责任，累计完成各级目标，确保社区经营总目标的实现。横向上，以排名指标为主线，把重点工作和重点可控费用承包给相关责任部门，发挥机关部室的管控和指导作用。纵向和横向之间，通过强化共性重点指标，实施指标联动考核，按责任分别确定考核对象和力度，增强考核效果。二是突出服务质量考核，强化主体责任意识。虚心接受主营单位和小区居民的监督评价，促进内部管理，实施自我约束。强化内部考核，完善社区内部服务和考核标准，加大硬性考核和奖惩兑现力度，把考核重点放在服务窗口和管理现场，增强监督考核实效。结合考核服务质量满意率、物业收费率、有效投诉率、治安案件发案率等指标，加强服务工作考核，加大物业费考核权重，逐一分析，层层细化分解，使每一项指标、每一个考核点都能落实到具体的单位和岗位上。三是突出从严管理主基调，深入推进精细化管理。树立“省一分钱比挣一分钱容易”的理念，坚持开源与节流并重，实行领料限额审批，油卡集中管理，加强成本实时监控；开展经营分析、数据对比，加强对变动因素的了解；抓实监督检查、专项审计、财务稽核等工作，确保风险有效管控；持续改进服务措施，推广应用 POS 机刷卡、网上银行、银行 24 小时自助终端缴费等方式，努力提升物业收费率，确保“每一分收入都要颗粒归仓”；破除等、靠、要等惯性思维，创新管理模式，用及时、贴心的微服务促进社区大服务。圆满完成管理局下达的各项经营指标。

【民生服务】 坚持以改革促管理、提服务，物业服务突出精细化，组织加强 21 个管理样板区管理考核，突出绿化品质建设，优化结构布局和苗木种类，郁金香、植物园等特色绿化成效显著，居住环境不断改善。深化小区创建活动，朝阳一村、协作一村、芙蓉村中石化 3A 级文明和谐示范小区和朝阳六村中石化 4A 级创建工作检查验收圆满完成。医疗卫生系统坚持保基本、创特色发展思路，完善医患沟通、院外监督机制，加大服务考核力度，强化健康查体，深化合作办医机制，服务水平得到有效提升。学前教育加强师资力量培训，进一步规范普惠园建设，加强高端园、特色园管理，推进早教中心建设，承办油田幼儿园安全管理现场经验交流会，一幼、五幼顺利通过省级示范园验收，教育质量、服务满意率继续保持稳升态势。加快推进民生工程，基地雨排建设、消防隐患治理、小区改造、住宅等民生项目正在按进度推进。加大基层帮扶工作，对 10 个基层站点进行硬件改造，基层条件进一步改善。朝阳物业服务公司深化共建共创共享理念，构建完善横向联合、部门联手、居民联创、主营联建的“四联”工作格局，管理质量和服务水平进一步提高。学前教育中心探索完善安全目视化管理和 KYT 班组自主管理的经验做法在全局幼儿园推广。

【HSE 工作】 坚持安全经验分享，充分利用每周科级干部晨会、月度健康、安全、环境（HSE）工作例会前进行安全经验分享。通过开展会前安全经验分享工作，及时宣讲有关安全规章制度、阶段性重点工作和典型事故案例，增强干部的安全知识和安全意识，及时掌握不同时期，不同季节健康、安全、环境（HSE）重点工作，促进健康、安全、环境（HSE）各项工作高效有序运行。推广以危险源识别为手段，以提升班组的安全管理水平和自我管控能力为目标，以班组为单位的安全教育和全员参与训练活动为内容的幼儿园 KYT 班组自主管理，提高幼儿园现场安全管理水平。实施目视化管理，将目视化管理与“岗位基础风险辨识与控制”有效结合，从人员、设备、区域三方面进行目视化管理，设立醒目的安全警示标志和标识，通过视觉效果，规范引导员工有效辨识风险、告知风险，清楚风险，控制风险，解决现场安全管理不规范、安全隐患重复出现的问题，提升现场精细化管理水平。综合大队、环卫绿化大队实施安全看板管理，明确责任人员，检查的频次，将工作场所各个岗位安全检查的项目、检查的标准，检查的问题，整改情况，从安全管理看板展示出来，岗位现场的安全标准得到进一步细化、量化。车辆服务中心实施路书管理，对孤岛地区至河口垃圾处理厂车辆途经的弯道、路口、桥梁及复杂路段进行道路进行实地勘查，绘制《垃圾车清运路线图》，实现超前防范，防止各类道路事故的发生。

【文明建设】 开展“两学一做”学习教育，分类制定学习清单，加强党支部督导，组织开展学党章党规知识竞赛，创新开展“向党员看齐、做优秀青年”活动，持续推动党建优势转化。扎实开展“四风”问题整治情况“回头看”工作，认真整改党委巡视反馈问题，深入开展廉洁谈话活动，加快推进廉洁示范单位创建，推动全面从严治党主体责任和监督责任落实。融合运用传统媒体和新媒体优势，强化观念再转变教育，组织开展微电影评选、“微公益广告”评比、“孤岛好人”创作，讲好孤岛故事、凝聚思想共识。深入开展群众性创新创效活动，推进实施改善经营管理建议，组织员工岗位技能比赛，引导全员学技术、强素质、挖潜力、增效益。进一步丰富群众文化建设，深入开展送温暖、送清凉，青年志愿者、全民健身等系列活动，妥善做好信访问题、矛盾纠纷化解工作，保持员工队伍稳定。

仙河社区管理中心

【概况】 仙河社区管理中心（以下简称仙河社区）地处东营市河口区仙河镇，成立于1997年1月7日，占地面积600万平方米，现有住宅小区21个，住房18919套，建筑总面积169.9万平方米，保绿面积305万平方米，居民4万余人，是孤东、桩西、海洋采油厂、仙河社区和钻井、供水、供电、通讯分公司等单位的办公、科研、文化、生活基地。仙河社区设有机关部室8个，机关直属部门4个，三（科）级单位8个，基层班组59个。截至2016年底，有在册职工950名，其中在岗职工905名，内部退养职工2名；离退休职工830名。专科以上学历637人，高级技术职称122人，中级技术职称318人，党员892人。主要设备83台，其中车辆26台，泵类设备19台，电梯38台，装机总功率2121.9千瓦，资产原值1436.13万元，净值489.01万元，设备新度系数为0.34。2016年，实现收入6650万元，完成补贴21091万元。

【强化为民服务，物业管理实现新提升】 以创建文明和谐示范住宅小区为契机，组织开展环境综合治理等系列专项活动，进一步提高服务质量。顺利通过团结一区中石化4A级，蓬莱花苑、振兴一区3A级文明和谐示范小区的检查验收。成立油田首家“胜利管家”体验店，在提供必要物业服务的同时，引进快递、家政、保险等服务项目，开启居民“智慧社区”精彩生活。

【突出专科优势，医疗卫生实现新发展】 新建残疾人康复中心，深化与山东中医院的医疗合作，通过“双向转诊”、义务巡诊、专家坐诊等方式，有效缓解居民看病难、看病贵等问题。投资300多万元新上婴幼儿游泳（抚触）、血液透析、盆底肌康复等项目，服务居民的同时，增强医院“造血”功能。医疗系统全年完成门（急）诊23.5万余人次、手术85台、查体2.49万余人次，无重大传染病、医疗责任事故发生。

【坚持特色办园，学前教育取得新成绩】 扎实开展省级示范幼儿园复审迎检工作，文明幼儿园顺利通过省级示范幼儿园复查验收，友爱幼儿园的沙水游戏和运动游戏项目被管理局评为优秀室外游戏项目。大胆尝试与仙河投资发展有限公司联合办园，有效缓解师资紧缺的矛盾。

【坚持从严从实，基础管理更加优化】 年初，确定六大系统30项重点工作，采取项目管理、节点运行、责任到人的模式，建立月度例会、督查检查等制度，实现了各项工作有部署、有计划、有措施、有落实。各项目组认真履行主体责任，密切配合，积极协作，确保重点工作项目有序推进。截至年底，30项重点工作全部完成，取得明显的经济效益和社会效益。

【实施道路提升工程】 对中华路、神州路、西湖路进行改造，对神州路、长江路等路灯光源进行更换，对镇区主干道路整体进行画线，为居民营造明亮、舒适、安全的出行环境。

【实施老旧小区综合治理】 先后对中华小区、友爱小区、幸福小区、光明小区等7个老旧小区进行综合治理，对建设一区16栋楼坡屋顶进行改造，不断优化美化仙河居民居住生活环境。

【抓好住宅工程建设】 持续改善仙河居民居住条件，稳步实施职工住宅建设工作，狠抓工程安全质量管理，蓬莱花苑二期二批112户员工住宅顺利交付投产，三期192户新建住宅主体工程已经完工。

【持续推进生态仙河建设】 加装4845米^3/小时排涝泵，有效提升同济河排洪能力，镇区全年没有发生内涝，改善同济河水体水质。筹措资金对光明新区、原五幼、团结一区东、幸福三区广场进行绿化改造提升，全年新栽植苗木5.3万余株，草坪1.5万平方米，提升绿化效果。

【提升小区文化品位】 将社会主义核心价值观、中华民族传统文化与油区文化有机融合，建设文化长廊、文化墙等，在各小区增添亲情座椅300个、石桌石凳31套、健身器械40套等便民设施，不断优化小区环境，提升小区品位，打造人文宜居社区。

【坚持理念创新转型发展成效明显】 推行经营类固定资产投资回报管理办法，实现固定资产收益127万元，各单位由“争项目要投资”向“求效益讲回报”转变，提高了经济运行质量。推进后勤服务一体化管理，盘活劳动力资源，提高劳动生产率，理顺管理关系，内部市场化服务迈出坚实的一步。全员开展节能降耗、挖潜增效等活动，全年降本节支、精细挖潜405万元。

【坚持服务大局，政治优势转化成效明显】 认真开展“两学一做”学习教育，深入学习党的十八届六中全会精神，严格落实中央“八项规定”精神，开展“四风”问题“回头看”，推进廉洁示范单位创建活动，建立领导干部党风廉政建设责任清单，编印《党纪政纪速查手册》，坚持“挺纪在前”，落实“两个责任”，党员干部的政治意识、大局意识、规矩意识、自律意识进一步增强。抓实“三基”工作，抓好“百队帮扶”项目运行，培育“严细实”基层文化，基层基础工作进一步夯实。强化宣传思想工作，突出形势任务教育，尤其是微信平台的建设和运用，对宣传社区和观念引领发挥重要作用。扎实做好“送温暖”“走基层、访万家，深化‘三联系’”活动，开展“幸福单位”创建，为58名员工改签劳动合同，有效增强队伍的凝聚力、向心力。举办“仙河大舞台，和谐大联欢”和庆祝社区成立二十周年文艺晚会，进一步丰富员工群众文化体育生活。2016年前三季度，社区夺得劳动生产率、内部利润两面红旗，并摘得服务满意率红星，在社区系统中综合排名第一。社区被评为中石化“两化融合”先进基层单位，是胜利油田矿区服务板块唯一获此殊荣的二级单位。

人 物

东营市劳动模范

王玉红 男，1966年9月生，汉族，中共党员，河口区义和镇艾河村党支部书记、村委会主任。自2011年担任艾河村支部书记以来，为解决苹果销路不畅的问题，积极协调上级部门，走访村干部、有经验的老果农和林果专家，投资5万元引导果农成立河口区绿野果树专业合作社。为进一步拓宽群众增收渠道，他又积极争取义和镇政府的大力支持，将艾河村列入全镇西黄河故道休闲观光农业产业规划区，着力打造千亩锦绣庄园生态林果基地。牵头成立东营市锦绣园生态农业有限公司，引导群众走“公司+合作社+农户”的路子，并对原来果园进行统一规划，对部分老化的苹果园进行更新换代。同时，依托绿野果树合作社大力推行林果标准化生产，实行统一供种、统一技术和培训、统一制定实施生产标准和操作规程、统一供应农业投入品、统一品牌和包装、统一产品销售的“六统一”服务，着力打造绿色生态品牌，提高艾河林果的市场竞争力，加快群众增收步伐。为解决道路硬化问题，个人带头捐款5万元，并动员本村在外的工作人员及经济能人积极捐款捐物，将全村“四横三纵”七条街道和果园生产路共计2000米的道路全部进行硬化。曾获2015年河口区劳动模范。2016年获东营市劳动模范荣誉称号。

殷鹏霄 男，1967年2月生，汉族，中共党员，河口街道三合村党支部书记。任职期间，他凭借自身实力带领三合村在科学论证指导下，因势利导，于2012年成功流转土地1000亩，建设高效生态（菌蔬）循环经济示范园，建成蔬菜大棚18个、周年温控食用菌智能大棚24个，同年领办“润合”蔬菜种植专业合作社，辐射带动周边6个村庄，村集体分红达到9万元。此外，他在积极做好本职工作的同时，还多方筹集资金200余万元，带领团结三合村“两委”完成三合村文化大院和村民文化广场建设，受到全街道和全村群众的一致好评。他在发展村级集体经济、发挥党员先锋模范带头作用方面真正起到示范作用，不仅身体力行，更带动周边村的发展，实现三合村人均9500元的年收入。曾获2016年第四届东营市乡村之星。2016年获东营市劳动模范荣誉称号。

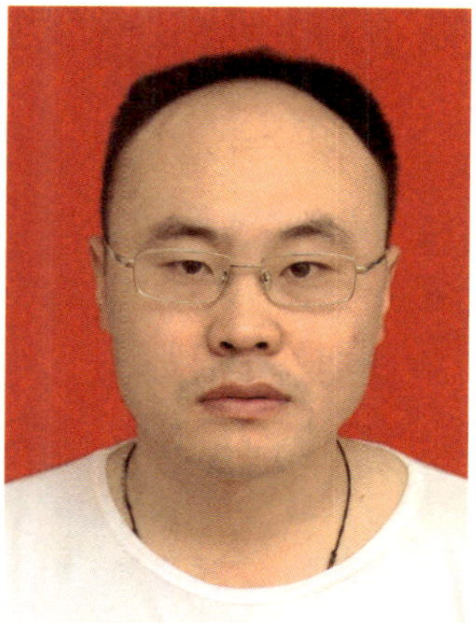

韩建滨 男，1983年12月生，汉族，东营市精诚无缝钢管有限责任公司车间主任。他自任第一、第二生产车间主任以来，把安全生产放在首位，强化安全生产责任制，确保企业生产安全。首先建立健全安全生产保证体系，并制定一系列规章制度和管理方案。对生产管理人员加强安全教育，重点灌输搞好安全工作的重要性，使所有管理人员都清醒地认识到，具备安全的作业环境是干好一切事情的前提和保障，而且也是能否完成各项生产指标的前提和保障，通过安全教育、安全培训、措施保障、使生产管理人员的安全意识、管理能力有明显提高。他始终秉持“以人为本”的管理理念，将职工切身权益放在心上。在抓好生产的同时，还发动生产职工的力量，想方设法广开渠道，提高企业效益，在他的带动下，生产一线职工人均月收入连续多年稳定在4000元以上，有效地稳定人才队伍，确保企业良好运行、促进企业不断发展。他下大力气对职工进行技能培训，并且逐步实现职工培训电教化。他亲自制订详细的培训计划，使培训工作做到有计划、有步骤，确保培训率、培训合格率;另一方面他在培训方法上采取“多条腿走路”的方针，一是组织技术骨干参加上级部门举办的各类培训班，二是与区职教中心联合进行全员专业培训，不断把新技术、新规范传递给职工，使他们及时了解国家及行业的新标准，适应市场经济环境的需要，提高生产职工的岗位技能。有18人通过培训取得高级工人技师的职称，30人取得工人技师的职称证书，51人通过自学自考取得高级技工的职业资格证书。他通过反复论证和实验，将两辊定径由九架增加到十三架，不但提高产品质量，同时增加产品规格六十多个，所生产的钢管质量更好、规格更多，更具市场竞争力，精诚钢管公司生产的“河钢”牌无缝钢管被评为山东省名牌产品，其中5个系列、39个规格已加工成直销出口管销往韩国、日本、澳大利亚、加拿大等国家和地区。销售量逐年增长，2015年出口管年销量6.25万吨。自2013年以来，由他带领职工自行设计、安装的生产设备为公司节约资金达300多万元。曾获2014年度被评为“生产线技术改造突出贡献”奖。2016年获东营市劳动模范荣誉称号。

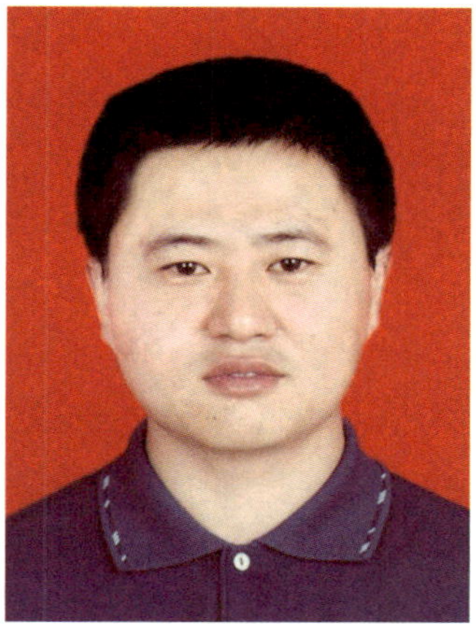

吴坤杰 男，1973年10月生，汉族，中共党员，河口区人民医院中医科主任。他一直从事临床一线工作，在近20年的临床工作中，不仅得到患者的肯定，也得到社会的认可。他做医生的品格和高超的医术不仅在本地小有名气，也有外地慕名而来的求诊的患者。多年来，多次受到政府及卫生局的表彰，曾被河口区授予“先进个人”的光荣称号，所有的荣誉，都与他乐于奉献的精神分不开的。创建中医皮肤科，细分中医科室，为中医科的发展打了一支强心剂。由于技术过硬，得到就诊患者的一致好评，门诊工作量由每日不足20人，猛增至100人左右，就这样他也任劳任怨，一心只想为病人解除痛苦，为医院树立良好的口碑。2014年，继续对中医科进行细分，创建中医康复理疗科，同年被授予河口区“勤政标兵”荣誉称号 。2015年以来，中医科门诊量进一步增加，康复理疗科也开始步入正轨，外聘有经验的针灸推拿大夫来指导工作，积累一定的病源，真正为病患提供解除痛苦的方法。2016年3月发起组织“春雨医疗志愿者服务队”，深入家庭，为全区数百名残疾人员做义务康复治疗指导，足迹遍及全区所有乡镇和社

区。先后获全市优秀医学科学科技工作者、东营市十佳医师等荣誉称号。2016年获东营市劳动模范荣誉称号。

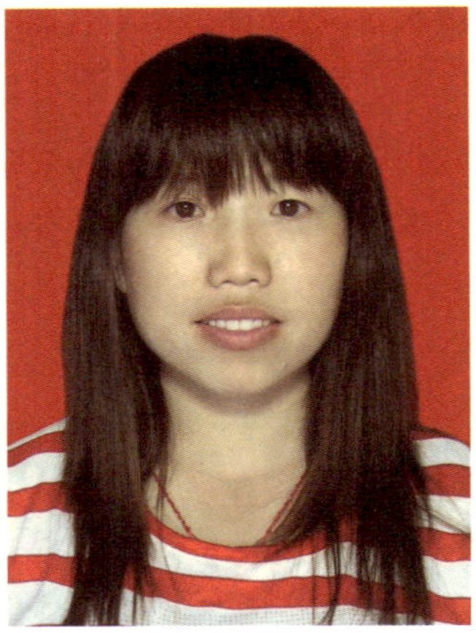

王玉晓　女，1981年11月生，汉族，中共党员，山东仙河药业有限公司班长。2009年，她在“东营市药品生产企业检验技能比武决赛”中获得三等奖，团体二等奖荣誉称号，2010年在“山东省医药行业职业技能竞赛药物分析工比赛”中获得三等奖。2011年以优异的成绩毕业于山东中医药大学，2012年顺利通过全国职业药师考试。2013年4月获得河口区“首届金牌员工人”，8月份，第十八届黄河口科技论坛论文发表的《强直性脊柱炎相关基因DMP1对股形成的作用》获得三等奖，2013年9月，在山东省医药行业职业技能竞赛药物分析工比赛”中获得三等奖，2013年12月，由于她的突出表现被山东仙河药业有限公司评为“企业标兵”2015年在东营和河口化学检验工比赛中分别获得三等奖。2015年药品对照品贮存情况的论文。2015年4月获得东营市突出贡献技师。2016年获得一种药品检验用糖衣去除装置实用性专利。她认真学习，不断提高自己的业务水平。参与公司7次药品生产质量管理规范（GMP）认证，负责GMP文件的审核及质检科设备标准操作规范（SOP）的编订工作，保证公司GMP中质量管理的有效实施。负责公司的产品研发的检验问题。负责产品试验方案的研究，资料的整理等，在检验的工作中认真负责、精益求精。2016年获东营市劳动模范荣誉称号。

王义民　男，1963年12月生，汉族，中共党员，富海集团党委副书记、总裁。自1998年进入公司以来，历任集团公司副总经理、华联石化总经理等职务。他带领经营团队，推动集团的跨越式发展，将公司发展成为集石油化工、煤化工、房地产开发、物流运输、物业管理、新能源开发与产品连锁营销于一体的综合性民营企业。公司先后荣获“中国制造业企业500强”“中国民营企业500强”、中国“守合同重信用企业”等荣誉称号，并取得中国商务部核准赋予的成品油批发经营资质及燃料油进口配额。富海集团资产规模200余亿元，累计纳税20余亿元、捐款捐物数千万元，向社会提供就业岗位3500余个。近几年，为促进企业集约化、集群化、产业化进程，更好的服务地方经济建设和社会发展，集团投资200余亿元建设联合石化、华联石化重油催化裂化系列项目，全部投产后预计年可实现销售收入520亿元，新增利税78亿元。同时，积极开辟新能源蓝海区域，推动LNG新能源生产基地建设和网络布局，为环保事业和能源结构优化贡献力量。集团高度重视科技创新，不断加强与高等院校、科研机构的友好合作，推广实施一大批科技含量高的技术改造，并获得国家专利11项。多年来，富海集团在他的带领下，以“为社会创造财富、为股东创造价值、与员工共同成长、与客户携手共赢”为企业使命，严格按照现代企业制度的要求，规范公司法人治理结构的运作，为区域经济社会发展做出了突出的贡献。曾获2013年董事长特别奖。2016年获东营市劳动模范荣誉称号。

山东省富民兴鲁劳动奖章获得者

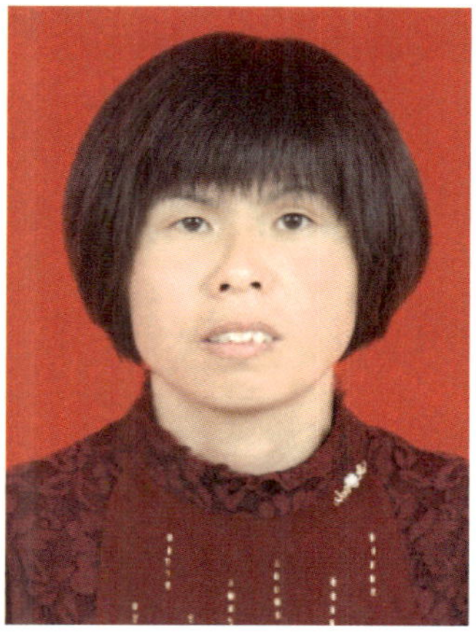

张拥梅 女，1975年5月生，汉族，中海石油东营石化有限公司技术人员，高级工程师。她在实际工作中，热爱学习并注重理论与实践相结合，在要求自己逐步积累丰富工作经验的同时努力做好中心职工的培训工作，不断提高化验员队伍的整体技能水平。2013年，张拥梅组织化验计量中心化验员参加中海油系统内化工分析工职业技能鉴定。为保证所有化验员顺利通过取证工作，她制定了详细的培训计划，进行一系列理论、实操培训和模拟测试，使27名化验员一次性取得中国海洋石油总公司学检验工高级工资格证书，鉴定通过率达96%。2015年初，她利用自己所学的专业知识，收集试验标准，制定试验步骤，对参加技能大赛的窦圆圆等职工进行系统的专项实操和理论培训。2015年8月，窦圆圆如期参加中海油总公司在海南化学基地举办的中国海油第六届职业技能大赛化工分析工竞赛，并一举获得大赛的银奖。2015年9月，张拥梅积极筹备河口区第三届（化学检验工）职工职业技能竞赛培训，经过1个月的培训，张晶晶、窦圆圆、金红菊3位选手包揽竞赛所设置的全部的一等奖，牟行行斩获二等奖，赢得团体第一名的好成绩。在做好技能操作培训的同时，她针对化验室和地磅的工作特点，于2015年7月协助质量、健康、安全、环境（QHSE）部编制油品化验岗位、水质化验岗位、地磅岗位安全告知卡，并在中心内部进行培训，使大家熟知易燃易爆及有毒物品的理化性质，并熟练掌握事故应急处理方法，有效避免安全事故的发生。2010年，被河口区妇女联合会评为敬业明星。2016年获山东省富民兴鲁劳动奖章。

山东省巾帼建功标兵

刘凤霞 女，1967年7月生，中共党员，河口区人。先后在河口区四扣乡、河口街道、河口区卫生防疫站等单位工作，2006年7月起，任河口区妇联主席。2015年7月，河口区妇联成立党组，其任党组书记。十年来，她情系妇女儿童工作，以广大妇女所急、所盼为己任，深入实际解决妇女群众所需，以妇女娘家人特有的理解、关怀、鼓舞和呼吁，帮助妇女群众解决生产、生活中的实际困难，赢得广大妇女群众的信任和好评。2016年，获省级巾帼建功标兵称号。

附　录

河口区 2016 年国民经济和社会发展计划

一、2015 年国民经济和社会发展计划执行情况

一年来，在区委的坚强领导和区人大、区政协的监督支持下，全区上下牢牢把握新常态下推动区域经济发展新跨越的本质和内涵，科学统筹“稳增长、调结构、促改革、惠民生”等各项工作，经济运行难中有进，社会发展和谐稳定。初步核算，2015 年全区实现生产总值 249.36 亿元，增长 8.5%；一般公共预算收入 17.35 亿元，增长 6%；全社会固定资产投资 357.69 亿元，增长 13.9%；社会消费品零售总额 50.93 亿元，增长 11.3%；城镇和农村居民人均可支配收入分别达到 36531 元、14420 元，增长 7.1% 和 8.9%。

（一）转调升级持续推进，产业质效稳步提升。始终把项目建设作为扩总量、优存量的重要支撑，深化实施重大项目攻坚行动，全年实施重点工程项目 61 项，完成投资 65 亿元。工业转型步伐加快。全区 121 家规模以上工业企业分别实现主营业务收入、利税、利润 992.6 亿元、94.92 亿元、67.65 亿元，规模以上工业增加值增长 10.4%。以改造传统产业和培育新兴产业为重点，实施了富海 500 万吨劣质油处理、彩客化学 DSD 酸等总投资 243 亿元的 24 个重点工业项目，中海石油东营石化升级改造项目破土动工。加快实施创新驱动战略，新增市级以上科技创新平台 3 家、高新技术企业 1 家，高新技术产业产值比重达到 48.38%。现代农业迅猛发展。全区新增标准化畜牧养殖区 44.67 万平方米、水产养殖基地 5000 亩，现代农业园区发展到 35 个，农业龙头企业达到 86 家，家庭农场、农民专业合作社分别发展到 67 家和 310 家。澳亚高端乳制品加工、澳源肉牛屠宰加工等总投资 71.2 亿元的 14 个农业农村项目加快实施。肉牛贸易口岸获得国家质检总局批复，为打造高档肉牛产业链奠定了良好基础。实施农水会战、土地开发整理等 6 项农田水利设施工程，农村生产生活显著改善。服务业发展有效扩张。全区服务业增加值占 GDP 比重达到 43.93%，限额以上服务业企业及个体户发展到 139 家，企业非主营业务剥离培育服务业企业 38 家。槐林温泉旅游景区、富宇仓储物流等总投资 39.5 亿元的 13 个重点服务业项目顺利推进。成功举办第四届湿地槐花节和第七届油品贸易洽谈会，节会的知名度和影响力逐年提升。石油化工交易中心、淘河口等一批“互联网 +”商贸模式企业迅速壮大，增创了发展新优势。

（二）改革开放持续深化，发展动力不断夯实。重点领域改革逐步深化。优化政务服务体系，全面推行区级行政权力、责任清单制度，扎实推进“三证合一、一照一码”登记和不动产统一登记制度，整合工商局、食品药品监管局合并成立市场监督管理局。大力推进金融创新，积极搭建政银企合作平台，落实银企签约资金 86.5 亿元、企业周转资金 1.78 亿元，支持了企业发展，维护了金融安全；山东常青树胶业股

份有限公司成功在“新三板”挂牌。财税改革深入实施，全面推行政府部门预决算公开和三公经费公开，“营改增”试点工作顺利推进。农村综合改革成效明显，林权、集体土地、房屋所有权确权扎实推进，设立农村产权交易市场，全区土地累计流转16万亩。公立医院综合改革稳妥推进，在全市率先建立“三调解一保险”运行机制，开展医疗联合体试点，实行乡医准入退出机制。对外开放进一步扩大。受全球经济形势和国际贸易壁垒影响，对外贸易虽稳中有降，但重点产业和产品出口仍保持稳定。全年实现进出口总额34324万美元，下降1.2%，其中出口11567万美元，下降11.6%。实际利用外资1713万美元。招商引资成效明显。精心组织5、6月份“集中招商月”活动，突出上门招商、展会招商、驻站招商和以商招商，全年共引进投产、在建项目35个，到位外来固定资产投资28亿元。开放平台优化提升。河口经济开发区规模以上企业发展到50家，财政收入达到8700万元；河口蓝色经济产业园入驻企业40余家，产值突破300亿元，成为支撑河口工业崛起的强大引擎。

（三）城乡建设持续提速，区域发展更趋协调。以新型城镇化建设为引领，围绕城乡统筹、基础设施、人居环境等方面，实施了14项城乡建设重点工程，城乡区域发展更加协调。城区功能优化提升。扎实推进老城改造提升，友谊河贯通、朝阳河开挖衬砌等一批城市提升工程全面完工，北线供热管网、焚烧式垃圾处理场、垃圾转运站及公厕等一批市政设施建成投用，城市功能日益完善。湖滨新区湖滨路、河滨路景观全面提升，音乐、灯光等环湖设施投入使用，成为市民聚集、景色秀美的城市大客厅。新型城镇化稳妥推进。实施新型农村社区配套建设项目6个，惠及10个村2332户居民；新建改造各类道路92.8公里，农村交通网络进一步优化；扎实开展乡村文明建设行动，强力推进农村清脏治乱，建立起区级统管、覆盖城乡的环卫保洁体系，村容村貌焕然一新。重大基础设施加快建设。蓝埕路竣工通车；东营港城“三路三桥一河”进入后期施工，正在加快拆迁步伐；中心渔港综合开发和百万亩生态渔业区顺利完成年度建设任务。生态环境逐步改善。投资3.7亿元实施了17项生态环保工程，新增造林6236亩；全面开展以提高安全环保节能水平、促进化工产业转型升级为主要内容的专项整治行动，对化工生产企业进行“三评级一评价”，区域生态环境持续改善，安全生产形势持续向好。

（四）民生保障持续改善，群众福祉稳步增进。健全机制，强化调度，年初确定的10件为民办实事圆满完成。就业形势持续稳定。全年累计发放就业创业帮扶及贷款资金5211.6万元，城镇新增就业4560人，农村劳动力转移就业3855人，城镇登记失业率控制在1.75%以内。社会保障力度进一步加大。全面提高城乡低保、农村五保、城乡医保财政补助、城乡居民基础养老金、老年人生活救助金、重度残疾人残障补贴等各项社会保障标准，新建农村幸福院4处，实施保障性住房项目6个、1106套，改造农村危房466户，发放各类住房补贴596.41万元。教育事业蓬勃发展。区一中新校正式启用，新办2所公办幼儿园，第二期学前教育三年行动计划顺利推进。医疗卫生事业健康发展。为二级综合医院和基层医疗机构配备急救及诊疗设备，新建改造农村卫生室35处，基层卫生服务能力明显提高。深入开展文化惠民工程，加强全民健身设施和公共文化服务设施建设，文体事业繁荣发展。社会治理创新提升，3612345民生热线有效解决了一批民生热点难题，得到了广大群众的一致好评。加强平安河口建设，依法做好信访工作，社会持续和谐稳定。妇女儿童、残疾人权益得到切实保障，人口计生、食品药品监管、双拥共建、民主法制等各项社会事业全面进步。

在看到成绩的同时，我们也更加清醒地认识到发展中存在的问题：受宏观经济形势影响，经济下行压力加大，部分指标增速放缓，地区生产总值等指标没有达到年度预期目标；市场需求持续疲软，部分行业企业生产经营困难，投资意愿不强，后续发展缺乏大项目支撑；重化工业为主的结构性矛盾突出，产业链条短，聚集度、关联度低，新兴产业、现代服务业规模较小，高效生态农业刚刚起步、附加值不高，转型升级的任务十分艰巨；企业贷款难、担保难问题尚未得到根本缓解，金融领域风险依然存在；财政减收因素增多，民生和基建领域刚性支出增加，财政收支矛盾凸显；生态环保压力加大，安全生产形势依然严峻，等等。这些困难和问题，需要引起全区上下高度重视，切实采取有效措施，认真加以解决。

二、2016 年经济社会发展预期目标和工作重点

2016 年是“十三五”规划的开局之年，也是全面深化改革、加快创新转型，努力谋求发展新动能、推动发展新跨越的关键一年。从宏观形势看，国内外环境仍然错综复杂，世界经济复苏缓慢、分化明显；国内经济步入新常态，市场变化带来的需求性下调、转方式带来的结构性下调和资源环境趋紧带来的约束性下调交织并存，但中央也出台了稳增长调结构、深化改革等一系列政策措施，经济长期向好的基本面没有变。从区域发展看，省市相继出台工业转型升级的指导意见，促进企业转型升级、创新发展；伴随东营港加快开发建设和综合保税区获批，以及德大铁路、黄大铁路、疏港铁路等重大交通设施的规划建设，港口的龙头带动作用不断凸显，必将进一步拓展区域发展空间。

综合权衡新一年的宏观走势和河口的潜力基础，兼顾衔接“十三五”规划目标，2016 年全区经济社会发展的主要预期目标安排如下：地区生产总值增长 7.5%，一般公共预算收入增长 6.5%，全社会固定资产投资增长 10%，社会消费品零售总额增长 10%，外贸进出口总值和实际利用外资适度增长，城镇居民人均可支配收入和农村居民人均可支配收入分别增长 8% 和 10%，城镇登记失业率控制在 3% 以内，人口自然增长率控制在 12.58‰以内，全面完成上级下达的节能减排目标任务。

为实现上述目标，新的一年要紧扣中央、省、市决策部署，紧紧围绕“一极两区”总目标，以提高发展质量和效益为中心，以推动经济转型升级为主线，积极主动引领新常态，更加注重做优做强产业，更加注重推进城乡统筹，更加注重生态环境建设，更加注重保障改善民生，着力推动和落实好五方面工作：

（一）抓重点产业项目建设，着力构建新型产业体系。重点抓好今年确定的 37 项重点工程项目，建立健全覆盖项目全过程的服务机制，积极推进拟开工项目前期工作，扎实推进在建项目建设进度，确保按时投产达效。一是力推工业经济转型提质。实施传统产业升级改造，突出抓好中海石油东营石化升级改造等 6 个大项目，启动区港输油管廊建设，扩大原油供给、拉长产业链条，推动产品向高利润、高附加值提升。大力发展高端装备制造业，重点实施铭鼎新材料年产 1 万吨高铁专用 DETDA、普斐科特新材料 4500 万件 / 年汽车用关键零部件精密铸造等项目，推动产业向高端化发展。加快发展战略性新兴产业，重点推进亚通充电桩等项目建设，支持金信新材料等企业扩大产能。做好工业主导产业收益分析，制定产业发展负面清单，明确支持发展产业，淘汰转移落后产业，构建引导和倒逼并举的产业政策体系。全面对接“互联网 +”行动计划，促进新一代信息技术与各个产业的融合创新，推动新兴业态、新型产业尽快形成规模。二是力推高效生态农业稳产增效。突出发展畜牧、渔业两大产业，打造国内一流、特色鲜明的现代农业示范区。畜牧业，依托三大万头奶牛牧场、进境肉牛屠宰加工口岸两大平台，全面推进澳亚乳制品加工厂、澳源肉牛屠宰加工厂等项目建设，集中力量建设现代畜牧业示范基地和畜产品质量安全基地。渔业，依托百万亩生态渔业区和国家级中心渔港开发建设，全力打造 10 万亩海参养殖基地、20 万亩对虾生产基地和 25 万亩贝类增养殖基地，着力引进一批海参、贝类、对虾等优势水产品深加工企业，推动现代渔业尽快实现质的提升。强化农业基础支撑，大力开展农水会战，加快未利用地开发，实施土地整理、农业综合开发等农业基础设施项目，改善农业生产条件。三是力推现代服务业提档升级。在加快改造提升传统服务业的基础上，大力发展仓储物流、生态旅游、电子商务、科

技研发等现代服务业，聚力突破服务业集聚区建设，突出抓好华欧梦想天地等6个服务业重点项目，办好首届中国·东营国际化工产品博览会及第八届黄河三角洲油品贸易洽谈会，提升服务业发展总量和层次。同时，积极培育养老、健康、家政服务等新兴业态，以新的消费需求，引领服务业多领域多业态发展。

（二）抓改革开放创新，着力激发区域发展活力。一是提升创新驱动能级。加快筹建河口区科技企业联盟，推进海洋渔业技术研究中心、耐盐作物博士科研工作站建设，鼓励骨干企业建设重点实验室、产业技术研究院等研发平台，力争年内新增市级以上创新平台5家、高新技术企业2家。二是深化重点领域改革。落实上级全面深化改革政策，推进我区各项改革取得实效。加快投融资体制改革，推进PPP模式应用，扩大市场化运作领域和规模；支持企业对接资本市场，做好规模以上企业规范化公司制改制工作；健全政银企合作机制，探索组建园区融资担保公司，积极组织各类银企对接活动，保障企业资金链衔接。深化财税体制改革，规范专项基金使用和转移支付制度，实行国税地税联合办税。稳妥推进农村综合改革，全面铺开农村土地“三证颁发”工作，逐步实现所有权、承包权、经营权分离；加快农村产权交易市场建设，完善镇（街道）农村产权交易市场体系；扎实推进农村承包土地的经营权抵押贷款试点。进一步深化公立医院综合改革，加快探索建立现代医院管理制度。按期完成党政机关公务用车制度改革，努力实现节支增效。三是加快外贸优化升级。指导企业用足用好支持外经贸发展的各项政策，鼓励开发高附加值新产品，争创出口名牌，支持金信、戴瑞克等骨干企业开拓国际市场，合理规避贸易摩擦，保持出口稳定增长。密切关注国家原油进口政策，支持富海、富宇等企业在争取原油进口资质方面实现较大突破。四是强力推进招商引资。围绕推动产业链发展、税源培植，超前谋划论证一批大项目、好项目，组织建立产业项目库，点面结合、多线配合、内外联动，推动专业招商、产业招商、园区招商，努力在招大引强选优上实现新突破，力争年内引进过亿元项目13个以上。五是加强开放平台建设。河口经济开发区，积极清理闲置低效利用土地，大力扶持发展加工制造、新型材料等清洁产业，不断提升产业清洁度和产品竞争力。蓝色经济产业园，重点完善基础配套，加强土地集约利用，全力推进项目建设和招商引资，支撑引领全区新一轮跨越发展。

（三）抓城市功能完善，着力提升城市品位。一是加强中心城区建设。城区改造方面，加快推进黄河路、河庆路等道路改造工程，优化城区路网结构；抓好供销社住宅楼拆迁、区商贸市场周边改造，对城区排污、南线供暖、河安小区燃气等设施进行配套完善；做好城区增绿、活水文章，进一步提升城市品位和内涵。湖滨新区建设方面，提升绿化、灯光等景观设施，建设大型主题雕塑和标志性建筑物，启动城市综合馆和鸣翠湖森林公园建设，加快推动重点地块的深度策划和滚动开发，尽快实现从“景区”到“新区”的转变。二是细化城市管理。理顺城乡、油地管护责任，积极推行城乡一体化管理模式，打造“运行市场化、管理网格化、作业精细化、考核标准化”的新型城市管理体系。加快智慧城市建设，完善城市社区、公共交通网格化管理模式，提高市民生活舒适度。三是加快推进新型城镇化。突出抓好城中村、城郊村、镇驻地村和周边村的拆迁改造，特别是剩余户的拆迁，引导农民向新型社区集中，加快社区基础配套、公共服务、生活方式城镇化进程。以乡村文明行动为契机，集中抓好一批示范村、示范片建设，巩固环卫一体化成果，不断改善农村环境面貌。四是夯实重大基础设施。加快东营港城开发，全面推进路桥和水系基础设施建设，新建仙河镇中心小学；实施河辛路改线、海防路改造、河民路改造等重点工程，加快农村公路安全生命防护工程建设，逐步构建起功能优化、便捷高效的现代交通体系。

（四）抓生态环境建设，着力打造秀美宜居家园。一是强化生态建设。启动实施三年增绿计划，完善提升刺槐林场，突出抓好环城防护林、路域绿化、水系绿化、农田林网、村镇厂矿绿化和片林基地建设，年内新增造林1.98万亩。强化湿地保护与修复，实施中海石油东营石化尾水人工湿地、挑河人工湿地水质净化工程。二是强力整治污染。大力开展水气污染综合整治，实施总投资6.6亿元的14项环保工程，统筹抓好工业点源、农业面源、建筑扬尘等污染治理，完善企业污水、生活污水处理设施及配套管网，强力整治空气异味问题，确保生态环境持续改善。三是推进绿色低碳发展。全面推行重点企业合同能源管理，突出抓好石化、电力、建筑等领域节能，年内推进实施一批节能改造项目，为经济发展腾出更多环境空间。以提高安全环保节能水平为抓手，对化工园区和化工企业开展“三评级一评价”，抓好督导落实，加快化工产业转型、绿色发展。

（五）抓社会民生改善，着力提升群众幸福指数。一是稳定扩大就业创业。拓宽高校毕业生、转业退伍军人、困难群体的就业渠道，通过财政扶持、减免税费、小额贷款担保等措施，鼓励全民创业；改造升级黄河口高新技术企业创业园创业孵化示范基地，启用大学生创业苗圃，新建标准化孵化厂房，形成更加完善的创业创新服务体系。力争全年实现城镇新增就业3000人，农村劳动力转移就业3600人。二是提升社会保障水平。实施城乡居民保障水平提升工程，继续提高城乡居民养老保险、医疗保险等各项保障标准。抓好保障性住房和油田职工住房建设，改善油地群众居住条件和生活质量。实施精准扶贫，摸清贫困底数，分类施策进行帮扶。三是拓展公共服务。优先发展教育事业，重点抓好区一中新校场馆配套等4项教育设施建设工程，全面推行中小学“小班化”教育，推进职业中专省级规范化创建，促进教育现代化。大力发展医疗卫生事业，启动区人民医院综合楼和感染性疾病科建设，实施河口街道社区卫生服务中心标准化建设，为疾控中心装备检测设备。加快构建现代公共文化服务体系，配套完善区图书馆、文化馆，实施城乡文化惠民工程，打造河口特色文化品牌。开展敬老助残帮困行动，对独居老人家庭有线电视实行半价收费，为60周岁以上老年人免费查体，为残疾人、伤残军人、老年人办理免费乘公交车，免费托养特困重度残疾人并发放辅助器具，为困难家庭学生发放营养餐补助。四是创新社会治理。扎实推进“法治河口”和“平安河口”建设，加快社会治安防控体系建设，强化民生热线管理，改进信访工作，切实抓好社会综合治理、食品药品监管，确保社会大局持续和谐稳定。

附件：河口区2016年国民经济和社会发展计划主要指标

河口区2016年国民经济和社会发展计划主要指标

指 标 名 称	计算单位	2015年		2016年	
		实际	增长（%）	计划	增长（%）
一、地区生产总值	亿元	249.36	8.5	270	7.5
二、农村经济					
粮食总产量	万吨	7.4	8.75	9.3	6
肉蛋奶总产量	万吨	20	81.8	23	15

水产品总产量	万吨	14.75	1	15.2	3
果品产量	万吨	3.76	3	4.2	11
三、财政金融					
一般公共预算收入	亿元	17.35	6	18.5	6.5
各项存款余额	亿元	228.82	5.56	233	2
各项贷款余额	亿元	147.38	18.33	162	10
四、全社会固定资产投资	亿元	357.69	13.9	393	10
五、规模以上工业增加值	%	10.4		8	
六、社会消费品零售总额	亿元	50.93	11.3	56	10
七、外经外贸					
进出口总值	万美元	34324	－1.2	适度增长	
实际利用外资	万美元	1713	－65.2	适度增长	

指 标 名 称	计算单位	2015 年		2016 年	
		实际	增长（%）	计划	增长（%）
八、居民收入					
城镇居民人均可支配收入	元	36531	7.1	39450	8
农村居民人均可支配收入	元	14420	8.9	15862	10
九、人口就业					
人口自然增长率	‰	4.04		12.58	
城镇登记失业率	%	1.75		3	
十、节能环保					
万元生产总值能耗下降幅度	%	－3.06		市下达	
化学需氧量排放量	吨	1196.3		市下达	
二氧化硫排放量	吨	1176.68		市下达	
氨氮排放量	吨	192.91		市下达	
氮氧化物排放量	吨	844.89		市下达	

河口区全民健身实施计划

（2016~2020 年）

为贯彻落实全民健身国家战略，进一步推进全民健身事业发展，构建更加完善的全民健身公共服务体系，根据《全民健身条例》（国务院令第 560 号）和《东营市人民政府关于印发东营市全民健身实施计划（2016—2020 年）的通知》要求，结合我区实际，制定本实施计划。

一、总体要求

到 2020 年，全区群众体育健身意识进一步增强，参加体育锻炼人数明显增加，每周参加 1 次及以上体育锻炼的人数达到 33% 以上，经常参加体育锻炼人数达到 28% 以上，群众身体素质稳步增强。与全面建成小康社会相适应的全民健身公共服务体系日趋完善，政府主导、部门协同、全社会共同参与的全民健身事业发展格局更加明晰，全面建成覆盖城乡的全民健身设施体系、组织体系、活动体系和健身指导体系，体育消费需求更加旺盛。全民健身和全民健康深度融合，全民健身在倡导健康生活、团结凝聚人心、促进经济发展、建设美丽幸福新河口等方面的重要作用日益显著。

二、主要任务

（一）大力弘扬体育文化。普及健身知识，宣传健身效果，弘扬健康新理念，把身心健康作为个人全面发展和适应社会的重要能力，树立以参与体育健身、拥有强健体魄为荣的个人发展理念，营造良好舆论氛围，通过体育健身提高个人的团队协作能力。充分利用广播电视、报刊、网络等各类媒体，开辟健身指导、知识普及、项目推广等专题专栏，策划制作一批群众参与度高、趣味性强、有影响力的体育节目，引导广大群众增强体育健身意识，倡导全民健身新时尚。通过举办赛事活动，宣传运动项目文化，弘扬奥林匹克精神和中华体育精神。树立全民健身榜样，讲述全民健身故事，传播社会正能量，充分发挥体育文化在践行社会主义核心价值观、弘扬中华民族传统美德等方面的独特价值和作用。

（二）统筹建设全民健身场地设施。

1．科学编制两个规划。编制区和镇（街道）两级公共体育设施布局规划和公共体育设施建设规划，统筹推进公共体育设施建设。到 2020 年，全区人均体育场地面积达到 2.2 平方米以上；区级建有体育馆、游泳馆、全民健身中心、体育公园和成规模的笼式多功能运动场，镇（街道）普遍建有全民健身中心或灯光篮球场、多功能运动场，行政村（社区）建有多功能文体广场，实现体育健身设施全覆盖；城区建成 10 分钟健身圈；全区建设占地面积不低于 1.2 万平方米的社区公共体育中心 5 个以上、占地面积不低于 0.2 万平方米的小区公共体育设施 50 个以上。深入开展“山东省绿色生态休闲体育活动基地”创建工作，到 2020 年，打造绿色生态休闲体育活动基地 1 个以上和节假日体育休闲精品线路 1 条以上。

2．落实设施建设标准。新建居住区和社区按室内人均建筑面积不低于 0.1 平方米或室外人均用地不低于 0.3 平方米的标准，配套群众健身设施，并与住宅区主体工程同步设计、同步施工、同步投入使用，不得挪用或侵占。加强体育设施竣工验收和执法检查，对发现未达标准而通过验收、验收合格后改变用途等情形的，严肃追究责任。凡已建成居住区无群众健身设施的，或现有设施没有达到规划建设指标要求的，通过改造等多种方式予以完善。鼓励基层社区文化体育设施共建共享。充分利用公园、广场、绿地、河流、湖泊、湿地等资源，建设群众身边的体育健身场地。充分利用旧厂房、仓库、老旧商业设施和空置地等闲置资源改造建设健身场地设施，合理做好城市空间的二次利用，增加群众健身的设施。重点扶持建设便民利民的中小型体育场馆、公众健身活动中心、户外多功能球场、健身步道等场地设施。

3．提高设施利用效率。大力培育体育场馆专业管理运营公司，鼓励以市场化手段运营体育场馆，提升其赛事功能与赛后综合利用水平。推动公共体育场馆设施免费或低收费开放，为群众健身和举办商业性、群众性体育赛事提供场地服务。新建学校和有条件的学校应对体育场馆和场馆区域进行物理隔离改造，在教学活动之外的时间向社会开放，并将开放情况定期向社会公开。建立学校体育场馆向社会开放的第三方运营及管理机制。推进企事业单位、公园、广场等符合全民健身需求的公共场所对全社会开放。坚持属地管理原则，落实公共室外健身设施产权单位的管理维护责任。鼓励通过政府购买服务方式，对公共室外健身器材进行定期巡检维修，确保群众健身安全。

（三）丰富全民健身活动。

1．广泛开展全民健身活动。办好区、镇（街道）两级全民健身运动会和各类人群综合性赛事，结合元旦、全民健身月、全民健身日等重要时间节点开展主题全民健身活动。办好“百千万三大赛”、全民健身展演等民间健身活动，通过片区联动、区域联动，推动群众体育健身活动的普遍化、经常化、多样化。大力扶持武术、太极拳、健身气功、健身秧歌、健身球操等传统运动项目，着力推广健身跑、健步走、骑行、游泳、球类、广场舞等大众无门槛健身项目。

2．创建特色品牌赛事。在普及全民健身运动基础上，区级及协会按照“一区一特色、一协会一品牌”的原则，开发适合不同人群、不同地域和不同行业特点的特色运动项目，创建全民健身品牌赛事、品牌活动，形成大型品牌赛事活动带动、日常全民健身活动推动的全民健身活动新格局。

3．鼓励社会力量参与。公开全区综合性和单项体育赛事目录。大力培育专业化体育赛事推广和运营机构，鼓励和支持社会力量、市场资源参与举办体育竞赛，丰富竞赛组织主体，完善社会承接机制，推动办赛模式由政府主导向社会化、市场化转变，形成多元主体办赛格局。强化体育赛事公共服务，推动制定竞赛组织服务、安保服务、医疗服务、志愿服务等标准，降低赛事筹办成本。充分发挥网络等新兴活动组织渠道的作用，完善业余体育竞赛体系。完善区运动会等综合性赛事的办赛模式，利用筹备和举办重大赛事实施体育惠民工程，实现竞技体育与群众体育协调发展。

（四）促进体育社会组织创新发展。

1．推动体育社团改革。按照社会组织改革发展的总体要求，稳步推进单项体育协会改革，引导单项体育协会向独立法人组织转变，推动其向社会化、法治化和高效化发展，提高承接全民健身服务的能力和质量。对非奥运项目体育单项协会全部实行政社脱钩、管办分离改革，积极开展奥运项目体育单项协会脱钩分离改革试点工作，研究制定脱钩后的监管服务措施。

2．完善全民健身组织体系。健全区、镇（街道）两级体育总会，协调和指导各级体育协会的建设发展。对城乡社区体育类社会组织实行登记备案双轨制，促进基层体育社会组织快速发展。鼓励发展各类体育社会组织和基层民办非营利性体育俱乐部，积极服务全民健身活动。到2020年，全区80%以上的镇（街道）和30%以上的行政村（社区）建立健全体育总会；区级体育单项协会数量达到20个，镇（街道）、行政村、社区体育健身俱乐部覆盖率分别达到100%、30%；全区全民健身站点达到每万人5个以上。鼓励自发性的健身团队和健身站点等基层文化体育组织依法依规进行登记，推进体育社会组织品牌化发展并在社区建设中发挥积极作用。

3．广泛开展全民健身志愿服务。依托优秀全民健身站点和体育社会组织，建立全民健身志愿服务队伍，打造特色健身项目，广泛开展以“进社区、进农村、进学校、进企业、进机关”为主题，以健身知识宣传、健身技能指导、健身设施维护为主要内容的志愿服务活动。到2020年，面向社会提供全民健身公益服务的志愿者不低于300人。

4. 加强社会体育指导员队伍建设。试行社会体育指导员等级制与星级制并行做法，推行社会体育指导员挂靠站点制度，落实在岗实名制，对优秀体育指导员给予适当形式的补贴。整合社会体育指导员资源，统筹协调配备，满足广大市民需求。到2020年，获得社会体育指导员技术等级证书的人数占总人口比重达2.2‰以上。

（五）推进健身服务业融合发展。编制体育产业发展规划，推动体育产业加快发展，逐步实现区域分工合作、良性互动发展格局。突出发展健身服务、竞赛表演、场馆运营、体育中介等核心产业，提高服务业比重，优化产业结构。做大做强体育用品制造业，促进转型升级。利用市场机制，探索建立联赛模式，设立足球、篮球、排球、乒乓球、羽毛球、棋类等项目联赛，鼓励社会力量创建职业体育俱乐部。扶持建设体育服务综合体。积极推动全民健身与养老服务、文化创意和设计服务、教育培训等融合发展，支持金融、地产、建筑、交通、制造、信息、食品药品等企业开发体育领域产品和服务，促进体育传媒、体育会展、体育广告、体育影视、体育物业、体育文学创作等新型业态发展。培育发展多形式、多层次、多门类的体育产业协会和中介组织，促进各业态协调发展。积极整合体育、文化、旅游、休闲、养生、农业、物流等各方面资源，发展具有地域特色的体育休闲旅游产业。依托孤岛万亩槐林、鸣翠湖等自然资源，因地制宜建设户外营地、徒步骑行服务站、自行车拓展训练基地、垂钓基地等服务设施，打造户外、水上、越野等特色体育旅游项目。

（六）深化体育对外交流。紧密联系我区体育工作实际，突出重点领域，抓住薄弱环节，加强对外交流学习。积极引进培育国际精品赛事和传统高水平赛事，承办一批国家级高水平赛事。鼓励各类体育组织和体育机构“请进来、走出去”，深化与港澳台之间的群众体育工作交流，积极开展体育观摩和民间体育比赛活动，不断增强综合发展实力。

（七）强化全民健身发展重点。

1. 推动公共体育服务均等化。按照城乡一体化要求，推进基本公共体育服务向农村延伸，加快全民健身事业发展。以健康为主题，整合基层宣传、教育、民政、卫生计生、文化广电新闻出版、旅游、残联、老龄等部门相关工作，在镇（街道）层面探索建设健康促进服务中心，镇（街道）和农村社区全面建成基层综合性文化服务中心。实现行政村农民体育健身工程、健身组织、健身活动、健身指导全覆盖。各镇（街道）普遍建立“1+4”（即1个体育总会，1个老年人体育协会、1个社会体育指导员协会和2个以上单项体育协会）发展模式，每年组织开展文体活动不少于30次。各行政村（社区）成立1—2个健身团队，每年开展文体活动不少于5次。按照体育行业扶贫攻坚任务要求，2017年基本完成省定贫困村健身工程建设任务。

2. 重点发展青少年体育。大力普及青少年体育活动，提高青少年身体素质。全面实施《国家学生体质健康标准》，广泛开展青少年阳光体育运动，促进校园体育活动多样化和体育教学专项化，普及游泳、乒乓球、校园足球等运动，做好超重学生康体服务，确保学生校内每天体育活动时间不少于1小时，每名学生掌握2项以上体育运动技能。加强学生体质状况和参加体育锻炼情况的考核评价，将考核结果纳入初高中学生综合素质档案，作为升学的重要依据或参考。继续深入开展大学生“走下网络、走出宿舍、走向操场”主题群众性课外体育锻炼活动。继续组织承办好全市大、中、小学生运动会，开展好大学生联赛和中小学生联赛，不断提高办赛水平。积极整合体育和教育系统资源，推动校外体育设施对青少年优惠或免费开放。

3. 健全老年人健身服务体系。引导鼓励老年人经常参加体育锻炼，做到老年人体育工作有组织、有人员、有阵地、有经费，实现持续健康发展。健全区、镇（街道）、行政村（社区）老年人体育组织网络，做好老年人体育工作骨干队伍免费培训，加强老年人体育志愿服务队伍建设，在镇（街道）、行政村（社区）普遍建立老年人体育设施，支持行政村（社区）组织开展适合老年人的体育健身活动，为老年人提供科学健身指导。到2020年，经常参加健身活动的老年人达到50%以上。

4. 大力实施“助残健身工程”。加大残疾人自强健身示范点建设。完善残疾人体育训练和康复设施，严格执行国家无障碍标准，为残疾人健身提供便利。传播残疾人健身体育知识，研发推广适合各类残疾人特点和需要的健身康复体育项目。重视并推动残疾人体育社会组织发展，继续办好残疾人运动会。

5. 着力推进职工体育。政府机关、企事业单位、社会团体要把职工健身列入工作计划，积极建设职工健身设施，广泛建立职工体育俱乐部和体育健身团队，开展丰富多彩的体育健身和竞赛活动。倡导每周健身3—4次，每次不少于1小时。将各单位坚持“工间（前）操”制度、开展国民体质测试和举办职工运动会等情况纳入精神文明单位创建内容。

6. 加快实施“绿茵工程”。认真落实中国足球改革发展总体方案，将发展足球运动纳入经济社会发展规划，创新足球管理模式，完善足球产业链，积极推动足球事业改革。普及提高青少年足球，实施校园足球行动规划和青少年精英足球培养方案，广泛开展校园足球联赛，探索建立“教体结合”的青少年足球人才培养体系。开展丰富多彩的社会足球活动，不断扩大足球人口规模。到2020年，每万人拥有足球场地0.3块以上。

三、保障措施

（一）加强组织领导。各镇政府、街道办事处要将全民健身工作列入重要议事日程，纳入国民经济和社会发展总体规划，全面落实各项扶持政策，推动全民健身战略顺利实施。扩大社会组织进入全民健身领域的途径，建设区级全民健身新型智库，开展全民健身专项研究，努力形成政府主导、部门协同、智库和社会组织等社会力量共同参与的体育工作格局。各有关部门和行业要依照本计划，制定本部门、本行业的具体落实方案。各镇（街道）要结合本地实际制定全民健身实施计划，并积极组织实施。要每2年组织对计划实施情况进行检查评估，根据评估结果及时调整各项指标；“十三五”末组织对计划实施效果进行全面评估，评估情况以适当方式向社会公布。

（二）加大投入力度。区、镇（街道）两级财政应当将全民健身工作相关经费纳入基本公共服务财政预算，并随着国民经济的发展逐步增加对全民健身的投入。健全政府购买公共体育服务机制，明确购买主体和承接主体，科学制定完善购买程序和指导性目录，将全民健身活动与公益性体育竞赛组织承办、体育职业与运动专业技能培训、国民体质监测与科学健身指导服务、公益性体育文化产品创作与宣传、民族民间传统体育项目传承与推广、公共体育设施运营与管理、公共体育规划政策研究与资讯信息统计分析、体育场馆设施和健身机构提供的免费或低收费服务等公共体育服务事项，通过政府购买服务的方式，交由符合条件的社会组织、机构和企业等社会力量承担。落实好公益性捐赠税前扣除政策，引导公众对全民健身事业进行捐赠。将体育设施用地纳入城乡规划、土地利用总体规划和年度用地计划，合理安排体育用地。

（三）建立评价激励体系。把全民健身评价指标纳入精神文明建设、文明单位创建的内容。推行《国家体育锻炼标准》，颁发体育锻炼标准证书、证章。支持单项体育协会研究制定运动项目业余等级锻炼标准、教练员认证体系，建立有效的业余竞赛活动激励机制。积极稳妥开展医保卡用于大众化、基础性健身消费试点，推进体质健康关口前移。

（四）强化科技服务。加快国民体质监测站（点）建设，完善区、镇（街道）两级国民体质检测网络，建立健全运动健身指导站，形成布局合理、学科配套、特色鲜明的全民健身科技服务体系，不断提升全民健身科技服务水平。

（五）加强人才队伍建设。加大对社会体育指导员、全民健身志愿者和体育干部的培训力度，积极培养引进体育人才。对符合条件的体育人才培训机构，给予一定扶持。鼓励支持大学生、退役运动员等从事全民健身、体育产业和体育教学工作，并将其纳入政府创业扶持范围，在政策和资金上给予优惠和补助。鼓励镇（街道）优先聘用体育专业人才从事群众健身指导工作。

（六）推进体育法治工作。推动制定室外健身器材管理维护暂行办法。建立健全全民健身执法机制和执法体系，提升体育执法人员执法能力，依法预防和化解全民健身中的纠纷。落实普法责任，宣传普及体育法规，依法加强体育行业管理，营造运用法治思维和法治方式推进全民健身工作的良好社会氛围。

索 引

说 明

本索引为综合性主题索引。索引标目按字母顺序（同音字按声调）排列。标目后数字为页码，页码后 a、b 分别表示该页中的左、右栏。

D

E

F

G

H

J

K

L

M

R

S

T

W

X